국역 주자문록

고봉 기대승이 엮은 주자의 문집

이 책은 고봉학술원에서 펴낸 『朱子文錄』(影印本; 도서출판 보림, 1998)을 저본으로 하였다.

한국철학총서 44

국역 주자문록 – 고봉 기대승이 엮은 주자의 문집

엮은이   奇大升
옮긴이   김근호·김태년·남지만·전병욱·홍성민
펴낸이   오정혜
펴낸곳   예문서원

편 집   김병훈
인 쇄   ㈜상지사 P&B
제 책   ㈜상지사 P&B

초판 1쇄   2019년 12월 20일

주 소   서울시 성북구 안암로 9길 13 4층
출판등록   1993년 1월 7일 (제307-2010-51호)
전화번호   925-5913~4 / 팩시밀리 929-2285
E-mail   yemoonsw@empas.com

ISBN 978-89-7646-402-6   93150

YEMOONSEOWON 13, Anam-ro 9-gil, Seongbuk-Gu Seoul KOREA 136-074
Tel) 02-925-5913~4, Fax) 02-929-2285

값 67,000원

한국철학총서 44

국역 주자문록

고봉 기대승이 엮은 주자의 문집

奇大升 엮음

김근호 · 김태년 · 남지만 ·
전병욱 · 홍성민 옮김

예문서원

책머리에

　고봉高峯 기대승奇大升(1527~1572)은 퇴계退溪 이황李滉(1501~1570)과의 사단칠정논쟁으로 유명한 조선의 성리학자이다. 잘 알려진 바대로 사단칠정논쟁은 조선시대를 대표하는 학술논쟁 중 하나이다. 우리가 아는 '유학의 조선', '성리학의 조선'은 이 논쟁 이후에 본격화하였다고 할 수 있다. 하지만 퇴계에 대한 학계의 연구가 그동안 많이 이루어진 반면 고봉에 대한 관심은 상대적으로 적었다.

　고봉의 학문을 살필 수 있는 자료로는 『주자문록』, 사단칠정논쟁서신을 포함한 『퇴계고봉양선생왕복서退溪高峯兩先生往復書』, 『논사록論思錄』, 『고봉집高峯集』 등이 있다. 특히 『주자문록』은 초년기의 고봉이 주자의 학문을 어떻게 소화하였는지 보여 주는 중요한 자료이다. 이는 고봉이 주자의 문집을 읽고 핵심을 뽑아 편집한 책으로, 사단칠정논쟁이 벌어지기 전에 완성하였다. 정확한 착수 시기는 알 수 없으나 정황상 부친상(1555년 1월, 29세)을 당하여 삼년상을 치르는 중에 저술한 것으로 추정되며, 송정황이 발문을 쓴 1557년 4월 초하루 이전에 완성하였을 것이다.

　고봉의 성리학 연찬과 『주자문록』은 관계가 깊다. 사단칠정논쟁에서 고봉이 주로 인용한 것은 주자의 문집과 『성리대전』의 내용인데, 고봉이 주요 논거로 드는 「여호남제공서與湖南諸公書」 등의 글이 『주자문록』에 수록되어 있다. 이처럼 고봉이 젊은 나이에 주자의 글을 일람하고, 그것을 소화하여 핵심을 모아 편집했다는 것을 보면 20대 후반에 고봉의 학문적 성취가 대단하였다는 것을 알 수 있다. 사단칠정논쟁이 고봉으로부터 시작된 것을 우연이라고만 말할 수는 없을 것이다.

고봉이 『주자문록』을 편찬한 후 퇴계가 『주자서절요』를 편찬하였는데, 이 두 책은 신진기예가 편찬한 책과 노성한 대가가 편찬한 책이라는 점에서 각기 다른 맛을 보여 준다. 『주자서절요』를 통해 인간 주자에 대한 깊은 이해를 할 수 있다면, 『주자문록』에서는 주자의 사상과 문장의 정화를 엿볼 수 있다.

이 책은 고 기세훈 변호사의 후원이 있었기 때문에 나올 수 있었다. 기세훈 선생님은 원로 법조인이자 고봉의 후손으로 고봉학술원의 기틀을 다지신 분이다. 기 선생님과 친분이 있으셨던 윤사순 선생님이 고려대학교 민족문화연구원 원장으로 계실 때 주선하셔서, 윤 선생님의 학은을 입은 역자들이 번역을 시작할 수 있었다. 이 책을 번역하면서 필자도 고봉의 학문에 관심이 깊어져서 고봉의 성리학을 주제로 박사논문을 쓰게 되었고, 그 까닭에 주제넘게 역자들을 대표하여 이 글을 쓰게 되었다. 『주자문록』 상권은 남지만이 번역하였고, 중권은 김태년, 김근호, 홍성민이, 하권은 전병욱이, 속집은 홍성민, 남지만, 전병욱이 맡아 번역하였다. 그리고 본 번역서의 부록은 전병욱이 맡아 추가 번역하였다.

처음 이 책의 번역할 때의 계획은 민족문화연구원 한국사상연구소의 한국사상총서로 낼 예정이었다. 초고를 만들어 광화문 근처 식당에서 윤 선생님을 모시고 기세훈 선생님을 뵌 기억이 새록새록 떠오른다. 당시에는 곧 출판할 수 있을 것으로 생각하였는데, 그 뒤 여러 가지 사정으로 출간이 늦어졌다. 기세훈 선생님 생전에 이 책을 출간하지 못하고, 그저 가편집한 초고본을 보여 드리는 데 그쳤던 것이 죄송할 뿐이다. 불민한 역자들의 죄이다. 뒤늦게나마 기세훈 선생님 영전에 이 책을 바친다.

역자들을 대신하여 남지만 쓰다.

책머리에   5

해제 : 한글번역본 『주자문록』 간행에 즈음하여   15

朱子文錄 卷續   551

해제 : 한글번역본 『주자문록』 간행에 즈음하여

윤사순(고려대 명예교수)

1.

『주자문록朱子文錄』은 고봉高峯 기대승奇大升(1527~1572)이 엮은 『주자대전朱子大全』(일명 『紫陽全書』)의 요약본이다. 고봉은 백여 권에 이르는 『주자대전』을 공부하고, 그 방대한 책을 자신의 주견에 따라 뽑아 이와 같이 3권(상중하)의 책으로 압축했다.

고봉이 이 책을 만든 의도는 다른 데 있지 않다. 그것은 신유학新儒學・성리학性理學・리학理學・도학道學 및 송학宋學이라고 부르는, 유학을 대표하는 '주자학朱子學'의 안내서를 내놓으려는 데 있었다. 주자학의 광활한 내용에서 어쩔 줄 몰라 헤맬 초학자의 수고로움을 덜어 주려는 고봉의 호의적 배려에서 이루어진 작품이 이 책이다.

주자학은 조선시대 통치원리였으므로 당시 지식인 자격을 갖추려면 반드시 익혀야 할 필수요건이었다. 그러한 주자학을 담은 『주자대전』을 초학자가 길잡이 없이 읽기에는 너무 벅찼을 것이다. 더욱이 주자학의 중핵이 성리학이라는 깊은 철학이어서 더 그렇다.

퇴계退溪 이황李滉(1501~1570)도 이와 비슷한 『주자서절요朱子書節要』를 엮은 바 있었다. 당시 『주자대전』의 안내서로 이용될 그 선본選本 형식의 축소판은 학자들 사이에서 꽤나 필요하다고 여겨졌던 모양이다. 퇴계가 엮은 책은 명칭에 나타나듯이 주자의 서간에 담긴 글만을 뽑아 소개한 것이다. 그것에 견주어 고봉의 이 책은 주자의 학문과 연관된 선현과 제자들 및 그의 성리학 그리고 경세설 등을 조금씩이라도 두루 소개한 점이 다르다.

필자는 지난날 이 『주자문록』을 처음 발견하여 한문 그대로 영인影印해 출간하던 때를 상기해 본다. 고봉의 연보年譜에는 그의 나이 31세(1557) 때에 (宋廷篁의 발문까지 단) 이 책을 간행했다고 기록되어 있다. 그러나 고봉의 문집(『高峯集』) 등 어디에도 이 책의 실물은 찾을 수 없었다. 그 후손들은 아예 이것이 유실되었다고 믿고 있었다. 필자가 실물을 찾으려 수소문하던 중 서지학자 윤병태尹炳泰 교수의 도움으로 이 책(嘉靖丁巳刊本)이 일본 내각문고內閣文庫에 들어 있음을 알게 되었다. 이에 고봉의 후예인 기세훈奇世勳 박사의 주선이 뒤따랐다. 그 결실로 마침내 1976년 대동문화 연구원의 영인본 『고봉집』에 이것이 수록되어 햇빛을 보게 된 것이다. 그것이 고봉 별세 이후 『주자문록』의 첫 출간이었다.

그 다음에 '활자들을 보다 더 명료하게' 영인한 단행본 『주자문록』을 발간했다. 학자들에게는 아마도 그 단행본이 실제로 도움이 되었을 것이다. 지금의 이 한글번역본이 그 영인본을 대본으로 삼았음은 물론이다. 이번에는 역자들이 이 책의 끝에 부록 형식으로 「주자연보朱子年譜」와 「주자저작목록朱子著作目錄」를 새로 붙여 독자들의 편의에 크게 도움이 되도록 했다. 역자들의 학구적 성의와 노고를 위로하고자 한다. 판본을 달리할수록 보완되는 부분이 있게 되듯이, 필자의 이 글 또한 이전의 한문 『주자문록』의 단행본에 달았던 '글(解題)'을 더 다듬고 보충한 것임을 밝혀 둔다.

2.

『주자문록』에 수록된 주자의 글은 총 129편에 이른다. 수록된 글들을 내용과 성격에 따라 분류해 보면 다음과 같다.

부부賦 : 2편   소疏·주奏·차箚 : 7편
서간書簡·문답서問答書 : 17편   잡저雜著·설說 : 19편
기기記 : 30편   서序 : 22편
발跋 : 9편   명銘·잠箴 : 7편
제문祭文 : 5편   비碑·묘표墓表 : 9편
행장行狀·사실기事實記 : 2편.

이것을 보면『주자문록』에는 지난날 성리학자의 문집이나 전집들에 으레 들어가던 한 가지 종류가 제외되었음을 알게 된다. 바로 시詩이다. 주자의 시는 매우 수준 높기로 유명하다. 그런데도 이 책에는 주자의 시가 수록되지 않았다. 이 점은 이 책의 한 특징이다. 이렇게 만든 이유는 바로 시를 경시하던 성리학들의 성향과 연관된 것이라 짐작된다. 성리학 자들에게는 대체로 시를 사상과 철학 밖의 여벌로 치는 경향이 있었다. 고봉도 그런 사고를 주자의 글에 대한 선별 기준으로 삼았던 것 같다. 시만 제외하고 다른 분야들은 비중에 경중의 차이는 있지만 고루 분포되어 있다.

수록된 글의 구체적 분포와 그 경중을 알 수 있는 구성비율(數値)을 보겠다.

① 주자의 주변인물과 환경 및 생애에 대한 것: 서간書簡 17편, 잡저雜著 19편, 기기記 30편, 제문祭文 5편, 비碑 9편, 행장行狀 2편 등 총 82편
② 서적에 대한 것: 서序 22편, 발跋 9편 등 총 31편

③ 문학에 속한 것: 부부賦 2편, 명잠銘箴 7편, 기기記 4편 등 총 13편
④ 사상에 속한 것: 상소(奏箚) 7편, 서간書簡 17편, 잡저雜著 19편, 기기記 30편, 명잠銘箴 7편(序・跋 제외) 등 총 80편
⑤ 수양과 관련된 것: 명잠銘箴 7편, 부부賦 2편, 잡저雜著 19편, 기기記 30편(書簡 제외) 등 총 58편

분류 자체가 개략적일 수밖에 없는 데다가 종류에 따라 중복되는 것이 있어 이 변별적 분포는 엄밀성을 기하기 어렵다. 이런 분류를 시도하는 경우 언제나 중복은 피할 수 없음은 다 아는 사실이다. 이 점 감안해야 한다.

이 분포도를 보면 다음과 같은 산술적 비중치가 나온다. 즉 수록된 글 가운데 '주자와 주변 인물 및 환경'에 대한 글이 가장 많고, 그 다음 많은 것은 '주자의 사상'에 대한 글이며, 세 번째가 '주자의 수양'에 대한 글이다. 네 번째는 일상사 내용의 서간문이고, 맨 끝이 문학에 속하는 글이다. 이는 시를 제외시킨 편집 의도에서도 이미 드러난 '문학 경시의 선별 기준'과 일치하는 현상이다.

변별의 시각을 조금 바꾸면 이와 달라질 수도 있다. 곧 수양에 대한 글이나 서문・발문 중에도 사상에 포함시킬 만한 것이 있는데, 그렇게 파악하면 '사상에 속하는 글'이 단연코 제일 많다고 해야 한다. 사실 이러한 식의 파악이라야 타당하고 정확하다고 판단된다. 아무튼 최다 수치를 차지하는 종류는 보기에 따라 '두 개'로 나타나는 셈이다.

이는 어떤 의미를 시사하는 것일까? 이는 『주자문록』을 엮은 '고봉의 관심'이 두 가지에 집중되었음을 시사한다. 바로 고봉이 시도한 '주자학의 기반基盤에 대한 안내'와 '주자학 중 사상思想의 안내'가 그것이다. 앞의 것은 '객관적 사실'의 소개인 데 견주어, 뒤의 것은 '고봉 자신의 주관적 견해까지 작용'한 소개라는 성격의 차이로 분별된다.

3.

    고봉이 안내하고 있는 '주자학의 내용' 가운데 특히 둘째의 사상 소개 부분은 고봉의 주관적 견해가 작용하였으므로, '고봉의 주자학'도 함께 파악할 수 있는 부분이다. 고봉 자신이 주자학의 계열에 서는 성리학자임을 고려해 필자는 특히 이 부분에 관심을 갖고 주목하고 싶다.

    『주자문록』에 수록된 글들 가운데 '주자의 사상' 및 '그 사상과 관련된 주자의 글들'을 앞서보다 더 구체적으로 확인·정리하겠다.

① 주자의 생애와, 일상적 또는 성리학자적 면모 및 사상이 담긴 자료: 「주선생행장朱先生行狀」, 「서화상자경書畵象自警」, 「백록동부白鹿洞賦」, 「감춘부感春賦」.(부록의 「주자연보」와 「주자저작목록」은 이 한글번역본에 새로 첨가한 것임)

② 주자의 학문 입장 또는 그 성향이 불교와 노장사상을 배척하는 성리학임을 알게 해 주는 글: 「육선생화상찬六先生畵像贊」, 「염계선생사실기濂溪先生事實記」, 「관심설觀心說」, 「답왕상서答汪尙書」(2), 「양생주설養生主說」.

③ 주자가 성리학을 자신의 입장으로 삼아, 북송대 소식蘇軾(東坡) 및 동시대 육구연陸九淵(象山) 등의 학문을 비판한 내용의 글: 「답왕상서答汪尙書」, 「답정윤부答鄭允夫」, 「답육자정答陸子靜」 등.

④ 주자가 초학에게 안내하는 학문의 방법과 주요 내용 등, '주자학 입문 성격'의 자료: 「독서지요讀書之要」, 「유제생諸生」, 「우유학자又諭學者」, 「백록동서원게시白鹿洞書院揭示」, 「가례서家禮序」 등.

⑤ 주자학적 공부工夫 또는 수양修養에 대한 안내 자료: 「극재기克齋記」, 「존덕성재명尊德性齋銘」, 「구방심재명求放心齋銘」, 「경서재명敬恕齋銘」, 「경재잠敬齋箴」 등.

⑥ 고전과 선현의 책에 연결해 낸 주자의 심성설과 우주·자연설로서 비교적 간략한 글들: 「논맹집의서論孟集義序」, 「대학장구서大學章句序」, 「중용장구서中庸章句序」, 「주자통서후기周子通書後記」, 「주례삼덕설周禮三德說」 등.

⑦ 주자의 구체적이고도 체계화된 심성설을 담은 대표적인 것들: 「인설仁說」, 「악기동정설樂記動靜說」, 「답진기지서答陳器之書」, 「여호남제공논중화與湖南諸公論中和 제1서」 및 「원형이정설元亨利貞說」 등.

⑧ 주자의 우주·자연설 가운데 대표적인 것들: 「원형이정설元亨利貞說」, 「주자통서후기周子通書後記」, 「답육자정答陸子靜」 등.

⑨ 주자의 정치·사회사상에 해당하는 경세설: 「무신봉사戊申封事」, 「무신연화주차戊申延和奏箚」, 「계미수공주차癸未垂拱奏箚 1~3」, 「행궁편전주차行宮便殿奏箚」, 「치사사표致仕謝表」, 「무오당의서戊午讜議序」, 「승상이공주의후서丞相李公奏議後序」, 「건령부숭안현오부사창기乾寧府崇安縣五夫社倉記」, 「강서운사양제원기江西運司養濟院記」 등.

이것이 이 책에 수록된 주자의 사상이 담긴 구체적 글들이다. 각 분야의 사상들이 다양하게 소개된 점이 무엇보다도 큰 특징이다. 다양하게 소개된 점은 고봉이 그만큼 '주자의 사상을 다방면으로 파악했음'을 드러내는 증거이다.

주자의 사상을 다방면으로 파악했다는 것은 고봉이 주자의 사상들을 그만큼 중요시했음을 가리키기도 한다. 여기서 우리는 고봉이 주자의 사상 중 실제로 어느 사상을 더 중요시했는지를 밝혀야겠다. 그의 관심의 비중치가 어느 사상에 집중되었나를 탐색해 볼 일이다.

첫째, 고봉은 ②와 ③ 두 항목을 통해 주자의 학통을 비교적 상세히 소개한 셈이다. 이 점은 주자의 학통의식을 밝히는 데 소홀함이 없도록 한 그의 의지의 반영이다. 크게는 노불을 배척하고, 작게는 유학 가운데서도 육구연의 심학을 배척하는 것임을 분명히 하려던 그의 의도가 확인된다. 이런 학통의식은 주자에만 한정되지 않고 고봉 자신도 그러했음을 상기해야겠다. 그는 『주자문록』을 익힐 후학들도 이러하기를 기대했을 것이다.

둘째, ④, ⑤, ⑥, ⑦은 모두 주자학 중의 사상 부분을 본격적으로 소개했다는 점에서 일맥상통한다. 주자학의 범위와 대상을 밝힌 ④는 이것들 가운데 일종의 서두에 해당한다. ⑤가 수양방법인가 하면 ⑥과 ⑦은 수양을 뒷받침하는 심성설로 서로 긴밀히 관련된다. ⑥, ⑦은 주자의 심성설(철학)

의 진면목을 드러내는 핵심 사상 부분이다. ⑧과 ⑥의 일부는 우주자연의 사상이 소개된 내용이다. 이를테면 ⑧과 ⑥은 주자학 본론의 후반부인 셈인데, 그 분량은 ⑥, ⑦에 견주어 상대적으로 훨씬 적다. 이 점은 고봉의 관심이 주자의 심성설에 집중되고 자연설 분야에는 그 농도가 좀 덜했다는 추측을 하게 한다.(여기서 굳이 주자 자신의 태도가 원래 이러했기 때문임을 강조한다면, 고봉의 편집은 단순히 진실의 반영일 뿐이다. 그러나 우리는 편집에 개입된 고봉의 주견을 논의하는 중임을 기억해야 한다.)

셋째, ⑨항에서는 주자의 경세설을 매우 많이 수집하고 있다. 원래 주자의 경세사상을 알 수 있는 글들은 대부분 상소문들이다. 그 상소문들은 내용의 요약과 정리가 필요하다고 할 만큼 장문으로 되어 있다. 경세사상 자체가 주자의 상소문들이 대부분인 데다가 그 글들이 장문인 까닭에, 이 책에 소개된 상소문들의 분량은 『주자문록』 중권의 절반 정도에 이른다. 이 대목에서 학자이되 관료를 아울러 지향하던 고봉의 신분적 관심과 의지가 암묵리에 드러난다고 하겠다.

4.

이 『주자문록』에 보이는 편집상의 구조와 사상적 특징에 담겨진 의의를 읽겠다. 주자와 그의 환경에 관한 지식은 곧 주자의 인물과 학문 또는 사상을 이해하는 데 필수불가결한 기초적 조건이다. 그 소개는 이런 점에서 당연시되어야 할 의의를 지닌다.

이 책의 구조는 크게 보아 주자의 성리학과 경세사상이라는 '두 편'을 중심으로 꾸민 것이다. 이 점은 되풀이해서 주자가 성리학을 대성시킨 학자이면서 관료의 길을 밟았고 고봉도 성리학자이며 과거를 거쳐 관료로 진출했음에 주목해서, 곧 그의 신분적 시각에서 읽어야 한다.

고봉이 주자의 수양설을 비롯해 특히 심성설에 관심을 많이 쏟았다는 사실은 주자학이 본래 심성의 수양을 철저히 하는, 이른바 위기지학爲己之學이라는 명칭까지 붙는 학문임을 옳게 파악한 증거이다. 이는 또 자신과 주자학을 배우려는 학자들 모두가 수양설과 심성설의 중요성을 명심하고 실천하기를 기대한 의도의 노정이라는 풀이도 가능케 한다.

원래 주자학 및 유학 자체가 수기修己를 학문과 경세의 기반으로 삼고 있으며, 그에 따라 수기를 위한 심성의 연구를 필수불가결한 요건으로 여긴다. 자연에 대한 연구는 그 자체로도 중요시할 만하지만, 심성의 깊은 연구와 연관된 점으로 해서도 소홀히 하지 않는다. 고봉이 이 책에 주자의 수기설, 심성설과 더불어 자연설도 소개한 의도는 이런 사유와 결코 무관치 않다고 해야 한다.

이렇게 볼 때 이『주자문록』편성의 특징들은 모두 주자학에 대한 고봉의 이유 있는 편집이다. 아울러 그런 점들은 고봉이 주자학에 대해 터득한 '지식의 정확성'을 확인시켜 주는 방증이기도 하다. 사실 '주자학에 정통'하지 않고서는 방대한『주자대전』의 다양한 분포에서 고루 발췌해 내는 작업은 엄두도 내지 못할 일이다. 고봉은 30세 무렵에 이미 주자학에 정통했음이 이로써 확실해진다.

고봉이 이 책을 간행한 뒤에 한국 성리학계에 남긴 업적으로 가장 큰 것은 널리 알려진 대로 퇴계退溪(李滉, 1501~1570)와 함께 나눈「사단칠정론四端七情論」이다. 이것은 그가 겨우 30세를 조금 넘긴(33세) 신진기예로서 당시 성리학계를 대표하던 58세의 대가인 퇴계와 더불어 8여 년에 걸쳐 전개한 논변論辨이다. 우리는 이제까지 사단칠정논변에 드러난 '고봉의 성리학 실력'에 경이로움을 금치 못했는데, 그 경이로움의 원천이 무엇이 었는지 이제 이 책으로 해소될 수 있었다.『주자문록』의 편집 간행이라는 사실을 고려한다면, 누구라도 젊은 고봉이 대선학 퇴계에게 맞설 수 있던 실력에 아무런 의문을 일으키지 않게 될 것이다.

사단칠정론 이외에 고봉은 경세설에서도 당시 사림파 학자로서 앞선 이론을 낸 학자이다. 그의 경세설은 당시 임금인 선조의 명에 의해 『논사록論思錄』으로 정리되어 전해 온다. 그 『논사록』에 드러나는 경세설이란 대체로 '언로의 개방설', '왕과 신하의 공치설共治說', '적폐의 개혁설' 등 위민·민본의 성격으로 일관된 것들이다. 그것들 또한 그의 사단칠정설 못지않게 후배인 율곡栗谷(李珥, 1536~1584)에게 크게 영향을 끼쳤다고 할 만하다.

우리는 고봉이 당시 주자학에 누구보다 못지않은 실력을 갖추고 그것을 과시하던 용기와 지혜의 뿌리를 바로 이 책에서 읽어 내게 된다. 그리고 이 책이 그에게 끼친 영향 외에, 그의 뒤를 이은 당시 사림파 학자들에게 끼친 영향도 어렴풋이나마 짐작할 수 있다.

朱子文錄 巻上

1. 원형이정에 관한 논설 — 元亨利貞說[1]

　원元·형亨·이利·정貞[2]은 성性이다. 낳고(生) 자라고(長) 열매 맺고(收) 거두어들임(藏)은 정情이다.[3] 원元으로써 낳고 형亨으로써 자라고 이利로써 열매 맺고 정貞으로써 거두어들이는 것은 마음이다.[4]

　인仁·의義·예禮·지智는 성이다. 측은惻隱·수오羞惡·사양辭讓·시비是非의 마음(心)[5]은 정情이다. 인으로써 사랑하고 의로써 미워하고 예로써

---

1) 『朱文公文集』, 권67. 우주의 변화를 설명하는 역의 체계와 인간의 마음에 대한 심성론을 서로 유비하여 설명하고 있는 글이다.
2) 『周易』乾卦의 괘사는 "乾, 元亨利貞"인데, 이를 건괘의 특성으로 해석하는 四德說을 주희는 따르고 있다. 사덕설은 우주의 운행원리(천리)와 그것이 드러나는 길(天道)에서 보이는 네 가지 이치, 또는 근원성, 형통함, 이로움, 곧고 굳음의 속성이나 낳고 자라고 열매 맺고 씨앗으로 돌아가는 과정, 혹은 봄여름가을겨울의 순환을 그 기본 내용으로 한다. 원은 으뜸, 원형, 근원, 생성의 의미를 지니고 있어서 나머지 특성을 다 포함하면서 나머지 특성에 내재한다.
3) 性은 각각의 사물이 각각의 특성을 갖게 하는 사물에 내재하는 이치이다. 사람으로 말하면 사람이 사람 되는 이치로서, 물질적 원리뿐만 아니라 도덕적 원칙까지 포함한다. 마음의 경우를 들어 말하면 성은 마음의 이치이다. 情은 이러한 성이 각각의 국면에 들어나는 마음의 현상을 총괄하여 말한 것으로, 감정, 판단, 감각 등을 모두 포함한다.
4) 자연의 측면(天道)에서 理가 실현되는 것을 설명한 것으로, 사람의 측면에서 理를 설명하는 다음 구절의 근거가 된다.
5) 맹자 性善說의 근거가 되는 네 가지 착한 마음으로, 측은해하는 마음, 수치스러울 때 부끄러워하는 마음, 사양하는 마음, 옳고 그름을 가리는 마음이다.(『孟子』, 「公孫丑上」, "惻隱之心, 仁之端也, 羞惡之心, 義之端也, 辭讓之心, 禮之端也, 是非之心, 智之端也.") 인의예지는 원형이정과 유비관계에 있다. 일로써 말한다면, 인으로 일을 시작하고 의로써 줄기를 이루고 예로써 수식하고, 지로써 거두어들이니 이 과정은 계절의 순환에 비유된다.

사양하고 지로써 아는 것은 마음(心)이다.[6]

성은 마음의 이치요, 정은 마음의 작용이다. 마음은 성性과 정情의 주재자이다.[7]

정자程子[8]가 "그 체體를 역易이라고 하고 그 이치를 도道라고 하며 그 용用을 신神이라고 한다"[9]라고 말했던 것이 바로 이를 말함이다.[10] 또 "하늘이 스스로 그러한 것을 천도天道라고 하고, 하늘이 만물에 부여한 것을 천명天命이라 한다"[11]라고 했던 말과 "천지는 만물을 낳는 것으로 마음을 삼는다"[12]라는 말도 이것을 말함이다.

---

6) 사람의 측면(人道)에서 理가 실현되는 것을 말한다.

7) 마음이 그 안에 있는 이치인 성의 정으로 드러낸다는 말로, 곧 성은 정의 내용이 되고 정은 성의 결과가 된다. 마음은 이 과정을 총괄한다.

8) 程顥(1032~1085)와 동생 程頤(1033~1107)인 二程을 말하는데, 여기서는 정호를 가리킨다. 정호는 중국 북송시대 성리학자로, 자는 伯淳이며 洛陽 출신이다. 明道先生으로 일컬어졌다.

9) 『河南程氏遺書(二程遺書)』, 권1, "其體則謂之易, 其理則謂之道, 其用則謂之神."(程顥) 인간에게 인식되는 우주의 총체는 '역'이라 지칭되는 변화이고 그 바탕이 되는 이치는 '道'라고 부르니, 이는 '道'가 '易'의 양상을 통해 드러나며 그 드러나는 쓰임(작용)은 신묘하다는 말이다.

10) 자연 즉 하늘의 측면에서 드러나는 易은 사람의 측면에서는 心과 같고, 하늘의 理는 사람의 性에 해당하며, 하늘의 神은 사람의 情에 해당함을 말한 것이다. 이렇게 하여 천도와 인도가 끊어짐이 없이 이어진다고 본 것이다.

11) 『河南程氏遺書(二程遺書)』, 권11, "言天之自然者謂之天道, 言天之付與萬物者謂之天命."

12) 『河南程氏遺書(二程遺書)』, 권1, "天地以生物爲心." 생성변화를 본질로 하는 '역'은 마음에 해당하고 만물에 부여되기 전의 '理'는 천도이며, 이것이 만물에 부여되면 천명이니 곧 '性'의 단계 즉 本然之性임을 유추할 수 있다. 본원적 측면에서 말한다면 천도와 천명은 동일한 것이지만, 구체적인 사물에서는 기질의 측면(氣質之性)도 고려해야 하므로 천명과 성의 관계는 같다고 할 수만은 없다. 이것이 조선 후기 성리학에서 논쟁점이 된다.

2. 인에 관한 논설 — 仁說[1]

천지는 사물을 낳는 것을 그 마음으로 하고, 사람과 사물은 그 생겨남에 각기 천지의 마음(心)을 받아서 자신의 마음(心)으로 한다.[2] 그래서 마음의 덕(德)[3]을 말하면, 그것이 비록 포함하여 두루 갖추지 않은 것이 없지만 한마디로 말하면 인(仁)일 따름이다.

자세히 살펴보자.

천지의 마음은 그 덕이 네 가지 곧 원元·형亨·이利·정貞인데, 원이 이들을 모두 거느리지 않음이 없다. 이 덕이 운행하면 봄·여름·가을·겨울의 질서가 이루어지는데, 봄의 생기가 통하지 않는 곳이 없다. 그래서

---

1) 『朱文公文集』, 권67. 주희는 43세(1172) 겨울에 張栻과 『洙泗言仁錄』에 대해 토론을 한 뒤 「仁說」을 처음 지었고, 다음해까지 『洙泗言仁錄』과 「仁說」에 대한 토론을 계속한 끝에 겨울에 인설을 개정하게 된다.(束景南, 『朱熹年譜長篇』, 2000) 사람 마음의 仁이 천지의 元과 같다는 데서 출발하여 인을 보존하고 확충하는 것을 논하고 있다. 중간에 가상의 문답을 설정하여 전개하는 것이 이채롭다.
2) 천지의 창조적 역동성을 마음(心)으로 표현한 것인데, 理氣의 측면에서 보면 理의 근원과 氣의 생성 두 측면이 온전히 어우러진 것이다. 이런 점에서 보면 性卽理이자 心卽理라 할 수 있다.
3) 원래 德의 뜻에 얻음(得)의 뜻이 있으므로, 마음에 갖추고 있는 것이라는 점에서 마음의 특성으로 이해할 수 있다. 마음의 특성과 기능이라는 의미도 있지만, 성리학에서는 마음의 덕성이라는 '본성', '가치'로서의 의미가 강조된다. 덕성을 이해하는 데 있어서 기능의 측면을 강조하면 氣의 측면에서 보게 되고 가치의 측면을 강조하면 理의 측면에서 보게 되는데, 「仁說」에는 두 측면이 혼재되어 있다. 여기서는 원형이정을 통해 인의예지의 단서인 네 가지 덕을 언급하는데, 이 경우 원이 형이정을 통괄하듯이 인은 의예지를 모두 통괄하는 가장 근본되는 덕성이 된다.

사람의 마음에도 네 가지 덕(四德)이 있으니 곧 인·의·예·지인데, 인이 다른 덕을 모두 감싸지 않음이 없다. 이 덕이 드러나면 사랑, 공경, 마땅함, 분별함의 감정이 되는데, 측은한 마음이 관통하지 않음이 없다. 그래서 천지의 마음을 논하는 자는 '건원乾元, 곤원坤元'을 말하니, 네 가지 덕의 체용을 다 거론하지 않아도 족하다. 인심人心의 오묘함을 논하는 자는 "인仁은 사람의 마음이다"[4]라고 말하니, 네 가지 덕의 체용은 또한 모두 들지 않아도 갖추어진다.[5]

인의 도道는 천지의 '사물을 낳는 마음'이 사물에 있는 것이다. 정情이 아직 일어나지 않았을 때에 인의 체體가 이미 갖추어져 있고, 정이 일어난 뒤에는 인의 용用이 한정이 없다. 참으로 인을 체득하여 보존할 수 있다면, 모든 선의 원천과 온갖 행위의 근본이 다 여기에 있다. 이것이 바로 공자 문하의 가르침이 반드시 배우는 자가 인을 찾는 데(求仁) 급급하도록 했던 까닭이다. 그 말씀에 "자신을 극복하여 예로 돌아가면(克己復禮) 인을 행하게 된다"라고 했다. 자기의 사심을 이겨내고 천리로 돌아갈 수 있으면 이 마음의 체가 있지 않는 곳이 없고 이 마음의 용이 쓰이지 않는 때가 없다고 말씀하신 것이다. "평소 생활은 공손하고, 일을 함에 경건하며, 남을 대할 때는 충심으로 한다"[6]라는 것도 역시 이 마음을 보존하는 방법이다. 어버이를 섬김에 효도하고 형을 섬김에 우애 있고 다른 모든 존재를 대함에 그 처지를 헤아린다는 것도 역시 이 마음을 쓰는 방법이다.

---

4) 『孟子』, 「告子上」, "孟子曰, 仁, 人心也, 義, 人路也."
5) 『주역』 乾卦의 '乾元亨利貞'에서 '元亨利貞'을 乾의 네가지 특성(德)으로 해석하는 것이 4덕설이다. 4덕 중에 元이 대표로서 천지의 덕을 말할 때 원 하나만을 말하면 나머지 형·이·정이 다 포함된다. 여기서는 4덕설에 體用을 연관지어 말하고 있는데 體는 원리를 가리키고 用은 그 원리의 실현을 말한다. 4덕의 體는 원형이정이며 그 用은 생기게 하고 자라게 하고 열매 맺게 하고 거두어들이는 것이다. 이를 사람의 마음에 적용하면 인·의·예·지가 體이고 측은·수오·사양·시비가 用이라는 것이다.
6) 『論語』, 「子路」, "樊遲問仁. 子曰, 居處恭, 執事敬, 與人忠. 雖之夷狄, 不可棄也."

또 공자께서 "백이伯夷·숙제叔齊가 인을 구하여서 인을 얻었다"[7]라고
했으니, 왕위를 사양하고 피하였으며 정벌의 잘못됨을 간쟁하고 굶어죽
어도 이 마음을 버리지 않았다. 또 "자신을 희생하여 인을 이룬다"(殺身成仁)
라고 하였으니, 생명보다 더 원하는 것이 있고 죽음보다 더 싫어하는
것이 있어서 이 마음을 해치지 않는다.[8]

이 마음은 어떤 마음인가? 천지에 있어서는 한없이 만물을 낳는 마음이
고, 사람에게 있어서는 온화하게 사람을 사랑하고 만물을 이롭게 하는
마음으로서 사덕을 포함하고 사단을 꿰뚫는 것이다.

어떤 이가 묻는다.

"그대의 말대로라면 정자程子의 이른바 '사랑(愛)은 정이고 인은 성性인
만큼 사랑을 가지고 인이라 이름 붙일 수 없다'[9]라는 말은 틀렸다는
것인가?"

"그렇지 않다. 정자程子의 비판은 사랑으로 드러난 것을 가리켜 인이라
이름 붙인 것을 비판한 것이다. 내 주장은 사랑의 이치를 인이라 이름

---

7) 『論語』, 「述而」, "冉有曰, 夫子爲衛君乎? 子貢曰, 諾, 吾將問之. 入曰, 伯夷叔齊何人也? 曰,
古之賢人也. 曰, 怨乎? 曰, 求仁而得仁, 又何怨? 出曰, 夫子不爲也." 중국 고대 인물인 伯
夷와 叔齊 형제는 孤竹國의 왕자들이었는데, 그들의 아버지가 3남 숙제에게 왕위
를 물려주려 하자 숙제는 형인 백이에게 사양했고, 백이는 아버지의 뜻을 어그
러뜨리지 않으려고 피해 버렸다. 나중에 무왕이 은나라를 정벌하려 할 때 이들
은 간언하여 막으려 했다. 그러나 끝내 무왕이 정벌에 나서 주나라를 세우자 이
들은 주나라의 곡식을 먹을 수 없다 하여 수양산 아래에서 고사리만 캐먹다가
굶어죽었다고 한다.

8) 『論語』, 「衛靈公」, "子曰, 志士仁人, 無求生以害仁, 有殺身以成仁."

9) '仁'은 이치여서 본성인 性에 해당하고, 사랑으로 드러난 것은 감정으로 情에 해
당한다. 인은 사랑의 이치로서 원인에 해당하며, 사랑은 인이 드러난 감정으로
서 결과에 해당한다. 달리 말하면 사랑은 인을 유추할 수 있는 단서에 해당한다.
四端을 통해서 마음 속에 착한 본성이 있음을 유추하는 것과 같다.(『二程全書』,
권18, "問仁, 曰, 此在諸公, 自思之將聖賢所言仁處類聚觀之, 體認出來, 孟子曰, 惻隱之心仁
也, 後人遂以愛爲仁, 惻隱固是愛也. 愛自是情仁自是性, 豈可專以愛爲仁? 孟子言惻隱爲仁, 蓋
爲前已言惻隱之心仁之端.")

붙이는 것이다. 무릇 정·성이라 하는 것은, 비록 그 영역은 다르지만 그 핏줄처럼 통하여 각각 이어짐이 있으니 어찌 뚝 떨어져 상관없는 것이겠는가? 나는 배우는 사람들이 정자의 말씀을 외기만 하고 그 참뜻을 찾지 않아, 마침내 사랑을 뚝 떼어내 버린 채 인을 말하는 데 이른 것이 걱정이다. 그래서 특별히 이를 논하여 그 드러나지 않은 뜻을 밝혔다. 그대가 정자의 설과 다르다고 하니 또한 오해가 아니겠는가?"

어떤 사람이 묻는다.

"정자程子의 제자들이 인을 말한 것이 많다. 어떤 이는 '사랑이 인이 아니고, 만물과 내가 하나되는 것이 인의 체이다'라고 하였고, 또 다른 이는 '사랑이 인이 아니고, 마음의 지각知覺을 가지고 인을 해석한다'라고 하였다.[10] 지금 그대가 말한 것이 옳다면 저들은 모두 틀린 것인가?"

"저들이 말하는 '만물과 내가 하나'라는 것은 인이 '사랑하지 않음이 없음'을 보여 줄 수는 있지만 그것이 인이 마음의 본체인 참된 까닭은 아니다.[11] 저들이 말하는 '마음의 지각'이라는 것은 인이 지혜(智)를 포함한다는 것을 보여 줄 수는 있지만 그것이 인이 인이라고 불리는 까닭[12]은 아니다. 공자가 '널리 베풀고 백성을 구하는 것'이 인이 되는지를 물은 자공에게 답한 것[13]과 정자의 이른바 '지각으로는 인을 해석할 수 없다'[14]는 것을 보면 알 수 있을 것이다. 그대는 어찌 이것을 가지고 인을 논하는가? 더구나 '한 몸이 된다'고 대충 말하게 되면 사람들을 흐리멍덩하고 게으르

---

10) 만물과 하나됨으로 仁을 해석하는 것은 楊時(1053~1135) 등을 가리키고, 지각을 인으로 해석하는 것은 謝良佐(1050~1103) 등을 가리킨다.

11) 본체인 까닭은 인이 마음의 德으로서 본성 즉 理이기 때문이다. 지각의 측면으로 말하면 氣의 층위에서 말하는 것이 된다.

12) 惻隱해하는 사랑을 말한다.

13) 『論語』, 「雍也」, "子貢曰, 如有博施於民而能濟衆, 何如? 可謂仁乎? 子曰, 何事於仁! 必也聖乎! 堯舜其猶病諸! 夫仁者, 己欲立而立人, 己欲達而達人. 能近取譬, 可謂仁之方也已."

14) 『二程全書』, 권24, "義訓宜, 禮訓別, 智訓知, 仁當何訓? 說者謂訓覺訓人, 皆非也. 當合孔孟言仁處大槩研窮之, 二三歲得之未晩也."

게 만들어 깨우쳐 절실히 하는 공부를 하지 않게 할 것이니,[15) 그 폐해는
만물을 자신으로 인식하는 데 이를 수도 있다. 오로지 지각으로만 말하는
(專言) 것은 사람들을 장황하고 조급하고 깊이 잠기는 맛이 없게 할 것이니,
그 폐단은 혹 욕심을 이치로 여기는 데 이를 것이다.[16) 하나는 잊어버림이
있고 하나는 조장함이 있으니[17) 둘은 모두 잘못되었거니와, 지각으로
말한 것은 또한 공자께서 보여 주신 '어진 사람이 산을 좋아하고' '인으로써
지킬 수 있다'는 기상과도 같지 않으니[18) 그대는 어찌 다시 이것을 가지고
인을 논하는가?"

　이런 일로 인하여 그 말을 나란히 기록하고 인설을 짓다.

---

15) 대상과 일체가 됨을 仁으로 보는 경우, 남과 나를 분명히 구분해서 자신의 부족
　　한 점을 깨달아 발전시키는 태도가 부족하게 될 수 있다.
16) 지각은 감각작용으로서 氣의 활동이라는 측면에서 볼 때, 이것을 仁으로 긍정하
　　여 지각작용 자체를 순수하고 선한 것으로 보게 된다면 잘못된 지각작용도 선한
　　것으로 착각할 수 있다는 것이다. 또한 동적인 기를 중심으로 공부하기 때문에
　　부산스러워질 수도 있다고 본 것이다.
17) 일체가 되는 것으로 인을 설명하는 것은 자신의 구분을 잊어버리는 것이고, 지
　　각으로 인을 보는 것은 마음을 조장하는 것이다.(『孟子』, 「公孫丑上」, "必有事焉, 而
　　勿正, 心勿忘, 勿助長也.")
18) "지혜로운 자는 흐르는 물을 좋아하고 인한 사람은 움직이지 않는 산을 좋아하
　　며 지혜로써 그것을 알게 되더라도 인으로써 지킬 수 없으면 잃게 된다"라는
　　말을 인용하여, 智는 동적이며 仁은 정적이고 지키는 것에 관련됨을 말한 것이
　　다. 지각은 智에 해당하기에 이것으로 仁을 해석할 수 없다.(『論語』, 「雍也」, "子曰,
　　知者樂水, 仁者樂山. 知者動, 仁者靜. 知者樂, 仁者壽."; 『論語』, 「衛靈公」, "子曰, 知及之,
　　仁不能守之, 雖得之, 必失之. 知及之, 仁能守之. 不莊以涖之, 則民不敬. 知之, 仁能守之,
　　莊以涖之, 動之不以禮, 未善也.")

3. 『예기』 「악기」의 '마음의 동정動靜'을 설명한 논설 ─ 樂記動靜說[1]

「악기樂記」에서 "사람이 태어나 고요한 상태가 본래의 성(天之性)이다. 사물에 느껴서 움직이는 것은 본성의 의욕(性之欲)이다"[2]라고 한 것은 무슨 뜻인가?

이는 성정의 오묘함으로, 사람이 태어날 때부터 갖고 있는 것을 말한다. 대개 사람은 천지의 '중中'을 얻어서 태어나는데, 그것이 아직 느끼지 않았을 때는 순수하고 지극히 선하며 모든 이치를 갖추고 있으니 이를 성性이라 한다. 그런데 사람에게 이러한 성이 있으면 몸도 있고, 몸이 있으면 마음도 있으니 사물을 느끼지 않을 수 없다. 바깥 사물에 느껴 움직이게 되면 본성의 의욕이 이로부터 나오게 되니, 선악이 여기서 나뉘게 된다. 본성의 의욕이란 곧 정情을 말한다.

"사물이 이르면 알게 되고, 알게 된 이후에 좋아하고 싫어함이 여기에 드러난다"[3]라고 말하니 무슨 뜻인가?

앞의 단락은 성·정의 구분을 말한 것이고, 이 단락은 정의 움직임을 가리켜 말한 것으로 성은 그 안에 있다. '사물이 이르면 알게 된다'는 것은 마음이 느낌을 말하는 것이고, '좋아하고 싫어함'은 정이며, '드러난

---

1) 『朱文公文集』, 권67. 「樂記」는 『禮記』의 19번째 편으로서 음악을 다루고 있다. 음악을 본성의 감동과 관련하여 설명하는 부분은 성리학 심성론 체계의 중요한 근거로 인용된다.

2) 『禮記』, 「樂記」, "人生而靜, 天之性也. 感於物而動, 性之欲也."

3) 『禮記』, 「樂記」, "物至知知, 然後好惡形焉."

다는 것은 정의 움직임을 말한다. 좋아하고 싫어함에 본래 그러한 절도가 있게 하는 것은 성이다.

"좋아하고 싫어함이 마음 속에서 절도가 없고 지각이 밖에 유혹되어, 자신을 돌이키지 못하면 천리를 잃게 된다"[4]라는 말은 어떤 뜻인가?

이것은 정이 흐르고 성이 없어지게 되는 까닭을 말한 것이다. 좋아하고 싫어하는 감정은 본래 지켜야 할 절도가 있는데, 스스로 깨달아 알지 못하기에 함양하는 바가 없고 큰 근본이 서지 않게 된다. 이런 까닭에 타고난 법도가 마음 속에서 밝게 드러나지 못하고, 바깥 사물이 또 따라서 유혹하게 되니, 이것이 감정이 흘러넘치고 흩어져도 알지 못하는 까닭이다. 진실로 이에 그러한 까닭을 깨닫고서 자신을 돌이킴으로써 구한다면 흘러넘치는 것은 잡을 수 있을 것이다. 이처럼 하지 못하고 오로지 정만 따른다면 인욕[5]이 맹렬히 타올라서 천리가 없어지는 데 이르는 것에 무슨 어려움이 있겠는가? 이 한 구절은 바로 천리와 인욕의 기틀에 해당하니, 여기에 조그만 틈도 용납하지 않는다. 오직 자신의 한 몸을 반성하고 항상 마음에 두어 잊지 않는다면, 천리가 더욱 밝게 드러나고 보존하여 기르는 공부가 절로 굳게 되어 바깥의 유혹에 마음을 뺏기지 않을 것이다.

"사물이 사람을 감동하게 하는 것이 끝이 없고 사람의 좋아하고 싫어함이 절도가 없으면, 사물이 이르자마자 사람이 사물이 된다.[6] 사람이 사물이 되면 천리는 없어지고 인욕만 끝까지 추구한다"[7]라는 말은 어떤 뜻인가?

---

4) 『禮記』, 「樂記」, "好惡無節於內, 知誘於外, 不能反躬, 天理滅矣."
5) 원래 의미는 넓은 의미의 욕망에 가까웠으나, 성리학 체계에서는 몸에 바탕한 욕망인 인심이 흘러넘쳐 법도를 넘어 버린 욕망을 말한다.
6) 주인인 마음이 손님인 사물에 흘려 끌려 다니는 것을 말한다.
7) 『禮記』, 「樂記」, "夫物之感人無窮, 而人之好惡無節, 則是物至而人化物也. 人和物也者, 滅天理而窮人欲."

앞 문단에서는 감정이 흘러넘치는 까닭을 말하였고, 이 문단에서는 그 흘러넘치는 것이 심하게 되어 돌이키지 못하는 데에 이르는 것을 말하였다. 좋아하고 싫어하는 절도는 하늘이 내게 준 것인데도 절도가 없는 데에 이르렀고, 만물을 다스리는 것이 사람이 귀하게 된 까닭인데 도리어 사물이 되는 지경에 이른 것이다. 천리는 그 보존이 지극하지 못할까만을 걱정해야 되는데 오히려 없애버리고, 욕망은 제어에 힘쓰지 못할까 걱정해야 하는데 오히려 끝까지 추구하니, 사람이 사람답게 된 까닭이 여기에서 다 사라지게 된다. 천리는 사람이 부여잡는 바이고 다 없앨 수 있는 것이 아니어서, 비록 사물이 되어 욕망을 끝까지 추구함이 이렇게 심한 지경에 이르렀다 해도 진실로 반성하여 천리의 본래 그러함을 되찾는다면 곧 그것은 처음부터 없어진 적이 없다는 것을 알 수 있다. 다만 오염된 것이 깊어서 되돌리기는 어렵고 흘러넘치기가 쉬우니, 수치를 아는 데서 나오는 용기를 단호하게 하여 백배나 노력하지 않으면 그 처음을 회복하기에 부족할 뿐이다.

4. 왕통이 경전을 다시 지은 것에 관한 논설 — 王氏續經說[1]

도道가 세상에서 사라진 적은 없지만, 그것이 밝게 드러나는 것과 어둡게 감춰지는 것, 통하는 것과 막히는 것의 차이는 밤과 낮, 추위와 더위처럼 상반된다. 그러므로 이제 삼왕의 좋은 정치와 『시경詩經』, 『서경書經』, 육예[2]의 문장은 후세 사람이 미칠 수 없다. 공효와 언어의 표현이 같지 않아서가 아니라, 그 본심本心과 일의 실제(事實)가 같지 않기 때문이다. 그러나 천명은 심원하여 그치지 아니하니, 이른바 도는 진실로 사라진 적이 없다.

『대학』의 가르침은 덕을 밝히고 백성을 새롭게 하여 지극히 선한 상태에 머무르게 하는 것으로서, 이미 분명한 방법을 갖추고 있으니 이를 바탕으로 실천할 수 있다. 후세에 그 책을 읽고 그 일을 살피는 사람이 진실로 '깊이 생각하고 익숙하게 강론'함으로써 그 근본을 찾고 '삼가 지키고 힘써 행하는' 것으로 그 내용을 실천하여, 어느 날 문득 어두운 것이 밝게 되고 막힌 것이 통하게 되는 데에 이른다면, 미칠 수 없을 것 같던 옛사람들의 뛰어난 점들이 어느새 나에게 있게 될 것이니 어찌 끝내

---

1) 『朱文公文集』, 권67. 수나라 王通(584~617)의 제자들이 공자의 어록인 『論語』를 본떠서 왕통의 말을 모아 책을 만든 것을 비판한 글로, 1185년(주희 56세) 12월의 작품이다. 당시 陳亮(1143~1194)이 「類次文中子引」을 지었는데 역시 이에 대한 비판의 의미가 있다. 이 무렵 진량과의 왕패논쟁이 끝난다.

2) 六藝는 『周禮』에서 이르는 여섯 가지 기예를 가리키는 말이다. 禮, 樂, 射, 御, 書, 數이며, 이는 각각 예학(예의범절), 악학(음악), 궁시(활쏘기), 마술(마차몰기), 서예(붓글씨), 산학(수학)에 해당한다.

미치지 못할 것이라고 근심하겠는가?

진실로 이처럼 행하지는 않고 단지 모방하고 빌리고 훔치는 계책만 행한다면, 정밀함과 거칢이 현격히 차이 날 뿐만 아니라 끝내 닮을 리도 없으며, 설사 닮는다 하더라도 그것이 도에 대하여 어찌 밝히는 것이 있겠는가? 이것이 자신을 위한 학문에 뜻을 둔 선비(志爲己之士)가 달가워하지 않고 행하지 않는 바가 있는 까닭이다.

왕통王通³⁾은 백세의 뒤에 태어나 옛 성현의 책을 읽고 대강 그 공용을 알았으니, 사라지지 않는 도에 뜻을 두었고, 덕을 밝히고(明德) 백성을 새롭게 하는(新民) 학문에도 뜻이 없었다고 할 수는 없다. 그러나 그 근본을 깊이 탐구하고 그 내용의 실천에 힘써서 반드시 지선至善을 얻어 이에 머무르려 한 적이 없었고, 도리어 자신이 엿보고 상상한 비슷한 것을 가지고서는 성인의 성인된 바, 현인의 현인된 바, 그리고 스스로를 닦는 방법과 남을 다스려 그 공효가 국가와 천하에 미치는 방법이 모두 여기에서 벗어나지 않는다고 여겼다. 이 때문에 한번 수隋 문제文帝를 알현하고「태평십이책太平十二策」을 올렸으니, 스스로의 역량이 이윤伊尹·주공周公과 같지 못함을 헤아리지 못한 것이고, 또 그 임금이 탕왕·무왕 같은 임금이 되지 못함을 알지 못한 것이다. 게다가 왕의 부름을 기다리지도 않고 갔으며 질문을 기다리지도 않고 고했으니, 스스로를 가벼이 여기고 임금에게 자신을 팔려고 한 것이다.

뜻을 얻지 못하고 돌아왔을 때에도 역시 그 나이가 늦었다고 할 정도는 아니었다. 만약 이때에 반성하여 스스로 부족한 바를 찾아, 덕을 밝히는 방법과 백성을 새롭게 하는 도구를 얻어서 지선한 경지에 도달하여

---

3) 王通(584~617)은 수나라의 유학자이다. 隋文帝를 만나 「太平十二策」을 올렸으나 받아들여지지 않았다. 저작으로 『文中子中說』이 전한다. 『續六經』(王氏六經)은 이미 실전되어 주희도 『文中子中說』만 보고 왕통의 학문을 평가했다.

머무를 수 있었다면, 언젠가 임금을 만나 도를 실천하는 것이 어찌 옛사람에게 미치지 못하리라고 생각하겠는가? 설령 불행히 뜻을 얻지 못하여 어쩔 수 없이 책을 저술한다 하더라도 경서經書에 실린 말의 온축된 깊은 뜻을 밝혀 후세에게 무궁한 도움을 줄 수 있을 것이다. 그런데도 도리어 이렇게 할 줄 모르고 그 명예를 추구하고, 빨리 성취하려는 마음을 이기지 못해 날마다 글을 써서 이론을 세우는 것을 자신의 할 일로 여기는 데 급급하였으니, 그 마음 씀이 지나치게 밖으로 치달렸다. 마침내 스스로 의탁할 만한 것이 없어 양한兩漢 이래의 비루한 글과 하찮은 사업들을 주워 모아, 그 중에서 천성이 어쩌다 인의仁義와 부합한 것과 인의를 가장하여 비슷하게 된 것4)들을 구해서, 육경의 체제를 모방하여 책을 만들고 이윽고 그 사람들을 억지로 끌어다가 요堯·순舜과 하夏·은殷·주周 삼대의 반열에 끌어올렸다.

지금은 그가 남긴 글을 볼 수 없지만,『중설中說』5)을 보면 그의 학문체계의 대략을 알 수 있다. 그가『주역周易』을 주석할 때 어찌 선천先天과 후천後天이 서로 체용이 됨을 알았겠는가? 또 한漢 고조高祖와 문제文帝, 무제武帝와 선제宣帝의 제도에 어찌 '정밀히 살피고 마음을 한결같이 하여 중을 잡으라(精一執中)6)라는 심법의 전수가 있겠는가? 또 조식曹植, 유정劉楨, 안연년顔延年, 사영운謝靈運의 시에 어찌『시경詩經』의 "일마다 바른 법도가 있으니 백성이 부여잡는 떳떳함이다"7)라는 가르침이 있겠는가? 숙손통叔孫通, 공손술公孫述, 조포曹褒8), 순욱荀勗의 예악이 또한 백이伯夷, 후기后夔, 주공周公의 예악보다 나은가? 송宋, 위魏 이후로는 남조, 북조로 나뉘었는데,

---

4) 한고조 등의 황제이다.(『朱子大全箚疑輯補』)
5) 왕통의 제자들이 엮은 책이다.
6) 인심은 몸에서 기원하는 욕망을 가리키며, 도심은 본성에 기원하는 도덕심이다.
7) 『詩經』,「大雅·烝民」, "有物有則, 民之秉彝."
8) 曹褒는 漢 章帝 때의 侍中으로, 한나라의 예악을 정했다.

공을 비교하고 덕을 헤아려도 어느 쪽이 임금이고 어느 쪽이 신하라고 볼 수 있는 것이 없으니, 그 천명과 인심이 어디를 따르는지, 어느 쪽이 정통성을 계승하였는지 어찌 논할 수 있겠는가? 그런데도 그 사이에서 팔을 걷어붙이고 이것에서 빼앗아 저것에게 주는 자신의 업적을 공자가 『춘추春秋』를 지은 공과 나란히 한단 말인가?

스스로 자신의 학문이 주공이나 공자와 같은 이가 되기에 부족하다는 것을 모르고 또 양한이 하·은·주 삼대와 같이 되기에 부족하다는 것을 몰랐기에, 다만 이런 구차한 것을 가지고 겉모양으로만 빗대어 비슷하게 만들고서는 오만하게도 스스로 여러 성인을 계승하고 많은 왕을 가르치기에 충분하다고 여겼을 뿐이었다. 그러면서 그것이 애초에 어린아이들 장난거리로 주기에도 부족하고, 또 이러한 일이 스스로 참람되게 왕이라 칭하여 주벌을 받은 오나라와 초나라의 죄에 해당함을 알지 못하였다.[9] 설령 후세의 도를 아는 군자가 비록 그의 말에서 취할 것이 있다 하더라도 끝내 한탄하지 않을 수 없을 것이니, 또한 슬퍼할 만하다.

『주역周易』을 곡해하여 아첨하며, 그의 말을 가지고 『논어』의 형식을 본떠서 책을 만들고 억지로 당唐나라 초의 문무명신들을 제자로 삼은 것처럼 꾸민 것은 그의 아들 복교福郊와 복치福畤의 소행이니, 왕통의 평소 생각은 아니었다. 그러나 그 시작을 미루어 보면, 바로 그가 평소에 고원한 것을 좋아하고 스스로 대단한 사람이라고 착각하는 마음이 있어서 실마리를 열어 준 것이니 또한 죄가 없다고 할 수 없다.

누군가 이렇게 물었다.

"그렇다면 왕중엄王仲淹의 학문은 본래 맹자와 같은 류에는 들지 못하겠지만 순자와 양웅, 한유와는 우열을 논할 만하지 않은가?"

---

9) 성인이 아니면서 경전을 짓는 것을 中華의 군왕이 아닌 吳와 楚가 참람되게 왕이라 칭한 것에 비유하여 비판한 것이다.

이렇게 대답하였다.

"순경荀卿의 학문은 신불해申不害와 상앙商鞅의 학문이 섞여 있고 양웅揚雄의 학문은 황로黃老에 근본해 있으며 그 책을 쓴 목적도 글에 의탁하여 자신의 견해를 펴려는 것이어서, 중엄의 학문이 자못 정도에 가깝고 거칠게나마 활용할 수 있는 실질이 있는 것과는 같지 않았다. 한유의 「원도原道」 등 여러 편들은 도의 근본에 있어서 순자, 양웅, 왕통이 미치지 못하는 바가 있다. 그러나 그의 평소 뜻한 바를 살펴보면 끝내 문사들의 부화하고 방랑하는 습속과 부귀와 출세를 구하는 것에서 벗어나지 못했고, 그가 고금의 변화를 살펴 사업에 펼치려 한 것도 왕통의 간절한 마음을 다하고 조리 있는 것에는 미치지 못할 것 같다. 이 때문에 나는 왕통에 대해서만 유독 깊이 애석하게 여기고, 세 사람에게는 그럴 겨를이 없다. 이것은 또한 『춘추春秋』에서 현자를 책망할 때 보이는 필법이다. 한탄스럽구나!"

5. 『장자』「양생주」에 관한 논설 — 養生主說[1]

장자莊子[2]가 이렇게 말했다.

"선을 행하더라도 명예를 얻을 정도로 하지 말고 악을 행하더라도 형벌을 당할 정도로 하지 말아야 하니, 가운데(督)를 따름을 평소의 신조로 삼으라."[3]

'독督'은 옛 해설[4]에 '중中'이라 하였다. 사람 몸에 독맥督脈<醫書에 보인다.>[5]이 있는데, 등줄기를 따라 상하로 이어진다. 옷 등판의 꿰맨 선을 또한 '독督'(옷 솔기)이라 하니<深衣 주에 보인다.> 중간이라는 뜻이다.

노장老莊의 학문은 의리에 맞는지의 여부를 따지지 않고 다만 그 사이에 의탁하여 몸을 온전히 하고 환난을 피하려 할 뿐이니, 바로 정자程子가

---

1) 『朱文公文集』, 권67. 1189년(주희 60세) 6월경에 쓴 글로 보인다. 본문에 「皇極辨」을 지은 직후에 같이 지었다는 내용이 있는데, 「황극변」을 6월에 지었기 때문이다. (束景南, 『朱熹年譜長編』, 964쪽 참조) 주희는 「황극변」에서 皇極을 中으로 해석하는 것을 비판하면서 極의 개념을 지극한 표준, 기준의 의미로 해석해야 한다고 주장한다. 황극의 의미는 육구연과의 無極太極論爭의 중요한 쟁점이었는데, 주희는 태극의 극 또한 표준의 의미로 해석하여 지극한 기준, 법칙으로 보았다. 「양생주설」에서도 삶의 기준을 상대적인 中에 두는 것을 비판하고 항상 옳은 진리로 절대적인 중(誠而中)에 두어야 한다는 주장을 하고 있다.

2) 장자는 성이 莊이고 이름은 周이다. 중국 전국시대 사상가(BC 365?~BC 290?)로, 제자백가 가운데 도가의 대표자이다. 『莊子』 內篇의 저자로 추정된다.

3) 『莊子』, 「養生主」, "爲善无近名, 爲惡无近刑. 緣督以爲經."

4) 郭象의 주를 말한다.

5) < > 속의 글은 『朱子文錄』에 주석의 형태로 실려 있지만 원출처인 『朱文公文集』에는 없다. 이하의 경우도 모두 동일하다.

말한 "이리저리 엿보며 나쁜 짓을 한다"라는 것이다. 그들의 생각은, 선을 행하여 명예를 얻는 것은 선을 너무 많이 행한 것이고 악을 행하여 형벌을 받는 것은 악을 너무 많이 행한 것이니, 크게 선한 일을 하는 것도 없고 크게 악한 일을 하는 것도 없이 다만 항상 중간을 행하기만 하면 몸을 보전하고 제 명을 누릴 수 있으리라는 것이다.

선을 행하더라도 명예를 얻을 정도로 하지 말라는 것은 말이 혹 옳은 것 같으나 실은 그렇지 않다. 성현의 도는 사람으로 하여금 선의 실천에 힘쓰도록 가르치지, 애초부터 사람에게 명예를 구하라고 가르치거나 명예를 피하라고 가르치지는 않는다. 학문을 하여 명예를 구하는 것은 원래 자신을 위한 학문(爲己之學)이 아니니 말할 필요도 없다. 만약 명예가 자신에게 누가 될 것을 두려워하여 배움에 힘쓰는 것을 다하지 않는다면, 그 마음 씀이 이미 공정하지 못하여 점점 악으로 흘러가게 될 것이다. 악을 행하더라도 형벌을 받을 정도로 하지 말라는 말은 더욱 이치에 어긋난다. 무릇 군자가 악을 싫어하는 것은 악취를 싫어하는 것과 같은 것이지, 형벌이 무서워서 하지 않는 것이 아니다. 지금 형벌에 걸리지 않을 것은 몰래 행하고 형벌의 화가 있는 것은 교묘히 피하여 행하지 않는 것은, 자신의 사사로운 생각을 따져서 이치를 해치는 것이 더욱 심한 점이 있다. 머뭇거리고 구차하게 큰 악과 작은 악 둘 사이의 중간으로 삼아 따르니, 꺼리지 않는 것이 더욱 심하다.

손님이 예전에 내게 이런 말을 하였다.

"옛날 사람이 '성誠'[6]을 도에 들어가는 요체로 하였는데, 아마도 쉽게 행할 수 없을 것 같다. 성誠을 중中으로 바꾸어 사람들이 모두 행할 수 있게 해서 어려움이 없게 함이 나을 듯하다."

---

6) 진실되고 변함없음을 가리키는 덕목으로, 흔히 사계절의 변함없는 순환을 예로 든다.

내가 대답하였다.

"진실되면서 중中한 것이 군자의 중용이다. 진실되지 않으면서 중하다면 소인의 거리낌 없는 것일 뿐이다. 지금 세속에서 구차하게 안일을 구하고 상황을 엿보아 중만을 구하는 논의들은 대개 이와 같은 종류가 많다. 깊이 살피지 않으면 안 될 것이다."

어떤 이가 말하였다.

"그렇다면 장자의 뜻이 자막子莫[7]의 중을 취한다(執中)는 말과 다를 바 없지 않은가?"

내가 대답하였다.

"그렇지 않다. 자막이 중을 취한 것은 권도가 없을 뿐이어서, 그는 오히려 의리에서 택하기는 했으나 하나로 고정된 중을 잘못 고집했던 것이다. 장자의 생각은 의리를 따지지 않고 오로지 이해만을 헤아리니 자막과 비할 바가 아니다. 장자의 본심을 살펴보면 실로 세속의 향원鄉原[8]의 생각과 다를 바가 없지만, 그가 다른 사람의 마음을 헤아리는 정교함과 지나치게 비교하고 헤아리는 심각함은 또한 세속의 향원이 미칠 바가 아니다. 이것이 바로 덕을 해치는 것 중에 심한 것이다. 그래서 청담[9]이 성하자 진晉의 풍속이 쇠하게 되었으니, 형세에 반드시 그렇게 되는 바가 있다. 그런데 왕통은 오히려 노장의 죄가 아니라고 하였으니, 나는 그것이 어떤 말인지 알지 못하겠다."

이미 「황극변皇極辨」을 짓고 이로 인해 비슷한 느낌이 들어 그 뒤에 붙여 쓴다.

---

7) 전국시대 사상가로 『孟子』에 의하면 형식적 중간의 입장을 고수한 사상가이다.
8) 향촌의 토호로서 겉으로는 선량한 척하면서 나쁜 일을 하는 사람을 가리킨다.
9) 중국 魏晉南北朝시대에 유행한 철학사조이다. 後漢 말 黨錮의 獄으로 많은 선비가 죽임을 당하자, 귀족 지식인들이 난세에 목숨을 잇기 위해 세속에서 도피하여 정치적 비판과 인물평론의 淸議를 일삼은 것에서 비롯되었다.

6. 불교의 '마음을 본다'는 주장에 관한 논설 — 觀心說[1]

어떤 이가 물었다.

"불교에 마음을 관찰하는 이론이 있다는데 그러한가?"

"마음이라는 것은 사람이 그것으로써 몸을 주관하는 것으로, 하나이지 둘이 아니고[2] 주인이지 객이 되지 않는 것이며 사물에 명령하는 것이지 사물로부터 명령을 받는 것이 아니다. 그래서 마음으로 사물을 보면 사물의 이치를 알게 된다. 지금 따로 어떤 사물이 있어서 이 마음을 돌아본다면 이 마음 밖에 다시 하나의 마음이 있어서 이 마음을 제어할 수 있다는 것이다. 그렇다면 이른바 마음이란 것이 하나인가, 둘인가? 주인인가, 손님인가? 사물에 명하는 것인가, 사물로부터 명을 받는 것인가? 이 또한 살펴볼 필요도 없이 그 이론의 오류를 알 수 있다."

어떤 이가 물었다.

"만약 그대의 말대로라면 성현이 말한 '정밀하게 살피고 한결같이 하라'[3]는 말이나 '마음을 잡아서 온전히 보존한다'[4]는 말, '마음을 다하면

---

1) 『朱文公文集』, 권67. 1174년(주희 45세) 작품이다. 이해 여름가을 사이에 張栻 등의 호상학자 및 呂祖儉 등과 심설논쟁을 전개하였다. 호상학자들이 마음 속에서 '中'을 구하고 이를 본성으로 파악하는 것을 불교에 빗대어 비판한 것이다.

2) 마음을 분열되지 않은 단일한 것으로 보고 있다.

3) 『尙書』, 「大禹謨」, "人心惟危, 道心惟微, 惟精惟一, 允執厥中." 주희는 이를 성인들이 서로 전한 핵심적인 종지라고 주장한다. 주희는 이 구절을 바탕으로 진실한 마음인 도심을 잘 보존하고 다양한 욕망의 계기를 포함한 인심을 제어하는 수양의 방법을 제시한다.

그 본성을 안다'5)는 말이나 '서 있으면 충실한 말과 행동을 앞에 본
듯하고, 수레에 타면 가로나무에 기댄 듯하다'6)는 말은 모두 어떤 뜻인가?"

이에 대답하였다.

"이 말이 불교의 설과 서로 비슷하지만 같지 않은 것은 바로 모와
가라지, 붉은 색과 자주색의 차이와 같으니, 배우는 사람이 마땅히 분별해
야 한다.

인심人心이 위태롭다는 것은 인욕의 싹이고, 도심道心이 은미하다는
것은 천리의 오묘함이다. 마음은 하나이나 바르고 바르지 않음에 따라
그 이름을 달리할 뿐이다. 정밀하게 살피고 한결같게 하면 마음이 바른
상태에 머물러서 어긋난 것을 살필 수 있으며, 틀린 것을 몰아내고 옳은
것을 회복할 수 있다. 이와 같이 할 수 있다면 진실로 마음의 '중中'을
유지하여 넘치거나 모자라는 치우침이 없을 것이다. 도심이 하나의 마음
이고 인심이 다른 하나의 마음이어서, 또 하나의 마음이 있어 정밀하게
살피고 한결같이 하는 것이 아니다.

마음을 유지하여 온전히 보존한다는 것은 이 마음이 저 마음을 잡아서
보존하는 것이 아니고, 놓으면 없어진다는 것은 저 마음으로 이 마음을
놓아서 없어지게 한다는 것이 아니다. 마음이 스스로 유지하면 놓쳐
버린 것이 보존되고, 놓아 버려서 잡고 있지 않으면 보존된 것도 놓쳐서
없어질 따름이다. 그러나 그 잡는다는 것은 또한 낮에 행하는 것으로,
어질고 의로운 양심을 해치지 않도록 하는 것7) 같은 것이다. 가만히

---

4) 『孟子』, 「告子下」, "孔子曰, 操則存, 舍則亡, 出入無時, 莫知其鄕, 惟心之謂與."
5) 『孟子』, 「盡心上」, "孟子曰, 盡其心者, 知其性也. 知其性則, 知天矣. 存其心, 養其性, 所以事
   天也."
6) 『論語』, 「衛靈公」, "立則, 見其參於前也, 在輿則, 見其倚於衡也, 夫然後行." 忠信을 설명하
   는 대목으로, 항상 忠信함이 나타난 모양이 이와 같다고 주희는 해석한다.
7) 평소의 행위가 본성을 해치지 않도록 조심하는 것을 말한다.(『孟子』, 「告子下」, "其
   好惡, 與人相近也者, 幾希則, 其旦晝之所爲, 有梏亡之矣.")

꿇어앉아 깨어 있지만 작용하지 않는 지각을 유지하는 것을 마음을 잡아 보존한다고 말하는 것은 아니다.

　마음을 다한다고 말하는 것은 격물궁리[8]를 해서 탁 트여 꿰뚫게 됨으로써 마음에 갖춘 이치를 극진히 밝힐 수 있는 것이다. 마음을 보존한다는 것은 공경으로써 안을 곧게 하고 의로써 밖을 바르게 한다는 것으로,[9] 앞에서 말한 정밀하게 살피고 한결같게 한다는 방법과 같다. 그래서 그 자신의 마음을 다함으로써 본성을 알 수 있고 하늘을 알 수 있으며, 그 마음의 본체가 가려지지 않아서 천리를 궁구할 수 있으며, 그 본체를 잃어버리지 않음으로써 본래 그러한 천리를 따를 수 있다. 이것이 어찌 이 마음으로써 저 마음을 다하거나 이 마음으로써 저 마음을 보존하여 마치 두 사물이 서로 기대어 떨어지지 않는 듯한 것과 같겠는가?

　서 있으면 앞에 뵌 듯하고 수레에 앉으면 수레 가로나무에 기댄 듯하다는 말은 충신독경忠信篤敬[10]함을 말한 것이다. 충신독경하기를 항상 마음에서 잊지 않는 것을 말하니, 어디를 가나 이러한 모습을 볼 수 있다는 뜻이지 마음을 본다는 뜻이 아니다. 또한 몸이 여기 있는데 마음이 앞에 보이고, 몸이 수레에 있는데 마음이 수레 가로나무에 기대어 있다고 하는 것은 과연 어떤 이치인가? 성인의 학문은 마음에 근본하여 이치를 밝히고 이치를 따라서 사물을 응대하는 것이, 몸이 팔을 움직이고 팔이 손가락을 움직이는 것 같아서, 그 도道는 평탄하고 두루 통하며 그 자리는 넓으면서 편안하며 그 이치는 실제적이고 운행은 자연스럽다. 불교는 마음으로 마음을 구하고 마음으로 마음을 부려서, 입으로 입을 깨물고 눈으로 눈을 보는 것과 같다. 불교의 짜임새는 위태롭고 급박하며 그

---

8) 여러 일과 사물에 나아가 합당한 이치를 따져 살피는 일이다.
9) 마음을 곧게 하고 행동거지를 바르게 하는 것을 말한다.(『周易』, 坤卦 「文言」, "君子, 敬以直內, 義以方外.")
10) 자신이 할 바를 다하고, 미덥고, 삼가고, 공경함을 말한다.

도道는 험하고 막혔으며 이치는 텅 비었고 운행은 거스른다. 그 말에 비록 성인의 학문과 닮은 것이 있지만 그 실제가 같지 않은 것이 이와 같다. 그러나 자세히 살피고 분명히 분별하는 군자가 아니라면 또한 누가 이에 속지 않겠는가?"

7. 『황왕대기皇王大紀』를 읽고 — 讀大紀[1]

우주에는 하나의 리理만 있을 뿐이다. 하늘은 리를 얻어 하늘이 되고, 땅은 리를 얻어 땅이 되며, 천지 사이에서 난 것들 또한 각각 리를 얻어서 본성으로 삼는다. 이것을 세로로 뽑아 늘이면 삼강三綱[2]이 되고 이것을 가로로 짜면 오상五常[3]이 되니, 이 이치가 실현되지 않는 곳이 없다. 우주의 소식영허消息盈虛[4]의 변화는 순환하여 그치지 아니하니, 사물이 있기 전에서부터 사람과 사물이 모두 사라진 다음에 이르기까지 끝나면 시작하고 시작하면 다시 끝나게 되니 잠깐이라도 멈춘 적이 없다. 유학자들은 여기에서 마음의 본연에 대해 깨닫는 바가 있다. 마음의 안팎, 크고 작은 일에 스스로 조그만 틈도 용납하지 않으며, 자신을 수양하고 남을 다스려서 대대로 가르침을 세우는 공부에 인위적인 한 터럭의 사사로움도 용납하지 않는 것이다. 이 때문에 자연스러운 이치로 말미암아 자연스러운 공효를 이루고 천지와 더불어 셋이 되어 천지가 만물을

---

1) 『朱文公文集』, 권70. 『皇王大紀』는 송나라 胡宏이 高宗 신유년(1141)에 완성한 책으로 모두 80권에 달한다. 불교를 비판하는 가운데 경전을 토대로 盤古에서부터 周나라 말기까지의 史實을 두루 채집하고 論斷을 덧붙였다. 그러나 주희는 호굉의 불교 비판이 불교가 부부의 인륜을 폐한다는 지엽에 국한되어 있고, 불교가 우주의 천리로부터 도피한다는 근본적인 문제를 지적하지 못하고 있음을 지적하고 있다.

2) 삼강은 君爲臣綱·父爲子綱·夫爲婦綱을 말하는 것으로, 글자 그대로 임금과 신하, 어버이와 자식, 남편과 아내 사이를 규정하는 규범이다.

3) 五常은 仁·義·禮·智·信을 말한다.

4) 사라지고 자라나고 차고 비는 것으로, 우주의 쉼 없는 변화를 나타낸다.

기르는 것을 도울 수 있으니, 삶과 죽음, 크고 작은 일 하나도 빠뜨리지 않는다.

불교의 경우 근본으로 삼는 바탕부터 이 이치와 어긋나니, 그 견해가 어긋나지 않기를 바라고 행위가 잘못되지 않기를 바라더라도 어찌 가능하겠는가? 그들이 학문을 하는 본심은 바로, 이 이치가 어디에나 꽉 차 있어 이치가 없는 곳을 찾을 수 없음을 싫어하여 이치가 없는 곳을 찾아 스스로 편안히 여기고, 이 이치가 쉬지 않고 유행하여 자신들이 이치가 없는 때를 한순간도 얻지 못함을 싫어하여 이치가 없는 때를 찾아 스스로 방자해진다. 그러므로 임금과 어버이를 배반하고 처자를 버린 채 산림에 들어가서 몸과 수명을 축내며 이른바 허무적멸虛無寂滅한 경지를 구하여 도피한다. 그 국량은 이미 좁고 형세도 이치를 거스른다.

그러나 그들이 굳고 간절하게 마음먹고 순일하고 전일하게 힘을 쓰는 것은 남보다 훨씬 뛰어난 것이 있어서, 마침내 바라던 바와 같이 되고 실제로 환하게 본 것이 있는 듯하다. 다만 그 언행으로 살피면, 그 보았다는 것을 그들은 스스로 '지극히 현묘하여 사려와 언어로써 도달할 수 없는 바가 있다'고 여기나, 우리의 이른바 '천지를 다하고 고금을 다해도 본래 그러하여서 바꿀 수 없는 실제의 이치'에 비하면 오히려 어두컴컴하여 하나라도 볼만한 것이 없다. 비록 스스로는 '사람의 마음을 바로 가리킨다'고 하지만 실제로는 마음을 알지 못하며, '본성을 깨달아 부처가 된다'고 하지만 실제로는 본성을 알지 못한다. 이 때문에 윤리를 다 없애서 금수의 지경으로 타락하여도 스스로 허물을 알지 못한다. 그 보았다는 것이 어긋나서 잘못에 빠지게 된 것이니, 마음이 그렇게 하려 한 것이 아니라 스스로 옳은 일을 하려다 혹세무민하게 된 것이다.

그 말이 궁하게 되자 '하나의 법法5)도 빠뜨리지 않는다'(不舍一法)는 이론을 두었으니, 비로소 이렇게 회피하는 말(遁詞)을 하여 앞의 잘못을 덮으려는 뜻이 있는 듯하다. 그러나 선한 본성은 끝내 다 없앨 수 없는 것이어서 가지 치듯 쳐낸 나머지가 아직도 근근이 여기에 남아 있지만, 그 견해가 잘못된 탓에 그 뜻은 있으나 그 이치가 없고 말은 할 수 있으나 끝내 그 말을 실천할 수 없다.

대개 불교의 내용이 실제로 이와 같을 뿐이니 더 말할 필요도 없다. 그런데도 그 공空과 적멸寂滅의 설이 있으니 물욕에 얽히지 않아서 세상의 이른바 현자들이 좋아하고, 그 현묘한 설이 있으니 형기에 얽매이지 않아서 세상의 이른바 지혜로운 사람들이 기뻐하며, 생사윤회生死輪回의 설로 죄와 고통 속에 빠지지 않을 수 있다고들 말하니 천하의 심부름꾼과 노비, 죄인, 도적 등이 포복하여 귀의해 온다. 이것은 그 말들이 장황하고 번쩍번쩍 만고에 빛나는 것인 데다 우리 유자들이 벌레처럼 숨죽이며 그들에게 분주하게 부림 받았기 때문이다.

다행히 한 명의 호걸이 있어 그들에게 굴하지 않고 죄를 성토하려는 마음이 있었으나, 그들 견해의 잘못을 밝히지는 못하고 다만 허망한 견해와 헛된 소리라고 꾸짖기만 했을 뿐이다. 천리天理 전체의 큰 것[6]으로 바로잡지 못한 채 교통생육交通生育의 한 가지 설만 치우쳐 인용하며 주장으로 삼았으며,[7] 이미 요령을 얻지도 못했으면서 헛되이 불교에 오랑캐라는 추한 이름을 덧씌우려고만 했다. 그것이 우리에게 '안을 바로잡고 스스로를 다스리는 내실'(內修自治之實)을 가르치지 않은 채 그저 중화中華의 여러 성인들이 훌륭하게 된 것으로 인하여 헛되게 교만하게

---

5) 다르마(Dharma)의 한역어이다. ① 법칙·정당·규준, ② 교법, ③ 진실·최고의 실재, ④ 경험적 사물 등의 의미가 있다.
6) 글 첫머리의 "우주에는 하나의 리만 있을 뿐이다"를 가리키는 듯하다.
7) 호굉의 책이 불교가 남녀의 혼인을 부정하고 부부의 도리를 폐지하여 생육을 그치게 하는 문제가 있다는 말단의 문제만을 지적한 것을 비판한 것이다.

있도록 한다면, 가만히 앉아서 몰락하게 됨으로써 말끔하게 폐단을
없애는 성과가 없을 뿐 아니라 혹 가서 포로로 잡히게 되어 도리어
우리의 치욕이 될 듯하다.

아, 애석하구나.

8. 옥산현학에서 한 강의 — 玉山講義[1]

선생님이 말씀하셨다.

"내가 이번 방문에서 학교가 새롭게 세워지는 것을 보게 된 데다 또한 뛰어난 학생들이 있음을 알게 되었다. 이로써 훌륭한 지방관이 임금의 명을 받들어 백성을 교화하고자 학교와 교육을 일으키려 하는 좋은 뜻을 알게 되어 기쁜 마음을 이길 수 없다. 그리고 따로 강의 자리를 마련하여 여러분께 강연하고자 하니, 비록 감당할 수 없는 바이기는 하나 내가 들은 바를 여러분께 말하지 않을 수 없다.

옛 학자들은 자신을 위한 공부(爲己)를 했고 지금의 학자들은 남에게 보이기 위한 공부(爲人)를 한다고 들었다.[2] 성현이 사람들에게 학문을 가르친 것은 사람들이 말이나 주위 모아 아름답기만 한 글을 지어서 오로지 과거와 명예, 벼슬, 녹봉 등을 꾀하라는 것이 아니다. 사물에 나아가 앎을 지극히 하고 뜻을 성실히 하며 마음을 바로잡아 한 몸을

---

1) 『朱文公文集』, 권74. 주희 65세인 紹熙 5년(1194) 11월 13일 옥산현학에서 강의한 내용이다. 주희는 전해에 潭州(長沙)지사로 임명되고 荊湖南路安撫使를 겸하게 되었는데, 담주의 임직을 세 번 사양했으나 용납되지 않자 소희 5년(1194) 5월 5일에 도임했다가 그해 7월 11일, 조정의 부름으로 서울(臨安)로 갔을 때 또 사직하기를 청하였다. 10월에 서울에서 煥章閣 待制 兼 侍講으로 40일간 임무를 수행했으나 윤10월 23일에 侍講과 待制의 겸직을 사양하고 서울을 떠났다. 11월 13일 玉山(江西에 속함)에 이르러 縣學에서 강의하고 22일 건양으로 돌아갔다. 玉山講義는 지방관 司馬邁의 청으로 행해진 것으로 주희의 만년 사상이 집약되어 있다.
2) 『論語』, 「憲問」, "子曰, 古之學者爲己, 今之學者爲人."

잘 닦고, 이를 바탕으로 집안을 다스리고 나라를 다스리는 데 이르고 더 나아가 천하를 태평하게 다스릴 수 있도록 한 것이다.[3] 이것이 바로 제대로 된 학문이다. 여러분들은 이 학문을 아침저녁으로 힘써 익힌다면 이 학문에 대해 반드시 깊이 얻는 것이 있을 것이다. 그렇지 않으면 또한 모름지기 의심이 있을 것이다. 오늘 다행히 서로 만나게 되어 토론하기 좋으니 모두에게 도움됨이 있을 것이다."

이때 정공程珙[4]이 일어나서 물었다.

"『논어』에서 대부분 인仁을 말했습니다만 맹자는 도리어 인의仁義를 겸하여 말하였습니다. 생각에 공자께서 원기를 말씀하시고 맹자께서 음양을 말씀하신 셈이니, 아마 인은 체體가 되고 의義는 용用이 되기 때문인 듯합니다."

선생이 대답하셨다.

"공맹孔孟의 말씀은 같고 다른 점이 있어 마땅히 탐구해야 한다. 그러나 어떤 것을 인이라 하고 어떤 것을 의라고 하는지 알아야 하니, 이 둘의 의미를 밝게 안다면 바야흐로 자기 몸에서 공부할 바가 있게 될 것이다. 그런 다음에야 공맹의 논의가 같고 다른 곳에 대해 논의할 수 있을 것이다. 밝게 깨닫지 못하고 자기 몸에서 전혀 공부가 없으면, 말하는 것이 비록 공교로워도 무슨 도움이 되겠는가? 또한 말한다 하더라도 어떻게 인의의 도리를 말하겠는가?

대개 하늘이 사물을 낳으매 각각 하나의 성性을 부여하였다. 성이라는 물건이 있는 것이 아니고 다만 하나의 도리가 내게 있는 것일 뿐이다. 그래서 성이 체를 이루는 것은 다만 인仁·의義·예禮·지智·신信 다섯

---

3) 『大學』, 經 1장, "物格而后知至, 知至而后意誠, 意誠而后心正, 心正而后身修, 身修而后家齊, 家齊而后國治, 國治而后天下平."
4) 程珙의 자는 德章이고 婺源 사람이다. 太學에 들어갔으며 淳熙 연간에 進士를 하였다. 合肥令을 지냈다.

가지이다. 천하의 도리는 이것에서 벗어나지 않는다. 한문공韓文公5)이 말한 '사람이 성으로 삼는 것이 다섯이다'라는 설이 가장 이치에 합당하다. 도리어 후세에 성을 말하는 자들은 많은 부분 불교와 노자와 섞어 말하여 '성性'자를 지각知覺이나 마음 혹은 의식으로 보게 되었는데, 성현이 말한 성의 본래 뜻은 아니다.

다섯 가지 중 이른바 '신信'은 진실하여 거짓 없는 도리이다. 인의예지가 모두 진실하여 거짓 없는 것이니, '신'은 따로 말할 필요가 없다. 다만 인의예지 네 가지는 그 가운데 각각 분별이 있으니 구별하지 않을 수 없다. 대개 인은 온화하고 자애로운 도리이고, 의는 끊고 자르는 도리이고, 예는 공경하고 절도를 따르는 도리이고, 지는 시비를 분별하는 도리이다. 무릇 이 네 가지가 사람의 마음에 갖추어져 있으니 바로 성의 본체가 된다. 그것이 아직 드러나지 않았을 때에는 막연하여 볼 수 있는 형상이 없다가, 그것이 드러나 쓰임이 되면 인은 측은해하며 의는 부끄러워할 줄 알며 예는 공경하며 지는 옳고 그름을 가리게 된다. 일에 따라 드러날 때 각각의 맥락이 있어 서로 섞이지 않는데, 이른바 정情이다. 그래서 맹자는 '측은해하는 마음은 인의 단서이고, 부끄러워하는 마음은 의의 단서이고, 사양하는 마음은 예의 단서이고, 옳고 그름을 가리는 마음은 지의 단서이다'라고 하였다. 단서라는 것은 물건이 안에 있어서 볼 수 없다가 반드시 그 단서로 인하여 밖으로 드러난 다음에 찾을 수 있는 것과 같다.

대개 한 마음(一心) 속에 인의예지가 각각 경계가 있어 그 성과 정, 체와 용이 본래 각기 분별이 있으니, 이를 분명히 알아야 한다. 그런 뒤에 이 네 가지 중에서도 인과 의가 큰 경계가 됨을 알아야 하니, 그것은

---

5) 韓愈를 말한다.

천지의 조화와 네 계절의 운행도 실상은 음양의 변화에 불과한 것과 같다. 여기서 분명하게 안 뒤 이로부터 더 나아가면 인이 하나의 생하는 뜻으로 넷 사이에 두루 통하여 흐른다는 것을 저절로 알게 된다. 인은 본래 인의 본체이고, 의는 인의 끊고 자르는 것이며, 의는 인의 꾸밈이고, 지는 인의 분별이다. 바로 봄의 생기가 네 계절을 관통하는 것과 같다. 봄은 생함의 생함이고, 여름은 생함의 자람이며, 가을은 생함의 열매 맺음이고, 겨울은 생함의 거두어들여 저장함이다. 그래서 정자께서 사덕四德의 원元은 오상의 인과 같다고 하였다. 치우쳐 말하면(偏言) 하나의 일이고 오롯하게 말하면(專言) 넷을 포함한다고 한 것이 바로 이것을 말한다.

공자는 다만 인을 말하였으니 오롯하게 들어 말한 것이다. 그래서 단지 인을 말했지만 인의예지가 모두 그 가운데 있다. 맹자는 의를 겸하여 말하였으니 치우쳐 말한 것이다. 그러나 또한 공자가 말한 것 이외에 또 다른 '의'를 가져와 다시 첨가해 넣은 것이 아니다. 다만 하나의 이치 중에서 분별했을 뿐이다. 또 예와 지를 겸해서 말한 것 역시 이와 같다. 대개 예는 인이 드러난 것이고 지는 의義가 속에 갖추어진 것으로, 인의 의미가 이 네 가지 가운데 흐르지 않는 때가 없다.

만약 체용을 논한다면 또한 두 가지 설이 있다. 인이 마음에 갖추어져 있고 의가 밖에 드러남으로 말하는 경우, 인은 사람의 마음이고 의는 사람의 길이니 인과 의가 서로 체와 용이 된다. 인이 측은에 대응하고 의가 수오에 대응하는 것으로 말하는 경우, 하나의 이치 가운데 나아가 미발과 이발이 서로 체와 용이 된다. 이를 익히 알고 꿰뚫어 본다면 밝게 뚫려 가로 세로 거꾸로도 다 통하여 일상에서 행동은 밝게 되고 익힌 것은 살피게 되어 모두 공부를 할 수 있는 곳이 아닌 것이 없을 것이다.”

정공이 다시 질문하였다.

"삼대三代 이전에는 단지 중中을 말하고 극極을 말하였는데 공자 문하의 문답에 이르러서 인을 말합니다. 어째서입니까?"

선생이 대답했다.

"중中을 말하고 극極을 말했는데, 지금 사람들은 대개 그 글 뜻을 오해한다. 지금은 여유가 없어 하나하나 자세히 다룰 수 없다. 다만 공자 문하에서 '인仁'자를 말하는 데 이르면 여러 성인들이 서로 전수함이 여기에 이르러서 바야흐로 점차 가깝고 절실한 곳을 말했을 뿐이다. 공자가 요순보다 뛰어난 점을 여기에서 볼 수 있다. 그러나 인의 의미는 모름지기 다시 자기 몸에서 공부를 해야 비로소 체득하게 된다. 만약 이처럼 엉성하게 말하고 지나가면 아무 도움이 되지 않는다."

선생이 곧이어 맹자가 사람은 본성이 선하다 주장한 데 대해 반드시 요순을 들어 말했다는 한 구절을 예로 들면서 말하였다.

"이른바 성이라는 것은 이미 말하였다. 지금 다시 한 가지 일로 비유해 보겠다. 하늘이 사람을 낸 것은 조정에서 관리에게 명을 내리는 것과 같고, 사람이 성을 가지고 있는 것은 관리가 직분을 맡아 가지고 있는 것과 같다. 조정에서 명령받은 직무는 그로 하여금 법질서를 실현하고 백성을 다스리는 것이니, 어찌 선하지 않는 것이 있겠는가? 하늘이 이 사람을 냄에 인의예지의 이치로써 주지 않은 것이 없으니, 또한 언제 선하지 않은 적이 있었겠는가?

다만 이러한 사물을 내려면 반드시 기氣가 재료로 있어야 한다. 그런 뒤에야 이 사물은 모여서 바탕을 이룰 수가 있다. 그런데 기의 성질은 맑고 탁하고 어둡고 밝음의 같지 않음이 있다. 맑고 밝은 기를 타고나고 물욕의 얽매임이 없으면 성인이 되고, 맑고 맑은 기를 타고나되 순정하고 온전하지 못하면 조금 물욕에 얽매이는 것을 면하지 못하지만 물욕을 극복하여 없애면 현인이 되며, 어둡고 탁한 기를 타고나고 또 물욕에 의해 가려졌으면서 그 폐단을 없애지 못하면 어리석은 사람이 되고 불초자不肖子가 된다. 이는 모두 타고난 기품과 물욕이 그렇게 만든 것일 뿐, 본성의 선함은 같지 않은 적이 없다.

　요순이 받은 성도 이와 같을 뿐이다. 다만 그 기를 타고난 것이 맑고 밝아 절로 물욕의 가림이 없었기에 요순이 되었으니, 원래 타고난 본성 밖에 따로 더하여 늘린 것은 아니다. 그래서 배우는 사람이 본성이 선함을 알게 되면 곧 요순 같은 성인도 억지로 한 것이 아님을 알게 된다. 요순이 실천한 곳을 알면 곧 성선性善의 규모와 모양을 알게 된다. 일상생활에서 인욕人欲을 없애고 천리天理를 회복하는 것은 모두 내가 마땅히 해야 할 일이니, 그 형세가 지극히 순조롭고 어려움이 없다. 이것이 바로 맹자가 먼저 등문공藤文公에게 말한 것이고 또 요순을 거론하여 실제로 증명한 것이다. 다만 당시 전국시대에 이르러 성인의 학문이 밝혀지지 않아서 천하의 사람들이 단지 공리를 추구할 줄 알았지 본성의 선함이나 성현도 배워서 될 수 있다는 점을 알지 못했다. 그래서 이 설을 듣는 사람은 믿지 못할 뿐 아니라 왕왕 그 사이에 다시 의문조차 갖지 않았다. 그러나 등문공의 경우에는 또한 다 믿지는 못했지만 이미 의심하는 바가 있었다. 이것이 더불어 선으로 나아갈 수 있는 싹이다. 그래서 맹자는 그가 떠나다가 다시 오자 맞이하며 '세자는 내 말을 의심하는가?'라 하고 '무릇 도란 하나일 뿐이다'6)라고 일러 준 것이다. 예나 지금이나 성인과 어리석은 사람이 한 가지 본성을 똑같이 가졌으니, 천하에 진실로 두 가지 도가 없다. 다만 독실하게 믿고 힘써 행하는 데 달려 있을 뿐이기에, 천하의 이치가 비록 지극히 어려운 것이 있다 해도 오히려 반드시 도달할 수 있다. 하물며 선은 사람이 본래부터 가지고 있는 것이고 행하기 어렵지

---

6)『孟子』,『藤文公上』, "世子自楚反, 復見孟子, 孟子曰,世子疑吾言乎, 夫道一而已矣."

않으니 어떠하겠는가?

　그러나 혹 타고난 기품이 어둡고 어리석으며 물욕이 깊고 굳으면 그 형세가 비록 쉽게 욕망의 대상에 이끌리게 되지만 또한 용맹하게 힘쓰고 통절히 공들인 뒤에는 그 처음의 선함을 회복할 수 있을 것이다. 그래서 맹자가 다시 『서경書經』을 인용하여 '약이 어질어질하지 않으면 그 병이 낫지 않는다'고 하였으니[7] 만약 건성건성 한 듯 만 듯하면 비록 매우 쉽더라도 도리어 아주 어렵게 될 것이다. 이 말은 매우 간결하고 요약되었지만 그 반복하고 자세한 것이 배우는 사람을 깨우쳐 주기에 가장 깊고 절실하다. 여러분들은 다시 한 번 숙독하고 깊이 생각하여 반복하고 맛을 음미해서, 일상생활에 나아가 착실하게 공부를 하여야 비로소 얻을 수 있을 것이다. 『중용中庸』에서 말한 존덕성尊德性 공부[8]가 바로 이를 말한다.

　성현이 사람을 가르칠 때에는 처음과 마침, 근본과 말단이 차근차근 차례가 있고 자세한 것과 거친 것, 큰 것과 작은 것을 하나도 빠뜨리는 경우가 없다. 그래서 존덕성 공부를 하면 곧 도문학道問學 공부가 있으니, 비록 두 가지가 원래 각각 공부해야만 할 곳이 있지만 딱 나눈 것처럼 두 가지 일인 것은 아니다. 그래서 『중용』에서 다음과 같이 말하였다.

　'크구나! 성인의 도여. 가득히 만물을 키우고 높이 하늘에 이르는구나! 크구나! 예의가 삼백 가지요, 위의가 삼천 가지로다. 그 사람을 기다린 후에 행해진다. 그러므로 만일 지극한 덕이 아니면 지극한 도가 모이지 않는다고 말한 것이다. 이 때문에 존덕성 공부를 하고 도문학 공부를 한다. 광대함을 지극히 하고 정밀함과 은미함을 다하며, 고명함을 다하고

---

7) 『孟子』, 「藤文公上」, "書曰, 若藥不瞑眩, 厥疾不瘳." 『書經』 「說命」에서 인용된 것이다.
8) 尊德性과 道問學은 도덕수양의 두 가지 방법이다. 존덕성은 인간에게 부여된 선한 덕성을 수양을 통해 높이고 보존하는 방법이며, 도문학은 학문을 통해 덕성을 배양하는 방법이다.

중용을 따르며, 옛것을 익혀 새것을 알며, 돈후함을 돈독히 하고 예를 높인다.'[9]

　도의 본체는 그 크기가 밖이 없고 그 작기가 안이 없으니, 하나의 사물도 거기에 있지 않음이 없다. 그래서 군자의 학문이 이미 존덕성으로 그 큰 것을 온전히 하였으면 곧 도문학으로 그 작은 것을 다하도록 해야 한다. '광대함을 지극히 하고 고명함을 다하며 옛것을 익히고 돈후함을 돈독하게 한다'는 것은 모두 존덕성 공부이다. '정밀함과 은미함을 다하고 새것을 알며 예를 높인다'는 것은 모두 도문학의 일이다. 학자는 여기에서 본디 존덕성을 위주로 해야 하나, 도문학에서도 또한 그 힘을 다하지 않을 수 없다. 마땅히 존덕성 공부와 도문학 공부가 함께 진보하여 서로 밝히게 되도록 하면 저절로 꿰뚫어 통달하게 되니 도체의 온전함에도 흠이 없게 될 것이다.

　지금의 학자들은 마음의 도량이 좁고 오래 참지 못해서 그 학문에 대략 사소한 영향을 주는 견문이라도 있으면 곧 스스로 주장하여 충분하다 여기고, 두루 살펴보고 넓게 고찰하여 반복하며 참고하고 체험하지 못한다. 간결하고 요약됨을 힘쓰는 사람도 방탕하게 이단학설의 공허를 행하며[10] 공효와 이익에 급급한 사람은 세속의 비근함에 빠졌으니[11], 이것은 오늘날의 큰 폐단으로 학자들이 경계하지 않을 수 없다.

　내가 전에 단명端明[12] 왕응진汪應辰[13] 공을 뵌 적이 있는데, 어렸을 때부터 문장으로 뭇 선비들의 으뜸이 되었고 현달하여도 자만한 기색이 조금도

---

9) 『中庸』, 27장, "大哉聖人之道, 洋洋乎發育萬物峻極于天, 優優大哉禮儀三百威儀三千, 待其人而後行, 故曰苟不至德, 至道不凝焉, 故君子, 尊德性而道問學, 致廣大而盡精微, 極高明而道中庸, 溫故而知新, 敦厚以崇禮."
10) 陸九淵을 가리킨다.(『朱子大全箚疑輯補』)
11) 湖湘學을 가리킨다.(『朱子大全箚疑輯補』)
12) 端明殿 學士를 가리킨다.
13) 「答汪尙書」 참조.

없었으며 날마다 스승과 벗과 선배들의 많은 식견과 옛 말씀, 옛 행적을 배우는 것을 일삼았다. 만년에 이르러서는 덕이 온전히 이루어지고 행실이 고상하여 근세의 이름난 대신도 그에게 미치는 사람이 거의 없었다. 이분은 이 고장 사람으로 여러분들이 어른의 행실을 볼 수 있으므로 그 유풍遺風과 남은 공덕은 오히려 멀지 않다. 또한 현縣의 대부4)는 당대의 명가이다. 그 선조인 온국문정공溫國文正公 사마司馬 선생15)의 훌륭한 덕과 큰 업적은 백세의 사표가 되고, 또 그가 지은 『자치통감資治通鑑』 등의 책은 학자들에게 보탬이 될 것이다. 충결공忠潔公16)에 이르러서는 황제를 따라 북쪽으로 금나라에 끌려갔는데, 신하의 절개를 굳게 지키고 금나라의 명령을 따르지 않았으니 당세에 충의로 유명하였다. 여러분들은 그 책을 읽고 그 유풍을 들었을 것이다. 지금부터 내 말을 깊이 살필 수 있어서 성현과 큰 학자들에 대해 힘쓰는 곳이 있게 된다면 보고 듣고 한 것들이 조그마한 장점과 한 조각 선이라도 모두 스승으로 삼아 본받을 수 있을 것이니, 하물며 같은 고장의 현달한 선배와 당세의 현인·군자들의 풍절에 있어서겠는가? 『시경』에서는 '높은 산을 바라보고 큰 길을 간다'17) 하였으니, 제군들은 뜻을 두어 어진 대부가 가르침을 베풀고 인재를 키우려는 뜻에 부응하기를 바란다. 금일의 강의가 한낱 헛말로 끝나지 않도록 하라. 그것이 나의 바람이다."

---

14) 司馬邁를 가리킨다.
15) 司馬光이다. 「資治通鑑綱目序」 참조.
16) 司馬朴이다. 자는 文季. 陝州 夏縣 사람으로, 司馬光의 형 司馬旦의 손자이다. 정강의 변 때 금나라에 잡혀 갔다. 금나라에서 벼슬을 주었으나 받지 않았다. 徽宗의 부고를 듣고 상복을 입고 아침저녁으로 곡을 했다 한다. 시호는 忠潔이다.
17) 『詩經』, 「小雅·車舝」, "高山仰止, 景行行止."

9. 백록동서원에 게시한 규약 <'학규'라고도 한다.>
── 白鹿洞書院揭示<一作學規>[1]

○ 아비와 아들은 친함이 있다.(父子有親)

○ 임금과 신하는 의리가 있다.(君臣有義)

○ 남편과 아내는 분별이 있다.(夫婦有別)

○ 어른과 아이는 차례가 있다.(長幼有序)

○ 벗 사이에는 믿음이 있다.(朋友有信)

이상은 다섯 가르침의 조목이다. 요순은 설契을 사도司徒로 삼아 공경히
오륜(五敎)을 널리 펴도록 하였으니, 바로 이것이다. 배우는 자는 이것을
배울 따름인데, 또한 그 배우는 순서도 다섯 가지가 있으니 그 구분은
다음과 같다.

○ 널리 배운다.(博學之)

○ 살펴 묻는다.(審問之)

○ 삼가 생각한다.(愼思之)

○ 밝게 분별한다.(明辨之)

○ 돈독하게 행한다.(篤行之)

이상은 학문하는 차례이다. 배우고(學) 묻고(問) 생각하고(思) 분별하는(辨)

---

1) 『朱文公文集』, 권74. 주희는 知南康軍으로 있던 1179년 10월 백록동서원 터를 찾은
뒤 백록동서원을 다시 지을 것을 상소하여 허락받는다. 1180년 3월 서원이 완성
되자 주희는 「白鹿洞賦」를 짓고 백록동서원의 학규를 정하여 게시한다.

네 가지는 궁리하는 것이다. 돈독하게 행함(篤行)이라면 몸을 닦는 일(修身)에서부터 일을 처리하고(處事) 사물에 응접하는(接物) 데에까지 이르는데, 그 요목은 다음과 같다.

- 말은 진심을 다하고 미더워야 하며 행동은 돈독하고 공경스럽게 해야 한다.(言忠信行篤敬)
- 분노를 경계하고 욕망을 틀어막아야 하고 선으로 옮기고 잘못을 고친다.(懲忿窒慾遷善改過)

이상은 수신의 요목이다.

- 의리를 바로세우고 이익은 도모하지 않는다.(正其義不謀其利)
- 도를 밝히고 공은 헤아리지 않는다.(明其道不計其功)

이상은 일을 처리하는 요목이다.

- 자신이 싫어하는 것을 남에게 베풀지 말라.(己所不欲勿施於人)
- 행함에 제대로 되지 않았으면 반성하여 자신에게서 그 까닭을 찾으라.(行有不得反求諸己)

이상은 다른 사람을 대하는 요목이다.

내가 살펴보니, 옛 성인들이 사람을 가르치고 학문을 하는 바의 의도는 의리를 연구하여 밝혀 그 몸을 닦은 뒤에 그것을 남에게 미루어 나가도록 한 것이다. 한낱 많이 보고 기억하는 데 힘써서 글이나 짓고, 이것으로써 명성과 이익과 녹봉을 얻으라고 한 것이 아니다. 지금 학문하는 사람은 이와는 반대이다. 그러나 성현이 사람을 가르치던 법은 경전에 갖추어져 있으니, 뜻 있는 선비는 진실로 마땅히 숙독해서 깊이 생각하여 묻고 분별해야 할 것이다. 진실로 이치의 당연함을 알고서 자신을 반드시 그렇게 되도록 다짐한다면, 꼭 다른 사람이 법도와 단속하는 규정을 제시해야만 따르겠는가?

근세에 학교에 규칙이라 해서 있는 것은 배우는 자에게 깨우치는 바가 천박하고 모범으로 삼는 것이 또한 옛사람의 뜻과도 같지 않다. 그래서 지금 다시 이 서당에서 시행하지 못하니, 따로 여러 성현들이 사람을 가르치고 학문을 하던 대강을 취해서 앞에서와 같이 조목별로 나누어 처마 사이에 게시한다. 여기에서 여러분들이 서로 이 의미를 탐구하여 밝히며 따르고 지켜서 스스로 꼭 몸소 실천하도록 한다면, 생각하고 말하고 행동하는 사이에 그 경계하고 삼가고 두려워하는 태도가 반드시 저 게시한 내용보다 엄격한 것이 있을 것이다. 만일 그렇지 못하고 혹 이 말씀에서 벗어나는 점이 있다면, 저 이른바 규약이란 것을 반드시 취하여 실천해야 하니 참으로 소략하게 할 수 없는 것이다. 제군들은 유념하기 바란다.

10. 동안현학의 학생들을 위한 권유문 — 同安縣諭學者[1]

"학문이란 미치지 못할 것처럼 해야 하고, 또 잊어버리지 않을까 두려워 해야 한다."[2]

이것이 군자가 시간을 아끼며 싫증을 내지 않고 촌각을 다투어 공부한 까닭이다. 요즘 듣기에, 여러분은 아침 일찍 일어나 등교는 하지만 점심때가 되기도 전에 이미 파하여 가 버린다고 한다. 이것이 시간을 아끼는 일이겠는가? 무릇 배움이란 자신을 위한 것이다. 선비 가운데에는 배우고자 하여도 가난하여 배울 수가 없고, 또 배울 곳이 없는 사람이 있다. 그러나 여러분은 형편상 배울 수 있을 뿐 아니라 배울 곳도 보장되어 있다. 그런데도 열심히 공부하지 않는다면 그것은 배움에 뜻이 없기 때문일 것이다.

그렇다 하더라도 이것은 여러분의 죄가 아니다. 가르침을 평소에 위에서 밝히지 못했고, 배움을 평소에 아래에서 익히지 못했기 때문이다. 지금 세속에 아버지가 아들을 인도하고 형이 아우를 격려하며 스승이 제자를 가르치지만, 제자들이 배우는 것은 과거시험을 위한 것일 뿐이어서 과거공부를 제외하고는 아무것도 없다. 옛사람들의 스스로를 위한

---

1) 『朱文公文集』, 권74. 1154년(주희 25세) 동안현 주부로서 현학의 일까지 관장하던 시기의 작품으로, 학자들을 권면하는 포고의 내용이다.(束景南, 『朱熹年譜長編』, 179쪽) 비슷한 성격의 포고문으로 「諭諸生」, 「又諭學者」가 있고, 현학의 유사들을 권면하는 「諭諸職事」가 있다.

2) 『論語』, 「泰伯」, "子曰, 學如不及, 猶恐失之."

학문이 그 정도의 것에 불과했다면, 과거에 급제하면 그것으로 그만 두었을 것이다. 그러나 게으름을 피우는 일 없이 일각을 다투어 가며 죽을 때까지 학문을 그만두지 않은 것은 무엇 때문이었을까?

지금 학문하는 자들은 이 뜻을 깨닫지 못한 채 그저 시험관의 요구에 응하기만 하면 된다고 생각하고 있기 때문에 열심히 노력하지 않는 것이다. 그 결과 학문을 태만히 하고 노는 것에만 정신이 팔려 돌이키지 못하고, 학문에 뜻을 가지지 못한 채 평생을 마치게 된다. 가르침을 평소에 위에서 밝히고 배움을 평소에 아래에서 익히게 하면 선비는 본래 힘써 공부하였을 것이니, 어찌 열심히 하지 않는다는 걱정이 있겠는 가? 그래서 나는 여러분의 이런 행동을 규정에 따라 처벌하고 싶지는 않으며, 잠시 글로써 깨우쳐 주고자 할 따름이다. 여러분이 만일 과거 공부 이외의 것에 생각이 미쳐 옛사람이 학문한 이유를 깨친다면, 학문을 아무리 그만두려 해도 그만두지 못하게 될 것이다. 이것이 내가 여러분에게 간절히 바라는 바이다.

11. 학생들을 위한 권유문 — 諭諸生[1]

옛날의 학자는 여덟 살이 되면 소학에 들어가서 60갑자甲子와 방위, 글 짓고 계산하는 일을 배우고, 열다섯이 되면 대학에 들어가 옛 성인의 예악을 배웠다. 가르치기만 한 것이 아니라 실제로 그것으로 함양하게 하여, 의리理義로 마음을 기르고 음악으로 귀를 기르고 색채로 눈을 기르고 춤춰 뛰며 오르내리거나 빠르고 느리게 움직이거나 숙이고 펴는 등의 몸짓으로 혈맥을 기르게 했다. 사는 곳 좌우에도, 그릇이나 대야, 안석이나 지팡이에 경계하는 글을 새겨 두었으니 그 함양하는 도구가 완비되고 지극하다고 할 수 있다. 무릇 이와 같았기에 배우는 사람은 두루 통하는 재능이 있었고 학교(庠·序)에는 실용이 있었으니, 이것이 선왕의 교육이 흥성했던 까닭이다.

그러나 학문이 끊어지고 도를 잃어버린 후 지금에 이르기까지 천여 년 동안, 학교의 제도에 '가르치고 기른다'는 이름은 있지만 가르치고 기르는 내용은 없었다. 배우는 사람은 책을 옆에 끼고 서로 놀았는데, 그 중 뛰어난 사람이라 해도 겨우 벼슬을 구하고 이익을 쫓는 것을 일삼을 줄만 알 뿐 성현의 남은 뜻을 말하고 학문의 본원을 구하는 데 이르러서는 멍하니 그 마음 쓸 바를 모르니, 할 바를 헤아리고 행동하는 것이 보통사람과 다를 것이 없거나 더욱 심한 경우도 있다.

---

1) 『朱文公文集』, 권74. 1154년(주희 25세) 동안현 주부로서 현학의 일까지 관장하던 시기의 작품이다.(束景南, 『朱熹年譜長編』, 179쪽)

아! 이것은 가르치는 사람의 잘못이다. 어찌 배우는 자의 죄이겠는가? 그러나 군자는 배우는 자도 죄가 있다고 여긴다. 왜 그런가? 지금이 옛날과 다른 것은 다만 음악과 색채의 풍성함, 춤추며 오르내리거나 빠르고 느리게 움직이거나 숙이고 펴는 등의 몸짓, 생활하는 곳 주위의 대야, 사발, 안석, 지팡이 등에 새겨 놓은 경계의 말들이 미치지 못하기 때문이다. 그 근본을 미루어 보면 의리로 마음을 기르는 것은 여전히 남아 있지만, 여러분들이 날마다 서로 외우고 전하면서도 살피지 못할 뿐이다. 그러니 성인의 학문은 하지 않으면서 과거공부만 오래도록 한 것이 또한 어찌 배우는 사람의 죄가 아니겠는가?

공무를 맡아 여러분들과 교유한 지 이제 일 년이 되었는데 여러분들의 공부는 나아진 것이 없고 바른 행동과 평판이 고을에 드러나지 않으니 마음이 부끄럽다. 지금 이미 공부하는 법식을 증수增修하였는데, 그 내용은 옛날의 의리로 마음을 기르는 방법이다. 여러분들은 군자가 되고 싶지 않은가? 그렇다면 누가 여러분을 억지로 시키겠는가? 진실로 뜻이 있다면 이를 버려 두고 다른 것을 구해서는 안 될 것이다. 유의하여 소홀하지 않기를 바란다.

12. 여러 직분을 맡은 담당자를 위한 권유문 — 諭諸職事[1]

일찍이 "학교의 운영은 법제가 서지 않는 것을 걱정하지 말고, 의리(理義)로 마음을 기쁘게 하기에 부족할까를 걱정해야 한다"라는 말이 있습니다. 의리로 마음을 기쁘게 하지 못하면서 구구하게 말단에 속하는 법제에 매달려 단속하려고 한다면, 이것은 여울물을 천 길의 구렁에 터놓고는 그 거센 물결을 쑥과 갈대로 성글게 막아 놓는 것과 같아서 반드시 이겨내지 못합니다. 여러 학생들이 여러 선생님(君子)들의 교육의 혜택을 입은 지 오래되었는데도 행실이 남들에게 미덥게 여겨지지 못한 것이 어찌 제도가 나빠서만이겠습니까? 또한 여러분들이 일찍이 예의로써 가르치지 못한 점도 있습니다. 가르쳐 주었는데도 따르지 않는 것은 배우는 사람의 잘못이겠지만, 아직 진정으로 계발하여 인도하고 가르쳐 이끌지 않았다면 저들이 무엇을 따르고 행실을 이루겠습니까? 그래서 지금 강문(講問)하는 방법을 보완하였으니, 여러분들은 마음을 다해 생각하고 힘써서 학생들이 점차 갈고 닦여지도록 해야 합니다. 학생들로 하여금 문장 구절에만 매달리거나 옛날에 들었던 것에만 얽매이지 않은 채 반드시 일상생활에서 마음을 바로잡고 뜻을 성실히 하는 공부를 알게 하여, 그로 말미암아 성현의 영역에 들어가도록 해야 합니다. 학생들을

---

1) 『朱文公文集』, 권74. 1154년(주희 25세) 동안현 주부로서 현학의 일까지 관장하던 시기의 작품이다.(束景南, 『朱熹年譜長編』, 179쪽) 현학에서 교육을 담당한 사람들에게 분발을 촉구하는 글이다.

단지 과거보는 사람이 되게 해서는 안 되니, 이러면 그 인격이 어찌 아름답지 않겠습니까?

그러나 제도를 고쳐야 하는 것 중에 뒤로 미룰 수 없는 것들은 이미 논의하여 실행하였으니, 다만 여러 선생님들은 서로 굳게 지키고 힘써 유지하여 학생들이 의리로써 그 마음을 넓히고 규범으로써 외면을 단속하도록 해야 합니다. 이와 같이 하고서도 배우는 자가 여전히 교화되지 않고 풍속도 여전히 후하게 되지 않는다면, 이것은 교육을 담당한 사람의 죄가 아닐 것입니다.

여러분들은 유의하기 바랍니다.

13. 육자정에게 답한 편지 ─ 答陸子靜[1]

　　11월 8일, 희熹는 머리를 조아려 두 번 절하고 숭도감승崇道監丞 자정子靜[2] 노형께 글을 올립니다. 이번 여름에 옥산玉山에 있을 때 인편으로 편지를 받아 보았는데, 마침 도성에 들어갔다가[3] 집으로 되돌아 왔으나 병이 많은 데다 인편도 없어 즉시 회답하지 못했습니다. 하지만 노형의 인품과 상산象山[4]의 아름다운 경치를 잊지 못하여 서쪽을 바라보며 탄식하지 않은 적이 없습니다. 요즘 겨울인 데도 너무 따뜻합니다. 삼가 노형도 평안하시고 복이 많기를, 그리고 여러 형님들과 자제분, 조카들과 식솔들도 강녕하시고 배우러 오는 선비들도 잘 지내고 있기를 바랍니다.

　　저는 지난 두 해 동안 번거롭고 소란하여 공사公私에 보탬이 없어 다만 깊이 부끄러울 뿐인데, 뜻하지 않게 이제 다시 조정의 부름을 받았습니다.[5] 전에도 외람되게 은혜를 입었던 것을 생각하면 감히 나아가 농단한

---

1) 『朱文公文集』, 권36. 1188년(주희 59세)의 편지로, 이해에 육구연과 서신으로 무극 태극논쟁을 벌였다. 주희는 태극을 형체가 없는 이치로 해석하려 한 데 반해 육 구연은 음양의 변화로 해석하려 한다. 이는 심성론에서 주희가 마음의 理인 性을 중시하여 氣인 心에 대해 우위에 놓은 반면 육구연은 本心을 강조하여 본심이 바로 道의 관건이라고 한 것과 궤를 같이하는 존재론적 논쟁이다.
2) 陸九淵(1139~1192)의 자는 子靜, 호는 象山, 시호는 文安이다. 중국 남송의 사상가 이다. 심학의 선구로 "마음(心)은 一心이며, 理는 一理이다. 이 心이 곧 이 理여서, 둘로 나뉘어 있는 일이 없다"라고 말하였다. 마음을 근본으로 하여 세계로의 직 접적인 인식과 실천의 확장을 주장하였다.
3) 江西提刑에 임명되어 알현차 간 것이다.
4) 信州 貴溪현의 南山이 코끼리를 닮아 상산이라고 하는데, 육구연이 撫州의 金谿에 서 살다가 이곳으로 옮겨와서 집을 짓고 살았다. 그래서 상산선생이라 불렸다.

다는 비난을 불러일으킬 수 없어서, 사람을 묘당에 보내어 사직을 간청하였습니다. 만일 뜻대로 되지 않더라도 힘써 청하여 허락을 기약할 뿐입니다. 문을 닫아걸고 틀어박혀 녹봉만 축내면서 비루한 학문을 탐구하는 것으로 이번 생은 만족합니다. 한스러운 것은 임금님의 은혜를 입었는데 갚을 길이 없으니 죽어서도 유감이 있을 것입니다.

앞의 편지에 가르쳐 주신 모든 것을 어찌 따르지 않겠습니까?

"옛 성현은 오직 이치(理)만을 보셨으니, 말이 이치에 맞으면 비록 아녀자나 어린아이의 말이라도 버리지 않는 바가 있다. 혹 이치에 어긋나면 비록 옛 책에서 나온 말이라도 다 믿을 수 없다."

이 말씀은 매우 지당하여 세속 선비들의 얕은 견해가 미칠 수 없는 바입니다. 다만 제가 생각하기에 말은 취사선택하기가 어렵지 않으나 이치는 밝히기 쉽지 않습니다. 만약 내가 이치에 밝으면 다른 사람이 한 말의 시비를 판별하는 것은 흑백을 구분하는 것보다 쉬울 것이니, 그 사람의 현명한지의 여부를 묻지 않고도 그 취사선택을 결정할 수 있을 것입니다. 불행하게도 우리가 말하는 이치라는 것이 한 사람의 사사로운 견해에서 나온 것이라면 그 취하고 버리는 기준이 여러 의견을 절충한 것이라 하기에는 부족할 것입니다. 하물며 아직 이치에 밝지도 않다면 다른 사람의 말도 이해하지 못하는 경우가 있을 것인데 어찌 성급하게 옛 책을 믿을 만하지 않다고 내버리고 바로 가슴속에 결정한 것에다 맡길 수 있겠습니까?

보내 주신 편지에서 반복하신 무극無極과 태극太極에 대한 해석은 상세합니다. 그러나 제 생각에, 복희伏羲가 『역易』을 지어 한 획을 그은 뒤로, 문왕이 『역易』을 풀이하면서 '건원乾元'이라 한 뒤로, 모두 태극을 말한

---

5) 1188년 9월 간의대보 謝諤의 천거로 다시 소명이 내려왔다.(『朱熹年譜長編』, 915쪽)

적이 없었는데 공자孔子가 그것을 말씀하셨습니다. 공자가 『역易』을 찬술하면서 태극을 말한 뒤로 모두 무극을 말하지 않았는데 주염계 선생이 무극을 말하였습니다. 선대의 성인과 후대의 성인이 어찌 같은 맥락으로 통하지 않았겠습니까? 만약 여기에서 태극의 실체(眞體)를 훤히 볼 수 있다면 그것을 말하지 않은 사람이라 덜 훌륭한 것이 아니고 그것을 말한 사람이라 더 훌륭한 것이 아님을 아실 겁니다. 그런데도 어찌 이같이 어지럽게 되는 데 이르렀습니까? 지금 이미 그렇지 않다면, 우리가 말하는 이치란 것이 아마도 여러 설을 절충한 것이 되기에 부족할 것인데, 하물며 남들의 말에 대해 다 이해하지 못한 것이 한둘이 아니라면 어떻겠습니까? 이미 저를 어리석게 여기지 않으시고 가르쳐 주시니, 저 역시 어리석은 의견을 다 말씀드리지 않을 수 없습니다.

또 『주역』「계사전繫辭傳」에 '태극'이라 한 것은 무엇이겠습니까? 곧 양의兩儀, 사상四象, 팔괘八卦의 이치가 그 세 가지보다 먼저 갖추어져 있으면서 그 세 가지 안에 온축되어 있는 것입니다.[6] 성인의 뜻은 바로 그 이치가 가장 궁극의 것이어서 붙일 만한 어떤 이름도 없기에 다만 태극이라고 한 것입니다. 이것은 마치 "천하의 지극한 것이라도 여기에 더할 수가 없다" 하는 말과 같으니, 애초에 '중中'이란 개념으로 명명한 것은 아닙니다.[7] 북극北極의 극과 옥극屋極[8]의 극, 황극皇極의 극, 민극民極의 극에 대해서 여러 학자들이 비록 중中이라고 해석하기도 하지만, 그것은 어떤 사물의 극이 그 사물 중에 있다는 뜻으로 말한 것이지 '극'자의 뜻을 중으로 본 것은 아닙니다. 극이란 지극하다는 것일 뿐입니다. 형체가

---

6) 이치는 곧 태극이니, 양의·사상·팔괘보다 먼저 있는 것은 '統體太極'을 말하고 양의·사상·팔괘 안에 있는 것은 '各具太極'을 말한다.(『朱子大全集箚疑輯補』)
7) 육구연이 보낸 편지에, 極을 中으로 해석하여 無極이라 하면 中이 없다는 것이 되기에 문제가 있다고 하면서 "無極而太極" 구절을 의심한 내용이 있다.
8) 집의 꼭대기인 지붕이다.

있는 것으로 말하면, 그 사방팔면에서 접근할 때 여기에 이르러서 막다르
게 되어 다시 갈 곳이 없게 되니, 여기에서 다시 나아가려 해도 사방팔면
어디로든 더 나아갈 수 없어서 일체 멈추게 되므로 극이라고 한 것입니다.
후세 사람들은 그것이 가운데에 있으면서 사물에 응할 수 있으므로
그곳을 가리켜 '중'이라고 한 것이지, 그 뜻을 중으로 해석한 것이 아닙니다.
태극의 경우는, 본래 어떤 형상이나 방향, 장소로써 말할 수 있는 것이
아니고 다만 이 이치가 지극하기 때문에 '극'이라고 한 것입니다. 그런데
이제 중으로 이름을 붙인다면, 이것은 이른바 이치에 아직 밝지 못한
것이 있어서 남이 말한 뜻을 다 이해하지 못한 첫 번째 사례입니다.

『통서通書』 '리성명理性命'장에서, 그 첫 두 구절은 '리理'를 말하고[9],
다음 세 구절은 성性을 말하고[10], 다음 여덟 구절은 '명命'을 말하였습니
다.[11] 그 장의 내용에는 이 세 글자가 없으나, 특별히 이 세 글자로써
장의 이름을 지었다면 장 속의 말은 각각 속한 바가 있었을 것입니다.
대개 그 이른바 '영靈', '일一'은 태극이 되지만, 이른바 '중中'은 타고난
기품이 중도를 얻은 것으로서 '강선剛善', '강악剛惡', '유선柔善', '유악柔惡'과
함께 다섯 가지 성품(五性)이 되어 오행에 속하니 애초에 이를 태극이라
여긴 적이 없습니다. 또한 "중하여서 그친다"(中焉止矣) 하고 다시 그 아래로
"이기二氣와 오행으로 만물을 화생한다"라는 글로 이어지니, 이것이 또

---

9) "그것은 밝게 드러나면서도 은미하다. 신령함이 아니면 밝힐 수 없다"는 것은
   '理'를 말한 것이다.(『通書』, 「理性命」, "厥彰厥微, 匪靈弗瑩")
10) "강하고 선한 것도 있고 강하고 악한 것도 있으니, 柔함도 이와 같다. 中하여 그
    친다"는 사람의 성품(性)을 설명한 것이다.(『通書』, 「理性命」, "剛善剛惡, 柔亦如之, 中
    焉止矣.")
11) "이기와 오행으로 만물을 화생한다. 오행의 다름은 이기의 실질이고, 이기의 근
    본은 하나이다. 만은 하나가 되고 하나는 만으로 나누어지니, 만과 하나가 각각
    바르게 되어 작고 큰 것이 정해진다"는 것은 사물이 각각 품성을 부여받는 과정
    (命)이다.(『通書』, 「理性命」, "二氣五行, 化生萬物. 五殊二實, 二本則一. 是萬爲一, 一實萬分.
    萬一各正, 小大有定.")

어떤 종류의 글과 의미를 이룰 수 있겠습니까? 지금 보내 주신 편지에 그 '중'을 가리켜 태극이라 했고 아래의 문장에 속한다고 하시니[12], 이것이 이치에 밝지 못한 점이 있어서 남이 말한 뜻을 다 이해하지 못한 두 번째 사례입니다.

무극이라는 두 글자를 논하자면, 주염계 선생은 도의 본체를 환하게 알고서 상정常情을 멀리 뛰어넘어 주변 사람들의 시비를 돌아보거나 자신의 득실을 계산하지 않은 채 용감하게 앞으로 나아가, 사람들이 감히 말하지 못하는 도리를 말하여 후세의 학자들로 하여금 태극의 묘가 유나 무에 속하지 않고 장소나 형체에도 귀착되지 않는다는 것을 분명히 알도록 한 것입니다. 만약 이것을 잘 간파해 낼 수 있으면 이 원로분이 여러 성인 이래로 전해지지 않았던 비의를 얻어서 집 아래 집을 짓고 침상 위에 침상을 만들었던 것이 아님을 알 것입니다. 이제 노형은 꼭 그렇지 않다고 하시니, 이는 이치에 밝지 못한 점이 있어서 남이 말한 뜻을 다 이해하지 못한 세 번째 사례입니다.

『주역』「계사전」에 "형이상形而上의 것을 도道라 한다"[13]라고 하고 또 "한 번 음이 되고 한 번 양이 되게 하는 것을 도라 한다"라고 하였으니, 이것이 어찌 음양을 형이상이라고 한 것이겠습니까? 한 번 음이 되고 한 번 양이 되는 것은 비록 형기에 속하나, 음이 되게 하고 양이 되게 하는 까닭은 바로 도의 본체가 그렇게 하기 때문입니다. 그래서 도체道體의 지극함을 태극이라고 하고, 태극이 유행하는 것을 도라고 한 것입니다. 비록 두 가지 이름이 있지만 애초에 두 가지가 있는 것은 아닙니다. 주염계 선생이 무극이라고 한 까닭은, 바로 그것이 방향과 장소도 없고

---

12) 육구연은 「理性命」장의 一과 中은 태극을 말한 것이고 태극 위에다 무극이란 말을 더한 적은 없다고 했는데, 주희는 中이라 한 것은 앞 구절에 속하는 말이라고 보았다.

13) 『周易』, 「繫辭」, "形而上者謂之道."

형상도 없으면서 사물이 있기 전이나 사물이 있은 후에도 있지 않은 적이 없다고 여겼기 때문이며, 또한 음양의 밖에 있으면서 음양의 가운데 있지 않은 적이 없다고 여겼기 때문이며, 전체를 관통하여 없었던 적이 없지만 애초에 무어라 말할 만한 소리나 냄새, 그림자나 메아리가 없다고 여겼기 때문입니다. 이제 무극이 그렇지 않다고 매우 비판한다면, 이것은 바로 태극이 형상이 있고 방향과 장소가 있다고 여기는 것이며 바로 음양을 형이상이라고 하는 것이니, 도道와 기器의 구분에 어두운 것입니다. 또 "형이상자"의 구절 위에 다시 "하물며 태극이랴"라고 말하는 것이 있다면, 이는 도道 위에 따로 한 사물이 있어 태극이 되는 것입니다. 이는 또 이치에 밝지 못한 점이 있어서 남이 말한 뜻을 다 이해하지 못한 네 번째 사례입니다.

　제가 앞의 편지에서 "무극을 말하지 않으면 태극은 하나의 사물과 같게 되어 만 가지 변화의 근본이 되기에는 부족하고, 태극을 말하지 않으면 무극은 텅 비게 되어 만 가지 변화의 근본이 될 수 없다"라고 한 것은 주염계 선생의 본래 뜻을 미루어 본 것입니다. 당세에 이렇게 두 갈래로 말하지 않았다면 독자가 말뜻을 오해하여 반드시 한쪽으로 견해가 치우치게 되는 폐단이 생겨서, 남이 진짜 있다고 말하면 실제로 있는 것으로 알고 또 없다고 말하면 진실로 없는 것으로 알게 될 것이라고 여겨, 이처럼 말하면 주염계 선생의 뜻이 이미 분명해질 것이라 생각했던 것입니다. 저는 다만 도를 아는 사람들은 제가 너무 지나치게 누설한 것을 싫어할 것이라고만 걱정했을 뿐, 노형과 같은 분들이 오히려 온당하게 여기지 않고 이해하기가 어렵다고 여길 것은 생각하지 못하였습니다. 제 편지의 위아래 문맥을 살펴보시기 바랍니다. 어찌 태극이 사람의 말로 인해 더하고 덜 수 있는 것이라 한 것입니까? 이는 이치에 밝지 못한 점이 있어서 남이 말한 뜻을 다 이해하지 못한 다섯 번째 사례입니다.

보내신 편지에 "「계사전」에 '역에 태극이 있다'[14]라고 분명히 말했는데 지금은 무無를 말하니 무슨 말입니까?" 하셨는데, 이는 더욱 고명高明에게 바라던 것이 아닙니다. 이번 여름에 어떤 사람과 『주역』에 대해 토론을 하였는데[15], 그 사람 이야기가 바로 이러하였습니다. 당시에 맞닥뜨리니 나도 모르게 실소하고 말아서 마침내 탄핵을 당하게 되었습니다. 저속된 선비가 고루하여 글자 그대로 해석하는 것은 별로 이상하다 여길 것이 없습니다. 그런데 노형은 평소에 자신을 어떻게 보시기에 또 이런 말을 하시는 것입니까? 노형은 또 「계사전」에서 '있다' 한 것이 실로 양의, 사상, 팔괘처럼 정해진 위치가 있고 천지, 오행, 만물처럼 일정한 형상이 있는 것과 같다고 생각하십니까? 주염계 선생이 말한 '없음'이 실로 텅 비고 다 끊어져 없어져서 사물이 생겨날 이치라고는 전혀 없는 것이라고 보십니까? 이것이 또 이치에 밝지 못한 것이 있어서 남이 말한 뜻을 다 이해하지 못한 여섯 번째 사례입니다.

『노자老子』는 "다시 무극으로 돌아간다"[16]라고 했는데, 이 구절의 무극은 끝이 없다는 뜻입니다. "장생莊生이 무궁無窮의 문門으로 들어가 무궁無窮의 들에서 노닌다"[17]라고 말한 것과 같으니, 주염계 선생이 말한 뜻과는 다릅니다. 이제 이를 인용하여 주염계 선생의 말이 저기에서 나왔다고 하니, 이는 또 이치에 밝지 못한 것이 있어서 남이 말한 뜻을 다 이해하지 못한 일곱 번째 사례입니다.

노형의 학문은 매우 뛰어나 세속을 벗어났으니, 세간의 언어로 도량을 논하고 세간의 견해로 헤아리기가 쉽지 않습니다. 그런데도 지금 저는 어리석은 세속의 견해로 논하였으니, 앞에서 아뢴 것처럼 합치되지 않는

---

14) 『周易』, 「繫辭」, "易有太極."
15) 병부시랑 林栗과 논쟁하였다.
16) 『老子』, 38장, "知其白, 守其黑, 爲天下式. 爲天下式, 常德不忒, 復歸於無極."
17) 『莊子』, 「在宥」, "莊生入無窮之門, 以遊無極之野."

것이 있습니다. 또한 회신을 받고자 하지만, 헛되이 분분하게 논하여 거듭 세속에서 보고서 비웃지나 않을까 걱정입니다. 그러나 생각해 보건대 결국 제가 말하지 않는다면 학자들이 끝내 올바른 것을 선택할 수 없을까 걱정되었습니다. 이 둘을 비교하면 차라리 지금 사람들에게 비웃음을 받을지언정 후세에 죄를 얻을 수는 없습니다. 이 때문에 그만두지 못하고 이렇게 편지를 올립니다.

잘 모르겠사오나 노형께서 어찌 생각하시지요

14. 진기지에게 답한 편지<옥산강의에 대해 묻다> ─ 答陳器之<問玉山講義>1)

　성性은 태극의 혼연한 체體이기 때문에 본래 어떤 명칭으로 말할 수는 없지만 그 가운데에 모든 이치를 갖추고 있다. 그 이치의 큰 강령綱領이 네 가지가 있으니, 그것을 인仁·의義·예禮·지智라고 명명하였다.

　공자孔子의 문하에서 이것을 다 갖추어 말한 적이 없었다가, 맹자孟子에 와서야 비로소 다 갖추어 말하게 되었다. 그 까닭을 보면, 공자가 살아 계시던 때에는 성선性善의 이치가 본래 밝아서 비록 그 조목을 상세하게 밝히지 않더라도 그 말 속에 절로 구비되어 있었다. 그러나 맹자의 시대에 이르면 이단異端이 벌떼처럼 일어나 왕왕 '본성이 선하지 않다'고 주장하니, 맹자께서 이 이치가 밝혀지지 않을까 걱정하여 이를 밝히신 것이다. 이때 맹자는 만약에 '혼연한 체'라고만 말하면 마치 눈금 없는 저울이나 마디 없는 자와 같아서 끝내는 천하 사람들을 이해시킬 수 없을까 염려하였다. 그래서 나누어 말하면서 넷으로 구분하니, 사단四端의 학설이 이에 확립된 것이다.

　사단이 아직 드러나지 않았을 때에는 비록 고요하여 움직이지 않으나 그 가운데에 이미 조리條理가 있고 짜임새가 있어서 아무것도 없는 것이

---

1) 『朱文公文集』, 권58. 陳埴의 자가 器之이다. 진식은 주희의 제자로 『서경집주』의 편집에 참여하였다. 潛室先生이라 불렸다. 이 편지는 1194년 11월 있었던 옥산강 의에 관한 질문에 대한 답으로 사단에 대하여 논하고 있다. 옥산강의 직후(1195 년)의 편지로 보인다.

아니다. 그러다가 외부에서 감촉感觸하면 곧 내면에서 반응하는 것이다. 어린아이가 우물에 빠지려는 광경을 보게 되면 인仁의 이치가 곧 반응하여 측은한 마음이 이에 나타나고, 사당이나 조정을 지나게 되면 예禮의 이치가 곧 반응하여 공경하는 마음이 이에 나타난다. 이는 대개 그 내면에 모든 이치가 한덩어리로 갖추어져 있으면서도 각각 분명히 구분되는 것이어서, 외부에서 맞닥뜨리는 일에 대해 감촉하는 대로 반응하는 것이다. 그래서 사단으로 발생할 때 양태가 각각 다른 것이다.[2] 이를 맹자께서 넷으로 분류하여 학자들에게 보여 준 것은 한덩어리의 전체全體 가운데에도 분명한 조목이 이처럼 있음을 알도록 하신 것이니, 성이 선하다는 것을 알 수 있다.

그러나 사단으로 나타나기 전에는 혼연한 전체라는 것은 말할 만한 소리나 냄새도 없고 볼 만한 형상도 없는데, 어떻게 분명한 조목이 이처럼 있다는 것을 알 수 있겠는가? 대개 이 이치를 검증하여 알려면 그것이 발현하는 곳에 나아가서 검증하여 알아내야 한다. 모든 사물은 반드시 근본이 있게 마련이다. 성의 이치가 비록 형체는 없지만 단서端緒가 드러나는 곳에서 가장 잘 검증하여 알 수 있다. 그래서 그 측은해하는 마음으로 인해 인仁이 있음을 알고, 그 부끄러워하는 마음으로 인해 의義가 있음을 알며, 그 공경하는 마음으로 인해 예禮가 있음을 알고, 그 시비是非를 분별하는 마음으로 인해 지智가 있음을 아는 것이다.

만약 본래 그 이치가 내면에 없다면 이 단서가 어떻게 겉으로 드러나겠는가? 겉으로 이 단서가 드러나는 것으로 말미암아 반드시 내면에 이 이치가 있다는 것을 알 수 있으니, 이것을 부정할 수 없다. 그래서 맹자께서 "그 정情으로 말하면 선하다고 할 수 있으니, 이것이 이른바 (본성이)

---

2) 감각대상에 따라 측은지심, 사양지심 등 발생하는 감정이 다르다는 말이다.

선하다는 것이다"[3]라고 하셨다. 맹자께서 본성이 선하다 말씀하신 것도 대개 그 '정'으로부터 거꾸로 추리하여 알아낸 것일 따름이다.

인·의·예·지가 각기 경계가 분명하다는 것을 이미 알았다면 또한 네 가지 가운데에 인仁·의義가 대립이 되는 관건임을 알아야 한다. 인이 인의 본체라면 예는 인이 드러난 것이며, 의가 의의 본체라면 지智는 의가 감추어진 것이다. 춘하추동春夏秋冬이 비록 네 계절이 되지만 봄과 여름은 양陽에 속하고 가을과 겨울은 음陰에 속하는 것과 같다. 그렇기에 "하늘의 도道를 세우니 음과 양이요, 땅의 도를 세우니 강剛과 유柔요, 인간의 도를 세우니 인과 의이다"라고 말한 것이다. 하늘과 땅의 도는 음·양이나 강·유처럼 둘이 아니면 세울 수 없기 때문에, 비록 인의예지 넷이 있으나 이를 세울 때는 인의 두 가지로 한 것일 뿐이다.

인과 의가 대립하여 둘이 되나 인은 진실로 네 가지를 관통하니, 치우쳐 말하면 한 가지 일이나 오롯하게 말하면 네 가지를 포괄하게 된다. 그래서 인은 인의 본체이며, 예는 인의 절도와 문식이며, 의는 인의 결단과 제재함이며, 지는 인의 분별함인 것이다. 이는 춘하추동이 비록 서로 같지 않으나 모두 봄에서 나오는 것과 같다. 봄은 봄의 낳음이며, 여름은 봄의 자라남이며, 가을은 봄의 열매 맺음이며, 겨울은 봄의 거두어들임이다. 넷에서 둘이 되고, 둘에서 하나가 된다. 그것을 통섭하는 것에 근본이 있고, 모으는 것에 으뜸이 있다. 그래서 오행은 하나의 음양이며, 음양은 하나의 태극이다. 이는 하늘과 땅의 이치가 진실로 그러한 것이다.

인이 사단을 포함함에 지가 사단의 끝에 위치한 것은, 겨울이 거두어들임으로써 만물을 시작하고 만물을 마무리하기 때문이다. 지는 거두어 저장한다는 의미가 있고, 시작하고 마무리한다는 의미가 있다. 즉 측은히

---

3) 『孟子』, 「告子上」, "孟子曰, 乃若其情則可以爲善矣, 乃所謂善也."

여김, 부끄러워함, 공경함 이 세 가지는 할 수 있는 일이 있으나, 지는 할 일이 없다. 단지 그 옳고 그름을 분별할 따름이니, 그래서 거두어들여 저장한다고 말하는 것이다. 또 측은히 여김, 부끄러워함, 공경함 세 가지는 모두 일면만의 도리이나 옳고 그름은 양면을 갖추고 있다. 이미 옳은 것을 분별하면 그 그른 것을 분별한 것이니, 이는 만물을 시작하고 마무리하는 모양이다. 그래서 인은 사단의 으뜸이 되며, 지는 능히 시작하고 능히 마무리하는 것이다. 이는 원기元氣가 비록 원元・형亨・이利・정貞 사덕四德 중의 으뜸이 되나 그 원은 원에서 생겨나지 않고 정에서 생겨나는 것과 마찬가지이다.

대개 천지의 조화로 말미암아 숨을 들이마시지 않는다면 내뿜을 수 없으니, 리理가 진실로 그러하다. 인과 지가 만나는 사이는 바로 온갖 변화의 축이니, 이 이치는 순환하여 끝이 없고 꽉 맞물려 틈이 없다. 이것이 바로 정자程子가 "움직임과 고요함에 끝이 없고, 음과 양에 시작됨이 없도다"[4]라고 말한 것이다.

---

4) 『程氏易說』, 권1, 「繫辭」, "動靜無端, 陰陽無始, 非知道者孰能知之."

15. 호남의 여러 학자들에게 보낸 중화설에 관한 첫 번째 편지

— 與湖南諸公論中和第一書[1]

『중용』의 '미발未發'·'이발已發'[2]의 뜻을 전에는 이 작용하는 마음의 본체로 이해하고 또 정자程子의 "무릇 마음을 말하는 것은 모두 이발을 가리켜 말한다"[3]라는 말로 인하여, 결과적으로 마음을 이발로, 성을 미발로 지목하게 되었습니다. 그런데 정자의 글을 보니 합치하지 않는 곳이 많았습니다. 다시 생각해 보니 전날의 설은 다만 심성心性에 대한 명명命名에도 적절하지 못했을 뿐만 아니라, 일상의 공부에서도 전혀 본령本領을 갖추지 못한 것이었습니다. 대개 놓친 것이 문맥 사이에만 있는 것이 아니었습니다. 정자의『문집』,『유서遺書』의 여러 설을 살펴보니 모두 생각이 싹트지 않고(思慮未萌) 아직 사물이 이르지 않은(事物未至) 때를

---

1) 『朱文公文集』, 권64. 1169년(주희 40세)에 호남지역의 여러 학자들에게 보내 '中和 說'에 대하여 논한 첫 편지이다. 중화구설의 문제점을 인식하고 신설을 수립하 게 되는 가장 초기의 기록이다. 성은 미발 상태의 理로서 心의 미발 상태에서 치우침이 없는 中의 상태에 이 理가 갖춰져 있으며 心은 미발과 이발을 관통하여 주재하는데, 주재가 이루어지면 미발의 中의 상태에 갖춰진 理가 실현되어 이발 의 和로 나타나게 된다는 것이 중화신설의 골자이다. 중화구설은 미발을 性, 이 발을 心으로 간주함으로써 평상시 미발의 중을 보존하는 본령 공부가 없기 때문 에 신설에서는 이를 보완하여 미발의 때에 함양하는 공부를 말하고 있다.
2) 『중용』의 "희노애락이 나타나지 않은 것을 中이라고 하고, 나타나 모두 절도에 맞는 것을 和라고 한다"(喜怒哀樂之未發謂之中, 發而皆中節謂之和)에서 나온 말로, 미 발은 아직 감정이 드러나지 않았거나 지각작용이 발생하지 않은 상태를 말하고 이발은 감정이나 지각작용이 있는 상태를 말한다.
3) 『二程集』, 「與呂大臨論中書」, "凡言心者, 皆指已發而言."

희노애락喜怒哀樂의 미발이라고 여긴 듯합니다. 이때가 이 마음의 움직이지 않는 고요한 본체로서, 하늘이 명한 성性의 본체(體)가 여기에 갖추어져 있습니다. 그것이 넘치거나 모자람이 없고 치우치지도 기울지도 않기에 중中이라고 합니다. 천하의 모든 일을 통하여 나타나면 희노애락의 정情이 여기에서 드러나 마음의 작용(用)을 볼 수 있습니다. 그렇게 드러난 감정이 절도에 맞고 어긋남이 없음을 화和라고 말합니다. 이것은 사람 마음의 올바름이며 성정性情의 덕德이 그러한 것입니다. 그러나 마음이 아직 발현하기 전(未發)에는 볼 수가 없고, 이미 지각한 뒤(已發)에는 안배할 틈이 없습니다. 다만 평일에 엄숙하고 경건하게 함양하는 공부를 지극히 하여 사사로운 인욕人慾이 어지럽히지 않으면, 마음이 발현하지 않았을 때는 밝은 거울과 잔잔한 물과 같고, 그것이 발현했을 때는 모두 절도에 맞게 될 것입니다. 이것이 일상에서 공부하는 본령이니, 일에 따라 성찰하고 사물에 나아가 미루어 밝히는 것 역시 반드시 이를 근본으로 삼아야 합니다.

이미 발현한 때에 마음을 살펴보면 아직 발하기 전에도 이미 갖추어진 것을 진실로 조용히 알 수 있습니다. 그래서 정자께서 소계명蘇季明[4]에게 답한 글에서 반복하여 논변한 것이 상세하고 자세하였지만, 그것은 끝내 경敬을 말씀하시는 데 불과한 것이었습니다. 또한 "공경하여 그 상태를 잃지 않으면 '중中'이다"[5] 하고, 또 "도道에 들어가는 데는 경敬만한 것이 없으니, 앎을 지극히 하면서 경敬한 상태에 있지 않은 이는 없다"[6] 하고, 또 "마음을 기르는 데는 반드시 경敬하여야 하고 학문으로 나아가는 것은 치지致知에 달려 있다"[7] 한 것도 이 때문이었습니다.

---

4) 蘇炳의 자는 季明이다. 呂大忠, 呂大鈞, 呂大臨 등과 더불어 張載의 제자였다. 장재가 서거한 후 모두 程頤의 제자가 되었다.
5) 『二程遺書』, 권2, "敬而無失, 卽所以中."
6) 『二程遺書』, 권3, "入道莫如敬, 未有能致知而不在敬者."

예전에는 강론하고 사색하면서 마음이 곧 이발이라고 여겨 일상생활에서의 공부 역시 다만 마음의 실마리를 살펴서 아는 것(察識端倪)[8]을 가지고 처음 착수해야 한다고 여겼습니다. 그래서 평소에 함양하는 한 측면의 공부가 빠지게 되어, 사람들로 하여금 가슴속이 뒤숭숭하여 마침내 깊고 순수한 맛이 없게 하였으며, 그 말과 행동으로 드러난 것도 항상 급박하고 가벼이 속내를 드러내니 다시 깊고 중후한 기풍이 없었습니다. 대개 견해가 한 번 어긋나서 그 해가 여기에까지 이르게 된 것입니다. 살피지 않을 수 없습니다. 정자의 "마음이라고 하는 것은 모두 이발을 가리켜 말한 것이다"라는 말은 갓난아이의 마음(赤子之心)을 가리켜 말한 것[9]이었는데 이를 일반적인 마음에 대한 설명(凡言心)으로 보았으니, 잘못된 설이었습니다. 그래서 또 스스로 온당치 않게 여겨 다시 바로잡은 것입니다. 그러나 진실로 이미 고친 이 말에 집착하여 다른 학설이 전부 잘못되었다고 의심하는 것은 옳지 않으며, 또 이 말이 온당치 않다고 여겨서 그 가리킨 바가 다르다는 점을 연구하지 않는 것도 옳지 않습니다. 여러분은 어떻게 생각하십니까?

---

7) 『二程遺書』, 권18, "涵養須用敬, 進學則在致知."
8) 의식을 살펴 발동하는 마음의 선악을 판단해서 선이면 보존하고 악이면 물리치는 공부법으로, 호상학의 주된 공부법이다.
9) 여대림이 갓난아이의 마음을 미발이라 하였는데 程子가 이것은 이발이라 하였다. 정자의 이 말을 가지고 마음의 모든 상태를 이발로 해석해서는 안 된다는 뜻이다. 『二程集』, 「與呂大臨論中書」, "大臨云, 大臨以赤子之心爲未發, 先生以赤子之心爲已發. 所謂大本之實, 則先生與大臨之言, 未有異也. 但觧赤子之心一句, 不同爾. 大臨初謂赤子之心止取純一無僞, 與聖人同, 恐孟子之義亦然. 更不曲折一一較其同異, 故指以爲言, 固未嘗以已發不同處爲大本也. 先生謂凡言心者皆指已發而言, 然則未發之前, 謂之無心可乎?"

16. 임백화에게 답한 편지 — 答林伯和書[1]

앞서 보낸 편지에, 일찍이 널리 스승과 벗에게서 구하였지만 지금까지 터득한 것이 없다고 하였는데, 도道를 구하는 간절한 뜻을 볼 수 있었습니다. 내가 보건대, 이것은 아마도 스승과 벗들이 서로 일러 준 것이 성현 문하의 '배우는 사람이 덕에 입문하는 차례'와 모두 일치하는 것만은 아니어서, 이 때문에 그대가 아직 몸소 절실하게 힘쓸 곳을 찾지 못하여 그렇게 된 것일 뿐이라 생각합니다.

대개 성인의 가르침은 글을 널리 익힌 뒤에 예禮로써 요약합니다. 『대학大學』의 가르침은 명덕明德[2]을 밝히는 것을 먼저하고 백성을 새롭게 하는 신민新民을 나중으로 합니다. 그런데 근세에 도道를 말하는 자들은 높고 오묘한 것과 곧바로 질러 들어가는 것에만 힘써서, 널리 글을 배우는 공부가 거의 없고 요약하는 것 또한 예를 회복하는 실질이 없습니다. 또한 외우고 글 짓는 데 공들이는 사람은 반성하여 자신의 몸에서 구하는 일이 없이 와자하게 경솔히 고금을 비평하고 세상 다스리는 강령을 논하는 것을 자임합니다.[3] 이는 모두 사람들로 하여금 덕으로 들어가는 차례를 헤매게 만들어 공허하거나 잡박雜博한 데로 빠지게 합니다. 그

---

1) 『朱文公文集』, 권49. 54세(1183) 무렵의 편지로 추정된다.(『편년고증』 증정본, 219 쪽.) 林㮚(1144~1192)의 자는 伯和 혹은 元秀이며 嚴岩(浙江) 사람으로, 주희의 문인 이다. 孝宗 乾道 8년(1172) 진사가 되었다.
2) 마음의 밝은 덕성이다.
3) 당시의 史學에 대한 비판이다.

자질이 돈독하고 성실하여 선을 행할 만하지만 지식이 혹 남에게 미치지 못한 자는 왕왕 더욱 그 해를 입으니, 살피지 않을 수 없습니다.

지금 노형을 위한 계책으로는 지경持敬[4] 공부를 먼저 하고 뒤에 강학講學하고 성찰省察하는 공부를 더하는 것만한 바가 없습니다. 사람 마음의 병폐는 방종하거나 그렇지 않으면 혼매하고 게으른 것입니다. 그대는 방종할 걱정은 반드시 없어 보이지만, 혹 혼매하여 게으른 구석이 있는 것은 면하지 못한 듯합니다. 일상생활에서 단정하고 가지런하고 엄숙하게 함으로써 스스로를 지키는 데 힘쓰고 항상 경계하고 다짐한다면 혼매하고 게으르게 되지는 않을 것입니다.

강학에는 『논어』, 『맹자』보다 먼저 할 것이 없습니다. 또한 『논어』, 『맹자』를 읽을 때는 장구章句를 따라 숙독하여 자기에게 절실하게 관련지어 생각하고, 이해되지 않을 경우에는 여러 선대 학자들의 설로써 깨쳐야 합니다. 두 정자程子께서 절실하게 말씀하신 것은 바로 익숙하도록 보아서 경전의 글과 마찬가지로 마음속에 외워 두어야 합니다. 그런 뒤에 성찰의 공부를 더해야 합니다. 성찰 공부와 강학 공부는 양쪽이 서로 깨우치도록 해야 하니, 오직 일상생활에서 마주치는 일과 은미한 생각들을 항상 살펴서, 그 선한 실마리가 나타나 마음에 흡족하고 성현의 말에 일치하면 열심히 행하고 힘써 실현하며, 사특한 마음이 싹터 내 마음에 부끄럽고 성인의 가르침에 어긋나면 과감하게 결단하여 빨리 없애야 합니다. 대저 선을 보면 반드시 행하고 잘못을 듣게 되면 반드시 없애서 경각이라도 느슨한 마음과 태도를 가지지 않도록 하면 학문을 하는 근본이 서게 될 것입니다. 그리하여 나중에 점차 여력이 있게 되면 차차 여러 책을

---

4) 敬공부라고도 하며, 마음이 흐트러지지 않도록 하는 공부이다. 의복을 단정히 하고 공경한 태도를 유지하는 등 외적인 공부와, 정좌를 통해 마음의 집중력을 기르며 내면으로 거둬들여서 안정시키는 등의 내적인 공부가 있다.

읽어 세상의 일에 두루 통하게 되어도 또한 늦은 것이 아닙니다.

지금 잘못된 계책이 아닐까 미리 걱정하여 선후의 차례를 잃어버려서는 안 될 것입니다. 만약 여기에 힘쓰지 않고 오직 타고난 분수에 의지하여 허물이 없는 사람이 되려고만 한다면, 날로 새로워지는 경지(日新)에 스스로 나아가지 못할 뿐만 아니라 아마도 근거할 바탕이 없게 되어 또한 타고난 분수에 의지하여 허물이 없는 사람이 되는 것도 반드시 이룰 수 있는 것만은 아닙니다.

만나서 이야기를 하지 못해 잠시 여기 만 분의 일이나마 밝히니 시험 삼아 유의하시면 다행이겠습니다. 이 편지는 다른 사람에게 보이지 마시되, 다만 숙화叔和5)와 기도幾道 및 임형林兄의 형제들은 또한 알지 않으면 안 될 것입니다.

---

5) 林牖의 동생 林鼎으로, 자는 叔和이다.

17. 진동보에게 답한 편지 — 答陳同甫書[1]

　　보내 주신 여러 장의 편지의 내용이 가로로 보나 세로로 보나 모두
뛰어나고 새로우며 기묘한 것이 많아서 똑바로 볼 수가 없습니다. 맹자가
다시 나온다 하더라도 비판할 수 없을 것인데, 더구나 어리석고 용렬한
천한 선비가 어떻게 거기에 대해 한마디라도 할 수 있겠습니까? 그러나
저의 생각에 실로 온당치 않다 여기는 바가 있는데, 감히 부화뇌동하거나
아부하여 좇을 수만은 없어 다시 그 한두 가지를 말씀드리니 현명하신
분께서 들어 주시기 바랍니다.

　　보내 주신 편지에 하신 말씀이 많으나 그 큰 틀을 보면, 한나라와
당나라를 높여서 삼대三代와 차이가 없다고 여기고, 삼대를 깎아내려
한나라와 당나라와 다를 것이 없다고 여기는 것입니다. 그런데 그 말씀하
신 까닭은, 옛날과 지금은 옳게 여기는 바가 같지 않으므로 성현의 일을
모두 모범으로 삼을 수만은 없으며, 다만 시대를 구제하려는 뜻과 혼란을
제거한 공만 있으면 그 행위가 비록 의리에 다 맞지는 않더라도 나름대로
한 시대의 영웅이 되는 데에는 방해되지 않는다는 것에 지나지 않습니다.
그러나 또 그러한 것이 의리가 아니라고 말하고 싶지는 않기에 다시

---

1) 『朱文公文集』, 권36. 1185년(주희 56세) 봄에 주희는 陳亮(1143~1194)과 義利王覇論爭
　　을 벌였는데, 이 편지는 논쟁 후반기의 편지이다. 陳亮의 자는 同甫, 호는 龍川先生
　　이다. 남송의 학자로 朱熹와 가까웠지만, 학문적으로는 事功을 중시함으로써 王道
　　와 覇道를 구분하고 義와 利가 대립하는 주희의 관점을 비판하면서 실제의 효용
　　을 중시했다. 저서에 『龍川文集』과 『龍川詞』 등이 있다.

'천지인天地人이 똑같이 삼재三才가 된다'는 말을 내세워 천지의 도만 운행하고 사람의 도는 중단될 리는 없다고 하면서, 지금 천지가 항상 존재하므로 한·당 임금의 도道 또한 이와 같아야 하며, 이미 사람이 해야 할 사업을 했기 때문에 천지 또한 거기에 힘입어 현재까지 이르게 된 것이라고 하셨습니다.[2] 그 전후로 반복한 논리가 비록 여러 가지이지만 요는 모두가 이 주장을 관철시키려는 것이었습니다. 어리석은 저는 생각이 이와 다르지 않을 수 없습니다. 그러나 그 중에 같지 않을 수밖에 없는 것도 있습니다. 지금 그 같은 것을 가지고 다른 것을 따져 보면 털끝만큼의 차이가 결국에는 천리나 어긋나게 됨을 말할 수 있을 것입니다.

보내 주신 편지 중에 "마음이 언제나 민멸될 수는 없으며 법이 언제나 폐지될 수만은 없다"(心無常泯, 法無常廢)라고 하신 한 단락은 곧 전체 글 중의 관건으로 제가 같다고 여기는 것이 이 단락보다 더한 것은 없습니다. 그런데 다르게 여기는 것 또한 이 단락보다 더 심한 것이 없습니다.

이 사람이 있으면 이 마음이 있을 것이고 이 마음이 있으면 이 법이 있을 것이니, 진실로 늘 없어지거나 폐지될 리 없습니다. 그러나 단지 늘 없어지지는 않는다 라고만 하였으니 때로는 없어지는 것이요, 늘 폐지되지는 않는다 라고만 하였으니 때로는 폐지되기도 한다는 것입니다. 대개 천리天理와 인욕人欲이 함께 행해져서 혹 끊어지기도 하고 혹 이어지기도 하는 것이 본래 이와 같습니다. 그러나 본연의 오묘함을 가지고 논한다면 오직 천리만 있을 뿐이고 인욕은 없습니다. 성인의 가르침은 반드시 인욕을 다 없애고 천리를 완전히 회복하려는 것이었습니다.

마음은 늘 없어지지 않기를 바라야지 늘 없어지지만은 않는다는 것을

---

2) 주희가 파악한 진량의 논의는, 天道와 人道는 병행하는 것인데 한당을 지나서도 천도가 있는 것을 보면 한당시대에도 역시 인도가 있었으며 이로 볼 때 한당의 임금 또한 인도를 행하였다는 것이다. 주희는 이러한 논의는 결과를 가지고서 한당의 임금을 정당화하려는 논리라고 비판하고 있다.

믿어서는 안 되는 것입니다. 이것이 바로 "인심은 위태롭고 도심은 은미하니, 정밀하게 살펴서 한결같이 지켜야 진실로 그 '중中'을 잡을 수 있다"라는 것으로, 요임금 · 순임금 · 우임금이 서로 전승한 가르침입니다. 사람이 태어나면 몸의 사사로움에 얽매이게 되어 인심人心[3]이 없을 수 없습니다. 그러나 천지의 올바른 기를 얻었으니 도심道心[4]이 없지도 않습니다. 일상생활 속에서 이 두 가지가 같이 행해지면서 번갈아 가며 이겼다 졌다 하는데, 일신一身의 시비와 득실과 천하의 치란治亂과 안위安危가 이에 달려 있지 않은 것이 없습니다. 이 때문에 인심과 도심을 정밀하게 구분해야 하고, 인심이 도심에 섞이지 않도록 해야 하며, 한결같이 지키길 바라고, 천리가 인욕으로 흘러가지 않도록 해야 합니다. 그러면 그 행하는 바가 한 가지 일이라도 중도를 얻지 않음이 없고 천하 국가에서 처신함에 합당하지 않은 것이 없습니다.

어찌 인심의 위태로움에 맡겨 둔 채 때때로 없어지는 것을 당연하게 여기고, 도심의 은미함에 맡겨 둔 채 잠시 없어지지 않은 것을 다행으로 여기겠습니까? 요임금, 순임금, 우임금이 서로 전한 것이 이미 이러할 뿐입니다. 탕왕과 무왕의 경우도 이를 들어서 알고, 돌이켜서 이러한 경지에 이른 자들입니다. 공자가 안자와 증자에게 전한 것도 이것이고, 증자가 자사와 맹자에게 전한 것도 이것입니다. 그래서 말씀하시기를 "하루라도 극기克己하여 예를 회복하면 온 천하 사람이 그 인仁을 허여許與할 것이다"[5], "나의 도는 하나로 꿰뚫었다"[6]라고 하였으며, 또 "도는 잠시도 떠날 수 없으니 떠날 수 있다면 도가 아니다. 그래서 군자는

3) 개체의 욕망을 의미한다.
4) 이치에 근원하는 도덕심을 말한다.
5) 『論語』, 「顏淵」, "顏淵問仁. 子曰, 克己復禮爲仁, 一日克己復禮天下歸仁焉, 爲仁由己而由人乎哉."
6) 『論語』, 「爲政」, "子曰, 參乎, 吾道一以貫之."

보이지 않는 곳에서 경계하고 신중하며 들리지 않는 곳에서 두려워하고 조심한다"[7]라고 하고 또 "그 기는 지극히 크고 지극히 강하니 정직하게 길러서 해가 없게 하면 천지 사이에 꽉 채우게 된다"[8]라고 한 것입니다. 이것이 서로 전승한 오묘한 내용이며 유자儒者들이 서로 삼가고 지키면서 함께 배우는 것입니다. 그렇게 하면 천하가 아무리 크다 해도 다스리는 것은 여기에서 벗어나지 않습니다.

그러나 맹자가 돌아가신 후로 다시는 세상에 이러한 학문이 있는 것을 알지 못하게 되었습니다. 한 시대의 영웅호걸인 선비 중에 혹 자질이 뛰어나고 생각이 깊어 말 한 마디나 행실 하나가 우연히 도리에 부합한 바가 있었다 하더라도, 그렇게 된 바탕을 살펴보면 진실로 이익을 바라는 사심에서 벗어나지 못한 것이었습니다. 세상의 학자들은 조금만 재기가 있어도 마음과 뜻을 낮추어 유가의 사업을 하고 성인의 학문을 공부하는 것을 달갑게 여기지 않습니다. 이러한 한 종류의 도리가 있는 것을 보게 되면 그것이 완전히 합당하기를 바라지 않고, 다만 이러저러한 일을 하는 데 막힘이 없이 큰 공명을 세우고 대단한 부귀를 얻을 수만 있으면 마음속으로 이롭게 여겨 다투어 사모하며 행합니다. 그러나 전연 의리를 돌아보지 않을 수 없으므로, 문득 이렇게 해 나가는 과정에서 잠시 동안 우연히 없어지지 않는 도리를 가리켜서 단지 그것만으로도 요순과 삼대에 비견할 수 있는 것으로 여길 뿐 그렇게 성공하게 된 본바탕에는 이러한 도리가 없다는 것을 살피지도 않습니다.

그 삼재가 삼재 되는 까닭은 본래 두 가지 도리가 있는 것은 아닙니다. 그러나 천지는 마음이 없고 사람은 욕망이 있습니다. 그래서 천지의

---

7) 『中庸』, 제1장, "道也者不可須臾離也. 可離非道也, 是故君子戒愼乎其所不睹, 恐懼乎其所不聞."
8) 『孟子』, 「公孫丑上」, "其爲氣也, 至大至剛, 以直養而無害, 則塞于天地之間."

운행은 무궁하지만 사람에게 있는 것은 때때로 이와 같지 않은 경우가 있는 것입니다. 대개 의리의 마음이 잠시라도 보존되지 않으면 인도人道가 사라지고, 인도가 사라지면 비록 천지의 작용은 중단되지 않는다고 하더라도 내게 있는 것이 천도의 운행에 맞춰 행해지지는 못할 것입니다. 단지 높은 하늘이 항상 위에 있고 굳건한 땅이 항상 아래에 있는 것을 보고서는, 이것으로써 인도가 세워지지 않은 때가 없어서 천지가 이에 의지하여 보존되었다는 근거로 삼아서는 안 될 것입니다.

도가 있고 없음은 사람에게 달렸으므로 사람을 놓아두고서 도를 생각할 수 없다는 것은, 바로 도는 없는 적이 없고 다만 사람이 이를 체득한 것이 지극한지 지극하지 못한지가 있을 뿐이라는 뜻이지, 이 몸만 있으면 도는 저절로 보존되며 반드시 이 몸이 없어진 연후에야 도가 사라진다는 뜻이 아닙니다. 세상에 진실로 사람마다 요임금처럼 될 수는 없지만, 반드시 요임금의 도가 행해진 뒤에야 사람의 기강이 닦여지고 천지가 바로설 수 있습니다. 세상에 사람마다 걸桀왕9)처럼 될 수는 없지만, 그러나 역시 반드시 모든 사람이 걸왕처럼 된 뒤라야 사람의 기강이 닦여지지 않고 천지가 바로서지 못하는 것은 아닙니다. 다만 이 도를 담당하는 사람이 한 생각하는 사이에 요임금을 닮지 않고 걸왕을 닮게 될 때, 한 생각하는 바로 그 사이에 이르러 새는 집의 틈을 임시로 막으면서 날을 보내고 터진 옷을 이리저리 기우면서 시간을 보내는 것처럼 되는 것입니다. 또 마음은 늘 없어지지는 않으나 혹 없어짐을 면치 못할 때가 있다 하셨는데, 이 역시 어찌 반은 살고 반은 죽은 벌레라고 하신 것이 아니겠습니까? 도는 끊어진 적이 없으나 사람이 스스로 끊어 버리는

---

9) 桀王은 중국 고대 夏王朝 최후의 왕으로, 殷왕조 최후의 왕인 紂와 함께 桀紂로 병칭되어 포악한 임금의 상징으로 거론된다. 이상적 천자로 추앙받는 堯舜과 대비된다.

것이니, 이른바 "도가 사라진 것이 아니라 유왕幽王과 여왕厲王이 그것을 따르지 않았을 뿐이다"라는 말은 바로 이를 두고 말한 것입니다.

오직 성인이라야 인륜을 다 실현할 수 있고 오직 왕이라야 제도를 모두 바로잡을 수 있으니, 진실로 보통사람으로서는 미칠 수가 없는 바입니다.[10] 그러나 마음을 세우는 근본은 마땅히 모두 다 발휘한 경우를 모범으로 삼아야지, 다하지 못한 것을 기준으로 삼을 수는 없습니다. 그래서 "순임금이 요임금을 섬기듯이 임금을 섬기지 않는다면 그 임금을 공경하는 것이 아니며, 요임금이 백성을 다스리듯이 백성을 다스리지 않는다면 그 백성을 해치는 것이다"[11]라고 한 것입니다. 게다가 "한나라와 당나라의 임금들이 인륜을 실현하는 데 모두 사람을 속이는 방법으로만 한 것이 아니고, 제도를 실현하는 데 모두 세상을 기만하는 방법으로만 한 것이 아니다" 하셨는데, 이는 비록 보내 주신 편지에서 한 변론으로만 보아도 진실로 사람을 속이고 세상을 기만할 마음이 전연 없다고 할 수는 없는 것입니다. 남을 속인 자는 남이 역시 그를 속이며, 남을 꾀임에 빠뜨린 자는 남도 역시 그를 꾀임에 빠뜨립니다. 이것이 한나라와 당나라의 치세가 비록 지극히 성하였으나 사람들이 심복心腹하지 않는 까닭이니, 삼대의 성할 때에 비하면 부끄러운 점이 끝내 없을 수 없습니다.

무릇 사람은 여전히 그 사람이고 도리도 여전히 그 도리인데 어찌 삼대와 한당의 구별이 있겠습니까? 다만 유학儒學이 전승되지 않음으로 인해 요·순·우·탕·문·무로 전해 내려오며 서로 주고받았던 마음이 천하에 밝게 드러나지 못했으므로, 한당의 임금이 비록 어쩌다 우연히 도리에 부합하는 때가 있었다고 하더라도 그 전체는 오직 이익과 욕심에

---

10) 『荀子』, 「解蔽」, "聖也者, 盡倫者也, 王也者, 盡制者也."
11) 『孟子』, 「離婁上」, "不以舜之所以事堯事君, 不敬其君者也, 不以堯之所以治民治民, 賊其民者也."

있었을 뿐입니다. 이것이 바로 요순 삼대는 본래 요순 삼대이고 한고조와 당태종은 본래 한고조와 당태종이어서, 끝내 하나로 합치될 수 없는 까닭입니다.

그런데 이제 만약 꼭 그들 사이에 간격을 없애고 옛날과 지금을 다름없게 하려면, 요와 순이 서로 전한 '마음을 다스리는 법'과 탕왕과 무왕의 '돌이켜 회복한 공부'를 깊이 연구해서 준칙으로 삼아 자기 몸에서 반성하여 구하는 것보다 더 좋은 것이 없습니다. 그러니 한고조와 당태종의 마음 쓴 꿍꿍이가 은미한 곳에 나아가 통렬하게 법도에 맞춰 깎아내고, 우연히 부합한 것은 취하여 어찌하여 그렇게 되었는가를 자세히 살펴보고 또 그 도리에 어긋난 것은 배격하되 그것이 생기게 된 까닭을 연구해서 천지의 변하지 않는 법도와 고금의 보편적인 도리를 내가 체득할 수 있도록 해야 할 것이지, 앉아서 지나간 과거사나 이야기하면서 이미 잘못되어 버린 것을 꾸미고 우연히 천리와 같은 것을 가리켜 그 천리의 전체라고 여겨 옛 성인과 참으로 다르지 않다고 하는 것은 옳지 않습니다. 예를 들면 약법삼장約法三章[12] 같은 것은 진실로 잘한 것이기는 하나 마침내 삼족을 멸하는 법을 없애지는 못했으니 한 시대의 공신들이 멸족을 당하지 않은 경우가 없었습니다. 혼란을 제거하려는 뜻은 진실로 좋은 것이었으나, 궁인宮人들을 몰래 데려와 사사로이 그 아버지를 모시게 하는 등[13] 그 밖에 윤리를 어지럽히고 이치에 어긋나는 일들을 여기저기 직접 범하였습니다.

---

12) 法三章이라고도 한다. BC 206년 한나라 高祖 유방이 秦나라 군사를 격파하고 처음으로 咸陽에 들어갔을 때 지방의 유력자와 약속한 사실 또는 그 내용을 가리킨다. 그 내용은 "사람을 살해한 자는 사형에 처하고, 사람을 상해하거나 남의 물건을 훔친 자는 죗값을 받는다"는 것이었다. 그 밖의 진나라의 무자비한 법은 모두 없앴다고 한다.

13) 당태종이 晉陽宮의 궁인으로 하여금 당고조를 사사로이 모시게 하여 그의 신병을 확보한 뒤 병사를 일으켜 형과 동생을 죽인 일을 말한다.

처음과 끝을 대체로 말한다면, 의리에 부합하는 일은 항상 적었고 부합하지 않는 경우는 항상 많았으며, 도리에 맞는 것은 항상 사소한 것이었고 맞지 않는 것은 항상 중대한 것이었습니다. 그러나 후세의 보는 사람들은 그 근본 공부에 스스로 잘못이 있어서, 한고조와 당태종의 행위가 잘못된 것임을 모르고서 그것이 의리에 해가 되지 않는다고 여기거나, 혹은 의리에는 비록 해로움이 있다고 해도 결과적으로 공을 많이 이루는 데에는 해가 될 것이 없다고 여깁니다.

성인成人14)을 배워야지 꼭 유자儒者를 배울 필요는 없다는 것이나, 금은과 구리와 쇠를 섞어서 한 그릇을 만들어 쓰임에 맞는 것을 주로 하면 된다고 하신 것을 보면, 마음에 정한 바가 본래 공리에 있음을 볼 수 있으니 변설로 꾸밀 수 있는 것이 아닙니다. 성인成人의 도리를 유학으로써 구하면 바로 공자가 말씀하신 완성된 사람이 되지만, 유학으로써 구하지 않는다면 제 생각에는 아마도 법도를 내팽개쳐서 어긋나게 되어 나아가도 군자가 되지 못하고 물러나도 소인도 되지 못할 것입니다. 금은과 구리와 쇠를 섞어 하나의 그릇을 만든다는 것은, 금은을 훼손하는 것일 뿐만 아니라 구리와 쇠마저도 또한 구리와 쇠의 쓰임을 다하지 못하게 할 것입니다.

순경15)이 자유와 자하를 천한 선비라 기롱하며 큰 선비로 주공을 지목하지 않았습니까?16) 공자도 관중17)의 공을 칭송하였지만 그릇이 작고 예를 알지 못한다고 하지 않았습니까? '이 사람은'(人也) 운운한 것은

---

14) 완성된 사람, 온전한 사람이다.
15) 荀卿은 荀子(BC 298?~BC 238?)로 알려진 중국 전국시대 말기의 사상가이다. 성은 荀, 이름은 況이다. 趙나라 사람이다. 저서로 『荀子』가 있다.
16) 『荀子』, 「儒效」, "武王崩, 成王幼, 周公屛成王而及武王, 以屬天下, 惡天下之倍周也.……成王鄕無天下, 今有天下, 非奪也."
17) 管仲(?~BC 645)은 제환공을 도와 부국강병을 통해 그를 覇者로 만든 재상이다.

고주古注에서 잘 해석하였습니다.[18] 관중이 한 명의 '이 사람'이 되어야 한다면, 이런 까닭에 자산[19] 같은 이는 한 명의 '이 사람'도 되지 못할 것입니다. 성인의 말씀은 이처럼 거칠고 천하여 비루한 것이 아닙니다.[20]

그 밖의 자잘한 것은 모두 살피지 못하였습니다. 그러나 전해지지 않고 끊어진 학문에 관한 것은 다시 토론해야 할 것 같습니다. 그래야 위대의 여러 성인들이 전한 심법心法을 알 수 있고, 후세의 일을 평가하는 데에 그 올바름을 잃지 않을 것입니다. 만약 알지 못한다면 도리어 자신의 이목이 높지 않고 견문이 적확하지 않게 되어, 그 이른바 넓다는 것은 혼잡하여 진실로 넓은 것이 아니며 그 익숙하다는 것도 세상의 흐름을 따르는 것이어서 진실로 익숙한 것이 아닐 것입니다.

제 생각에, 이 논의를 후생이 전하여 듣고서 경솔하게 서로 오염시켜서, 의義와 이利를 구별하는 것이 밝지 않게 되고 순과 도척[21]의 길이 판연히 구분되지 않게 되어 세속의 눈과 귀를 어둡게 하고 학자의 마음가짐을 무너뜨리게 한다면, 노형께서는 식자의 논의거리가 될 뿐만 아니라 붕우 또한 연좌법에 빠지게 할 수 있는 것입니다.[22] 이는

---

18) 『論語』, 「憲問」, "人也, 奪伯氏駢邑三百, 飯疏食, 沒齒無怨言"의 '人也'에 대해 『논어주소』에서 "猶詩言所謂伊人"이라 풀이한 것을 말한다. "이 사람은 백씨의 병읍 삼백 호를 빼앗았지만, 백씨는 거친 밥을 먹으며 평생을 마치면서도 원망이 없었다"에서의 '이 사람'은 뒤의 문장에 나오는 관중을 가리키는 말이라는 것이다.

19) 子産(?~BC522)은 중국 고대 鄭나라의 정치가이다. 子産은 字이며, 성은 國, 이름은 僑이다. 중국 최초의 成文法을 정하여 인습적인 귀족정치를 배격하였고, 농지를 정리하여 田賦를 설정, 국가재정을 강화하였다. 또한 미신적인 행사를 배척하는 등 합리적 활동을 함으로써 공자의 사상적 선구가 되었다.

20) 진량이 공자가 관중을 "人也"라고 한 것은 그가 한 사람(一箇人)으로서 천하를 보존하고 중대한 일을 하였기 때문이라고 한 데 대해, 주희는 관중만한 일을 하지 못한 자산 같은 경우는 '한 사람'이라고도 할 수 없게 되는데 공자가 스스로 존숭했던 정자산을 그렇게 야박하게 말할 리 없다는 것이다.

21) 전설적인 盜蹠이다.

22) 진량처럼 요순과 한고조, 당태종을 구분하지 않으면 왕도와 패도가 구분되지 않고 결국 천리와 인욕이 구별되지 않게 되어 후세에 비판을 받게 되는데, 그때

제가 깊이 걱정하여 매우 두려워하는 것으로, 감히 극언하여 정론定論을 구하려는 것입니다. 만약 여전히 그렇지 않다 여기신다면 이 일을 잠깐 치워 두고 자신에게서 반성하여 구하는 것이 좋을 듯합니다. 꼭 헛되이 시끄럽게 싸워서 도에 보탬이 되지 않도록 할 필요가 없으니, 변장자卞莊子의 무리23)로 하여금 몰래 곁에서 웃으면서 뒤로 그 계략을 이루게 해서는 안 될 것입니다.

주희 자신도 한꺼번에 비판을 받게 될 것이라는 말이다.
23) 변장자는 魯나라 卞邑의 대부이다. 그는 호랑이 두 마리가 소를 잡아먹다 서로 싸우는 것을 곁에서 지켜보며 기다렸다가 센 놈은 다치고 약한 놈은 죽게 되자 두 마리를 모두 잡았다고 한다.(『朱子大全箚疑輯補』)

18. 진동보에게 답한 편지 2 — 答陳同甫書[1]

　　보내 주신 편지는 구절구절이 그대의 고견을 잘 알게 합니다. 그러나 저의 어리석은 견해로는 옛날부터 지금까지 다만 일체一體일 뿐입니다. 이를 따르는 자는 성공하고 거스르는 자는 실패하니, 진실로 옛 성현만 홀로 그러한 것이 아니었고 후세의 이른바 영웅호걸이라는 자들도 이 이치를 버려두고서 성취한 자들은 없었습니다. 다만, 옛 성현은 근본에서 인심과 도심을 정밀히 구분하여 도심을 한결같이 하는 공부가 있어서 중도를 지켜 철두철미 선善을 다 실현하지 않음이 없었습니다. 이에 비해 후세의 이른바 영웅은 이러한 공부에 힘쓰지 않고 다만 이익과 욕심을 따랐으니, 그 자질이 좋은 자는 우연히 도에 부합하는 바도 있었고 그 부합하는 정도에 따라 성공하는 일도 있었습니다. 그러나 혹 도에 합하기도 하고 합치하지 않기도 했다 해도 선善을 다 실현하지 못한 점에 있어서는 하나일 뿐입니다.

　　보내 온 편지에 "삼대三代는 선을 다 실현했고 한당漢唐은 선을 다 실현하지는 못했다"라는 것은 바로 이를 말한 것입니다. 그러나 그 선을 다 실현하거나 다 실현하지는 못한 것만을 논하고 그 선을 다 실현하고 다 실현하지는 못한 까닭은 논하지 않은 채 성인의 업적을 도리어 이익과 욕심을 추구하여 얻은 공적과 비교하면서 그 비슷한 점을 보고 성인의

---

1) 『朱文公文集』, 권36. 앞의 편지에 이어지는 편지이다.

모습도 영웅과 다르지 않다고 했으니, 이른바 "털끝만큼의 차이가 결국에는 천리나 어긋나게 된다"라는 말이 이에 해당합니다.

관중의 공로 같은 것은 이윤(伊尹)[2]과 여상(呂尙)[3] 아래로 누가 미칠 수 있겠습니까? 다만 그의 마음이 이익과 욕심을 따르는 마음이고 그의 행적이 이익과 욕심을 따르는 행적이니, 성인이 비록 그 공적을 말했지만 맹자와 동중서(董仲舒)[4]가 모두 바른 도리로 재단하여 조금도 용서치 않았습니다. 성인의 안목은 본래 광대하고 마음은 본래 화평하나, 근본의 절실한 곳인 천리와 인욕의 구별에는 털끝같이 미세한 일도 반드시 헤아려서 실오라기만한 차이도 용납하지 않습니다. 뒤따르는 현인은 이것을 은밀히 전하고 삼가 지켜서, 뒤에 오는 자를 기다려 오직 하루아침이라도 우리 도의 바름을 버리고 저 이익과 욕심의 사사로움을 따르게 될까 두려워합니다. 그런데 지금 이를 익히지 않고 갑자기 안목을 크게 하고 마음을 화평하게 해서 천고(千古)의 시비를 결단하려고 하니, 이는 철을 가리켜 금이라 하고 도적을 가리켜 아들이라고 하면서 그 잘못을 모르는 것과 같다 하겠습니다.

철을 다루어 금을 만드는 비유는 사람을 가르치는 데 있어서 배우는 사람의 부류에 따라 차별을 두지 않은 일이나 잘못을 고쳐서 착하게 된 일을 비유하는 데에나 가능합니다. 옛사람의 지나간 행적을 비유하는

---

2) 伊尹은 중국 殷나라의 대신이다. 家奴 출신으로 원래는 有薪氏의 딸이 시집갈 때 딸려간 몸종이었다고 전해진다. 이후 은나라의 湯王에게 불려가서 재상이 되어 夏의 桀王을 토벌함으로써 은이 천하를 평정하는 데 공헌했다.

3) 太公望의 본명은 姜尙이다. 그의 선조가 呂나라에 봉해졌으므로 呂尙이라 불렸고, 속칭 강태공으로 알려져 있다. 주나라 文王의 초빙을 받아 그의 스승이 되었으며, 武王을 도와 殷 紂王을 멸망시키고 천하를 평정한 뒤 齊나라에 봉해져서 그 시조가 되었다.

4) 董仲舒(BC 170?~BC 120?)는 중국 前漢 때의 유학자이다. 武帝가 즉위하여 크게 인재를 구할 때 賢良對策을 올려 인정을 받았다. 전한의 문교정책을 정하여, 五經博士를 두고 국가 문교를 儒家를 중심으로 하게 했다. 『春秋繁露』 등의 저작이 있다.

데 이르러서는, 그것이 철이 되고 금이 되는 것은 본래 정해진 모양이 있기에 후인의 입으로 논의하여 바꿀 수 없게 된 지가 오래되었습니다. 이제 공리의 철을 다루어 도의의 금을 만들려 하니 쓸데없이 심력心力만 낭비할 뿐만 아니라 지난 일에도 도움이 되지 않고, 다만 바른 견해에 장애가 있어 장래에 해가 있을까 걱정입니다.

만약 한당부터 그 아래를 순금이라고 한다면 가공할 필요가 없겠지만 실은 전혀 그렇지 않습니다. 대개 성인은 금 중의 금이요, 성인을 배우되 성인에 도달하지 못한 자는 금 가운데 철이 섞여 있는 것이요, 한고조와 당태종이 마음 쓰고 일을 한 것 중 도리에 합당한 것들은 철 중의 금이요, 조조曹操와 유유劉裕5) 같은 무리는 철일 따름입니다. 대개 금 중의 금은 천명의 본연한 것으로 밖에서 억지로 들어온 것이 아니니, 오직 도야하여 순수하게 하지 못할까 유감이 있는 것입니다. 지금 아무런 까닭 없이 오히려 자신의 빛나는 보배를 버리고 거리로 뛰쳐나가서 용광로 주변의 찌꺼기 광석을 가지고 부스러기 금을 가려내려 하니, 이런 잘못이 어디 있겠습니까?

제왕의 도는 본래 다른 도가 없는데 왕통王通이 삼등분으로 나누었으니, 이는 이미 도를 알고서 하는 말이 아닙니다. 또 그 도라는 것도 행하면 될 터인데 지금 아무도 막지 않는데도 행하지 않고서는 이에 부득이해서 양한兩漢의 제도를 쓴다고 하니, 모두 비루한 말이라서 이를 인용하여 근거로 삼을 만하지 않습니다. 만약 실로 전해지지 않아 끊어진 성인의 학문을 알았다면 이러한 폐단은 스스로 없었을 것입니다. 지금 허다한 쓸데없는 의논이 모두 성인의 학문에 대해 밝지 못한 데 원인이 있는데,

---

5) 劉裕(363~422)는 남북조시기 남조 宋나라의 초대 황제(재위 420~422)이다. 시호는 武帝, 묘호는 高祖이다. 晉安帝 때 相國에 올라 宋王에 봉해졌다. 執政이 되어 土斷政策을 단행했으며, 황제를 폐립하고 晉 왕실의 반대파를 제거했다. 元熙 원년(419) 恭帝의 선양으로 제위에 올라 국호를 宋으로, 연호를 永初로 정했다.

이것을 하찮은 물건으로 여겨 살피지도 않습니다. 은을 철로 바꾸어 버리는 일이 또한 이미 심하게 되었습니다.

보내 온 편지에 "무릇 이렇게 논하는 까닭은 유학자의 미비한 점을 밝혀 후세 영웅의 입을 막고 기를 꺾어서, 온갖 길이 성인의 규모를 벗어나려고 해도 벗어나지 못한다는 점을 알게 하기 위해서이다"라고 하셨습니다. 제 생각에는 이처럼 힘을 소모할 필요 없이 스스로 도리를 분명히 체득하고 올바르게 지키게 되면 후세에 이러한 경지에 도달하는 자는 자연히 부절처럼 합치할 것이니 말로써 전하는 것을 기다릴 필요가 없습니다. 도달하지 못하는 자는 또 어찌 더불어 다툴 만하겠습니까. 하물며 이러한 의논은 꼭 파란을 일으키고 바람을 일으켜 불을 놓는 것 같아 저들로 하여금 더욱 성현을 경시하여 더 거리낌 없이 굴게 할 것이니, 어찌 그들의 입을 막고 기를 꺾을 만하겠습니까?

저는 지난달에 도성에 들어갔다가 돌아오는 길에 인사를 하려 했으나 이윽고 무이武夷의 거처로 들어오게 되었습니다. 어제야 바야흐로 돌아왔는데, 번잡함이 심하고 권태증이 심한 데다 눈도 많이 어두워져서 글을 쓰기가 매우 어렵습니다. 간략하게 이렇게 아뢰니 말이 거칠고 경솔하여 택할 것이 없더라도 허물하지 않기를 바랍니다. 그 사이에 또한 자잘한 곡절이 있으나 다 밝힐 틈이 없습니다. 현명하신 그대께서 읽으시면 반드시 깊이 그 마음에 이해하실 것이니, 그 말을 모두 할 필요가 없을 듯합니다.

하何씨 어른[6] 묘비문의 필세가 기이하고 세속의 견해를 벗어나서 세 번이나 반복하여 읽으면서 감탄함을 그칠 수 없었습니다. 만사輓詞의 시문은 제 심기心氣가 쇠약해져 사방에서 써 달라는 대로 써 주지 못하고

---

6) 진량의 장인인 何恢를 가리킨다.

사양한 것이 많습니다. 근래 부득이하게 글이 많은 것은 사양하고 적은 것은 하기로 하여 힘을 헤아려 응하니, 왕왕 바라는 바를 만족시키지 못합니다. 이제 다시 이 만시를 짓는다면 이미 묘비 전면의 글에 이어 두 번째가 되니 요즘의 예를 깨뜨리는 것이 됩니다. 제가 짓지 않아도 되기를 원하니 어떠하신지요?

「포슬음抱膝吟」에 대해서는 또한 생각할 여가가 없었던 데다가 앞의 논의도 정해지지 않았기에, 그대의 마음 씀을 다 알지 못한 채 또 헛소리를 했을지 걱정입니다. 이 작품에 대해 문제없다 여기신다면, 전에 말하신 것은 이미 한 편의 압운을 이루지 않고 음률이 없는 좋은 시이기에 다시 지을 필요가 없을 듯합니다. 어떠신지요?

19. 왕상서에게 답한 편지 <11월 16일> — 答汪尙書<十一月旣望>[1]

별지로 가르침을 주시며 천하게 여기지 않으시니 참으로 은혜를 입었습니다. 근래 편지를 올린 뒤로 송구하여 꾸짖음을 기다리고 있었습니다. 어찌 대감께서 죄로 여기지 아니하시고 받아 주실 줄 생각이나 했겠습니까. 이것이야말로 참으로 존경하며 탄복하여 사모하기를 멈출 수 없는 까닭이오니, 매우 다행입니다. 다만, 이른바 한 글자가 잘못되었다는 것은 그 원인을 따져 보고 그 종극을 궁구해 보면 잘못이 꼭 한 글자에만 그치지 않을 것입니다.[2] 다시 조금 더 살펴주시는 것이 제 바람입니다.

염계[3]와 하남[4]이 학문을 전수받은 사이의 일은 말학末學인 제가 감히

---

1) 『朱文公文集』, 권30. 汪應辰(玉山先生, 1118~1176)에게 답한 편지이다. 왕응진은 이부상서를 지냈으며, 조정에서 폐단을 개혁하여 권세가들에게 미움을 받았다. 시호는 文定이다. 1164년 5월 왕응진이 四川 制置使로 제수되어 황제를 알현하고 崇安을 지나다가 주희와 만나서 조정의 일과 불교와 유학의 차이를 논한 바 있다. 이해 8월 주희가 「雜學辨」을 완성하였는데 그 중 蘇軾에 관한 부분을 왕응진에게 보냈고, 왕응진이 소식을 옹호하는 편지를 보내자 주희가 이 편지로 답한 것이다.(『朱熹年譜長編』, 324쪽)

2) 이전 편지에서 왕응진은 "도는 육경에 있으니 어찌 다른 곳에서 구하는가"(道在六經, 何必它求)라고 했는데, 주희는 이를 "도는 육경에 있으니 어찌 다른 곳에서 구할 수 있겠는가"(道在六經, 何可它求)로 고쳐 말하며 이단에 대한 더욱 엄격한 태도를 촉구하고 있다. 유학만이 온전히 도를 구비하고 있다고 본 것이다.

3) 周惇頤(1017~1073)로 자는 茂叔, 호는 濂溪이다. 道州(湖南省 道營縣) 출생이며, 북송의 司馬光・王安石과 동시대의 인물이다. 그는 道家思想의 영향을 받아 새로운 유학이론을 창시하였으니, 곧 우주의 근원인 太極으로부터 만물이 생성하는 과정을 圖解한 「太極圖」를 그렸다. 이에 따르면, 태극으로부터 陰陽二氣, 五行(金・木・水・火・土), 남녀, 만물의 순서로 세계가 생성되었는데, 만물 가운데 인간이 가장 우수한 존재여서 中正仁義의 도를 지킬 수 있고 마음을 성실하게 하여 聖人이 되

의논할 바는 아닙니다. 그러나 그 행적으로 논한다면 보내신 편지가 그 실질을 얻었다 하겠습니다.[5] 감히 명을 따르지 않고 고치지 않겠습니까? 다만 『통서通書』, 「태극도太極圖」 등의 종류는 다시 짬을 내어 한 번 연구하고 음미해 보시는 것이 혹시 조금이라도 도움이 있지 않을까 합니다. 그런 뒤에 염계선생에 대한 두 선생과의 관계가, 노자老子[6]나 담자郯子[7], 장홍萇弘[8]에 대한 공자와의 관계와 같지 않음을 알 것입니다.[9]

소식蘇軾[10]의 학문에 대해 옳고 그름을 따지는 문제는 끝내 의심이 없을 수 없습니다. 제가 전일에 아뢴 것은 그가 유학을 배운 것이 지극하지 못해서 그의 학문이 치우치고 지나쳐 넘치고 가려지고 도망가는 지경으로 흘러 들어갔다는 것입니다. 보내신 편지를 음미해 보건대, 그가 불교를 배움이 정밀하지 못하여 지혜와 사려, 언어 사이에 막혀 있는 것을 아프게 여기시니, 이것이 서로 말을 많이 해도 더욱 합치되지 않는 까닭입니다.

처음에 그가 선학禪學을 배척했다 하셨는데, 그가 어찌 하늘과 사람 사이의 깊은 이치를 밝히고 본성과 천명의 근원을 추구하여 불교의 허황되고 알맹이 없는 설을 깨뜨려서 돌이키고 바로잡을 수 있었겠습니

고 우주의 도와 하나가 될 수 있다고 하면서, 우주생성의 원리와 인간의 도덕원리가 본래 하나라는 이론을 제시하였다. 저서에 「太極圖說」, 『通書』가 있다. 주희는 주돈이가 程顥·程頤 형제를 가르쳤기 때문에 道學의 개조라고 칭하였다.
4) 程顥, 程頤 두 정씨 형제를 말한다.
5) 주희가 이정형제와 주돈이의 관계를 受學하였다고 말한 데 대해, 왕응진은 소년기에 일찍이 從學하였다고만 한다면 해로운 것이 없을 것이라 하였다.
6) 老聃으로, 공자가 주나라를 방문했을 때 왕립도서관장이었으며 공자가 그에게 禮에 대해 자문을 구했다고 한다. 『老子』의 저자라는 설이 있다.
7) 현자로, 공자가 주나라를 방문했을 때 그에게 고대 官制를 물었다고 한다.
8) 주나라의 대부로, 공자가 주나라를 방문했을 때 그를 찾아가 樂을 배웠다는 전설이 있다.
9) 근본적인 학문의 전수가 있었다는 말이다.
10) 蘇軾(1036~1101)은 중국 북송 때의 시인으로 호는 東坡이다. 蘇洵의 아들이며 蘇轍의 형이다. 王安石의 신법을 싫어하였다. 신법당에게 몰려 海南島로 유배되었다가 돌아오는 도중에 사망했다.

까?「대비각기大悲閣記」[11],「중화원기中和院記」[12] 같은 것은 불교의 조악한 것을 빼앗아 들고서 그들의 정교한 것과 다투는 것이고, 그들의 주변적인 것으로써 핵심적인 것을 공격하는 것이니, 이는 바로 그 자식을 이끌어서 그 부모를 치려는 것과 같고 지엽을 믿고서 근본을 의심하는 것과 같습니다. 그러니 어찌 그들에게 말문이 막히지 않을 수 있었겠습니까? 근세에 불교를 공격한 한유[13], 구양수[14], 손명복[15], 석수도[16] 같은 올바른 학자들에 대해서도 귀산龜山[17]은 한 잔의 물로 한 수레의 장작불을 끄려는 것이라고 했습니다. 하물며 소식은 잘못된 것으로써 잘못된 것을 공격하였으니, 이는 기름 부은 솜을 지고 불구덩이에 달려드는 것이어서 자신을 다 태우고서야 그칠 수 있을 뿐입니다.

보내신 편지에, 소식은 습관과 기질의 폐단이 있어 비록 도를 알지는 못했어도 사특한 마음은 없었다는 점에서 왕안석의 경우처럼 천착하고

---

11) 四川에 있는 대비각의 기문으로, 대비란 말로 인해 慈悲를 관세음보살과 엮어 지은 글이다.

12)「中和勝相院記」에서 불교에서 고행하는 것을 다루고 있다.

13) 韓愈(768~824)의 자는 退之이고 시호는 文公이다. 819년 憲宗皇帝가 佛骨을 모신 것을 간하다가 潮州刺史로 좌천된 일이 있다. 유가사상을 존중하고 도교·불교를 배격하여 道學의 선구자가 되었다. 저술에『昌黎先生集』등이 있다.

14) 歐陽修(1007~1072)는 北宋의 정치가이자 문인으로, 자는 永叔이고 호는 醉翁 또는 六一居士이며 시호는 文忠이다. 전집으로『歐陽文忠公集』153권이 있다.『新唐書』,『五代史記』의 편자이다. 仁宗과 英宗 때 范仲淹을 중심으로 한 신진관료에 속하여 활약하였으나, 神宗 때 동향후배인 王安石의 新法에 반대하여 관직에서 물러났다.

15) 孫明復(992~1057)의 호는 泰山, 이름은 復, 자는 明復이다. 晋州(湖南省 桂陽縣) 출생으로 과거에 낙제한 뒤 泰山에 은퇴하여 講學에 힘쓰다가 范仲淹·富弼 등의 천거로 벼슬길에 나아갔다. 범중엄·胡瑗과 함께 宋初의 삼선생이라 불렸는데, 그의 학풍은 唐代 이래의 注疏學을 물리치고 직접 六經의 本義로 복귀하여 通經致用의 實學을 발휘할 것을 강조하였다. 저서에『春秋尊王發微』12편이 있다.

16) 石介(1005~1045)의 자는 守道, 公操이며, 호는 徂徠이다. 송초의 명유로 道統과 文統이 하나라고 주장하였으며 불교와 노장, 변려문에 반대하였다.『徂徠集』이 있다.

17) 楊時(1053~1135)는 중국 北宋 말의 儒學者이다. 자는 中立, 호는 龜山이며, 程顥·程頤 형제의 제자로 형 정호의 신임을 받았다. 장수하면서 二程의 도학을 전하여 이정을 계승하는 洛學의 大宗이 되었다.

견강부회하며 억지로 끌어대어 자신의 사특한 학문을 이룬 것과는 같지 않다고 하셨습니다. 그러나 제 생각에 학문은 도를 아는 것을 근본으로 하니, 도를 알게 되면 학문이 순수해지고 마음이 바르게 되어 그 행동과 일로 나타나는 것과 말로 드러나는 것이 어디를 가든 올바를 것입니다. 왕안석의 경우 그 학문을 시작한 것이 양웅[18]과 한유를 능가하고 안자와 맹자의 행적을 덮으려 한 것이니 처음에 또한 어찌 갑자기 사특한 마음이 있었겠습니까. 다만 도를 알지 못해서 그 학문이 순수하지 않게 됨에 마음을 쓰고 일을 하는 것이 이어서 사특한 데로 흐르고, 다시 스스로 옳다고 여겨서 크게 천착하고 견강부회하여 문식文飾하게 되니, 이것이 성인의 문하에서 중죄를 받게 된 것입니다. 소식의 학문은 비록 왕안석[19] 과 같지 않음이 있는 것도 같지만, 도를 알지 못하고 스스로 옳다고 여기는 것은 같습니다. 배워도 도를 알지 못했기에 그 마음이 본디 법도를 취하여 바로잡을 수 없었음에도 스스로 옳다고 여겨 방자히 말했으니, 그가 왕안석처럼 되지 않았던 것은 다만 천하가 아직 그 화를 입지 않았기 때문일 따름입니다. 그 천착하고 견강부회하는 기교는 보내신 편지에서 말씀하신 성불을 논하고 노자를 말한 예들과 같습니다. 그것은 대개 왕안석이 미칠 바가 아니니, 그 마음이 바르지 못해서 탕왕湯王과

---

18) 揚雄(BC 53~AD 18)의 자는 子雲이며, 四川 成都 출생이다. 한나라의 대표적 유학자 중 하나로 『法言』 등의 저술이 있다.

19) 王安石(1021~1086)의 자는 介甫이다. 神宗에 의해 발탁되어 파격적인 개혁정책을 실시했다. 강남 출신 신진관료들을 대거 발탁하여 新法을 추진하였다. 농업생산성의 향상을 꾀하는 農田水利정책, 농민에 대한 저리의 금융정책인 靑苗法, 도시의 중소상인들을 대상으로 한 저리의 금융정책인 市易法, 差役 부담 대신 재력에 따라 차등적으로 免役錢을 징수하게 한 募役法, 모병제도의 약점을 보완하기 위하여 唐의 府兵制의 국민개병제 원칙을 모범으로 삼아 실시한 保甲法과 保馬法 등이 신법의 내용이다. 그의 개혁정책은 비록 국가재정의 확보와 국가행정의 효율성 증대 등에서 성과가 있었으나, 중소농민과 중소상인의 구제에 따른 세역의 증대, 화폐경제의 강요 등으로 인해 낙후지역에서는 오히려 영세농민층의 몰락이 가속화되었고, 이는 구법당 재집권의 주된 명분이 되었다.

무왕武王을 찬탈하고 시해한 사람들이라 일컫고 순욱荀彧을 높이 칭송하여 성인의 문도라고 한 데에 이르렀습니다. 무릇 이런 것들이 모두 그 사심을 아무 거리낌 없이 드러낸 것이니 왕안석의 아래에 있지 않을 것입니다. 가령 그렇지 않다고 하여 그 사정을 살펴 그 죄에 차등을 둔다고 해도 말단을 따라 조금 죄의 등급을 감해 줄 수 있을 뿐이니, 어찌 이 학문을 옳다고 여겨서 막지 않을 수 있겠습니까?

『서경』에 "하늘은 죄 있는 자를 벌주니 다섯 가지 형벌이 다섯 가지 쓰임이 있다"[20]라고 하였습니다. 이것이 형법의 본의입니다. 만약 천리가 밝지 않고 준칙이 없어서 자잘하게 사정이나 봐 주는 것에 힘쓴다면, 사정을 헤아려 법을 폐함으로써 악인을 풀어 주고 간사한 이들이 활개치게 열어 주는 것 아닙니까? 양주[21]는 의義를 행하는 학문을 했는데 다만 '위아爲我'[22]에 치우쳤고, 묵적[23]은 인仁을 행하는 학문을 했는데 다만 '겸애'에 치우쳤습니다. 그 마음을 쓰는 데에 어찌 사특한 것이 있었겠습니까? 모두 선을 하려고 했는데, 다만 본원에 은미한 어긋남이 있었던 것입니다. 그렇지만 이런 까닭에 맹자께서는 그 재앙이 생길 것을 미루어, 아비도 없고 임금도 없어 금수의 지경에 빠지게 된다고 하시며 조금의 여유도 두지 않고 가차 없이 배척하셨습니다. 맹자 또한 어찌 그 사정을 헤아리지 않고 이렇게 각박하게 논하셨겠습니까? 기미 사이에서 천리와 인심을 해쳐 사람들이 스스로 빠져 들고서도 알지 못하는 것이, 법가와 잡가(刑名家)의 교묘하게 속이는 술수가 그 재앙이

---

20) 『書經』, 「皋陶謨」, "天討有罪, 五刑五用哉."
21) 楊朱(BC 440?~BC 360?)는 魏나라 사람으로 楊子·楊子居·楊生 등으로 불리며, 철저한 개인주의자라는 비난을 받았다. 이는 그가 제창한 "각자 자신만을 위한다"는 爲我說을 맹자가 비판한 데서 비롯되었다. 자연주의 경향의 초기 도가로 보인다.
22) 자신만을 위하는 이기적인 학문을 말한다.
23) 墨子(BC 470?~BC 391?)의 본명은 墨翟이다. 보편적 사랑, 즉 兼愛를 기본 이념으로 삼는 그의 사상은 수백 년 동안 유학과 맞섰고 墨家 학파의 토대가 되었다.

대단치 않고 쉽게 드러나는 경우와는 달랐기 때문입니다. 그래서 발본색
원하고자 이처럼 힘을 쓰지 않을 수 없었던 것입니다. 『서경』에 "나는
상제를 두려워하니 바르지 않을 수 없다"[24] 하였고, 또 "내가 하늘을
따르지 않으면 그 죄는 같다"[25] 하였습니다. 맹자의 마음은 또한 이와
같을 뿐입니다.

　이것으로 논한다면 지금의 이른바 왕안석이란 자는 겨우 신불해[26],
한비자[27], 장의[28], 추연[29] 정도나 되겠지만, 소식의 학문은 바르지 않으면
서도 그 말이 이치를 이루니 또한 양주, 묵적이 비할 바가 아닐 것입니다.
제 생각에 아마 맹자가 다시 나서서 이단을 비판한다 하여도 먼저 선택하
여 비판하시는 것이 있을 것이니 보내신 편지에서 하신 말씀과는 같지
않을 듯합니다. 제가 참람하게 분수를 벗어나 변론을 그치지 않은 것은,
스스로 옛사람보다 낫다고 여기거나 옳음을 인정받기 위해서가 아닙니다.
실제로 옛사람이 격물치지格物致知하던 학문이 여기에 있다고 여겼고
또 도움이 된다는 것을 알게 되었기 때문이니, 혹 고명께도 도움 됨이
있지 않을까 생각합니다.

---

24) 『書經』, 「湯誓」, "予畏上帝, 不敢不正."
25) 『書經』, 「泰誓」, "予弗順天, 其罪惟均." 하늘을 따라 포악한 임금인 紂를 치지 않으면
　　武王 자신도 주와 같은 죄인이 된다는 의미이다.
26) 申不害(?~BC 337?)는 한나라의 昭侯를 섬겨 宰相으로서 15년간 나라를 태평하게
　　다스렸다. 『史記』에서는 신불해의 학문에 대해 黃帝, 老子 등을 敎祖로 하는 道敎에
　　근거를 두고 刑名을 주로 하였다고 한다. 법가에 속한다.
27) 韓非(BC 280?~BC 233)는 韓의 왕족으로, 젊어서 秦의 李斯와 함께 荀子에게 배웠고
　　뒷날 法家의 사상을 대성하였다. 저서로 『韓非子』가 있다.
28) 張儀(?~BC 309)는 縱橫家의 비조이다. 合從策을 제창한 蘇秦과 더불어 鬼谷子에게서
　　배웠다. 連衡策을 주창하면서, 魏·趙·韓 등 동서(橫)로 잇닿은 6국을 설득, 秦나라
　　를 중심으로 하는 동맹관계를 맺게 하였다.
29) 騶衍(鄒衍, BC 340~BC 260?)은 음양가에 속하는 사람으로, 오행설과 음양이론을
　　결합시켰다고 한다.

20. 정윤부에게 답한 편지 — 答程允夫書[1]

보내 준 편지를 살펴보았는데, 모두가 이치에 맞는 것은 아니니 밝히지 않을 수 없네.

보낸 편지에 이르기를 내 말이 소씨의 거친 것을 논한 것이라 했는데, 어떻게 말해야지 소씨의 정수를 논했다고 할 수 있는지 알지 못하겠네. 여기에 아우가 필경 할 말이 있을 것이네만, 내 생각에는 도는 하나일 따름이니 바르면 겉과 속이 다 바르고 거짓이면 겉과 속이 다 거짓이지 어찌 정밀한 것과 거친 것으로 나누어 두 가지로 할 수 있겠는가? 이는 바로 도를 알지 못한 잘못이네.

또 말하기를 "때를 씻어서 흠을 찾는다면 맹자 아래로 모두 흠을 말할 수 있다" 했는데, 이것은 비단 소씨의 잘못을 알아보지 못한 것일 뿐 아니라 맹자에 대해서도 알지 못하는 것이네. 소씨의 잘못이야 이미 드러나 있어서 도를 아는 것이 더 밝아질수록 그 잘못도 더욱 절실하게 보이게 되니, 비록 소씨를 위해 덮으려 한다 해도 덮을 수 없는 터인데 어찌 씻어서 흠을 찾을 필요가 있겠는가? 맹자는 푸른 하늘에 빛나는 해와 같아서 벗겨 낼 때도 없고 찾아 낼 흠도 없는데, 이제 아우가 소씨의

---

1) 『朱文公文集』, 권41. 1160년(주희 31세) 무렵의 편지로 程洵과 서로 정씨 형제와 소식의 학문에 대해 논하였다. 당시 주희는 소식의 학문이 진실하지 못하여 이 정과는 다르다 하였다. 程洵(1135~1196)은 자가 允夫, 호는 克庵이다. 婺源 사람으로 주희의 內弟이다. 집에 道問學齋가 있었는데, 주희가 尊德性齋로 이름을 바꾸게 했다.

흠을 덮고자 맹자를 끌어와서 비교하니, 어찌 흠을 들추어내는 것이 적절하지 못한 것인가?

소철2)은 그 형 소식에 비해 조금 간결하고 고요한 것 같기는 하나, 간결하고 고요하다고 해서 도가 있다고 한다면 이는 곧 자장子張이 청렴함과 충성스러움을 가리켜 인仁이라고 한 것3)과 무엇이 다르겠는가? 다만 공자께서 답하신 뜻을 깊이 살핀다면 간결하고 고요한 것이 도가 있는 것과는 간격이 있음을 알게 될 것이네. 하물며 소공蘇公은 비록 간결하고 고요한 것으로 명성이 났으나 실은 음험하네. 그는 원우元祐 말년에 재상의 자리를 넘보고 소인 양외楊畏를 힘써 끌어들여 범충선공范忠宣公4)을 실각시키고 자신이 대신하려 하다 이루지 못하자, 양외가 지은 범공을 탄핵하는 상소를 범공 곁에서 읊어 범공을 동요시키려 하였네. 이것이 어찌 도가 있는 군자가 행할 일인가? 이는 내가 그냥 하는 말이 아니라 이전 사람들이 이미 책에다 쓴 것들이네.

아우는 또 "소식의 행실이 이정二程에 뒤지지 않는다" 했는데, 어찌 상세히 고찰해 보지도 않고 말을 쉽게 하는가? 이정이 학문을 시작할 때에는 요체를 얻지 못하여 부처와 노자의 학문에 드나들기도 했지만 결국에는 돌이켜 구하여 육경六經에서 도를 얻었으니, 어찌 부처와 노자를

---

2) 蘇轍(1039~1112)은 자가 子由, 호는 欒城이다. 19세 때 형 蘇軾과 함께 진사시험에 급제, 정계로 들어갔으나, 王安石의 新法에 반대하여 지방으로 좌천되었다. 唐宋八大家의 한 사람이며, 시문 외에도 많은 고전의 주석서와 『欒城集』 등이 있다. 원문에서는 黃門이라 하였는데, 당나라 때에 문하성을 황문이라 하였기에 이후 문하성을 황문으로 칭한 것이다. 소철이 門下侍郎을 지냈다.

3) 『論語』, 「公冶長」, "子張問曰, 令尹子文三仕爲令尹無喜色, 三已之無慍色, 舊令尹之政, 必以告新令尹何如? 忠矣. 曰, 仁矣乎? 曰, 未知. 焉得仁. 崔子弑齊君, 陳文子有馬十乘, 棄而違之, 至於他邦則曰, 猶吾大夫崔子也, 違之. 之一邦, 則又曰, 猶吾大夫崔子也, 違之. 如何? 子曰, 清矣. 曰, 仁矣乎? 曰, 未知. 焉得仁."

4) 范純仁(1027~1101)의 자는 堯夫이다. 范仲淹의 둘째 아들이다. 王安石 變法의 부당성에 대해 격렬하게 비판하다가 河中府知州로 쫓겨났다.

옳다 여겼겠는가? 그러나 소씨의 학문에 대해 말하자면, 비록 젊어서는 기개가 호방하여 일찍이 잘못된 방법으로나마 선학을 비판하기도 했으니 「대비각기」, 「중화원기」를 보면 알 수 있네. 그러나 중년 이후 불우하게 떠돌면서[5] 허겁지겁 기어가듯 선학禪學에 귀의하였으니, 처음부터 끝까지 길을 잃고 진퇴에 기준이 없었네. 이를 정씨와 비교한다면 꼭 양웅이 말한 것과 같아서, 정씨는 먼저 병이 있었다가 뒤에 이를 고쳤고 소씨는 먼저 괜찮았다가 뒤에 병이 생겼다고 할 수 있을 것이네. 그럼에도 아우는 둘을 비교하여 같다고 하니, 이는 때를 씻어 맹자의 흠을 찾으려는 것과 같은 것이네.

또 "정씨는 겉으로는 불로佛老의 말을 억누르는 것처럼 하면서 속으로는 그것을 끌어다 쓴다" 했으니, 대개 남의 재물을 훔치면 도적이라 하는데 하물며 정씨의 학문은 성誠을 제일로 삼는다네. 이제 몰래 이단의 말을 훔쳐 쓰면서 겉으로는 이를 배격하여 자기의 행적을 감추려 한다고 말한다면 이는 도적이 오히려 주인을 미워하는 꼴이니, 이와 같다면 이른바 성誠이란 것이 어디에 놓여 있으며 아우가 이정선생을 존경하고 우러르는 뜻은 과연 어디에 있는가?

천자를 끼고서 제후에게 명하는 것은 권신이 발호하여 천자의 권위를 빌려서 천하에 자기의 권력을 행세하려는 것이니, 이 권신이 어찌 참으로 천자를 존경하는 자이겠는가? 만약 유자가 도를 논하면서 이런 것을 마음으로 삼는다면 또한 진실로 육경을 존중하는 자가 아니니, 이는 그러한 마음을 쓰는 동안에 뒤집히고 끌려가는 바가 많게 되어 도에서 멀어지는 것이 천만리에 그치는 것이 아닐 것이네. 스스로 간사한 말과 치우친 행동을 하기에 바쁘니, 어느 겨를에 백가百家를 비판하여 우리에게

---

5) 소식이 중년 이후에 해남 등지에서 귀양살이 한 것을 말한다.

굴복하기를 바라겠는가?

이 모든 것이 소씨의 마음 씀씀이의 폐단이니, 그가 말하거나 논의를 세우는 것에서 십중팔구는 이 폐단에서 나온 것이라네.[6] 아우는 소씨의 글을 읽고서 그 문장이 교묘한 것만 좋아하고 그것이 의리에 어긋난다는 것을 살피지 못했으니, 세월이 지나면서 거기에 동화되어 버린 것이네. 이는 어물전에 들어가서 오래 머물면 냄새를 맡지 못하게 되는 것과 같다네.

유가의 도는 즐길 만한 소리나 빛깔, 냄새나 맛 같은 것이 없어서, 과장된 화려함이나 종횡의 변론으로 세속의 이목을 현혹시켜 그 마음을 좀먹는 것과는 다르네. 그러니 아우는 스스로 마음과 생각을 씻어 내고 유가의 도에 입문하여, 진실됨이 쌓이고 오래 힘써 확연하게 도의 본체가 둘이 아님을 보아서 그 사이에 털끝만한 간사함과 망녕됨이 섞여 드는 것도 용납하지 않게 되어야 할 것이네. 이와 같다면 어찌 갑자기 평소에 존경하고 우러르던 정씨를 버리고 이 한 필부의 말을 믿는 일이 생기겠는가? 이천이 명도의 묘표에서 말한 "도에 있어서 이 사람이 행한 바를 안 연후에 그 사람의 공을 알 수 있고, 이 사람이 그쳐 머무는 바를 안 연후에 이 사람의 명성이 사실과 부합함을 알 수 있다"라는 것은 아마도 이를 두고 말한 것일 터이네.

세상의 도가 쇠미해지고 사특하고 거짓된 것이 마구 일어나서 선비들이 보고 듣는 것이 좁고 융통성이 없어지는 경향이 심하여 각자 자기가 옳다고 여기는 것을 옳다고 하니, 만약 통렬하게 깨뜨려서 옳고 바른 것과 그르고 거짓된 것이 분명히 귀착되는 바가 있게 하지 않는다면 배우는 자들이 장차 어디서부터 시작해 나아감으로써 향해 가야 할

---

6) 권신이 천자의 위세를 빌리듯, 소식은 노자와 불교를 빌리고 다른 것을 절취한다는 것이다.

바를 알도록 하겠는가? 더구나 학자들이 경지에 이르기를 바랄 수가 있겠는가? 이것이 내가 아우를 위해 어쩔 수 없이 극언하여 분수를 넘어서는 것을 잊어버리는 까닭이네. 정씨의 책이 천하에 유포되어 가는 데마다 있지만 요즘 가지고 있는 것은 이것뿐이네. 『대전집大全集』한 본과 『귀산어록龜山語錄』한 본을 부쳐 보내네. 『대전집』에 있는 다른 사람의 글은 목록에 이미 제목이 나와 있네. 어쩌면 자네에게 본래 있을 터이나, 혹 없으면 놓아두고 보고 여름 중으로 돌려주어도 늦지 않네.

정씨의 고제 윤공이 일찍이 말하기를 "『역전易傳』은 정자가 직접 저술한 것이니, 정자의 도를 알고자 하는 사람은 『역전』에서 구할 것이요, 다른 서책을 볼 필요가 없다" 하였으니, 아마 『어록』은 혹 타인의 기록이기에 정자의 뜻을 다 표현하지 못한 곳이 있는 듯하네. 윤공은 또한 말하기를 "정자의 실천궁행이 한 권 『역전』에 다 나타나 있으니, 그 『역전』을 저술한 것은 다만 그 실천궁행의 뜻을 옮겨 기술한 것에 지나지 않는다"라고 했으니, 이 말에 깊은 의미가 있네. 다시 생각해 보고 이 말을 믿을 수 있겠거든 몇 년간 힘써 공부하여 잡서를 물리치고 이 『역전』을 정독해 보게. 그리하면 스스로 깨닫는 바가 있어서, 비로소 전일에 말한 소씨와 정씨가 터득한 학문의 깊은 곳이 마치 향기로운 풀과 누린내 나는 풀을, 그리고 얼음과 숯을 한 그릇에 섞어 담은 것과 같은 까닭에, 향기롭고 깨끗하게 하여 오염되지 않게 하고자 하나 그것이 불가능하다는 말의 뜻을 알게 될 것이네.

소씨는 문사의 뛰어남과 아름다움이 근세에 따를 사람이 없으니 만약 작문을 하고자 한다면 배워도 무방하겠지만, 다만 그 사의가 호탕하고 기이하여 도를 아는 군자가 배울 바는 아닌 것 같네. 이 때문에 내가 평소에 소씨의 글을 읽을 때마다 비록 좋아하지 않은 적이 없었으나, 좋아한 뒤에는 싫어하지 않은 때가 없어 종종 책을 끝까지 읽지 못하고 말았다네. 이것은 내가 일부러 소씨의 글을 읽지 않으려 한 것이 아니라 저절로 그렇게 된 것이니 알 수 없는 일일세. 그러니 저들 소씨의 설에 취한 사람이 오도吾道의 문에 들어오고자 한다면 어찌 우리가 소씨의 글을 읽는 것과 같지 않겠는가. 한쪽은 북쪽으로 가고 한쪽은 남쪽으로 가는 길이라, 끝내 만나지 못함이 괴이할 것이 없다네.

　소씨와 정씨가 함께 조정에 있을 때에 정자가 조정을 떠난 것은 소씨가 공문중을 사주하여 정씨를 쫓아낸 것일세. 가령 두 사람의 도가 과연 같다면 비록 저승에서나마 그들의 정신이 서로 사귈 터이니 지금 어찌 이처럼 서로 어긋났겠는가? 공문중이 처음엔 소씨가 사주한 것을 몰랐다가 나중에 이를 알고는 울분이 쌓여 피를 토하고 죽고 말았으니, 이는 여정헌공의 유서에 잘 나타나 있는데 아우는 아직 이를 보지 못한 듯하네. 나의 글이 이러한 말까지 하게 되니 너무 지나치게 직필한 것 같지만, 직필하지 않는다면 도가 밝혀지지 않을 것일세. 아우가 자세히 살핀다면 다행이겠네.

21. 『곤학공문』을 편집하고 쓴 서문 — 困學恐聞編序[1]

공자께서 말씀하시길, "나면서 아는 사람은 제일 위이고, 배워서 아는 자는 그 다음이며, 힘들게 배우는 자는 또 그 다음이고, 힘들여도 배우지 못하는 자는 백성으로 아래에 속한다"[2]라고 하였다. 나면서 아는 사람은 요堯, 순舜, 공자孔子이다. 배워서 아는 사람은 우禹, 직稷, 안회顔回이다. 힘들다는 것은 행함에 얻지 못함이 있음을 말하니, 그 힘듦을 알면서도 배워서 그 못하는 것을 발전시킨다. 이것이 힘들게 배우는 것이니, 또한 낮은 것이다. 그러나 여기에 종사하면 그 성공이 오히려 선인, 군자에 뒤지는 것이 아니지만, 여기에 종사하지 못하면 아득히 아래 백성에로 흘러가서 돌이킬 줄 모른다. 힘든 것은 같지만 이 둘의 거리는 이처럼 먼데, 그것은 다만 배우는 것과 배우지 않는 것의 차이일 뿐이다. 어찌 열심히 힘쓰지 않겠는가!

내 일찍이 '곤학困學'[3]으로 평소 거처하는 방을 이름 짓고 내 방에 오는 자들에게는 또한 이런 말로 일러 주지 않은 적이 없으니, 그 잡다한 기록을 묶어 『곤학공문困學恐聞』이라고 한다. 대개 자로子路의 "듣고도 아직 행하지 못하는 것이 있으면, 오직 새로 듣는 것이 있을까 두려워한

---

1) 『朱文公文集』, 권75. 1164년(주희 35세) 무렵의 작품이다.(『朱熹年譜長編』, 339쪽)
2) 『論語』, 「季氏」, "孔子曰, 生而知之者, 上也. 學而知之者, 次也. 困而學之, 又其次也. 困而不學, 民斯爲下矣."
3) 힘들여서 공부한다는 뜻이다.

다"[4]라는 뜻을 취하였으니, 힘들게 배우는 자는 마땅히 이와 같아야 할 것이다. 이 책을 읽는 사람이 아래의 백성이 되는 것을 근심으로 여기고 그 들은 바를 행하지 못함을 두려워한다면, 내 장차 벗으로 삼아 나의 덕성에 도움이 되게 할 것이다.[5]

---

4) 『論語』, 「公冶長」, "子路有聞, 未之能行, 唯恐有聞." 선한 말을 들으면 그것을 꼭 실천하는 자로의 용맹함을 말한 것이다.
5) 『論語』, 「顔淵」, "曾子曰, 君子以文會友, 以友輔仁."

22. 『가례』 서문 — 家禮序[1]

　예禮에는 근본과 문식文飾이 있다. 집에서 행하는 것부터 말하자면, 명분을 지키는 것과 사랑하고 공경하는 실질이 그 근본이고, 관혼상제 의식의 형식과 절차, 수량 등은 문식이다. 근본이라는 것은 집에서 날마다 실행하는 평상의 체禮이어서 진실로 하루라도 닦지 않을 수 없다. 문식 또한 사람된 도리를 바로 세우는 처음과 끝에 해당하는 도구이다. 비록 그것을 시행하는 데 정해진 시간과 장소가 있지만, 평소 분명히 강구하고 익숙하게 익히지 않으면 일을 당했을 때 알맞지도 않고 절도에도 맞지 않을 것이니 이것을 하루라도 강습하지 않을 수 없다.

　삼대三代[2]에는 예경禮經이 갖추어져 있었다. 그러나 지금 남아 있는 것은 집, 기구, 복식제도와 드나들고 일어나고 앉는 절도에 관한 것들인데, 이미 지금 세상에 맞지 않다. 세상의 군자가 혹 고금의 변화를 참작하여 다시 한 시대의 법으로 만들어도, 어떤 것은 상세하고 어떤 것은 소략하여 절충할 바가 없거나, 혹은 그 근본을 버리고 말단을 힘쓰거나, 실질에는 소홀하고 꾸밈에만 급급하게 된 지경에 이르기도 했다. 뜻 있고 예禮를 좋아하는 선비가 오히려 그 요체를 거론하지 못하는가 하면, 가난으로 곤궁한 자는 끝내 예禮에 맞추지 못할까 또 걱정한다. 내 생각에는 두 경우 다 문제가 있으니, 때문에 일찍이 홀로 고금의 전적을 궁구하여,

---

1) 『朱文公文集』, 권75. 주희는 1190년(61세) 11월에 『家禮』를 간행하였다.
2) 夏, 商, 周를 말한다.

그 대체大體의 변할 수 없는 것을 근간으로 삼은 뒤 예의 실행방식을 더하고 덜어서 수정을 가하여 일가一家의 책을 만들었다. 명분을 삼가고 애경愛敬을 숭상하는 것을 근본으로 삼았으며, 그것을 시행함에 있어서는 쓸데없는 문식을 생략하고 근본과 실질에 힘써서 공자가 옛사람들의 간소하고 질박한 예절을 따랐던 뜻에 부합하게 하였다. 진실로 원하노니, 뜻을 같이하는 선비들과 함께 깊이 익히고 힘써 행해서 옛사람의 수신제가 하는 도리와 상사를 당하여 장례를 신중히 하고 조상을 생각하며 제사를 지내는 마음을 다시 볼 수 있게 되기를, 그리고 국가가 교화를 돈독히 하고 백성을 바른 길로 인도하는 뜻에 또한 조금이라도 보탬이 되기를 바란다.

23. 『논맹집의』 서문 <처음에는 '정의精義'라고 했다가 나중에 '집의集義'로 고쳤다>
— 論孟集義序 <初日精義後改名集義>[1]

『논어』, 『맹자』의 책은 학자가 의지하여 도를 구하는 요체가 되는 책이어서, 고금에 주석을 단 사람이 이미 백여 명이나 된다. 그러나 진秦·한漢 이래로 유학자들은 모두가 유학의 도통을 전하는 데 참여하기에는 부족하였다. 비근한 데 빠진 사람은 그 말은 얻었지만 그 뜻을 이해하지 못하였고, 고원한 데 힘쓰는 사람은 관심이 나뉘고 흩어지거나 여러 가지가 뒤섞여 어지럽게 되어서 혹 그 말까지도 잃어버리니, 학자들이 더욱 힘들어하였다.

송나라가 일어선 지 백 년이 지나 이정선생二程先生이 하수河水와 낙수洛水 사이에서 나신 뒤에야 유학의 도통이 계속 전해지게 되었다. 두 선생은 후세에 태어나셨지만 공자와 맹자의 마음에 부절처럼 들어맞았다. 그래서 『논어』, 『맹자』 두 책을 밝히는 설이 말은 가까우면서도 무궁한 뜻을 탐구해 내고 뜻은 멀리 가리키면서도 요령 있게 정리해 내어, 읽는 자로 하여금 다만 그 말만 얻는 것이 아니라 또한 그 뜻까지 얻을 수 있게 하고 그 뜻만 얻는 것이 아니라 함께 그 경지에 나아갈 방법까지 얻을 수 있게 한다. 두 선생이 유학을 일으켜 세우고 후학을 깨우쳐 준 것이 지극하다 하겠다.

---

1) 『朱文公文集』, 권75. 1172년에 정씨 형제의 『논어』, 『맹자』 해석을 출판하면서 붙인 서문이다.

그간 일찍이 주注와 소疏를 모아 본 문장의 다음에 붙이고, 또 학문이 선생과 같거나 선생으로부터 깨달음을 얻은 이들, 즉 장횡거張横渠 공이나 범씨2), 두 여씨3), 사씨4), 유씨5), 양씨6), 후씨7), 윤씨8) 등 아홉 학자의 설을 덧붙여서 『논맹정의』라 이름하여 살펴보도록 하였으며, 뜻을 같이하는 선비로서 여기에 종사하려고 하는 자들 또한 숨기지 않았다.

일찍이 논의한 대로 『논어』의 말은 포함하지 않는 것이 없으니, 그것이 사람들에게 보여 주는 바는 마음을 잡아 보존하고 기르는 요체가 아닌 것이 없다. 또 『맹자』 일곱 편의 뜻은 궁구하지 않는 것이 없으니 그것이 사람들에게 보여 주는 바는 체험하고 확충하는 단서들이 많다. 대개 성현의 나눔이 같지 않은 것은 본디 이와 같으나, 그 체와 용은 하나이며 드러나고 드러나지 않음은 사이가 없다.9) 학문이 지극한 두 선생이 아니었다면 이를 그 누가 알았겠는가? 오! 이것은 백 세대나 학문이 끊어진 뒤에 분발하여 홀로 천 년 동안 전해지지 않은 학문을 얻은 것일진저!

장횡거 공이 두 선생에 대해 끼친 바를 논하자면, 내 생각에는 백이나 이윤이 공자에 대해 끼친 바와 같다. 또한 두 선생과 같은 시대를 살며

---

2) 范祖禹(1041~1098)를 말한다. 그는 간의대부, 급사중, 예부시랑, 한림시강학사 등을 역임하였다. 『神宗實錄』을 편찬하면서 왕안석의 과오를 지적하였는데, 왕안석의 사위 蔡卞의 증오를 사서 사약을 받았다. 저서로는 『詩解』, 『三經要語』, 『經書要言』, 『唐鑑』, 『范太史集』 등이 있다.
3) 呂希哲(?~1114?)과 呂大臨(1044~1091)을 말한다. 처음에는 張載에게서 배웠으나 장재가 죽자 정씨형제의 문인이 되었다.
4) 謝良佐(1050~1103)를 말한다. 정씨형제의 문인으로 靜坐와 居敬의 수양을 강조하였는데, 이를 통해 人欲을 버리고 天理를 밝히는 것이 곧 仁의 구현이라고 하였다.
5) 游酢(1053~1123)를 말한다. 楊時와 더불어 '程門立雪'의 고사로 유명하다.
6) 楊時(1053~1135)를 말한다. 정씨 문하의 대표적인 문인이다. 양시가 떠날 때 정호가 전송하면서 "나의 道가 남쪽으로 가는구나"(吾道南矣)라고 했다.
7) 侯仲良을 말한다. 程頤의 제자이다.
8) 尹焞(1061~1132)을 말한다. 程頤의 제자이다. 和靖先生이라 불렸다.
9) 『二程集』, 「易傳序」, "至微者理也, 至著者象也. 體用一源, 顯微無間."

그 문하에서 배운 선비들의 언행을 살펴본다면, 비록 누가 공자 문하의 안자와 증자 같은 사람일는지는 알지 못하겠지만, 지금 그들의 말을 기록함에 감히 두 선생과 조금도 다름이 없고 성현의 뜻에 모두 합한다고 여기진 않으나 역시 그 큰 것은 이미 같으니, 다만 얕고 깊음, 엉성하고 빽빽함의 조그만 사이에서 학자가 마땅히 힘써야 할 것이라고 말할 뿐이다. 그러나 근년 이래로 선생의 문인에게서 배운 자들은 혹 책을 펴내기도 했지만 그 뜻은 본말이 다르고 그 맛은 진하고 심심함이 달라서 감히 싣지 못한다.

어떤 이가 물었다. "그렇다면 세상에 돌아다니는 여러 설 가운데 여기에 들지 못한 것들은 모두 취할 바가 없는 것인가?" 대답하였다. "그렇지 않다. 한漢·위魏의 여러 선비들은 음독을 바로잡고 훈고에 통달했으며 제도를 고증하고 사물을 분별했으니 그 공이 많다. 학자들이 진실로 그 흐름을 건너지 않는다면 어찌 이에 힘을 쓸 수 있겠는가? 또한 근세 두세 명의 유명한 학자들과 이른바 두 선생의 문인들에게 배운 자들은 그 고증하고 내용을 추론한 것이 문맥 사이에 보충하는 바가 있다. 학자들이 이 책을 이해한 뒤에 본다면 어떤 책을 본들 이해하지 못하겠는가? 다만 성현의 뜻을 구하는 것은 이 책에 있지 저기에 있지 않다는 것일 따름이다. 만약 밖으로는 정자의 말에 의탁하고서는 가까운 듯한 말을 훔쳐 이단의 설을 꾸민다면, 진실로 학자의 마음에 들어갈 수는 없겠지만 그 거짓되고 과장된 말이 세상을 속이기에 족하고 이미 세상의 흐름도 그쪽으로 향했다. 그 해악이 어찌 작겠는가? 그 말과 기상의 차이를 살피면 어렵지 않게 구분할 수 있으니, 학자들이 진실로 이 책에 힘쓰고서 이해한다면 그 이단의 말은 읽고 싶어도 그럴 겨를이 없을 것이다."

이 책을 만드는 것이 경솔하고 성급하다고 비판한다면 감히 변명하지 못하겠지만, 성인이 도통을 전한 바를 밝히고 여러 설 가운데 좋은 주장을 택하며 세속의 잘못을 바로잡는 일에 이르러서는 속으로 망녕되게도 거의 그렇게 할 수 있으리라 생각한다.

건도 임진년(1172) 정월 신안 주희 삼가 쓰다.

24. 『시집전』 서문 — 詩集傳序[1]

　혹자가 나에게 물었다. "시는 어찌하여 지었는가?" 나는 다음과 같이
대답하였다. "사람이 태어나서 고요할 때에는 하늘의 성이 그대로 보존되
어 있고, 사물에 감동되어 움직이면 본성의 욕망이 나온다.[2] 이미 욕망이
있으면 생각이 없을 수 없다. 이미 생각이 있으면 말이 없을 수 없고,
이미 말이 있으면 말로써 다할 수 없어서 감탄하고 읊조려 탄식하고도
여전히 다 풀지 못하여 발출하는 것이 있다. 반드시 자연스러운 소리와
가락이 있어 그칠 수 없으니, 이것이 시를 짓게 된 이유이다."

　"그렇다면 시가 교화가 되는 이유는 무엇인가?"

　"시는 사람의 마음이 사물에 감동되어 말로 다 표현하지 못한 바가
나타난 것이니, 마음의 감동하는 바에는 사특한 것과 바른 것이 있다.
그러므로 말에 나타나는 바에 시비가 있는 것이다. 오직 성인이 윗자리에
계시면 감동된 바가 바르지 않음이 없어 그 말씀이 모두 족히 가르침이
될 수 있는 것이다. 혹시라도 감동됨이 잡되어 발하는 바 가운데 골라내야
하는 것이 없지 않으면 윗사람은 반드시 스스로 돌이킬 바를 생각해서
이것으로 인하여 선을 권면하고 악을 징계함이 있으니, 이 또한 가르침이
된다. 저 옛날 주周나라의 전성기에는 위로는 교제사와 종묘제사와 조정의
일로부터 아래로는 향당과 여항에 이르기까지 그 시의 말이 순수하여

---

1) 『朱文公文集』, 권76. 1186년(주희 57세) 10월에 『詩集傳』을 탈고하여 출간하였다.
2) 『禮記』 「樂記」의 구절로, 이 책에 수록된 「악기동정설」 참조.

모두 정도에서 나왔으니, 성인이 이를 성율聲律에 맞추어 지방 사람들에게도 사용하고 국가에도 사용하여 천하를 교화하였으며, 열국의 시에 이르러서는 천자가 순수할 때에 또한 반드시 이것을 진열하고 관찰하여 승진시키고 강등하는 법을 시행하였다. 그런데 시대가 내려와서 소왕昭과 목왕穆 이후부터는 점점 침체하더니, 동쪽으로 천도함에 이르러서는 마침내 폐지되고 강구하지 않게 되었다. 공자께서 이때에 태어나시었으니, 이미 지위를 얻지 못하여 권면하고 징계하고 승진시키고 강등하는 정사를 행할 수 없으셨다. 이 때문에 다만 그 전적을 들어 토론하여 중복된 것을 제하고 어지러운 것을 바로잡으며 선하되 본받기에는 부족한 것과 악하되 경계가 되기에는 부족한 것은 또한 삭제하고 제거해서 간략함을 따라 오래되고 먼 것을 보여 주어, 배우는 자로 하여금 이것을 가지고 그 득실을 상고하여 선한 것을 본받고 악한 것을 고치게 하셨다. 이 때문에 그 정사가 비록 한 시대에 행해지지는 못했으나 그 가르침은 실로 만세에 입혀졌으니, 이것은 『시경』의 가르침 됨이 실로 이러한 것이다."

"그렇다면 국풍國風, 아雅, 송頌3)의 체가 그 같지 않음이 이와 같음은 어째서인가?"

"내가 듣건대, 무릇 시 가운데 이른바 풍風이란 것은 마을의 가요 작품에서 나온 것이 많으니, 이른바 남녀가 서로 읊고 노래하여 각기 그 정을 말한 것이다. 오직 「주남周南」과 「소남召南」은 친히 문왕의 교화를 입어 덕을 이루어서 사람들이 모두 그 성정의 올바름을 얻었다. 그러므로 그 말에 나타난 것이 즐겁되 너무 지나치지 않고, 슬프되 상함에 이르지 않은 것이다. 이 때문에 「주남」, 「소남」 두 편이 홀로 풍시의 바른 기준이

---

3) 모두 『시경』의 문체 양식이다.

되었고, 「패풍邶風」 이하는 그 나라의 치란治亂이 똑같지 않고 사람의 어질고 어질지 못함의 정도가 또한 달랐다. 그리하여 그 감동하여 발한 것에 바름과 바르지 않음, 시비의 같지 않음이 있었으니, 이른바 선왕의 풍風이라는 것이 여기에서 변하였다. 아雅·송頌의 편으로 말하면, 모두 주나라 전성기 때에 조정과 교제사, 종묘에서 쓰는 악가의 내용이다. 그 말이 조화로우면서도 장엄하고 그 뜻이 너그러우면서도 치밀하여, 작자가 왕왕 성인의 무리였으니 진실로 만세의 법도가 되어 변할 수 없는 것이다. 아의 변한 것으로 말하면 또한 이것도 모두 한때의 현인군자가 세상을 걱정하고 풍속을 안타깝게 여겨 지은 것인데 성인이 이를 취하였으니, 그 충성되고 두텁고 간절한 마음과 선을 말하고 간사함을 막으려는 뜻은 더욱 후세의 문장 잘하는 선비들이 미칠 수 있는 바가 아니다. 이것이 『시경』이 인간의 일이 아래에 무젖고 천도가 위에 갖추어져 한 이치도 구비하지 않음이 없는 이유이다."

"그렇다면 이것을 배우는 것은 어떻게 해야 하는가?"

"「주남」, 「소남」에 근본하여 그 단서를 찾고 열국의 풍을 참고해서 그 변화를 다하며 아에서 바로잡아 그 규모를 키우고 송에서 조화로워져서 그 귀결을 요약하니, 이것이 『시경』을 배우는 큰 지침이다. 이에 장구로써 큰 벼리를 삼고 훈고로써 작은 벼리를 삼으며, 읊어 기운이 통하게 하고 무젖어 체득하여 성정의 은미한 사이에서 살피고 언행의 기틀이 시작되는 곳에서 살핀다면, 몸을 닦아 집안에 미치고 천하를 태평하게 하는 방법이 또한 다른 데서 구할 필요 없이 여기에서 얻어질 것이다."

이에 묻는 자가 동의하고 물러갔다. 나는 이 당시 막 『시전』을 편집하고 있었으므로 이 말을 모두 차례로 엮어서 이 책의 머리말로 적는 바이다.

순희淳熙 4년 정유년(1186) 겨울 10월 술자일戊子日에 신안 주희가 서문을 적다.

25. 『율려신서』 서문 — 律呂新書序[1]

옛 음악이 없어진 지 오래되었다. 그러나 진나라와 한나라 때는 주나라와 멀지 않았기 때문에 그 악기와 소리는 오히려 남아 있었으니, 그 도道는 비록 그 시대에 행해지지 못했으나 그 법식에는 이론異論이 없었다. 그런데 동한東漢 말에서 서진西晋 초에 접어들면서 이미 점차로 여러 설들이 생겨났고, 위魏·주周·제齊·수隋·당唐 다섯 나라를 거치며 논자가 더욱 많아졌으나 법도는 더욱 정해지지 않았다. 이제 우리 송대에 이르러 크게 공이 이루어지고 정치가 안정되니, 이치상 마땅히 음악이 흥기할 만하게 되었다. 그리하여 건륭乾隆(960~963), 황우皇祐(1049~1053), 원풍元豊(1078~1085) 연간에 또한 세 번 뜻을 세웠으나, 화현和峴·호원胡瑗·완일阮逸·이조李照·범진范鎭·사마온공司馬溫公·유기劉幾·양걸楊傑 등 여러 현인들의 의논이 끝내 하나로 귀착되지 못하였다. 하물며 숭녕崇寧(1102~1106), 선화宣和(1119~1125)의 말세에 채경蔡京이 유병劉昺을 시켜 음악을 제정하려 했으니, 간신과 자자刺字 경졸 나부랭이[2]가 어찌 천지의 조화인 음악을 논할 수 있었겠는가?

정미년(1127) 이래 남쪽으로 옮긴 지[3] 60년이 다 된 지금도 돌아가신

---

1) 『朱文公文集』, 권76. 1187년(淳熙14년, 주희 58세) 정월에 채원정이 『율려신서』를 완성해서 그 서문을 지었다.
2) 劉昺을 말한다. 그가 墨刑을 받았기 때문에 이와 같이 말한 것이다.
3) 정강의 변으로 북송이 망하고 양자강 이남으로 옮긴 것을 말한다.

분들과 살아 있는 사람들의 분노는 오히려 다 털어 내지 못하고 있으니, 이런 상황에 옛날의 예문禮文을 살필 겨를이 없다. 더욱이 학사대부들이 간이한 것과 비루한 것에 인습하여 다시는 악기와 음악의 제도를 회복하는 데 뜻을 둔 자가 없게 된 것이 이미 더욱 심해졌다. 이러한 때를 맞아 나의 벗 건양建陽 사람 채계통蔡季通[4]은 홀로 마음으로 그 설을 좋아하고 힘써 구하여 멀고 가까운 데서 모으고 취하니, 크고 작은 것을 버리지 않고 모으기를 여러 해 동안 해서 마음에 부합한 것들을 책 두 권으로 지어 내었는데, 모두 군더더기가 없는 말들이다. 내가 일찍이 얻어서 읽어 보았는데, 그 명백하고 깊고 치밀함이 통달하여 견강부회하지 않고 자유자재하니 구슬이 쟁반 위에서 구르는 듯 좋았다. 그 말이 비록 근세에 아직 다 강론하지 못한 곳에서 나온 것이 많지만, 그 실질은 한 글자라도 옛사람이 이미 시험한 완성한 법도에 근본하지 않은 것이 없다.

대개 황종黃鐘[5] 율관律管의 둘레와 지름의 수치는 한대漢代 곡斛의 부피를 나눠 보면 고증할 수 있다.[6] 황종 율관의 길이를 한 척尺의 구분九分으로 기준 삼는 것[7]은 『회남자淮南子』와 사마천司馬遷·사마정司馬貞의 설로 추론

---

4) 蔡元定(1135~1198)이다. 그의 자는 季通, 호는 西山이며, 시호는 文節이다. 어려서 아버지 蔡發에게 배웠고, 장성하여 二程과 邵雍, 張載의 학문을 배웠다. 나중에 朱熹를 찾아가 수학했다. 저서에 『律呂新書』, 『西山公集』 등이 있다.

5) 동양 고전 음계인 12율의 기준음으로, 음 높이가 일정한 절대음이다. 12율을 조율하는 법을 '三分損益法'이라고 한다. 황종에 해당하는 대나무 관의 길이를 정하고 이 길이의 1/3을 잘라낸 것에 해당하는 길이(삼분손일)의 관에서 나는 소리를 임종이라 하고, 임종에 해당하는 관의 길이에 그 자신의 1/3을 덧붙인 것에 해당하는 길이(삼분익일)의 관에서 나는 소리를 태주라 한다. 이런 식으로 삼분손일과 삼분익일을 반복하여 열두 음을 조율한다.

6) 斛은 도량형의 단위로 열 말 한 섬에 해당한다. 율관과의 관계를 보면, 황종 율관의 용적이 1龠인데, 10약은 1홉이 되고, 10홉은 1升이 되며, 10승은 1斗가 되고, 10두는 1곡이 된다. 그러므로 1곡의 부피를 역산하면 황종 율관의 크기를 추산할 수 있다.

7) 황종관의 길이는 1척의 9/10 즉 90%가 된다. 달리 말하면 황종관의 길이는 9치이

해 낼 수 있다. 오성이변五聲二變의 수8)와 변률變律에서 반성半聲을 쓰는
예9)는 두예杜預의 『통전通典』에 기록되어 있다. 변궁變宮·변치變徵가 조調를
이루지 못하는 것은 공영달孔穎達의 『예기주소禮記注疏』에서도 볼 수 있다.
먼저 소리의 기준을 구하고 율律로 인하여 척尺이 나온다고 한 것에
이르게 되면 더욱 탁월한 말이다.10) 이 역시 양한서의 '지志'와 채옹의
설과 『국조회요國朝會要』에 섞여 나타나며, 정자程子와 장횡거 선생의 말에
도 있다. 생각건대 독자들이 그 사이를 깊이 살피지 않으면 비록 여기에서
얻는 것이 있다고 하더라도 저기에서 잃지 않을 수 없어서, 어둡게 되어
분분히 정론이 없게 된다. 대개 비근한 견문을 인습하여 따르는 데에
거리낌이 없게 되면 곧 그 마음이 방자해지고 망녕되이 천착해서 의거할
바가 사라지고 만다.

채계통은 홀로 열심히 자신의 견해를 세워 초연히 멀리 보고 분명하게
판단하여 여러 설을 서로 고증하였다. 그 평생의 정진에 힘입어 하루아침
에 돌연 그 막힌 것이 녹아내리고 뚫어지듯이 크게 깨닫는 경지에 이르렀
으니, 힘써 노력했다고 할 수 있을 것이다. 그가 쓴 책을 보면 근본을

다. 검은 기장 1알의 세로 길이가 1푼에 해당하고, 기장 10알을 세로로 쭉 늘어놓
은 길이가 10푼, 즉 1치가 된다. 황종관의 규격은 길이는 9치이고 부피는 기장
1200알의 부피이다.

8) 五聲은 宮, 商, 角, 徵, 羽이고, 二變은 變宮과 變徵로 각각 반음 낮다. 오성이변의
수란, 본래의 음으로 구성하는 경우와 반음 낮은 음을 쓰는 경우를 말한다.

9) 변률은 삼분손익하여 한 옥타브의 12율을 얻은 다음에 계속하여 얻는 음계를
말한다. 한 옥타브 높은 중려의 율관 길이를 삼분익일하여, 이것을 2배하면 8촌
7푼 7리 6사 2리의 9촌 황종의 길이보다 조금 짧은 율관을 얻는다. 이는 본래의
황종 소리가 나지 않고 황종보다 조금 높은 소리가 난다. 이것이 변황종이다.
계속해서 삼분손익해 가면 임종·태주·남려·고선·응종의 변률을 얻게 된다.
변황종 등의 변별을 기준음인 궁으로 삼아 조를 만들 때 궁상각치우의 음이 낮
아야 할 때 높거나 높아야 하는데 낮을 때가 생긴다. 이때 반음 높거나 낮은 음
을 써서 조를 구성하는데 이것이 半聲이다.

10) 도량형과 음악의 관계에서, 음계의 기본음을 먼저 정하고 이를 바탕으로 도량형
의 기준이 나온다는 말이다.

미루어 세우고 나란히 조리를 정리하며 중요한 요점을 모두 아우르고 정밀하고 세미한 것을 자세히 밝혔으니, 근거 없는 말과 허황된 소리가 그 사이를 어지럽힐 수 없다. 또한 책이 거의 그 대체를 얻었다고 할 수 있을 것이다.

나는 국가가 중원을 평정하고 중천中天의 운을 열어서 반드시 음률을 궁구하고 시행하여 신인神人을 조화롭게 하리라 생각한다. 이때를 맞으면 조칙을 받은 악관들이 이 책을 얻어서 연주하게 될 것이니 한나라의 동경東京[11]에서 교제郊祭와 묘제廟祭를 지낼 때 쓰던 음악이 공손술公孫述의 악사를 기다리지 않고도 갖추어질 것이요, 세상의 변화 원리에 대해서 분류하여 설명하는 책은 후세의 양자운揚子雲[12]을 기다리지 않고서도 좋다는 것을 알게 될 것이다.

계통이 이 책을 지은 것은 말이 요약되고 이치가 분명하여 처음부터 읽기 어렵지 않다. 그런데 읽는 자들이 왕왕 끝까지 읽기도 바로 기지개를 펴고 하품하며 졸려하니 진실로 이 책을 통해서 그 결론이 되는 생각에 이를 수 없다. 유독 나는 어리석고 불민하여 익숙하게 여러 번 익숙하게 반복하여 욀 수 있게 된 뒤에야 겨우 그 취지를 비슷하게나마 알게 되었다. 계통이 이 일을 가지고 또한 나를 그의 뜻을 아는 자로 인정하고 내게 서문을 쓰는 것을 부탁하니 내가 사양할 수 없었다. 계통이 다시 이 책의 음악을 가락과 박자를 조율하여 악기로 연주하고 따로 악서를 만드는 것으로써 그 사업을 더 연구하고, 또 그 남은 힘으로 제갈량諸葛亮의 64진법도를 밝히고 소강절의 『황극경세皇極經世』의 내력을 풀어내어 일가一家의 말을 크게 갖추려 하였으니, 그 뜻한 바가 굳건하다 할 것이다.

---

11) 낙양이다.
12) 揚雄(BC 53~AD 18)을 말한다. 자는 子雲이다. 박학다식하여 經學은 물론 辭章에도 뛰어났다. 『易』을 모방하여 우주의 변화원리를 분류하여 설명한 『太玄經』과, 『論語』를 모방한 『法言』을 저술하였다.

내가 비록 늙고 병들었으나 만일 그것을 보게 된다면 또한 천고의 유쾌한
일이 아니겠는가?

순희 정미년(1187) 정월 초하루 아침에 신안 주희가 서문을 쓰다.

26. 『대학장구』서문 — 大學章句序[1]

『대학』이라는 책은 옛날 태학에서 사람을 가르치던 규범이다.

하늘이 사람을 내릴 때 이미 인의예지의 성을 부여하지 않음이 없다. 그러나 그 기질을 받은 것이 고르지 못한 까닭에, 모두가 그 본성이 있음을 알아서 온전하게 할 수 있는 것은 아니다. 이에 한 사람이라도 총명예지하여 그 본성을 다 실현하는 사람이 그 사이에 나오는 경우가 있으면 하늘이 반드시 그에게 명하시어, 만백성의 군주와 스승이 되어 백성을 다스리고 가르쳐서 그 백성의 본성을 회복하게 하신다. 이것이 바로 복희, 신농, 황제, 요, 순이 하늘의 뜻을 잇고 법칙을 세우며 사도의 직책과 전악의 벼슬을 설치한 까닭이다.

하夏·은殷·주周 삼대의 융성했을 때에 그 규범이 점점 갖추어진 후로 왕궁과 도읍으로부터 시골마을에 이르기까지 학교가 있지 않은 곳이 없게 되니, 사람이 태어나서 8세가 되면 왕공으로부터 서인의 자제에 이르기까지 모두 소학에 들어가서 물 뿌리고 쓸며 응하고 대답하며 나아가고 물러가는 절도와 육예六藝[2]의 문文을 배우게 했다. 15세에 이르면 천자의 원자, 뭇 자제로부터 공경대부, 원사의 적자와 모든 백성의 준수한 자에 이르기까지 모두 태학에 들어가서 이치를 궁구하고 마음을 바르게 하며 몸을 닦고 사람을 다스리는 방법을 배우게 했으니, 이는 또 학교의

---

1) 『朱文公文集』, 권76. 1189년(주희 60세)의 작품이다.
2) 禮·樂·射·御·書·數이다.

가르침에 크고 작은 절차가 나누어진 이유이다.

　학교를 설립한 것이 이처럼 넓고 그 가르치는 방법의 차례와 절목이 또 이처럼 상세한데, 그 가르치는 것은 또한 모두 임금이 몸소 행하고 마음에 얻은 바탕에 근본을 두었으며 민생이 일상생활하는 윤리의 밖에서 구하는 것을 필요로 하지 않았다. 그러므로 당세의 사람들은 배우지 않는 이가 없었고, 배운 자들은 그 타고난 본성의 분수에 원래 있는 바와 직분에 당연한 바를 알아서 각기 힘써서 그 힘을 다하지 않음이 없었다. 이것이 바로 옛날 융성할 때의 정치가 위에서 높고 아래에서 아름다워 후세에서 따를 수 있는 바가 아닌 까닭이다.

　주나라가 쇠하게 되자 어질고 성스러운 군주가 나오지 않고 학교의 정사가 닦여지지 않게 되고, 이에 교화가 침체되고 풍속이 무너졌다. 이때에는 공자 같은 성인이라 해도 임금과 스승의 지위를 얻어 정사와 가르침을 펴는 일을 행할 수가 없었으니, 이에 홀로 선왕의 규범을 취해서 외우고 전하여 후세를 가르치셨다. 「곡례曲禮」, 「소의少儀」, 「내칙內則」, 「제자직弟子職」 같은 여러 책은 진실로 소학小學의 지류로서 남은 유풍이요, 이 책은 소학의 교육효과에 근거해서 대학의 밝은 규범을 드러내었으니 밖으로는 그 삼강령三綱領의 큰 규모를 지극하게 하고 안으로는 팔조목八條目의 상세함을 모두 갖추었다.

　공자의 삼천 명의 제자가 그 말씀을 듣지 않은 이가 없건마는, 증자曾子가 전한 것만이 홀로 도통을 얻어서 이에 전과 의를 지어 그 뜻을 발명하였다. 그러나 맹자가 별세함에 그 전함이 끊기니, 그 책이 비록 남아 있었으나 아는 자가 드물었다. 이로부터 속유들이 기송記誦과 사장詞章을 익히는 데 들이는 공부가 소학보다 배가 되었으나 쓸데가 없었고, 이단의 허무적멸의 가르침이 나와 높기가 대학보다 더하였으나 실제가 없었다. 그 밖에 권모술수로서 공명을 이루려는 모든 학설들과 백가의 무리로서 세상을 혹하게 하고 백성을 속여 인의를 막는 자들이 또 분분하게 그 사이에 섞여 나오니, 군자로 하여금 불행히도 대도의 요체를 얻어 듣지 못하게 하고 백성들로 하여금 불행히도 지극한 정치의 혜택을 받지 못하게 하였다. 어둡고 운이 막히어 침체함이 반복되었는데, 다섯 왕조의 쇠함에 이르러서는 무너지고 혼란함이 극에 달하였다.

천운은 순환하니 가고 돌아오지 않는 것이 없다. 그리하여 송나라의 덕이 융성해져서 정치와 교육이 아름답고 밝게 되었다. 이에 하남정씨 두 선생이 나오시어 맹자의 전함을 접하였으니, 실로 처음으로 이 책을 높이고 믿으시어 표장하시고 다시 이를 차례로 편집하여 귀결처를 밝히셨다. 그러한 뒤로 옛날 태학에서 사람을 가르치던 규범과 성인이 경문을 짓고 현인이 풀이한 뜻이 다시 세상에 밝게 드러나니, 나의 불민함으로도 또한 다행히 사숙하여 함께 들음이 있었다.

다만 그 책이 아직도 빠지고 잃어버린 것이 많았다.[3] 그러므로 내 자신의 고루함을 잊고서 뽑아 모으고 간간이 내 의견을 붙여 빠진 부분을 보충하여[4] 후세의 군자가 평가하기를 기다린다. 참람하고 주제 넘어 그 죄에서 도망갈 수 없는 것을 잘 알고 있지만, 국가가 백성을 교화하고 풍속을 이루려는 뜻이나 배우는 자들의 몸을 닦고 사람을 다스리는 방법에 있어서는 다소 도움이 없지는 않을 것이다.

순희淳熙 기유년(1189) 2월 갑자일 신안 주희가 서문을 짓다.

---

[3] 『大學』을 程子가 개정하긴 했지만 편집한 순서가 본래의 차례를 잃어버린 것이 있다는 뜻이다.
[4] 격물치지 공부의 원리와 순서, 이치를 완전히 깨치는 최종적인 목표를 설명한 補亡章을 말한다. 주자 공부법의 핵심적인 내용이다. 후대에는 경전 본문을 새로 만들었다는 점에서 비판을 받기도 하였다.

27. 『중용장구』 서문 — 中庸章句序[1]

　『중용』은 어찌하여 지었는가? 자사자子思子께서 도학의 전함을 잃을까 걱정하여 지으신 것이다.

　상고시대에 성인이 하늘의 뜻을 이어 법도를 세울 때부터 도통이 전해 옴은 유래가 있었다. 경서에 보이는 "진실로 그 중도를 잡으라"라는 말은 요임금이 순임금에게 전수해 주신 것이요, "인심人心은 위태롭고 도심道心은 은미하니, 정밀히 하고 한결같이 하여 진실로 그 중中을 잡으라" 라는 말은 순임금이 우임금에게 전수해 주신 것이다. 요임금의 한 마디가 지극하고 다하였거늘 순이 다시 세 마디를 더한 것은, 요임금의 한 마디는 반드시 이처럼 한 뒤에야 실천할 수 있음을 밝힌 것이다.

　일찍이 논하기를 마음의 허령지각虛靈知覺은 하나일 뿐인데 인심과 도심의 다름이 있다고 한 것은, 혹은 형기形氣의 사사로움에서 나오고 혹은 성명의 올바른 것에서 근원하여 그 지각한 것이 같지 않기 때문이다. 그러므로 혹은 위태로워 편안치 못하고, 혹은 미묘하여 보기가 어렵다. 그러나 이 형체를 갖고 있지 않은 이는 없으므로, 비록 가장 지혜로운 자라 해도 인심이 없을 수 없고 가장 어리석은 자라 해도 도심이 없을 수 없다. 이 두 가지 마음이 심장에 뒤섞여 있는데 그것을 다스릴 바를 알지 못하면, 위태로운 것은 더욱 위태로워지고 은미한 것은 더욱 은미해

---

1) 『朱文公文集』, 권76. 1189년(주희 60세) 작품이다.

져서 천리의 공변됨이 끝내 인욕의 사사로움을 이기지 못할 것이다.

정밀히 함은 두 가지의 사이를 살펴 섞이지 않게 하는 것이요, 한결같이 함은 본심의 올바름을 지켜 잃지 않게 하는 것이다. 여기에 종사하여 조금도 사이가 끊어짐이 없게 해서 반드시 도심으로 하여금 한 몸의 주인이 되게 하고 인심으로 하여금 매양 명령을 듣게 하면, 위태로운 것이 편안하게 되고 은미한 것이 드러나게 되어 그 움직이는 때이든 고요한 때이든 넘치거나 부족하게 되는 잘못이 저절로 없게 될 것이다.

요임금, 순임금, 우임금은 천하의 큰 성인이시고 천하로써 서로 전함은 천하의 큰일이니, 천하의 큰 성인으로서 천하의 큰일을 행하신 것이다. 그 주고받을 때에 절실히 말씀해 주신 것이 이와 같음에 지나지 않으셨으니, 천하의 이치가 어찌 이보다 더한 것이 있겠는가? 이로부터 성인과 성인이 서로 이으셨으니, 탕왕湯王이나 문왕文王, 무왕武王 같은 임금들과 고요皐陶, 이윤伊尹, 부열傅說, 주공周公, 소공召公 같은 신하들이 모두 이것으로써 도통을 전하여 이으셨다. 우리 공자님으로 말하면, 비록 그 지위를 얻지는 못하였으나 앞선 성인을 잇고 오는 후학을 열어 주신 것은 그 공이 도리어 요순보다 더함이 있으시다.

그러나 이때를 당하여 보고서 아는 자들 가운데서는 오직 안연顏淵과 증자曾子가 전해 받은 것만이 그 종통을 얻었고, 증자曾子로부터 두 번 전해져 다시 공자의 손자 자사가 얻을 때는 성인과의 거리가 멀어져 이단이 일어나게 되었다. 자사께서는 더욱 오래되면 그 참됨을 잃을까 두려워하시어, 이에 요순 이래로 서로 전해 온 뜻을 미루어 근본을 밝히며 평일에 부형과 스승에게 들은 말씀으로 바로잡고 풀어서 이 책을 지어 후세의 배우는 자들에게 가르치셨다. 그 걱정하신 것이 깊었기 때문에 절실하게 말씀하셨고, 생각하신 것이 멀었기 때문에 자세히 설명하셨다. 그 하늘이 명한(天命) 것과 본성을 따르는(率性) 것은 도심을 이름이요,

선을 택하고 굳게 지킨다는(擇善固執) 것은 정밀하게 하고 한결 같이 함을 이름이요, 군자가 때에 맞게 함은 중도를 잡음을 이름이다. 세대가 서로 멀어진 것이 천여 년이 되었지만 그 말씀의 다르지 않음이 마치 부절이 합한 것과 같았다. 옛 성인들의 책을 두루 선택하여 큰 벼리를 끌어 잡고 깊은 내용을 열어 보인 것이 이 책처럼 분명하고 모두 다 보여 준 것은 있지 않았다. 이로부터 맹자가 정통을 얻으니 책을 미루어 밝혀서 앞선 성인의 전통을 이으셨는데, 그 별세함에 미쳐서 그 전함을 잃으니 우리 도가 의지할 것은 언어와 문자 사이에 지나지 않게 되었다. 그리하여 이단의 말이 날로 새로워지고 달로 성하여, 노불의 무리가 나옴에 이르러서는 더욱 이치에 가까운 듯하여 크게 진리를 어지럽혔다.

그러나 다행히 이 책이 없어지지는 않았던 까닭에 정선생 형제분께서 나오셔서 상고한 바를 얻어 천년 동안 전하지 않던 전통을 이으시고 근거한 바를 얻어 노불의 옳은 듯 그른 이론을 배척하시니, 자사의 공이 이에 크게 되었다. 정선생이 없었더라면 또한 그 말씀을 통해 그 마음을 아는 일이 불가능했을 것이다. 애석하다, 그 말씀하신 것이 전하지 못하고 대개 석씨石氏[2]가 집록한 것만이 겨우 그 문인들이 기록한 바에서 나왔을 뿐이다. 이 때문에 대의는 비록 밝혀졌지만 은미한 말씀이 분석되지 못하였고, 그 문인들이 스스로 말한 것에 이르러서는 비록 상세히 모두 갖추고 발명한 바가 많지만 스승의 말씀을 저버리고 노자와 불교에 빠져 든 것도 또한 있었다.

나는 이른 나이로부터 일찍이 받아 읽고 가만히 의심하여 침잠하고 반복함이 또한 여러 해였는데, 문득 하루아침에 밝게 요령을 터득함이 있는 듯하였다. 그런 뒤에 마침내 감히 여러 사람들의 말을 모아서 절충하

---

2) 石㦤이다.

여 이미 『중용장구中庸章句』 한 책을 만들어 후세의 군자를 기다리고 있었고, 다시 한두 명의 동지들과 함께 석씨의 책을 취해서 번잡하고 혼란함을 없애어 『중용집략中庸集略』이라 이름하고 또한 일찍이 논변하여 취사한 뜻을 모아 별도로 『중용혹문中庸或問』을 만들어 그 뒤에 붙였다. 그러한 뒤에야 이 책의 뜻이 가지마다 나누어지고 마디마다 풀려서 그 맥락이 서로 통하며, 상세함과 간략함이 서로 연관되고 큰 것과 가는 것이 모두 갖추어져서, 모든 학설의 동이同異와 득실得失이 또한 곡진하게 사방으로 통하고 각각 그 뜻을 다하게 되었다. 비록 도통의 전함에 있어서는 감히 망녕되이 의논할 수 없으나, 처음 배우는 선비가 혹 취한다면 또한 먼 곳을 가고 높은 곳에 오르는 데 도움이 될 수 있을 것이다.

순희淳熙 기유년(1189) 봄 삼월 무신일에 신안 주희가 서문을 적다.

28. 『자치통감강목』 서문 — 資治通鑑綱目序[1]

　선정 온국溫國 사마문정공司馬文正公[2]은 황제의 명을 받고 『자치통감資治
通鑑』을 편집하여 이미 완성하고 다시 그 책의 핵심을 뽑아서 『목록目錄』
30권을 만들어 같이 올렸는데, 만년에 그 본서는 너무 상세하고 목록은
또 너무 간략한 것을 문제로 여겨서 『거요력舉要歷』 80권을 다시 지어
중도에 맞게 하려 했으나 이루지 못하였다. 소흥紹興 초년에 이르러
시독관 남양 호문정공[3]이 사마온공의 유고를 바탕으로 『거요보유舉要補
遺』 약간 권을 이루었으니, 그 문장이 더욱 요약되었고 그 사적事蹟이
더욱 갖추어졌다. 그런데 전에 그 집안에 가서 삼가 읽어 보니 여전히
스스로 잘 기억하기가 힘들었고 그 요점을 파악하고 상세한 내용까지
살필 수 없었다. 그래서 일찍이 스스로 분수를 헤아리지 못하고 문득
동지들과 함께 온국공과 문정공이 남긴 네 책[4]의 뜻을 분류해서 보태고

---

1) 『朱文公文集』, 권75. 1172년(43세) 무렵의 글이다.
2) 司馬光(1019~1086)은 중국 北宋의 정치가・사학자이다. 자는 君實, 호는 迂夫・迂叟
　이며, 시호는 文正이다. 涑水先生으로도 불리고, 죽은 뒤 溫國公에 봉해졌으므로
　司馬溫公이라고도 한다. 神宗이 王安石을 발탁하여 新法을 단행하게 하자 이에 반
　대하였다. 저술로 『資治通鑑』, 『涑水紀聞』, 『司馬文正公集』 등이 있다.
3) 胡安國(1073~1138)의 자는 康侯이며 시호는 文定이다. 二程 가운데 특히 정이를 私
　淑하여 居敬窮理의 학문을 중히 여겼다. 程門의 제자 사양좌・양시 등과 친분을
　맺고 정문의 학문을 명확히 구명하는 데 힘썼다. 王安石이 『春秋』를 관학에서 폐
　지한 것을 아쉬워해서, 춘추학을 연구하여 『春秋胡氏傳』30권을 저술하였다. 그
　밖에 『資治通鑑舉要補遺』 100권이 있다.
4) 『자치통감』, 『자치통감목록』, 『자치통감거요록』, 『자치통감거요보유』를 말한다.

빼고 교정하여 따로 이 편을 이루었다.

　대개 해를 표시하기 위해 년年을 앞머리에 적고, 【년年의 위쪽, 행의 바깥에 그해의 해당 간지를 쓰고, '갑자년甲子年'의 경우에는 '갑甲'자와 '자子'자를 붉은 글씨로 써서 구별되게 하였다.[5] 비록 일이 없더라도 『거요擧要』에 의거하여 연도를 표시하였다.】[6] 연도를 통해 정통을 밝혔으며, 【정통인 해는 연도 아래에 큰 글자로 쓰고 정통이 아닌 해는 두 줄로 나누어 주注하였다.】 큰 글씨로 요점을 제시하고, 【큰 글씨에도 정례正例가 있고 변례變例가 있다. 정례는 시작과 마침, 흥함과 폐함, 재앙과 길조, 연혁, 호령, 정벌, 죽임과 살림, 강등과 승진 등의 큰일이고, 변례는 정례에는 속하지 않으나 착하여 본받을 만하고 악하여 경계 삼을 만한 것은 모두 특별히 적어 두었다.】 주를 나누어 말을 보충했다. 【주를 나누어 말한 것에는 그 시작의 근원을 미루어 본 것, 그 말을 따라 결과를 추적한 것, 그 일을 상세히 기록한 것, 그 말을 자세히 갖추어 기록한 것, 시작과 끝을 통하여 드러낸 것, 등용과 파직으로 드러낸 것, 일의 종류로 드러낸 것, 온공이 주장한 말과 선택한 설, 호선생이 모은 설과 지은 평 등이 있다. 또 두 선생이 빠뜨린 것과 근세 큰 학자와 선비들이 절충한 말[7]을 지금 모아 그 사이에 붙였다.】 연도의 멀고 가까운 것과 나라에 정통이 있고 없는 것, 기사가 자세하고 간략한 것, 의논의 같고 다른 것들을 모두 꿰뚫어 통하여 환히 밝혀서, 마치 손바닥 위에서 보듯 하게 하여 『자치통감강목』이라 이름하였다. 모두 약간 권이니, 싸서 상자에 넣어 곁에 두고 살펴보아서 스스로 잊어버리는 것을 막으려 함이다.

　두 선생이 저술한 본래의 뜻은 보잘것없는 내가 미칠 바가 아닌 것이 있다. 비록 그러하나, 세성歲星[8]이 하늘에서 도니 하늘의 도리가 밝게

---

5) 책의 윗부분에 갑자를 표시하였다.
6) 『朱子文錄』 원문에는 이 글이 없다. 그러나 『朱文公文集』에는 朱熹가 직접 단 주석의 형태로 실려 있어서, 여기에 번역을 한다. 이하 【 】 안에 작은 글씨로 된 번역문은 모두 이런 경우이다.
7) 程子 이후의 학자들의 설을 모은 것을 말한다.
8) 木星을 가리킨다. 목성이 12차(하늘을 12등분한 구획)를 1년에 하나씩 차례로 거쳐 간다고 해서 세성이라 불렸다. 목성이 머무는 12차의 별자리로 그해의 이름

드러나고 정통이 땅에서 바로서니 사람의 도리가 안정되었으며, 큰 기강은 거의 바로잡히니 경계함이 밝게 되고 뭇 절목이 모두 펼쳐지니 기미가 드러나게 되었다. 그러므로 격물치지의 학문을 하는 사람은 장차 분연히 여기에서 느끼는 바가 있어, 두 공의 뜻을 혹 가만히 알 수 있게 될 것이다. 그 가리키는 뜻과 조례를 이와 같이 서술하여 편단篇端에 나열하고 후대의 군자를 기다린다.

건도 임진 여름 사월 갑자일에 신안 주희 삼가 쓰다.

을 지었는데, 이를 歲星紀年法이라 한다. 그 후 하늘의 12개 구획을 12支로 하고 이를 10干과 연결시켜서 60갑자로 해를 구별하여 표시하였다.

29. 장남헌문집 서문 — 張南軒文集序[1]

　맹자가 돌아가신 후로 의리와 이익을 분별하는 설이 천하에 밝게 드러나지 못하다가, 중간에 동중서와 제갈무후와 두 정자程子께서 거듭 밝혔으나 세상의 학자들이 믿지 못하였다. 이 때문에 스스로 행하는 것이 인욕의 사사로움에 빠지지 않은 자가 드물었고, 사람들이 나라에서 도모하는 것 또한 공리功利를 말하는 것일 뿐이었다. 이에 국가가 남쪽으로 옮겨 온 이래로 승상 장충헌공(張浚)은 대의를 앞서서 밝혀 국론을 정하고, 남양南陽 호문정공胡文定公(胡安國)을 모시고서 경전을 읽고 그 속에 담긴 뜻을 두루 설파하여 성학聖學을 열었다. 호문정공이 저술로 표현한 것과 장충헌공이 행동으로 실천한 일은, 그 양상은 비록 다르나 맹자의 말과 동자董子(董仲舒), 제갈무후, 정자의 뜻에 대하여 이른바 천년이 지나고서도 하나의 길로 합치되는 것이 있었다.

　근세의 형주목 장경부張敬夫라는 사람은 충헌공의 사자嗣子로써 호공胡公의 막내아들인 오봉선생五峯先生[2]의 문인이다. 그는 어릴 때부터 장성할

---

1) 『朱文公文集』, 권76. 1184년(주희 55세) 12월에 쓴 글이다. 張栻(1133~1180)은 자가 敬夫이고 호는 南軒으로, 廣漢(四川省) 출생이다. 衡陽(湖南省)에 살았으며 胡宏의 학문을 이어받아 찰식설을 주장했고, '敬'에 관해서는 주희와 자주 논쟁을 벌여 그 학문에 영향을 많이 주었다. 명문 출신으로 州의 知事를 역임하고 吏部郞을 지냈다. 저서에 『南軒易說』, 『洙泗言仁』, 『論語說』, 『孟子說』 등이 있다.
2) 胡宏(1100~1155)은 五峰선생이라 불렸다. 사양좌, 호안국, 호굉의 학을 '湖湘學'이라 부른다. 知覺의 능력을 중시하며, 이미 감정이 발하였을 때 살피는 已發察識을 강조하였다.

때까지 가학家學을 통해 충효를 전수받았으니, 다시 오봉의 문하에서 강학할 때에 그 귀결처가 일치하였다. 그 마음에 조용히 합하는 것은 남이 알지 못하는 바가 있었고, 그 논설에 드러난 것을 보면 의리와 이익 사이에서 터럭 하나까지 구분해 내는 것은 옛 현인이 말하고자 하였으나 다 궁구하지 못한 점들로부터 나온 것이 있었으며, 사업을 하는 데는 규모와 쓰임이 커서 크고 작은 일이나 드러난 일이나 은미한 일이나 마음에 환하지 않은 바가 없어 한 터럭도 공리의 잡스러움이 없었다. 이 때문에 집에서 도를 논하여도 사방의 학자들이 다투어 왔고, 조정에서 경전을 논하거나 지방에서 관직생활을 할 때에는 천자도 그 말과 공적을 아름답게 여겨 장차 크게 쓰려 하였는데 경부가 불행히도 죽어 버렸다.

경부가 이미 죽자 그 동생 정수定叟가 그의 원고를 모아 네 질의 거편을 만들어 내게 주면서, "형이 불행히도 세상을 떴으나 그 벗들이 남아 있으니, 형의 글들을 모아 간행하려 하는데 선생이 아니면 누구에게 맡기겠습니까?"라고 말하였다. 내가 그의 편지를 받고 마음이 서글퍼 책을 열어 빨리 읽었는데, 몇 편을 채 읽지 못하고는 책을 덮고 크게 탄식하며 눈물을 흘리면서 말하였다. "세상에 이 사람이 다시 있으랴. 이 사람은 없지만 이 책이 있어서 오히려 그 뜻을 조금이나마 볼 수 있을 것이다. 그러나 내 친구의 평생의 말이 이에 그치지는 않으리라." 그래서 다시 널리 구하여 사방의 학자들이 전해 받은 수십 편을 얻었고, 또한 내 서랍을 열어 왕복한 편지를 읽어 보니 역시 후세에 전할 만한 것이 많았다. 잘 정리하여 베껴 써서 장씨에게 보내려 하였다. 그런데 어떤 이가 별도의 판본으로 인쇄하여 널리 유통되는 것도 있었다. 급히 구해서 살펴보니 대개 전에 강론하다 결론이 나지 않은 설이 대부분으로, 근래에 장경부가 경전을 논하고 사업을 논하고 도리의 요체를 밝혀낸 정밀한 언어는 도리어 들어 있지 않았다.

경부는 높은 자질로 일찍부터 도를 듣게 되어 그 학문의 성취가 한 시대에 이름이 날 만하였지만 그 마음을 살펴보면 하루라도 이를 가지고 자족한 적이 없었다. 근년 이래 바야흐로 경전을 궁구하고 벗과 모여 토론하며 날마다 마음속에서 반성하고 실제의 일에서 검증하는 일을 즐겨서, 나이를 먹는 것도 잊어버리고 공부를 하였다. 이 때문에 그의 학문은 날로 새로움이 무궁무진하여, 그 언어와 문자에 나타나는 것이 시작은 지극히 고원하였으나 끝은 평이하고 착실한 데로 돌아갔다. 그 학문의 얕고 깊음이나 성기고 정밀함에 대해서는 후세의 군자가 평가할 것이다.

차례를 정해 편집한 것이 시기가 맞지 않아서 앞에 나온 내용이 뒤에도 있는 것들이 아직도 책 속에 섞여 있으니, 독자가 그 같고 다름을 의심하는 일이 없을 수 없는데 이것은 내 잘못일 것이다. 이에 다시 전에 모아 둔 것을 얻어서 서로 대조하고 교열하여 경부의 만년설로 결단하여서 그 책을 44권으로 정하였다. 아! 경부가 죽지 않았다면 그 학문의 성취와 그 언책言責의 효과를 내가 어찌 알아들을 수 있는 정도였겠는가?

경부가 여러 경전을 뜻풀이 한 것은 오직 『논어설論語說』만이 만년에 일찍이 바로잡아서 지금 이미 따로 간행되었다. 기타는 왕왕 탈고하지 못하였고 당시 배우는 자들이 사사로이 기록한 것들인데, 경부가 좋게 여기지 않아 모두 출간하지 않은 것이다.

그가 조정에서 일을 논하거나 지방관으로서 민간의 문제를 다스리는 것에 대해 상소한 것들은 황제가 받아들여 바로 시행한 것이 많은데, 또한 까닭이 있어 싣지 않았다.[3] 다만 『경연구의經筵口義』 한 장만 취하여

---

3) 당시의 민감한 시사에 대한 논의가 있었기 때문이다.

상소문의 뒤에 붙이니, 이는 경부가 임금을 요순처럼 되게 하려 한 것이
그 아버지와 스승으로부터 전해 받은 가르침에 부끄럽지 않은 것이었음을
독자들이 알 수 있게 하는 단서로 두기 위함이다.

순희淳熙 갑진년(1184) 12월 신유일 신안 주희 삼가 쓰다.

30. 부백공의 자의 내력을 적은 서문 — 傅伯拱字序[1]

천지의 사이를 채워 조화를 부리는 것은 음양 두 기가 서로 비롯하고 끝나고 성하고 쇠하는 것일 뿐이다. 양기는 북쪽에서 생겨 동쪽에서 자라고 남쪽에서 왕성하며, 음기는 남쪽에서 시작하여 서쪽에서 차며 북쪽에서 마친다. 그래서 양은 항상 왼쪽에 위치하니, 생하여 기르는 것이 그 작용이며 상징하는 것들은 강함·밝음·공변됨·의로움으로서 군자의 길(道)이 여기에 속한다. 음은 항상 오른쪽에 위치하니, 손상시키고 죽이는 것이 그 작용이며 상징하는 것은 유약함·어두움·사사로움·이익으로서 소인의 길이 여기에 속한다.

성인이 역易을 지을 때에 괘를 긋고 말을 붙여서 음양의 진퇴소장進退消長을 통해 사람들에게 보인 것이 깊다. 또 예禮를 제정할 때에 상象[2]에 의거하여 비슷한 종류를 들어 가르침을 정한 것 또한 음양의 이치를 살피지 않은 것이 없다. 그래서 길례吉禮는 왼쪽을 숭상하고 변례變禮는 오른쪽을 숭상하니[3], 손을 모아서 절하는 데서부터 축 읽고 고하고 좌우에서 돕는 일에 이르기까지 그 행하는 것 하나하나가 모두 이 원리를 따라 나뉜다. 대개 그 이치와 상象이 그러하여 바꿀 수 없는 바가 있는

---

1) 『朱文公文集』, 권76. 1174년(주희 45세) 4월에 傅自得의 아들 부백공에게 景陽이라는 자를 주면서 지은 글이다.
2) 괘의 상으로, 음양을 주로 해서 말하는 듯하다.
3) 길례는 양에 속하고 변례(상례)는 음에 속하기 때문이다.

데 그칠 뿐 아니라, 나아가 천하의 사람들이 평상시에 종묘와 조정에서, 또 가문과 동네 혹은 학교에서 군신과 부자, 스승과 동문, 손님과 주인의 관계로서 절하고 읍하고 나아가고 물러나는 것에 이르기까지 그 하나하나를 행하는 가운데 그 숭상하는 바를 보고 군자의 도를 잊지 않도록 하려는 것이다. 이는 가르침을 세운 깊은 뜻으로, 어찌 깊이 절실히 여기고 밝게 드러내지 않을 수 있겠는가?

지금 건녕建寧 부공傅公[4]의 막내아들 백공伯拱이 그 이름을 가지고 자字[5]를 청하였다. 내 생각에, 공수拱手[6]의 예가 비록 간략하지만 손을 받들어 감싸서 단정히 행하고 똑바로 서는 것만으로도 그 마음이 이미 엄숙하여 마음을 집중하게 된다. 이로부터 평상시와 길례吉禮에서 그 숭상하는 바가 곧 양을 높이고 음을 눌러서 군자의 도를 잊지 않도록 하는 것이니, 그 깊고 오묘한 뜻이 또한 이와 같다. 그래서 자를 '경양景陽'[7]이라 정하고 그 유래를 써서 준다.

경양은 용모와 기풍이 빼어나고 명랑하여 보통 아이와 달랐으며, 또한 이미 날수(日數)와 방위의 이름, 공손함과 사양함의 학문에 종사하였다. 어찌 부친이 자신에게 명한 것을 알아서 공경함을 잊지 않는 것을 지키지 않겠는가? 뒷날 조금 더 나아가게 되면 벗들이 경양이라는 자로써 자신을 부르는 것에 말미암아 선을 택하고 굳게 지키는 방법을 더욱 구하게 될 것이다. 반드시 양명陽明함이 이기고 덕성이 베풀어져 음탁陰濁함이 제거되고 물욕이 사라지도록 하면, 굳센 덕은 굴하지 않고 밝은 덕은

---

4) 傅自得을 말한다. 그의 자는 安道이다. 주희의 아버지 주송의 문집인 『韋齋集』 서문을 썼다. 『주문공문집』 권97에 행장이 있다. 建寧府主管을 지냈다.
5) 성년이 되면 본명 대신 부르는 이름으로, 대개 본명에 따라 짓는다.
6) 두 손을 마주 잡고 공경을 표하는 拱手를 말하는 것으로, 伯拱의 이름에 拱자가 있어서 이렇게 말한 것이다.
7) 길례에서는 왼쪽을 위로 하여 맞잡는데, 그 의미가 양을 숭상한다는 뜻이다. 이런 뜻에서 陽을 받든다는 뜻을 가져와 자를 지은 것이다.

어두워지지 않으며 공적인 덕은 사사로움을 물리치고 의리는 이익을
이기게 될 것이니, 덕에 들어가는 길에서 헤매지 않게 되어 군자의 경지에
나아감에 의혹이 없을 것이다

　순희淳熙 원년(1174) 맹하孟夏 갑자일에 신안新安 주희 중회보仲晦父가
삼가 쓰다.

31. 극재의 내력을 적은 기문 — 克齋記[1]

성정의 덕은 갖추지 않은 바가 없으나 한마디로 그 오묘함을 다하자면 인仁이라 할 뿐이다. 이른바 인을 구하는 것은 여러 가지 방법이 있으나 한마디로 그 요체를 들면 '극기복례克己復禮'[2]일 뿐이다. 인이라는 것은 천지가 사물을 내는 마음이니, 사람과 사물이 모두 이를 얻어서 마음으로 삼는 것이다. 오직 천지가 사물을 내는 마음을 얻어서 마음으로 삼기에, 미발의 전에 이미 네 가지 덕이 갖추어져 있다. 인·의·예·지라고 하지만, 인이 이들을 거느리지 않음이 없다. 이발의 때에는 사단이 드러난다. 측은·수오·사양·시비라고 하지만, 측은의 마음이 모든 마음에 통하지 않음이 없다. 이 인의 체와 용은 다른 것을 길러 주고 한덩어리로 온전하게 해 주며 두루 흘러 모든 것을 꿰뚫으니, 한마음의 오묘함을 오롯이 하여 뭇 선의 우두머리가 된다.

그러나 사람은 이 몸이 있으면 이목구비 및 사지의 욕망이 있기 때문에 혹 인을 해치는 것이 없을 수 없다. 사람이 이미 인하지 않으면 그 천리를 멸하고 인욕을 추구하는 것이 장차 늘어나서 이르지 않는 곳이 없게 된다. 이것이 군자의 학문이 인을 구하는 데 급급한 까닭이니, 인을 구하는 요체는 또한 인을 해치는 것을 제거하는 것일 따름이다. 대개 예가 아닌데 보는 것은 인욕이 인을 해치는 것이요, 예가 아닌데 듣는

---

1) 『朱文公文集』, 권77. 1172년(주희 43세) 때 작품으로 石㪩을 위해 지었다.
2) 자신의 사사로운 마음을 이겨서 예를 회복한다는 의미이다.

것도 인욕이 인을 해치는 것이요, 예가 아닌데 말하고 움직이는 것도 인욕이 인을 해치는 것이다. 인욕이 인을 해치는 것이 여기에 있음을 알아 이에 그 뿌리를 뽑고 근원을 막아서 극복하고 극복하며 또 극복하여 이로써 하루아침에 밝게 그 욕심이 다 사라지고 이치가 순수하게 된다면, 그 흉중에 보존하는 것이 어찌 순수하게 천지가 사물을 내는 마음이어서 생기의 흐름이 마치 봄 햇볕의 따사로움 같지 않겠는가?

고요히 이루니 하나의 이치도 갖추어지지 않음이 없고 하나의 사물도 갖추어지지 않음이 없으며, 느껴서 통하니 일이 이치에 맞지 않은 것이 없고 그 사랑을 입지 않은 사물이 없다. 오! 인仁의 덕스러움이여! 한마디 말로써 성정의 오묘함을 다하며, 그 구하는 요체는 공자가 안연에 일러 준 것이니 또한 한마디로 표현할 수 있다.

그러나 성현으로부터 이미 멀어져 이 학문이 전해지지 않다가 두 정선생이 나신 뒤에야 후학이 비로소 그 설을 다시 듣게 되었는데, 다만 돌아보고 여기에 뜻을 둔 자가 드물었다. 나의 벗 회계 사람 석자중石子重[3) 군이 그 설을 듣고 뜻을 둔 자이다. 그래서 일찍이 '극克'자로 집에 이름을 붙이고 내게 기문記文을 부탁하였다. 내 생각에, '극克'과 '복復'이라는 말이 비록 각각 하나의 일이지만 실은 천리와 인욕이 서로 늘고 주는 것이어서 극기가 곧 복례이니, 극기 밖에 따로 예를 회복하는 일이 있는 것은 아니다. 지금 자중이 이 말을 택함에 오직 '극克'이라는 말로써 그 집에 이름 붙이니, 인仁을 구하는 요체에 대해 그 요령을 안다고 할 수 있다. 이것이 어찌 내 말 때문이겠는가? 지금부터 반드시 그 알고 있는 요령으로 말미암아 힘을 쏟아서 넘어지고 고꾸라지는 순간에도

---

3) 石墩(1128~1182)의 자는 子重, 호는 克齋이다. 石公孺의 손자이고, 朱熹와 절친했다. 將作監과 太常寺主簿, 知南康軍 등을 지냈다. 저서에 『周易集解』, 『大學集解』, 『中庸集解』, 『中庸輯略』 등이 있다.

게을리함이 없도록 한다면, 이른바 인仁이라는 것이 반드시 넘칠 듯 마음에서 그치지 못하는 바가 있게 될 것이다. 이것이 어찌 내 말 때문이겠는가? 그 요청하는 마음이 성실하여 끝내 아무 말도 하지 않을 수 없어서, 그 본말을 정리하여 논하고 써서 보낸다. 다행히 아침으로 집 벽에 붙여 두고 일삼는 바를 잊지 않는다면 또한 인을 구하는 데 도움이 될 수 있을 것이다.

건도乾道 임진년(1172) 월 일 신안 주희 삼가 쓰다.

32. 복재의 내력을 적은 기문 — 復齋記[1]

옛날 성인이 역을 지어서 음양의 변화에 빗대었는데, 양陽이 위에서 사그라지고 음陰이 아래에서 자라나는 것을 괘로 나타내어 '복復'이라 하였다. 복은 돌이키는 것으로, 양이 이미 갔다가 다시 돌아오는 것이다. 그런데 큰 덕은 변화를 돈독하게 하고 시냇물처럼 흘러 끝이 없으니,[2] 어찌 사라진 기를 가져와 바야흐로 자라나는 바탕으로 삼는 것이겠는가? 또한 저기에서 양이 멸절되고 여기에서 양이 생성되는 것을 보인 것은 그 오고 가는 변화의 양상을 드러낸 것일 뿐이다. 사람도 또한 그러하니, 큰 조화를 보전하고 합하여[3] 선한 실마리가 끝이 없다. 이른바 회복한다는 것은 이미 놓쳐버린 마음을 되돌리고 이미 내버린 선함을 단속하여 모으는 것이 아니라 이 또한 마음을 방자하게 하여 밖으로 치달리도록 하지 않는 것을 말하니, 본심의 온전한 체가 바로 여기에서 보존되어 본래 그대로의 선함은 절로 이루 다 쓸 수 없게 된다. 아, 성인이 복괘에서 천지의 마음을 볼 수 있다고 찬탄하며[4] 덕의 근본으로 여긴 것이 바로 이것이 아니겠는가?

---

1) 『朱文公文集』, 권78. 1176년(47세) 黃瀚을 위해 지은 것으로 10월 작품이다.(『朱熹年譜長編』, 575쪽)
2) 『中庸』, 30章, "萬物竝育而不相害, 道竝行而不相悖. 小德川流, 大德敦化. 此天地之所以爲大也."
3) 『周易』, 乾卦 「象傳」, "乾道變化, 各正性命, 保合大和, 乃利貞."
4) 『周易』, 復卦 「象傳」, "復其見天地之心乎!"

벗 황중본黃仲本[5) 군이 '복復'으로 집에 이름 붙이려 하여 내게 말하기를 "선생님의 말씀을 벽에 써 붙여서 눈으로 보고 잊지 않도록 하렵니다" 하니, 내가 감히 사양하지 못하고 그렇게 이름 붙인 까닭을 물었다. 중본이 내게 말하였다.

"내가 어려서 배울 때에 부친께서 정자程子의 책을 주셨습니다. 읽다가 그 설을 이해하지 못해서 여쭈어 도움을 구하면 부친께서는 '생각하라' 하셨고, 다시 여쭈면 '네 몸에 돌이켜서 구하면 될 것이다' 하셨습니다. 이 말씀을 듣고부터 나는 반드시 공경하게 처하고 일을 할 때는 반드시 삼가며 남과 함께할 때는 충심을 다하였습니다. 이렇게 한 지 3년이 지나자 얻음이 있었지만, 아직도 그 보존한 바가 미숙하고 확충하는 것도 두루 하지 못하였습니다. 전에는 그 마음에 있는 근본을 따르지 않고 도리어 상황에 뒤섞여 어울리는 것으로써 구하려 하니 이에 더러 밖으로 더욱 끌리게 되어 안으로 더욱 갈팡질팡하게 되었습니다.

이제 집 옆에 방 한 칸을 마련하여 이렇게 이름을 짓고 날로 거하면서, 부모님을 추울 때는 따뜻하게 더울 때는 시원하게 모시며 혼정신성하고, 남은 힘으로 옛 성현의 학문에 종사하려고 합니다. 힘을 써서 공을 쌓은 것이 오래되면 움직이고 고요하고 말하고 침묵하는 사이에 하나로 관통하여 내외가 나뉘게 되지 않도록 하려 함입니다. 그런데 제가 게으르고 스스로 하지 못할까 해서 선생님이 도와주시길 바랐습니다."

내 생각하니, 중본이 집에 이름 붙인 뜻이 내가 들은 바와 합치되었으며, 그 굳게 지키고 힘써 행함은 우리 지방 선비들이 모두 스스로 부끄러워할 바가 있었다. 그래서 일어나 사례하며 말하였다.

"내가 그대에게 더할 말은 없고 또 그대가 내게 베푼 것이 이미 두터우니,

---

5) 黃瀚의 자는 仲本, 호는 復齋이며, 주희의 제자로서 黃中의 아들이다. 『주자문록』 속집에 주희가 황중에게 보낸 편지가 있다.

장차 마음에 새겨 동지들에게 들려주어 헛된 말을 하고 밖으로 끌려 다니는 폐단을 경계하도록 할 것이네. 어찌 감히 그대의 구함에 아낌이 있겠는가. 그런데 내가 듣기에, 옛사람의 배움은 글을 널리 배워서 예로 요약하고 선함을 밝혀서 몸을 성실하게 하며 반드시 사물에 나아가 앎이 지극해진 뒤에야 뜻을 성실하게 하고 마음을 바로 할 수 있었다. 이는 공자, 안연, 증자, 자사, 맹자께서 서로 전해 준, 만세토록 학자들의 기준이 되는 과정이다. 중본이 이를 잘 살펴서 안과 밖 둘 다 진보하고 기를 수 있다면 도학의 체용과 성현의 덕업이 중본에게 있지 않고 어디로 돌아가겠는가? 바라건대 이 말을 벽에 기록하여 두고 장차 뜰을 지날 때마다 글을 보고 자신을 바로잡도록 하면 나 또한 거의 스스로 새롭게 함이 있을 것이다."

순희淳熙 병신년(1176) 겨울 10월 무인일 신안新安 주희 기록하다.

33. 집과 방에 이름 붙인 내력을 적은 기문 — 名堂室記[1]

　자양산紫陽山은 휘주성 남쪽 5리에 있다. 일찍이 은거한 군자가 거처하던 곳인데, 지금 그 위에는 노자老子 사당이 있다. 선군자先君子[2]는 고향이 무원婺源이어서 어릴 때 군郡의 학교에서 배우며 자양산에 놀러 가 즐겼다가, 민閩땅에 오게 된 이래로[3] 그리워하기를 홀로 그치지 않으셨다. 일찍이 '자양서당紫陽書堂'을 판목에 새겼으니, 하루라도 돌아가기를 잊지 않으려는 뜻이었다. 끝내 무원으로 돌아가지 못하게 되자, 임종하실 때에 내게 명하시어 담계潭溪 가에서 살도록 하시니 지금 삼십 년이나 되었다. 가난하고 병들어 겨우 살아가니, 이미 고향으로 돌아가지도 못하고 문호를 넓혀서 선조의 제사를 받들지 못하였다. 그러나 선친先親의 뜻을 잊지 못하여 삼가 판목에 새긴 것을 거처하는 청사에 걸어 두니, 이른바 "음악은 그 태어나게 된 근본을 즐기는 것이요 예는 그 근본을 잊지 않음이다"[4]라는 것으로, 후세에라도 오히려 살필 수 있도록 하려 함이다.

---

1) 『朱文公文集』, 권78. 1172년(주희 43세) 10월경 자양서원을 보수하려 할 때 지은 글로 보인다.(『朱熹年譜長編』, 473쪽)

2) 주희의 부친 朱松(1097~1143)을 말한다. 자는 喬年, 호는 韋齋, 시호는 獻靖이다. 徽宗 政和 8년(1118) 虔州 政和縣尉가 되었다가 南劍州 尤溪縣尉로 옮겼으며, 校書郞과 著作佐郞 등을 역임했다. 高宗 紹興 4년(1134) 胡世將 등의 천거로 秘書省正字에 올랐다. 司勳과 吏部郞 등을 지냈다.

3) 朱松이 건양의 정화현 현위가 되었는데, 난을 만나 귀향하지 못하여 건양에 살게 되었다.

4) 『禮記』, 「檀弓上」, "君子曰樂樂其所自生, 禮不忘其本. 古之人有言曰, 狐死正丘首. 仁也."

선친은 매양 성격이 급한 것이 도를 해친다고 여겨서 항상 고인이 가죽띠를 찬 뜻[5]을 취하여 청사 동편에 '위재韋齋'라고 걸어 두고 평소에 거처하며 독서를 하였다. 연평延平 나중소羅仲素 선생이 기문記文을 지었고 또 사양沙陽 조영덕曹令德 군에게 명銘을 짓게 하였는데, 중간에 관아가 도난과 화재를 입어 유적이 남은 것이 없게 되었다. 근세에 나의 친구 석자중石子重 군이 고을 원으로 부임하여 비로소 다시 현판을 걸고 기문과 명을 돌에 새겨 후세에 전하였다. 나는 선친의 뜻을 가정에 전하지 않을 수 없고 또 나의 조급한 성품을 위해서도 더욱 선친의 경계警戒를 잊을 수 없어, 그것을 취하여 정침正寢에 걸고 스스로를 채찍질하고 자손에게 보여 줄 것을 생각하게 되었다.

대개 청사廳事와 침당寢堂은 집의 중심이어서 지금 모두 선친께서 명명하신 것으로 이름 붙였다. 아, 내가 감히 조석으로 오르내리면서 혹시라도 경건하지 못하여 선조의 가르침을 더럽히는 일이 없도록 하지 않을 수 있겠는가?

'회당悔堂'은 평소 한가로이 거처하는 곳이다. 내가 태어난 지 14년에 선친께서 돌아가실 때 유언하시면서 적계籍溪 호胡선생과 초당草堂·병산屛山 두 유劉선생 문하에 가서 수학受學하라고 하셨다. 선생들은 음식과 가르침을 극진히 해 주셨는데, 특히 병산선생께서는 나의 자字를 지어주면서 송축하시기를 "나무는 뿌리가 감추어져 있지만 봄날 아름다운 잎과 꽃을 피우고, 사람은 몸속이 겉으로 보이지 않지만 신명神明이 안으로 살찐다" 하셨다. 뒤에 연평延平 이李선생을 섬겼는데 선생께서 나에게 가르치신 바 또한 세 선생의 말씀과 다르지 않았으니, 이른바 '회悔'라는 것은 바로 병산선생의 뜻이다. 나는 그 말씀을 잘 실천하지 못하여 실패를

---

5) 전국시대 魏나라의 정치가였던 西門豹는 자신의 성격이 급한 것을 경계하기 위해 부드러운 가죽띠를 차고 다니며 성격을 완화시켰다고 한다.

하였다. 지금 이로써 당堂 이름을 정하여 여러 선생의 가르침을 감히 잊지 않겠다는 뜻을 보이고, 또 속마음을 기록하여 이제부터 다시 그 뜻을 실천하려고 한다.

당堂 양쪽에 협실夾室이 있어 여가餘暇마다 그곳에서 묵묵히 앉아 독서하니, 그 왼쪽이 '경재敬齋'이고 오른쪽이 '의재義齋'이다. 대개 내가 일찍이 『주역周易』을 읽고서 두 구절을 얻었는데, 바로 "경敬으로써 안을 곧게 하고 의義로써 밖을 방정하게 한다"라는 것이다. 학문을 함에 있어서의 요체要諦로는 이만한 경구가 없지만 아직 어떻게 힘써야 할지 그 방법을 알지 못하고 있었다. 그러다가 『중용中庸』을 읽던 중에 '수도지교修道之敎'에 대해 논하면서 반드시 계신戒愼·공구恐懼로 시작한 것을 보고서야 경敬을 유지하는 근본을 알았고, 또 『대학大學』을 읽던 중에 명덕明德의 차례를 논하면서 반드시 격물格物·치지致知로 시작을 삼은 것을 보고서야 의義를 밝히는 단서端緒를 알았다. 이윽고 두 가지 공효功效가 일동일정—動—靜하여 서로 작용하고 또 주자周子의 『태극도설太極圖說』에 부합되는 것을 본 뒤에야 비로소 천하 이치의 유명幽明·거세鉅細·원근遠近·심천深淺이 하나로 관통되어 말하지 않음이 없다는 것을 알게 되었다. 이것을 완미하고 즐기면 내 평생 하더라도 물리지 않기에 충분한데, 어느 겨를에 이 밖의 것을 흠모하겠는가? 이로써 '경의敬義'로써 나의 두 서재의 이름을 정하고 또 당과 서재의 이름을 정한 뜻을 차례로 서술하여, 내가 선친과 스승들에게서 받은 명命과 강학하면서 들은 바가 이러하다는 것을 보이는 바이다. 아울러 이것을 집의 벽에 써 붙이고 드나들며 보고 반성하면서 자신을 경계할 것이다.

34. 강주의 주염계 선생 서당 중건에 관한 기문

─ 江州重建濂溪先生書堂記[1]

　천하에 도道가 일찍이 없어진 적은 없지만 오직 사람에게 의탁한 것은
간혹 끊어지기도 하고 이어지기도 한다. 그래서 도가 세상에서 실현되는
것은 밝게 드러나기도 하고 어두워지기도 하니, 이는 모두 천명이 하는
것으로서 사람의 지력이 미칠 수 있는 바가 아니다.

　하늘은 높고 땅은 낮으며 그 사이에서 음양陰陽과 오행五行이 어지러이
뒤섞여 오르내리고 왕래하니, 그 조화와 발육으로 만물이 나뉘어 달라지
지만 어떠한 사물이라도 본디 그러한 이치가 있지 않은 것이 없다. 그
중 가장 큰 것은 인의예지의 본성 및 군신·부자·형제·부부·벗 사이의
윤리일 뿐이니, 이는 두루 유행하고 충만하여 이지러지거나 중단됨이
없다. 어찌 고금古今과 치란治亂에 따라 있거나 없거나 하겠는가? 그러나
기氣의 운행運行에는 순수함과 잡됨, 혹은 나뉘고 합쳐지는 것이 일정하지
않음이 있기 때문에 사람의 품성에는 또한 맑고 탁함, 어두움과 밝음의
차이가 있다. 그러므로 도가 사람에 의탁하여 세상에 실현되는 것은
오직 하늘이 내려 주어서 참여할 수 있는 것이지, 결코 교묘한 꾀와
과감한 행동 같은 사적인 것으로 헤아려서 억지로 찾을 수 있는 것이
아니다. 「하도河圖」[2]가 나와서 팔괘가 그어지고 「낙서洛書」가 나와 구주가

---

1) 『朱文公文集』, 권78. 1177년(48세) 2월 7일에 江州太守 潘慈明과 通判 呂勝己가 염계서
　 당을 중건하자 이 기문을 지어 주었다.

지어졌으며 공자가 이 문화의 흥망에 대해 일찍이 하늘에 미루지 않음이 없었으니, 성인이 여기서 나를 속이지 않은 것이 분명하다.

염계선생 같은 분은 하늘이 내려 주고 성인이 서로 전한 도를 얻은 자이다. 그렇지 않다면 어찌 오랫동안 끊어졌던 것을 쉽게 잇고 그리 어두운 것을 빨리도 밝혔겠는가? 대개 주나라가 쇠하고 맹자가 돌아가신 뒤에 이 도의 전해짐은 이어지지 않았다. 그러다가 진, 한, 진, 수, 당 이래로 다시 송나라가 있어서 훌륭하신 태조 임금이 천명을 받고 오성五星이 규좌3)에 모이니 실로 문화가 밝아질 운이 열렸다. 그리하여 기의 엷은 것이 진해지고 기의 나뉜 것이 합쳐져서 청명한 기품이 온전히 사람에게 주어지니, 선생이 태어나시게 된 것이다.

선생은 스승으로부터 전수 받은 바 없이 조용히 도체와 합하여 「태극도太極圖」와 『통서通書』를 지었으니, 근본이 지극하고 강령은 요체를 갖추었다. 당시에 이를 보고 안 사람으로 이정선생이 있었으니, 두 선생은 이어서 확대하고 미루어 밝혀서 오묘한 하늘의 이치와 분명한 사람의 도리와 모든 사물 및 그윽한 귀신의 일까지도 모두 밝혀서 하나로 꿰뚫지 않음이 없게 하였다. 이로써 주공과 공자와 맹자의 전함이 그 시대에 밝게 되니, 뜻 있는 선비들이 탐구하고 좇아서 그 바름을 잃지 않음이 마치 하은주 삼대의 앞선 시대에서 나오는 듯하였다. 아! 성대하다. 하늘이 준 바가 아니면 누가 이런 경지에 함께하겠는가?

선생4)의 성은 주周씨요 이름은 돈이惇頤이며 자는 무숙茂叔이다. 대대로

---

2) 「河圖」는 伏羲가 黃河에서 얻은 그림으로, 이것에 의해 복희는 『易』의 八卦를 만들었다고 한다. 「洛書」는 夏禹가 洛水에서 얻은 글로, 이것에 의해 禹는 천하를 다스리는 법이 되는 「洪範九疇」를 만들었다고 한다.

3) 28수의 하나로서 학문을 관장한다. 乾德 5년(967)에 금목수화토의 다섯 행성이 규좌에 모였다고 한다.(『朱子大全箚疑輯補』)

4) 周敦頤(1017~1073)는 자가 茂叔이고, 호가 濂溪로, 道州(湖南省 道營縣) 출생이다. 지방관으로서 각지에서 공적을 세운 후 만년에 廬山 기슭의 濂溪書堂에 은퇴하였기

용릉春陵땅에서 살았는데, 여산 아래에서 노년을 보내면서 옛 동네의 이름을 따서 그 냇가를 염계라 이름하고 그 위에 서당을 지었다. 지금 그 남은 터가 구강군九江郡 관아 남쪽으로 십 리쯤에 있는데, 황량하여 정리되지 않은 것이 몇 년 되었다. 순희淳熙 병신년에 지금 태수 반채명潘慈明 공과 통판通判 여승기呂勝己 공이 비로소 그 땅에 집을 짓고는 옛 이름을 걸고 선생의 제사를 받들었다. 여통판께서 글을 보내어 내게 그 기문을 맡기셨는데, 나는 어리석어 이 일을 감당할 능력이 못 되었지만 다행스럽게도 일찍이 정씨의 학문을 전수한 자에게서 들은 적이 있어서 삼가 선생의 글을 읽고 그 사람됨을 상상해 볼 수 있었다. 근래에 일없이 한가롭게 지내는 가운데 한 번 구강九江에서 배를 타고 여산廬山으로 들어가서 그 물가에서 갓끈을 씻고 존경과 흠모의 뜻을 표하려 마음먹었으나, 병 때문에 가지 못하고 있었다. 실로 생각지도 못했는데, 이제 다행히 글을 쓰게 되어 내 이름을 그 사이에 적어 넣을 수 있게 되었다. 이에 나는 선생의 도가 하늘로부터 얻어서 사람에게 전해지게 된 전말을 밝히고, 이와 같이 그 일을 전함으로써 후세의 군자가 보고 고찰하여 이에 흥기興起할 수 있도록 하였으니, 이것이 반공과 여공 두 원님의 뜻에 가까울 것이다.

순희 4년(1177) 정유년 2월 병자일에 기록하다.

때문에 문인들이 염계선생이라 불렀다. 북송의 司馬光·王安石과 동시대의 인물이다. 그는 우주의 근원인 太極(無極)으로부터 만물이 생성하는 과정을 圖解한 「太極圖」를 그려내어, 태극, 陰陽의 二氣, 五行(金木水火土), 男女, 萬物의 순서로 세계가 구성되었다고 논하면서 인간이 가장 우수한 존재이기 때문에 中正仁義의 도를 지킬 수 있고 聖人이 되어 우주와 합일할 수 있다고 하였다. 이것은 우주의 생성 원리와 인간의 도덕원리가 본래 하나임을 주장하는 이론이다. 주희는 주돈이가 程顥·程頤 형제를 가르쳤기 때문에 道學의 개조라고 칭하였다.

35. 건녕부 건양현 학교 장서에 관한 기문
— 建寧府建陽縣學藏書記[1]

옛 성인은 육경을 지어 후세에 가르쳤으니, 『주역』으로써 삶과 죽음의 일을 통하고, 『서경』으로써 정치의 내실을 기강 있게 하고, 『시경』으로써 감정과 본성의 바름으로 인도하고, 『춘추』로써 법과 경계함의 엄격함을 보이고, 『예禮』로써 행실을 바로잡고, 『악樂』으로써 마음을 화평하게 하였다. 그 가르침은 의리의 정미함이나 고금의 득실에 모두 꿰뚫어 발휘하여 궁극에까지 통하였으니 성대하다 할 수 있을 것이요, 그 책을 모두 모아도 수십 권이 넘지 않으니 대개 그 간이하고 정밀하며 요약됨이 또한 이와 같다 할 것이다.

한漢나라 이래로 유학자들이 받들어 지키고 외우고 익혀서 서로 전수함에 제각각 법도가 있었으니, 그런 뒤에 비로소 주석과 해설을 한 책들이 나오게 되었다. 그리고 나라에서 해마다 정치를 행한 사실에 대하여 각각 사관史官을 두어 기록하게 하니, 이에 서적이 전해진 것이 더욱 많아졌다. 또한 세상의 현인군자가 경서를 공부하여 성인의 마음을 탐구하고 역사서를 고찰하여 시대 사실의 변화를 징험하면 그 과정의 보고 듣고 느끼는 것이 밖에서 접하여 마음을 움직이게 되는데, 그것을 글로 저술하여 일가의 말을 이룬 것이 책에 실리어 책 상자에 보관하게 된

---

1) 『朱文公文集』, 권78. 1179년(주희 50세) 작품으로, 건양현의 宰인 姚耆寅이 현학을 일으키고 장서를 모으자 주희가 이 장서기를 써 주었다.

것이 비로소 헤아릴 수 없을 만큼 많아졌다. 학자가 도를 구하려 하지 않으면 그만이지만, 진실로 구하려 한다면 어찌 이것을 버려두고 보지 않겠는가? 그런데 근세 이래로 이른바 과거공부란 것이 그 뜻을 빼앗아 버렸으니, 선비들이 서로 학교와 글방에서 하루라도 책을 읽지 않는 날이 없지만 그 읽는 책에 대해 물으면 대개 전에 말하던 책이 아니다. 아, 성현의 말을 읽고도 마음으로 통하지 못하고 몸으로 실행하지 못하면 한갓 책방이 되고 마는 것을 면할 수 없다. 하물며 읽는 책이 또한 성현의 말씀이 아닌 경우에 있어서랴! 이로써 사람을 인도하여 교화가 행해지고 풍속이 아름답게 되기를 바란다면 그 또한 어려울 것이다.

건양에서 펴낸 책이 사방으로 돌아다녀 아무리 먼 곳이라 해도 가지 않음이 없었다. 그러나 현의 학교에서 배우는 자들은 오히려 읽을 책이 없음을 한스럽게 여겼는데, 지금의 지현사知縣事인 회계會稽 사람 요기인姚 耆寅이 비로소 여분의 자금으로 책을 구입해 왔다. 위로는 육경이요 아래로는 경전 주석서와 역사서 및 제자의 문집 여러 권이었으며, 세상의 선비들이 외우던 과거공부에 관련된 책은 하나도 없었다. 이에 제생들이 성현의 책을 읽고 또 더불어 고을 원의 뜻에 대하여 강론하면서 흥기하게 되었다.

이윽고 나를 찾아와 기문을 지어 달라고 청하였다. 생각건대, 요후姚侯의 교육 방법은 본래 글로 기록할 만하며 제군들이 요후의 뜻을 받든 것 또한 마땅히 기록되어야 할 만한 것이었다. 여기에 더해 내가 할 말이 있으니, 제군들이 요후가 마련한 책을 읽으면서 반드시 마음으로 통하고 몸으로 행실이 있어서 한갓 책방이 되게 하지 않는다면, 거의 요후의 가르침을 저버리지 않게 될 것이며 또한 이 지방의 풍속도 전날보다 더 아름답게 변화할 것이다. 이에 삼가 그 내용을 써서 돌에 새겨 현학에 세우게 하고 그렇게 되기를 기다린다.

순희淳熙 기해년(1179) 1월 기유일에 신안新安 주희가 쓰다.

36. 『근사록』 뒤에 붙이는 글 — 書近思錄後[1]

순희 을미년(1175) 여름에 동래東萊 여백공呂伯恭[2]이 동양東陽으로부터 와서 지나는 길에 한천정사로 나를 찾아와 열흘 동안 머물렀다. 함께 주염계 선생, 이정 선생, 장횡거 선생의 글을 읽었는데, 크고 넓어 끝이 없는 듯함에 감탄하면서도 초학자가 여기에 들어갈 바를 알지 못하게 될 것을 걱정하였다. 이로 인하여 그 대체에 관계된 것을 함께 모아서 일상의 쓰임에 절실한 것으로 이 편을 만들었다. 모두 612조목인데, 14권으로 나누었다.

대체로 보아 배우는 자가 단서를 구하여 공부하며 스스로 처신하고 사람을 다스리는 방법의 요체와 이단을 변별하고 성현의 학문을 살피는 대략적인 내용은 모두 그 개요를 거칠게나마 볼 수 있을 것이다. 궁박한 시골에서 늦게나마 학문에 뜻을 두었으나 앞뒤에서 도와줄 훌륭한 스승과 좋은 벗이 없는 사람이라도, 진실로 이 책을 얻어서 마음으로 완미하면 또한 충분히 학문을 하는 문을 찾아서 들어갈 수 있을 것이다. 이렇게 한 뒤에 네 분 군자들[3]의 온전한 책을 구하여 깊이 잠겨 반복하고 넉넉히 익힘으로써 그 박학함을 지극히 하고 요약함으로 돌아간다면, 그 문으로

---

1) 『朱文公文集』, 권81. 1175년(주희 46세) 여름에 여조겸과 함께 『근사록』 편집을 마쳤다.
2) 呂祖謙(1137~1181)를 말한다. 자는 伯恭, 호는 東萊이다. 南宋의 학자이다.
3) 주돈이, 장재, 이정 형제를 말한다.

들어가서 아름다운 종묘와 많은 온갖 관청을 다 볼 수 있을 것이다.[4)] 만약 번잡하고 힘든 것을 꺼리고 간편한 것을 편안히 여겨서 이 책을 보는 것만으로도 충분하다고 여긴다면, 이는 오늘 이 책을 편집한 뜻이 아니다.

5월 5일 주희가 삼가 쓰다.

---

4) 『근사록』을 통해 입문한 뒤에 네 선생의 글을 널리 배우고 다시 요체로 돌아온 다면 네 선생의 진면목을 볼 수 있다는 것이다.

37. 황중본의 「붕우설」 발문 — 跋黃仲本朋友說[1]

사람의 큰 윤리에는 그 분별이 다섯 가지가 있는데, 예로부터 성현들은 그 모두가 하늘이 질서를 만든 것이지 사람이 할 수 있는 바가 아니라고 하였다. 그러나 지금 살펴보건대, 오직 부자와 형제만이 하늘로부터 이어진 천속天屬[2]이고, 사람의 도리로 다른 사람들이 합한 것이 세 가지이다. 그렇지만 부부는 천속이 계속될 수 있게 하는 것이고, 군신은 천속이 의지하여 온전히 보전될 수 있게 하는 것이며, 붕우는 천속이 의지하여 올바르게 되도록 하는 것이다. 이것은 인도의 기강을 세우고 인극人極을 세우는 것이니, 하루라도 하나를 폐지할 수 없다. 비록 혹 사람들이 서로 만나서 이루어진 것이라 해도 그 실질은 모두 천리의 본래 그러한 것으로 말미암아 합해지지 않을 수 없었던 것이다. 이는 그 하늘이 질서를 만든 것으로, 사람이 할 수 있는 바가 아니다.

그런데 이 세 가지와 사람의 관계를 보면, 부부는 그 몸을 낳지만 그 생활을 보장하지 못하며, 군신은 그 생활을 보장하지만 그 이치를 지키게 하지 못한다. 반드시 군신, 부자, 형제, 부부 사이에 그 도리를 다하여 어그러지지 않도록 하는 것은 붕우이니, 붕우의 도리로써 서로 선을 행하도록 권하고 인仁을 북돋지 않는다면 그 무엇으로 그렇게 할 수 있겠는가? 그러므로 붕우는 비록 인류 중에 그 형세가 가벼운 것

---

1) 『朱文公文集』, 권81.
2) 태어날 때부터 한가족임을 말한다.

같으나 달려 있는 것은 매우 중대하고, 그 분수가 소원한 것 같으나 관계하는 바는 지극히 친밀하며, 그 명분이 작은 것 같으나 직분은 매우 크다. 이렇기에 옛 성인이 도를 닦고 가르침을 세울 때에 이를 중시하여 감히 소홀히 여기지 않았던 것이다.

그러나 세상의 가르침이 밝혀지지 않아서 군신, 부자, 형제, 부부 사이에서 이미 그 도리를 다하는 자가 없게 되었는데, 붕우의 윤리는 무너지고 빠뜨린 바가 더욱 심하게 되었다. 세상의 군자들이 이렇게 된 것을 깊이 근심하였으나 그렇게 된 까닭을 제대로 안 것이 아니었다. 내가 일찍이 고찰해 보니, 부자, 형제는 천속의 친족이라 어그러지고 배반하는 것이 아주 심하지만 않으면 본디 가벼이 서로를 버릴 수 없다. 또 부부, 군신의 사이에는 정이 깃든 것들과 형세로부터 섞여 나와서 스스로 그만두지 못하는 것들이 있어서, 비록 혹 그 도리를 다하지 못한다 하더라도 오히려 서로 끌어당기고 이어져서 합하여 모두 다 무너지는 데까지는 이르지 않는다. 그러나 붕우에 이르러서는, 그 친함이 서로 붙들어 매기에는 부족하고 그 정이 서로 굳게 하기에는 부족하며 그 형세가 서로 끌어당겨 잡기에는 부족하다. 그래서 붕우의 도리를 행하는 자는 애초에 그 이치가 어디서 시작되는지를 알지 못하고 그 맡은 직분이 이렇게 중한지를 알지 못하며, 또 군신, 부자, 형제, 부부 사이에 있어서 혹 그 도리를 다하고자 하지 않는 바가 있어도 본래 선을 권면하고 인仁을 북돋우는 도움을 받을 데가 없다. 이것이 붕우 사이에 은덕이 성글고 의리가 박하여 가볍게 만나고 쉽게 헤어지는 까닭이니, 다시 서로 막연하게 보기를 길가는 사람처럼 해도 이상하지 않은 것이다.

무릇 사람의 인륜은 다섯이나 그 이치는 하나이니, 붕우는 이 하나의 이치가 바탕하여 유지되고 어그러지지 않도록 하는 것이다. 이 부자, 형제, 부부, 군신 네 가지 인륜에서 도리를 다하려고 하지 않게 됨으로써 붕우의 도리 또한 무용하게 되어 폐해졌다. 그렇게 되어 붕우의 도리가 모두 폐해져서 선을 권면하고 인을 북돋우는 직분을 행하지 않게 되니 저 부자, 형제, 부부, 군신의 네 가지 인륜이 어찌 유독 오래 보존될 수 있겠는가? 아! 그 또한 한심할 뿐이다. 힘써 배우고 실천하는 군자가 아니라면 누가 이를 깊이 살피고 빨리 돌이킬 수 있겠는가?

처음에 왕심보王深甫[3]의 「고우故友」를 읽고 그 말이 세상을 교화하는 데 도움이 될 것 같아 감격하였는데, 천천히 살펴보니 그 추론한 것이 천리의 본래 그러한 데까지는 이르지 못했다. 부부와 군신을 한 가지로 인정과 형세 상 우연히 만난 것으로 보았고, 붕우에 이르러서는 그 실마리를 구하지 않은 채 그저 성인이 억지로 네 가지 사이에 붙인 것이라고만 생각하였다. 진실로 이와 같다면 그 도리가 손상되고 무너져서 폐하여 끊어지게 된 것도 이치와 분수 상 당연한 것으로 깊이 탄식할 것도 못 되며, 이 지경이 된 것도 오히려 늦다고 할 만하다.

근래에 황중본黃仲本[4] 군의 「붕우설朋友說」을 읽었더니, 그 천리와 인륜의 뜻을 말한 것이 바로 내 마음에 이해되는 바가 있었다. 그런데 붕우의 도가 무너져 홀로 이 지경에 이르게 된 것에 있어서는 또한 그렇게 된 까닭을 궁구하지 못한 듯하다. 인하여 그 뒤에 이처럼 쓰니 분발함이 있기를 바란다.

---

3) 王回(1023~1065)를 말하는데, 그의 자는 深父 또는 深甫이다. 仁宗 嘉祐 2년(1057) 진사가 되어 衛眞主簿에 임명되었지만 스스로 사직하고 영주로 돌아왔다. 英宗 때에 南頓知縣에 임명되었는데, 명령이 내려진 뒤 죽었다. 학문은 歐陽脩를 으뜸으로 삼았다.

4) 黃瀚이다. 자는 仲本이며, 黃中의 아들이다. 주희의 제자로, 주희가 그를 위해 「復齋記」를 지어 주었다.

38. 『주자통서』의 후기 — 周子通書後記[1]

『통서通書』[2]는 염계濂溪선생[3]이 지은 것이다. 선생의 성은 주周씨이고, 이름은 돈이惇頤이며, 자는 무숙茂叔이다. 어려서부터 학문과 행실로 세상에 명망이 났으나 누구도 그 학문의 전해 받은 유래를 알지 못했다. 다만 하남河南의 두 정자程子가 일찍이 선생에게 학문을 배워서 공자와 맹자 이후에 전해지지 않던 정통을 얻었으니, 이로 인해 선생의 학문 연원을 대략 알 수 있다. 그런데 그들에게 공자와 안자의 즐거움[4]을 가르쳐 주었던 방법과 음풍농월吟風弄月의 흥취[5]를 일으키게 한 내용은 또한 자세히 알 수 없다. 저술한 책도 또한 흩어지고 잃어버린 것이 많고, 오직 이 한 편이 본래 이름을 『역통易通』으로 하여 「태극도설太極圖說」과 함께 정씨에게서 나와 세상에 전해지게 되었다. 그 학설은 실로 「태극도

---

1) 『朱文公文集』, 권81. 1187년(주희 58세)에 쓴 글이다.
2) 宋나라의 周敦頤가 지은 책이다. 『周易』과 『中庸』에 근거하여 도덕을 역설한 책으로, 송대 성리학 성립에 큰 영향을 끼쳤다.
3) 周敦頤(1017~1073)를 말하는데, 濂溪는 그의 호이다. 북송의 성리학자로 성리학의 형이상학적 기초를 세웠다. 『太極圖說』과 『通書』가 주요 저작이다.
4) 주돈이가 南安에 있을 때에 程珦이 관리로 부임해 왔다. 정향은 주돈이의 학문과 인품에 경의를 품고 교제하며 자기의 두 아들을 주돈이에게 보내어 배우게 했다. 이들이 程顥, 程頤 형제이다. 주돈이는 이들 형제에게 학문을 가르칠 때 공자와 안연이 즐거워했던 바가 무엇이었는가를 탐구하도록 했는데, 이것은 정씨 형제 학문의 지향이 되었으며 주희도 이러한 지향을 계승한다.
5) 程顥는 주돈이가 음풍농월을 통해서, 공자가 沂에서 목욕하고 舞雩에서 바람 쐬고 읊으며 돌아오겠다던 曾點을 허여했던 것처럼 자연 속에서 소탈한 기상을 기르게 했다고 하였다.

설」과 서로 표리관계에 있다.

대체로 그 내용은 태극 일리一理와 음양 이기二氣, 오행五行의 나뉨과 합함을 추론하여 도체道體의 정밀하고 미묘함의 조리를 세우고, 도의道義를 따르고 글재주로 이익과 벼슬을 탐하는 것을 버리도록 결단하게 해서 세속 학문의 비속함을 떨쳐 내려는 것이다. 나아가 덕에 들어가는 방법과 세상을 경영하는 도구를 논하는 데 이르러서는 더욱 친절하고 간단하게 요점을 제시하여 빈말을 하지 않았다. 그 학설의 큰 체제와 쓰일 수 있는 내용을 살펴보건대 이미 진나라와 한나라 이래의 모든 학자들이 도저히 미치지 못하고, 그 엄밀한 조리와 깊은 의미는 또한 오늘날 학자들이 쉽게 엿볼 수 있는 것이 아니다. 그래서 정씨가 세상을 떠난 뒤에는 선생의 학문을 제대로 전한 사람이 거의 없으며, 선생을 안다고 하는 사람들도 '그 생각한 경지가 높고 멀다'고 여기는 데 지나지 않았다.

나는 어려서부터 다행히 남아 있는 책을 얻어 읽었으나, 처음에는 아득하여 그 말의 의미가 무엇인지 알지 못했고, 간혹 심하게는 구두도 떼지 못했다. 그러다 나이가 들어 연평선생[6]의 문하에서 공부한 뒤에야 비로소 그 학설의 일부를 알게 되었다. 그 뒤로 계속 깊이 생각하기를 오래하니 거칠게나마 이해할 수 있을 것도 같았다. 비록 큰 체제와 쓰일 수 있는 내용은 감히 알 수 없었지만 그 문장과 구절 사이에서 조리가 더욱 엄밀해지고 의미가 더욱 깊어짐을 보게 되었으니, 나를 속이는 것이 아님을 실로 알게 되었다.

회고해 보건대, 처음 이 책을 읽을 때부터 오늘에 이르기까지 세월이 얼마나 흘렀던가? 어느새 홀연히 36년이 되었다. 지난날의 철인이 점점 더 멀어짐이 안타깝고 그 오묘한 뜻이 전해지지 못함이 두려워, 스스로

---

6) 李侗(1093~1163)을 말한다. 羅從彥의 문인으로 주희의 스승이다. 延平에 살아서 연평선생이라 불렸다. 주희에게 未發의 기상을 체득할 것을 강조하였다.

역량도 헤아리지 못하고 문득 주석을 하게 되었다. 비록 평범하고 비근한 내가 선생의 정밀하고 깊은 공이 쌓인 경지를 드러내기에 부족하다는 것을 잘 알지만, 먼저 대의를 통하게 하여 뒷날의 군자를 기다린다면 만일을 바랄 수 있을 것이다.

순희淳熙 정미년(1187) 구월 갑신일에 후학 주희가 삼가 쓰다.

39. 채신여의 마지막 저작에 붙인 발문 — 跋蔡神輿絶筆[1]

우인 채계통蔡季通[2] 군이 하루는 글 한 권을 받들어 와서 나에게 보이고 울면서 절하고 다시 말하였다.

"이것은 선친의 남기신 마지막 글입니다. 선친께서 어려서부터 총명하여 깨었으며 7세에 능히 시문을 지었고, 성장해서는 널리 배우고 잘 기억하시며 높고 대범하여 시원한 기상이 있으셨습니다. 세속을 따라 처신하지 않으시고 인하여 사방을 돌아다니시니, 견문이 더욱 넓어지셨습니다. 드디어 역상易象·천문·지리와 삼식三式[3]의 설에 통하지 아니한 바가 없어 능히 그 득실을 다 바로잡을 수 있었습니다. 중년에는 돌아와서 무이산 남쪽에 밭을 사고 집을 지어 살았는데, 그 사이에 여러 차례 도적과 홍수와 화재의 변란을 만났으나 대범하게 이를 힘들게 여기지 아니하고 두문불출하면서 오로지 글을 읽고 자제를 가르치는 것을 일로 삼았습니다. 제 나이 열 살 때 가르치기를 「서명西銘」으로써 하고 조금 성장해서는 또 『정씨어록程氏語錄』을 읽게 하고 소씨邵氏[4]의 『황극경세』와

---

1) 『朱文公文集』, 권83. 1192년(주희 63세)의 글이다.
   채신여는 蔡發(1089~1152)을 말한다. 그의 자가 神輿이고, 호는 牧堂老人이다. 음률과 천문, 풍수지리에 정통하였다.
2) 蔡元定(1135~1198)을 말한다. 자는 季通이고, 호는 西山이며, 시호는 文節이다. 어려서 아버지 蔡發에게 배웠고, 장성하여 二程과 邵雍, 張載의 학문을 배웠다. 나중에 朱熹를 찾아가 수학했다. 저서에 『律呂新書』, 『西山公集』 등이 있다.
3) 太乙, 奇門, 六任 등, 천문과 인간의 운수, 풍수지리에 관한 설이다.
4) 邵雍(1011~1077)을 말한다. 자는 堯夫이고, 호는 安樂先生이며, 시호는 康節이다.

장횡거의 『정몽正蒙』 등의 글을 보이셨으니, 말씀하시기를 '이는 유학의 정맥이니 네가 힘쓸 바이다'라고 하셨습니다. 만년에 질병을 얻어서는 이 책들을 제게 맡기시고 다른 독실하신 말씀도 주셨으니, 또한 충후忠厚하고 성실한 데서 벗어나지 않았으며 이익과 욕심에 빠지는 것은 몸을 죽이게 된다고 경계하셨습니다. 원정이 눈물을 흘리며 절하고 받기를 이제 40년이 되었는데, 가슴에 꼭꼭 품어 실추됨이 없도록 하지 못하고 또 표장하여 드러내지 못하며 진실로 없어져서 전해지지 못할까 두렵습니다. 선생님께서 저를 불쌍히 여기셔서 한마디 해 주신다면 영원한 은혜로 자손들이 의뢰할 것입니다."

말을 마치자 다시 울면서 절하였다. 나도 또한 절을 하고 그 글을 받아 읽고서는 크게 탄식하여 말하였다.

"죽고 사는 것은 사람이 속일 수 없는 바라, 성실히 공을 쌓은 사람으로 후세에 드러나지 않은 이가 없었다. 채공이 평생 동안 그 자제를 가르친 것이 이익과 벼슬을 구하지 않고 성현의 학문으로 개발하여 주니, 그 뜻과 식견은 이미 세상 사람이 미칠 바가 아니다. 그 운명할 때에도 유언한 것이 평일의 가르침과 다르지 않았다. 그 글씨는 힘 있고 유연하며 분위기는 여유로우니, 낳고 죽는 변화에 슬퍼함이 없는 것이 이와 같았다. 이것이 어찌 힘써서 억지로 할 수 있는 것이겠는가? 대저 이와 같으니, 비록 살아서는 때를 만나지 못했으나 오늘 계통이 능히 그 뜻을 받들어 배우고 힘쓴 나머지 음률과 역법曆法을 깊이 연구하여 토론하고 교정하며 저술해서 드디어 일가를 이루어[5] 오랫동안 잘못된 것을 크게 한 번 새롭게 하여 원류로 거슬러 올라가니 다 밝은 법도가 있었다. 이것이

저서로 『皇極經世書』가 있다. 도가사상의 영향을 받고 유교의 易哲學을 발전시켜 象數철학을 만들었다.

[5] 『律呂新書』를 말한다.

또한 족히 그 부모를 무궁하게 빛낸 것이다."

내 어찌 말로만 그런 것이겠는가? 그가 정성스럽게 요청한 것을 보았기에 거짓이 있어서는 아니 되는 까닭에 이로써 그 의논을 갖추어 적이 그 뒤에 기록한다. 채씨는 선대가 당나라 말기에 벼슬하여 건양建陽의 수령이 되면서 처음 마사麻沙에 집터를 잡았고, 10대를 지나 지금에 이르렀다. 공의 이름은 발發이고 자는 신여神與이며, 같은 현의 첨씨詹氏를 아내로 맞아 계통을 낳았다. 소흥 임신년(1152) 유월에 돌아가셨는데 그때의 나이가 64세였다.

소희紹熙 임자년(1192) 겨울 12월 무신 대한大寒에 신안 주희 삼가 쓰다.

40. 『주례』의 삼덕에 관한 설 — 周禮三德說[1]

어떤 이가 물었다.

"『주례』[2]에 '사씨師氏[3]'의 관직은 삼덕三德으로써 국자國子[4]를 가르친다. 첫째는 지덕至德이니 도의 근본이 되고, 둘째는 민덕敏德이니 행실의 근본이 되며 셋째는 효덕孝德이니 역악逆惡[5]이 무엇인지 알게 한다[6]라고 하였는데 어떠한가?"

대답하였다.

"지덕이라 함은 뜻을 성실하게 하고 마음을 바르게 하는 일(誠意正心)이니, 근본을 단정히 하고 근원을 맑게 하는 것이다. 도는 천명과 사람 본성의 이치 및 사물의 당연한 법칙과, 몸을 닦고 가정을 가지런히 하며 나라를 다스리고 천하를 태평하게 하는 방법을 말한다. 민덕이라 함은 뜻을 굳게 하고 힘껏 실천하여 덕을 쌓고 업적을 늘이는 일이다. 행실은 이치에

---

1) 『朱文公文集』, 권67. 1192년(63세)의 작품이다.
2) 유교 경전의 하나이다. 周나라 왕실의 관직제도와 戰國時代 각국의 제도를 기록한 책으로, 후대 중국과 우리나라에서 관직제도의 기준이 되었다. 원래 명칭은 『周官』 또는 『周官經』이었는데, 前漢 말에 이르러 경전에 포함되면서 禮經에 속한다 하여 『주례』라는 명칭을 얻게 되었다. 『禮記』, 『儀禮』와 함께 三禮로 일컬어지며, 唐代 이후 13經의 하나에 포함되었다.
3) 교육을 담당하는 관리이다.
4) 공경대부의 자제이다.
5) 도리를 거스르는 극악한 행위를 말한다.
6) 『周禮』, 권14, "師氏掌以媺詔王, 以三德敎國子. 一曰至德 , 以爲道本. 二曰敏德 , 以爲行本. 三曰孝德 , 以知逆惡."

마땅히 행해야 할 바로서 일상에서 볼 수 있는 행적이다. 효덕이라 함은 조상을 존숭하고 부모를 사랑하는 것으로서, 자신이 말미암아 태어난 바를 잊어버리지 않는 일이다. 도리를 거스르는 악한 일이 어떤 것인지 알게 되면 몸에 갖춘 것이 독실해지고 깊고 굳어져서 저것이 역악임을 진실로 알게 되어 스스로 차마 하지 못하게 된다. 【지덕을 도의 근본으로 삼은 것은 정명도程明道 선생이 행했고, 민덕을 행실의 근본으로 삼은 것은 사마온공7)이 행했다. 효덕으로 역악이 무엇인지 아는 것은 조무괴,8) 서중거9)의 무리가 이를 실천했다.】

　무릇 이 세 가지는 비록 그 타고난 재능의 높낮이, 소질의 적합한 정도에 따라 가르치는 것이지만, 오로지 하나에만 힘써서는 완성된 사람이 될 수 없는 까닭에 셋을 모두 열거하여 말하였다. 셋이 서로 함께하여 쓰임이 되므로 어느 한쪽도 폐할 수 없다는 뜻을 보인 것이다. 대개 지덕을 알지 못하면 민덕이 산만하고 계통이 없게 되어, 독실하게 배우고 힘껏 실천하기는 하지만 도를 알지 못한다는 기롱을 면하지 못할 것이다. 민덕에 힘쓰지 않고 지덕에만 힘쓴다면 덕업德業을 넓힐 방법이 없어 공허해지는 폐단이 있으니, 민덕을 알지 못한다면 효덕은 겨우 보통사람의 행실이 될 것이어서 효심이 신명에 통하기에 부족하다. 효덕에 힘쓰지 않고 민덕에만 힘쓴다면, 근본을 세울 수가 없어서 패덕悖德의 누가 있을 것이다. 그렇기 때문에 모두 들어서 빠뜨리지 않았다. 이것이 선왕의 가르침은 근본과 말단이 서로 보충하여 돕고 정밀함과 거침이 모두 완전히 행해져서 어느 한쪽으로 치우치지 않게 되는 까닭이다.”

---

7) 司馬光(1019~1086)을 말한다. 북송시대 학자이자 정치가로 왕안석과 대립했으며 『자치통감』을 편찬했다.

8) 趙君錫(1028~1099)을 말한다. 자는 無愧이고, 낙양 사람이다. 『宋史』 권287 「趙安仁傳」에 기록이 있다.

9) 徐積(1028~1103)이며, 자는 仲車, 시호는 節孝이다. 3세 때 부친을 여의었는데, 부친의 이름이 石이라 평생 石器를 쓰지 않고 돌을 밟지 않았다. 『節孝集』이 있으며 『宋史』 권459에 전기가 있다.

또 물었다. "『주례』에 또 '삼행三行을 가르치는데, 첫째는 효행孝行이니 부모를 친히 하는 것이요, 둘째는 우행友行이니 현명하고 어진 사람을 존숭하는 것이요, 셋째는 순행順行이니 스승과 어른을 모시는 것이다'[10]라는 말이 있는데, 어떠한 것인가?"

대답하였다. "덕이라는 것은 마음에 갖추어진 것으로 그 자체에서 직접 힘을 쓸 수 없으니, 행行은 곧 그 덕을 행하는 방법일 따름이다. 덕에 근본하지 않으면 스스로 얻을 바가 없어 행실도 스스로 닦을 수 없으며, 행실로써 실천하지 않으면 견지하여 준수할 것이 없기 때문에 덕을 스스로 닦아 나갈 수 없다. 이 때문에 이미 삼덕으로 가르치고서 반드시 삼행으로 계속하게 하면, 지극히 말단에 속하고 매우 조박한 것이라도 역시 모두 다 실천하게 되어 자신이 깨닫지 못하는 사이에 덕이 절로 닦여진다. 그런데 이 삼행은 모두 효덕의 행인 듯하다. 지덕, 민덕의 경우는 여기에 속하지 않는다. 대개 그 두 가지를 실천하는 행行은 본래 딱히 배울 만한 일정한 스승이 있는 것이 아니다. 반드시 그 요령에 통달하여 하나로 화합해야 하니, 그런 뒤에야 홀로 깨닫고 스스로 얻을 수 있는 것이지 본래 가르치는 사람이 얻어서 미리 말해 줄 수 있는 것이 아니다. 오직 효덕만은 그 일과 행위를 가리켜 보여 줄 뿐만 아니라 비슷한 종류로 유추하여 우행과 순행의 절목까지 겸해서 상세히 가르칠 수 있기에, 배우는 사람이 혹 마음으로 납득하지 못하더라도 실천하는 일은 오히려 찾아 노력할 수 있다. 행行을 실천하는 것을 멈추지 않도록 해서 마음에 납득하게 되면, 덕이 닦여 나아감은 절로 힘쓸 곳이 있게 된다. 하물며 효덕에 나아가 확충하여 일에 두루 실천하고 그 근원으로까지 거슬러 올라간다면 어찌 지덕, 민덕에 이르지 못한다고 하겠는가?

---

10) 『周禮』, 권14, "教三行. 一曰孝行, 以親父母. 二曰友行, 以尊賢良. 三曰順行, 以事師長."

어떤 사람은 삼덕의 가르침은 대학大學에서 배우는 것이고 삼행의 가르침
은 소학小學에서 배우는 것이라 말하였다.[11] 향삼물鄕三物[12]의 교육도 역시
이와 같으니, 이미 상세하게 갖추어져 있다."[13]

---

11) 대학, 소학은 모두 학교제도로, 엘리트교육과 초등교육에 해당한다.
12) 고대 鄕學의 교육과정으로, 六德과 六行과六藝를 말한다. 육덕은 智·仁·聖·義·
   忠·和이고 육행은 孝·友·睦·婣·任·恤이며 육예는 禮·樂·射·御·書·數이다.
13) 대학에서 육덕인 智·仁·聖·義·忠·和를 가르치고 소학에서 육행과 육예를 가
   르치니, 삼덕과 삼행을 보다 상세하게 가르친다는 뜻이다.

41. 임장에서 간행된 『사서』의 발문 — 書臨漳所刊四子後[1]

성인이 경전을 지어 후세에 가르치신 것은 `장차 독자로 하여금 그 글을 외우고 그 뜻을 생각하여 사리의 당연함을 알 수 있도록 하고, 도의道義의 전체를 보아서 힘써 행하여 성현의 영역에 들어갈 수 있도록 하려는 것이다. 그 말은 비록 간략하나 천하의 모든 일과 생사의 크고 작은 것을 갖추지 않음이 없으니, 도를 구하여 덕에 들어가려 하는 이는 이것을 놓아두고서는 그 마음을 쓸 데가 없다. 그러나 시대가 성인으로부터 멀어지게 되면서 외워 전하는 것이 이미 전해 옴을 잃어버리게 되었으니, 그 상수象數 · 명물名物 · 훈고訓詁 · 범례凡例 가운데는 노성한 선생이나 익숙한 학자라도 오히려 알지 못하는 것이 있는데 하물며 처음 공부하는 초학들이 갑자기 읽으니 이 어찌 대번에 그 큰 줄거리와 중요한 귀결점들을 알겠는가?

이 때문에 하남 정선생[2]은 사람을 가르칠 때 먼저 『대학』, 『논어』, 『중용』, 『맹자』의 책에 힘쓰도록 한 뒤에 육경六經을 공부하도록 했으니, 대개 어렵고 쉬움, 멀고 가까움, 크고 작음의 순서가 본래 이와 같아서 어지럽힐 수 없다. 그래서 지금 네 종류의 옛 경전을 판각하면서[3] 아울러

---

1) 『朱文公文集』, 권82. 1190년(주희 61세) 12월의 글이다.
   1190년 臨漳에서 『대학』, 『중용』, 『논어』, 『맹자』의 四書와 『詩經』, 『書經』, 『春秋』, 『周易』의 四經을 출간하였는데, 이때 주희가 사서와 사경의 발문을 썼다. 『문집』 권82에는 사경에 대한 발문인 「書臨漳所刊四經後」도 실려 있다
2) 程顥, 程頤를 말한다.

이 네 책까지 차례로 찍어내고 다시 예전에 들은 것을 고증하여 「음훈音訓」이라 하였으니, 보는 자에게 편하게 하려는 것이다. 또 정자가 이 네 책들에 대해 언급한 것을 모두 책 뒤에 부록하여 이로써 네 책을 읽는 법을 드러내 보였으니, 배우는 자가 볼 수 있을 것이다. 다만 내가 생각하기에, 『중용』은 비록 『맹자』가 그것으로부터 나온 것이나[4] 독자가 『맹자』에 앞서 갑자기 읽는 것은 또한 도道에 들어가는 점진적인 순서가 아닐 것이다. 인하여 여기에 기록하여 말한다.

소희紹熙 원년(1190) 섣달 경인일에 신안 주희가 임장군 관사에서 쓰다.

---

3) 『詩經』, 『書經』, 『春秋』, 『周易』의 四經을 판각한 일을 말한다.
4) 『中庸』은 子思가 지었고 맹자는 자사의 문인에게서 배웠다고 전해진다.

42. 송용지<지왕>에게 답한 편지 — 答宋容之<之汪>1)

　　보내 온 편지에서 "책을 읽을 때 의심하지 못한다" 한 것은 초학자들의 일반적인 문제점입니다. 대개 평일 읽은 것이 다만 과거시험을 위한 준비일 뿐이어서, 많이 보고 기억하는 데 급급하여 의미가 익숙해지도록 자세히 살필 겨를이 없이 오랫동안 마음이 바삐 몰려서, 문자를 볼 때에 정밀하고 거친 것을 따지지 않고 한결같이 이렇게 섭렵할 뿐입니다. 【소식蘇軾의 『역해易解』 가운데 건乾괘 중의 성명性命을 말한 곳과 계사繫辭 중의 도道를 말한 곳 몇 장과, 소철蘇轍이 『맹자』의 호연지기浩然之氣를 해석한 곳 등이 모두 이와 같은 예이니, 한 글자도 말이 되질 않는다.】 지금 마땅히 이 일을 깊이 경계로 삼아 구습을 다 씻어 내고 따로 계획을 세워서, 책을 합하여 볼 때에는 그 중에서 정밀하고 가장 급한 것을 선택해야 하고, 또 책 한 권을 볼 때에는 하루에 힘에 따라 한두 단락을 보고서 한 구절이 이미 분명하게 된 뒤에 다른 한 구절을 보도록 해서 한 권의 책을 마친 다음에야 다른 책을 보아야 합니다. 먼저 마음을 비우고 기운을 평이하게 해서 익숙하게 읽고 정밀하게 생각하여 한 글자 한 구절을 모두 이해한 뒤에, 여러 학자들의 주석과 해설을 하나하나 꿰뚫어서 그 설들의 시비를 비교함으로써 성현이 말씀하신 본의를 찾을 수 있을 것입니다. 비록 이미 그것을 이해했다 하더라도 다시 이렇게 거듭 음미하여 그 의리가 마음속에 촉촉이 젖어 들어서

---

1) 『朱文公文集』, 권58. 정확한 시기는 알 수 없다. 宋之汪에게 답한 편지로, 容之는 송지왕의 자이다.

살갗을 적시고 골수에 흘러든 뒤에야 배웠다고 말할 수 있습니다.

그대가 논한 "『대학』은 정심正心과 성의誠意를 근본으로 한다"는 것 같은 경우는 바로 자세히 보지 못한 곳입니다. 경문을 살펴보면, 성의정심誠意正心과 격물치지格物致知 중 어느 것이 앞서는 것이고 어느 것이 뒤서는 것이겠습니까?[2]

기타 "좋아하는 바가 진실로 선善하다면 그것이 선입견으로 들어있어도 올바름을 해치지 않는다"는 설과 "반드시 마음에 염두에 두되 마음에 기필하지 말라"는 설, "경敬은 반드시 성誠을 먼저 해야 한다"는 설 같은 것들은 또한 모두 서로 맞기도 하고 틀리기도 한 점이 있습니다. 다만 끝내 본령이 아직 바르게 되지 않았다면 가벼이 논할 수 있는 것이 아닙니다. 하나하나 분석해 나간다 하더라도 또한 이로움이 반드시 있게 되는 것은 아닐 것입니다. 이 서너 가지 의미에 대해 자세하게 생각하시고, "마음에 기필하지 말라"는 구절에 대해서는 옛 주석과 여러 선생들의 설명을 본 뒤에 일러 주시는 것이 좋겠습니다. 여기에 나아가 반복하여 고찰하는 것이 평범한 의논보다는 나을 것입니다.

대저 과거의 학문은 사람의 식견을 오도하고 마음 씀씀이를 무너뜨려서, 기교가 정밀해질수록 피해가 커집니다. 아마도 예전에 종유했던 스승과 벗들이 대부분 단지 과거공부에만 힘썼던 듯한데, 지금 보내 주신 여러 설을 살펴보고 석고서원石鼓書院에서 들은 것과 비교해 보니 또한 아직 이런 데서 벗어나지 못한 것이 아닌가 합니다.[3]

---

2) 주희는 격물치지가 먼저이고 성의정심이 나중이라고 한다.
3) 전에 석고서원에서 송용지를 만났을 때 들었던 이야기나 지금의 편지를 보니 여전히 과거공부의 폐해에서 벗어나지 못하고 있는 것 같다는 뜻이다.(『朱子大全集箚疑輯補』)

43. 다시 학생들을 위한 권유문 — 又諭學者[1]

책을 기억하지 못하더라도 숙독하면 기억할 수 있고, 의미를 정밀하게 이해하지 못하더라도 자세히 생각하면 정밀하게 알게 된다. 오직 뜻을 세우지 못하기에 바로 힘쓸 데가 없는 것이다. 지금 이익과 녹봉만 탐하고 도의는 원하지 않으며 귀한 사람이 되려고만 하고 좋은 사람이 되려고는 하지 않는 것은 모두 뜻이 서지 못해서 생긴 병이다. 모름지기 생각을 반복하여 병이 생긴 곳을 찾고 궁구해서, 용맹히 분발하여 이런 사람이 되기를 바라지 않아서 한번 떨쳐 나오게 되면, 성현이 말씀하신 천마디 만마디 말이 모두 한 글자라도 내실 있는 말 아님이 없음을 알게 될 것이니, 바야흐로 비로소 이 뜻을 얻어 세우는 것이다. 이에 나아가 공부를 쌓아서 점차로 향상되어 가면 크게 성과가 있을 것이다. 여러분은 힘쓰기 바란다. 작은 일이 아니다.

---

[1] 『朱文公文集』, 권74. 동안현 주부로 있던 1154년(주희 25세) 무렵에 써진, 「諭諸生」 다음의 저작으로 보인다.

44. 독서의 요령 — 讀書之要[1]

어떤 이가 물었다. "정자께서 성현들의 기상의 차이를 통론通論하신 몇 조목을 그대가 이미 『논맹정의』의 책머리에 실었는데 『논어집주』·『맹자집주』의 첫머리에는 수록하지 않았다. 어째서인가?"

"성현의 기상은 고원한 것이다. 도에 깊이 나아가고 덕을 지극하게 알아서 그 경지에 가깝게 되지 않으면 분별하여 알 수 없으니, 진실로 학문을 시작하는 선비가 함부로 말할 수 있는 바가 아니다. 전에 내가 책머리에 밝혔던 까닭은 성현을 높이려 함이요 이제 편 머리에 나열하지 않은 까닭은 과정을 엄하게 하려 함이니, 각각 합당한 바가 있다. 정자가 『논어』, 『맹자』 두 책을 읽는 법을 논한 것에 대해서는 이미 예전에 요점을 모아서 밝힌 바 있으니, 배우는 자들은 진실로 깊이 살펴 힘을 써서 이 두 책을 마친 다음에라야 성현의 기상에 대해 논의할 수 있을 것이다."

"그렇다면 공부는 어떻게 해야 하는가?"

"차례를 따라 점차 나아가 익숙하게 읽고 정밀하게 생각해야 할 것이다."

"그렇다면 차례를 밟아 점차 나아가는 내용에 대해 묻고 싶다"

"『논어』, 『맹자』 두 책을 함께 말한다면, 먼저 『논어』를 한 뒤에 『맹자』를 하는데, 한 책을 통하고 난 뒤에 한 책을 마친다. 한 책으로 말한다면,

---

1) 『朱文公文集』, 권74.

그 편과 장의 문구, 시작과 끝의 순서가 각각 차례가 있으니 어지럽혀서는 안 된다. 힘이 닿는 바를 헤아려 과정을 요약해서 삼가 잘 지킨다. 글자는 그 훈을 구하고 구절은 문의를 구하여, 앞의 것을 얻지 못하면 감히 뒤의 것을 구하지 않고 이것을 통하지 못하면 저것에 뜻을 두지 않는다. 이처럼 차례를 밟아 점차 나아간다면 뜻이 정해지고 이치가 밝아져서, 소홀히 하고 엽등하는 병통은 없을 것이다. 이는 독서하는 방법일 뿐 아니라 마음을 잡는 요령이기도 하니, 배움을 시작하는 자가 알지 않으면 안 된다."

"익숙하게 읽고 정밀히 생각하는 것은 어떠한가?"

"『논어』는 한 장이 몇 구절을 넘지 않아서 쉽게 외울 수 있으니, 외운 뒤에 편안히 거하면서 고요히 있을 때 반복하여 완미함으로써 무젖게 해야 한다. 『맹자』는 매 장이 혹 천백 마디 말이어서 반복하여 논변함이 비록 끝을 보지 못할 것 같은 데가 있으나 그 조리가 소통하며 말뜻이 밝고 청명하니, 천천히 읽고 마음으로 헤아려 가면서 그 책에 들고나고 오고가기를 수십에서 백여 번 정도 하면 그 끝을 보지 못하던 것도 장차 내 손바닥 안에 있는 것처럼 될 것이다. 대개 책을 봄에, 먼저 숙독하여 그 말이 내 입에서 나온 것처럼 되고, 이어서 정밀하게 생각하여 그 뜻이 내 마음에서 나온 것처럼 된 다음에야 얻음이 있다고 할 수 있다. 글 뜻에 의심이 있고 여러 설들이 어지러운 데에서는 마음을 비우고 고요히 생각해서, 함부로 그 사이에서 선택하지 말아야 한다. 먼저 하나의 설을 골라 스스로 그 설을 만든 것처럼 여겨서 그 뜻이 펼쳐지는 바를 따라 통하고 막힘을 살펴보면 그 설의 타당성이 없을 때는 다른 설의 비판이 없더라도 스스로 굴복될 것이며, 다시 여러 설로 반복하여 서로 비판하여 그 이치가 타당한 것을 찾아서 그것으로써 시비를 가리면 사이비는 공론에 굴복하여 설 수 없을 것이다. 대개 천천히 가다 뒤로 물러서서 고요한 데 처하여 움직이는 상황을 보는 것은 마치 단단한 나무를 가공할 때 쉬운 것을 먼저하고 옹이를 나중에 하며 어지러운 매듭을 푸는 것처럼 하니, 풀리지 않는 바가 있으면 우선 놓아두고 천천히 처리한다. 이것이 독서의 요령이다."

45. 학고재 명문 — 學古齋銘[1]

포성후浦城侯 주사공周嗣恭이 그 선친 휘유공徽猷公이 지은 학고재學古齋를
수리하여 가문의 자제들을 가르치는 학당으로 하려고 내게 그 현판을
쓰게 하였다. 또 주후周侯가 와서 명銘을 청함에 그 뜻을 미루어 명을
지었으니 다음과 같다.

옛 선각자를 보면 위기지학爲己之學을 했는데,
지금은 그렇지 않아 위인지학爲人之學을 하는구나.[2]
위기지학爲己之學은 먼저 그 몸을 성실하게 하고,
임금과 신하 사이의 의리나 어버이와 자식 사이의 인仁이나,
배움으로 벗을 모으고 질문으로 분변하고 관대함에 머물고 인으로
　　행하기를[3] 게을리하지 않고 소홀히 하지 않는다.
지극히 충족된 나머지 혜택이 만물에게도 미친다.
위인지학은 화려하기가 봄꽃과 같으니,
글 외우고 셈하는 것에 힘쓰고 글을 엮어 내는 것을 자랑으로 여기며,
화려한 마차를 타고 억만금을 자랑함에 번쩍번쩍 눈이 부신데,

---

1) 『朱文公文集』, 권85. 1176년(주희 47세)에 周嗣恭이 그의 선친 徽猷公이 지은 學古齋
　　를 중수했을 때 주희가 그 명을 지었다.(『朱熹年譜長編』, 556쪽)
2) 爲己之學은 스스로를 위해 자신의 덕성을 갈고 닦는 공부를 말하고, 爲人之學은
　　남에게 인정받기 위해서 하는 공부를 말한다.
3) 『周易』, 乾卦 「文言」, "學以聚之, 問以辨之, 寬以居之, 仁以行之."

세속에서는 영화로 알고 군자는 수치로 여긴다.
이 두 가지는 그 단초가 아주 미세하여 알아보기 어려워서,
잘 살피지 않으면 그 귀착점이 남북으로 크게 갈라진다.
훌륭하도다, 주후周候여, 선조의 뜻 이어받아
이 집을 날마다 새롭게 하여 선조의 가신 길을 자손들에게 이어가도다.
이 집에 있는 것이 무엇인가? 도서圖書가 있네.
그 자손은 어떠한가? 의관을 점잖게 하여 나아가네.
밤으로 생각하고 낮으로 실천하여 자문하고 계획하고 헤아리니
지금의 위인지학을 끊어 금지하고 오직 옛 위기지학을 배우네.
어려운 일을 먼저 하고 얻는 것은 뒤로 하며,
급히 서둘지도 않고 느슨하지도 않는구나.
내가 여기 기록하여 그 학문의 시작함에 경계로 삼노라.

46. 존덕성재 명문 — 尊德性齋銘[1]

내제內弟 정윤부程允夫[2]가 '도문학道問學'으로 재실명을 삼았는데 내가
마땅히 '존덕성尊德性'으로 바꾸어야 한다고 하였다. 윤부가 재실에 붙일
명銘을 청하여 이를 지었다.

오직 상제가 이 세상에 백성을 내렸으니,
무엇을 주었는가, 의義와 인仁이로다.
오직 의와 인이 상제의 법칙이니
공경하고 받들어 잘하지 못할까 걱정해야 하리라.
누가 어리석고 누가 미쳐, 구차하고 천하고 더러운 행실로
곁눈질하고 귀를 기울이며 사지四肢를 나태하게 하여,
하늘의 밝은 덕을 더럽히고 사람의 기강을 대수롭지 않게 여겨
하류下流에 처함을 달게 여기는가! 모든 악이 모인 곳이로다.[3]
내가 이것을 보고 두려운 마음을 가졌으니
(상제가) 컴컴한 방안에도 밝게 임한 듯 여겨
옥을 잡고 가득한 물그릇 들 듯이 조심하면서 다급할 때나 잠깐 사이라

---

1) 『朱文公文集』, 권85. 程洵을 위해 써 준 글로, 1176년(주희 47세) 6월경의 작품으로
   보인다.(『朱熹年譜長編』)
2) 程洵의 자가 允夫이다. 주희의 조모가 정순의 조부의 누이동생이었으므로, 정순
   은 주희의 내외종제(中表弟)이다.
3) 『論語』, 「子張」, "子貢曰, 紂之不善, 不如是之甚也. 是以君子惡居下流, 天下之惡皆歸焉."

도 놓아서는 안 되네.

짐은 무겁고 갈 길은 머니 어찌 감히 혹시라도 게을리하랴.

47. 경서재 명문 — 敬恕齋銘[1]

보양浦陽 진사중陳師中[2]의 글 읽는 방을 신안 주희가 '경서敬恕'로써 제목하고 명銘을 지었다.

문을 나서면 큰 손님을 뵌 듯하고 일을 하게 되면 제사를 하는 듯하리니,
이것으로 마음을 잡고 있으면 감히 잘못하는 일이 있겠는가?
내 하고자 않은 바를 남에게 베풀지 않으니
이것으로써 행하면 모든 이와 더불어 봄처럼 온화하게 된다.
어찌 세상 사람은 몸을 방자하게 하여 남을 궁박하게 하고
오직 자기 편한 대로 하고 남을 왜 동정하여 돕느냐고 말하는가?
누가 이를 돌이켜 그 몸을 단속할까?
중니仲尼와 자궁子弓[3]이 담에도 보이고 국에도 보이듯 사모하여[4]
안으로는 집안이 화순하고 밖으로는 나라가 하나 되고
작은 일도 큰 일도 모두 원망과 애통함이 없도록 하니

---

1) 『朱文公文集』, 권85. 陳守의 서실에 게시할 교훈으로 지은 것이다.
2) 陳守는 주희의 제자로, 자는 師中이며 陳俊卿(1113~1186)의 둘째 아들이다.
3) 공자의 제자 仲弓을 말한다. 이 명에서는 중궁이 공자에게 仁에 대해 물었을 때 공자가 답한 내용을 인용하고 있다.(『論語』, 「顔淵」, "出門如見大賓, 使民如承大祭, 己所不欲, 勿施於人, 在邦無怨, 在家無怨.")
4) 堯임금이 죽은 뒤 3년 동안 舜이 요임금을 그리워하였는데, 앉으면 담에 요임금이 보이고 음식을 먹으면 국에 요임금이 보였다고 한다. 이처럼 공자와 자궁을 몹시 우러러 그리워함을 말한다.

인을 행하는 공이 여기에서 지극하게 된다.
공경하고 남을 배려하여 영원토록 싫어하지 말라.

48. 구방심재 명문 — 求放心齋銘[1]

파양鄱陽 정정사程正思[2]가 구방심재求放心齋를 지었으니, 왕자경汪子卿[3]과 축여옥祝汝玉[4]이 이미 그를 위해 명을 지었는데 신안 주희가 남은 뜻을 모아 다시 이 명을 지었다.

천지가 변화함에 그 마음이 매우 인仁하다.
이 인仁을 이룸이 내게 달려 있으니, 몸을 주재한다.
그 주재함이란 무엇인가? 신명神明하여 헤아릴 수가 없다.
만 가지 변화를 발휘하여 사람들의 도리인 인극人極을 세운다.
잠시라도 놓아버리면 천리를 그예 달아나니,
성誠이 아니면 어찌 있을 것이며 경敬이 아니면 어찌 보존될 것인가.
누가 놓아 버리고 누가 찾으며, 누가 잃어버리고 누가 가지고 있는가.
펴고 굽힘은 내 팔에 있고, 뒤집고 엎음은 내 손에 달려 있다.
은미할 때 막고 홀로 있을 때 삼가서 이에 항상됨을 지키니
절실히 묻고 가까운 데에서 생각하여 오직 이 마음을 도울지어다.

---

1) 『朱文公文集』, 권85. 程端蒙의 서실에 게시할 교훈으로 지은 것이다.
2) 正思는 程端蒙(1143~1191)의 자이다. 주희가 婺源에 성묘 갈 때(1176) 제자가 되어 南康軍에 벼슬하러 갈 때(1179) 수행하였다. 저작으로 『性理字訓』이 있다. 『주문공문집』 권90에 「程正思墓表」가 있다.(『朱熹書院門人考』, 華東師範大學出版社, 2000)
3) 汪庭祐이다.(『朱子大全集箚疑輯補』)
4) 1188년(주희 59세) 8월 21일에 休寧縣令 축여옥이 新安道院을 세우자 주희가 記를 지어 주었다. 『문집』 권80에 보인다.

49. 경재잠 — 敬齋箴[1]

장경부의 「주일잠主—箴」을 읽고 그 남은 뜻을 모아 「경재잠」을 지었으니, 방의 벽에 써 붙여 두고 스스로 경계한다.

그 의관을 바르게 하고 그 보는 것을 높이 하며
마음을 가라앉혀 거처하기를 상제를 대하듯 하라.
발걸음은 무겁게 하고 손가짐은 공손하게 하며
땅을 가려 밟아 개미둑 꺾어 돌듯 조심하라.[2]
문을 나서면 손님을 맞듯이 하고 일을 함에는 제사를 받들 듯이 하여[3]
조심하고 조심하여 감히 혹 쉽게 생각하지 말라.
입을 지키기를 병瓶을 막듯이 하고 뜻을 단속하기를 성을 지키듯 하여
삼가고 공손하여 감히 혹 가볍게 말라.
동으로 가려다 서로 가지 말고 남으로 가려다 북으로 가지 말지니,
일에 당해서는 마음을 보존할 뿐 달리 가지 말라.
두 가지 일이라고 마음을 두 갈래로 하지 말고 세 가지 일이라고
　　마음을 세 갈래로 하지 말지니,

---

1) 『朱文公文集』, 권85. 1172년(주희 43세) 10월 작품이다.
2) 좁고 꼬부라진 개미둑 사이를 절도를 잃지 않고 말을 타고 꼬불꼬불 달려간다는 말로, 어려움을 의미한다.
3) 『論語』, 「顔淵」, "仲弓問仁. 子曰 出門如見大賓, 使民如承大祭, 己所不欲, 勿施於人, 在邦無怨, 在家無怨. 仲弓曰 雍雖不敏 請事斯語矣."

마음을 전일하게 하여 만 가지 변화를 살펴라.

이것에 종사함이 경을 지킴이니

움직일 때나 고요할 때나 어긋나지 말고 안과 밖을 서로 바르게 하라.

잠시라도 틈이 나면 사욕이 만 갈래로 일어나

불길 없이도 뜨거워지고 얼음 없이도 차가워지니라.

털끝만큼이라도 어긋남이 있으면 하늘과 땅이 뒤바뀌게 되어

삼강이 무너지고 구법九法⁴⁾이 무너지니라.

오, 아이들이여, 생각하고 조심하라.

묵경墨卿⁵⁾이 경계함을 맡아 감히 영대靈臺⁶⁾에 고하노라.

---

4) 箕子가 周 武王이 선정 방안을 물었을 때 河圖와 洛書의 이치를 적용하여 교시한
9가지 조항의 洪範九疇를 말한다.

5) 楊雄의 「長揚賦」「序」에 먹을 의인화하여 墨卿이라 했다. 여기서는 글로 써서 경계
한다는 말이다.

6) 신령스런 臺란 뜻으로 여기서는 마음을 말한다.

朱子文錄 卷中

1. 무신년에 올린 봉사 — 戊申封事[1]

11월 1일 조봉랑朝奉郎 직보문각直寶文閣 주관서경숭산숭복궁主管西京嵩山崇福宮[2] 신 주희朱熹는 삼가 목욕재계하고 글을 지어 죽음을 무릅쓰고 두 번 절하며 황제 폐하께 바칩니다. 외람스럽게도 폐하께서 어리석고 보잘것없는 신을 알아주시고 대우해 주신 지 벌써 오래되었습니다.[3] 그리고 지난 두 해 동안 갈수록 성은이 두터이 쌓여[4] 동료들 사이에

---

1) 『朱文公文集』, 권11. 이 글이 쓰인 해는 戊申年 즉 1188년(주희 59세)이다. 封事는 누설되지 않도록 밀봉하여 천자에게 바치는 서장을 가리킨다. 朱熹의 封事가 孝宗에게 전달된 때는 늦은 밤이었는데, 孝宗은 자다 말고 일어나 촛불을 밝히고 끝까지 읽었다고 한다. 다음날 朱熹는 崇政殿說書에 제수되었다.(『宋史』, 「朱熹傳」)

2) 朝奉郎은 정7품의 품계이다. 寶文閣은 仁宗과 英宗의 御書를 보관하던 곳이며, 直寶文閣은 남송의 貼職의 일종이다. 主管西京嵩山崇福宮이란 벼슬은 실제로 부임하지는 않은 채로 일정한 녹봉만을 받는 일종의 명예직으로, 이런 벼슬을 祠祿官이라 불렀다. 西京 嵩山 崇福宮은 지금의 河南省 登封縣 동북의 嵩山 萬歲峯 아래에 있다. 朱熹는 연구와 집필에 몰두하기 위한 경제적 토대를 이 사록관에서 찾았다.

3) 朱熹는 19세(1148)에 과거에 합격하고 22세(1151)에 左迪功郞(종9품)을 제수받아 泉州 同安縣 主簿로 임명되는데, 이후 계속하여 사록관을 청하며 집에서 연구와 저술에 몰두한다. 49세(1178)에 南康軍知事에 제수되자 역시 사양하고 사록관을 청했지만, 결국 허락받지 못하여 50세(1179) 3월에 임지에 부임한다. 그러나 53세(1182)에 임지를 떠나 崇安으로 돌아와서 다시 사록관을 청하고, 그로부터 5년 뒤인 1188년에 이 무신봉사를 올리게 된다. 이후 章州知事(1190~1191, 61~62세)와 潭州知事(1194, 65세)의 외임과 1194년의 45일간의 궁중에서의 근무, 1195년부터 1196년까지의 사록관을 마지막으로 관직생활을 마감한다. 그는 결국 관직생활기간 50년 동안 지방관 9년, 조정에 있었던 시간 45일을 제외하고는 항상 사록관으로 있으면서 학문에 정진한 삶을 살았던 것이다.

4) 1187년과 1188년에 걸쳐 朱熹에게 계속하여 벼슬이 제수된 것을 가리킨다. 1182년 절동제거를 그만두고 崇安에 돌아와 있던 朱熹는 1187년 3월 주관남경홍경궁

비할 만한 사람이 없을 정도이니, 너무 감격스러워 진실로 말로 이루 다 표현할 수 없습니다.

그러나 삼가 생각건대, 신이 안 해야 할 심한 말씀을 드렸는데도 폐하께서는 제 말씀을 들어주시고 죄로 여기지 않으셨습니다만, 엎드려 몇 개월을 기다려도 대략이나마 시행되는 것을 아직 보지 못했습니다.[5] 신은 진실로 주제넘게 폐하의 각별한 은혜를 감당할 방법을 찾아보았으나 어떻게 해야 할지 몰라 부끄럽고 두려워 오래도록 편치 못했습니다.

그런데 뜻밖에 폐하께서 다시 저를 불러 보고자 하시니, 어리석은 신으로서는 아무리 우러러 폐하의 뜻을 헤아려 보아도 과연 어떤 의도이신지 모르겠습니다. 만약 폐하께서 신의 계책을 듣고자 하시는 것이라면 제 말씀은 이미 아뢰었으나 채택되지 않아 쓸모없고, 만약 폐하께서 신에게 은혜를 더하고자 하시는 것이라면 총애가 이미 두터우니 더 이상 더할 수 없습니다. 이렇듯 이 두 가지 경우가 모두 온당치 않기 때문에 신은 이리저리 망설이면서 줄곧 간절하게 사양했던 것입니다.

그런데도 폐하께서는 아직 신의 간청을 허락하지 않으셔서 신이 그 이유에 대해 거듭 생각해 보았습니다. 예전에 나아가 직접 뵙고 말씀을 아뢰올 때에 각기병 때문에 미처 다 아뢰지 못한 것이 있어서[6] 봉사封事로써 아뢰기를 청하였으나, 오랜 시간이 지나도록 아직 감히 봉사를 올리지

에 제수되었다가 12월 周必大와 楊萬里의 천거에 의해 강남서로제점형옥공사에 제수된다. 그리하여 1188년 정월에 奏事할 것을 명받았으나 병으로 사양하다가 6월 연화전에서 奏事하였다. 곧이어 병부랑관에 제수되었지만 林栗의 탄핵을 받고 바로 사직했다. 이에 과거의 직책인 강서제형을 맡으라는 명이 있었고, 7월에는 조봉랑으로 승급되어 직보문각 · 주관서경숭산숭복궁에 제수되었다. 그리고 1188년 5월부터 10월까지 3차례에 걸쳐 入對하라는 명을 받았다.

5) 이해 6월 7일 延和殿에서 황제를 알현할 때 奏箚를 올렸음에도 그것이 시행되지 않고 있는 상황을 말하는 것이다.(奏箚의 내용은 『朱子文錄』 卷中의 「戊申延和奏箚」와 續集의 「延和奏箚」 5 참조.)

6) 1188년 6월 7일 延和宮에서 奏事한 일을 말한다.

못했습니다. 혹시 폐하께서 우연히 이를 기억하시어 그 내용을 마저 듣고자 하신 것입니까? 아니면 또 다른 이유가 있는 것입니까? 신은 알 수가 없습니다마는 임금의 명이 거듭 내려왔는데도 신하된 자가 집에서 고집스럽게 누워 있자니 진실로 편안할 수가 없었습니다.

신은 깊이 우려하는 바가 있습니다. 그것은 오직 나아가 알현한 후에도 제가 말씀드린 것은 끝내 쓰이지 않고 예전처럼 단지 분에 넘치는 총애만 더하게 된다면, 그 성은을 사양할 것인지 받을 것인지 난처해하다가 끝내 죄를 얻게 되지 않을까 하는 것입니다. 이런 까닭에 이전에 청한 대로 이제 봉사를 올려 숨김없이 다 아룁니다. 비록 폐하의 앞에서 직접 말씀드린다 하더라도 그 내용은 이와 다르지 않을 것입니다.

다행히 폐하께서 살펴보시고 만약 제가 드리는 말씀을 옳게 여기셔서 하나하나 행하신다면, 신의 바람이 다 이루어지는 것이니 초야에 물러나 있다가 죽어도 여한이 없을 것입니다. 만일 폐하의 의도가 반드시 저를 폐하께 오게 하는 데 있다 하더라도 제가 할 수 있는 일이란 단지 한 번 용안을 우러러 본 이후에 돌아갈 것을 간청하는 것일 뿐입니다.

만약 제가 드린 말씀에 결국 취할 만한 것이 없다고 여기신다면, 이는 신이 배운 바가 보잘것없어 달리 가진 바가 없는 것이니, 가령 이런 신이 무턱대고 벼슬길에 나아간다고 하더라도 폐하께서 또한 장차 어디에 다 쓰시겠습니까? 차라리 저의 간청을 받아들여서 돌아가 쉴 것을 허락하시어 폐하와 신 둘 다를 모두 만족시키는 쪽이 나을 것입니다.

더욱이 지금 폐하의 조정에 있는 측근 신하들[7] 사이에는 유언비어를

---

7) 反道學派였던 王淮와 의견을 같이하는 冷世光, 陳賈 등을 일컫는 듯하다. 1188년 9월 朱熹가 孝宗의 부름을 받았고, 그해 10월에는 袁樞, 葉適, 詹體仁 등이 승상 周必大를 돕고자 道學之士들을 천거하였다(여기에는 朱熹의 제자들이 많이 포함되어 있었다). 그러나 이에 대해 冷世光, 陳賈 등이 반대하자, 朱熹는 결국 부름을 사양하면서 11월에 「戊申封事」를 올렸다.(『朱熹年譜長編』)

만들어 선량한 사람들을 해코지하고 거짓된 의론을 선동하여 위·아랫사람들을 위협하는 자들이 있는데, 그 교묘한 음모술수가 예전에 아무 생각 없이 망녕되이 굴던 자[8]들보다 더욱 심합니다. 폐하께서는 신의 사직을 받아들이시어 신이 그들의 창 앞으로 경솔하게 나아가 예전의 전철을 다시 밟지 않게 해 주소서.

신이 지금 천하의 형세를 삼가 살펴보니, 마치 사람이 중병을 앓아 속으로는 심장과 배로부터 겉으로는 사지四肢에 이르기까지 한 터럭, 한 올도 병들지 아니한 것이 없는 상황과 같습니다. 비록 기거하고 먹고 마시는 것은 아직 불편한 바가 없으나, 실은 "의술이 뛰어난 자라면 보자마자 바로 내빼는 증상"[9]보다 더 위급한 상태입니다. 이는 반드시 편작扁鵲이나 화타華佗 같은 명의가 신단神丹과 묘한 약제를 써서 장과 위를 씻어내고 병의 근원을 제거한 뒤에야 완쾌되기를 바랄 수 있는 것입니다. 만약 그렇지 않다면 병이 나날이 더욱 깊어지는데도 병자는 깨닫지 못하여, 그 심각한 정도는 아마도 보통 의사와 약재가 고칠 수 있는 바가 아닐 것 같습니다. 그래서 신은 이전의 주차[10]에서 "먹고 어지러울 정도의 독한 약이 아니면 그 병이 낫지 않는다"(藥不瞑眩, 厥疾不瘳)[11]라는 말을 인용했던 것입니다.

---

8) 林栗을 일컫는 듯하다. 1188년 6월 1일 당시 兵部侍郎이었던 林栗은 朱熹를 찾아가서 『易』과 『西銘』에 대해 논쟁을 벌였다가(「記林黃中辨易西銘」, 『朱文公文集』 권71) 망신을 당했다고 생각하고 앙심을 품었다. 이후 6월 7일 朱熹가 延和殿에서 孝宗을 알현한 후 이튿날 兵部郎에 임명되었는데, 朱熹가 발병을 이유로 휴가를 요청하고 직무를 수행하지 않자 9일 林栗은 朱熹가 직무를 수행하지 않는다고 탄핵하였다.(「林栗劾晦庵先生奏狀」, 『道命錄』 권6 / 『朱熹年譜長編』)

9) 扁鵲이 제나라 桓侯를 처음 만나 진찰했을 때는 병이 피부에 있다고 했고 두 번째는 혈맥에 있다고 했으며 세 번째는 장과 위 사이에 있다고 했는데 마지막으로 만났을 때에는 쳐다보기만 하다가 달아났다는 고사(『史記』, 「扁鵲倉公列傳」)를 들어 설명한 것이다.

10) 「延和奏箚」 5를 가리킨다.

11) 『尙書』, 「說命上」.

그 당시에 말씀드린 것은 대개 이러한 내용이었지만, 그 말에 미진함이 있었습니다. 그러나 천하의 일 중에 마땅히 말해야 할 것들이 너무 많아서 그 중요도가 떨어지는 것들에 대해서는 지금의 이 봉사에서도 다 아뢸 겨를이 없습니다. 지금은 단지 천하의 대본大本과 현재 당면한 급선무에 대해서만 폐하께 말씀드리겠나이다.

천하의 대본은 폐하의 마음입니다. 그리고 현재 당면한 급선무는 태자를 보익輔翼하고, 대신을 제대로 뽑아 임용하며, 기강을 확립하고, 풍속을 변화시키며, 백성들의 힘을 아끼고 양성하고, 군정軍政을 정비하는, 여섯 가지 일입니다. 신이 죽음을 무릅쓰고 이것들에 대해 빠짐없이 말씀드리고자 하오니, 폐하께서는 살펴 들어주소서.

신이 늘 폐하의 마음이 천하의 대본이라고 말씀드린 이유는 무엇이겠습니까? 천하의 일은 천 가지 만 가지로 변화하여 그 실마리가 무궁하지만, 사실은 하나라도 폐하의 마음에 근본하지 않은 것이 없으니, 이는 자연스런 이치입니다. 그러므로 폐하의 마음이 바르면 천하의 일이 다 그 바름에서 나오고, 폐하의 마음이 바르지 않으면 천하의 일이 하나라도 바름에서 비롯할 수 없게 됩니다. 대개 폐하의 마음이 중요한 이유는, 단지 상을 내려 장려하고 형벌을 내려 경계할 때 부득이하게 각각 폐하께서 지향하는 바를 따르게 되기 때문일 뿐 아니라, 백성들이 바람과 귀신처럼 빨리 폐하의 행동을 보고 따라하여 그 효과가 상이나 형벌보다 더 크기 때문이기도 합니다.

이 때문에 임금은 혼자 깊은 궁궐 안에 살고 있어 그 마음이 바른지 바르지 않은지를 백성들이 엿볼 수 없을 것 같지만, 그것은 많은 사람이 지켜보고 가리키고 있듯 밖으로 환히 드러나 숨길 수 없는 것입니다. 이것이 순舜임금께서 '유정유일惟精惟一'12)의 교훈을 내리시고 공자孔子께서 '극기복례克己復禮하라'13)는 말씀을 내리신 이유이니, 이는 모두 자신의 마음을 바로잡음으로써 천하 모든 일의 근본으로 삼으라고 가르치신 것입니다. 이 마음이 바르게 되면 잘 듣고 밝게 보게 되며 모든 행동거지가 예禮에 들어맞아 몸가짐이 바르게 됩니다. 그리하여 지나치거나 부족함 없이 적절하게 처신하고 행동할 수 있게 되어, 천하가 아무리 크다 하더라도 내가 어질다고 하는 사실을 인정하지 않는 이는 한 사람도 없게 되는 것입니다. 【신이 삼가 『서경書經』을 살펴보니, 순임금께서 우禹임금께 "인심은 위태롭고(人心惟危) 도심은 잘 드러나지 않으니(道心惟微), 오로지 정밀하게 살피고 마음을 한결같이 하여(惟精惟一) 진실로 그 중을 잡으라(允執厥中)"[14]라고 말씀하신 대목이 있었습니다. 무릇 마음의 허령虛靈한 지각은 하나일 따름인데, 인심과 도심의 구분이 있다고 하신 것은 왜 그렇겠습니까? 대개 어떤 경우는 사사로운 형기形氣에서 생겨나고 어떤 경우는 올바른 성명性命에 근원을 두어 각각 그 지각하는 것이 다르기에, 어떤 경우에는 위태롭고 불안해지고 어떤 경우에는 정미精微해서 잘 드러나지 않기 때문일 뿐입니다. 그런데 사람은 모두 몸을 가지고 있기 때문에 상지上智[15]라 해도 인심이 없을 수 없고, 또 사람은 모두 성性을 가지고 있기 때문에 하우下愚라 할지라도 도심이 없을 수는 없습니다. 이 두 가지 인심과 도심은 마음 속에 섞여 있으니, 다스리는 방법을 알지 못하면 위태로운 것은 더욱 위태로워지고 잘 드러나지 않는 것은 더욱 드러나지 않아, 보편적인 천리天理가 끝내 사사로운 인욕人欲을 이길 수 없게 됩니다. 정밀하게 살피면 어떤 것이 인심이고 어떤 것이 도심인지 살필 수가 있어 헷갈리지 않게 되고, 마음을 한결같이 하면 올바른 원래 마음(本心)을 지킬 수가 있어 마음이 흩어지지 않게 됩니다. 이러한 마음공부에 끊임없이 힘을 써서 도심이 항상 자기 몸의 주인이 되고 인심이 도심의 명을 듣게 한다면, 위태롭던 인심은 안전해지고 잘 드러나지 않던 도심은 드러나게

---

12) 『書經』, 「大禹謨」.

13) 『論語』, 「顏淵」.

14) 『書經』, 「大禹謨」.

15) 『論語』 「陽貨」의 "子曰, 唯上智與下愚, 不移"라는 말에서 나온 것인데, 朱熹는 上智를 '聖人에 버금가는 지각과 품성을 갖춘 사람'으로, 下愚를 '타고난 자질에 문제가 있는 데다 도덕적 수양을 포기한 사람'으로 풀이하고 있다.

되어, 모든 행동과 처신에 지나치거나 모자라는 잘못이 저절로 없어질 것입니다.

또한 신이 『논어論語』를 보니, 다음과 같은 내용이 실려 있었습니다. "안연顔淵이 인仁에 대해 여쭙자 공자께서 말씀하셨다. '자기를 이기고 예禮로 돌아가는 것이 인仁을 실천하는 것이다. 하루라도 자기를 이기고 예로 돌아간다면 천하 사람들은 모두 그를 어질다고 할 것이다. 인을 행하는 것이 자기에게 달린 것이지, 남에게 달린 것이겠느냐?'"16) 여기에서 인은 원래 마음(本心)의 온전한 덕이고, 자기(己)는 일신一身의 사욕私欲이며, 예는 천리가 구현된 것입니다. 대개 사람 마음의 온전한 덕은 모두 천리에 의해 그렇게 된 것이지만, 사람이 몸을 가지고서는 또한 사사로운 인욕에 의해 해침을 받지 않을 수가 없습니다. 그러므로 인을 행하는 이가 반드시 자신의 사사로운 욕망을 이기고 예로 돌아갈 수 있다면, 하는 일마다 모두 천리에 맞게 되어 나의 원래 마음의 덕이 다시 온전해질 수 있을 것입니다. 마음의 덕이 온전해진다면 천하가 아무리 크다 하더라도 '내가 어질다'는 사실을 인정하지 않는 이는 한 사람도 없게 될 것입니다. 그런데 이렇게 되는 것은 진실로 나에게 달려 있는 것이지 다른 사람에게 달려 있는 것이 아닙니다. 날마다 사욕을 극복하여 그것을 어렵게 여기지 않게 되면, 사욕은 깨끗이 없어지고 천리가 가득해져서 인을 이루 다 쓰실 수 없게 될 것입니다. 이는 순임금과 공자의 말씀이고, 신은 그 구체적인 실천 방법을 말씀드린 것일 뿐입니다. 살펴주시기를 엎드려 바랍니다.】

그런데 폐하의 마음이 바른가 그른가에 따라 드러난 효험은 제일 먼저 집안사람에게 드러나며, 그것이 측근에게 이르러 가고, 그런 뒤에는 마침내 조정과 천하에까지 그 영향이 미치게 됩니다.

내전內殿의 기풍이 단정하고 엄숙하여 후后나 비妃는 관저關雎의 덕이 있으며17) 후궁들은 화려하게 몸단장을 하지 않고 기강과 질서가 잡혀서18)

---

16) 『論語』, 「顔淵」.

17) '관저'는 『詩經』 「周南」의 편명이다. 이 편은 주나라 文王의 비인 太姒의 덕을 읊은 시로 알려져 있다.

18) 원문에는 "물고기를 꿴 것처럼 서열을 따르다"(貫魚順序)로 되어 있는데, 내명부의 등급과 질서가 잘 잡혀 있는 모습을 표현한 것이다.(『周易』, 「剝卦」)

감히 성은을 빙자하여 법도를 어지럽히면서 뇌물을 받아 청탁을 행하는 자가 한 사람도 없게 된다면, 이는 집안이 올바르게 된 것입니다. 폐하께서 퇴청하신 후에 여유롭게 편안히 쉬실 때 인척이나 측근 신하, 시종과 환관들이 곁에서 모시면서 각자 자신의 직분만을 다하여, 위로 폐하를 모실 때에는 모질지 않지만 엄격하게 조처하는 기강을 두려워하고[19] 아래로 직무를 수행할 때에는 "두 가지 일은 한꺼번에 할 수 없으니 맡은 일에 전심전력하라"는 경계[20]를 삼가 지키면서 감히 들락날락하며 궁 안팎을 사사로이 연결시켜 위복威福을 훔쳐서 권세를 끼고 폐하의 총애를 팔아 조정을 문란하게 하는 자가 한 사람도 없게 된다면, 이는 측근이 올바르게 된 것입니다.

안으로 궁중에서 밖으로 조정에 이르기까지 모두 투명하여 한 터럭이라도 사사로움이 끼어들지 않게 된 후에야, 명령을 내림에 모두가 의심하지 않고 따르고, 현자를 등용하고 간사한 무리들을 물리치는 것에 모두의 뜻이 하나로 모아질 수 있습니다. 이렇게 되면 기강이 흔들리지 않고 바로설 수 있고, 사사로움에 치우치지 않고 정사를 제대로 펼칠 수 있게 됩니다. 이것이 조정의 신하들과 군사, 그리고 백성들이 모두 감히 나쁜 짓을 하지 못하여 다스리는 도리가 완성되는 방법입니다. 반면에 군주의 마음이 한 번이라도 바르지 않으면, 조정의 백관, 군사, 백성들은 군주를 따라 바르게 될 수 없게 되는 법입니다. 이들 중에 바르지 않은 자가 있는데도 "나의 마음은 바르다"라고만 하신다면, 또한 어찌 이러할 리가 있을 수 있겠습니까?

---

19) 『周易』 屯卦 「象傳」의 "군자가 그것을 보고 소인을 멀리하되, 모질게 대하지 않고 위엄 있게 대한다"(君子以遠小人, 不惡而嚴)라는 말에서 나온 것이다.

20) 원문에는 "戴盆의 경계를 지킨다"(勤戴盆之戒)로 되어 있는데, 이는 "물동이를 머리에 이고 하늘을 본다"(戴盆望天)라는 성어에서 나온 것으로, 두 가지 일을 한꺼번에 할 수 없음을 뜻한다.(『漢書』, 「司馬遷傳」)

이런 까닭에 예로부터 성왕들은 삼가고 두려워하며 이 마음을 지켜서, 비록 사람이 많고 번화하여 정신이 어지러운 곳에 있거나 아무도 보지 않고 혼자 있어 방자해질 수 있는 곳에 있더라도, 마치 신명을 대하거나 깊은 연못과 계곡에 임해 있는 것과 같이 정밀하게 살피고 마음을 한결같이 하여 사욕을 이겨내고 예로 돌아가는 공부를 잠시도 게을리하지 않았습니다. 그러나 이렇게 하면서도 오히려 그 은미한 사이에 혹 잘못이 있는데도 모를까 싶어, 태사太師와 태보太保를 두어 자신을 깨우치게 하였고, 간쟁하는 관리를 두어 자기를 바로잡았습니다. 대저 임금의 음식, 술, 장, 옷, 집, 각종 기물, 재물과 저 환관, 궁첩에 대한 정사를 모두 재상이 관장하게 하고 언제 어디서나 임금의 일동일정을 모두 해당 법률로 통제하여, 잠깐 동안의 조그만 틈에 발생하는 터럭만한 사사로움이라도 숨길 수 없게 하였습니다. 성왕께서는 비록 깊은 구중의 궁궐에 혼자 거하시더라도 항상 종묘나 조정에 서 있는 것과 같이 신중하게 행동하셨으니, 이것이 성왕께서 다스리실 때에 궁중에서 조정까지, 은미한 마음에서 잘 드러나는 행동거지에 이르기까지 모두 맑고 깨끗하여 조금이라도 먼지가 끼지 않아서 그 유풍이 후세의 모범이 될 만하게 된 까닭입니다. 【신이 삼가 『주례周禮』의 「천관天官·총재冢宰」편을 보았는데, 성왕成王을 보필하여 후세에 모범이 되게 하려고 하는 주공周公의 마음 씀씀이가 매우 절실하게 나타나 있었습니다. 하夏·은殷·주周 삼대三代 임금의 정심正心·성의誠意의 학문을 알고자 하시거든 이 부분을 보면 그 실질을 알 수 있을 것입니다. 살펴주시기를 엎드려 바랍니다.】

폐하, 한 번 생각해 보소서. '내가 과연 자세히 살피고 마음을 한결같이 하여 사욕을 극복하고 그 마음을 지키는 것에 대해 일찍이 이와 같이 노력한 적이 있었는가? 수신修身하고 집안을 잘 다스리며 측근을 바르게 하는 것에 과연 일찍이 이와 같은 효험이 있었는가?'

궁실의 속사정이야 진실로 신이 알 수 없는 바입니다. 그러나 그 형태를 보지는 못하더라도 그 그림자를 살펴보고 그 안을 보지는 못하더라도 그 밖으로 드러난 것을 통해 미루어 짐작해 보면, 작위爵位와 상賞이 남발되고 뇌물이 횡행한다는 소문이 이미 시중에 자자한 지 오래되었습니다. 신이 삼가 이로써 짐작건대, 폐하의 수신제가修身齊家하심이 옛 성왕에 아직 미치지 못하는 것 같습니다.

총애하시는 측근 신하들에 대해서 은혜하고 대우하심이 너무 지나칩니다. 예전에 용대연龍大淵, 증적曾覿, 장열張說, 왕변王抃과 같은 무리[21]의 기세가 대단하여 한 시대를 뒤흔들었던 사실에 대해서는 지금은 그들이 이미 축출되어 말씀드릴 필요가 없습니다. 다만 예전에 신이 뵙고 아뢸 때[22] 말씀드렸던 감승甘昇에 대해서만은 말씀 올리고자 합니다. 비록 폐하께서 그 곡절을 상세히 일러 주셨으나[23], 우둔한 신은 끝내 이 무리는 단지 문이나 지키면서 심부름을 하고 청소하는 일이나 시켜야 마땅하다고 생각합니다. 높은 지위를 맡겨서 사특한 아첨을 다하며 궁궐 안에서는 음란한 계교를 꾸며 폐하의 마음을 방탕케 하고 밖에서는 파벌을 지어 권세를 불러들여 폐하의 정치에 누가 되도록 해서는 안 되는 것입니다. 감승이 재주가 있거나 없거나, 그에게 죄가 있거나 없거나 하는 것은 마땅히 논할 필요도 없는 것입니다. 하물며 그의 재주는 단지 간계를 꾸미는 데 알맞을 뿐인 데다가 그에게는 죄까지 있어 다시 등용할 수 없는 자이지 않습니까? 또한 예전에 감승에게 장례를 주관하고 궤연几筵을

---

21) 龍大淵, 曾覿, 張說, 王抃은 모두 효종의 측근으로, 황제의 총애를 믿고 권력을 농단하며 뇌물을 받았다가 결국 좌천된 인물들이다. 朱熹는 이들에 대해 「庚子應詔封事」에서 언급한 바 있다.
22) 1188년 6월 延和殿에서 한 奏事를 가리킨다.
23) 朱熹가 甘昇이라는 환관에 대해 문제 삼자 孝宗이 甘昇을 기용한 이유에 대해 설명한 사실을 가리킨다. 당시 孝宗은 高宗이 甘의 재주를 높이 사서 천거했다며 그를 변호하였지만, 朱熹는 "소인배가 재주가 있으면 더 큰 문제를 야기한다"고 반박하였다.(『朱子語類』 권107, 「朱子 4·內任·孝宗朝」)

모시도록 명을 내리신 일[24]과 같은 것은 여기저기에서 전해듣고는 웃지 않는 이가 없었습니다. 국사國史와 야사野史에 이 사실이 기록되어 오랑캐들에게 퍼지고 후세에 전해지면, 또한 장차 폐하를 어떤 임금이라 생각할지 신은 모르겠습니다. 설사 전에 신에게 하유하신 것과 같은 곡절이 있다 할지라도, 폐하께서 또한 어찌 집집마다 일일이 설명하시어 그들의 오해를 풀어 주실 수 있겠습니까?

환관 같은 소인배들은 사람 축에 끼지도 못하는 것들임에도 도리어 폐하의 마음을 미혹시키고 폐하의 덕을 어그러뜨려 이 지경에 이르렀으나, 공경대신이란 자들은 물끄러미 쳐다보기만 하면서 그 잘못을 지적하는 말 한마디 없습니다. 신이 애통해했던 것은 처음에는 오직 이 감승의 일에 있었습니다. 그런데 얼마 전 도성에 이르러서야 이따위 짓을 하는 무리들이 비단 감승뿐 아니라, 폐하를 측근에서 모시는 신하들도 이미 그들과 한통속이라는 것을 알게 되었습니다. 【신이 엎드려 살피건대, 폐하께서 즉위하신 이래 조금이라도 식견을 갖춘 신하라면 이러한 일들에 대해 간언하지 않는 이들이 없었지만[25] 하나도 받아들여지지 않고 심지어는 처벌을 받기까지 하니[26], 요즈음에는 이것에 대해 다시 간하는 사람이 하나도 없습니다. 그 뿌리가 깊고 튼튼하여 움직일 수 없어 간언해봐야 소득도 없고 그저 폐하의 심기만 거스를 뿐이며 이로 인해 다른 일에 대해 간하는 것까지 채택되지 않는다는 것을 알기 때문에, 이 일은 접어두고 다른 일들에 대해서만 논하게 된 것입니다.

사람들이 이에 대해 더 이상 간쟁하지 않는 이유는 이것뿐이 아닙니다. 잘못이 처음 드러날 때는 사람들이 처음 보는 것이기 때문에 이상하게 여겨 다투어 간언하지만, 오랜 시간이

---

24) 『宋史』「孝宗本紀」丁未年條에는 1187년 高宗이 승하하자 환관 甘昇이 황태후의 교지를 받들어 太上皇의 장례를 주관하였다는 기사가 있다.(『朱子大全箚疑輯補』)
25) 陳福公, 張栻, 魏元履, 鄭自明 등이 이 일로 간언했다.(『朱子大全箚疑輯補』)
26) 1172년 侍御史 李衡, 右正言 王希呂, 直學士 周必大 등이 파직되고, 張栻도 이 때문에 좌천되었다.(『朱子大全箚疑輯補』)

지나 눈과 귀에 익숙해지면 대수롭지 않은 일로 여겨져서 말할 필요가 없다고 생각하게 됩니다. 이것은 바로 요즘 들어 겨울에 우레가 치고 가을에 눈이 내리는 일이 자주 일어나자 사람들이 더 이상 이상하게 여기지 않는 것과 같습니다. 그러나 이것이 어찌 항상적인 이치이겠습니까? 오직 신만이 어리석어 시의時宜를 모르는 까닭에 사람들이 더 이상 얘기하기 꺼려하고 싫어하는 일을 지금도 여전히 논한 것인데, 비록 다행히 처벌을 받지는 않았지만 또한 시행되지도 않았습니다.

신이 삼가 생각해 보건대, 폐하께서 저같이 폐하와 소원한 자의 말을 듣고 평소 매우 아끼시던 사람들을 내치시기란 진실로 어려운 점이 있습니다. 그러나 이 일의 이로움과 해로움은 이미 앞에서 진술하였습니다만, 신이 정말 걱정하는 것은 그것이 후대의 왕들에게 모범이 되지 못할까 염려해서입니다. 엎드려 생각건대, 폐하께서 종사宗社와 자손 만세를 위해 깊이 생각하시어 참고 행하신다면 천하 사람들에게 매우 다행스러운 일이 될 것입니다.】

환관과 측근 신하들이 뇌물을 받는 통로는 사대부가 아니라 오로지 장수라는 점에 대해서는 신이 전날에도 직접 뵐 때마다 늘 말씀드렸고, 폐하께서도 그것이 참으로 마땅히 깊이 살피고 통렬히 징계해야 할 일임을 신에게 말씀하셨습니다. 물러나서야 비로소 폐하께서 근래에 근위대장을 이미 교체하셨음을 듣고는 폐하께서 이미 그 폐단을 깊이 통찰하시고 계시니 다른 사람의 간언을 기다릴 필요도 없음을 알았습니다. 그러나 아직도 그 죄상을 공명정대하게 밝히시지 못한 채 도리어 승급시켜 주고 좋은 보직에 배치하시는 등 은총을 베푸시어 그들로 하여금 더욱 편안하게 하시니, 이 어리석은 무리들이 무엇을 꺼리겠습니까? 더욱이 안팎의 장수들 중에 이렇게 뇌물을 바치지 않는 자가 거의 없는데, 폐하께서는 아직도 그 무리를 모두 색출해서 제거하지 못하고 계십니다. 【신이 풍문으로 삼가 듣건대, 왕변이 축출된 후에는 장군들의 임명이 이 자(근위대장)의 손에 의해 많이 이루어졌다 합니다. 왕변과 이 자는 오로지 장수들을 위해 내시들과 내통하고 뇌물을 주어 관직을 사며, 그들의 허락을 받고는 군중軍中의 평가나 추천을 조작하여 폐하를 속이니, 실로 장수들의 거간꾼입니다. 그런데 지금 비록 그들을 제거하기는 했사오나 그 죄를 바로잡지는 못했습니다. 또 들으니, 전날에 악鄂땅[27]의 장수가 인민을 가혹하게 수탈한 일에 대해서도 이 자가 안팎으로 구명활동을 하여 드디어는 죄인들을 법망에서 빠져나가게 하고 도리어 고발한 이들을 벌 받게 하여, 온 나라 사람들이 지금까지 불평하고 있습니다. 얼마 뒤 익명으로 방을 붙여 그들의 죄악을 폭로한 자가 있었지만 역시 유배당했다고 합니다. 이것은 처사가 너무 편파적이어서 폐하의 성정聖政에 누가 되기에 족할 뿐 아니라, 그 이후로는 장수들의 죄를 감히 말하려는 이들이 다시는 없게 되어 소인이 대군大軍을 장악하고 폐하 근처의 경호실에 있거나 천리 밖의 강호에 있어도 안팎으로 한 사람도 그 간악함을 아뢰는 이가 없습니다. 이것은 국가의 대계에 있어 크게 걱정되는 일입니다. 거울로 삼을 전대前代의 사례가 멀리 있지 않습니다. 엎드려 바라옵건대, 굽어 살펴주소서.】

폐하께서 백성들의 기름과 피를 소진시켜 가며 군비를 충당하시는 것은 본래 부득이해서입니다만, 군사들은 아직 한 번도 따뜻하고 배부른 적이 없어서 심한 경우는 땔나무를 하고 신발을 짜며 더러운 흙더미에서 곡식을 주워 아침저녁을 때우고 있습니다. 심지어는 마누라와 딸자식을 짙게 화장시켜 저자거리에서 매춘을 하여 먹을 것을 구해 오게 하는 데까지 이르렀습니다. 그리하여 폐하를 원망하고 비방함이 패역무도하여 차마 아뢸 수 없는 지경입니다. 이런 상황에서 일단 위급한 일이 생기면 폐하께서는 도대체 어디에 의지하실지 모르겠습니다.

이것은 모두 장수들이 교묘하게 명목을 만들어 사람 머릿수에 따라 가혹한 세금을 부과하고, 몰래 군량미와 하사품을 도둑질하여 이를 자기 마음대로 불려서, 폐하의 측근 신하들에게 뇌물을 보내어 승진을 도모하고 있기 때문에 벌어지는 일입니다. 장수와 측근 신하 서로가 실컷 만족한 뒤에 혹 조금 남는 것이 있으면 '잉여분'이라는 명목 하에 폐하의 사적인

---

27) 지금의 河北 蒲折市와 通城縣 동쪽. 楊子江 以南의 지역으로, 南宋 때에는 荊湖北路轉
    運司가 다스렸다.

연회비용으로 바치는데, 그렇게 해서 사졸들의 독기어린 원망과 분노를 폐하께 전가하는 것입니다. 어쩌다 폐하께서 한 번 그 헌납을 받기라도 하시면, 후일에 비록 그들의 죄를 아신다 하더라도 다시 그 죄를 물으실 수 없을 것입니다. 대궐을 출입하는 측근 신하들이 밖으로 장수들과 교류하며 함께 폐하를 기만하여 이 지경에 이르렀으니, 어찌 이들에게 폐하를 아끼고 받드는 마음이 한 터럭이라도 있겠습니까.

그런데도 폐하께서는 이러한 사정을 모르고 도리어 총애하시며 "이 사람은 나의 사적인 사람(我之私人)이다" 하시어, 심지어 재상이라도 그들이 제정하고 설치하는 일들에 대해 득실을 의론하지 못하게 하고 간쟁하는 신하들도 그들의 인사에 대해 옳고 그름을 따질 수 없게 만드십니다. 이러한 점을 살펴보건대, 폐하께서 측근을 바로잡으시는 방법이 옛날의 성왕들께 미치지 못하시는 것은 자명합니다. 또 '사私'라는 것은 무엇을 말하는 것이겠습니까? 자기만 소유하고 있는 것을 움켜쥐고 그 밖의 것과는 통하지 못하는 것(據己分之所獨有, 而不得以通乎其外)을 일컫는 것입니다. 그래서 필부의 입장에서 말하자면, 한 집안(一家)이 사적인 것이 되어 자기 마을의 다른 사람들과 통하지 못합니다. 마을 사람의 입장에서 말하자면, 한 마을(一鄕)이 사적인 것이 되어 그 나라 전체 사람과 통하지 못합니다. 제후의 입장에서 말하자면, 한 나라(一國)가 사적인 것이 되어 천하와 통하지 못합니다. 그러나 천자의 입장에서는 드넓은 하늘이 덮고 광활한 땅이 이고 있는 곳이라면 어디라도 자신의 소유 아닌 것이 없어서 통하지 못할 외부가 없는데, 왜 '사적인 것'을 두려 하십니까?

지금 삿된 한 생각을 이기지 못하셔서 사사로운 마음(私心)이 있게 되었고, 집안사람과 가까운 신하를 바로잡지 못하셨기에 '사적인 사람'까지 생기게 되었습니다. 사사로운 마음으로 '사적인 사람'을 쓰시니 사적인 돈이 없을 수 없습니다. 이리하여 조정에서는 공금(經費)을 유용하고,

밖에서는 군대에서 쓰고 남은 돈이라는 명분으로 헌납 받아 폐하의 사적인 재산을 조성하는 지경에 이르게 되었습니다. 폐하는 위로는 천제의 자식으로, 천제께서 하늘이 덮고 있는 것이라면 모두를 폐하께 맡겨서 사사롭고 공변되지 못한 부분(私而不公)이 없게 하셨으니 폐하께 주신 것이 또한 작지 않습니다. 그런데 그 큰 것을 채우기는커녕 스스로 쪼개어 작게 만드시니, 천하만사의 폐단이 모두 이로부터 나오게 됩니다. 이 어찌 애석하지 않겠습니까? 【신은 듣건대, 태조 황제께서 궁궐의 개축공사가 마무리되어 친히 정전正殿을 살펴실 때에 중문重門을 활짝 열고 신하들을 둘러보시며, "이것이 내 마음과 같다. 조금이라도 잘못이 있으면 사람들이 모두 쳐다볼 것이다" 하셨다고 합니다. 태조 황제께서 비록 글공부를 많이 하시지는 않았지만 그 마음의 광명정대하심은 바로 요·순의 마음과 딱 맞아떨어지니, 이것이 바로 우리나라를 만드셔서 자손들에게 무궁히 내려 주실 수 있었던 비결이라고 신은 감히 생각합니다. 엎드려 바라건대, 폐하께서 멀리는 옛 성인을 생각하고 가까이는 선조의 교훈을 모범으로 삼으신다면 폐하의 마음이 바르게 되고 모든 신민이 한결같이 바르지 않을 수 없을 것입니다. 살펴주시기를 엎드려 바랍니다.】

그러면 시세時勢의 이로움과 해로움에 입각해서 말씀 올리겠나이다. 천하의 세는 모이면 강하고 나뉘면 약한 것입니다. 그래서 제갈량이 그의 임금에게 올리는 글에서 "궁궐과 조정은 일체一體이니, 승진과 처벌을 서로 다르게 하면 안 됩니다. 만일 간악한 짓을 하고 규칙을 어기는 자나 충성스럽게 선한 일을 하는 이가 있거든, 의당 담당 관리에게 그 상벌을 의논케 하시어 폐하의 공평하고 밝으신 이치를 드러내소서. 사사로움에 치우쳐 궁궐과 조정에 다른 법을 적용하셔서는 안 됩니다"[28]라고 했던 것입니다. 당시 소열昭烈 황제 부자[29]는 작은 촉蜀땅을 가지고 천하의 10분의 9에 대항하여 중원을 다투며 한나라 황실을 부흥시키려 했습니다.

---

28) 『三國志』, 「出師表」.
29) 劉備과 그의 아들 劉禪을 가리킨다.

충성스럽고 지혜로운 제갈량이 이를 위해 전략을 깊이 연구했는데도 그 계책은 이러한 것에 불과하오니, 당시에 해야 할 일의 요체를 깊이 알고 선왕의 법도에 은연중 합치하는 것이라 하겠습니다. 만약 촉땅과 같이 자그마한 땅에서 그것이 다시 '공'과 '사'[30] 두 영역으로 나뉘어 마치 두 나라가 있는 것처럼 된다면, 이것은 반쪽으로 쪼개진 촉나라를[31] 가지고 온전한 오吳나라와 위魏나라를 도모하는 격입니다. 게다가 소인을 가까이하고 군자를 멀리하며 법령을 없애고 간악한 이들을 보호하여 궁내의 결정이 나날이 조정의 행정을 파괴하고 공적인 법령이 늘 사적인 일탈을 규제할 수 없게 되면, 이는 두 개의 나라가 다시 서로 싸워서 궁내의 사적인 세력이 늘 이기고 조정의 공적인 신료는 늘 지게 되어버리는 것입니다. 밖으로는 이웃한 적에 대한 근심이 있고 안으로는 사악한 도적이 있어 밤낮으로 협공하여 그치지 않는다면, 나라를 다스리는 자 또한 이미 위태롭게 될 것입니다.

의리義理에 입각해 말씀드리자면 앞서 말씀드린 바와 같고, 이해利害에 입각해 말씀드리자면 또한 이와 같습니다. 그러니 금일의 일들이 만일 빨리 바로잡아지지 않는다면 다음과 같은 결과를 초래하지나 않을까 신은 적이 걱정됩니다. 폐하께서 아무리 현명한 이들을 구하려고 애를 쓰셔도 한 번 사사로운 마음에 의해 방해가 되면 반드시 현명한 이들을 기용하실 수 없을 것이니, 기용되는 자는 모두 용렬하고 간교한 이들일 것입니다. 그리고 비록 올바른 정사에 매진하시더라도 한 번 사사로움에 의해 가려진다면 반드시 선정善政은 확립되지 못할 것이니, 시행되는 것들은 모두 사사롭게 웃전의 눈치를 살피며 임시방편으로 처리하는 정책들일 것입니다. 시간이 갈수록 화의 근원을 양성하여 후손들을 위한

---

30) 황제의 사적인 영역(宮中)과 공적인 영역(府中)을 가리킨다.
31) 원문에는 "梁州와 益州"로 되어 있는데, 이 두 주는 삼국시대 당시 蜀의 영토였다.

황실의 계책은 장기적이지 못하고 폐하를 보좌하는 재상의 직무는 제대로 수행되지 않아서 위로는 기강이 무너지고 아래로는 풍속이 무너져 백성은 근심하고 군인은 원망하며 국세國勢는 날로 쇠락할 것이니, 어느 날 갑자기 예기치 못한 일이라도 생긴다면 폐하께서 어떻게 뒷일을 잘 처리해 나아가실 수 있을지 신은 삼가 모골이 송연합니다. 그러니 신이 말씀 올린 바, "천하의 근본은 폐하의 한 마음에 달려 있다"는 것을 바탕으로 황급히 마음을 바로잡으려 하지 않을 수 있겠습니까? 【신이 전에 직접 뵙고 올렸던 상소32)에 다음과 같은 구절이 있습니다.

"엎드려 바라옵나이다. 폐하께서는 이제부터 생각을 할 때마다 반드시 '이것이 천리인가, 인욕인가?' 조심스럽게 살피소서. 그리하여 천리라면 오직 한 마음으로 확충하시어 조금이라도 막히지 않게 하시고, 인욕이라면 오직 한 마음으로 이겨 내시어 조금이라도 얽매이지 않게 하소서. 더 나아가, 말하고 행동할 때, 사람을 부리고 일을 처리할 때에도 항상 이를 기준으로 판단하소서. 옳다고 여겨 행하시면, 행함에 오직 힘이 부족할까만 걱정하시고 힘이 지나칠까는 걱정하시지 마소서. 그르다고 여겨 제거하고자 하시면, 제거하는 데에 오직 과단성이 적을까만 걱정하시고 과단성이 너무 심할까 걱정하지는 마소서. 현명하다고 생각되어 쓰고자 하시면, 그들에게 일을 다 못 맡기거나 않을까, 그들을 불러 모음에 적게 오거나 않을까만을 걱정하시고, 그들이 당파를 만들까 하는 걱정은 하지 마소서. 능력이 없다고 판단해 물리치고자 하시면, 신속히 물리치지 못할까, 그들을 모두 다 제거하지 못할까만을 걱정하시고, 너무 치우친 판단은 아닐까 하는 걱정은 하지 마소서. 이와 같이 하면 폐하의 마음은 훤하니 안팎이 확 트여 한 터럭의 사욕도 그 사이에 끼어들지 못할 것이며, 또한 천하의 모든 일들도 장차 폐하의 뜻과 같이 되지 않는 것이 없을 것입니다."

오래되어 주차의 원본이 없을까 걱정되어 다시금 아뢰니, 살펴주시기를 엎드려 바랍니다.】

태자를 보익하는 데 대해서는 신이 전에 '몇 세대의 인仁'을 언급하면

---

32) 「延和奏箚」 5를 가리킨다.

서[33] 이미 그 단서를 조금 말씀드렸지만 아직 감히 일일이 말씀드리지는 못하였습니다. 무릇 태자는 천하의 근본이니, 태자를 보익하는 데에 삼가지 않을 수 없는 것은 「보부전保傅傳」[34]에 상세히 보입니다. 폐하의 학문은 고명하시어 고금을 환히 꿰뚫고 계시니 신이 아뢰지 않더라도 잘 아실 것입니다. 그러나 신은 평소에 폐하께서 동궁을 돌보시는 것이 어찌 그리도 소홀한가 하고 이상하게 여겨왔습니다. 앞에서 논했던 내용을 기반으로 살펴보건대, 폐하께서 수양하시는 방법이 오히려 소략하기 때문에 태자를 보익하는 방법도 이 정도면 된다 하여 별로 괘념치 않으시는 것이 어찌 아니겠습니까?

왕십붕王十朋과 진양한陳良翰[35] 이후로는 태자를 보익할 관료를 선발하면서 그 직분을 감당할 만한 능력을 갖춘 인물을 얻었다고 할 만한 경우가 매우 드물었습니다. 더욱이 때때로 삿되고 아첨하며 경박하고 용렬한 이들이 그 사이에 끼어들기도 하여, 소위 강독講讀이라는 것도 글이나 익히며 횟수만 채울 뿐 태자 저하를 권면하고 경계하는 효과가 있다는 소리는 듣지 못했으며, 평소 아침저녁으로 옆에서 모시는 이들 또한 환관 몇몇에 불과할 따름입니다.

태자는 빼어난 본성을 타고난 데다 일찍 성숙하였고, 오랫동안 공부하여 보필과 인도를 필요로 하지 않을 것 같기도 합니다. 그러나 사람의 마음이란 지키기 어렵고 습관은 나빠지기 쉬우니, 바른 습관을 들이면 바르게 되고 잘못된 습관을 들이면 잘못되는 것입니다. 그래서 옛날의 성왕들께서 태자를 가르치실 때에는 반드시 단정하고 정직하며 도를

---

33) 「延和奏箚」 5 참조.
34) 「己酉擬上封事」의 여섯 번째 항목 참조.
35) 王十朋(자는 龜齡, 호는 梅溪)은 樂淸人으로 直學士를 역임하였다. 陳翰良(자는 邦彦)은 臨海人이다. 두 사람은 1171년 光宗이 태자가 된 후 太子詹事를 맡았는데, 둘 다 반주화파이며 朱熹와 교류가 있었다.

널리 배운 선비들을 선발하여 태자와 함께 거처케 해서, 그들로 하여금 태자 주위의 나쁜 놈들을 제거하여 태자가 악행을 보지 못하도록 하셨습니다. 항상 미미할 때부터 조심하여 잘못한 뒤에 바로잡는 상황에 이르지 않게 하셨던 것입니다.

오늘날 비록 하·은·주 삼대三代의 제도에 대해서는 고찰할 수 없사오나 『당육전唐六典』[36]을 가지고 논해 보겠습니다. 동궁의 관직에서 사부師傅와 빈객賓客은 보필하고 인도하는 직임을 맡고 있고, 첨사부詹事府와 양춘방春坊[37]은 사실 천자의 삼성三省에 해당하는[38] 것으로서 첨사詹事와 서자庶子로 이를 관장케 하니 그 선발이 매우 중요합니다. 그런데 지금은 사부와 빈객은 다시 두지 않은 데다 첨사와 서자는 유명무실하여 좌우 춘방을 환관들이 관장하고 있으니, 어떻게 이토록 심하게 동궁을 경시하고 업신여긴단 말입니까?

무릇 태자를 세우고서도 사부와 빈객을 두지 않는다면 스승을 융숭하게 대하고 벗을 친애하며 덕을 존중하고 의를 즐기는 마음을 발양시킬 수 없습니다. 오로지 춘방의 환관들로 하여금 태자의 주변에서 모시게 한다면 그 예의 없이 장난치고 경박하게 버릇없이 굴며 거짓말을 일삼는

---

36) 『周禮』의 양식을 참고해서 唐의 諸司·諸官 제도를 職掌別로 엮은 책이다. 開元 年間의 律令格式을 기초로 三師, 三公, 尙書都省에서부터 吏·戶·禮·兵·刑·工의 6부, 門下·中書 등의 諸省과 九寺, 五監, 衛府, 太子官屬 등의 중앙관직 및 都督府, 州, 縣 등의 지방관에 이르는 내용들이 망라되어 있다. 722년 玄宗의 칙명이 내린 뒤 集賢院에서 10여 년에 걸쳐 편찬되어 738년에 上奏되었으며, 모두 30권이다.

37) 唐代에는 詹事府를 두어 業務를 통괄케 하고 左右 春坊을 두어 諸局을 관장케 했는데, 左春坊에는 左庶子 2인을 두어 六局을 통괄케 하고 右春坊에는 右庶子 2인을 두어 內房을 통괄케 했다.(『朱子大全箚疑輯補』)

38) 宋의 神宗은 『唐六典』에 의거하여 尙書令과 門下侍中, 中書令의 三省을 설치하였다. 中書省에서는 御旨를 취급하고 門下省에서는 上訴를 담당하고 尙書省에서는 法令을 施行하였다. 詹事는 여러 업무를 통괄하니 조정의 尙書省과 같고 左右 春坊은 여러 산하 기관을 관장하니 조정의 中書省·門下省과 같다는 것이니, 東宮의 官制가 하나의 작은 조정과 같다는 의미이다.(『朱子大全箚疑輯補』)

폐해를 막을 수 없을 것이니, 이는 이미 작은 일이 아닙니다. 게다가 황손皇孫은 태자에 비할 수 없을 정도로 아직 덕성이 확립되지 않고 듣고 본 것이 넓지 않으시니, 황손을 보양하기 위한 방책이 더욱 엄중히 갖추어져야 합니다. 그러나 지금 보면 태자의 경우보다 직제가 더 갖추어지지 않고 책임은 더 분산되어 있으니, 어찌 이것이 일을 맡은 자들이 또한 미처 생각하지 못하여 그런 것이라 하겠습니까?

대신들에게 단단히 명하시어 전대前代의 사례를 토론해서 동궁에 이미 설치된 관속 이외에 별도로 사부와 빈객의 관직을 두고 아침저녁으로 태자와 함께하게 하소서. 춘방의 환관들을 쫓아내시어 첨사와 서자로 하여금 각각 그 직책을 회복하게 해서, 궁중의 일은 한 마디의 진언도 하나의 명령도 반드시 첨사와 서자를 통해 들고나게 하시옵소서. 그리고 찬선대부贊善大夫[39]를 설치하시어, 조정의 간관諫官이 하듯이, 태자의 잘못을 바로잡게 하도록 하소서. 황손부皇孫府의 경우는 『당육전』의 '친왕지제親王之制'[40]에 의거해서 부우傅友와 자의咨議를 두어 훈도를 담당케 하고 장사長史와 사마司馬를 두어 여러 직책을 총괄케 하소서. 동궁과 황손부 모두 명망 있는 이를 선발하여 다른 재주를 가진 자들을 섞지 마시고[41] 모두 정원을 갖추어 겸직하지 않도록 하며, 역할을 명확히 하여 결과에 대한 책임을 물으신다면 그 직제는 대략 갖추어질 것입니다.

또한 평상시 태자와 황손을 자주 불러 폐하를 모시게 함으로써 자연스럽게 깨우쳐 주셔야 합니다. 옛 성왕들의 정심正心·수신修身·평치천하平治天下의 요체 가운데 폐하께서 몸소 행하시어 이미 효험을 보신 것, 힘쓰고 사모하여도 아직 미칠 수 없었던 것, 부끄러워하고 후회하면서도 벗어나

---

39) 唐 때 설치된 관직으로, 태자를 보좌하고 가르치며 태자의 과실에 대해 諷諫하는 일을 담당했다.
40) 唐은 親王府에 傅, 諮議, 參軍, 長史, 司馬를 각각 1인씩 두었다.(『朱子大全箚疑輯補』)
41) 바둑, 무예 등의 기예를 가진 자들을 빼고 덕망 위주로 선임하라는 것이다.

지 못한 것들을 죄다 나열하며 그들에게 말씀해 주신다면 태자와 황손은 모두 폐하의 오묘한 심법心法을 얻을 수 있을 것이니, 영구히 종묘사직이 안정되고 제왕의 업이 견고해질 수 있을 것입니다. 이것이 현재 급하게 해야 할 것 중 첫 번째 일입니다. 【신이 엎드려 보건대, 요즈음 폐하께서 황태자에게 명하여 여러 업무를 참결參決케 하시었다 하니, 이는 폐하께서 황태자에게 국가 정사의 득실을 그때그때 익혀 알도록 하려는 깊은 마음을 보이신 것입니다. 하지만 신의 어리석은 생각으로는 황태자가 일에 익숙해지게 하는 것보다 덕을 닦도록 권면하는 것이 더 중요한 일입니다. 게다가 지금 황태자는 동궁에 있은 지 어언 이십 년이 되어 천하의 일들에 대해서는 따로 익히지 않아도 모두 익숙합니다. 그저 정심正心·수덕修德의 학문이 아직 지극하지 않아 사사로운 물욕에 얽매이는 데서 벗어나지 못하게 되면 비록 사무에 대해서는 익숙하다 해도 혹 취사선택할 때 스스로 결단하지 못할까 걱정될 뿐입니다. 신이 황태자의 보양輔養에 아직 지극하지 못한 점이 있다고 삼가 논하는 것은 다른 이유에서 그런 것이 아니오라 바로 이 수덕修德에 대한 부분을 지적하는 것이오니, 유념하여 주소서. 살펴주시길 엎드려 바랍니다.】

대신을 선임하는 문제에 대해서는 신이 앞에서 "현명한 이를 구하려고 애를 써도 현명한 이를 기용할 수 없다"라고 말씀드릴 때[42]에 이미 그 단서를 말씀드렸습니다. 총명한 폐하께서 어찌 반드시 강직하고 공명정대한 인물에게 천하의 일을 맡겨야 한다는 것을 모르시겠습니까? 그러나 항상 이러한 사람을 구하지 못하고 도리어 비루한 자들이 직위를 도둑질하는 것을 용납하시는 이유는 다른 까닭이 아닙니다. 바로 폐하께서 생각을 하실 때에 마음을 가리는 사사로움을 제거하지 못했기에 사사로이 좋아하시는 일이나 총애하시는 환관들 또한 모두 법도에 맞는 일이나 사람이 아닌데, 만일 강직하고 공명정대한 인물에게 재상의 직책을 맡기면 혹시 폐하께서 좋아하시는 일을 방해하고 폐하의 환관들을 해쳐서 폐하 마음대

---

42) 「戊申封事」 중 태자를 輔翼하는 문제에 관한 언급 바로 앞부분에 나온다.

로 하지 못하게 될까 걱정하시기 때문입니다.

폐하께서는 관리를 선발하실 때 언제나 강직하고 공명정대한 인물은 제쳐두고 나약하고 물러 터져 평소에 감히 정색하고 직언하지 못하는 이들만을 찾아, 그 중에서도 가장 용렬하고 비루하여 결코 폐하를 막지 못할 것이라는 확신이 드는 인물이라야 등용하여 직위를 내려 주십니다. 이러한 까닭에 임명장이 내려지기도 전에 그 인물들이 먼저 정해지고, 벼슬을 받는 자의 이름이 아직 알려지지 않았는데도 이미 모든 사람들이 그가 결코 천하 일류의 사람은 아닐 것이라 추측하고 있습니다. 결국 세상 그 누구보다도 영명하고 결단력이 뛰어나신 폐하께서 급암汲黯[43]이나 위징魏徵[44]에 비길 자들은 지금껏 등용하지 못하시고, 도리어 진회秦檜[45] 만년에 집정執政이나 대간臺諫을 하던 자들과 같은 이들만 등용하시게 되었습니다.

폐하께서 등용하신 자들은 신하로서 나라의 권력을 훔치고서는 다른 이의 충언이 군주를 깨우쳐 자신의 간악함을 드러낼까 두려워합니다. 그래서 오로지 자신과 비슷한 자들만을 등용시키고 현명한 이들의 벼슬길을 막아서 군주의 마음을 가리는 것은 당연한 일입니다. 폐하께서는 높이 북극성과 같은 위치에 계셔서 위복이 모두 폐하로부터 나오는데, 또한 어찌 이러한 자들에게 의지하시고 이들과 함께 천하를 다스리시어 스스로 총명을 가리고 스스로 기강을 무너뜨려서 천하의 인민들이 그

---

43) 漢나라 武帝 때의 賢臣으로, 강직함으로 이름이 높았다. 『史記』「汲鄭列傳」에 행적이 전한다.
44) 唐 太宗 때의 유명한 재상이다. 그의 간언이 『貞觀政要』에 수록되어 있으며, 시호는 文貞公이다.
45) 宋의 재상으로, 대표적인 주화론자이다. 그는 두 황제가 金으로 압송될 때 함께 갔고, 紹興 연간에 재상이 되었다. 19년간 재상직에 있으면서 금나라와 휴전할 것을 주장하였으며, 岳飛를 죽이고 張浚과 趙鼎을 귀양 보내는 등 주전론자들을 탄압했다. 사후 申王의 작위와 忠獻이라는 시호를 받았으나 寧宗 때에 王爵을 追奪당하고 시호도 繆醜로 바뀌었다.

폐해를 당하도록 만드시는 것입니까?

  폐하께서 대신을 선임하는 태도가 이렇기 때문에 대신의 선발이 제대로
이루어지지 않고, 선발이 제대로 이루어지지 않다 보니 그들에게 중한
임무를 맡기지도 못합니다. 임무가 중하지 않기에 저들이 느끼는 책임감
역시 가볍습니다. 보잘것없는 재주로 그렇게 가벼운 임무를 담당하니,
이는 비록 이름은 대신이라 하지만 사실은 웃전의 뜻에 무조건 순종하며
서류나 꾸미면서 그 직위와 품계를 지키려 하는 것이어서, 하급관리의
행태에 불과할 뿐입니다. 이러한 자들이 폐하를 보필하여 조정을 정비하
고 기강을 확립하기란 절대 불가능하다는 것은 지혜로운 이가 아니어도
알 수 있습니다.

  이보다 더 문제가 되는 자들은 오로지 간사한 사기나 저지르면서
당파를 만들고 뇌물을 수수하여 폐하의 조정을 더럽히는 짓만 저지릅니
다. 더 심각한 문제는, 십여 년이 지난 뒤에 그들의 못된 행실이 발각되어
제거된다 하더라도 그들의 뒤에서 다음 차례를 기다리는 자들도 역시
이러한 부류에 불과하다는 것입니다. 대개 그들이 대간臺諫이 되고 시종侍從
이 될 때부터 선발에 문제가 있었던 데다가 그 뒤에 그들 가운데서도
더욱 용렬한 자들이 택해져서 대신으로 등용되니, 폐하께서 항상 천하의
현명한 인물을 등용하지 못하시는 것은 괴이할 일이 없습니다. 처음에
폐하께서 대신을 등용하실 때에는 "다만 나의 일(私)들에 방해하지 않기
바란다"라고 하셨을 뿐입니다. 어찌 그들이 천하(公)를 해칠 줄 아시고서
그렇게 하신 것이겠습니까?

  폐하께서 한 번 그 마음을 반성하고 구해 보신다면 아마 제대로 된
대신을 구하실 수 있을 것입니다. 폐하께서 좋아하실 만한 이들을 구하지
마시고 경외하실 만한 이들을 구하시며, 나의 뜻에 맞출 수 있는 이들을
구하지 마시고 나의 덕을 보필할 수 있는 이들을 구하소서. 그들이 자신의

임무를 중히 여기지 않음을 걱정하지 마시고, 언제나 내가 그들에게 맡긴 것이 중하지 않음을 걱정하소서. '내 사람'만을 위한 임시방편을 꾀하지 마시고, 종묘사직과 생령을 위한 만세토록 이어질 무궁한 계책을 세우소서. 폐하께서 진실로 이러한 태도로 대신을 임용하여 일을 맡기시는데도 여전히 "그럴 만한 사람을 얻지 못하였다"라고 말씀하신다면 신은 믿지 못할 것입니다. 이것이 현재 시급히 처리해야 할 두 번째 일입니다.

기강을 확립하고 풍속을 변화시키는 문제에 대해서는 앞에서 "올바른 정사에 매진하더라도 선정은 끝내 확립되지 않는다"라고 말씀드릴 때[46]에 이미 그 단서를 말씀드렸습니다. 폐하께서는 진심으로 제대로 다스리기를 원하시고 이를 위해 열심히 노력하시니, 어찌 기강을 확립하고 풍속을 아름답게 변화시키려는 의지가 없으시겠습니까? 다만 생각을 하실 때에 마음을 가리는 사사로움을 제거할 수 없으셨기 때문에, 조정에서는 충성하는 이와 사특한 자들이 뒤섞여 등용되고 상벌이 분명하지 못하며 사대부들 사이에서는 지향이 낮아지고 더러워지며 예의염치가 무너지는데도, 오히려 이러한 것이 사리의 당연함이라 생각하시고 힘써 바로잡을 수 있다고 생각지 않으시는 것입니다.

안을 밝게 해야 밖을 바로잡을 수 있고 자신에게 흠이 없어야 남을 비난할 수 있는 법입니다. 그런데 지금 조정과 지엄한 궁궐에도 천하의 옳지 못한 일처리 방식과 부정한 자들이 곳곳에 똬리를 틀고 있어서, 폐하께서 직접 보고 들으시는 것들 중에는 불공정한 일 아닌 것이 없습니다. 그러하니 그것들에 시나브로 영향을 받아서 선을 좋아하시는 폐하의 마음이 드러나지 않게 되고 악을 미워하시는 폐하의 뜻이 깊어지지

---

46) 「戊申封事」 중 태자를 輔翼하는 문제에 관한 언급 바로 앞부분에 나온다.

못하게 되니, 그 폐해가 이미 이루 다 말할 수 없을 지경에 이르렀습니다.

그리고 폐하께서는 그들이 간악한 짓을 저질러 법을 어기는 경우에는 사사로이 아끼는 정을 잘라 내고 조정의 의론에 그 처분을 맡겨서 법령에 의거해 그들의 죄를 논하게 하셔야 했으나 그러지 못하셨습니다. 결국 기강은 흔들리고 무너질 수밖에 없게 되었고, 이에 따라 궁 밖에서 시행되는 일들 또한 그 정상을 깊이 따지고 제대로 법에 의거하여 처리하려 하지 않게 되었습니다.

또한 지난해 지방관과 지방의 고급 관료들 중 뇌물을 수수하고 불법을 행하였다는 소문이 있던 자에게 국문도 끝나기 전에 이미 군郡을 맡기는 명이 내려졌고, 대간臺諫에서 이를 문제 삼자 그자에게 사록祠祿을 내려 마치 자청해서 사록을 받은 것처럼 처리하였습니다.[47] 게다가 범죄자를 숨겨 준 자의 경우도 그를 다시 체포하여 하옥시키지 않았으며, 명분은 벼슬을 깎았다 하지만 실제로는 그 일을 무마시켜 버렸습니다.[48] 이것은 비록 재상이 일방적으로 동향 사람을 비호하여 폐하를 속인 것이기는 하지만,[49] 신이 삼가 생각하기에는 폐하께서도 그들이 속인다는 사실을 전혀 모르고 계셨던 것은 아닌 것 같습니다. 반드시 "인정人情에는 각기 사사로운 부분이 있게 마련이니, 내가 나의 사사로움을 달성하고자 하듯 저들도 역시 저들의 사사로움을 달성하고자 하는 마음이 있겠지"라고

---

47) 송나라 법제에는 朱熹처럼 자청해서 祠祿官이 되는 경우도 있고, 죄를 지어 파직 되어 사록관이 되는 경우도 있다. 같은 祠祿官이지만, 하나는 '예우'의 의미이고 하나는 '견책'의 의미이다.(『朱子大全箚疑輯補』)
48) 唐仲友가 亡命한 자를 숨겨 준 사실이 있어 朱熹가 잡아서 심문하였는데, 朱熹가 提刑을 그만두자 조정에서는 다시 그를 체포하지 않았다. 한편 당시 재상이었던 王淮는 처음에는 唐仲友를 台州知事에서 江西提刑으로 임명했다가 나중에 祠祿官으로 강등시켰다.(『朱子大全箚疑輯補』)
49) 王淮와 唐仲友는 同鄕이며 姻戚이었다. 朱熹가 戊申封事 이전에 모두 6차례나 글을 올려 唐仲友가 저지른 각종 불법행위를 탄핵했는데, 王淮는 그때마다 唐仲友를 비호했다.(『朱子大全箚疑輯補』)

생각하시고, 또 군신 간에 자주 만나면서 정이 깊어지다 보니 그들의 잘못을 조금 용납할 수밖에 없게 되신 것이라 신은 생각합니다. 그리고 "비록 이와 같이 하더라도 일을 크게 해치는 지경에는 이르지 않겠지"라고 생각하시고, 그것이 기강을 무너뜨리게 된다는 것은 모르신 것입니다. 그래서 천하의 사람들이 그 일을 듣고는 모두 속으로 비난하고 길거리에서 수군대며 조정을 가볍게 보는 마음을 가지고, 뇌물을 수수하던 벼슬아치들은 모두 고무되어 서로 축하하며 다시는 폐하의 법령을 두려워하지 않게 되었으니, 이 또한 작은 일이 아닙니다.

그리고 조정의 신하들이 배향에 대하여 쟁론한 일[50]의 경우, 그 주장들에는 삿되거나 바르고 굽거나 곧은 차이가 분명히 있는데도 폐하께서는 따져 보지 않으시고 모두 물리치셨습니다. 또한 감사監司[51]가 사사로운 마음으로 군수郡守를 무고했는데 불문곡직하고 둘 다 파면하셨고 감사가 술에 취해 군수를 능멸했는데 역시 불문곡직하고 둘 다 사록관으로 강등시키셨습니다.

그러나 재상이 당파를 심어 놓고 사사로운 짓을 하며 임무를 저버렸는데도 파면하지 않고 그저 사직하게 하셨습니다.[52] 대간이 사적인 은혜를 생각하여 은혜 입은 사람의 잘못을 속에만 간직하고 말하지 않아도 폐하께서는 또한 묻지 않으셨습니다. 그가 처음에 낮은 관리에서 대간으로 발탁되어 3~4년간 폐하의 뜻에 부화뇌동할 뿐 폐하의 한 가지 잘못도 밝히지 못했는데도 매년 좋은 보직으로 승진시키셨습니다. 누가 어느 날 무신武臣 한두 명의 죄악을 논하면, 곧 그를 군수로 내치고는 직명職名을

---

50) 이해 4월 高宗의 위패를 太廟에 모실 때 누구를 배향해야 할 것인가의 문제를 두고 쟁론이 있었다.(『朱子大全箚疑輯補』)
51) 宋나라에서는 여러 路에 轉運使司, 提點刑獄司, 提擧常平司 등을 두어 각 州의 관리들을 감찰하게 하였는데, 이를 총칭하여 監司라 한다.
52) 王淮를 파직한 일을 가리킨다.(『朱子大全箚疑輯補』)

주지 않으셨습니다.[53] 가깝게는 동쪽의 경기지역을 다스리고 멀리는 서촉西蜀을 통솔하는 종신從臣이라도 한번 그에 대한 유언비어가 퍼지면 그에 대한 조사를 샅샅이 하여 숨겨지는 것이 없었습니다. 그러나 그 소문의 근원까지 파헤쳐 사실이 아니었다는 것이 밝혀지는 경우에도 유언비어를 퍼뜨린 자는 한마디 꾸짖음도 받지 않고 편안할 수 있었습니다. 산릉山陵을 맡은 관리가 산릉의 자재를 팔아먹고 관리와 백성들을 괴롭혀서 어사御史가 상소하여도, 역시 그를 내치기는커녕 어떤 경우에는 거꾸로 파격적인 승진을 시키기도 하셨습니다. 어사가 경기지역의 전운사轉運司의 비리를 언급하면, 경卿의 반열로 승진을 시킨다는 명분 아래 실질적으로는 그의 권력을 빼앗고 거론된 전운사들에 대해서는 문제가 된 액수에 따라 적당히 벼슬을 깎기는 하셨지만, 곧이어 그들을 등용하셨습니다.

【신이 엎드려 근년의 일을 살펴보니, 폐하께서는 환관이나 측근에 관한 사안만을 주관하실 때는 가차 없이 신상필벌의 원칙을 적용하시면서도 그 외의 일들에 대해서는 관용을 중시하여 시비곡직을 묻지 않으시니, 폐하께서는 "이와 같이 조치하여야 공평해지니, 이것이 진실로 요순의 마음 씀씀이다"라고 여기시는 것 같습니다. 그러나 신은 이에 대하여 삼가 의심을 품게 됩니다. 그 근본에 대하여는 신이 앞에서 이미 망녕되게 논하였으니,[54] 다만 '평平' 한 글자에 대해서만 말씀드리겠나이다.

신은 『주역』의 "사물을 저울질하여 공평하게 베푼다"(稱物平施)[55]라는 말에 감동을 받았습니다. 옛날에 공평을 추구하는 이는 반드시 사물의 대소고하大小高下를 저울질하여 베품의 다과후박多寡厚薄을 정한 뒤에 공평할 수 있었습니다. 만일 그 시비곡직을 묻지 않고 똑같기만을 바란다면, 선한 이는 항상 그 정당함을 펼 수가 없고 악한 이는 도리어 요행히 벌을 면하게 될 것인데,

---

53) 宋나라 법제에, 지방관은 반드시 조정의 職名을 함께 지니도록 되어 있다. 예를 들어 朱熹는 直徽猷閣의 직임으로 江西提刑에 제수된 바 있다.(『朱子大全箚疑輯輔』)
54) "폐하의 마음이 천하의 大本이다"라는 말 이하의 부분을 가리킨다.
55) 『周易』 謙卦의 「大象」.

이를 공평하다고 여기시면 이것이야말로 크게 불공평한 것입니다. 그래서 비록 요순께서 다스리실 때라 하더라도 팔원八元과 팔개八凱[56] 같은 덕과 능력이 있는 이들은 등용하시고 공공共工과 환두驩兜[57] 같은 사악한 자들은 내치셨던 것입니다. 이것이 또한 『주역』에서 말하는 "악惡을 막고 선善을 높이어 하늘의 아름다운 명령을 따른다"(遏惡揚善, 順天休命)[58]라는 것입니다. 선은 천리의 본연本然이고 악은 인욕의 삿되고 망녕된 것입니다. 그렇기에 하늘은 이미 선한 이에게 복을 내리시고 못된 이에게 화를 내리시고서도, 다시 상벌의 권한을 임금께 내리시어 하늘의 화복이 미치지 않는 부분을 도울 수 있도록 하신 것입니다. 그런데 군주가 삼가 그 권한을 가지고서 하늘의 뜻을 받드는 데에 힘쓰지 않을 수 있겠습니까? 폐하께서 깊이 생각해 주시기를 엎드려 바랍니다.】

　조정의 신하들 중에는 현명한 이들과 그렇지 않은 자들이 더욱 뒤섞여, 심지어 해가 다 가도록 폐하의 덕을 도울 만한 말을 한마디도 아뢰지 않는 자도 있습니다. 그들은 무리 짓고 서로 연대하여 도와줍니다. 그 흉포한 자들은 신이 앞에서 말씀드린 바와 같이 유언비어를 날조하고 멋대로 지껄이니, 재상도 그들의 흉포함을 두려워하여 도리어 공론을 어그러뜨려 그들의 의견을 따르고 대간 역시 감히 폐하께 실상을 아뢰어 그들의 죄를 청하지 못합니다. 【신은 옛날의 성왕들께서 "널리 지혜로운 이들을 구하여 후사를 돕도록 하셨다"[59]고 들었습니다. 지금이 바로 널리 현명하고 능력 있는 이들을 구하여 조정에 중용하셔야 할 때입니다. 그러나 지금 조정의 신하들은 성실하지도 않고 제 몸 걱정만 하는 이들로, 그들은 감히 몰래 헐뜯고 공공연히 협박하여 간특한 모의나 하고 나라를 위한 계책은 세우지 않습니다. 폐하께서 은밀히 하문해 보시기 바랍니다.】

---

56) 高辛氏와 高陽氏에게는 각각 여덟 명의 재능 있는 아들들이 있었는데, 이들을 八元과 八凱라 일컬었다.
57) 共工과 驩兜는 모두 堯의 신하로, 三苗・鯀과 더불어 四凶이라 불리었고 각각 幽州와 崇山으로 유배를 갔다.
58) 『周易』大有卦의 「大象」.
59) 『書經』, 「商書・伊訓」.

폐하께서는 지금의 이러한 기강을 어떻다고 생각하십니까? 반성하여 빨리 바로잡지 않을 수 있겠습니까? 기강이 위에서 확립되지 않기 때문에 아래에서 풍속이 무너지는 것입니다. 이런 문제가 근심거리가 된 지 이미 오래되었습니다만, 절중浙中[60]이 유독 심합니다. 대부분의 사람들은 부드러운 얼굴로 아부의 말만 늘어놓으면서 시비와 곡직을 가리지 않는 것을 훌륭한 계책이라 여기니, 아랫사람이 윗사람을 받들 때에는 감히 조금이라도 뜻을 거스르지 않으려 하고, 윗사람이 아랫사람을 부릴 때에도 역시 감히 조금이라도 그들의 감정을 거스르려 하지 않습니다. 그저 사사로이 무엇을 하려고 하여, 온갖 수단을 가리지 않고 계교를 부려 반드시 성취하고야 맙니다. 심한 자는 육포나 젓갈을 선물하듯이 보석을 갖다 바치고 시문詩文을 주고받듯이 어음을 뇌물로 바칩니다. 재상에게 뇌물을 들일 수 있으면 재상에게 뇌물을 들이고 환관과 통할 수 있으면 환관과 통하여 오직 일의 성사를 바랄 뿐, 더 이상 염치라고는 찾아볼 수 없습니다. 아비가 자식에게 가르치고 형이 동생에게 부추기는 것이 모두 이런 것들뿐이어서, 다시는 충의명절忠義名節이 귀하다는 것을 알지 못합니다.

이러한 풍속이 이미 형성된 뒤에는 비록 현인과 군자라 할지라도 그러한 주장에 익숙해짐을 면치 못합니다. 한 사람이라도 강직하고 정직하며 도리를 지키는 선비가 그 속에서 나오면 모두들 비웃고 따돌리면서 '도학道學하는 사람'이라고 지목하고[61] 임금에게 과격하다는 죄까지 덧붙임으로써, 위로는 폐하의 총명을 미혹되게 하고 아래로는 잘못된 풍속을 고무시킵니다. 위로는 조정으로부터 아래로는 시골 마을에 이르기까지

---

60) 南宋의 수도인 臨安이 있는 곳이다.
61) 王淮가 唐仲友의 일 때문에 朱熹를 원망했는데, 이때 吏部尙書 鄭丙이 "요즘의 사대부들 중에 道學을 하는 자들이 있는데, 신용할 바가 못 됩니다"라고 상소했다. 이때부터 '道學'은 나쁜 의미로 사용되었다.(『朱子大全箚疑輯輔』)

십 수 년 동안 이 '도학'이라는 두 글자로 천하의 현인과 군자를 가두어 왔으니,[62] 숭녕崇寧(1102~1106)·선화宣和(1119~1125) 연간에 있었던, 이른바 '원우학술자元祐學術者'[63]를 배제하고 모욕하여 자기 한 몸 둘 곳이 없도록 만든 다음에야 그만두었던 일과 같습니다. 아아! 이것이 어찌 치세治世 때의 일이겠습니까? 차마 다시 말로 표현할 수 없습니다. 심지어 어떤 자들은 폐하께서 "오늘날 천하에는 다행히도 변고가 없으니, 비록 절개를 지켜 의를 위하여 죽는 선비가 있더라도 달리 어디에 쓰겠는가?"라고 말씀하셨다고 감히 떠벌리고 다니고 있습니다. 이 말이 한 번 퍼져 나가 식자들의 커다란 근심이 되었습니다만, 신은 폐하께서 결코 그렇게 말씀하시지 않았다는 것을 알 수 있습니다.

절개를 지켜 의를 위하여 죽는 선비는 평소 아무 일이 없을 때에는 정말로 아무런 소용이 없는 것처럼 보입니다. 그러나 예로부터 군주들은 이러한 이들을 반드시 얻으려고 애를 썼으니, 그 까닭은 다음과 같습니다. 이러한 사람은 환란을 당해서 죽고 사는 문제를 도외시할 수 있기에 평소에는 작록을 가볍게 여길 수 있으며, 환란을 당해서 충절을 다할 수 있기에 평소에는 아무나 따르지 않을 수 있습니다. 평소 일이 없을 때라도 이러한 이들을 등용하면, 위로는 군주의 마음이 바르게 되고 아래로는 풍속이 아름답게 되어 간사한 싹을 잘라버리고 화의 근본을 제거하기에 충분합니다. 이렇게 해서 자연스레 '절개를 지켜 의를 위하여 죽는 일'이 실제로 발생하지 않게 해야 하는 것이지, 뒷날 변고가 있을

---

62) 1178년(淳熙 5) 侍御史 謝廓然이 상소를 올려 程頤와 王安石의 설로 관리를 채용하지 못하도록 청했고, 秘書郎 趙彦中이 다시금 道學을 비난하는 상소를 올렸다. 1183년 (淳熙 10)에는 監察御史 陳賈가 僞學을 금하도록 청했다.(『朱子大全箚疑輯補』)

63) 元祐(1086~1094)는 哲宗의 연호로, 程頤가 활동하던 시기이다. 徽宗 때인 1103년(崇寧 2)과 1123년(宣和 5)에 元祐 연간에 활동했던 程頤의 문하제자들을 탄압한 일이 있었는데, 당시에 그 程門 제자들을 '元祐學術者'라 불렀다.(『朱子大全箚疑輯補』)

것을 반드시 알아서 미리 이러한 사람을 길러 대비해야 한다는 것은 아닙니다.

평소 편안한 것만을 믿고 "이러한 인재는 반드시 쓸 일이 없을 것이다"라고 하여, 오로지 한결같이 도리도 모르고 학식도 없으면서 작록만 중히 여기고 명분과 의리는 가벼이 여기는 자들만을 취해서 그들이 군주 자신을 바로잡는 일에 힘쓰지 않는다는 이유로 총애한다면, 기강이 날로 무너지고 풍속이 날로 구차해져서 예사롭지 않은 화근이 잠복해 있다가 어느 날 생각지도 못했던 곳에서 터지게 됩니다. 그러면 평소 쓰던 자들이 다투어 반란군에 투항하여 한 사람도 환란을 같이할 만한 이가 없게 되고, 그런 다음에야 비로소 예전에 버려두었던 사람들이 다시금 나타나 불행하게도 충성되고 의로운 절개를 드러내는 것입니다. 천보天寶(唐 玄宗 연호, 742~756)의 난[64]의 경우를 살펴보면, 장군과 재상, 인척과 환관들은 모두 적의 뜰에 머리를 조아려 버렸고, 병사를 일으켜 적을 토벌하면서 끝내 자신과 가족이 죽는 지경에 이르러서도 후회하지 않았던 이들은 장순張巡, 허원許遠, 안고경顔杲卿[65]의 무리였으니, 이들은 지방 작은 고을의 사람들로서 당시에 군주는 얼굴도 모르는 상태였습니다. 만일 명황明皇[66] 이 장순 등을 일찍부터 등용했더라면 어찌 환란이 싹트기 전에 미리 제거할 수 없었겠습니까? 그리고 장순 등이 명황에게 일찍부터 쓰였더라

---

64) 唐나라 玄宗 天寶 연간에 安祿山과 史思明이 일으킨 安史의 亂을 가리킨다.
65) 張巡(709~757)은 鄧州 南陽(지금의 河南省) 사람으로, 安史의 난 때 眞源令이었는데 兵을 일으켜서 반란군에게 맞서 雍丘를 지켰다. 許遠(709~757)은 杭州 鹽官(지금의 浙江省 海寧縣 西南) 사람으로, 자는 令威이다. 安史의 난 때 睢陽太守가 되어 반란군에게 대항하다 城이 함락되자 붙잡혀서 洛陽으로 압송되었다. 顔杲卿(692~756)은 京兆 萬年(지금의 陝西省 西安縣) 사람으로, 자는 昕이고 常山太守를 역임했다. 755년 (天寶 14) 從弟인 平原太守 顔眞卿과 함께 起兵하여 安祿山의 후로를 차단했으나 다음해 史思明이 常山을 공격할 때 붙잡혀 安祿山이 있는 洛陽으로 압송되었다.
66) 唐 玄宗(712~756 재위)을 가리킨다. 諡號가 至道大聖大明孝皇帝이기에 明皇이라 부른다.

면 어찌 실제로 절개를 지키고 의를 위하여 죽는 일에까지 이르렀겠습니까? 상商나라의 거울은 멀리 있는 것이 아니라 바로 하夏나라에 있습니다.[67] 이것이 식자라면 혹자의 말[68]에 깊이 근심하는 까닭입니다.

신은 폐하께서 학문이 고명하시고 견식과 사려가 심원하시기에 결코 이러한 이야기를 하시지는 않았을 것임을 알고 있습니다. 그러나 소인배들이 감히 폐하의 뜻이라 빙자하여 자신들의 간특함을 가림에, 그 해악이 천하의 충신과 의로운 선비들의 기개를 저해하는 데 이르렀다는 사실을 생각할 때마다 가슴이 저리고 머리가 아프지 않은 적이 없었으며 식자들의 염려가 지나친 것이라고 감히 말할 수 없었습니다. 폐하께서는 이 풍속을 어떻다고 보십니까? 반성하여 빨리 개혁하지 않을 수 있겠습니까? 이것이 현재 시급히 처리해야 할 세 번째와 네 번째 일입니다.

백성의 힘을 기르고 군정軍政을 정비하는 일에 대하여 말씀드리겠습니다. 백성의 힘이 넉넉하지 않은 것은 폐하께서 사사로운 마음을 이기지 못하여 재상과 대간이 자신의 직무를 다하지 못하게 하신 데 기인하는 것이고, 군정을 정비하지 못하는 것은 폐하께서 사사로운 마음을 이기지 못하여 환관들이 장수와 모의할 수 있게 하셨기 때문입니다. 여기에 대해서는 신이 이미 앞에서 모두 말씀드렸습니다. 이제는 백성의 힘이 아직 넉넉하지 않은 데 대해 더 구체적으로 말씀드리겠습니다.

신이 듣자 하니 우윤문虞允文[69]이 재상이 된 후, 호조戶曹의 세목稅目

---

67) 『詩經』「大雅」에 "商나라의 거울이 바로 전 왕조인 夏나라"라고 했듯 宋나라의 거울은 唐나라이니, 그때 일어난 安史의 난을 반면교사로 삼아야 한다는 말이다.

68) 앞에 孝宗이 했다고 소문난 말을 일컫는다.

69) 虞允文(자는 彬甫, 1110~1174)은 隆州 仁壽(지금의 四川省) 출신이다. 1160년(紹興 30)에 金의 사정을 살피고 돌아와서 金에 대비할 것을 주청했으며, 참전하여 金軍을 대파하였다. 조정에서 主和를 논의할 때 싸울 것을 상소하였으나 받아들여지지 않았다. 1165년(乾道 元年) 參知政事 兼 知樞密院事로 임명되었으며, 1169년에는 左丞相 兼 樞密使가 되었다. 1174년에 蜀에서 病死하였다. 인재를 발굴하는 데 관심이 있었으며, 胡銓, 周必大, 王十朋 등을 추천하였다.

중에 반드시 거둘 수 있을 만한 것을 모두 징수하여 "일 년 결산 결과 남은 것"이라는 명목으로 내탕고內帑庫에 귀속시키고, 그것들 중 명목만 있고 실제 수입이 없어 여러 해 누적된 문서상의 결손과, 장부에 적혀 있을 뿐 실제로는 독촉할 수 없는 것들을 감사하여 호조로 귀속시켰다고 합니다. 그의 주장에 따르면 "내탕고에 비축해 놓은 것은 언젠가 일어날 전쟁과 뜻하지 않은 수요에 대비하기 위한 것이고, 현재 호조에서는 세입歲入에 맞추어 지출하고 있다"고 한답니다.

그의 말을 들으면 참으로 달고 좋습니다. 그러나 그때부터 이십여 년 동안 내탕고의 세입이 얼마나 되는지 알 수 없으나 내탕고를 개인 금고로 여겨 환관 등에게 관리케 하니, 재상이 공물 세입을 기반으로 내탕고의 자금 출입을 조절하여 재정 균형을 맞출 수 없고 호조가 장부를 통해 그 자산 상태를 감사할 수 없어 매일 매달 소모되는 황실 경비가 얼마나 되는지 파악하지 못하고 있습니다. 그러니 어떻게 "이 돈을 써서 오랑캐의 머리와 바꿀 수 있다"는 태조 황제의 말씀[70]과 같은 이야기를 들을 수 있겠습니까? 오히려 호조의 적자가 날로 심화되고 세금 독촉은 날로 엄격해져서 결국은 조종祖宗 이래의 파분破分[71]이라는 좋은 법을 폐기하고 반드시 세금 전체를 모두 채워 거두게 하는 지경에 이르렀습니다. 그것이 부족하면 다시 감사와 군수들의 징수 실적을 비교하여 등급을 매기는 법을 만들어 어르고 협박하니, 그들이 정치와 교화를 시행한 결과에 대해서는 묻지 않고 오로지 백성들을 착취하여 상납할 수 있는

---

70) 太祖가 966년(乾德 4) 荊湖, 西蜀을 평정하고 나서 金帛을 거두어들인 뒤 封樁庫라는 창고를 지어 보관하였다. 그리고 조정에서는 한 해 지출하고 남은 것을 모두 그 곳에 모아 두었는데, 太祖는 신하들에게 "이 창고의 재물을 이용하여 용사들을 모집하겠다" 하였고, 970년(開寶 3)에 거란이 定州를 침략하자 "비단 20필로 오랑캐의 머리를 사겠다. 적의 정병이 겨우 10만이니 비단 200만 필만 쓰면 오랑캐를 다 잡을 수 있다" 하였다.(『朱子大全箚疑輯補』)
71) 세금의 8~9할만 징수하는 세금감면제도의 일종이다.(『朱子大全箚疑輯補』)

자만을 능력 있다고 평가하고 있습니다. 그 결과 천하가 이 바람을 타고 누가 더 가혹하고 빨리 거두는가 경쟁하여, 감사는 주군州郡에, 군수는 속읍屬邑에 "백성의 일에 마음을 둘 필요가 없으니 오직 세금 독촉에 매진하라"라고 명령을 내립니다. 이것이 백성의 힘이 매우 곤궁해지는 이유의 근본입니다. 정해진 세금 이외의 무명잡세, 즉 화매和買72), 절백折帛73), 과벌科罰74), 월장月椿75) 등에 대해서는 아직 말씀드리지도 않았습니다. 【신이 엎드려 조종祖宗의 구법舊法을 보건대, 주州와 현縣에서 부세를 징수할 때에 9할 이상 걷히면 '파분破分'이라 하여 관리들은 더 이상 독촉하지 않고 호조戶曹 역시 내버려 두었습니다. 이로 말미암아 주와 현은 그 나머지를 얻어 서로 잡비를 보조하고, 가난한 백성들은 어느 정도 체납금의 상환을 연장시키면서 탕감을 기다릴 수 있었습니다. 은혜가 조정으로부터 시골 마을에까지 미치고 군君ㆍ민民이 모두 만족하며 공公ㆍ사私가 함께 편안하게 되니, 이는 진실로 계속 지켜야 할 좋은 법입니다. 그런데 지난번에 증회曾懷76)가 일을 담당하면서부터는

---

72) 宋나라 太宗 때 馬元方의 건의로 시작된 제도로, 봄에 식량이 떨어지면 관에서 미리 비단 값을 주었다가 여름이나 가을에 양잠이 끝나면 비단을 납부 받아 원금을 상환하게 하는 것이다. 나중에는 비단뿐 아니라 향이나 모피 등의 지방특산물로 대납물의 범위가 넓어졌다. 이렇듯 이는 일종의 구황책으로 출발한 것이었으나, 나중에는 일종의 부가세로 변질된다. 仁宗 때부터는 돈을 주는 대신 소금을 주었으며, 徽宗 이후에는 아무것도 주지 않고 비단만을 경제적 수준에 따라 납부하게 했던 것이다.

73) 和買에 의해 내는 비단을 돈으로 대신 내게 하는 제도이다. 建炎 연간(1127~1130)에 비단 값이 폭등해서 한 필에 10貫에 이르렀을 때, 백성들의 부담을 덜어 주기 위해 필당 6~7貫으로 계산해서 돈으로 납부하게 했다. 그런데 나중에 비단 값이 떨어졌을 때도 필당 6~7貫의 가격 그대로 계산하여 돈을 징수하니, 백성들은 시세의 3배가 되는 돈을 내어야 했다.(『朱子大全箚疑輯輔』)

74) 州나 縣 같은 지방정부에서 임의로 부과하는 벌금이나 임시로 부과하는 잡세 등을 가리킨다. 소송패소자나 役의 기한을 어긴 자에게 물리는 벌금, 성문통과세 등이 그것이다.

75) 南宋 때 군비를 충당하기 위해 징수하던 잡세이다. 1132년(紹興 2) 韓世忠이 建康에 주둔하고 있을 때 江南東路에서 매월 10만 緡을 거두어 軍需를 공급했던 것에서부터 시작되었다. 이는 그 후 각지로 퍼져 각종 명목의 임시세금을 거두는 풍조를 만들었다. 江南東路와 江南西路의 피해가 가장 심했다고 한다.

76) 曾懷는 1172년(乾道 8)에 參知政事가 되고, 이듬해에 右丞相이 되었다.(『朱子大全箚疑

이 법을 없애고 주와 현의 오래된 체납금을 모두 조사해서 이를 세금 포탈로 간주하여 빠짐없이 징수하니, 이때부터 민간의 세물稅物은 아주 적은 양이라도 빠짐없이 거두어 들였습니다. 중회는 이를 기회로 승진하여 마침내 재상이 되었으나, 백성들은 피해를 입고 원통함이 날로 깊어 갔습니다. 재물을 얻고 백성을 잃어서도 안 되는 것인데, 지금은 정책이 번거롭고 부세賦稅가 무거워 백성들이 떠돌아다니게 되니 이른바 '재물'이라는 것도 장차 얻을 수 없게 될 것입니다. 서둘러 대비책을 마련하지 않으면 반드시 피해가 클 것입니다. 신은 『대학』의 마지막 장을 읽을 때마다 "소인이 국정을 맡게 되면 재해가 함께 몰려오니, 비록 선한 사람이 있다 하더라도 어떻게 해볼 도리가 없다"라는 부분을 보면, 그 말이 매우 간절하여 가슴이 서늘하지 않은 적이 없습니다. 폐하, 이 문제에 조금이라도 관심을 보이시고 조속히 시정하라는 명령을 내리시어 천하에 다행스러운 일이 되게 하소서.】

다음입니다. 폐하께서 재상을 등용하실 때에는 중앙과 지방의 능력 있는 관리를 택하지 못하고 오로지 사사로운 정이 두터운가 엷은가에 따르며, 폐하께서 대간臺諫을 등용하실 때에는 공적인 입장에서 탄핵을 하는가를 보지 않고 오로지 자기가 아끼는가 미워하는가에 따릅니다. 그래서 제 역할을 할 만한 감사와 군수들을 뽑지 못하는 경우가 많아서, 그 중 능력 있는 자들은 도리어 직무를 수행하다가 대간에게 밉보여 탄핵을 받아 쫓겨나기도 합니다. 감사가 너무 많아져서 일의 권한이 분산되어 버리고 인사 관련법이 비록 세밀하다 하나 제대로 된 현령을 뽑을 수 없게 되었으니, 그 법에 좋지 못한 점이 있는 것입니다. 만일 그 근본[77]이 바르다면 이러한 문제들을 각각 처리하기 어렵지 않겠지만, 근본이 아직 바르지 못하니 비록 누군가 이러한 문제들을 제기하여도 일에 도움이 되지 못하고 오히려 해가 될까 신은 두렵습니다.

輯輔』)
[77] 황제가 사심에 가려져서 재상과 대간이 직무를 제대로 수행하지 못해도 방치해 두는 문제를 가리킨다.(『朱子大全箚疑輯輔』)

그리고 군정軍政이 잘 정비되지 않는 이유에 대하여 살펴보겠습니다. 신이 듣건대, 예전에 장수들이 진급을 원하면 반드시 먼저 사졸士卒을 착취하여 사재私財를 불리고 나서 이것을 가지고 폐하의 사인私人과 결탁하여 폐하의 고위급 장군들에게 자신의 이름이 알려지기 바랐다고 합니다. 그래서 장군들이 그자의 이름을 알게 되면 곧바로 그자의 이름을 부대로 보내어 십什·오伍[78]의 최하 단위로부터 상급 부대까지 "그의 재주와 무예가 장수의 임무를 감당할 만하다"고 차례대로 보증하게 한 후에 상소문을 갖추어 폐하께 아뢰었다고 합니다. 그리하여 폐하께서는 단지 각급 제대에서 우선으로 추천하고 상소문이 구비되어 있는 것만 보시면 곧 "공식적인 추천 절차에 의하여 제대로 된 인재를 얻을 수 있었다"고 생각하시게 되지, 어찌 그것이 빚을 내어 뇌물 바치고 장수가 되던 당말唐末의 경우와 같이 정해진 가격에 따라 뇌물을 보내어 이루어진 것임을 아시겠습니까? 단지 이 하나의 일만 하더라도 귀가 있는 자는 다 듣고 입이 있는 자는 다 말하는 것인데도, 그 작당하는 경로와 행적이 대단히 은밀하여서 그들이 결탁하는 실상을 알아 볼 길이 없으니, 누군가 그것을 아뢰어도 폐하께서는 끝내 믿지 않으시는 것입니다.

대저 장수는 3군의 명령을 관장하는 자인데 그 선발하여 배치하는 방식이 이와 같이 잘못되었으니, 지략과 용기와 재주를 갖춘 사람들 중에 그 누가 환관과 후궁들에게 마음을 억누르고 고개를 숙이고 싶겠습니까? 그러니 폐하께서 기용하신 장수들은 모두 병졸이 제격인 별 볼일 없는 자들로, 작전이나 군법이 어디에 쓰이는 지조차 모른 채 오로지 사졸들을 착취하는 것만 우선으로 삼고 환관 등과 결탁하려고만 하고 있습니다. 폐하께서는 그런 줄도 모르시고 오히려 그들에게 군정을 정비

---

78) 다섯 명 한 조를 伍, 열 명 한 조를 什이라 했다.

하고 사졸들을 격려하여 나라의 힘을 강성하게 하기를 바라시니 어찌 그릇된 일이 아니겠습니까?

그런데 장수다운 장수를 얻지 못하는 것은 사졸들만 그 피해를 입는 것이 아닙니다. 그 피해는 궁극적으로 백성들에게까지 미칠 수 있습니다. 장수다운 장수를 얻으면 병적 관리가 엄격해져서 군량미가 넉넉하게 비축되고[79] 둔전제屯田制가 제대로 시행되어 중앙에서 보급해야 할 군수물자가 줄어들게 되겠지만, 오늘날 장수라는 자들이 이와 같으니 그들에게 부대의 실정을 제대로 파악하고 군량미를 넉넉하게 비축하기를 바랄 수는 없습니다.

둔전[80]에 대해서 말씀드리겠습니다. 자기 욕심만을 채우려는 저들은 둔전을 싫어하는 까닭에[81] 조정에서 관리를 별도로 파견하여 둔전을 운영해야 합니다. 병둔兵屯의 경우 그것을 경작할 병사들을 장수들이 선발해서 보내는 데 의존하기 때문에 장수들을 둔전과 관련된 사무에 참여시킬 수밖에 없습니다. 그런데 그들은 병사들을 꽉 움켜쥐고는 농사 짓고 싶어하는 자들을 보내지 않고 농사를 못 짓는 자들을 억지로 보내니, 병사들이 둔전에 와서는 거드럭거리며 일을 하지 않고 도리어 백성들의 밭에 해를 끼친다 합니다. 조정에서 파견한 관리는 문리文吏라서 그들을 통제할 힘이 모자랍니다. 그러니 폐하께서 그토록 절실히 둔전을 정상화 하려 하셔도 오래도록 이루실 수 없는 것입니다.

---

79) 병적 관리가 엄격해지면 쓸데없이 군량미를 축내는 무리들이 사라져서 비축분에 여유가 생기게 된다는 의미이다.(『朱子大全箚疑輯輔』)
80) 漢代 이후로 농민이나 병사들을 모집하여 주둔지의 토지를 경작하게 해서 군수를 조달하였다. 이 중 백성을 모아 경작하는 것을 民屯, 병사들을 모아 경작하는 것을 兵屯이라 한다.(『朱子大全箚疑輯輔』)
81) 둔전을 제대로 운영하여 부대가 자급자족할 수 있으면 중앙에서 별도의 군수물자를 지원하지 않게 되어 장수들이 빼돌릴 것이 없어져 버리기 때문에 둔전을 원하지 않는 것이다.(『朱子大全箚疑輯輔』)

둔전이 제대로 운영되지 않아 군수 보급의 절차가 번거롭고 비용이 많이 들어 각 주에서 거두는 세미稅米 전부를 보내더라도 주병州兵의 군량미를 댈 수 없으니, 원래 정해진 세금에 손실 예상분을 추가해서 거두거나(加耗) 도량형을 속여 세금을 더 거두는(斛面) 폐해가 여기저기서 발생하여 백성들은 더욱 가난해지고 있습니다. 또한 화매, 절백, 과벌, 월장 등의 잡세도 왕왕 군수품 공급을 위하여 사용되니 없앨 수가 없습니다. 만약 둔전이 제대로 운영되어 여러 로路의 세금에 의지하는 양이 감소된다면 이러한 일들을 거의 모두 금할 수 있을 것입니다. 그러나 지금 상황은 그렇지 않으니, 이는 장수들을 잘못 임용하여 그 폐해가 백성들에게까지 미치는 것입니다.

이러한 병폐들은 그 뿌리가 깊고 단단하며 거기에서 파생된 문제들이 널리 퍼져서 단기간에 없애는 것은 불가능할 것같이 보입니다. 그러나 근본적인 해결은 결국 폐하께서 스스로 반성하시는 데 달려 있습니다. 폐하의 마음이 진실로 바르시다면 반드시 내탕고의 재물을 내어 호조에 귀속시키실 수 있을 것이고, 그리하면 호조는 적자를 벗어나서 반드시 파분법을 회복하고 세금 징수 실적으로 인사 고과하는 제도를 폐지해서 주와 현을 넉넉하게 할 수 있을 것입니다. 폐하의 마음이 진실로 바르시다면 반드시 재상을 올바로 택하시고 지방 수령들을 제대로 선발하고 대간을 잘 뽑아서 규찰과 탄핵이 공정하게 시행되게 하실 수 있을 것입니다. 폐하의 마음이 진실로 바르시다면 반드시 환관과 장수들이 결탁하는 것을 엄금하셔서 장수의 선발권을 재상들에게 돌리실 수 있으니, 재상다운 재상을 얻으신다면 그는 반드시 폐하를 위해 장수를 선발해서 병사들의 사기를 진작시키며 군수물자를 제대로 관리하고 둔전을 넓혀 보급의 번거로움과 비용을 줄일 수 있을 것입니다.

그러하니 위로는 조정으로부터 아래로 주와 현에 이르기까지 백성과 군대를 다스리는 관리들을 모두 적당한 사람으로 기용한 다음에, 재상에게 조칙을 내리시어 감사의 정원定員을 줄이되 그 선발을 정밀하게 하고 그 책임을 무겁게 하는 일을 논의하게 하소서. 그리고 이조에 조칙을 내리시어 다스리기 어렵고 쉬움에 따라 현의 차등을 두고,[82] 천하의 관리들을 항상 꼼꼼히 조사하여 현을 다스릴 수 있는 능력이 있는 자들은 천거가 있고 없음이나 자격의 고하를 따지지 말고 그 이름을 기록해 놓았다가 다음 차수에 가장 다스리기 어려운 현을 다스리게 하도록 하소서. 그래서 과연 치적이 있거든 그를 우대하여 승진시키시고, 그 직책을 감당해 내지 못하거든 퇴출시키소서. 모든 주와 현들에서 행해지고 있는, 규정에 없는 불법적인 공납과 제멋대로 징수하여 교묘하게 착복하는 잡세 중에서 너무 심하여 제거해야 할 것을 점차로 제거할 수 있다면 백성들의 힘은 넉넉해질 것입니다.

둔전의 이로움에 대한 신의 어리석은 생각은 다음과 같습니다. 마땅히 대장군으로 하여금 군사를 모집하게 하고 중앙에서 파견된 관리로 하여금 유랑민을 모집하게 하여, 각기 병둔兵屯과 민둔民屯을 경작하여 서로 간섭하지 않도록 해야 합니다. 임금 지급, 인사 고과, 상벌과 명령은 각자의 본사本司를 따르도록 하여 각기 구분되어 처리되도록 해야 합니다. 병둔에는 장교가 있어 부릴 수 있으니 별도로 관리를 두어서는 안 되고, 민둔에는 관속官屬 3~5 명을 두고 그 밑에 심부름할 사람 10~20명을 두어 중앙에서 파견한 관리의 명령을 받도록 하소서. 그리고 병兵·농農의 업무에 대해 두루 알고 군軍·민民의 실상을 제대로 파악하고 있는 관리 한 사람을 택하여 둔전사屯田使로 삼아서, 병둔과 민둔 양사兩司의 일을 총괄하면서

---

82) 宋에서는 전국의 縣을 인구에 따라 구분해서, 4천 戶 이상을 望, 3천 戶 이상을 緊, 2천 戶 이상을 上, 1천 戶 이상을 中, 1천 戶 미만을 下라고 불렀다.(『朱子大全箚疑輯補』)

조정에 주청하고 조정의 요구에 부응하도록 하는 한편, 세시歲時에 맞게 순찰하여 병사와 백성들이 열심히 하는지 게으름을 부리는지 잘 살펴서 상벌을 시행하게 해야 합니다. 이렇게 한다면 양 둔전屯田은 서로 경쟁하는 마음이 생겨 각기 좋은 성과를 내려 노력해서 수확량이 증대하고 군수 보급이 용이해질 것이며, 여러 로路들이 자행하던 불법적인 공납과 제멋대로 징수하여 착복하는 잡세 가운데 예전에는 부득이하게 제거할 수 없었던 것을 지금은 모두 금할 수 있게 되어 백성의 힘은 더욱 넉넉해지게 될 것입니다. 이것이 현재 시급히 처리해야 할 다섯 번째, 여섯 번째 일입니다.

【신이 말씀드린 것과 같은 둔전의 일은 역시 장래에 적당한 사람들을 장수로 기용한 뒤라야 시행할 수 있는 것입니다. 만일 장수들이 그저 오늘날과 같다면 도리어 전운사들이 이미 성취한 공마저 무너뜨릴 뿐, 장수와 병둔을 실제로 정상화시키는 데 아무런 도움이 되지 못할까 두렵습니다. 또한 바라옵건대, 이 수재가 끝난 틈을 타서 널리 유민들을 불러 모아 민둔을 활성화할 정책을 함께 시행하도록 지시를 내리고 효과를 볼 때까지 기다리소서. 그리고 전운사들에게 칙령을 내리시어 아직 드러나지 않은 이해득실을 조사하여 조목별로 구체적으로 아뢰도록 하소서. 그런 뒤에 사안에 따라 헤아려서 적당한 때에 조치하시면 지금까지 이룬 성과마저 흔들어 가벼이 허물어뜨리는 상황에는 이르지 않을 것입니다. 살펴주시기를 엎드려 바랍니다.】

이 여섯 가지 일은 모두 늦출 수 없는 것입니다만 그 근본은 폐하의 한 마음에 달려 있습니다. 한 마음이 바르게 되면 여섯 가지 일이 모두 바르게 되고, 하나라도 인심人心과 사욕私欲이 그 사이에 끼어들면 아무리 노력해서 이 여섯 가지 일을 바르게 하려 해도 결국은 또 헛되이 법령만 양산하게 될 뿐 천하의 일은 더욱더 어떻게 해 볼 도리가 없게 될 것입니다. 그러므로 이른바 이 '천하의 대본大本'이라는 것은 급선무 중에서도 가장 급한 일로 조금이라도 늦출 수 없는 것입니다. 폐하께서는 깊이 생각하시어 한시라도 빨리 마음을 바로잡으려 노력하소서. 만약 대본이 진정 바르고 급무가 진실로 정비되었는데도 정치의 효과가 드러나지 않고 국세가 강성해지지 않으며 중원을 회복하지 못하고 원수를 멸하지 못한다고 한다면, 신은 도끼로 참수되는 형벌을 청함으로써 폐하께 사죄드릴 것이며 폐하께서 비록 사면하시고자 한다 해도 신은 감히 받아들이지 못할 것입니다.

그러나 신이 듣건대, 요즘의 사대부들의 논의 중에 신과 같지 않은 것이 한둘이 아니라고 합니다. 그 내용을 살펴보면 모두 이른바 "옳은 듯하지만 사실은 틀린 것"(似是而非者)들입니다. 대개 오늘이 내일 같고 내일이 오늘 같길 바라며 별일 없는 것만을 즐거워하는 자들은 "폐하의 연세가 점점 많아지시는데 천하에는 다행히도 별다른 일이 없다. 연세가 점점 많아지시니 혈기가 쇠해지지 않을 수 없거늘, 천하에 별일이 없는데 다시금 별 볼일 없는 자들이 천하를 소란스럽게 해서는 안 된다"라고 말합니다. 반면에 떨쳐 일어나 뭔가 큰일을 하려는 자들은 "조종祖宗의 쌓인 울분은 펴지 않을 수 없고, 중원의 옛 땅은 회복하지 않을 수 없다. 이것을 과제로 삼으면 황제 폐하의 마음은 권면하지 않아도 저절로 강성해지고, 이것을 버려두고 도모하지 않으면 비록 재촉해서 일을 도모하려 해도 표준으로 삼아 지향할 것이 없어 끝내 점점 시들해지는 상황으로 돌아가게 될 따름이다"라고 합니다. 이 두 말은 모두 일리가 있사오나, 신이 생각하기에는 둘 다 잘못된 것입니다.

별일 없는 일상에 안주하는 자들은 성인聖人의 혈기도 때가 되면 쇠약해진다는 것을 알 뿐, 성인의 의지와 기개는 쇠미해질 때가 없다는 것은 모르옵니다. 천하에 일이 생기면 구차하게 안주할 수 없다는 것은 알지만, 천하에 별일 없을 때 더욱 조금이라도 나태하면 안 된다는 것을 모르옵니다. 더구나 오늘날의 천하는 별일이 없다고 할 수 없는데, 어떻겠습니까?

위무공衛武公을 예로 들어 말씀드리겠습니다.[83] 그는 95세의 나이였는데도 온 나라에 경계하여 자신을 바로잡을 수 있는 간언을 구하였고, 사욕을 억누르고 경계하는 시를 지어 스스로 조심하였으며, 사람들에게 그 시를 자신의 곁에서 아침저녁으로 읊게 하였습니다. 어찌 그의 나이가 많지 않아 이렇게 한 것이겠습니까? 삼가고 두려워하는 그의 마음이 그의 나이 때문에 조금이라도 쇠미해졌습니까? 폐하의 연세를 무공武公의 나이에 비교해 보면 3분의 2에도 미치지 못하옵고, 폐하의 책임과 지위는 무공보다 만 배나 더 막중하고 높으시옵니다. 신이 비록 불초하나 어찌 감히 섣불리 폐하를 무공의 밑에 두어 "폐하는 할 수 없다"라고 말할 수 있겠습니까?

또한 천하를 다스리면서 일이 어렵고 많은 것을 걱정할 것이 아니고 오히려 독毒 같은 편안함에서 오는 화를 무서워해야 합니다. 설령 공업이 이루어지고 정치가 안정되어 해야 할 일이 하나도 없다 하더라도 오히려 아침저녁으로 조심하며 조금이라도 나태해지지 말아야 하니, 편안할 때에 위태로움을 생각해야 합니다. 하물며 지금은 천하가 비록 목전에 급한 일이 없는 것처럼 보이지만 백성들은 가난하고 재정은 부족하며 병졸들은 게으르고 장수들은 교만하며 밖에는 강하고 포악한 오랑캐들이 있고 안에는 근심과 원망에 가득 찬 군졸과 백성이 있습니다. 그 밖에 눈과 귀가 닿지 않고 생각이 미치지 못하는 곳에 숨어 있어 말하기 어려운 근심들이 가까이는 궁궐 깊은 곳에서 멀리는 수천 리 밖에까지

---

83) 春秋時代 衛나라 康叔의 8세손으로 이름은 和이다. 犬戎이 周 幽王을 죽였을 때에 병사를 일으켜 周 平王을 도운 功으로 公의 작위를 받았다. 재위 55년 만에 사망했고 諡號는 武이다. 때문에 衛武公이라 칭한다. 그는 "卿에서 師長까지 조정에 있는 모든 이들은 스스로를 늙었다 하여 버리지 말지니라. 반드시 조정에서 나를 바로잡고, 아침저녁으로 나에게 경계가 되는 말을 하라"라고 온 나라에 경계했다고 한다.(『朱子大全箚疑輯輔』)

산재하여 있으니 어찌 그 수를 다 헤아릴 수 있겠습니까? 【궁궐 깊은 곳의 근심에 대해서는 이미 앞에서 말씀드렸습니다. 이에 대해 폐하께서는 다시 한 번 생각해 보시기 바랍니다.】 그럼에도 지난 일을 살펴보면 볼만한 효과를 거둔 것이 아직 없으며, 앞으로의 일에 대해 생각해 보아도 역시 지킬 만한 본보기가 없습니다. 【보통사람이 장차 다른 사람에게 아주 작은 일을 맡기려 할 때도 오히려 반드시 먼저 가장 좋은 본보기를 만듭니다. 그래야 일을 맡는 사람이 지키고 따를 것이 있게 되어 일을 맡긴 사람이 처음에 맡긴 의도를 실현할 수 있는 법입니다. 하물며 천하를 소유하신 폐하께서 장차 천하의 지극히 큰 일을 다른 사람에게 맡기려 할 때에는 참으로 제대로 된 본보기를 먼저 내려 주셔야지 않겠습니까? 신은 이 일에 대해 감히 다 말씀드리지 못하겠습니다 만, 총명하신 폐하께서 조금만 더 생각하신다면 지금이야말로 진실로 덕업을 일신하고 기강을 재정비할 수 있는 절호의 기회가 될 것입니다. 신이 저지른 광망하고 경망한 죄는 만 번 죽어 마땅하오나 폐하께서 너그러이 보아주시기를 엎드려 바랍니다.】 그러니 어찌 아무 일도 없다고 하면서 느긋하게 대처할 수 있겠습니까?

떨쳐 일어날 것을 생각하는 사람들은 다만 "옛 땅을 수복할 것을 잊지 말아야 하며 이렇게 오랫동안 해이해져 있어서는 안 된다"는 것은 알면서도, "불세출의 위대한 공업을 세우기는 쉽지만 지극히 은미한 본심本心을 지키기는 어렵고, 중원의 오랑캐는 쉽게 물리칠 수 있지만 한낱 자신의 사사로운 마음은 제거하기 어렵다"는 것은 모르옵니다. 진실로 그 어려운 일을 먼저 할 수 있다면 그 쉬운 것은 장차 말하지 않아도 저절로 해결될 것입니다. 어려운 일을 먼저 해결하지 않고 그저 그 쉬운 일에 대하여 요행을 기대한다면, 비록 아침저녁으로 계속해서 그 일에 대해 얘기한다 하더라도 이 또한 그저 헛된 말이 되어 버려 일시적인 자기만족에 그치고 말 것입니다.

더구나 지금은 이미 융흥隆興 초에 구토 수복이 실패로 돌아간 후[84] 부당하게도 갑자기 군대를 철수시키고 적과 강화하여[85] 결국 독과 같은 편안함의 폐해가 날로 자라나서 와신상담의 의지가 날로 잊혀 가는 상황입니다. 그러한 까닭에 요 몇 년 이래 기강이 해이해져 재앙이 싹을 틔우고 구차하게 중국의 동남쪽으로 물러나 있는 상황에서 우려하지 않을 수 없는 일들이 생기고 있으니, 어떻게 구토 수복을 도모할 수 있겠습니까? 그러므로 신은 감히 그저 남들처럼 폐하의 뜻에 영합하여 구토 수복 등의 커다란 말로 폐하를 기만할 수 없습니다. 신의 유일한 소망은 폐하께서 먼저 국토의 동남쪽 지역조차도 아직 제대로 다스려지지 않는 상황을 걱정하시는 것입니다. 마음을 바르게 하고 사욕을 이기시어 조정을 바르게 하고 정사를 정비하시옵소서. 그렇게 하면 진실로 효과가 점점 드러나서 원대한 구토 수복의 대업을 방해할 만한 문제가 달리 생기지 않게 될 것입니다. 『역易』에 대해 잘 아는 자는 『역』에 대해 말하지 않고,[86] 진실로 구토 수복에 뜻이 있는 자는 경솔하게 칼을 잡고서 손바닥을 두드리는 행동[87]을 하지 않는 법입니다.

어떤 이들은 폐하께서 노老·불佛의 학문에 심취하시어 오묘한 식심견성識心見性의 경지에 도달하셨으니, 옛날 성왕들의 도道와 하려고 하지

---

84) 隆興은 宋 孝宗의 연호(1163~1164)이다. 隆興 1년 張浚, 李顯忠, 邵宏淵 등이 金과 싸웠는데, 초기에는 靈璧縣과 虹縣을 공략하여 수복하는 등 전과를 올렸지만 宿州를 둘러싼 공방에서 금나라 군대에게 패하고 符離에서는 송군이 궤멸 상태에 이르렀다.

85) 송군이 궤멸당한 후 조정에서는 湯思退 등의 主和論이 득세하여 결국 隆興 2년에 金과 휴전협정을 맺게 된다. 당시 조정에서 논의에 참여한 사람은 모두 14명이었는데, 주화론자와 관망파가 각각 절반이었고 胡銓만이 주화론을 반대했다고 한다. 휴전협정을 맺은 이후 金과 宋은 叔姪 관계로 되고, 歲貢은 歲幣가 되었다.

86) 삼국시대 魏나라 管輅가 何晏의 초청을 받고 『易』에 대해 논했는데, 강론 후 何晏은 그를 최고의 『易』 전문가로 인정했다. 후에 鄧颺이 管輅에게 "당신은 『易』을 잘 안다고 알려졌는데 『易』을 인용해서 논의하지 않으니 왜 그런 것입니까?"라고 묻자, 管輅는 "『易』을 잘 아는 사람은 『易』을 말하지 않습니다"라고 대답했다고 한다.(『三國志』, 「魏書」)

87) 後漢의 武將인 臧宮과 馬武는 우는 칼을 어루만지고 신이 나서 손바닥을 치면서 伊吾의 북쪽으로 달려가려는 뜻을 다졌다고 한다.(『後漢書』, 「吳蓋陳臧列傳」)

않아도 저절로 합치되신다 합니다. 그렇기 때문에 세상 유자儒者들의 일상적인 이야기나 고루한 법식에 대해서는 좋게 여기지 않으시며, 오늘날의 급무에 대해서는 차라리 관중管仲과 상앙商鞅 등의 공리설功利說을 취할 만하다고 여기신다 합니다. 그런데 지금 신은 폐하께서 질리신 비루한 유자의 이야기를 폐하 앞에서 말씀드리고 있으니, 제가 드리는 말씀이 많으면 많을수록 폐하의 뜻과 합치하지 않는다는 것을 알 수 있습니다. 그러나 신은 이러한 말들 또한 옳은 듯하나 사실은 그른 것(似是而非者)으로, 매일매일 새롭게 성대한 덕으로 나아가게 하는 말이 아니라고 생각합니다. 저 노·불의 설에는 사실 성현의 말처럼 보이는 것들이 있기는 하지만 그 실질은 같지 않으니, 이는 유가에서는 성명性命을 진실된 것이라고 여기는 데 비해 저들 노·불은 성명을 공허한 것이라 여기기 때문입니다.

유가는 성명을 진실된 것이라고 여기니, 이른바 "적연부동寂然不動"[88)]에 만 가지 이치가 갖추어져 있어 인간의 규범과 사물의 법칙이 빠짐없이 갖추어져 있고, 이른바 "감이수통感而遂通하여 천하의 이치에 통하면"[89)] 반드시 그 일을 따르고 그 법칙을 좇아 모든 일이 착오 없이 이루어집니다. 반면에 저들은 성명을 공空으로 여기니, 그저 적멸寂滅의 경지가 즐겁다는 것만을 알 뿐 무엇이 실리實理의 근원인지 알지 못하며, 다만 외부 사물에 응하여 그 형상形狀을 드러낼 줄만 알 뿐 거기에 진眞·망妄의 구별이 있음을 알지 못합니다.[90)] 그러므로 우리 유가의 설에서 출발하여 수양하

---

88) 『易』, 「繫辭上」.
89) 『易』, 「繫辭上」.
90) "그저 寂滅의 경지가 즐겁다는 것만을 알 뿐 무엇이 實理의 근원인지 알지 못하며"는 "이른바 '寂然不動'에 만 가지 이치가 갖추어져 있어 인간의 규범과 사물의 법칙이 빠짐없이 갖추어져 있고"와 대응되고, "다만 외부 사물에 응하여 그 形狀을 드러낼 줄만 알 뿐 거기에 眞·妄의 구별이 있음을 알지 못합니다"는 "이른바 '感而遂通하여 천하의 이치에 통하면', 반드시 그 일을 따르고 그 법칙을 좇아 모

면 체體·용用이 한 근원이며 현상과 본체가 연속되어(體用一源, 顯微無間),[91] 마음과 몸을 수양하고 집안과 나라를 다스리는 데에 있어 하나의 일이라도 이치에 어그러지지 않게 됩니다. 그러나 저들의 말에 따르게 되면 그 본本과 말末을 멋대로 나누고 안팎을 단절하게 되어, 비록 이른바 '텅 비고 고요한 맑은 마음으로 신령하고 밝게 지각하는 것'이 있다 하더라도 이치를 멸하고 윤리를 문란케 하는 죄와 본말을 뒤집어 운용하는 잘못을 면할 수 없습니다. 그래서 옛날부터 그 학문을 하는 자들은, 처음에는 모두 좋아할 만한 것이 있는 것 같지만 그 끝을 살펴보면 치우치고 지나치며 사특한 생각이 마음에서 생겨나 정사政事를 해치게 되지 않는 경우가 드뭅니다.[92]

그렇기 때문에 정호程顥는 항상 그러한 이단을 물리치며 다음과 같이 말하였습니다. "스스로는 신통함과 통하여 조화를 안다(窮神知化)고 하지만 사물의 이치를 알아 일을 이루기(開物成務)[93]에는 부족하다. 말은 어디든 두루 통하지 않은 것이 없다지만 실제로는 윤리를 도외시하고, 미묘한 것도 깊이 궁구한다고 하지만 요·순의 도에 들어갈 수 없다. 천하의 학자들은 모두 비루하고 정체되어 있거나 이러한 노·불의 설에 빠져

든 일이 착오 없이 이루어집니다"에 대응된다. 朱熹는 유교와 불교의 가장 큰 차이는 天理, 性命, 太極, 理, 五常, 五倫 등으로 표상되는 가치규범이 실재하는가에 대한 인정·불인정의 여부라고 생각했다. 유교에서는 본체계와 현상계에 걸쳐 理의 가치체계가 관철되지만, 불교는 善惡, 是非 등의 가치를 부정하면서 이에 대한 집착과 구별에서 벗어나야 한다고 주장하는데 이것은 理가 실재함을 모르는 소치라는 것이다. 朱熹는 이러한 理의 통일성을 寂然不動과 感而遂通이라는 체계에 적용하면서 이를 불교의 교리에 대비시켜, 불교에서는 상대적 가치를 초월한 寂滅의 경지만 알 뿐 거기에 理가 실재함을 모르며(본체계), 부처가 자유자재하게 상황에 따라 모습을 드러낼 수 있음만 알 뿐 거기에도 理에 따른 차별적 가치체계가 적용된다는 것을 알지 못한다(현상계)고 주장한 것이다.
91) 程頤의 『易傳』序文에 나오는 말이다.
92) 『孟子』, 「公孫丑上」.
93) 『易』, 「繫辭上」.

있으니, 이를 일러 바른 길에 놓여 있는 덤불이며 성인의 문을 가로막고 있는 장애물이라 하는 것이다. 이것들을 제거한 뒤에야 비로소 도에 들어갈 수 있다."[94]

아아! 이는 진실로 이치에 닿는 말이라고 할 수 있습니다. 애석하게도 이러한 그의 말은 아직 폐하께 아뢰어지지 않았고, 그 때문에 폐하께서는 중들의 광망한 설을 지나치게 들으시고 그것에 진실로 성인의 도와 합치하는 부분이 있다고 여기시며, 심지어는 치심治心, 치신治身, 치인治人의 3술三術[95]로 나누어 그 중 유가의 학문을 가장 하등한 것으로 여기시게 되었습니다. 신은 삼가 폐하를 위하여 이러한 마음이 정사에 해를 끼칠 것을 근심하며, 이러한 이론이 지금 널리 퍼진 것을 안타깝게 여기옵니다. 만일 신의 말씀이 틀리다고 여기신다면, "폐하께서는 높은 자질을 타고 나셨고 불가의 마음공부를 하신 지 오래되었는데, 정심正心·수신修身하여 천하에 미친 효험은 과연 어디에 있습니까?"라고 여쭙겠습니다. 어찌 이렇게 된 이유가 무엇인지 생각하시어 빨리 반성하지 않으실 수 있겠습니까?

【신이 듣건대, 인종仁宗 때에 정호程顥라는 자가 그의 동생 정이程頤와 더불어 주돈이周敦頤에게 배웠는데, 공자와 맹자 이래로 전해지지 않던 도의 실마리를 얻었다고 합니다. 같은 시대에 또한 소옹邵雍과 장재張載 등이 있어서 서로 학문을 넓혀 주고 예의로 단속해 주어 드디어 어두워졌던 성인의 도를 다시 밝아지게 하였으니 그 공이 매우 큽니다. 그러나 학식이 천박한 속유俗儒들은 그들의 깊은 경지를 살필 수 없었으니, 비루하고 간사한 자들은 또한 "반드시 성경誠敬의 마음을 유지하고 예의禮義에 맞게 행동하라"(居必誠敬, 動由禮義)는 그들의 말이 자신들의 일에 해가 된다고 생각하고는 그들을 함께 원망하고 질투하여 '도학道學'이라 부르며 비난을 가하였습니다. 이에 대해서는 신이 이미 앞에서 대략적으로 논하였습니다.[96]

---

94) 『二程全書』, 「明道先生行狀」.
95) 治心을 불교, 治身을 도교, 治人을 유교의 영역에 배당시켰다.(『朱子大全箚疑輯補』)

결국 세상 사람들은 무지하여 도학을 좋지 않다고 여기게 되었으니, 이것은 저들이 반드시 온 세상 사람들을 모두 불학무도不學無道하게 이끌어 자기가 하는 것처럼 만들고서야 흡족하게 여겼기 때문에 생긴 일입니다. 사설邪說이 횡행하고 인심이 편벽되어 거리낌 없이 제멋대로 하는 것이 이 지경에 이르렀으니, 이것은 바로 민자마閔子馬가 깊이 근심했던 일입니다.[97] 지금 주돈이 등이 저술한 책이 황실 도서관에 소장되어 있사오니 시험 삼아 가져다 살펴보소서. 폐하의 학문이 고명高明하시니 반드시 은연중에 합치하여 일로 드러나는 것들이 있을 것입니다. 만약 이 기회에 그의 책을 칭찬하는 말씀 한마디 내려 주신다면 폐하의 마음을 바로잡을 수 있을 뿐 아니라 백성들의 마음도 바르게 할 수 있을 것입니다. 폐하께서 깊이 생각해 시길 엎드려 바라옵나이다.】

　관중과 상앙의 공리설功利說과 같은 것들 또한 변변치 않습니다. 그런데 폐하께서 그들의 설을 채용하신 이유는, 이미 유가의 도를 일상적인 애기이고 고루한 법식이라 하여 배척하셨는데 또 불가佛家의 학문은 매일 눈앞에 닥쳐오는 천하의 일들을 처리하기에 부족하니, 저 관중과 상앙의 말에 흥미를 느끼시어 부국강병을 이루는 데 혹 단기간의 효과라도 있을까 기대하셨기 때문입니다. 그러나 그들의 설에 따라 행한 지 지금까지 몇 년입니까? 그런데도 국가 재정은 날로 어려워지고 군사력은 날로 약해지니, 이른바 '단기간의 효과'라는 것도 볼 수가 없습니다. 반면에 성현들께서 전하여 주신 재물을 늘리는 도리와 재물을 다스리는 의리, 문무文武의 분노와 도덕道德의 위엄은 본디 부국강병의 위대한 방법입니다.

---

96) 풍속이 무너진 상황에 대해 논하는 부분에 나온다.

97) 『左傳』昭公 18년조에 다음과 같은 내용이 있다. 어떤 이가 曹 平公의 장례에 참석하러 가서 周나라의 原伯魯를 만나 이야기를 나누었는데, 原伯魯는 "학문을 좋아하지 않는다"고 말했다. 그가 돌아와 閔子馬에게 이 사실을 말하자 閔子馬는 다음과 같은 요지의 말을 했다. "그가 학문을 좋아하지 않는다면 그 영향이 나라의 지배층에 미칠 것이요, 지배층 사이에 학문을 좋아하지 않는 풍조가 유행하게 되면 아랫사람이 윗사람을 능멸하고 지배층은 참람된 짓을 자행하게 되어 결국 周나라에 환란이 발생할 것이다. 아마 原씨는 망할 것이다."(『朱子大全箚疑輯補』)

그러나 도리어 그것을 강론하는 자가 아직 없으니 어찌 잘못된 일이 아니겠습니까?

지금 논의하는 자들은 그저 노·불의 이론이 고상하다는 것과 상앙·관중의 방법이 편리하다는 것만을 보고, 성현의 가르침 즉 선善을 밝히고 몸가짐을 성실하게 하며 집안과 나라를 다스리고 천하를 평안하게 만드는 가르침은 애초에 신기하고 좋아할 만한 점이 없는 설이라고 하여 드디어는 일상적인 얘기나 고루한 법식일 뿐이어서 배우기에 부족하다고 여깁니다. 이들이 어찌 일상의 얘기 속에 오묘한 이치가 있고 고루한 법식 속에 현실에 바로 활용할 수 있는 법이 있어서, 하찮은 노·불, 관중·상앙의 설로는 그 만분의 일도 흉내 내지 못한다는 것을 알겠습니까?

엎드려 바라옵건대, 폐하께서 신이 드리는 말씀을 살피시어 이 네 가지 설98)과 대조해서 밝게 판단하신다면, 신이 말씀드린 것이 실은 신의 말이 아니라 곧 옛 성현들의 설이며, 성현들께서 만들어 낸 설이 아니라 곧 천지자연의 이치라는 것을 아시게 될 것입니다. 이는 비록 요, 순, 우, 탕, 문, 무, 주공, 공자 등의 성인이나 안자, 증자, 자사, 맹자 등의 현인이라 해도 어길 수 없는 것입니다. 그러니 신이 말씀드린 것과 다른 논자들의 설을 비교해 보시면 무엇을 취하고 무엇을 버릴지가 하루도 다 지나기 전에 결판날 것입니다.

신은 지금 또한 울컥 슬퍼지옵니다. 신이 폐하를 모신 것이 지금까지 27년이온데, 그간 폐하를 뵌 것이 세 차례에 불과합니다. 융흥 연간 초에 처음 뵈올 때 일찍이 환관 등의 측근에 대해 말씀드렸고99) 신축년에 다시 뵙고 또 그에 대해 논했으며,100) 올해 세 번째 뵈옵는데 말씀드리는

---

98) 편안히 안주하려는 설, 전쟁을 일으키려는 설, 老·佛의 설, 管仲·商鞅의 功利說을 가리킨다.(『朱子大全箚疑輯輔』)
99) 1163년(隆興 원년)에 垂拱殿에 入對하여 奏箚를 올렸다. 「癸未垂拱奏箚」 1·2·3 참조.
100) 1181년 延和殿에 入對하여 奏箚를 올렸다. 「辛丑延和奏箚」 1~7 참조.

것은 또한 이러한 것에 불과합니다. 신은 시골의 하잘것없는 선비이오니, 제가 어찌 그들에게 쌓인 원망과 깊은 울분이 있어서 일부러 그들을 공격해서 제 사사로운 감정을 풀려는 것이겠습니까? 여러 차례 상주上奏하여 제 의견이 받아들여지지 않아도 감히 제가 말씀드린 데 대해 후회하지 않는 까닭은, 제가 그런 말씀을 드린 의도가 오직 국가의 계책을 위한 것이었고 감히 제 자신을 위한 것이 아니었기 때문이오니 저의 어리석음을 또한 아실 수 있을 것입니다.

그러나 요즘 들어 세월이 마치 시냇물 흐르듯 빨리 흘러 가 한 번 가서는 돌아오지 않습니다. 신만 노년에 접어들어 얼굴이 파리해지고 머리는 백발이 된 것이 아니라, 삼가 폐하의 용안을 우러러 뵈니 폐하 또한 옛날과 같지 않으심을 알 수 있었습니다. 신은 변변치 못하여 진실로 충성된 말과 기발한 정책으로 폐하를 보좌할 수 없고, 폐하의 매일 새로워지는 성대한 덕성으로도 신으로 하여금 아침저녁으로 걱정하는 문제를 깨끗이 잊도록 하지 못하십니다. 그러니 신이 어찌 울컥 비통해하지 않을 수 있겠습니까?

몸은 누추한 집에 엎드려 있어도 마음은 조정으로 달려가고 있사오니, 폐하를 사랑하고 나라를 근심하는 진실한 마음을 이기지 못하여 만 번 죽을 것을 무릅쓰고 속마음을 다 털어 놓아 촌사람이 미나리와 따뜻한 햇살을 바치려 했던 것[101]을 본받으려 하오니, 불초한 저를 용서해 주시기 바랍니다. 【신은 이러한 보잘것없는 계책을 가지고 용안을 뵐 때마다 아뢰고 또 이렇게 봉사를 올렸습니다. 신은 성품이 고지식하고 융통성이 없어 세속에 맞추지 못하는지라, 일찍부터

---

101) 宋나라 농부가 볕을 쬐면서 "햇볕의 따사로움을 우리 임금께 바치겠다" 하자, 그의 아내가 "옛날에 미나리 줄기와 쑥을 맛있게 먹은 사람이 그것을 지방 수령에게 바쳤는데, 수령은 그걸 맛보고 입이 아리고 배가 아프다고 했다더군요. 모두들 그를 비웃었지요"라고 말했다고 한다.(『列子』) 임금을 향한 거칠지만 충정 어린 마음을 뜻하는 표현이다.

제 스스로 관료 생활을 결코 감당하지 못하리라 생각하였습니다. 그래서 한결같이 아홉 차례나 사록祠祿의 직을 받았던 것입니다.[102] 어찌 제가 몸을 바쳐 폐하를 섬겨야 하는 도리를 모르고 또 세상을 다스리고 싶은 마음이 없었겠습니까마는, 차라리 물러나 중상모략에 의한 화를 모면하려 했던 것입니다. 중간에 벼슬을 제수 받았으나 과연 좌절하여 십 년 동안 몸을 둘 데가 없었고,[103] 지금 한 번 나와 다시금 조정을 소란스럽게 만들었습니다.[104] 그러나 다행히도 총명하신 폐하께 힘입어 생명을 보전케 되고 봉록이 늘어나 주리고 추위에 떠는 것을 면하였으며 관작이 올라가 자식들이 음직蔭職을 받을 수 있게 되었으니, 이는 이미 신이 평생토록 바라던 것을 넘어선 것입니다. '천지의 은총이 두텁다'라는 것으로만은 형용이 안 됩니다. 지금 이 주소奏疏를 올리는 것은 다만 폐하께서 마음을 비우고 몸을 낮추셔서 저의 과격한 말을 수용하시는 것에 감격해서이니, 때문에 평소에 나라를 근심하던 진실한 마음을 다하고 전날 충성하려던 뜻을 다하고자 하는 것입니다. 위로 폐하의 총명을 돕고 아래로는 배운 바를 저버리지 않고자 할 뿐이지, 처음 가졌던 마음을 감히 바꾸어 다시금 벼슬길에 오르고 싶은 바람을 가지고 있는 것이 아닙니다. 만일 폐하께서 친히 저의 상소를 상세히 살펴주시고 그 본말本末을 좇아 차례대로 시행하시어 신의 말씀드렸던 것이 실제로 효과를 볼 수 있게만 된다면, 신으로 하여금 원래의 마음을 어기고 환란을 겪으면서 승진하게 되도록 하시지 않더라도 폐하께서 저를 우대하시는 것이 여러 신하들에 대한 것보다 못한 것이 아닙니다. 만일 신이 말씀드린 것이 잘못된 것이라 시행할 만하지 않다면 던져 놓고 버려두시는 것이 마땅한 일이니, 비록 사적인 은혜를 베풀어 주신다 해도 이는 오히려 부끄러움을 더하는 일로서 결단코 신이 감당할 수 있는 바가 아닙니다. 폐하께서 제 논의의 간절함을 보시고 자칫 벼슬을 맡길 만하다고 여기실까 걱정되기에 다시금 상주합니다. 폐하께서 잘 살펴주시길 엎드려 바랍니다.】 **엎드려**

---

102) ① 戊寅(1158) 2월 監南岳廟에 차견되다. ② 壬午(1162) 5월 다시 청하여 8월에 祠祿을 얻다. ③ 乙酉(1165) 4월 다시 사록을 얻다. ④ 癸巳(1173) 5월 台州崇道觀을 맡다. ⑤ 丙申(1176) 6월 武夷沖佑觀을 맡다. ⑥ 癸卯(1183) 정월 崇道觀을 다시 맡다. ⑦ 乙巳(1185) 4월 華州雲臺觀을 맡다. ⑧ 丁未(1187) 3월 南京鴻慶宮을 맡다. ⑨ 丁未 8월 西京崇福宮을 맡다.(『朱子大全箚疑輯輔』)
103) 唐仲友의 일로 인해 王淮의 미움을 샀던 일을 가리킨다.(『朱子大全箚疑輯輔』)
104) 林栗의 탄핵을 가리킨다.(『朱子大全箚疑輯輔』)

생각건대, 폐하께서 불쌍히 여기시어 저의 죄를 사면해 주시고 적절한 결정을 내려 주신다면, 이는 어리석은 신의 행복일 뿐 아니라, 실로 종묘사직과 백성들의 행복이 될 것입니다. 【신이 말씀을 아뢴 것은 비록 일시의 폐단 때문이지만, 그 규모를 살펴보면 실은 모두 정치의 요체이오니 먼 훗날까지 무궁하게 전할 수 있습니다. 옛 성인과 후대의 성인이 비록 때는 다르다 해도 그 도의 내용은 다른 적이 없습니다. 이것이 바로 신이 드린 말씀이 다만 오늘날에만 바라는 바가 있는 것이 아니라 장차 훗날에도 바라는 바가 있는 이유입니다. 멀리 시골에 있는 자로서 하고 싶은 말씀을 다 드리지는 못하였으나, 폐하께서 이 어리석은 신하의 충성됨을 불쌍히 여기시어 만 번 죽을 목숨을 사면해 주시옵길 엎드려 빕니다. 혹시 황태자가 참결參決할 때에 특별히 이 상소문을 내려서 보게 하신다면 천만다행이겠습니다.】

　신 주희朱熹는 진실로 황공해하며 죽음을 무릅쓰고 두 번 절하고 삼가 아룁니다.

2. 재상께 올리는 편지 — 上宰相書[1]

6월 8일, 두 번 절하며 명공[2]께 편지를 올립니다. 저는 일찍이 "천하의 일에는 여유를 가지고 느긋하게 해야 하는 상황과 급하게 해야 할 상황이 있고, 조정의 정사에는 마땅히 급히 처리해야 할 일과 느긋하게 차근차근 처리해야 할 일이 있다"라고 말씀드린 적이 있습니다. 여유를 가지고 차근차근 진행해야 되는데 급박하게 몰아치면, 작은 일에 매달려 너무 까다롭게 따지느라고 큰 틀을 제대로 유지하지 못해서 조정의 기상이 펴지지 못합니다. 그리고 급하게 해야 되는데 느긋하게 대처하면, 태만해

---

1) 『朱文公文集』, 권26. 1182년(壬寅, 淳熙 9) 주희 나이 53세 때에 작성된 것으로, 당시 재상이었던 王淮(자는 季海, 1126~1189)에게 荒政의 대책을 건의하는 글이다. 1181 년 기상이변으로 흉년이 들어 민생이 피폐해진 상황에서 주희는 왕회의 추천으로 提擧兩浙東路常平茶鹽公事를 맡았다(1181년 9월~1182년 9월). 당시 정부는 주희가 부임하기 전까지 荒政을 위하여 128,075貫 100文의 돈과 252,000石의 쌀을 지원했지만 기민 구제에는 역부족이었다. 이에 주희는 부임한 후 구호금 증액과 배임자 처벌을 청원하였으나 제대로 처리되지 않았다. 이러한 상황에서 주희는 왕회에게 편지를 써서 荒政의 시급함을 호소하는 한편, 나름대로 구상한 대책을 제안하였다. 주희는 이 편지를 쓰고 3개월 뒤 벼슬을 그만둔다.
2) 명공은 당시 재상인 왕회를 가리키는 것으로, 그는 婺州 金華(지금의 浙江省) 사람이다. 紹興 연간에 進士가 되어 臨海尉가 되었다. 監察御史, 右正言 등을 역임하면서 당시 재상 湯思退를 탄핵하고 鄭伯熊, 李燾 등을 천거했다. 1175년 同知樞密院事, 參知政事를 거쳐 1181년 右丞相兼樞密使가 되었다. 얼마 뒤 左丞相으로 이직했다. 唐仲友와 친하게 지내어, 주희가 唐仲友를 탄핵하자(1182) 그를 엄호해 주었다. 또한 陳賈, 鄭丙官 등을 발탁해서 道學을 공격하게 하여 黨禁을 일으켰다. 요컨대 젊은 시절에는 主和派였던 湯思退를 탄핵하였으나 후에는 주희와 정반대의 노선을 걸었던 인물이다. 이 편지는 唐仲友에 대한 탄핵(6월 23일)을 올리기 전(6월 8일)에 보낸 것으로, 이때부터 이미 주희가 왕회를 불신하고 있었음을 알 수 있다.

지고 해이해져서 적당한 시기를 맞추지 못하여 천하의 일이 날로 허물어지게 됩니다. 두 가지 모두 잘못된 것입니다. 그러나 저는 느긋하게 해야 되는데 급하게 하는 것도 물론 그 해가 적지 않겠지만 급하게 해야 하는데 도리어 느긋하게 대처하는 경우는 그 해가 이루 다 말할 수 없다고 봅니다. 이 점은 마땅히 살펴야 합니다. 요즈음의 형세는 급히 해야 하는 것이지 늦출 수는 없는 상황이라고 할 수 있는데, 지금 시행되는 정책은 이와 반대이니 저는 그 연유를 모르겠습니다.

지난해 여러 지역에서 기근이 들었는데, 절동浙東 지방³⁾이 더욱 심하였으며 그 중에서도 소흥부紹興府⁴⁾가 가장 심하였습니다. 그래서 황제 폐하께서는 죄 없는 백성들을 불쌍히 여기시어 국고를 열어 그들을 구휼하시고 심지어는 궁중의 내탕고內帑庫까지 열어 그 부족분을 보충하셨으니, 은혜를 베푸는 그 후덕한 마음은 하늘과 같은 것이었습니다. 이때 저는 시골에 파묻혀 있었는데, 명공께서 저를 추천하시어 말직을 맡게 되었으니,⁵⁾ 저를 알아주시는 명공의 마음을 우러러 생각하면서 저 자신을 돌아보면 부끄러울 뿐이었습니다.

직무를 맡고 나서는, 혹시 제가 천자의 밝은 명을 우러러 받들지 못하여 이러한 때에 저를 알아주신 명공을 욕보이지나 않을까 밤낮으로 걱정하며 두려워했습니다. 그래서 바쁜 일거리도 힘들게 여기지 않고 주청을 올리는 일도 번거롭게 여기지 않은 채 맡은 바 직임에서 해야 할 바를 다함으로써 기대의 만분의 일이라도 갚으려 했던 것입니다. 그러나 제가 주청 드렸던 여러 일들은 명공에 의해 기각되었고, 다행히 받아들여진 것도

---

3) 당시의 兩浙東路로, 紹興府가 여기에 속했다(臨安府는 兩浙西路에 속함). 지금의 浙江省에 해당하는데, 그 중 衢江, 富春江, 錢塘江 以東의 지역이 당시의 浙東이다.
4) 지금의 浙江省 紹興市이다.
5) 1181년 9월 22일, 주희는 右相 王淮의 추천으로 提擧江南西路常平茶鹽公事에서 提擧兩浙東路常平茶鹽公事가 되었다.

대체로 머뭇거리다가 시행할 시기를 놓쳐 소용이 없어졌습니다.[6] 더욱이 어떤 경우에는 마치 깊은 우물 속에 던져진 것처럼 가부의 결정도 내려지지 않은 채 잊혀 갔으며, 심지어는 탄핵한 것이 처리되지 않고 도리어 제가 중상모략을 당하는 지경에까지 이르기도 하였습니다.[7] 명공께서 지지하는 바가 무엇인지 명백해서 분하고 답답한 마음에 벼슬길에 나온 것이 후회스럽지만, 그렇다고 그만둘 수도 없는 상황이 지금까지 계속 이어지고 있습니다.

요즈음 정신력이 쇠퇴하고 생각이 깜박깜박하며 눈이 어두워져서 문서를 살펴보는 것이 매우 어렵습니다. 그래서 불쌍히 여겨서 쉴 수 있게 해 달라는 편지를 열흘쯤 뒤에 따로 올리려 했습니다. 그런데 연일 비가 내리지 않아서 가뭄이 다시 일어나니, 소흥부 여러 읍에서는 물이 필요한 고지대의 밭이 이미 거북 등처럼 갈라지고 산골에서는 종자가 있어도 파종을 하지 못하는 곳도 생겨났습니다. 명주明州, 무주婺州, 태주台州[8]가 모두 가뭄 피해를 호소하고 있으니, 상황이 매우 심각합니다. 그래서 한편으로는 여러 방법으로 기도를 하여 하늘의 감응을 기원해 보기도 하지만, 천도天道는 너무 높고 멀어 기도가 통할지 기약할 수 없습니다. 만일 열흘 동안 더 기다려도 비가 내리지 않는다면 지난해의 참혹한 상황이 다시 눈앞에 펼쳐질 것입니다. 더욱이 위로는 대사농大司農[9]으로부

---

6) 주희는 미곡선이 몰려들던 4월 23일에 쌀을 사들이자는 주청을 올렸지만, 조정에서는 미루다가 이미 부호들이 그 쌀을 다 사들인 뒤인 6월 11일에야 시행령을 내렸다. 『朱文公文集』, 권17, 「捄荒畫一事件狀」 참조.

7) 주희는 衢州守 李嶧이 조정의 명령을 시행하지 않았다고 탄핵했다. 『朱文公文集』, 권17, 「劾李嶧狀」 참조.

8) 明州는 浙江省 甬江 유역과 舟山群島 등을 포괄하는 지역이고, 婺州는 지금의 浙江省 金華, 蘭溪, 永康, 義烏, 武義, 衢縣, 開化, 常山, 東陽, 江山, 浦江, 江西玉山 등을 포괄하는 지역이며, 台州는 지금의 浙江省 台州地區와 寧海縣을 포괄하는 지역이다. 모두 兩浙東路에 속해 있었다.

9) 국가의 財穀을 맡고 있는 부서이다.(『朱子大全箚疑輯補』)

터 아래로 일반 가정에 이르기까지 국가나 민간에서 비축해 놓은 것도 이미 여러 해에 걸쳐 기민들에게 나눠 주었기 때문에 남은 것이 없으니, 훗날 닥쳐 올 문제는 반드시 옛날에 당한 것보다 만 배는 더 심할 것입니다. 어리석은 저로서는 정말 어떤 계책을 내놓아야 할지 모르겠고, 비록 황제 폐하의 슬기로운 지혜와 명공의 깊고 멀리 내다보는 지모라 하더라도 단호히 최상의 정책을 내어 기아에 허덕이는 백성들을 살리고 강도와 도적들을 진압해서 뜻밖의 환란을 미리 없앨 수 있을까 걱정입니다. 저는 이런 까닭에 방황하며 걱정하여 감히 사임하겠다는 주청을 드리지도 못하고 다시 저의 무지를 무릅쓰고 어리석은 의견을 올리니, 명공께서 한 번 들어 주시기 바랍니다.

삼가 생각건대, 요즈음 조정의 정사는 큰 일, 작은 일을 막론하고 모두 해이해져 있습니다. 그러나 지금 일일이 열거하여 공의 귀를 어지럽히고 있을 겨를도 없으니, 우선 구황 정책에 대해서만 논하겠습니다. 이 일은 천하의 일 중에 가장 "급하게 해야지 늦춰서는 안 되는" 일입니다. 그리고 이 구황 정책 중에서도 더욱 급해서 조금이라도 늦춰서는 안 될 일이 두 가지 있습니다.

첫 번째는 돈을 내려 보내어 널리 쌀을 사들이는 일입니다. 지금 광동廣東과 광서廣西[10]의 쌀을 실은 배가 사명四明[11]의 경계에 줄지어 정박해 있는데, 이를 지금 사들이면 그리 비싸지 않게 살 수 있을 뿐더러 그 낱알이 고르고 깨끗하며 겨나 쭉정이가 섞이지 않았고 잘 말린 여문 것이어서 오랫동안 보관할 수 있습니다. 명공께서 이러한 사정을 잘 살피시고 특별히 폐하께 아뢰어 2, 3백만 민緡[12]을 내려 보내 제게 쌀 구입을 맡기시

---

10) 廣東은 당시 廣南東路로서 지금의 廣東省 賀江, 羅定江, 漢陽江 동쪽의 지역에 해당하고, 廣西는 廣南西路로서 지금의 광서와 광동의 雷州半島와 海滴省에 해당한다. 당시 광동과 광서에는 가뭄이 들지 않았다.
11) 四明은 당시 浙東路 明州府로 중요한 무역항구였다.

면, 열흘에서 한 달 사이에 백만 석의 쌀을 확보할 수 있습니다. 비축분이 이렇게 많이 확보되면 급한 상황이 닥쳤을 때 충분히 활용할 수 있으니, 조정에서 별도의 지출을 하지 않고도 아침에 한 장의 공문을 내려 저녁에 쌀을 내어 구황할 수 있습니다. 또한 예전에는 대사농大司農의 쌀을 돌려쓰고 내탕고의 자금을 내어 사방에서 밀려드는 요구에 응하는 상황을 면치 못했는데, 지금 쌀을 미리 사서 비축해 두는 것과 대사농의 창고나 내탕고에 쌓아 놓는 것이 무엇이 다르겠습니까? 더욱이 가격이 쌀 때에 널리 쌀을 사 놓으면 이익은 크고 경비는 적게 드니, 아마도 일을 당하여 급히 자금을 지출하여 비쌀 때 사서 국고를 축내는 것과는 도저히 비교할 바가 못 될 것입니다. 또한 지금은 곡식을 실은 배들이 이미 모였으나 팔 곳을 구하지 못하고 있는 상태여서, 이대로 오랫동안 정박해 있으면서 앉아서 본전과 이자를 잃는다면 나중에는 이를 경계삼아 다시는 배들이 오지 않을 것이니, 무궁한 폐해가 실로 지금부터 시작되는 셈입니다. 이것이 첫 번째 일입니다.

두 번째는 서둘러 상을 내려 구황미를 푼 부호들을 격려하는 일입니다. 이것은 본래 백성들을 유도하는 조치로서, 일이 급할 때에는 그들의 도움을 받아 한때의 비용을 충당하고, 일이 진정되면 그들에게 보답하여 뒷날 기근이 들었을 때 다시 쌀을 내놓도록 장려하는 것입니다. 그런데 지금 상황을 살펴보건대, 국가가 신용을 많이 잃어버렸으니 또 다른 급한 일이 생기면 어떻게 그들을 부릴 수 있겠습니까? 공께서는 이 상황을 잘 살피시어 특별히 폐하께 아뢰고 앞서 내린 조칙을 조사하여[13] 곧바로 원래 내리기로 한 상급대로 은전을 내려서, 이미 쌀을 낸 자들은 원한이나

---

12) 緡은 송나라의 화폐 단위로, 1000文에 해당한다.

13) 쌀을 낸 사람에게 벼슬을 내리겠다는 조칙을 이미 내린 적이 있었기 때문에 이와 같이 이야기한 것이다.(『朱子大全箚疑輯補』)

불만이 없게 하시고 아직 쌀을 내지 않은 자들은 그들을 부러워하는 마음을 가지게 하시기 바랍니다. 이렇게 법령의 행함이 믿을 만해서 국가의 요구에 응하고자 하는 자들이 많아지면, 급한 때를 당하여 명령만 하면 백만 석의 쌀이라도 조달할 수 있을 것입니다. 더욱이 이 계책은 국가의 경비와도 관계가 없으니 지금의 상황을 고려해 볼 때 가장 적절한 조치입니다. 그런데도 시간을 끌면서 온갖 구실로 막아, 지난해에 공적이 있는 자들은 지금까지도 아직 상을 받지 못하고 있고, 올해 공적이 있는 사람들도 계속해서 거부당하고 있어 이런 상태가 언제 끝날지 모르는 형편입니다. 이렇게 천하의 신용을 잃는 것은 진실로 지금 매우 걱정되는 일이며, 이렇게 상황에 맞추어 일을 제대로 해결할 수 있는 계책을 스스로 망쳐 버리는 것은 또한 지금 안타까워할 일입니다. 국가의 정책이 이렇듯 엉망이니, 일에 닥쳐서 후회한들 어찌 해결할 수 있겠습니까? 이것이 두 번째 일입니다.

어떤 이들은 "조정은 재물을 절약하고 관작을 아껴야 하니, 국정이 제대로 운영되는 것은 여기에 달려 있다. 주희가 청한 두 가지 일은 아마도 이루어지기 어려울 것이다"라고 말합니다만, 저는 그렇지 않다고 생각합니다. 대저 "재물을 절약해야 한다"는 원칙은 공금 유용과 재물 낭비의 폐해를 막으려는 목적에서 나온 것이고, "관작을 신중하게 부여해야 한다"는 원칙은 공이 없는 자에게 남발되는 상급을 억제하려는 목적에서 나온 것입니다. 지금 미리 쌀을 사들이고 비축하여 흉년에 대비하는 것은 이른바 "공금 유용과 재물 낭비의 폐해"에 해당되지 않고, 상급을 내리어 국가의 신뢰를 밝게 드러내는 것은 이른바 "공이 없는 자에게 남발하는 상"에 해당되지 않습니다.

국가 경비의 용도는 매우 넓은데, 그 중 8~9할이 군사비로 사용되고 있습니다. 그런데 장수들은 군적을 위조하여 군수품을 횡령하고, 보급을 맡은 관리들은 장부를 조작하여 도적질하고 있습니다. 이렇게 하여 조성된 뇌물은 수레에 실려 앞 다투어 권세가의 집으로 상납되는데, 그 액수가 한 해에 몇 만인지 알 수 없을 정도입니다. 그런데 명공께서는 이것을 바로잡지는 않고 좀스럽게 굶주린 백성들의 입에 들어갈 얼마 안 되는 곡식의 양을 따져 이것으로 재물을 아낄 계획을 세우시니, 저는 무슨 말인지 알 수 없습니다.

국가의 관작이 천하를 가득 채울 만큼 많아 관작을 부여할 수 있는 방법은 헤아릴 수 없을 정도입니다. 지금 위로는 재상으로부터 아래로는 하급 관리에 이르기까지, 안으로는 화려한 시종侍從 대신의 직위로부터 밖으로는 중책인 목수牧守의 자리에 이르기까지, 모두 교제와 청탁에 의해 얻을 수 있습니다. 그리고 금나라에서 귀화해 온 자[4]들이나 근신·인척의 무리들 중 크게는 장군이 되고 작게는 정임正任[15]과 횡행橫行[16]이 된 이들 또한 그 수효가 얼마인지 알 수가 없습니다. 그런데 명공께서는 이러한 것들을 아끼지는 않고 쌀을 낸 자들 십여 명에게 상으로 돌아갈 적공迪功, 문학文學, 승신承信, 교위校尉[17] 따위의 자리를 아껴, 이것으로써 관작을 신중하게 부여하는 계책을 삼으시니 저는 또한 무슨 말인지 알 수 없습니다.

그러나 저도 곰곰이 생각해 보고 그 이유를 알게 되었습니다. 대저

---

14) 원문에는 '歸正之人'으로 되어 있다. 『朱子語類』에 "歸正之人이란 원래는 중국인이 었는데 금나라 사람이 되었다가 다시 중국으로 귀화해 온 사람을 일컫는 말이다. 邪에서 正으로 돌아왔다는 뜻이다"라는 설명이 있다. 당시 송나라에서는 그들을 관직에 임명하였다.(『朱子大全箚疑輯輔』)

15) 송나라에서는 여러 州의 觀察使, 防禦使, 團練使, 刺史 등의 무관을 명예직으로 임명했는데, 이를 正任과 遙郡이라 했다. 正任은 遙郡보다 높아 朝謁과 御宴에 참석할 수 있었다.

16) 橫班이라고도 하는데, 송나라 武臣의 階官이다. 橫行正使와 橫行副使가 있었는데, 正使는 大夫였고 副使는 郎이었다.

17) 모두 賞典으로 내리는 官資이다.(『朱子大全箚疑輯輔』)

조정이 백성을 아끼는 마음이 비용을 아끼려는 마음보다 못하기 때문에 백성을 구하는 일에 힘을 다하지 않고, 명공께서 나라를 걱정하는 마음이 자기 몸을 아끼는 것보다 절실하지 못한 까닭에 다만 아첨하여 군주의 뜻을 따르는 데만 힘쓰시는 것입니다. 이것은 자기 자신을 위해서는 최선의 방법을 택한 것이라 할 수 있으나, 옆에서 지켜보는 사람의 입장에서 보자면 또한 생각이 없는 것이라 할 수 있습니다.

백성과 재물을 비교하면 어느 것이 가볍고 어느 것이 무겁습니까? 자기의 몸과 나라를 비교하면 어느 것이 크고 어느 것이 작습니까? 재물은 흩어져도 다시 모을 수 있지만, 민심은 한 번 잃으면 다시 모아들일 수 없습니다. 자기 몸은 위태로워지더라도 다시 편안해질 수 있지만, 국세는 한 번 기울면 다시 바로잡을 수 없습니다. 백성들이 흩어지고 나라가 위태로워져서 자기 한 몸 둘 곳이 없게 되는 지경에 이른다면, 모아 둔 재물은 도적을 위해 쌓아둔 것이 아니고 무엇이겠습니까?[18] 명공께서 한 번 살펴보십시오 예로부터 국가가 기울어진 이유가 도적 때문이 아닌 적이 있었습니까? 그리고 도적이 일어나게 된 발단이 굶주림이 아닌 적이 있었습니까? 적미赤眉[19], 황건黃巾[20], 갈영葛榮[21], 황소黃巢[22] 같은 무리의 역사를 보면 알 수 있을 것입니다.

여러 대신들은 큰일이 없는 때에 제가 주청 드린 두 가지 작은 일들을

---

18) 『莊子』「胠篋」에, 도둑을 막기 위해 재물을 꽁꽁 묶고 잠가서 숨겨 두지만 오히려 그것은 도적들이 운반하기 쉽게 만드는 일이라는 내용이 나온다. 주희는 국가에 변란이 일어나면 지금 비용을 아껴 모아 놓는 재물이 결국 적당들을 위한 것이 되어 버린다는 의미로 이 고사를 인용했다.
19) 樊崇을 수령으로 한 漢末의 농민봉기군이다. 적색으로 눈썹을 칠해서 彼我을 구분했기에 이런 이름이 붙었다.
20) 張角을 수령으로 한 漢末의 농민봉기군이다. 노란 두건으로 彼我을 구분했기에 이런 이름이 붙었다.
21) 魏 明帝 때의 농민봉기군이다.
22) 王仙芝, 黃巢 등을 수령으로 한 唐末의 농민봉기군이다.

처리하는 데도 오히려 앞뒤로 살피며 세월만 보내면서 결정을 내리지 못하고 있습니다. 만일 기아가 거듭된 후에 예기치 못한 일들이 생기면 명공께서는 어떻게 대처하시려는지요? 공께서 처리할 수 있다고 판단하신다면, 저는 감히 더 드릴 말씀이 없습니다. 그러나 만약 대처하실 수 없다고 생각하신다면, 팔짱끼고 그저 바라보면서 필연적으로 도래할 화를 기다리느니 차라리 쉬울 때에 어려움을 대비하고 일이 아직 커지기 전에 미리 대비함으로써[23] 그 화의 실마리를 제거하여 더욱 어려운 지경에 이르지 않게 해야 할 것입니다.

옛사람들 중에는 온화하고 생각이 깊어 그 속을 헤아릴 수 없으며 묵묵히 아무 하는 일 없는 것처럼 지내다가 큰일에 닥쳐 큰 정책을 결정할 때에는 낯빛이나 목소리 하나 동요하지 않고 천하를 태산과 같이 안정시키는 사람이 있었습니다.[24] 그러나 지금의 상황과 비교해 보면, 그들은 평상시 아무 일이 없던 때부터 가슴 속에 이미 구상과 계획을 정해 두었기 때문에 사태에 신속하고 민첩하게 대처할 수 있었던 것이니, 지금 사람들이 아무 대책 없이 세월만 보내는 것과는 결코 같지 않습니다. 더구나 지금은 조종祖宗의 원수를 채 갚지도 못하고 중원의 땅도 아직 수복하지 못하여 황제 폐하께서는 항상 걱정하고 두려워하며 하루라도 북벌의 의지를 잊으신 적이 없는데, 백성들은 가난하고 병사들은 원망하여 온 나라가 텅 비었고 기강이 해이해져 풍속이 무너지고 있는 상황입니다. 그러니 설혹 바람과 비가 때에 맞추어 와서 풍년이 들더라도 오히려 "아무 일도 없다"고 할 수 없는데, 하물며 기근이 들어 지금과 같은 지경에 이르는 상황에서는 어떻겠습니까?

---

23) 『老子』 63장에 "圖難於其易, 爲大於其細. 天下難事, 必作於易, 天下大事, 必作於細"라는 말이 나온다.
24) 歐陽修가 韓魏公을 칭찬한 말(「相州晝錦堂記」)에서 따온 표현이다.(『朱子大全箚疑輯補』)

지금의 대신들은 주공周公이 밤을 새며 일을 하거나 제갈공명諸葛孔明이 모든 일을 기획하고 처리하여 주군이 하고자 하는 바를 이루려고 했던 바와 같이 시간을 아껴서 열심히 직임을 다하지는 않고, 오히려 편안하고 한가하게 세월을 보내며 목전의 무사안일만을 바라고 있습니다. 그들은 이렇게 계속 흘러가다가는 재앙의 뿌리가 날로 깊어질 것을 전혀 알지 못하고 있습니다. 저는 백성들이 굶어죽는 것보다도 그들이 도적이 되는 것이 더 근심스럽고, 그 피해가 관리에게 그치는 것이 아니라 국가에까지 미칠까 두렵습니다.

제 분수를 넘는 나라 걱정25)을 이기지 못하여 생각이 여기에 이르니 심장과 간담이 땅에 떨어지는 것 같아 한 번 황제 폐하께 말씀드리지 않을 수 없다고 생각했지만, 감히 경솔하게 진언할 수 없어 먼저 명공께 고해 올립니다. 명공께서는 제가 드린 말씀을 잘 살피시어, 예전에 게으름을 피웠던 잘못을 폐하의 앞에서 스스로 낱낱이 고하시고 군신君臣이 서로 맹세하여 예전의 잘못된 규정을 모두 고치는 데 힘쓰고 시급한 현안에 함께 매달리소서. 그리고 제가 진언한 구황책 두 가지에 조금이라도 신경을 써 주십시오 그렇게 해 주신다면 제가 비록 쇠약하고 병들어 관직을 감당할 수 없기는 하지만, 오히려 노둔한 몸으로나마 열심히 하면서 질책을 달게 받겠습니다. 그러다 기어코 감당하지 못하고 떠나게 되더라도, 후임자가 또한 이미 이루어진 일의 실마리를 이어받아 마무리

---

25) 원문에는 '漆室嫠婦之憂'라고 되어 있다. 魯나라 漆室邑의 노처녀가 "노나라 임금은 늙었고 태자는 아직 어리다"라고 한탄하자 이웃집 여자가 "그건 卿大夫들이 걱정할 일이다"라고 했는데, 그러자 노처녀는 "노나라에 환란이 있으면 君臣父子가 모두 욕을 당할 것인데 부녀자라고 어찌 그 욕을 피할 수 있겠는가" 했다.(『戰國策』) 이 고사에서 漆室이 나왔다. 그리고 昭公 24년 子朝의 난이 발생하여 范獻子가 이를 걱정하자 鄭의 子大叔이 "과부가 베 짤 걱정은 하지 않고 주나라 망할 것만 걱정한다"라고 말했다는 고사에서 嫠婦가 나왔다.(『朱子大全箚疑輯輔』) 모두 분수에 넘치게 나라 걱정을 한다는 뜻이다.

하여 황제 폐하의 근심을 덜어드릴 수 있게 될 것입니다.

　그러나 만약 그렇게 되지 않는다면, 우매하고 쇠진한 저로서는 당연히 밀가루 없이 국수를 만들 수 없을 것[26]이니, 광망狂妄한 저의 성격으로 보아 장차 황제 폐하의 앞에서 참지 못하고 직언하는 일이 생길 것입니다. 그러기 전에 명공께서 미리 저를 파면하시어 제가 광망한 말로 성총聖聰을 흐리게 하는 일이 없도록 해 주시기 바랍니다. 그러면 저 또한 입을 다물고 혀를 묶어 시골로 돌아가서 닭 기르고 기장이나 심으면서 명공의 공업이 이루어지는 것을 기다리다 부끄러워하며 죽을 것입니다. 이렇게 해 주시는 것 또한 저를 처음부터 끝까지 배려해 주시는 명공의 후사厚賜입니다. 마음이 급해서 직설적으로 다 말씀드렸으니, 명공께서 살펴주시기를 엎드려 바랍니다.

---

26) 밀가루가 없이 국수를 만들 수 없듯이 쌀 없이는 救荒을 할 수 없다는 것이다.(『朱子大全箚疑輯補』)

3. 진승상에게 하례하는 편지 — 賀陳丞相書[1]

삼가 듣건대 칙명으로 승상에 임명되어 국정을 담당하게 되셨다고 하니, 명공의 보살핌을 받는 자들 중에 누군들 기뻐하며 우러러 믿고 의지하지 않겠습니까? 엎드려 생각해보니, 명공께서는 일찍부터 큰 충절로 말미암아 천하의 신망을 얻으셨고, 참지정사參知政事[2]로서 폐하를 보필하면서 주장하셨던 바에 국가의 안위가 달려 있었습니다. 게다가 명공은 그때마다 번번이 자신의 관직을 걸고 간쟁하시어, 비록 곧바로 채택되지는 않았더라도 명공에 대한 황제 폐하의 신뢰가 더욱 돈독해지고 천하 사람들의 기대도 더욱 깊어져서, 다들 명공께서 하루아침에 벼슬을 그만두지나 않을까 걱정하게 되었습니다. 명공께서 위와 아래로부터 이러한 신망을 받게 된 것이 어찌 괜히 그런 것이겠습니까?

지금 명공이 재상의 자리에 나아가시니, 경향 각지의 사람들은 모두

---

1) 『朱文公文集』, 권24. 戊子年 즉 1168년(乾道 4, 주희 38세) 겨울의 글이다.
　陳俊卿(자는 應求, 1113~1186)은 興化軍 莆田(지금의 福建省) 사람이다. 紹興 연간에 進士가 되어 泉州觀察推官에 임명되었다. 秦檜의 편에 서지 않아 睦宗院 敎授로 있다가, 秦檜가 죽자 校書郎이 되었다. 普安郡王(孝宗)王府敎授를 역임하였고, 孝宗이 즉위한 후에 中書舍人, 知泉州 등을 거쳐 1165년(乾道1)에 吏部侍郎兼同修國史에 제수되었으며, 편지가 써진 이해(1168) 10월에 尙書 右僕射 同中書門下平章事 兼 樞密使가 되었다. 기본적으로 朱熹와 정치적 노선을 같이했으므로, 그가 재상의 자리에 오르자 朱熹는 이 편지를 써서 그의 승진을 경하하는 한편 재상으로서 해야 할 일에 대해 의견을 제시했다.
2) 參政이라고도 한다. 宋에서는 同平章事를 재상으로 삼았는데, 964년 이후 參知政事를 두어 부재상의 역할을 맡겼고 1129년 이후에는 門下省, 中書省의 侍郎이 그 일을 담당했다. 陳俊卿은 1167년(乾道 3) 同知樞密院使 겸 權參知政事로 제수되었다.

기쁜 마음으로 명공께 기대하며 입을 모아 다음과 같이 말합니다. "진공陳公이 예전에 말한 것들은 천하의 공론이다. 간쟁하다가 그 뜻을 이루지 못하자 벼슬을 버리고 떠나가려 했었는데, 지금은 재상이 되었으니[3] 이는 황제 폐하께서 진공의 말에 일리가 있다고 생각하여 장차 그의 말을 좇으려 하시는 것이다. 진공은 반드시 폐하께 예전에 간쟁했던 일을 다시 간언하여 그 채택 여부에 따라 자신의 진퇴를 결정할 것이다. 또한 천하의 일 중에 크고 급한 일이 단지 이것만 있는 것이 아니니, 진공이 결국 사양치 못하고 재상의 지위에 오르더라도 반드시 하나하나 차근차근 폐하께 그 일을 아뢰고 폐하를 대신하여 시행할 것이다. 그분은 분명히 잠자코 재상의 지위에 올라 우두커니 앉아 있기만 하지는 않을 것이다." 우매한 저 또한 이렇게 생각합니다.

그러나 지금 명공의 소식을 들은 지 이미 달포가 넘게 지났는데, 시행되는 법령이나 인사 문제에 있어서 예전에 비해 크게 달라진 것이 없습니다. 아마 이는 명공께서 애초에 경향 각지의 사람들이 공에게 거는 기대를 자신의 책임으로 여기지 않고, 그냥 아무 생각 없이 재상의 직위에 나아가셨기 때문이라고 생각합니다. 평소 명공께서 저를 깊이 알아주셨던 터라 부끄러워 탄식하고 있습니다. 명공께서 장차 앞으로 어떻게 잘해 나아가실지 알지 못하겠습니다. 조금이나마 제 어리석은 생각을 올려드리오니, 명공께서 잘 선택하십시오.

옛날 대신의 지위에 있던 군자들은 만약 자신이 천하의 일에 대해 잘 알아서 의혹이 없고 그 일을 맡을 수 있는 힘이 있으면 당장 때에 맞추어 과감하게 실행했다고 합니다. 또 만약 잘 알지 못하거나 힘이

---

3) 陳俊卿은 參知政事 시절에 王琪의 일을 두고 劉珙과 입장을 달리하다가 스스로 탄핵하고 사퇴를 청했다. 孝宗이 처음에는 그의 사퇴를 허락했으나 다시 불러들여 만류했고, 얼마 후에 그를 재상으로 임명했다.(『朱子大全箚疑輯補』)

부족하면 자문을 구하거나 대책을 강구하여 자신의 지식을 넓히고 윗사람에게 요청하거나 아래 사람을 발탁해서 그 도움을 받았는데, 마치 불을 끄거나 도망간 이를 추적할 때처럼 감히 잠시라도 미루지 않았다고 합니다. 그래서 위로는 감히 자기 임금을 어리석다고 여겨 함께 인의仁義를 말할 만하지 못하다고 보지 않았고, 아래로는 감히 자기 백성들을 비루하다고 여겨 교화시킬 만하지 못하다고 보지 않았으며, 가운데로는 감히 자기 나라의 사대부들을 천박하다고 여겨 함께 일을 도모할 만하지 못하다고 보지 않았다고 합니다. 하루라도 관직을 맡고 있으면 그날의 직무를 다하였고, 자기 임무를 다할 수 없으면 감히 하루라도 그 직위에 머무르지 않았다고 합니다.

아끼는 것이 있어서 기꺼이 어떤 일을 하지 않는 것은 물론 자신만을 생각하는 태도이지만, 두려워하는 것이 있어서 감히 어떤 일을 하지 못하는 것도 마찬가지로 자신만을 생각하는 태도입니다. 산처럼 우뚝하게 가운데 서서 터럭만큼의 사사로운 정도 없으며, 오로지 자기 직분에서 당연히 해야 할 일을 할 줄 알 뿐이어야 합니다. 이래야 뜻은 도를 행하기에 충분하고 그 도는 세상을 다스리기에 충분해서, 대신의 책임을 맡은 자로서 부끄럽지 않을 수 있습니다. 명공께서 앞으로 잘해 나아가기 위해 마련한 해결책 가운데 제 말에 합치하는 것이 있습니까? 이에 가까운 것이라도 있습니까? 혹시 이보다 더 나은 해결책을 마련하고 계신데 제가 모르고 있는 것입니까? 빨리 일을 추진하여 천하 사람들의 기대에 부응하셔서 옛날에 기뻐했던 그 마음이 오히려 지금 더 큰 근심으로 변하지 않게 해 주시기 바랍니다.

제가 드릴 청이 또 하나 있습니다. 저는 예전에 명공께서 내려 주신 편지를 받은 적이 있는데, 거기에 이런 말이 있었습니다. "이전 대신들은 단지 법도를 지키고 공도公道를 주도해 가며, 아는 것을 숨김없이 다 말하고 군주를 덕으로 보필하며, 상벌을 공정히 시행하고 뛰어난 이를 등용하고 모자란 이들을 물리치기만 하면 그만이었습니다. 그러나 지금은 매우 어려운 상황이어서, 풍속이 허물어졌는데 관리는 구차하고 강력한 적이 눈앞에 있는데 변방의 대책은 아직 수립되지 않았습니다. 어찌하면 좋겠습니까?" 어리석은 저로서는 명공의 이 말에 매우 의심스러운 점이 있습니다.

명공께서 쉽다고 하시는 것은 모두 옛사람들이 어렵게 여긴 것이고, 명공께서 어렵다고 하시는 것은 곧 옛사람들이 쉽게 여긴 것입니다. 반복해서 생각해 보아도 명공의 말을 이해할 수 없어 명공께 여쭈어 보려 했는데, 틈이 없었습니다. 지금 감히 명공의 재상 취임을 경하하면서 청을 드리오니, 명공께서는 한 번 마음에 돌이켜 보시어 사리事理의 경중과 본말을 염두에 두고 이를 헤아려 보시기 바랍니다. 정말 쉽고 어려운 것이 무엇인지를 알아서 적절하게 마음을 쓸 수 있다면 어렵다고 여겼던 일들이 쉽게 처리되지 않는 경우가 없을 것입니다. 『시경』에 이런 말이 있습니다. "도끼자루를 베네, 도끼자루를 베네. 도끼자루 본보기는 멀리 있지 않네."[4] 명공께서 이 말을 잘 살피신다면 천하의 모든 사람들이 무척 다행스럽게 여길 것입니다.

---

4) 『詩經』, 「豳風・伐柯」에 있는 대목이다. 주희는 여기에 인용된 시에 대해 "나무를 베어 새 도끼의 도끼자루를 만들 때 그 본보기가 되는 것은 멀리 있지 않다. 바로 자기 손에 들린 헌 도끼자루이다"라는 뜻으로 해석하였다.(『詩經集傳』; 『中庸章句』 13장) 그는 이 시를 인용하여 "事理의 경중과 본말을 따지는 기준은 멀리 있는 것이 아니니, 스스로 반성해서 헤아려 보라"라는 뜻을 전달하고 있다.

4. 장경부에게 답한 편지 ─ 答張敬夫書[1]

보내 주신 편지에서 자세한 내막을 이미 일일이 말하였는데, 그대의 생각은 과연 무엇입니까? 지금 마땅히 하나의 정론定論이 있어야 할 것입니다. 제가 비천함을 겨우 면했지만 들은 바를 알려 드려서 조금이나마 돕고자 합니다. 이것은 일에 임하여 경계하는 뜻[2]을 보이려는 것입니다. 이 마음을 미루면 무엇인들 건너지 못하겠습니까? 그러나 이것은 대개 비상한 거사이며, 흥망과 존폐가 관계된 작지 않은 일입니다. 현명한 사람도 오히려 감히 가볍게 여기지 않는데, 하물며 우매하고 어리석은 나머지 사람들이 어찌 감히 가볍게 발설할 수 있겠습니까?

보내 주신 편지에서 강령[3]은 지극히 정당하고 조목[4]도 상세히 갖추어져 있으니 비록 아무리 생각을 해보아도 더 할 말이 없습니다. 돌아보건대,

---

1) 『朱文公文集』, 권25. 1170년(41세) 장식에게 보낸 편지이다. 당시 虞允文이 右相에 제수된 뒤 금나라에 사신을 보내 陵寢地를 청하려 했는데, 陳俊卿・陳良祐 등이 그러한 祈請使 파견을 반대했지만 다른 대신들은 입을 다물고 아무 말도 하지 않았다. 당시 장식은 吏部員外郎으로 조정에 있었는데, 그 또한 두려운 마음에 머뭇거리며 감히 논의하지 못했다. 이 편지는 주희가 장식에게 이 일을 재촉하며 쓴 첫 번째 답장이다.
　張栻(1133~1180)은 張浚의 아들로서 자는 敬夫・欽夫이고 호는 南軒이다. 漢州 綿竹 사람으로 나중에 衡陽으로 이주하였다. 문집에 『南軒集』이 있다.
2) 『論語』, 「述而」, “必也臨事而懼, 好謀而成者也.” 공자가 군사를 이끌 경우 어떤 사람과 함께하시겠냐는 子路의 질문에 “힘이 있는 장수보다 일을 대하여 조심하고 도모하여 반드시 성공하는 사람과 함께하겠다”라고 말했다.
3) 강령은 ‘復讎’와 ‘絶和’(화친을 끊음)를 말한다.
4) 조목은 ‘修德’, ‘立政’, ‘用賢’, ‘養武’, ‘選將’, ‘練兵’ 등 여섯 가지를 말한다.

그 사이에 아직 미진한 것이 있으나 이것은 그대가 미치지 못해서가 아니라 아마 말로 할 것이 아니라고 여겨서 말하지 않은 듯합니다. 이에 관해 한번 말해 보고자 합니다.

무릇 『춘추』의 필법에 임금을 시해한 역적賊이 토벌되지 않았다면 장례식을 기록하지 않는다[5]고 하였습니다. 이것은 바로 복수復讐의 대의를 중히 여기고 장사(掩葬)지내는 상례常禮를 가볍게 여겨서, 만세의 신하들과 후손들에게 이런 사태를 만나면 반드시 역적을 토벌하여 복수한 후에 그 임금과 어버이를 장사지내야 한다는 점을 보여 준 것입니다. 만일 그렇지 못하다면 비록 관곽棺槨과 의금衣衾을 융숭하게 치르더라도 실제로는 골짜기에 그 시신이 버려져 여우의 먹이가 되게 하고 파리나 모기가 빨아먹게 하는 것과 다르지 않습니다. 그 뜻이 매우 절실하고 분명합니다.

그러나 지난날 화의和議를 논의하던 자들은 이렇게 참혹한 상황을 거론하면서 도리어 금나라에게 청하는 기청祈請의 단서를 열었으니, 『춘추』의 뜻과 어찌 이렇게 심하게 배치되는지요! 더구나 선왕들의 능陵寢과 흠묘欽廟 관곽이 이전에 여러 번 변고를 겪었는데 전해들은 말에 따르면 신하로서 차마 말하지 못할 정도의 일이었다고 하니, 이것은 그 능과 흠묘의 존망조차 헤아리지 못할 지경에 이른 것입니다. 만에 하나 교활한 오랑캐들이 한漢나라가 장이張耳와 닮은 자의 목을 벤 것[6]과 같은 꾀를 내어 우리를 속인다면, 어떻게 확인하겠으며 어떻게 대처하겠습니까?

제가 어제 길에서 친구인 이종사[7]를 만났는데, 화제가 이것에까지

---

5) 『春秋』 '魯隱公 11년 11월' 기록에 따르면, 임금이 시해당했을 때는 임금의 상례에 맞는 장례를 치르지 못하기 때문에 장례식을 기록하지 않는다고 한다.
6) 漢나라가 趙나라에 군대를 요청하며 楚나라를 공격하려고 할 때, 조나라의 陳餘는 張耳를 죽이면 그 제안을 받아들이겠다고 했다. 한나라는 장이와 닮은 사람의 목을 베어서 진여에게 보내어 결국 군대를 지원받았다.

이르렀습니다. "이것은 결코 문상할 수도 없습니다. 신하된 자는 다만 그 문상조차 할 수 없는 애통함을 생각하고 피 토하고 눈물을 삼키며 죽음을 무릅쓰고 복수를 해야 합니다. 이것이 곧 충효를 행하는 방법입니다"라고 그는 말했습니다. 이 말은 매우 당연합니다. 만약 조정이 과연 이러한 의로움을 마음에 두고 명령을 내린다면, 비록 벙어리나 귀머거리, 절름발이 같은 사람이라도 백 배의 기운을 더할 것입니다. 어찌 원수를 갚지 못하고 치욕을 씻지 못하며 중원을 얻지 못하고 능묘陵廟와 재궁梓宮을 회복하지 못할까 근심하여, 이렇게 잘못되고 선후가 뒤바뀌어 해롭기만 하고 이득이 없는 일을 하십니까? 일찍이 폐하께 이러한 뜻을 논하였는지는 모르겠으나, 금나라에 청하는 일을 그만두도록 주청奏請을 드려 보셨습니까? 이 일은 오늘날 명분을 바로잡고 의로움을 일으켜 세우는 단초가 되니 살피지 않을 수 없습니다. 만에 하나 앞의 장이張耳의 이야기와 같이 된다면 도리어 받아들일 수 없는 것입니다. 만약 전날의 말에 아직 이 뜻을 다 드러내지 못했다면 마땅히 다시 논의해야지, 이것을 지나쳐서는 안 될 것입니다.

그 외의 다른 것들은 다 논의하였지만, 다만 덕이라는 것은 어떻게 닦아야 하는가, 인재는 어떻게 분별해야 하는가, 정사는 어떻게 세워야 하는가 등에 관한 문제는 하나하나 실제 따져 볼 곳이 있습니다. 【성실함과 공경함을 마음에 둠(存心)으로써 간사하고 아첨하는 이들을 멀리하고 충직한 이들을 가까이하며, 경전의 해석을 익혀서 의리를 밝히는 것으로써 그들을 돕습니다. 무릇 조정의 신하 중 교활하게 아첨하는 자와 나긋나긋하게 눈치만 보며 화의를 좇는 자들은 점차 제거해야 합니다. 무릇 조정 안팎으로 남을 속이고 학대하고 조작하여 총애를 받는 자는 모두 배척해야 합니다. 그리고 정치상의 법도와 규칙이 나오는 것은 반드시 중서성中書省에 근본하고 근신과 소인배들이 가탁하여 통치체제를

---

7) 李宗思의 자는 伯諫이고, 建安 사람이다.

문란케 하지 못하도록 하는 것이 가장 중대사입니다.】 또한 모름지기 저 금나라와 우리 송나라를 살펴서 때를 견주어 보고 힘을 헤아려 몇 년 동안의 책략을 정해야 합니다. 맹자께서 "대국은 오년, 소국은 칠년"[8]이라고 하신 바대로 그 사이에 단계를 설정하고, 또한 자세하게 조목을 세워야 합니다. 폐하의 마음을 환히 깨닫게 하여, 이와 같으면 반드시 성공할 수 있고 이와 같지 않다면 반드시 화를 초래하게 된다는 것을 알게 해야 합니다. 그래서 결연히 소인배들의 사악한 말에 혼란스럽게 되지 않고 작은 이익과 눈앞 공적에 움직이지 않게 되어야 합니다. 그런 후에 눈앞의 일을 담당하여 몸소 힘을 다해 위로는 성군이 하고자 하는 뜻을 이루게 하고 아래로는 선현의 충의忠義를 구할 수 있을 것입니다.

만일 그렇지 못하다면 계획을 정하지 못하고 중도에 바뀌게 되어 성공할 수 없을 뿐만 아니라 분명 나라 안으로는 민심이 동요되고 밖으로는 원수들이 우습게 볼 것이니, 그 성공과 패배, 화복은 가만히 앉아서 망하기를 기다리는 경우에 비할 바가 아닙니다. 가족이야 아까울 것이 없겠지만 종사는 어찌할 것입니까? 이것은 더욱 잘 살펴야 하며 쉽게 받아들일 수 없으니, 나중에 후회해도 돌이킬 수 없는 것입니다. 바라건대 다시 열 번을 더 생각하십시오 일을 시작한 후에 헤아려 볼 수는 없는 것입니다.

드릴 말이 또 있습니다. 제가 다행스럽게도 그대와 교유한 지 오래되었습니다. 생각해 보면 대개 그대는 진중하고 치밀한 기상이 부족하여, 예전 그대의 말들 중에는 그대로 드러난 말들이 많고 함축하는 것이 적었습니다. 이것은 아마 본원을 함양하는 공부가 아직 미치지 못해서인

---

8) 맹자가 천하에 도가 행해질 때와 행해지지 않을 때를 말하면서 나온 말이다. 도가 행해지지 않더라도 文王을 섬기면 대국은 5년, 소국은 7년이면 천하에 정치를 펼 수 있다고 하였다.(『孟子』, 「離婁上」)

듯합니다. 이러한 기상으로 일을 도모한다면, 아마도 보고 듣는 것을 자세히 살피지 못하고 생각을 상세하게 할 수 없을 것입니다. 【근년에 지어진 문장을 보면 대다수가 문단의 구분과 조리가 없고 또한 배우는 자들이 아직 이르지도 못한 이치를 말하는 경우가 많으니, 이것은 모두 병폐입니다. 리理는 크고 작음이 없으니, 작은 것이 이와 같다면 큰 것은 알 수 있습니다. 또 장정과 비단을 빌려서 면이나 소·양과 바꾸기를 구한다는 설입니다. 가깝고 먼 곳에 시끄럽게 퍼뜨리는 것은 작은 실수가 아니니 경계하지 않을 수 없습니다.】 원컨대 이 말을 깊이 살펴서 아침저녁으로 점검하여 그 잘못된 싹을 끊고 자랄 수 없게 하십시오. 그러면 뜻이 정해지고 생각이 정밀해져서 아래위 사람들이 믿고 따를 것이니, 일을 도모한다면 들인 힘은 적고 성과는 많게 될 것입니다. 【일에 실수가 있어 사람들이 지적하면 진실로 곧바로 고쳐야 하지만, 또한 그 본말을 자세히 살펴본 후에 따르는 것이 좋습니다. 예전에 조치하는 사이에 한 사람의 말이 있어 그것을 행하다가 다시 한 사람의 말이 있어서 그만둔다는 경우가 많음을 보았는데, 또한 너무 경솔한 것입니다. 따르는 것이 경솔하면 지키는 것이 굳건하지 않음은 필연적인 것입니다.】

　　사모하고 우러러 봄이 매우 절실하다 보니 계획이 잘못되지나 않을까 걱정되어 구차한 저의 근심을 참지 못하고 감히 말씀드렸습니다. 분수를 모른다고 허물하지 않기를 바랍니다.

　　우공9)은 깊이 신뢰할 수 있는 사람입니까? 오히려 바다(湖海)의 기상이 있다고 들었는데, 이것은 낭묘10)의 마땅한 바가 아닙니다. 조용하고 깊이 경계함을 절실히 하기를 바랍니다. 그로 하여금 극기의 학문을 해야 함을 알게 하여 그 교만하고 인색한 사사로움을 버리게 하고 성실하고 차분한 사람을 등용하여 자신의 부족한 점을 보완하게 해야만 큰일을 맡아 큰 공을 이룰 수 있을 것입니다. 그렇지 않는다면 일을 좇아가는

---

9) 虞允文을 말한다. 우윤문의 자는 彬甫이고 隆州 仁壽 사람이다.
10) 郞廟는 正殿을 말한다.

데에만 급급하여 스스로 깨닫는 데에 어둡게 되니, 저는 그런 실패를 초래할까 두렵습니다. 제가 예전에 왕승상 어른[11]의 편지를 받은 적이 있는데 우공의 견문에 대해 말씀하시는 뜻이었습니다만, 당시에 큰 화를 입은 상태라 감히 예에 어긋나게 감사함을 말할 수가 없었습니다. 지금 바라건대, 주위를 둘러보아서 보잘것없는 저를 따르신다면 거의 그대를 헛되고 욕되게 하는 질문은 하지 않게 될 것입니다.

여백공께서는 이에 대해 어째서 오히려 의문을 갖는 것일까요? 제가 일찍이 나라 안을 다스리고 나라 밖의 외적을 물리치는 일을 비유하여, 내면을 곧게 하고 외면을 반듯하게 하는 것과 같다고 했습니다. 내면을 곧게 하지 않고서 외면을 반듯하게 하는 일은 진실로 있을 수 없지만, 그렇다고 또한 오늘 내면을 곧게 한 다음 내일 외면을 반듯하게 하는 이치도 없습니다. 모름지기 내면을 다스리는 마음이 하루도 잊힐 수 없고 복수의 의리가 하루도 늦추어질 수 없다는 것을 알아야 오늘날의 급선무를 함께 의논할 수 있을 것입니다.

---

11) 汪應辰을 가리킨다. 자는 聖錫이고 信州 玉山 사람이다.

5. 유승상에게 보낸 편지 <10월 12일> ― 與留丞相書<十月十二日>[1]

저의 보잘것없는 바람은 이전 편지에 이미 담았으니,[2] 분명 긍휼히 여겨 주셔서[3] 드디어는 물러나 한가로이 보내게 되어 감히 다시 승상의 귀[4]를 번거롭게 하지 않으리라 여겼습니다. 다만 어제는 인사만 하려다가 문득 저의 모든 생각을 드러내게 되니, 도리에 어긋나고 지나치게 경솔한 것이어서 황공한 마음을 누를 길 없었습니다. 그러나 사람을 시켜 편지를 보낸 후에야 곧바로 조정의 한 관료가 사적으로 보낸 편지를 받았는데, 그 내용에 근래의 일들이 언급되어 있었습니다. 삼가 듣건대, 승상의 충성에 감격하여 천자의 뜻이 돌아오게 되었으니 겹쳐진 음陰의 바닥에서 다시 양陽의 기운이 점차 회복되는 것[5] 같습니다. 그래서 이전에 제가

---

1) 『朱文公文集』, 권28. 1191년(주희 62세) 좌승상으로 있던 留正에게 보낸 9번째 편지이다. 그는 泉州 사람으로, 후에 魏國公에 봉해졌다. 주희는 이해 1월에 무주에서 장자 朱塾을 잃고 사관직을 청했다.

2) '이전 편지'에서 주희는 좌승상 留正에게 朋黨論을 논의하며 군자와 소인을 엄격히 구별해야 함을 역설하였다. 특히 8번째 편지에서는 승상 呂大防(1027~1097)이 제기한 소인·군자의 調停論을 경계하면서, 소인과 군자를 공평하게 등용하여 세력을 적절하게 유지하는 것은 소인만을 돕고 군자를 병들게 하는 것이라고 비판하며 군자당을 만들 것을 주장하였다.

3) 주희는 9월에 荊湖南路轉運副使에 제수되었는데, 사양하였으나 윤허 받지 못하여 10월에 받아들이게 된다.

4) 원문은 '公聽'으로, 여러 사람의 말을 두루 경청하고 수용하는 것을 말한다.

5) 이것은 復卦를 의미한다. 1191년 7월 10일에 보낸 「與留丞相」에 消長賓主의 차이를 말하면서 復卦를 언급하였다. 復卦에서는 하나의 陽이 아래에서 주인이 되어 위에 있는 5개의 陰을 극복한다는 점을 통해 군자당의 필요성을 설명하였다.

걱정했던 말들이 현실화되지 않은 것이 다행스럽습니다. 또다시 거듭 생각해 보니 지금의 일들에 기뻐하기는 아직 미흡한 듯하고, 이전 편지들에도 오히려 생각해 볼 점들이 남아 있습니다.

대개 예로부터 군자와 소인이 뒤섞여 함께 등용될 경우 이쪽이 저쪽을 이기지 않으면 저쪽이 이쪽을 이기게 되니, 양쪽이 서로 의심하여 끝내 결판나지 않은 적이 없었습니다. 이것은 필연의 이치입니다. 그러므로 비록 조정에 등용된 이들이 모두 군자라고 해도 단지 한두 명의 소인이 온갖 정사에 끼게 되면 빈틈을 노려 기회를 이용하게 되니 근심거리가 될 것입니다. 하물며 시종侍從의 반열에 있을 때는 어떠하겠습니까? 더구나 재상의 지위에 있으면서 사사로운 무리(私黨)를 몰래 심어 두고 조정의 요직에 가득 차게 한 경우는 어떻겠습니까? 대개 두세 명의 대신이란 임금과 더불어 인물이 현명한지 아닌지를 분별하고 인재의 등용과 퇴진을 결정하여 천하의 일을 도모하는 자들이니, 마음을 함께하고 덕을 오로지 하여 공경히 협력하고 진심으로 화합해서[6] 왕과 대신이 서로 평탄히 하고 국가를 한결같이 염려해야 합니다. 한 터럭이라도 자신의 사사로움이 그 사이에 끼게 되면 도모하는 일들을 이룰 수 없습니다. 만일 대신의 무리에 소인이 참여하게 된다면, 내가 현명하다고 여겨서 등용시키고자 하는 인재를 저들은 자신들에게 해가 된다고 여기고 물러나게 할 것이고, 내가 현명하지 못하다고 여겨서 물러나게 하고자 하는 자를 저들은 도움이 된다고 여겨 친하게 지내려 할 것입니다. 또한 그 가부나 동이에 대해서도 힘써 다투어 밝힌 후에 결정하는 것이 아니라 오직 서로 함께 나아가 임금을 대면하는 사이에 조금이라도 그들 마음대로 할 수 있기를 꾀하니, 이미 우리들의 일을 그르치기에 충분할 것입니다. 어찌 미리

---

6) 원문은 "協恭和衷"으로, 『書經』 「皐陶謨」에 나오는 말이다.

생각하지 않고 그들의 계책을 가볍게 여겨서 우리를 해칠 수 있는 계기를 만들겠습니까?

이것은 그나마 그들과 세력이 비등할 경우만 언급했을 뿐입니다. 하물며 지금은 친하고 소원한 정도나 새롭고 오래된 정도가 본래부터 다르고 충성스럽고 사악한 뜻이나 순종하고 거스르는 뜻도 각기 다른 데다가, 저들은 이미 유리한 지위를 차지한 채로 뭇 당들을 끼고 요직의 진출을 막고 있습니다. 무릇 저들이 손 한번 들고 발 한번 흔드는 것조차 모두 우리에게 해가 될 것입니다. 아래로는 내시나 몸종, 심부름꾼에 이르기까지 또한 저들을 위해 문서를 빼내고 안팎을 내통하여 그 세력을 돕고 있습니다. 그런데도 우리는 외롭게 살며 아무도 의지하지 못한 채 홀로 서서 결코 개미와 같은 미력한 도움[7]이라도 받아 근본적인 곳에 함께 힘써서 천자의 마음을 깨치게 하고 언로를 맑게 할 수조차도 없습니다. 공도公道를 행하는 데 도움을 주리라고 기대하는 인재를 지척에 머물게 할 수도 없어, 이들을 오히려 천리의 밖에서 구해야 합니다. 저들은 주인이 되었고 우리는 나그네 신세가 되었으며, 저들이 칼이라면 우리는 도마 위의 고기 신세입니다. 이것은 분명 천하가 위태롭게 될 조짐이며 망할 징조입니다. 또한 저들이 매우 싫어하는 사람을 채용하여 아무 도움이 되지 않는 한직에 두어서는 한낱 저들의 의심만 커지고 일을 도모하는 데에는 어떤 도움도 되지 못합니다.

내가 비록 천하의 현인과 군자를 두루 찾아 조정 안팎에 두더라도, 저들은 음성이나 낯빛에 아무 동요도 없이 단지 묵묵히 팔짱을 끼고 가만히 그 형세를 살피다가, 자신들을 해칠 만하게 되었다 싶으면 곧

---

7) 원문은 "蚍蜉蟻子之援"으로, 왕개미나 작은 개미의 도움과 같은 아주 미미한 도움을 말한다. 여기서는 이러한 아주 작은 도움조차 얻을 수 없음을 비유한 말로 쓰였다.

눈짓 한번으로 사방에서 짖으며 일어나게 해서 오던 사람이 문에도 이르지 못하게 하고 도착한 사람은 자리에조차 제대로 있지 못하게 하여[8] 당황해하며 허겁지겁 사방으로 도망가 흩어지게 만들 것입니다. 그러니 어찌 나라 일을 도모할 수 있겠습니까? 지금의 일에 대해 승상께서는 한 사람만 없애 버리면 곧 반열에서 소인배들이 없어지고 대각에서 다른 논의가 생기지 않을 것이라고 여기십니까? 정상서鄭尙書, 왕저작王著作, 손사업孫司業 등이 드디어 조정을 떠나 버리고 없으며 원온주袁溫州는 관직에 제수되었으나 도중에 그만두게 된 것을 어찌 보지 못하십니까? 이 모든 짓이 진정 누가 한 것이겠습니까? 제가 생각건대, 조심한다고 해도 더욱 위태로워지고 우환을 염려해도 더욱 깊어지는 것은 벼슬이 높아질수록 더욱 심해질 뿐입니다. 속담에 "물을 다스리고자 할 때 그 원류로부터 하지 않으면 하류에서는 그 피해가 더욱 커진다"[9]라는 말이 있고 또 "말 탄 사람을 쏘려면 먼저 그 말을 맞혀야 하고, 적을 잡으려면 먼저 그 우두머리를 잡아야 한다"[10]라는 말이 있으니, 대개 지금의 상황을 걱정한 말입니다. 지난해에 유광조[11]가 비로소 전중시어사에 제수되어[12] 조정에서 의론할 때, 조정과 재야가 진동하며 선류善類들이 서로 기뻐했으나 저만은 매우 걱정하였습니다. 지금의 형세가 어찌 이것과 다르겠습니까?

엎드려 바라건대, 승상께서는 깊이 숙고하고 헤아리시어 하루빨리

---

8) 원문은 "未暖席"으로, 앉은 지 얼마 되지 않아 바로 일어나서 앉았던 그 자리에 온기조차 생기지 않았다는 의미이다.
9) 이 말은 東漢人 傅燮의 疏에 있는 말이다.(『朱子大全集箚疑輯補』)
10) 이 말은 杜甫의 시구이다.(『朱子大全集箚疑輯補』)
11) 劉光祖(1142~1222)는 자가 德修이고 호는 後溪이며, 簡州 사람이다. 문집 『後溪集』이 있다. 원문에는 '劉副端'으로 되어 있는데, 이때 副端은 殿中侍御史이라는 관직을 말한다.
12) 光宗 紹熙 원년인 1190년의 일이다.

학자와 대부 중 식견과 사려, 기개와 절개가 있는 인물을 은밀히 구해서 함께 도모하십시오 먼저 천자의 마음이 분명하게 충성됨과 삿됨이 있는 곳을 통찰케 해서, 심복으로부터 귀와 눈, 목구멍과 혀와 같은 지위에 이르기까지 모두 한 터럭의 삿된 기운도 그 사이에 머물지 못하게 한 후에야 천하의 현자들을 점차 등용할 수 있고 천하의 일들을 차례로 이룰 수 있습니다. 만약 그렇지 못하다면 지금 이후로는 승상의 근심이 예전보다도 심해질 것입니다. 그러므로 저는 위태롭다 여기기 때문에 아직 기뻐하지 못하고 있습니다.

저를 두텁게 알아주시는 것에 힘입어 감히 어리석은 생각이라도 다하지 않을 수 없었으니, 승상께서는 살펴주십시오 천하의 일은 진실로 조속히 행하고자 하면 실패에 이르는 경우가 많습니다. 그러나 조짐이 드러났을 때는 이미 빠른 것이 아닌데도 오히려 머뭇거리며 시간을 끄는 것은 또한 지식인이 매우 두려워하는 바입니다. 오늘날 우리의 형세가 매우 위태롭게 되었으나, 기회를 잡아 신속히 소인들을 공격할 시점은 바로 이때입니다. 기회는 잠시도 놓쳐서는 안 됩니다. 승상께서 깊이 헤아려서 속히 도모하신다면 선류들에게 다행일 뿐만 아니라 진실로 종사와 백성들에게도 다행일 것입니다. 장황한 내용에 사죄하고 사죄합니다.

6. 왕십붕에게 보낸 편지 — 與王龜齡[1]

저는 궁벽한 곳에 살며 늦은 나이에 공부를 하게 되어 변변한 것이 없었습니다. 그래서 이전에 공부하는 방법을 알지 못했고 허물을 스스로 짐작하지 못했습니다. 국가가 믿어서 중시하는 바와 천하 백성이 의지하여 편안하게 여기는 바, 풍속이 이미 물들게 되면 다시 순박해질 수 없는 이유, 기강이 이미 무너지면 다시 다스릴 수 없는 이유 등이 인재와 관련되지 않은 것이 하나도 없다고 생각했습니다. 그러므로 천하에 명성과 절행으로 이름난 선비가 있어서 당시의 의론이 그에게 귀결된다고 들으면 그 선비를 만날 수 없다는 것에 대해 절절하게 한탄하였습니다. 오랜 동안에 혹 만나기도 하고 못 만나기도 하였으나 저의 간절한 마음은 조금도 줄어들지 않았습니다. 그가 관직에 나가 등용되었다는 소식을 들으면 개인적으로는 기뻐하였고, 그가 액운을 입어 버려졌다는 소식을 들으면 개인적으로 근심하였습니다.

그 성취한 바를 살펴볼 때, 시종 큰 절개로 진정 존경하여 우러러 볼 만한 선비는 대개 몇 명 없었지만, 언론과 정치적 견해가 끝내 칭송할 만한 바가 없고 공명과 사업도 끝내 기록할 만한 것이 없었던 선비는 가끔 있었습니다. 이 때문에 서글프게 스스로 탄식하며, 천하에 이른바

---

1) 『朱文公文集』, 권37. 1167년(38세)에 왕십붕에게 보낸 편지이다. 王十朋은 자가 龜齡, 호가 梅溪로 樂淸 사람이다. 시호는 文忠이다. 문집으로 『梅溪集』이 있고 『春秋』, 『尙書』, 『論語』에 대한 해설서가 있다.

이름이 드높고 행동이 곧다고 알려진 자도 천하의 백성을 안정시키기에는 부족하다는 것을 알겠으니 천하의 일을 과연 어디에 맡겨야 할지 알지 못하겠구나 하였습니다. 이후로 비록 현자를 어질게 대하고자 하는 그 마음을 감히 바꾸거나 세상을 걱정하는 그 뜻을 감히 느슨하게 하지는 않았지만, 마치 맹자가 지적했던 바[2]와 같이 예전에 남에게서 구하는 것을 중시하고 자신에게 구하는 것을 도리어 가볍게 여겼던 생각을 스스로 비웃었습니다. 이에 비로소 스승과 벗에게 들었던 것을 다시 취해 밤낮으로 강구하고, 움직이거나 조용히 있을 때에 몸소 살피며 인仁을 구하고 사물을 궁구하였습니다. 하루의 수고로움도 감히 느슨하게 하지 않았으니, 예전에 명성이 있는 선비를 만나지 못하는 것에 대한 절절했던 생각들에 대해서는 이미 살필 겨를이 없게 되었습니다.

당시 사대부들의 논의를 듣기도 하고 가마꾼이나 심부름꾼의 말을 들어보기도 하며 아래로는 마을이나 저자, 부녀자와 아이들이 모이는 곳에까지 살피니, 또한 천하의 명망이 지금 왕공에게 있다고 말하지 않는 이가 없었습니다. 얼마 후 왕공께서 진사가 되실 때 올렸던 대책문[3]을 읽어 보게 되었으며, 또 얼마 후엔 관각館閣에 계시며 상주했던 기록[4]을 읽어 보게 되었습니다. 얼마 후엔 주사柱史[5]가 되셔서 대간臺諫에 있다가

---

2) 『孟子』「盡心下」에 나오는 "人病, 舍其田而芸人之田, 所求於人者重, 而所以自任者輕"라는 구절을 말한다.(『朱子大全箚疑輯補』) 군자는 자신을 수양하여 천하를 태평하게 하는 데 이르지만, 사람들은 마치 자기 밭을 내버려 둔 채 남의 밭에서 김매는 것과 같이 남에게서 구하기만을 중시하고 자신이 맡은 일은 소홀히 한다는 내용이다.

3) 포악한 秦檜가 죽고 천자가 親政을 하게 되었을 때 천자의 策問에 대해 왕십붕이 올린 대책문이다. 천자는 그의 대책문을 읽고 경학의 해박함과 순정함을 높이 평가하여 제1등으로 발탁하였다.(『宋史』,「王十朋傳」)

4) 왕십붕이 國子司業이 되어 올린 글이다. 이 글은 人主의 직무에는 현자를 임용하는 일(任賢), 간언을 받아들이는 일(納諫), 賞罰의 세 가지가 있다는 내용이다.(『朱子大全箚疑輯補』)

5) 柱史는 御史나 侍郎을 달리 부르는 말로, 조정의 기둥 아래에 侍立해 있다고 해서

시랑侍郞으로 옮겼을 때 간언했던 글을 읽었으며, 또 대승상이셨던 고故 위국공魏國公을 위해 지었던 뇌문[6]과 「초동수창楚東酬唱」 등의 시문을 보았습니다. 그 주장하는 바를 살펴보니, 위로는 주대奏對와 진설陳說로부터 아래로는 편안히 웃으며 한가로이 지내는 일상에까지 대개 한 마디 한 글자라도 천리天理와 인륜人倫의 원대함에서 나오지 않은 것이 없고, 세속에서 말하는 이해득실利害得失이나 영화와 욕됨, 삶과 죽음의 변화에 대한 내용은 하나도 그 속에 담겨 있지 않았습니다. 그래서 이런 글들을 읽으면 진정으로 사람의 가슴 속이 넓어지면서 비루하고 인색한 면이 깨끗이 씻기게 되니, 진실로 "욕심이 많은 자는 청렴해지고 나약한 사람은 뜻을 세우게 된다"[7]는 체험을 저 자신도 모르게 할 수 있었습니다. 이에 일어나 탄식하였습니다. "선비가 인仁을 구하려면 마땅히 자신에게 돌이켜 구하는 일에 힘써야겠지만, 또한 어찌 '현명한 대부를 섬겨야 한다'고 말하지 않겠는가? 지금 예전에 몇몇 인재들에게 실망한 것으로 말미암아 자책한다면 이는 음식이 한 번 목에 걸렸다고 해서 먹지 않는 것과 같겠구나."

이에 불현듯 다시 그대를 찾아뵙고자 하는 의욕이 생겼으나 기회를 얻지 못하다가, 지난번에 명공明公[8]께서 기주로부터 돌아와 근전[9]에 부임하였다는 소식을 듣고는 마침 저와 교유하는 마을 사람 중에 명공 밑에서 보좌하는 자가 있어 편지로써 축하드린 적이 있었습니다. 대개 어진 대부를 만나 섬기게 된 것이 기뻐서였습니다. 저는 불행히도 덕이 없어서

柱下史라고도 말한다. 『晉書』「天文志」에, 북극의 동쪽 별 하나(紫微垣에 속한 별자리)를 '柱下史'라 하는데, 군주의 측근에서 잘못을 기록하는 것을 주로 하였다고 한다.(『朱子大全箚疑輯補』)

6) 誄文은 죽은 이의 명복을 비는 글이다.
7) 원문은 '頑廉懦立'으로, 『孟子』「萬章下」에 나오는 말이다.
8) 명공은 왕십붕에 대한 존칭이다.
9) 왕십붕은 당시 夔州로부터 湖洲 즉 浙西 近圻로 부임하였다.(『朱子大全箚疑輯補』)

유독 한 번도 빈객의 뒤를 따라서 훌륭한 도덕군자의 은혜를 바라보지 못했지만, 뜻밖의 인연으로 지난번 제가 한 취할 만한 것조차 없는 헛된 말들이 모두 명공께 전해질 수 있었습니다. 명공께서도 평범하고 비루하다고 버리시거나 경솔하고 참람되다고 허물하지 않으시고 일부러 수고롭게 편지를 써서 송 수령(宋倅)을 통해 칭찬이 가득 담긴 편지를 보내 주셨습니다.

명공의 뜻을 가만히 생각해 보았습니다. 세상이 쇠퇴하고 도가 미미해져서 임금을 버리고 어버이를 제쳐두는 논의[10]가 번갈아 일어나 횡행해도 꺼리는 바가 없으니, 이런 세태가 흘러 넘쳐나고 있습니다. 그 잘못된 세태를 막을 방법으로 생각하신 것이 어리석은 이의 한 가지 생각이라도 취해 듣고자 하는 것이어서, 저의 바탕을 살피지 않으시고 제 말을 받아 주신 것이 어찌 아니겠습니까?

명공의 뜻은 바르고 크시지만, 저의 어리석음은 아직 명공의 뜻에 맞지 않습니다. 비록 그러하나 여기에 한 가지 방안이 있으니, 오직 생각을 더욱 갈고 닦아서 이른바 '밝게 익히고 몸소 살피며 인仁을 구하고 사물을 궁구하는 공부'를 감히 그만두지 않는 것입니다. 만일 이치가 날로 더욱 밝아지고 의리가 날로 더욱 정미해져서 그 조존操存함이 날로 더욱 굳건해지고 그 확충함이 날로 더욱 원대해진다면 명공의 은덕을 받을 수 있게 될 것입니다. 명공께서 끝까지 가르쳐 주신다면 다행이겠습니다.

명공께서는 사해의 사대부와 군민軍民들에 대한 책임을 홀로 감당하시니, 그 한 번의 말씀과 한 번의 침묵 사이, 한 번의 움직임과 한 번의 고요함 사이에 얽힌 영향이 결코 가볍지 않습니다. 엎드려 바라건대,

---

10) 이 문장은 『孟子』「梁惠王上」에 나오는 내용이다. 맹자가 梁惠王에게 이익 추구에 따른 병폐를 설명하면서 仁義의 중요성을 강조할 때 나온 말이다.

성덕대업盛德大業이 이미 정해져서 다함이 없으시니 그 강건중정剛健中正함과 독실휘광篤實輝光함은 진정 힘쓸 바가 없으시겠지만, 제가 보고 기억하는 바에 따르면 옛말에 이르기를 "백 리를 가는 자는 구십 리를 반으로 삼아야 한다"[11] 했으니 명공께서도 유념해 주시길 바랍니다. 지금은 인재가 드물어 명공 같은 분은 겨우 한두 명일 뿐입니다. 그래서 천하 사람들의 책망함이 더욱 절실해질 것이니, 더욱 경계하지 않으시면 안 됩니다. 명공께서는 어떻게 생각하실는지 모르겠습니다.

또한 제가 듣기로 옛 군자는 '덕성을 높임'(尊德性)을 말할 때도 반드시 '묻고 배우는 것'(道問學)을 말하였고, '넓고 크게 이룸'(致廣大)을 말할 때도 반드시 '정미精微함을 다함'(盡精微)을 말했으며, '고명高明함을 지극히 함'(極高明)을 말할 때도 반드시 '중용을 따름'(道中庸)을 말하였고, '옛것을 익혀 새것을 앎'(溫故知新)을 말할 때도 반드시 '심덕心德을 두텁게 하여 예禮를 숭상함'(敦厚崇禮)을 말했습니다.[12] 대개 이와 같지 않으면 배운 바와 지키는 바가 반드시 치우쳐져서 갖추지 못하는 것이 있게 됩니다. 오직 이와 같이 해야만 합니다. 이 때문에 위에 있으면서 교만하지 않게 되고 아래에 있으면서도 배반하지 않게 되며 도가 있으면 족히 일으킬 수 있고 도가 없으면 포용해서 한편으로 치우치는 폐단을 없앨 수 있습니다. 이것이 보잘것없는 제가 명공에게 깊이 바라는 바입니다. 대개 덕성德性·광대廣大·고명高明·지신知新이라는 것은 반드시 착수할 바가 있고, 문학問學·정미精微·중용中庸·숭례崇禮라는 것은 또한 다른 일이 아닙니다. 경망하고 경솔한 저에게서 취할 바는 없겠지만, 명공께서는 반드시 헤아려 주시기 바랍니다.

지난번에 명공께서 기주夔州에 계실 때 성도成都의 왕상서[13]의 명성을

---

11) 이 문장은 『戰國策』에 나오는 말로, 시작은 쉽지만 그 끝은 어렵다는 의미이다.
12) 『中庸』 27장에 나오는 내용을 강조하기 위해 각 구절을 나누어 썼다.

익히 듣고 가까이하셨을 테니 족히 즐길 만한 것이 있었을 것이라고 짐작해 보았습니다. 이번에 오실 때 서로 안부를 통하지는 않으셨습니까? 그 왕상서는 함양涵養함이 깊고 두터우며 포용력이 있어서, 큰일을 맡게 되면 반드시 음성과 낯빛을 동요하지 않고서도 안팎으로 복종하는 이들이 생길 것입니다. 명공께서는 그분과 깊이 아실 것이니, 언젠가 세상에 나아가 쓰이게 되실 때 비슷한 부류를 이끌어 천거한다면 그분이 반드시 우선시될 만합니다.

저는 두문불출하며 모친을 봉양하면서 스스로 위안을 삼고 있다가 전에 한 번 호상湖湘에 들러서[14] 교유하고 강론하는 이로움을 얻은 적이 있었는데, 돌아와서는 갑작스럽게 추밀원樞密院 편수관編修官의 벼슬에 제수되어 감히 사양하지 못하고 명을 받들었습니다. 그러나 명공께서 아직 조정에 돌아오지 않으셨으니, 제가 또 무엇을 바라며 감히 나아갔겠습니까? 목을 빼고 명공을 기다렸지만 아직 뵙고 인사드릴 기회가 없었으니, 명공의 인품과 의로움을 좇으며 날마다 부지런히 힘쓰고 있을 뿐입니다. 문득 다시 송 수령을 통해 소개하게 되니, 집사執事에게 편지를 보내어 저의 진심어린 정성을 말씀 드리게 되었습니다. 밝게 살펴보아 주시길 바랍니다.

---

13) 원문은 '汪公'으로 되어 있는데, 汪尙書를 말한다. 왕상서는 당시 四川制置使로 成都府를 다스렸다.(『朱子大全集箚疑輯補』)

14) 주희가 38세 때(1167) 長沙에서 張栻을 만나 학문을 논의했던 일을 말한다.(『朱子大全集箚疑輯補』)

7. 승상 진중경께 보낸 편지 ― 與陳丞相[1]

제가 곰곰이 살펴보니, 옛날 천하에 뜻을 둔 군자 중에 천하의 현자賢者를 모셔오는 일을 급선무로 여기지 않는 이가 없었습니다. 현자 모시는 일을 급선무로 생각한 까닭은 그들로 하여금 글이나 엮게 하고 공덕을 기리게 하여 한때 보고 듣기 좋게 하려는 것만은 아닙니다. 대개 군자 자신이 미치지 못하는 견문과 생각하지 못한 바를 넓히고, 또 처신하고 사물을 대하는 사이에도 혹 아직 최선을 다하지 못할 경우가 있으면 그들로 하여금 바로잡게 하고자 생각했던 것입니다. 그러므로 현자를 구하는 범위가 넓지 않을 수 없었고, 그들을 예우하는 데에 후하지 않을 수 없었으며, 그 대우하는 것이 정성스럽지 않을 수 없었으니, 반드시 천하 현자가 알고 있던 사람이건 모르는 사람이건 간에 스스로 우리 앞에 나와 우리의 허물을 보완해[2] 주는 것을 즐겨하게 한 후에야 우리의 덕업德業이 은미한 데에서도 부끄럽지 않고 점점 광대한 데까지 이를 수 있습니다.

그러나 저 현자들은 그 명철함이 이미 사리의 은미함을 밝힐 수 있고 그 지키는 것이 이미 성현의 자취를 따를 수 있습니다. 그러한즉 그

---

1) 『朱文公文集』, 권37. 진준경에게 보낸 편지이다. 정확한 편지의 작성 연대는 알 수 없지만, 진준경이 1168년에 승상이 되었으므로 그 이후일 것으로 추정된다.
2) 원문의 '輔'를 '補'의 誤字로 보고 있는데(『朱子大全箚疑輯補』), 역자도 '補'로 해석하였다.

스스로 처신하는 것이 분명 높으니 시류에 함께 휩쓸리고 영합하여 명예를 구하지 않으며, 그 스스로 두터이 대하니 이리저리 말을 꾸며대며 자기를 내세우는 짓을 하지 않으며, 스스로 믿는 것이 분명 독실하니 남의 비유를 맞추며 쉽게 응낙하여 구차하게 용납하는 짓을 하지 않습니다. 그래서 왕공대인王公大人들이 비록 현자를 좋아하고 선을 즐기는 정성이 있다 하더라도 분명 현자들의 이름을 듣고 그들의 면모를 알아서 그 마음에 품은 깊은 의도까지 이해할 수는 없을 것입니다. 하물며 애초에 현자를 좋아하고 선을 즐기는 진실함은 없고, 그들에게서 취하고자 하는 것이 단지 그들의 글과 말에만 있다면 어떻겠습니까?

삼가 생각해 보니, 명공明公께서는 후덕함과 두터운 명망으로 세상의 존숭을 받은 지 여러 해가 되었는데도 아직 천하의 어진 사대부들을 문하에서 모두 내놓지는 못한 듯합니다. 어찌 명공께서 현자를 좋아하는 일이 지극하지 못했기 때문이겠습니까? 그들을 구하는 것에 힘쓰지 않았기 때문이겠습니까? 대우하는 것이 극진하지 못했기 때문이겠습니까? 여기에는 분명 말해 볼 만한 이유가 있습니다.

대개 선비를 좋아한다면서도 그들의 글이나 말만을 평가하여 등용한다면, 도를 배우고 덕을 행하는 참된 선비의 명성을 우리는 들어볼 수 없을 것입니다. 선비를 구한다면서도 투서하거나 계啓를 올리는 부류들 속에서만 등용한다면, 스스로를 중히 여기고 부끄러움을 아는 참된 선비를 우리는 만날 수 없을 것입니다. 선비를 대우한다면서도 용렬하고 말로만 떠드는 무리에 모아 둔다면, 뜻과 절개를 지니고 강개慷慨함이 있는 참된 선비는 정녕 두 손으로 읍하며 떠나 버릴 것입니다. 하물며 이른바 대우변려문3) 형식의 글은 아첨이나 하고 실속이 없어서 세속에서

---

3) 주로 4자나 6자의 對句를 이루어 짓는 四六駢儷文을 말한다. 宋나라 때의 詞科는 오로지 四六駢儷文으로 인재를 등용했다고 한다.(『朱子大全箚疑輯補』)

쾌락이나 구하는 문장일 뿐이며 또한 문자의 말류末流일 뿐입니다. 그러니 단지 높고 원대한 데에만 뜻을 둔 자들은 그것을 비루하게 여겨서 하지 않을 뿐만 아니라 문사文士들 중 식견이 있는 자들도 그러한 것에 깊이 뜻을 두려는 경우가 없습니다. 요사이 소문에 듣기로는 명공께서 오로지 이 대우변려문으로만 천하의 선비를 평가하고자 한다고 들었습니다. 만약 과연 그렇다면 그것은 잘못된 것이라고 생각합니다.

강우江右에는 예로부터 문사가 많았고[4) 근래 이후로도 올바른 행위와 뜻 있는 절개를 가진 선비로 알려진 이들이 번성했습니다. 오직 명공께서 유의하시어 강직하고 명철하고 바른 자를 등용하여 돕게 하시고 또 인정이 많고 청렴하게 물러나는 자를 표창하여 좋은 풍속을 장려하시며, 문예文藝를 우선시하고 도량과 식견을 뒤로 하지 마십시오. 그렇게 된다면 진태부[5)라도 먼저 아름다움만으로 오로지 평가할 수 없을 것이고, 천하의 선비들도 명공에 대해서 실망하지 않을 것입니다.

쇠약하고 병들어 물러나 지내면서 직접 뵙고 논의하고자 했던 것이 한두 가지가 아니지만 나아가지 못하고, 잠시 그 대체만을 이와 같이 아룁니다. 만약 저의 뜻을 받아 주신다면 미처 아뢰지 못한 말은 반드시 천리를 멀다 하지 않고 달려가 명공께 고하겠습니다.

---

4) 강우의 문사는 歐陽脩(1007~1072), 王安石(1021~1086), 曾鞏(1019~1083) 등 당송팔대가로, 江西지역 인물을 가리킨다.(『朱子大全箚疑輯補』)
5) 陳太傅는 豫章太守로서 徐穉(徐孺子)를 높이 예우했던 陳蕃으로 추측된다.(『朱子大全箚疑輯補』)

8. 유공보에게 보낸 편지 — 與劉共父[1]

제가 지난 편지에 말씀 드린 인재를 찾는 일은, 처음에는 불쑥 드린 말이었지만 얼마 지난 후 생각해 보니 이것이 가장 시급한 일이었습니다. 그러나 그 뜻에 미진한 점이 있어서 다음과 같이 상세히 논해 보겠습니다.

옛 대신들이 일신—身으로 천하의 중임을 맡은 것은 자신의 눈과 귀의 총명함과 손발의 부지런함으로 천하의 일을 두루 할 수 있다고 여겨서가 아닙니다. 그들이 믿었던 것은 임금의 마음을 함께 바르게 하고 국론을 한가지로 결단하는 데 분명 뭇 현인賢人들의 도움을 기대할 수 있다는 것이었습니다. 그러므로 스스로에게 이러한 책임을 맡기고자 했던 군자들은 반드시 현인을 수소문하였으며, 어떤 일도 발생하지 않았을 때에는 그 현인들을 취하여 여러 번 살폈다가 일이 생겼을 때에 그들을 등용하고자 했습니다.

대개 반드시 그 천하의 중책을 맡게 되겠지만 아직 그 위치에 오르지 않았을 때에는, 밤낮으로 잠깐이라도 그치지 않는다면 그 살핌이 오랠 수 있고, 이해관계에 뒤얽히는 의혹이 없다면 그 살핌이 면밀해질 것입니다. 정성스런 마음(誠心)이 밝게 드러나면 얻는 것이 많아지고, 세월을 거듭하면 쌓이는 것이 풍부해집니다. 스스로를 중시하는 자(自重)가 거리끼는 바가 없어 나오게 된다면 은둔하여 등용하지 못하는 경우가 없게

---

1) 『朱文公文集』, 권37.

되고, 재주 없이 벼슬하고자 하는 자가 할 일 없이 오지 않는다면 기교와 허위가 진실을 어지럽히는 경우가 없게 됩니다. 오래되고 또 정밀하기 때문에 그 장단점의 실상을 알아서 어긋나지 않게 되고, 많아지고 또 풍부하기 때문에 경질해 가며 활용하여도 다 쓸 수 없습니다. 은둔하였던 이들이 마침내 나오면 바른 말(讜言)을 매일 듣게 되어 우리의 덕이 닦이게 되며, 취하고 버리는 것이 미혹되지 않게 되면 명망과 실제가 날로 융성해져서 선비들의 마음이 그대에게 붙을 것입니다. 이것이, 옛 군자가 한 시대에 임금을 존중하고 백성을 감싸는 공효를 이루고서도 그 유풍과 여운이 오히려 후세에까지 칭송되었던 까닭입니다.

요즘 사람들은 그렇지 못하고 천하의 선비들에 대해서 막연하게만 여기고 의도하지 못하는 것이 있습니다. 그 구하는 것도 혹 가까운 데서 구하면서도 멀리 있는 사람을 빠뜨린다는 것을 알지 못하고, 적은 데서 만족하면서도 그 많은 것에서는 새고 있다는 것을 알지 못하며, 갖추어진 것을 구하면서도 그 상세한 데서는 잃고 있다는 것을 알지 못합니다. 평상시 한가하게 지내는 날에는 스스로 맡은 바가 비록 무거운 데도 불구하고 천하의 선비를 대우하는 것이 이와 같은 데 불과합니다. 그러므로 부지런히 힘쓰고(勤勞) 매우 정성스럽게 일해서(惻怛) 비록 홀아비(鰥)나 과부(寡), 고아(孤), 독거노인(獨) 등의 마음에 다다른다 하더라도 아직 근본적이고 장구한 계획에까지는 미치지 못하며, 은혜와 위엄, 공명이 비록 아동이나 하인들의 입에까지 퍼질 수 있더라도 아직 어진 사대부의 마음을 일깨우지 못합니다. 이것은 대개 큰일을 하는 데에는 아직 미치지 못하고서도 천하의 선비들을 먼저 으쓱거리는 음성과 낯빛으로 대우했기 때문입니다. 창졸간에 일을 맞닥뜨렸을 때 모아 온 인재들을 등용하기에 부족한 지경에 이르러서야 비로소 널리 자신이 아직 모르는 현인을 구해 쓰고자 한다면 또한 그것은 어렵지 않겠습니까?

혹자가 "그렇다면 아직 그 책임을 맡지 않았으나 우선 천하의 현인을 얻고자 하는 자는 어떻게 해야 합니까?"라고 물으니, 이렇게 대답했습니다. "권력이 미치는 곳이면 살펴서 천거하고, 예의가 미치는 곳이면 가까이 하고 두텁게 대해야 합니다. 이 두 가지 모두가 미치지 못한다면 그를 칭송하시고, 또 이것도 미치지 못하면 대접하고 사모해야 합니다. 이와 같은데도 오히려 부족하다고 여기면 또한 그러한 부류에서 사람을 구해야 하니, 작은 흠으로 인해 큰 선善을 가리지 않게 하고 뭇 단점들로 인해 하나의 장점을 버리지 않게 해야 합니다. 그것은 이와 같을 뿐입니다." 저는 이문공李文公이 이렇게 말하는 것을 들었습니다. "'어떤 곳에 여인이 있는데 그 나라의 최고 미인(國色)이었습니다'라고 말하는 사람이 있다면 천하의 사람들은 반드시 장차 온 힘을 다해서 그녀를 구하는 데에 아까워 할 것이 없을 것입니다. 그러나 '어떤 곳에 사람이 있는데 그 나라의 진정한 선비(國士)입니다'라고 말하는 사람이 있어도 천하의 사람들은 다투어 먼저 만나려고 하지 않을 것입니다. 이것이 어찌 호덕好德을 호색好色만 같지 못하게 여기는 것이 아니겠습니까?" 아아! 천하의 중임을 맡고자 하는 자가 진실로 이것을 돌이켜 구한다면 또한 진정한 선비가 이르지 않는 것에 대해 근심하지 않아도 될 것입니다.

9. 『무오당의』 서문 — 戊午黨議序[1]

　군신과 부자 간의 큰 인륜(大倫)은 하늘의 길(經)이고 땅의 의리(義)이며 이른바 백성이 지켜야 할 도리(民彝)이다. 따라서 신하는 임금에 대해서, 자식은 아버지에 대해서 살아 계실 때는 공경히 봉양하고 돌아가셨을 때는 슬피 보내 드리니, 그 충효忠孝의 성의를 다한다는 것은 항상 그 극진함을 다하면서도 헛되이 보태는 것이 아니기 때문이다. 이와 같지 않다면 내 마음을 다했다고 말할 수 없다. 그러한즉 그 임금과 아버지가 불행하게도 횡역의 변고를 입게 되면 신하와 자식 된 자는 몹시 분개하고 미워하면서 반드시 그 원수를 갚고자 할 것이니, 그 의지에 어찌 끝이 있겠는가! 고로 예禮를 기록한 내용에 "임금과 아버지의 원수와는 하늘을 함께할 수 없다",[2] "거적을 깔고 방패를 베개로 삼아 잠을 자면서 천하를 함께하지 않는다"[3]라고 말하였고, 그것을 설명한 데서는 "원수를 갚는 것은 5세世를 넘기지 않는다"라고 하였다. 비록 그 신하와 자식의 신분에 해당하지 않더라도 아직 5세의 세월이 지나지 않았다면 반드시 복수해야만 할 위치에 있음을 밝힌 것이다. 비록 그렇지만, 이것은 단지 뭇 백성들의 일일 뿐이다. 만약 천하를 가진 자가 만세토록 끝없는 통치를 계승하였다

---

1) 『朱文公文集』, 권75.
2) 『禮記』 「曲禮」에 나온다.
3) 『禮記』 「檀弓」에 나오는 글로, 자하가 공자에게 부모의 원수에 대해 물었을 때 답한 내용이다.

면 또한 만세토록 반드시 갚아야 할 원수가 있는 것이니, 뭇 백성들이 5세 즉 고조로부터 현손에 이르기까지 친속을 다하고 복服을 다하고 나면 그만두는 것과는 다르다.

국가가 정강靖康의 화를 입어 휘종徽宗·흠종欽宗 두 황제가 북쪽으로 사냥을 갔다가 돌아오지 못하게 되자 신하들은 몹시 분개하고 미워하였는데, 그들 중에는 비록 만세萬世가 지나더라도 반드시 그 원수를 갚고자 하는 자가 있었다. 태상황제太上皇帝 고종高宗이 중흥의 명을 받고 부형의 치욕을 갚기로 맹서하니, 비록 그 사이에 혹 황잠선이나 왕백언 같은 간사한 무리가 불쑥 나오는 경우도 있었지만 황제의 뜻은 더욱 굳건해졌다.[4] 소흥紹興(1131~1162) 초에 이르러 정치가와 실무관료들이 함께 등용되어 기강이 다시 신장되고 여러 장수의 군사들이 자주 승전보를 알려왔으니, 회복의 기세는 대개 열에 여덟아홉이 이루어지고 있었다. 오랑캐는 이때에 비로소 화친의 의사를 밝히며 우리의 계획을 방해하였다. 그리고 재상 진회秦檜는 오랑캐의 땅으로부터 돌아와 화친을 힘써 주장하였다. 이러한 때에도 인륜은 더욱 밝아지고 인심은 더욱 바르게 되었으니, 천하 사람들은 어진 자나 어리석은 자, 귀한 자나 천한 자를 막론하고 서로 입을 모아 한소리로 불가不可하다고 하였다. 유독 사대부들 가운데 어리석고 이익만을 탐하며 염치가 없는 자들 몇몇 무리만이 동조할 뿐이었다. 올바른 의론淸議을 주창하는 자들은 화의를 용납하지 않고 오히려 그 무리들을 꾸짖고 배척하며 그들에게 침을 뱉으면서 그들의 육신을 씹어 먹고 그 가죽을 잠자리에 깔고자 하였으니, 진회에 대한

---

4) 高宗은 欽宗의 동생으로, 趙構(1107~1187)이다. 한때 금나라와의 항전을 도모하였으나, 黃潛善, 汪伯彦 등 간사한 무리들을 기용하면서 항전 의사를 버렸고, 잠시 岳飛, 韓世忠 등의 장수를 등용하였다가 다시 진회를 재상으로 삼은 뒤 마침내 금나라와 화친을 맺고 만다. 『朱子大全箚疑輯補』에 따르면, 여기서 '간사한 모략'은 황잠선과 왕백언을 가리킨다고 한다.

분노가 어느 정도였는지는 알 만하다. 그러나 진회는 곧 재궁梓宮과 장락長樂5)을 평계 삼아 백관의 의론을 물리치고 임금의 귀를 현혹시켰다. 그 뒤에 이른바 화의가 점차 정해져서 깨뜨릴 수 없게 되었다.

이로부터 20여 년 동안 이 나라는 원수였던 오랑캐를 잊어버렸고 안락한 분위기에 둘러싸였고, 진회도 외부의 권력을 평계 삼아 임금의 총애를 독차지하였으며 임금의 권세를 훔쳐 간사한 무리를 만들어 갔다. 예전에 청의淸議를 거스르고 진회의 뜻에 영합하여 비위를 맞추던 사람들은 뇌물을 바치거나 연줄을 타고 삽시간에 높은 지위에 올랐으며, 혹 진회를 쫓아다니며 권세를 누렸다. 그리고 군신과 부자 간의 큰 인륜(大倫)은 하늘의 길(經)이고 땅의 의리(義)이며 이른바 백성이 지켜야 할 도리(民彛)라는 말은 고관들 사이에서 다시 들을 수 없게 되었다. 사대부들은 차츰 쇠약해지는 풍속에 익숙해져서, 오직 당시 나라에 일이 없고 진회와 그 무리들이 모두 성공을 즐기며 후환이 없는 것을 보고는 원수를 잊고 치욕을 참는 것을 사리事理의 당연함으로 여겼다.

화의를 주장하는 자들이 진회를 사모하고 말하기 좋아하는 자들이 그 무리들을 사모하는 것을 돌아보면, 마치 한 마리의 수컷이 선창하면 백 마리의 암컷이 화답하는 듯하였다. 그리하여 계미년癸未年의 논의는 화의의 말이 조정에 가득했다. "오랑캐는 대대로 내려오는 원수이니, 화친할 수 없다"고 주장하는 자들은 상서尙書 장천張闡과 좌사左史 호전胡銓6)에 그칠 뿐이었다. 그 나머지 중에도 화친이 불가함을 말하는 자들이 있었으나 그렇게 말하는 까닭이 이해관계에서 벗어나지는 않았다. 그 나머지는 비록 평소에 현사賢士·대부大夫로 불리면서 육천 리의 땅을

---

5) 梓宮은 흠종의 관을 말하고, 長樂은 고종의 생모인 顯仁皇后 韋氏(1080~1159)를 가리킨다.(『朱子大全箚疑輯補』)

6) 계미년의 의론에서 화친을 반대한 이는 장천과 호전 외에도 張浚, 虞允文 등이 더 있다.(『朱子大全箚疑輯補』)

지니고서도 원수를 위해 일하게 된 것에 분개하며 탄식하던 자일지라도, 하루아침에 등용되어 조정 당상의 자리에 서게 되면 돌아서서는 곧 취한 듯 미혹된 듯 멍하게 예전의 말들을 잊어버린 채 누군가 혹 주전主戰을 고하면 "이것은 처사의 큰소리일 뿐이다"라고 하였다.

오호라! 진회의 죄가 위로는 하늘에 통하고 만 번 죽어도 속죄 받기에 부족한 까닭은 바로 그 처음에 간사한 계략을 선창하면서 나라를 그르쳤기 때문이고, 중간에는 오랑캐의 세력을 끼고 임금을 막아서 인륜人倫이 밝혀지지 못하게 하고 인심을 부정하게 하였기 때문이며, 말류의 폐단으로는 임금을 버리고 부모를 뒤로 미루는 작태가 이와 같은 지경에 이르게 하였기 때문이다. 대개 삼강三綱의 윤리가 서지 않았기 때문에 이로써 백성들의 뜻을 한데 모을 수 있는 바가 없고 윗사람들도 또한 의지하여 편안히 여길 바가 없으니, 이것이 곧 식견 있는 선비들이 멀리 생각하고 물러나 돌아보면 간담이 서늘해지는 이유이다.

그러나 말하는 자들은 오히려 "잠시 중론衆論의 향배로써 사리事理의 가부可否를 점쳐 보면 지금의 사대부들 중 화의론자和議論者의 비중이 대개 지난날 화의론을 비난하던 자가 다수일 때의 비중에 못지않은데, 유독 어찌 지난날의 불가하다고 한 것으로써 지금의 가하다고 하는 것을 방해할 수 있겠는가?"라고 말한다. 오호라! 이는 전날에는 인륜이 밝았지만 지금은 밝지 않다는 것과, 전날에는 인심이 올바르게 있었지만 지금은 올바르지 않다는 것을 모르는 것이다. 또한 반드시 사람의 많고 적음으로 승부를 따진다면 이른바 화의론을 주장하는 사대부의 많음이 어찌 육군六軍과 만백성의 많음과 같겠는가? 지금의 육군과 만백성의 생각은 오직 장천과 호전의 주장과 같을 따름이다.

대개 군신과 부자의 근본 도리는 하늘의 경經이고 땅의 의義이니, 이른바 민이民彝라는 것은 세상에 밝게 드러날 때도 있고 어두울 때도 있지만 사람들 사이에서는 존망存亡이 없다. 그러므로 인륜이 비록 무너지고 피폐하고 해이한 나머지 간사한 논의가 아무 거리낌 없이 다시 사방에서 일어났는데도 또한 인륜을 베고 녹여서 없앨 수는 없었던 것이다. 어찌 이것을 듣고도 지난날 둔하고 고루하며 이익만을 좋아하면서도 부끄러움이 없는 자들의 남은 모략에 대해 득실을 돌이켜서 결정하겠는가? 이러한 것이 바로 이미 무너진 삼강의 윤리가 다시 떨칠 수 없었던 까닭이고 이미 무너진 만사萬事가 다시 다스려질 수 없었던 까닭이니, 윗사람들로 하여금 끝내 믿고 의지하여 안정되고 강성한 형세를 이룰 수 있게 하는 바가 없었던 것이다.

지금 금나라와의 사이가 다시 좋아지고 안팎으로 안정되면서 세상일에 어두운 자는 편견을 가지게 되었으니, 이른바 만세萬世에 반드시 갚아야 할 원수라는 말을 진실로 다시 입에 올리는 일이 없게 되었다. 이에 내가 밤 사이에 엎드려 분한 탄식을 이기지 못하다가, 위원리魏元履[7]가 『무오당의戊午黨議』를 차례에 따라 적은 바를 읽고 슬피 눈물을 흘리면서 대개 그 재앙이 이것으로부터 시작됨을 근심하며 회한을 그칠 수 없다. 잠시 그 전말의 대략을 이와 같이 논하여서 위원리가 차례에 따라 적게 된 뜻을 밝히고 아울러 재야에 버림받은 신하의 의義를 다하고 충忠을 바라는 정성을 다했다. 나라를 도모하는 자가 만일 여기에서 취하는 바가 있다면 오히려 조정의 의결에 만의 하나라도 돕게 되는 것으로 만족하니, 내가 감히 바랄 바는 아니다.

건도乾道 개원改元 6월 무술戊戌에 신안新安 주희가 서序하다.

---

7) 魏掞之는 建陽 사람으로 자는 子實이다.

10. 장중융을 보내면서 쓴 송별사 — 送張仲隆序[1]

사대부들이 태평하게 지내며 아무 일도 하지 않는 데 익숙해져서 세상을 다스리는 데 유용한 학문을 하지 않는 것이 이제까지 여러 해가 되었습니다. 요사이 천자께서는 개연히 분개하여 잃어버린 영토를 회복하고 원수를 갚아 치욕을 씻는 것을 자신의 임무로 삼았습니다. 천하의 뛰어난 참된 인재를 얻어 그들을 적재적소에 쓰려는 생각을 하며 새벽에 일어나 밤늦게 잠자리에 들었고, 드실 때마다 자주 탄식하였습니다. 이에 천하의 선비들은 천자의 덕과 뜻을 공손히 받들고 비로소 다시 서로 힘써 갈고 닦으며 자신의 재능을 숙련시키면서 등용되기를 기다렸습니다. 대개 조정의 시종 같은 영재들에서부터 아래로 빈천한 자와 벼슬하지 않는 자, 꼴 베는 목동과 나무꾼과 같은 천한 사람들에 이르기까지, 분연하게 함께 일어나서 군대를 다스리고 재정을 늘리는 방책을 가지고 스스로 나서는 자들이 한동안 앞 다투어 나왔습니다. 그리하여 대개 인재가 많고 실제로 등용하기에 적합했던 적이 지금만큼 적절한 때가 아직 없었습니다만, 나라 형세의 경중과 강약은 지난날과 비교하여도 또한 이미 구별됩니다.

그러나 제가 가만히 듣기로는 옛 성현께서 정치를 말할 때는 반드시 인의仁義를 우선시하였고 공리功利를 급하게 생각하지 않았습니다. 이것이

---

1) 『朱文公文集』, 권75.

어찌 진정 실정에 어둡고 쓸모없는 말로써 세상을 속이고 풍속을 현혹시켜서 실제 닥쳐올 화를 달게 받으려는 것이겠습니까? 대개 천하의 모든 일은 마음 하나(一心)에 근본하는데, 인仁이라는 것은 이 마음이 있는 것을 말합니다. 이 마음이 이미 있다면 능히 바로잡을 수 있습니다. 그리고 의義라는 것은 이 마음을 제어하는 것을 말합니다. 진정으로 이 설說을 천하에 밝게 드러낸다면 천자로부터 뭇 백성들에 이르기까지 사람마다 그 본심을 얻어서 모든 일을 바로잡고 하나라도 마땅하지 않은 것이 없게 될 것이니, 어떤 어려움인들 극복하지 못하겠습니까? 이 마음에서 나온다는 것을 알지 못한 채 "일은 할 만하고 공功은 이룰 수 있어야 하니 우리는 진실로 이것을 일체의 계획이라고 여긴다"라고 말할 뿐이라면, 이는 신불해申不害, 상앙商鞅, 오기吳起, 이사李斯의 무리가 나라를 망하게 하고 그 자신까지 죽게 한 방법입니다. 나라는 비록 부유하였지만 그 백성들은 분명 가난하였고, 군대가 비록 강성하였지만 그 나라는 분명 병들었으며, 이로움이 비록 가까이 있었지만 그 해로움은 분명 멀리까지 미쳤는데, 그들이 돌이켜 살피지 않았을 뿐입니다.

우리 당 장중융께서는 재기가 남다르고 뜻과 절개가 매우 훌륭합니다. 바야흐로 온 세상이 편안하고 아무 일도 하지 않는 시절에 빠져 있을 때 유용한 학문을 한 지가 이미 오래되었습니다. 일을 하는 데에 다투어 나아가고자 할 때에는 도리어 무능한 사람처럼 깊이 스스로를 은거하였지만, 백리의 땅을 다스리게 된다면 선량한 이들은 그 은혜를 생각하고 간사한 무리들은 그 위엄을 두려워할 것입니다. 물러나 한가로이 거처할 때에는 문을 닫고 독서하며 세상을 살펴보면서 어진 이를 가까이하고 어진 벗을 사귀며 근본을 배양할 것이니, 그는 확연하여 아직까지 늙어 가는 것에 한숨 쉬거나 신분이 낮아지는 것에 탄식한 적이 없었습니다. 그러하니 옛 성현이 말한 인의仁義의 설에 대해 아마도

들은 바가 있을 것입니다.

　지금 천자께서 그 사람됨을 듣고 또한 불러서 만나고자 하니 어찌 헛된 것이겠습니까? 떠나는구나, 장후張侯여! 밥을 챙겨 먹으며 스스로 아끼시오 평생의 학문을 조용히 임금을 위해 한두 번 말하게 된다면, 현명한 임금 또한 그대를 뒤늦게 만난 것에 대해 한스러워할 것입니다. 오직 이른바 인의仁義에 대해 말하는 것을 잊지 않는다면 벗들의 기대에 부응할 수 있을 것입니다.

　건도乾道 4년 봄 2월 병신丙申에 신안新安 주희朱熹가 서序하다.

11. 승상 이공 주의 후서 — 丞相李公奏議後序[1]

오호라! 하늘이 사람을 아끼는 마음이 가히 깊다고 할 만하구나! 오직 변화하는 인사人事에 감응하지만 기수氣數[2]에 닥치면 그 굴신屈伸하고 소식消息함이 가지런하지 않으니, 이 때문에 천하는 항상 다스려지거나 항상 편안할 수가 없어서 혹 혼란한 지경에 이르기도 한다. 그러나 그 혼란한 경우에도 또한 이 혼란을 멈출 수 있을 만한 인물을 미리 내어서 그 뒷날을 헤아리게 하지 않았던 적이 없었다. 이것은 아마도 백성들이 피폐해지고 멸망하는 지경에 이르지 않고 외롭게 남겨지지 않게 하려는 것으로, 그들의 임금 된 자가 오히려 믿고 의지하는 바가 되어서 그 나라를 보호할 수 있게 하였던 것이었다. 이것이 예나 지금이나 사세의 변화가 동일한 바이고, 하늘이 하늘다운 까닭이 그 마음이 진실로 이와 같아서이다.

오호라! 선화宣和[3]와 정강靖康의 변란 같은 경우는 천심天心이 하려던 바가 아니었음을 알 수 있으니, 한 시대의 인물로 고故 승상 농서공隴西公 같은 이가 이른바 '이 혼란을 멈출 수 있을 만한 인물'이다. 그렇지 않은가!

대개 정화政化와 선화宣和 연간4)에 국가의 융성함이 절정에 이르렀다고 들었다. 이때 도성에 홍수가 어느 날 갑자기 들이쳤던 일이 있었는데도 온 조정은 서로 돌아보며 감히 이변異變에 대해 말하고자 하는 이가 없었는데, 공만은 이적夷狄의 오랑캐가 전쟁을 일으키는 병화兵禍가 반드시 있을 것임을 예견하고 상소하여 극진히 말하면서 병화를 미연에 소멸시킬 수 있기를 기대했다. 그러나 불행히도 좌천되어 사현 세감(監沙縣稅)으로 가게 되었고, 그 사이 7년도 지나지 않아 오랑캐의 기병騎兵들이 드디어 도성에 침범하였다. 쓸쓸하고(眇然) 초라하게 쫓겨났던 공이 이 당시에도 천하 산악山嶽의 만 균鈞이나 되는 막중한 사명감을 안고 우선 지극한 계책을 진언하였다.5) 그러자 휘종徽宗은 제위를 넘기는 내선內禪의 계책을 결정하였고, 휘종이 선양하자 공은 중대한 논의를 밝혔다. 흠종欽宗은 이 논의를 받아들여 성을 지키고자 하는 마음을 굳건히 하였으며, 공에게 병부시랑을 맡기고는 능력을 의심하지 않았다.6) 드디어 강한 오랑캐를 물리치게 되었다.

그러나 오랑캐들의 포위가 풀리자마자 뭇 사람들은 다시 멀리 도모하지 않고 땅을 쪼개어 주고 강화하자는 주장을 다투어 말하면서 눈앞의 편안함을 구차히 구했다. 오직 공만은 그럴 수 없다고 생각하여, '군대를 내어 저들을 치면 반드시 이길 수 있다'는 것과 '저들이 기력을 회복하면 다시 침략할 것임을 우려하지 않을 수 없다'는 것을 분연히 수차례 진언하

---

4) 政化는 1111년에서 1117년까지이고, 宣和는 1119년에서 1125년까지이다.

5) 선화 7년 금나라가 침략하자 당시 태상소경으로 있던 李綱이 피로 상소문을 써서 휘종을 배알하러 가는 吳敏에게 전했다. 상소문에는 태자에게 제위를 넘긴다는 명목으로 천하의 인재들을 불러 모아 침략에 대응해야 한다는 내용이 담겨 있었다.(『朱子大全集箚疑輯補』)

6) 선화 7년 금나라 장수 斡離不의 군대가 황하를 건너자 송나라 흠종의 조정에서는 도성을 지킬 것을 주장하면서도 잠시 피난할 것을 논했는데, 당시 도성을 수비하던 李綱이 피난을 반대하였다. 이에 흠종은 이강의 의견을 받아들여 피난하고자 했던 계획을 철회하였다.(『朱子大全集箚疑輯補』)

였다. 그러자 헐뜯고 이간질하는 자들이 벌떼같이 일어나서 결국 멀리 변방으로 좌천되었고,[7] 수개월이 지나지 않아 도성마저 점령당하게 되었다. 건염建炎(1127)에 남송이 세워지자 공은 먼저 묘당廟堂에 올라 개연히 정사를 다스리고 오랑캐를 물리치는 것을 자신의 임무로 삼았고, 참람된 역신逆臣들[8]을 죽이고 제도를 정비하며 백성들의 재력을 넉넉하게 하고 선비의 풍속을 변화시키며 아랫사람들과 소통하고 잘못된 법령을 고치며 병사를 모으고 말을 사 두고 재정을 다스리고 요해처를 정비하며 성벽을 보수하게 하였다. 장소張所를 파견하여 하북河北을 위무慰撫하고 부량傅亮을 파견하여 하동河東을 수습收拾하였으며 종택을 파견하여 경성을 지키게 하였다. 서쪽으로 관關지방과 섬陝지방을 돌아보았고 남쪽으로는 번樊지방과 등鄧지방을 살펴보았으며, 또 지세의 이로움을 활용하여 반드시 중원을 복원하고자 하는 일과 휘종·흠종 두 임금을 반드시 모셔 오고자 하는 계획을 도모하였다. 그러나 재상으로 조정에 있은 지 겨우 70여 일 만에 다시 참소를 당해 떠나게 되었다. 소흥紹興 연간에 호광선무사湖廣宣撫使로서 올린 상소가 또한 모두 하늘을 경외하고 백성을 긍휼히 여기며 자강자치自彊自治하는 뜻이었고 화의和議와 퇴피退避가 계책이 될 수 없음을 깊이 생각한 것이었으니, 이러한 생각을 간청하고 반복하다가 삶을 마감하였다.

대개 공이 돌아가시자 여러 아들이 그의 평생의 주초奏草를 모았는데, 모두 80권이 되었다. 그것에 담긴 생각들이 정대正大하고 명백하면서도 세밀하고 곡진하였으며, 사태의 정황(事情)을 극진히 궁구하여 꾸미는 말들이 결코 없으면서도 글을 펼치고 맺는 문장력이 탁월하고 뛰어났다.

---

7) 이강은 정강 원년(1126) 9월에 主戰論을 주장했다는 이유로 비판을 받고 양주지사(知揚州)로 좌천되었고, 12월에 강남서로의 建昌軍에 안치되었다.(『朱子大全集箚疑輯補』)
8) 張邦昌, 宋齊愈 등을 말한다.(『朱子大全集箚疑輯補』)

전후 20여 년 동안 일의 변화가 다양하였으나 마치 잠깐 서서 말하고 손가락으로 가리키는 사이에 말한 것처럼 한결같았다.

지금 소부少傅인 승상 복국福國 진공陳公께서 그 책에 서문을 써서 그를 존숭하는 마음을 드러낸 바가 진실로 지극히 아름다웠는데, 공의 손자 진晋이 다시 나에게 후서를 써서 밝혀 줄 것을 청탁하였다. 내가 감히 할 수 없다고 사양했으나 그가 더욱 힘써 청하니 사양할 수 없었다. 돌이켜 논해 보면, 공의 말들이 선화 연간 초에 수용되었다면 도성이 포위되는 급박한 상황은 분명 없었을 것이고, 정강 연간에 수용되었다면 종묘와 나라가 전복되는 화는 분명 없었을 것이며, 건염 연간에 수용되었다면 중원이 분명 몰락하는 데 이르지 않았을 것이고, 소흥 연간에 수용되었다면 옛 경성京城으로 돌아가 능陵과 묘廟를 청소해서 조종祖宗의 집이 회복되고 한 하늘 아래에서 함께 살 수 없는 원수를 마침내 갚은 지가 이미 오래되었을 것이다. 어찌 왕업王業이 강이나 해변의 구석진 땅에 밀려나게 하여 오히려 우리 임금에게 오늘날과 같은 근심을 주었겠는가! 돌아보면 어리석은 녀석들의 입 때문에 여러 차례 어려움을 겪으면서 끝내 그 뜻을 이룰 수 없었다. 과연 하늘이 사람을 아끼지만 때때로 기수의 힘을 이기지 못하기도 하고 또한 인사의 감응이 혹 깊기도 하고 혹 얕기도 하여 서로 밀어 주고 동요하는 것이 진실로 번갈아 승부의 형세를 이루어서 그러한 것인가!

오호라, 슬프구나! 예전에 괴통蒯通이 악의樂毅의 책을 읽을 때마다 책을 덮고 울지 않았던 적이 없었다. 어찌 다른 때에는 책을 덮고 크게 한숨 쉬며 이에 눈물을 흘리는 경우가 없을 것임을 알겠는가! 비록 그렇지만 지금 천자는 뭇 책략들을 모두 살펴서 중원을 회복할 것을 도모하고 있으니, 만일 이 책을 한가할 때에 갖추어서 다행히 임금의 마음을 얻게 된다면 뜻 있는 선비들은 장차 옛날에 받아들여지지 않았던 것을 한스럽게 여기지 않을 것이고 하늘이 공을 태어나게 한 까닭이 진정 우연한 것이 아님을 알게 될 것이다. 이어서 80권의 뒤에 그 말을 붙여서 독자로 하여금 복공福公의 말에 의심이 없도록 하려고 한다.

　순희淳熙 10년 10월 병오丙午 16일에 선교랑宣敎郞 직휘유각直徽猷閣 주관태주숭도관主管台州崇道觀 주희가 삼가 쓰다.

12. 상향림 문집 후서 — 向薌林文集後序[1]

장자방張子房[2]은 5대代에 걸쳐 한韓나라 재상을 지낸 집안의 후손이었는데, 한韓나라가 멸망하자 만금의 재산도 아까워하지 않고 동생의 죽음에도 장사지내지 않으면서까지 한韓나라를 위해 진秦나라에 복수하고자 하였다. 비록 박랑사博浪沙의 계책을 성공시키지 못하고[3] 횡양橫陽의 목숨을 지켜 주지 못했지만[4], 마침내 한漢나라를 도와 진나라를 멸망시키고 항우項羽를 죽여서 그 분통했던 마음을 풀었다. 그런 후에는 세상일을 버리고 도가의 양생술을 익히며[5] 사물에 빗대거나 우언으로 자신의 뜻을 드러내니, 장차 형해形骸되고 사라져 버린[6] 옛 신선들과 서로 팔굉八紘[7]과 구천九天의 밖에서 만나기로 하여, 천년이 지나서 그 풍모를 듣는

---

1) 『朱文公文集』, 권76. 向薌林은 尙子諲(1085~1152)을 가리키는데, 자는 伯恭이며 臨江 淸江縣 사람이다. 徽猷閣 直學士의 벼슬을 지냈으나, 秦檜의 뜻에 거슬려 벼슬을 그만두게 되었다. 그 후 머물던 곳을 '향림'이라고 불렀다.
2) 장자방은 張良을 말한다. 그의 자가 자방이며, 시호는 文成이다.
3) 博浪沙에서 진시황을 암살하려다가 실패한 일을 말한다. 박랑사는 현재 중국 河南省 武陽縣에 소재한다.
4) 횡양은 橫陽君 韓成을 가리킨다. 장량이 項梁에게 권해서 한성을 韓王으로 삼도록 했는데, 이후 韓王 한성은 항량의 조카인 項羽에게 살해되고 만다. 이때 장량은 항우를 피해 유방에게로 피신하였다.(『朱子大全集箚疑輯補』)
5) 원문은 '導引辟穀'으로, 도가의 양생술을 말한다. 導引은 호흡과 운동으로 맑은 기운을 체내로 끌어들여 만병을 다스리는 방법을 말하고, 辟穀은 곡식을 먹지 않고 밤이나 솔잎, 대추 등을 자연 그대로 먹고 사는 방법을 말한다.
6) 원문은 '形解銷化'이다. 죽은 후 육신이 사라졌다는 뜻으로, 신선술을 의미한다.
7) 팔굉이란 四方과 四維를 가리키는 말로, 신선세계를 의미한다. 『淮南子』「地形訓」에서 "九州의 밖에 八殥이 있고, 八殥의 밖에 八紘이 있다"라고 하였다.

자는 상상하며 탄식해도 그의 가슴 속 회포가 어떠했었는지를 알 수 없게 했다. 그 뜻이 웅대하다고 말할 만하구나!

도원량陶元亮8)은 진晉나라 때 대대로 장상將相을 지냈던 집안의 자손으로서 후대 왕조에 몸을 굽히는 것을 수치로 여겼으니, 유유劉裕9)가 권세를 찬탈하는 데 성공하자 드디어 벼슬을 하려 하지 않았다. 비록 그러하나 그의 공명과 사업에는 살필 만한 것이 적지 않았고 그의 높은 뜻과 뛰어난 생각은 명성과 시문에 담겨 퍼졌으니, 후세의 말 잘하는 선비들이 모두 스스로 따라갈 수 없다고 여길 정도였다.

옛 군자들의 그 천명과 백성의 도리(民彝), 군신부자의 대륜·대법에 대한 마음가짐이 이와 같이 간절하였으니, 큰 인륜과 법도를 이미 세운 후에야 가히 높은 절개와 오묘한 문장을 말할 수 있었던 것이다. 만약 그렇지 않았다면 기준紀逡과 당림唐林의 절개도 힘겹지 않은 것이 아니었고10) 왕유王維와 저광희儲光羲의 시도 맑고 심원하지 않은 것이 아니었겠지만,11) 그러나 한번 신新나라 왕망王莽과 안록산安祿山의 조정에서 절개를 굽힘으로써 평생 고되게 힘써 겨우 후세에 전할 만한 것이 있었다 하더라도 후인들의 비웃음거리가 될 뿐이었다.

내가 일찍이 이러한 기준으로 옛것을 살피고 지금 것을 증험해 보니,

---

8) 도원량은 東晉의 명장 陶侃을 가리킨다. 자는 士行이다. 江西省 鄱陽 출신으로, 陶淵明의 증조부이다.
9) 유유는 南朝 宋 高祖로, 東晉의 安帝와 恭帝를 살해하고 나라를 찬탈했다. 이 때문에 도간은 東晉을 멸망시킨 宋나라에서 벼슬하지 않았다.
10) 기준과 당림은 王莽 때에 경학에 밝고 행동을 삼가서 그 명망이 높았는데, 이들이 前漢의 왕위를 찬탈한 왕망의 조정에서 벼슬한 사실을 비난한 것이다. 즉 당대에 높은 절개로써 명성을 얻었던 기준과 당림 같은 인물이라도 인륜과 법도를 지키지 못했다면 그 절개를 인정해 줄 수 없다는 뜻이다.
11) 왕유와 저광희는 당나라 때의 유명한 시인이었지만 안녹산에게 절개를 굽혔기 때문에 주희는 그들의 시를 비난하고 있다. 즉 비록 그 문장이 시원하고 심원하다 하더라도 이미 절개를 잃었기 때문에 그들의 시를 인정할 수 없다는 뜻이다.

향림거사薛林居士 상공向公의 글에서 느껴지는 바가 있었다. 공의 세가世家는 승상 문간공文簡公[12] 때 처음 넓은 도량과 뛰어난 지식으로 진종眞宗을 보좌하신 이래로 흠성헌숙황후欽聖憲肅皇后[13]에 이르러서는 드디어 태임太任과 태사太似의 덕[14]으로써 천하를 어머니처럼 품었다. 이로부터 경사스런 일이 종파宗派와 지파支派에까지 이르도록 계속해서 빛나게 되어 그 횟수를 헤아릴 수 없었다. 그러나 공이 벼슬할 때 즉 정강靖康과 건염建炎의 즈음에 이르러 국가의 변고와 어려움이 극에 다다랐는데, 장방창이 참칭하여 반란을 일으키려 한 편지를 중간에 차단하여 그 일당을 붙잡았던 경우나, 휘종과 흠종이 북쪽으로 끌려갔을 때 대원수大元帥였던 고종高宗(覇府)의 호령을 수행하며 천자의 위엄(威光)을 펼쳤던 경우나, 담주潭州지사였을 때 파리한 군졸들을 이끌고 고립된 성을 지키면서 무적의 오랑캐의 예봉에 맞섰던 경우나, 뭇 도적들의 무도한 기세를 막으려다가 여러 번 죽을 위기에 빠졌던 지경에 이르렀을 경우에도 그 의지를 빼앗을 수는 없었다. 소흥紹興(1131~1162) 초에 이르러 대신들이 복수를 잊고 나라를 욕보이게 될 계책을 결정하였으니, 공은 또한 개연히 상소하여 재삼 그 잘못을 지적하여 말함에 거리낌이 없었다. 병이 들어 죽게 될 지경에 이르러서도 오히려 천자께 아뢰어 창업의 어려움을 깊이 생각하시어 작은 평온함에 급급하여 끝내 큰 계획을 잊게 되는 일이 없도록 권고하였다.

이것이 그가 평생 동안 초지일관하여 지킨 큰 절개이니, 어찌 저 장자방張

---

12) 문간공은 向敏中(949~1020)을 가리킨다. 文簡은 그의 시호이다. 자는 常之이고 開封 사람으로, 工部郎中 등의 벼슬을 지냈다. 그의 행적은 주희의 『宋名臣言行錄』에 기록되어 있다.
13) 眞宗의 왕후로 向經의 딸이다.
14) 太任과 太似는 周나라 王季의 妃인 文王의 어머니와 文王의 妃인 王武의 어머니를 각각 가리킨다.

子房과 도원량陶元亮이 지녔던 마음에 견주어도 떳떳하지 않겠는가! 그러나 두 사람은 당시에 모두 관직을 얻지 않았거나 어쩔 수 없게 된 후에 벼슬을 하였기 때문에, 대의大義는 비록 분명하였으나 나라를 이롭게 하는 데에는 이르지 못하였다. 이에 비해 공의 경우 다행히 있는 힘을 다하며 일월의 세월을 보내니, 종사가 다시 안정되고 아울러 수고로운 공덕이 있었다. 그 성취한 바를 비교할 때 두 사람에 비해 더욱 공훈이 있었던 것이다. 중년에 사직을 청하여 강호江湖 가에 스스로 은둔함에 학사대부學士大夫가 그의 고결함에 감복하였다. 한 잔 술에 시 한 수 읊으며 시구의 우열 여부에는 유연히 뜻을 두지 않는 듯했는데, 그 맑고 반듯하면서(淸夷) 넓게 비워진(閑曠) 자태와 걸출하고 자유분방한 기상은 비록 한평생 시에 진력한 자라 해도 넘어설 수 없었다. 오호라! 이것이 어찌 한낱 세속을 끊고 세상을 떠나는 어려움과 흥에 겨워 시문을 짓는 기교로써 그러한 명성이 있게 된 것이겠는가? 대개 반드시 그 근본이 있었던[15] 것이다.

처음에 공이 돌아가시자 호오봉胡五峰 선생이 공의 행적을 기록하였고 10여 년이 지난 뒤 단명전端明殿 학사學士 왕공汪公[16]이 무덤에 명銘을 지었으니 공의 뜻과 행적에 대한 본말이 이미 상세한데, 다시 20여 년이 지난 뒤 공의 막내아들 대부공大夫公이 공의 문집 30권을 내게 보내어 서문을 청탁하였다. 후대에 태어나 문득 공의 문집에 서문을 써서 호오봉과 왕단명 두 선생의 다음에 이름을 올리게 된 것은 분수에 맞지 않는 듯하여 일찍이 서문 쓰는 것을 사양하였으나, 그럴 수가 없었다. 이에

---

15) 근본이 있었다는 것은 '큰 인륜과 법도가 이미 세워졌다'는 것을 의미한다.
16) 단명전 학사였던 汪應辰(1119~1176)을 가리킨다. 초명은 洋이고, 자는 聖錫, 시호는 文定信이다. 信州 玉山 사람으로, 秘書省正字, 吏部尙書, 翰林學士 등을 역임하였다. 강직한 성격으로 인해 진회의 미움을 받아 외직에 좌천되기도 하였고, 조정 관료의 모함으로 좌천되기도 하였다.

그 마음의 느낀 바를 서술하여 글의 끝에 붙이니, 후일의 군자들이 살필 만한 것이 있을 것이다. 대부大夫의 이름은 모某이며 어려서 남양南陽 호문정공胡文定公의 문하에서 수학하였으니, 올해 76세이고 세상사에서 물러나 집에서 여생을 보낸 지 이미 18년이 지났다.

순희淳熙 12년(1185) 봄 2월 갑자甲子에 신안新安 주희朱熹가 서序하다.

13. 금화 반양귀 문집 서문 ― 金華潘公文集序[1]

천지의 조화는 포괄하지 못하는 것이 없고 그 운행은 끝이 없으나, 그 실제는 한 번 음하고 한 번 양하는 두 가지를 벗어나지 않는다. 한 번 음하고 한 번 양하는 데에는 움직이고 고요함과 굽히고 폄(動靜屈伸), 가고 오며 닫히고 열림(往來闔闢), 오르고 내림과 떠오르고 잠김(升降浮沉)의 성질이 있는데, 이러한 성질이 비록 아직 하루라도 상반되지 않았던 적이 없지만 또한 하루라도 서로 없었던 적도 없었다. 성인이 『역』을 지어 신명神明의 덕을 통하고 만물의 이치를 유별한 것도 그 말씀하신 바가 또한 이와 같을 뿐이었다.

그러나 그것을 인사人事에 미루어서 비유해 보면, 양陽은 항상 군자가 되니 이끌고 도와서 오직 그 성대하지 못함을 두려워하고, 음陰은 항상 소인이 되니 물리치고 눌러 내쳐서 오직 그 쇠하지 않음을 근심할 뿐이다. 어째서인가? 대개 양의 덕은 강剛하고 음의 덕은 유柔하니, 강剛은 항상 공변되고 유柔는 항상 사사로우며 강은 항상 밝고 유는 항상 어두우며 강은 일찍이 바르지 않은 적이 없고 유는 간사하지 않은 적이 없으며 강은 일찍이 크지 않은 적이 없고 유는 작지 않은 적이 없기 때문이다. 공명정대한 사람이 세상에 등용되면 천하가 그 복을 입게 되고, 사사롭고 어둡고 간사하고 편벽된 사람이 뜻을 얻게 되면 천하가 그 화를 받게

---

1) 『朱文公文集』, 권76.

된다. 이것은 리理의 필연必然이다.

또한 『역』의 설說에서만 그러한 것이 아니다. 대개 전기傳記의 여기저기서 나온 옛 성현의 말에서도 또한 강剛을 좋아하고 유柔를 싫어하지 않은 적이 아직까지 없었다. 공자의 경우 "강직함과 굳셈이 인에 가깝다"[2]라고 하고 또 아직 강직한 자를 보지 못한 것을 깊이 탄식한 적이 있었으며 또한 혹자가 신정申棖을 언급한 것에 대해서는 "욕심의 병폐가 있으니 신정은 강직할 수 없다"[3] 하였으니, 오로지 강직함을 군자의 덕으로 여긴 것이다.

오호라! 고故 중서사인中書舍人 금화金華 반공潘公 같은 이는 분명 공자의 이른바 '아직 보지 못하였다' 한 바로 그자일 것이다. 내가 불행히도 그 문하에서 몸소 배우지는 못했지만 그 책을 읽고는 오히려 그분이 살아 계시는 듯함을 느낄 수 있어 기뻤다. 대개 공公은 선화宣和 초에 박사博士가 되었는데, 당시에 이미 부귀한 세에 의지하는 것을 달가워하지 않았으며[4] 특히 간사함을 은폐하려는 대신들을 논척하였다. 비서랑이 되었을 때는 또 채경蔡京 부자父子와 교유하려 하지 않았고[5], 제거회남동로 상평提擧淮南東路常平으로 회남에 가서는 연회 자리에서 중관中官과 동석하지 않았다. 정강靖康(1126~1127)에 흠종의 부름을 받아 대면하였는데, 당시에 하률과 당각唐恪은 국사國事를 그르치게 될 염려가 있으므로 등용해

---

2) 『論語』, 「子路」, "子曰, 剛毅 木訥, 近仁."
3) 공자가 申棖에 대해 평한 내용으로, 『論語』「公冶長」에 나온다. 剛과 欲은 상반된 가치로서 강직함은 욕심에 굴복하지 않는 법인데, 신정은 욕심이 많았던 인물이기 때문에 강직하다고 평할 수 없다는 것이다.
4) 潘良貴가 박사가 되었을 당시에, 王黼와 張邦昌이 딸을 그에게 시집보내고자 하였으나 거절하였다고 한다.(『朱子大全集箚疑輯補』)
5) 潘良貴가 秘書郎으로 있을 때 蔡京과 그의 아들 蔡攸가 벼슬과 녹봉으로 농락하려 했으나 그는 동요하지 않았다고 한다. 또한 채씨 부자가 반양귀와 사귀고자 하는 뜻이 있다고 친척과 친구들이 전해 왔으나 그는 정색을 하며 거절했다고 한다.(『朱子大全集箚疑輯補』)

서는 안 된다고 논하였다가 귀양을 가게 되었다. 얼마 지나지 않아 그 염려의 말이 과연 그대로 들어맞았다. 건염建炎(1127~1130) 초에 우사간右司諫으로 부름을 받고는, 난신역당亂臣逆黨을 엄한 법률로써 다스려 나라의 법을 바로잡고 국가의 위엄을 굳건히 해야 한다는 것을 우선 논하였다. 아울러 당시에 일 처리하는 자들의 간사함을 논한 장계를 또 올렸는데, 이 때문에 왕백언汪伯彦과 황잠선黃潛善이 매우 꺼려하는 대상이 되어 장계를 올린 지 3일 만에 좌천되어 떠났다.[6] 그의 주장이 비록 다 전해지지는 않았지만 유관劉觀이 책사責詞를 초안한 글에 다만 그가 헤아려 꾸짖었던 것으로 죄를 씌웠으니, 그 일은 참으로 짐작할 만하다. 소흥紹興(1131~1140)에 도사都司가 되어 입조入朝하였으나 재상 여이호呂頤浩를 싫어하여 돌아갔다가[7] 다시 좌사左史가 되어 어느 날 왕 앞에서 직접 상주하였다. "선왕께서 치세를 이룰 수 있었던 까닭은 크게 공변되고 지극히 바른 도리에 맞았기 때문인데, 근년에 난亂을 초래하게 된 것은 그와 반대되기 때문입니다. 폐하께서는 오늘 조종창업祖宗創業의 어려움과 두 선왕께서 욕보신 지 오래되었음을 진심으로 우러러 생각하시고 도탄에 빠져 있는 생민의 고통과 침략당해 빼앗긴 많은 영토를 굽어 살피시어, 새벽같이 일어나서 밤늦게 잠들 때까지 감히 조금이라도 잊어서는 안 됩니다. 하나의 일을 행하실 때마다 반드시 이것을 먼저 염두에 두신 후에 시작하십시오. 이른바 크게 공변되고 지극히 정대한 도리에 맞도록 하는 데 힘쓰시고 한 터럭의 사사로움 때문에 인정에 이끌려 왜곡되는 일이 없으시다면

---

6) 汪伯彦과 黃潛善이 潘良貴의 주장을 미워해서 그를 工部로 고쳐 제수하였고, 潘良貴는 자신의 주장이 받아들여지지 않자 떠날 것을 청했다. 이후 主管明道宮이 되었다.(『朱子大全箚疑輯補』)

7) 재상 呂頤浩가 潘良貴에게 조만간 두 성으로 끌어주겠다고 말하였는데, 반양귀는 여이호의 사사로운 마음을 보고 오히려 외직을 청해 엄주 지사(知嚴州)가 되었고, 두 달 만에 다시 사록관을 청했다.(『朱子大全箚疑輯補』)

천하가 평안해질 가망이 있을 것입니다."

상례喪禮를 치르고 조정에 돌아왔다가 왕께 상주하는 상자인向子諲을 질책한 일로 왕의 뜻을 거슬러서 다시 떠나게 되었다.[8] 이 이후에 진회秦檜가 조정을 제멋대로 하니, 공은 드디어 집에 파묻혀 다시는 출사하지 않았다.

공은 평생토록 스스로 청렴하고 결백하였으며, 어려서부터 노년까지 삼대의 조정을 드나들면서도 관직에 있었던 것은 모두 860여 일에 불과하였다. 거처하는 곳은 겨우 비바람을 막을 정도였고, 성 밖에 조그마한 밭도 없어서 경계법經界法[9]이 시행되었을 때 단지 선산에 붙이는 비단 몇 자로써 생활할 뿐이었다. 그가 가난으로 겪었던 고통은 대개 일반 사람들이 감당할 수 없는 것이었는데도, 처신이 초연하여 진회秦檜에게 조금도 굴했던 적이 없었다.[10] 그 아들 반희潘熺가 갑자기 귀한 지위에 오르게 되어 위세가 안팎으로 떨치게 되었을 때에도 아들과 통문通問한 적이 없었다. 항상 군자삼계君子三戒[11]의 말을 암송하였고, 괴로우면 스스로 경계하라는 계戒를 깊이 지니고 있었다. 눈 깜짝하는 사이에도 한 마디 말이나 하나의 행동거지를 무릇 친구를 대하고 자제를 가르치는 것처럼 하였으며 또한 효제孝弟·충경忠敬과 절약·검소·정직, 은밀함을 막고 홀로 있을 때 삼가는 뜻을 근본으로 삼지 않은 적이 없었다. 그가 독서를 거울 닦는 데 비유한 것은 학자의 병폐를 절실하게 지적한 것으로,

---

8) 向子諲(1085~1152)이 왕을 날이 저물도록 대하며 물러나지 않고 있자 潘良貴가 그를 질책하였다. 이 일로 인해 潘良貴는 파직되었다.(『朱子大全集箚疑輯補』)
9) 남송 때에 불명확한 토지경계로 인해 생기는 폐단을 바로잡고자 토지의 경계를 명확히 측량하고 토지를 매매하거나 교역할 때는 관에 신고하게 한 법으로, 李椿年의 건의로 시행되었다.
10) 潘良貴의 만년에 가난한 그를 돕기 위해 진회가 고을을 다스리게 했지만 사절하였다고 한다.(『朱子大全集箚疑輯補』)
11) 『論語』,「季氏」, "孔子曰, 君子有三戒, 少之時, 血氣未定. 戒之在色, 及其壯也, 血氣方剛. 戒之在鬪, 及其老也, 血氣旣衰, 戒之在得."

당시에 세상에 많이 전해졌다. 급장유汲長孺와 개관요蓋寬饒의 사람됨을 논한 바에서는 그의 뜻이 있었던 바를 알 수 있다.

오호라! 공은 청명정직하고 확연히 욕심을 없앴으니 진정으로 강의剛毅하고 인仁에 가까웠다고 말할 수 있구나! 대저 삼대의 시대는 성인이 다스린 시대인데, 공자는 강剛한 자를 만날 수 없었다고 탄식하셨다. 백세百世의 뒤에 다행히 공과 같은 분이 있었으나 조금도 자신의 뜻을 펼치지 못하고 돌아가셨다. 조목조목 적은 상소(條奏)의 초고에는 이 시대에 보탬이 되고 후대에 본받을 만한 것이 있었지만 또한 공이 스스로 불태워 없어서 다시 남아 있지 않다. 그 평생의 말을 볼 수 있는 것은 단지 남은 시가詩歌나 서찰 수십 편뿐이다. 후세의 군자는 대개 이것으로 말미암아 공의 시대를 논하려고 할 것이니, 그것마저 다 없애 전하지 않게 할 수 있겠는가? 공의 조카인 지금의 광주사廣州使 반치潘時가 나에게 "어찌 그 글에 서序를 써서 전하려 하지 않으십니까"라고 하니, 내가 감히 감당하지 못하지만 또한 사양할 수도 없었다. 이에 여러 번 그 글을 읽고 그 대략을 다듬어 문집의 첫머리에 붙여서 보는 이들에게 알리고, 또 때때로 이 문집을 꺼내어 읽으며 스스로 힘썼다.

공公의 휘는 아무개(某)이고 자는 의영義榮이며 또 다른 자는 자천子賤이다. 스스로 묵성거사黙成居士라고 불렀는데, 문집은 무릇 15권이 있다. 광주廣州의 자는 덕부德郙이며, 어려서 공에게 글을 배워 그 품은 뜻과 행실에 깊은 가법家法이 있었다. 몇 차례 군수郡守와 부사部使가 되어 백성을 사랑함에 간사한 것을 멈추게 하면서도 대관大官을 꺼려하지 않았으니, 이르는 곳마다 교화의 업적이 있었다고 한다.

순희淳熙 병오년丙午年(1186) 봄 3월 기묘己卯 초하루 아침에 모 관직(具位)의 신안新安 주희朱熹가 삼가 서序하다.

14. 경주의 학교에 대한 기문 — 瓊州學記[1]

　　옛 성왕聖王은 백성과 임금과 스승을 일으켜서 관청을 세우고 직분을
나누어 백성을 기르고 다스리게 하였는데, 백성을 가르치는 절목節目은
"'아비와 자식 사이에는 친함이 있어야 하고, 임금과 신하 사이에는 의로움
이 있어야 하고, 부부 사이에는 분별이 있어야 하고, 윗사람과 아랫사람
사이에는 차례가 있어야 하고, 친구 사이에는 믿음이 있어야 한다'는
다섯 가지뿐이다"라는 것이었다. 대개 백성에게 육신이 있다면 반드시
이 다섯 가지의 관계가 있으니 하루라도 이러한 관계가 육신과 떨어져
있을 수 없으며, 마음이 있다면 반드시 이 다섯 가지의 원리가 있으니
하루라도 이러한 원리가 마음과 떨어져 있을 수 없다. 그러므로 성왕의
가르침은 그 본래 가지고 있는 것(固有)에 따라 인도하면서 처음의 본성을
잊지 않게 하려는 것이었지만, 그러고서도 오히려 고유固有한 바를 따르면
서도 그것을 알지 못하고 오래되어 무너지지 않을까를 거듭 염려하여
백성들 중에 우수한 자를 선발하여 학교에 모으고 스승과 유자에게
맡겨서[2] 시서詩書로써 깨우쳐 주고 예악禮樂으로써 완성하게 한 것이다.
무릇 그들로 하여금 이 이치를 밝히고 지켜서 잃지 않게 하여 이 가르침을

---

1) 『朱文公文集』, 권79.
2) 『周禮』, 「大司徒」, "聯師儒." 『朱子大全集箚疑輯補』에서는 太宰의 직무에 대해 말하면
　　서 "師는 현명함으로써 백성을 얻고 儒는 도로써 백성을 얻는다. 師는 덕이 있는
　　자를 말하고 儒는 도가 있는 자를 말한다"라고 하였다.

전하고 끝없이 베풀게 한 것은 또한 인간에게 본래 있었던 것(固有)으로 인해 밝혀지는 것이지, 아직까지 밖에서 구하려 힘썼던 적은 없었다. 이와 같으면 그 가르침이 쉽게 밝아지고 그 배움이 쉽게 이루어지며 그 베풂이 넓어져서, 멀리까지 미치지 못하는 곳이 없고 미미한 것에까지 교화되지 않는 것이 없게 될 것이다. 이것이 선왕이 베푼 교화의 은택이 성대하게 이루어진 까닭이니, 후세의 사람이 따라할 수 있는 바가 결코 아니다.

순희 9년(1182) 경관瓊管[3]의 수수帥守[4]인 장락長樂의 한후韓侯 벽璧이 경주 瓊州의 학교를 쇄신하고 나서 그림을 가져와 내게 글을 청하며 이렇게 말했다. "우리 경주는 중국 서남쪽 만리에 남쪽하늘(炎天) 남해(漲海)의 밖에 있어서 그 백성들 중에 선비가 될 만한 자가 원래 적었으며, 지금 다행히 있다 해도 글을 암송하는(記誦文詞) 풍습에 있어서 북방의 학문보다 앞선 이가 있을 수 없었습니다. 고로 그 공명사업功名事業이 자연히 당대에 드러날 수 없었으니, 저는 슬픕니다. 지금 공당公堂[5]의 서실序室은 이미 고쳤습니다만 오히려 아직 일으킬 바가 무엇인지 알 수 없어서 두렵습니다. 그러므로 저의 바람을 고하니 그대가 덕을 진흥시킬 수 있도록 해 주십시오"

내가 생각하건대, 국가에서 교학教學의 뜻이 넓지 않았던 것이 아니고 또 이 사람들이 교화를 입은 날이 깊지 않았던 것도 아니었건만 오히려 한후韓侯께서 걱정하신 것이니, 이전의 가르치는 방법은 그 몸과 마음에 본래 있는 바(固有)로써 인도하지 않고 다만 그 외부에만 억지로 힘쓰게 했던 것이다. 그러니 어찌 저들이 그토록 어려워했던 것이 아니겠는가?

---

3) 管은 당시 軍과 州의 통칭이었는데, 당나라 때부터 瓊州, 邕州, 容州, 桂州만이 管이 있었다.(『朱子大全集箚疑輯補』)
4) 帥守는 按撫使의 별칭으로, 지방파견관을 의미한다.
5) 公務를 보는 곳이다.

그를 위해 옛것에 대해 들었던 바를 적어서 알려 줌으로써, 경주瓊州의 선비들로 하여금 '대저 학문을 한다는 것은 몸과 마음에 본래 있는 바를 벗어나지 않는 것'임을 알아서 하루라도 여기에 힘쓰도록 한다면, 그 덕이 이루어지고 행동이 다스려지며 천하의 이치가 장차 어려움이 없게 된다는 것에 대해 의심하지 않게 될 것이다. 이른바 공명사업功名事業이라는 것은 그 근본이 반드시 여기에 있다. 저 말단의 기송문사記誦文詞와 같은 것은 본래 우리 일 중에서 급한 것이 아니었으니 또한 어찌 비교할 수 있겠는가?

오호라! 경주瓊州의 선비들이여 힘쓰시오! "하늘이 뭇 백성을 낳으니 사물마다 법칙이 있구나. 백성들은 도를 잡아 지키니 좋구나. 아름다운 덕이여." 이것이 어찌 옛날과 지금의 차이가 있겠으며, 멀고 가까움의 차이가 있겠는가? 한후께서 기록할 만한 많은 이 나라 정치에 대해서는 지락정知樂亭의 바위에 이미 모두 새겨 두었으니 다시 쓸 필요가 없다. 그리고 이 수고로운 상황과 공을 헤아려 보는 것 또한 한후가 글을 부탁한 의도가 아니므로 논하여 밝히지 않고 생략한다.

이해 임인년 가을 10월 경신庚申에 선교랑宣敎郎 직비각直秘閣 주희가 기록하다.

15. 휘주 무원현 학교 장서각에 대한 기문 — 徽州婺源縣學藏書閣記[1]

　　천하에 있는 도의 실제는 하늘이 명한(天命) 본성(性)에 근원하는 것으로서 군신과 부자, 형제, 부부, 친구 사이에서 행해지니, 이러한 도에 관한 설명은 성인의 손에서 나와 『역』, 『서』, 『시』, 『예』, 『악』, 『춘추』, 공자와 맹자의 서적에 남아 있다. 그 근본과 말단이 서로 이어지고 그 사람과 그의 말에서 서로 드러나 있으니, 모두 하루라도 그만둘 수 없는 것이다. 대개 하늘의 이치(天理)와 백성의 도리(民彝)가 스스로 그러한 것이어서, 그 대륜大倫과 대법大法이 있는 바는 본래 문자에 의지하지 않고도 설 수 있지만 옛 성인이 천하에 이 도를 밝혀서 만세에 드리우고자 할 때에는 그 자세하고 복잡한 맥락을 문자에 의지하지 않고서는 또한 전할 수 없었다. 그러므로 복희伏羲 이래로 여러 성인들이 계속 일어나서 공자에까지 이른 후에야 그 도를 세상에 드리워 가르침을 세울 수 있는 방도가 환하고 크게 갖추어졌다.

　　천하의 후세 사람들은 나면서부터 아는 성인(生而知之者)이 아니라면 반드시 이 문자들로 말미암아 그 리를 궁구한 연후에 지식을 제대로 알게 되고 힘써 행하여 끝맺게 되는 것이지, 포식하며 편안히 앉아서 꾀하는 바도 없이 갑자기 알게 되고 불쑥 얻게 되었던 적은 없었다. 그러므로 부열傅說은 고종高宗에게 "옛 가르침을 배우면 곧 얻는 것이

---

1) 『朱文公文集』, 권78.

있게 된다"2)라고 고하였고, 공자는 "옛것을 좋아하여 급급히 구하였다"3)라고 사람들을 가르쳤던 것이다. 이것이 군자가 학문을 하여 도에 이르는 방법이라는 것을 또한 알 수 있다. 그러나 진한秦漢 이래로 선비들 가운데 책에서만 구하는 자들은 대개 암송하거나 베끼는 것을 공부로 여겨서 이치를 궁구하고 몸을 수양하는 요체에까지는 미치지 못하였고, 이치를 궁구하는 수양에만 빠져 있는 자들은 드디어 학문을 끊고 책도 버린 채 다투어 경솔하고 허황된 데로 치달아 갔다. 이 두 경우의 폐단은 다르지만 옛사람의 의도에는 모두 어긋난다. 오호라. 도가 밝혀지지 않고 행해지지 않았던 까닭이 이것이 아니겠는가?

무원婺源 학관 강당의 위층에 '장서藏書'라는 현판이 있는데 아직 보관된 것이 없었다. 보전莆田의 임후林侯 복처虙이 지현사知縣事로 와서야 비로소 그 소중한 『대제신필석경大帝神筆石經』4) 몇 권을 내어 그곳에 채워 넣었고, 시중의 책을 구해서 더 채웠다. 그리하여 무릇 1,400여 권이 시렁 위에 놓이고 나서야 그곳에서 공부하는 자들이 강학하고 배우며 외우고 익힐 수 있게 되었다. 나는 예전에 이 마을 사람이었지만 지금은 민閩땅에 의탁해 있는데, 여기에 일 때문에 돌아와 그 학관에 예방해 보니 임후林侯는 이미 떠나 조정에서 벼슬하고 있었지만 그곳 학생들이 여전히 그 책을 보면서 서로 감탄한 지 오래였다. 하루는 서로 이끌고 나의 집 문에 이르러서는 나에게 "어찌 그 일을 기록하지 않느냐" 하고, 또 "요사이 마을 사람들의 자제들 중 배우기를 원하는 자가 많아지고 있지만 걱정은 아직 배우는 방법을 알지 못한다는 것입니다. 선생께서 진실로 선인先人의 고향을 잊지 않았다면 이번 기회에 한 말씀 하셔서 깨우쳐 줄 주실

---

2) 『書經』, 「說命下」.
3) 『論語』, 「述而」.
4) 고종 소흥 30년(1160)에 고종이 쓴 6경을 太學에 있는 돌에 새겼는데, 이를 『大帝神筆石經』이라 한다. 13권으로 되어 있다.(『朱子大全集箚疑輯補』)

수 없겠습니까?"라고 하였다. 내가 일어나 "어진 대부의 공적功績을 기록하여 후학들에게 알리고 후대에 남기는 일은 이 마을에도 선생이나 군자가 계시니 제가 함부로 그 뜻을 받들 수는 없습니다만, 부형자제父兄子弟의 말을 들어보니 제가 차마 거절할 수 없는 점이 있으니 감히 공경하게 승낙하지 않을 수 있겠습니까?"라고 답하였다.

이에 들은 바를 기록해서 마을 사람들 중 배우고자 하는 이들에게 알려 주어 독서하고 도를 구하는 것을 멈추지 않게 함으로써, 그 마음을 다하고 그 몸을 선善하게 하며 그 집안을 가지런히 하고 다시 그것이 마을에까지 미치고 천하에 다다르며 후세에까지 전할 수 있다는 것을 알게 하려 한다. 또한 이러한 가르침으로써 끝없는 임후林侯의 덕을 믿게 하려 한다. 이 글로 기문을 삼는다.

순희淳熙 3년(1176) 병신丙申 여름 6월 갑술甲戌 초하루 아침에 마을 사람 주희가 기록하다.

16. 건녕부 숭안현 학전에 대한 기문 ─ 建寧府崇安縣學田記[1]

숭안현崇安縣은 예전에 학교가 있었지만 경작지가 없었기 때문에, 현명하고 교육에 뜻을 둔 대부를 만나게 되면 그가 다른 비용을 줄여서 학생을 육성하는 비용으로 제공하였지만 혹 사정이 있어서 학생 육성의 일을 그만두게 되면 곧 여러 학생들은 먹고 지낼 길이 막막해져서 흔히 흩어져 버렸다. 이로써 전당殿堂은 기울어지고 허물어졌으며 재관齋館은 황폐해졌다. 대략 십 수 년에 한 번 학문에 힘쓰는 소리가 들리기도 했지만 한두 해도 지나지 않아 번번이 다시 사라져 버렸다.

순희淳熙 7년(1180)에 지금의 지현사知縣事 조후趙侯가 처음 와서 이 일에 뜻을 두고 허물어진 학교 건물(宮廬)을 수리하여 이미 새롭게 만들었지만, 다시 교육 재원을 오래도록 구할 수 있는 계책을 도모하였으나 아직 방안이 서지 않았다. 하루는 경내境內 절의 재산 현황을 살펴보았더니 운영되지 않는 절이 무릇 다섯 곳이었다. '중산中山'과 '백운白雲', '봉림鳳林', '성력聖曆', '기력曁曆'이라는 절이었는데, 경작되지 않고 있는 토지가 몇 무畝[2] 정도 되었다. 곧 위연히 안도하면서 "대처할 방법을 찾았다"라고 말하고, 모두 다 거두어 학교에 귀속시켰다. 대개 해마다 들어오는 세금이 미곡 220곡斛이 되었으니, 이 학교의 학생들이 일 년 동안 생활해도 양식이 떨어질 걱정을 하지 않아도 될 정도로 여유가 있었다. 얼마 지나지 않아

---

1) 『朱文公文集』, 권79.
2) 地積의 단위로, 사방 6척을 1步라 하고 100보를 1畝라 한다.

배우는 선비들 중 10여 명이 함께 내가 사는 산골로 달려와서 그 일에 관한 글을 청하며, "기록을 하지 않는다면 뒷날의 군자들이 이 학교의 내력을 알지 못하여 혹 문을 닫게 되는 지경에까지 이를까 두렵습니다"라고 말했다.

내가 보건대, 삼대의 융성하던 시절에 한 가문에서부터 천자와 제후의 나라에 이르기까지 학교가 없었던 적이 없었고 천자의 원자元子로부터 사士와 서인庶人의 자식에 이르기까지 학교에 들어가지 못하는 경우가 없었는데, 그 선비들이 학관學官에서 받았던 장학금은 당연히 지금보다 수십 배는 많았을 것이다. 예전禮典3)을 살펴보아도 아직 그 비용의 출처를 말한 곳은 보지 못했지만, 아마 당시에 선비들의 집안에서는 각기 경작지를 받아서 입학을 때맞추어 함으로써 스스로 식량 문제를 해결할 수 있었기 때문에 현감(縣官)에게 도움을 요청할 필요가 없었을 것이다.

한漢나라 원제元帝(BC 48~BC 33 재위)와 성제成帝(BC 33~BC 7 재위) 연간에 들어 공자께서 벼슬하지 않으면서 3천의 제자를 양성했던 일을 거론하며 학관의 제자들을 증원하여 정원수를 다시 제한하지 않았다. 그 후 결국 비용이 부족하게 되었지만 비용을 대 주지 않게 되어 그만두는 데 이르고 말았다. 대개 3천 명이나 되는 제자들이 공자의 집에 모여서 먹었다고 한다면 이미 헛된 말이다.

선비를 기르는 물자는 천하의 힘으로 도와도 부족하거늘, 어찌 어렵다고 말하지 않을 수 있겠는가? 대개 주나라가 쇠망해지면서 정전井田의 밭을 주지 않게 되자 백성들은 생업이 없어지게 되었고, 선비들은 더욱 곤궁해져서 도리어 농공상農工商을 하는 자들과 함께 나란히 설 수조차 없게 되었다. 그래서 윗사람이 그들을 모아 가르치고자 해도 저들이

---

3) 한 나라의 예절을 규정한 제도이다.

또한 어떻게 한 해 동안 밥을 싸 가지고 다니면서 나에게 배우겠는가? 그러므로 재화가 비록 많다 하더라도 간혹 취할 뿐이어서 경상經常[4]의 예라 할 수 없는, 진정으로 형세가 부득이해서 그런 것이었다. 하물며 지금은 불교의 설이 군신의 예를 어지럽히고 부자의 친함을 끊게 하며 음란하고 거짓되고 비루한 것으로 세상 사람들을 꾀어내어 금수의 영역으로 몰아넣으니, 진실로 선왕先王의 법으로 반드시 베어 버리고 용서하지 않아야 할 것이다. 그러나 돌아보건대 그 불교의 설이 중국에 방자히 만연하였으니, 지붕이 맞닿아 있을 만큼 집들이 즐비하고 두둑을 접할 만큼 좋은 밭들이 늘리어 있어서 편안하고 또 포식하여도 혹 그 설을 금하지 못했다. 비록 사람들을 다 쫓고 점유한 것들을 모두 빼앗아 학교에 귀속시켜서 충효忠孝를 실천하는 우리 학생들로 하여금 밖에서 별도의 생업을 하지 않고 더욱 학문에만 정진하게 한다고 해도 그 사설邪說을 이겨 내지 못할까 염려되는데, 오히려 그 황폐한 땅과 잡초가 무성한 절들은 퇴락하여 이런 지경에까지 이르렀으니 어떻게 학전을 일구어 오래도록 유지하고자 할 수 있겠는가?

조후趙侯가 취한 바는 한 가지에 힘써서 두 가지를 얻었다고 말할 수 있다. 그러므로 특별히 그를 위해 학전의 본말과 그 의미를 이와 같이 기록해서 후세의 군자들에게 보이고, 또 배우는 모든 학생들에게 경계하게 해서 내가 말하는 충과 효라는 것에 더욱 힘쓰게 하려 한다. 그 일을 담당한 직원은 예산簿書[5]을 벗어난 지출을 삼가야 하니, 그 밖의 출납을 삼가고 적은 양의 곡식(龠合)이라도 사사로이 쓰는 경우가 없다면 조후趙侯의 가르침에 어긋남이 없을 것이다. 조후趙侯는 이름이 언승彦繩으로 재능이 뛰어나서 송사訟事를 심리하고 재물을 운용하는

---

4) 臨時의 반대말로, 항상 일정하여 변하지 않는 것을 말한다.
5) 官府의 錢穀의 출납을 기입하는 장부이다.

일을 모두 밝게 처리하였는데, 더욱이 여력餘力이 여기에까지 미쳤으니 여러 관료들이 그가 다스려 행한 일들을 조정에 알렸다고 한다.

11년 봄 정월正月 경술庚戌 모 관직(具位)의 주희朱熹 쓰다.

17. 소무군학 승상 농서 이공 사당에 대한 기문
― 邵武軍學丞相隴西李公祠記[1]

　　건염建炎 연간(1127~1130)에 승상을 지낸 농서隴西 이공李公은 소무邵武
사람이다. 어려서 큰 뜻을 품어, 낮은 관리에 있을 때부터 천하에 관한
일들을 자신의 근심처럼 절실하게 여겼다. 선화宣和 연간(1119~1125) 초에
갑자기 큰 홍수가 나서 도성都城을 거의 휩쓸었을 때 아무도 그 원인을
알지 못했고 서로 두려워 떨면서도 감히 말하고자 하는 이가 없었는데,
공公이 마침 좌사左史로 있으면서 이것을 오랑캐(夷狄)가 전쟁을 일으킬
징조로 판단하고 경계하지 않을 수 없어서 긴급히 상소하여 진언하였다.
그러나 결국 귀양을 가게 되었다. 몇 년이 지나서 조정으로 돌아왔는데,
이미 오랑캐의 기병들이 변방의 경계까지 침입하였고 계속 몰아쳐 대궐을
향하고 있었다. 공이 다시 분연히 '휘종이 흠종에게 왕위를 선양하는
계책'(內禪之策)[2]을 올려 도모하니, 진심어린 뜻이 전해져서 말을 미처
하기도 전에 큰 계책으로 이미 확정되었다. 오랑캐의 포위가 이미 좁혀지
자 뭇 소인들이 천자를 끼고 요행히 난국을 모면하기 위해 감당할 수
없는 죄를 범하고자 도모했지만, 공이 또한 혼자서 대전 섬돌에 조아리며

---

1) 『朱文公文集』, 권79.
2) 金의 침략을 받은 宋나라가 국란을 극복하고자 수립한 계책을 말한다. 송은 전국
　적 규모의 결집을 통해 국난 극복을 꾀했는데, 우선 徽宗이 아들 欽宗에게 급히
　황위를 물려주면서 그 결집의 계기를 마련하고자 하였다.

힘써 대의大義를 진언한 끝에 다시 도성을 지켜서 오랑캐 군대를 물리칠 수 있었다. 그러나 이후로 강화講和를 위해 영토를 오랑캐에게 할양하고자 하는 논의가 일어났으니, 공이 또다시 귀양을 가게 되면서 중원회복의 위업은 무산되었다.

광요태상황제光堯太上皇帝(宋 高宗, 1107~1187)는 중흥의 천명을 받고 백성들이 기대하는 인재를 구하였는데, 공을 우선적으로 불러 재상에 앉혔다. 공 또한 국가의 심각한 변란을 애통하게 근심하면서 밤낮으로 중원의 회복을 도모하며 정사를 다스리니, 오랑캐를 물리치기 위한 준비가 근본부터 말단까지 두텁게 갖추어졌다. 대개 참람한 역적을 토벌하여 백성의 마음을 바로잡고자, 장소張所를 보내어 하북河北지역을 진정시키고 부량傅亮을 보내어 하동河東지역을 수습하였으며 종택宗澤을 보내어 경성京城을 지키게 하였다. 이에 드디어 형세가 더욱 안정되고 기강이 크게 밝아져서, 반드시 중원을 되찾고 두 황제(宮)를 되찾을 만한 기세를 보여 주었다. 그러나 공을 음해하는 소인으로 인해 마침내 세 번째 귀양을 떠나 다시는 돌아오지 못했다.

순희淳熙 병오년(1186)은 공이 재상에서 물러나 유배된 지 60년이 되는 해이다. 이에 영가永嘉의 서원덕徐元德이 이 지역에 교령敎令을 내려 공의 충의忠義와 책략을 알리니 나라 안의 뜻 있는 선비들은 모두 칭송하여 전하지 않는 이가 없었지만, 그 향인의 자제들 중 공의 뜻을 만분의 일이라도 이끌어 내어 흥기시킬 자가 없었다. 그래서 강당의 동쪽을 열어서 공의 초상을 그리고 사당을 세운 뒤 4월 길일吉日에 고을 관리들을 모아서 제생을 거느리고 나아가 법도에 따라 제사를 지냈으며, 제사를 마친 후에 나에게 편지를 보내어 기문을 청했다.

내가 생각하건대, 천하의 의리 중에서 군신의 의리가 가장 중한데, 군신의 의리가 칭칭 얽혀 단단하게 묶여서 풀 수 없게 된 까닭은 모두 인심人心의 본연本然에서 나온 것이지 외부로부터 형성된 바가 아니기 때문이다. 그러나 세상이 쇠퇴하여 풍속이 경박해지고 학교가 폐하여 강학하지 못하게 되니, 비록 그 마음에 고유固有한 것이라도 또한 서로 이끌어 사사로운 데로 빠져들어서 '자신만을 온전히 하고 처자식만을 보호하기 위해 그 임금을 뒷전으로 하는 자'가 당대에 나왔던 것이다. 그런 중에도 재능 있는 이가 떨쳐 일어났으니, 이李 공이야말로 군부만을 알 뿐 자신의 일신은 돌볼 줄 모르고 또 천하의 안위만을 근심할 뿐 자신의 화복은 걱정하지 않는 분이었다. 비록 모함을 받고 배척되어 귀양 보내져서 여러 차례 죽을 고비를 겪었어도 임금을 사랑하고 나라를 근심하는 공의 뜻은 끝내 빼앗을 수 없는 바가 있었다. 이 또한 한 시대의 위인偉人이라고 일컬을 만하다.

서군徐君이 제사를 지냈는데, 그가 뜻을 둔 바와 강학한 바가 여기에 있지 않았다면 또한 누가 이런 일을 할 수 있었겠는가? 그러므로 나는 그 일을 듣고 기뻐했으니, 기꺼이 그 이야기를 옮겨 고을(郡)의 학생들에게 알릴 것이다. 비록 병들고 쇠약한 몸에 내 자신의 역량 또한 알지 못하는 처지임에도 그 감격하여 분발하게 된 것은 오히려 평상시 품었던 뜻에 있었다.

12월 계사癸巳, 선교랑宣敎郎 직휘유각直徽猷閣 주관화주운대관主管華州雲臺觀 주희 쓰다.

18. 진심당에 대한 기문 — 盡心堂記[1]

　나의 벗 범백숭范伯崇은 처음 벼슬을 하여 여릉廬陵 속읍屬邑의 주부主簿가 되었는데, 자신의 관직을 하찮게 여기지 않고 일을 맡아서는 구차하지 않더니 드디어 자신의 재능으로써 명성을 얻었다. 주州에서는 당시에 녹사錄事[2]가 병이 나서 일을 할 수 없게 되자 범백숭의 재능을 믿고서 그 업무를 대신하도록 상주하였다. 여릉 백성들이 평소 송사를 즐겼기 때문에 옥사를 다스리는 자는 항상 그 정황을 다 파악할 수 없는 것을 고민하였는데, 범백숭은 이 일에 전념하는 한편으로 또 청렴함과 부지런함으로 아랫사람을 대하고 진심으로 윗사람에게 알렸다. 이에 작은 원한까지 반드시 드러나서 간사한 사람이 운 좋게 죄를 면하는 경우가 없게 되었으니, 군郡의 모든 사람들이 그를 칭송하였다. 관官에 일이 없을 때 그는 한가한 날에 그 일하는 당堂을 수리하여 "군자는 마음을 다해야 한다"라고 쓴 패를 걸고 또 서합噬嗑의 괘[3]를 병풍에 크게 써 놓은 뒤, 병풍 뒤를 터서 사방 한 장丈[4]의 방을 만들어 놓고 벗들을 모아 강학하였다. 하루는 편지를 보내어 "바라건대 이 당堂에 대한 기문을 쓰고 이 방(室)의 이름을 지어 저를 가르쳐 주시고, 또 이곳을 찾는 이들과 함께 들을

---

1) 『朱文公文集』, 권77.
2) 錄事는 獄官을 말한다.(『朱子大全集箚疑輯補』)
3) 서합괘는 震下離上의 괘로, 서로 물어뜯는다는 뜻의 刑獄罪囚의 상이다.
4) 길이를 세는 단위로, 열 자를 말한다.

수 있게 해 주시면 좋겠습니다"라고 말했다.

　생각건대 『예기禮記』「왕제王制」편에는, 비록 한漢의 박사관博士官에서 나온 것으로 전하지만, "형벌은 한번 정해지면 바꿀 수 없기 때문에 군자는 형벌을 정하기까지 온 마음을 다한다"라는 말이 있는데, 이것은 말이 간략하되 의미가 다 갖추고 있고 가르침이 분명하되 경계함이 치밀하니 아마도 혹 옛날부터 전해진 말일 것이다. 지금 범백숭이 이미 몸소 행하면서 또한 이로써 그 당의 이름으로 삼아 출입하고 기거할 때 바라보면서 항상 스스로 경계하고자 하고, 아직 만족하지 않고 다시 대역大易에서 전뢰電雷의 상과 명단明斷의 뜻, 강유상하剛柔上下・천심난이淺深이難易의 설을 취해서 금시金矢・황금黃金과 간정艱貞・정려貞厲의 경계警戒를 자리의 오른쪽에 걸어 두고 이른 아침부터 늦은 밤까지 바라보았다. 이를 보면 그의 뜻이 어찌 한번 그 정황을 알았다고 해서 마냥 좋아만 했겠는가! 오히려 공부가 여전히 지극하지 못하여 부자의 친함과 군신의 의리에 대한 미세한 것이라도 아직 살피지 못한 바가 있어서 비록 그 총명함을 다해 충忠과 애愛를 이루려 해도 헤아릴 바를 모르게 되지나 않을까 두려워하였다. 그러므로 그 뒤에 편안히 거처할 곳을 마련하자 강학하기 좋게 하였으니, 이것은 더욱 지금의 관리된 자가 따라할 수 없는 바이다. 옛날에 자로子路는 "백성이 있고 사직이 있으니, 어찌 반드시 책을 읽은 후에야 학문하였다고 하겠는가?"[5]라고 말했는데, 이 말은 일리가 있어 보이지만 공자는 이 말을 싫어하였다. 그래서 벼슬은 학문에 근본하고 학문은 반드시 책을 읽어야 하는 것이 공문孔門의 유법遺法이다. 범백숭의 요청에 따라 그 방을 '독서하는 방'(讀書之室)이라 이름하고 그 본말을 이와 같이 모두 기록하여 남긴다.

---

5) 『論語』,「先進」.

범백숭은 그 집안이 정학正學인 도학道學으로 평판이 있었고 그의 작은 실천의 효험들이 또한 위아래로 이와 같이 신뢰를 얻었으니, 이것은 그 독서하는 방법이 반드시 다른 사람들의 독서와 달랐기 때문이다. 범백숭은 평상시엔 겸손하여[6] 마치 말을 할 수 없는 듯이 있었고, 일을 처리할 때에는 원만하여 마치 주장하는 바가 없는 듯하였다. 그러나 나는 그를 깊이 알고 있었기에 또한 아직까지 그의 넉넉한 온후함을 기뻐하지 않은 적이 없었고 그의 강직함에 부족함이 있을까 걱정해 본 적이 없었다. 지금 하급 관리를 한 번 맡은 사람이 스스로 세운 뜻이 이와 같은데, 세상의 총명하고 능력 있는 선비들은 그 맡은 관직의 영향력을 생각해 보면 그보다도 훨씬 더 원대한 뜻을 세워야 할 것이다. 그러나 도리어 그에게도 미칠 수 없으니 나는 이에 대해 유감스럽게 여겨, 이 때문에 '진심당' 옆에 함께 적어서 현 세대를 깨우치고 또 후세를 끝없이 권장하고자 한다. 범백숭의 이름은 염덕念德이고 건안建安 사람이다. 나와 집안 대대로 알고 지내온 사이이고 또한 서로 좋은 관계였다.

건도乾道 계사(1173) 2월 정해丁亥에 신안新安 주희 쓰다.

---

6) 退然은 겸손하고 유순한 모양이다.

19. 건녕부 숭안현 오부리 사창에 대한 기문
— 建寧府崇安縣五夫社倉記[1]

건도乾道 무자년(1168) 봄과 여름이 바뀔 즈음 건建땅에 큰 기근이 들었다. 내가 숭안崇安의 개요향開耀鄕에 살 때 지현사知縣事 제갈후諸葛侯 정서廷瑞가 편지를 보내어 나와 그 마을의 노인 좌조봉랑左朝奉郎 유후劉侯 여우如愚에게 부탁하며 말했다. "백성들이 굶주리고 있는데 어찌 호족에게 소유한 곡식을 방출하되 그 가격을 낮추도록 권고하여 기근을 해결하지 않습니까?" 유후와 내가 편지의 뜻을 받아들여 그 일을 실행하니, 다행히도 마을 사람들이 굶주리지 않게 되었다.

얼마 지나지 않아 포성浦城에서 도적이 일어났는데, 그곳과의 거리가 20리도 되지 않아서 마을 인심이 크게 동요하였고 저장한 곡식도 또한 바닥이 났다. 유후와 내가 근심하였지만 해결할 방법을 몰라서 현縣과 부府에 글로 요청하였더니, 당시 부문각대제敷文閣待制 신안信安 서철徐嘉 지부사知府事가 즉시 유사有司에게 명하여 개천을 거슬러서 곡식 600곡斛을 싣고 가게 했다. 유후와 나는 마을 사람들을 이끌고 40리를 가서 황정黃亭 나루터에서 그것을 받았다. 호적에 다시 기록된 백성들 중 먹을 것을 바라는 아이와 어른들이 약간 있었는데, 이들은 규정에 따라 곡식을 받았다. 백성들이 드디어 기아와 혼란에 따른 죽음을 면할 수 있게 되니

---

1) 『朱子公文集』, 권77.

기뻐서 환호하지 않는 자가 없었는데, 그 소리가 이웃 마을에까지 들렸다. 이에 포성의 도적들은 다시는 세력을 확대하지 못하고 손발이 묶이게 되었다.

가을이 되자 서공徐公이 제사를 지내기 위해 떠나고 직부문각直敷文閣 동양東陽 왕공王公 회淮가 그 일을 이어 맡았다. 이해 겨울에 풍년이 들어서 백성들은 관청의 창고에 곡식을 갚고자 했다. 마을 백성들의 곳간이 모두 가득 차니, 그들은 곡식을 수레에 실어 유사有司에게 돌려줄 것을 의논하였다. 그런데 왕공이 명하였다. "한 해의 흉년과 풍년은 미리 예측할 수 없다. 나중에 혹 식량을 구하기 어렵게 된다면 전날의 고생을 다시 하지 않을 수 있겠는가? 그러니 마을에 보관하고 관청(府)에 그것을 기록한 장부만을 올리시오."

유후와 내가 곧 명령을 받들었고, 다음해 여름에 다시 관청(府)에 이렇게 청했다. "산골의 가난한 백성은 창고에 저장해 둔 곡식이 없으니, 해묵은 곡식은 떨어지고 햇곡식을 거두지 못해서 비록 풍년이지만 호족에게 아주 비싼 이자를 내고 빌리는 상황을 면치 못하고 있습니다. 그런데 관청의 곡식은 쓸모없이 쌓여 있기만 할 뿐이니, 나중에는 그 곡식이 변질되어 다시 먹을 수 없게 될 것입니다. 원컨대 지금부터 해마다 한 번 햇곡식을 거두어들이고 묵은 곡식을 나누어 주어 백성들의 급박함을 풀어 주십시오. 묵은 곡식을 햇곡식으로 바꾸어 저장하고 빌리고자 하는 자에게 2할의 이자를 내고 빌려 가게 한다면 요행을 바라는 이들을 막을 수 있고 저장량을 늘일 수 있습니다. 원하지 않는 자에게는 억지로 빌려 주지 않아도 됩니다. 불행히도 어떤 해에 작은 흉년이 들었을 때에는 이자를 반으로 줄여 주고 또 크게 흉년이 들었을 때에는 모두 탕감해 준다면, 홀아비와 과부가 혜택을 받아 살아갈 수 있고 화禍와 난亂의 근원을 수 있으니 매우 큰 은혜입니다. 기록하여 본보기로 삼기를 청합니다." 왕공은 요청한 글과 같이 시행하겠다고 답하였다.

얼마 후 또 왕공이 떠나고 직용도각直龍圖閣 의진儀眞 심공沈公 도度가 이어서 왔다. 유후와 나는 또 청했다. "곡식을 나누어 민가에 저장하면 그 출납을 지켜보는 데 불편하니, 마을에서 적당한 땅을 골라 옛 법에 따라 사창社倉을 만들어 저장할 것을 청합니다. 불과 일 년의 이자만으로도 충분합니다." 심공이 이 요청을 받아들여서 우선 6만 전錢으로써 사창 짓는 일을 돕도록 명하였다. 이에 적판籍坂 황씨黃氏의 버려진 땅을 얻어서 장인들을 모아 재목을 골랐다. 건도 7년 5월에 공사를 시작하여 8월에 완성하였다. 창고 3채, 정자 1채를 지었고 문, 담, 수사守舍 등 하나라도 갖추지 못한 것이 없었다. 회계를 맡고 공사를 감독한 자는 공사貢士 유복劉復과 유득여劉得輿, 마을 사람 유서劉瑞이다. 이미 완공되었다.

(다음해 여름) 유후劉侯가 강서江西 막부莫府의 관리가 되었는데, 나는 관청(府)에 또 다음과 같이 청했다. "유복劉復과 유득여劉得輿는 모두 이 창고를 짓는 데 힘썼으며 유후의 아들 장사랑將仕郎 기琦는 일찍이 여기에서 그 아버지를 도왔습니다. 그 친족의 자식인 우수직랑右修職郎 평玶 또한 청렴하고 공평하며 책략이 있으니, 청컨대 이들과 힘을 합할 수 있게 해 주십시오" 관청은 내 요청이 모두 예법을 갖추었다고 여겨서 드디어 네 사람이 함께 일을 할 수 있게 하였다.

바야흐로 서로 함께 창고의 이로움과 병폐를 강구하여 규정(條約)을 갖추어 만들었다. 때마침 승상丞相 청원공淸源公이 이 땅을 다스리게 되어 임지로 와서 풍속을 궁금해했는데, 나와 제군諸君들은 이번에 만든 사창의 규정을 갖추고 공公을 맞이하였다. 공이 좋다고 여겨 돌아가서는 명령을 내리니, 곧 그것을 문미 사이에 걸어 두고 오가는 이들이 볼 수 있게 하라고 한 것이다. 이에 사창의 여러 일들에 크고 작은 규정이 있게 되어 오래되어도 무너지지 않을 수 있었다.

내가 살펴건대 주대周代의 제도에는 현縣과 도都에 모두 위자委積[2]를 마련하여 흉년을 대비하였고, 수隋나라와 당唐나라 때의 이른바 사창社倉[3]도 역시 과거(近古)에 있었던 좋은 법이었다. 그러나 지금은 모두 폐지되고 오직 상평常平과 의창義倉[4]에만 여전히 옛 제도의 의미가 남아 있다. 그런데 모두 주州와 현縣에 곡식이 비축되어 있어 그 혜택이 저자(市井)의 게으름 피며 노는 무리들에게만 베풀어질 뿐이고, 깊은 산골에 살며 힘써 농사짓고 멀리까지 짐을 운송하는 백성들은 비록 굶주려 죽게 될 지경이어도 그 혜택을 받을 수 없었다. 또 그 법이 너무 세밀해서, 그 처리를 귀찮아하고 법에 걸릴까 두려워하는 관리들은 굶어죽어 가는 백성들을 보고도 곡식을 내주려 하지 않았다. 때론 자물쇠를 채운 채 그대로 보전하였다가 직무가 바뀔 때 서로 열쇠만 주고받기도 했으니, 수십 년이 지나도록 한 번도 헤아려 보지 않는 경우도 있었다. 어느 날 부득이하게 된 연후에 창고를 열어 보면 이미 먼지가 되고 흙이 되어 먹지 못할 상태에 이르러 있었다.

나라가 백성을 사랑하는 마음이 두터운데도 그 마음이 어찌 여기에 미치지 못하는가? 그런데도 아직까지 개정된 적이 없었던 것이 어찌 마을(里社)에 그 일을 맡을 만한 사람이 없어서이겠는가? 한 번 청을 들어주고자 해도 그 행위가 사익을 꾀하여 공익(公)을 해치는 것이 될까 두려워하고, 신중하게 곡식의 출입을 관부처럼 엄격히 하고자 하면 더욱 치밀해져

---

2) 『周禮』「地官·遺人」에 따르면, 곡식의 창고를 맡은 관리(廩人·倉人)가 나라에 필요한 곡식을 제외한 나머지를 노인과 고아, 떠돌이 생활자(羈旅) 등 곤란한 백성이나 흉년에 대비하여 비축해 두는 곡식을 '위자'라고 한다. 비축한 곡식이 적은 것을 委라 하고 큰 것을 積라고 한다.
3) 수나라 開皇 3년(583)에 度支尚書 長孫平이 매년 가을 추수 후에 조와 보리를 1石씩 내게 하여 비축할 것을 상소하였다. 社委와 社司가 관리하면서 흉년에 대비하도록 하였는데, 이것을 義倉이라 한다.(『朱子大全箚疑輯補』)
4) 토지에서 나는 수입의 일부를 거출하여 흉년에 대비하여 저축하여 두는 창고를 말한다.

서 위아래 관리가 서로 피하기만 할 뿐이니, 그 폐해가 분명 전에 말한 것5)보다 더 심한 바가 있었을 것이다. 그래서 개정이 어렵게 되었지만, 다만 고칠 겨를이 없었을 뿐이다.

지금 다행히 몇 명의 공公들이 서로 뜻을 계승하여 백성을 사랑하고 멀리까지 도모하는 마음을 보였으니, 모두 법령의 구속을 초월하였고 또한 우리들을 천대하거나 일을 맡기기에 부족하다고 여기지 않았다. 그러므로 우리들이 지금에 이를 수 있었던 것이다. 지금 다행히 수 년 동안 서로 의지하며 도와서 위로는 설득하고 아래로는 교화하며 드디어 마을(鄕閭)을 위해 이렇게 무궁한 계획을 세울 수 있었는데, 이것이 어찌 우리의 힘만으로 될 수 있는 것이었겠는가? 후세의 군자들은 기회를 만난다는 것이 이와 같이 쉽지 않았음을 보고, 사익을 꾀하며 공익(公)을 해쳐서 윗사람에게 의혹을 사지 않도록 해야 하고 윗사람도 사소한 글귀에 얽매이지 않도록 해야 할 것이다. 여러 공들의 마음과 같다면 이 창고의 이로움이 어찌 한때에 그치겠는가? 보고 본받고자 하는 자들이 또한 장차 한 마을 사람에 머물러서는 안 될 것이니, 이에 그 본말을 이와 같이 쓰고 돌에 새겨 후세의 군자들에게 고한다.

순희淳熙 갑오(1174)년 여름 오월 병술丙戌에 신안新安 주희 쓰다.

---

5) 州縣에서 비축에만 치중하여 먹을 수 없게 되는 지경이 이른 것을 말한다.(『朱子 大全箚疑輯補』)

20. 강서운사 양제원에 대한 기문 — 江西運司養濟院記[1]

강남서로江南西路 전운사轉運司 양제원養濟院은 융흥부隆興府의 성 동쪽 숭화문崇和門 안에 있는데, 전운부사轉運副使 오군吳郡 전모錢某 공이 다스리고 판관判官 가화嘉禾 구모丘某 공과 비릉毗陵 우무尤袤 공이 부임했던 곳이다. 예장豫章은 강서江西의 한 도회지로 땅이 넓고 토산물이 많아서 사방에서 찾아와 일하려는 나그네들이 도로에 끊이지 않았다. 평상시에는 물자를 교역하여 서로 살아갈 수 있으나, 불행하게도 하루아침에 병에 걸리게 되면 의탁할 곳이 없게 되고 약과 끼니도 구할 수 없게 되어 도랑이나 골짜기에 떨어져 죽게 되는 자가 한 해에 얼마나 되는지 알 수 없을 정도였지만 담당 관리(有司)는 그 사실을 알지 못했다. 건도乾道 9년(1173) 전운부사轉運副使 오흥吳興 예휘芮輝[2] 공이 처음 이러한 실정을 듣고 가엾게 여겨서 임지를 떠나는 날에 자신의 재산 100만 전錢을 후임자에게 맡겼다. 이 기금으로 이자를 받고 빌려 주기도 하고 무역貿易을 하기도 해서, 여기서 생긴 이익으로 약을 사서 병든 자에게 공급하였다. 순희淳熙 5년 (1178)에 판관 개봉開封 조모趙某 공이 다시 자신의 140만 전으로 동관東關과 나사羅舍의 밭을 사들여 병든 자가 또한 먹을 수 있게 하였다. 【처음에는 "於是"라고 썼으며, 또한 "賦粟焉"이라고도 썼다.】

순희 7년(1180)에 전식錢寔 공公이 부임해 올 때 예공芮公은 벌써 이부시랑

---

1) 『朱文公文集』, 권79.
2) 呂祖謙(1137~1181)의 세 번째 부인의 부친이다.

吏部侍郎이 되어 있었고 이해 봄에 조공趙公도 이부시랑으로 부름을 받았으니, 조공趙公은 병자나 빈민을 구제하는 일을 즐거워했던 예공의 아름다운 뜻을 알고선 급히 편지를 띄워 전공錢公에게 알렸다. 전공 또한 예공에게 편지를 보내어, 현재의 기금(錢)에 자신의 돈 130만 전錢을 보태서 장정長定에 밭을 사고 또 이 양제원을 연경문延慶門과 숭화문崇和門 밖에 지어서 병든 자들이 그곳에서 살 수 있게 하기를 청했다.

공사를 시작해서 완공할 때까지 얼마 걸리지 않았다. 대개 문은 5칸, 당堂은 3칸으로, 그 좌우에 방(便房)을 두고 가운데에 장실丈室을 만들었으며 동쪽에 부엌(庖), 서쪽에는 변소(圊)를 두었다. 좌우로 각각 큰 집(廡) 5칸을 만들었는데, 큰 방은 깊이가 3심尋이고 길이가 7심尋 반이었다. 중간에 큰 탑상(榻) 18개를 설치하여, 겨울에는 칸막이로 가려서 찬바람을 막고 여름에는 치워서 답답한 느낌을 없앴다. 진료하는 공인을 두고 약석藥石을 마련해 두었으며, 치료할 수 없는 자에게는 또한 관을 주어 장사지낼 수 있게 하였다. 일을 맡아 주관하는 사람에게 모두 녹祿을 주어 그 맡은 일을 잘 받들게 하고, 또 관리를 한곳에 전속시켜서 때때로 돌아보고 할당된 일들을 감독하게 하였다. 대개 삼공三公이 기부한 바는 모두 사방에서 보낸 폐백들을 자신들의 집에 들이지 않았던 것으로 모두 합해 370만 전錢이었으며 동관과 나사·장정에서 매입한 세 밭은 1111무畝가 되었고 여기서 한 해 동안 거둔 조세租稅가 곡식 983곡斛하고도 여분이 있었는데, 그 상세한 내용을 문서에 적어 유사有司에게 보관케 하고 양제원의 규율(戒令)과 금지규정(糾禁)을 적어 당堂 위에 걸어 두었다.

곧이어 전공錢公이 다시 그 일들을 열거하여 천자께 아뢰니, 그 올린 글에 따라 시행하라는 조서詔書가 내려왔다. 전공이 다른 임지로 떠나고 구공丘公과 우공尤公이 연이어 부임해 오니, 전공이 한 일을 두루 살피고는 자주 감탄하였다. 그러나 오히려 양제원이 연경문과 숭화문 밖에 있어서 병든 자가 의원과 약을 구하기에 불편할 것을 걱정하여 곧 숭화문 안쪽 지역을 살펴보고 옛 귀덕歸德의 불사佛舍가 허물어진 터를 구해 옮겼다. 무릇 집을 18칸으로 증축하고 아울러 옛 승전僧田 6경頃도 얻었으며 또 종릉鍾陵과 관성灌城에 있는 두 농막의 밭 70무畝를 샀는데, 한 해에 곡식 300여 곡斛, 금전 5만여 전錢이 충당되었다. 대개 이때부터 병들고 의탁할 곳이 없는 사람들 대부분이 힘을 얻어 온전히 살아갈 수 있었고, 불행히 죽은 자라도 또한 눈을 감으면서 한스러워하는 바가 없었다. 이에 전운사(臺)의 여러 속관들과 군郡의 관리들 중 애썼던 자들이 서로 뜻을 모아서 문학연文學掾 황모黃某 군에게 그 일을 적게 하고 내게 기문記文을 부탁해 왔다.

당시는 내가 절동浙東 상평사常平事를 그만둘 때인데[3], 세 번이나 그 편지를 다시 보면서 부끄러워했다. 대개 숭녕崇寧 연간(1102~1106)의 제도에는 무릇 안제방安濟坊과 누택원漏澤園[4]의 행정이 모두 상평사常平使에게 속한 것이었으므로 그 일을 제대로 못한 것에 대해서는 전운사(將漕主計)가 근심할 것이 아니었다. 지금 그 일을 맡은 상평사常平使가 하지 못한 것임에도 다섯 군자는 그 직책으로 보아 걱정할 필요가 없었던 일들에 쉬지 않고 힘쓰며 의로운 기부금(義錢)을 내어 그 일을 집성하는 데 이르렀다. 비록 그 선임자와 후임자의 왔다 간 자취는 같지 않았지만, 그 근심하고 측은해하는 마음의 깊이와 일을 도모하는 원대함은 마치 한 사람의 마음에서 나온 듯하였고 손이 절로 하는 듯하였다. 그 제도가 다스려질수록 더욱 빈틈이 없어졌고, 그 은혜가 더해질수록 그 혜택이 두터워졌다. 성조聖祖의 은택을 넓힘을 마치 하늘에 빛나는 일월과 샘에 스미는 비가

---

3) 주희는 순희 9년(1182) 8월에 浙東에서 江西 提刑辭로 옮겼고, 9월에 다시 江東 提刑辭로 옮겼지만 사양했다.(『朱子大全箚疑輯補』)
4) 북경에서 주인 없는 무덤이 모여 있는 곳을 말한다.(『朱子大全箚疑輯補』)

호수와 산의 수천 수백 리 밖까지 이르는 것처럼 하였으니 그 뜻이 이미 매우 아름답고, 도를 배우고 사람을 사랑하는 그 공효가 또한 그 일을 담당하고 있으면서도 그렇게 할 수 없었던 자들을 경각시키고 진작시키기에 충분하였다. 그 이로운 혜택이 어찌 매우 넓지 않았겠는가? 이로 인해 다시 사양하지 못하고 그 본말을 이와 같이 적어서 대개 다섯 군자가 이룬 공적을 드러내고 스스로 반성하여 세상을 일깨우고자 한다. 또한 다섯 군자가 10년 동안 한결같이 서로 실천하고 성취한 것이 쉽지 않았으며 감히 무너질 수 없었던 이유를 후세 사람들에게 알리고자 한다. 전공錢公은 또한 일찍이 공수贛水[5]와 길림吉林의 1197만 90여 전錢이나 되는 마조䯀租 2459곡斛을 면해 달라고 상주한 바 있으니, 두 주州의 사람들은 더욱 기뻐 노래하며 춤을 추었다. 지금 비각수찬祕閣修撰 지무주사知婺州事로서 기아를 구제하는 정책이 역시 여러 군郡에서 최고라고 말할 수 있다.

순희淳熙 10년(1183) 3월 갑술甲戌 선교랑宣教郞 직휘유각直徽猷閣 주관태주숭도관主管台州崇道觀 주희 쓰다.

---

5) 江西省을 흘러 鄱陽湖에 들어가는 강이다.

21. 활터 조성에 대한 기문 — 射圃記[1]

동안현同安縣 서북쪽 성문에 있는 활터(射圃)는 염세鹽稅 감독관 조후曹侯 항沆이 만든 것이다. 소흥紹興 25년(1155) 여름, 현에 경계령이 내려져 영승승丞[2] 이하 각 부서의 관리들이 성을 나누어 지켰는데, 조후와 나는 서북쪽을 방비하게 되었다. 예전에 도적떼가 쳐들어오면 항상 서북쪽이 함락되었기 때문에 조항과 내가 도적떼의 침범을 수비했던 것이다. 어느 날 조후와 내가 함께 성에 올라 멀리 사방을 둘러보고는 강개慷慨하여 서로 말하였다. "이곳을 지키지 못하면 우리는 죽어서도 묻힐 곳이 없을 것이니, 방비에 힘쓰지 않으면 안 될 것이오!" 그러고는 즉시 내려와 각자 관할지역을 순시하며 병사들을 격려하고 위무하였고 관리들에게 수비의 중요성을 각성시켰다. 병사들은 모두 감동하고 분발하여 더욱 힘을 내었다.

조후가 또 이렇게 말했다. "병가兵家에 '굽은 길과 험한 길목에서는 칼과 방패를 쓰는 것이 낫고, 높은 곳을 올려보며 공격하거나 낮은 곳을 굽어보며 방어할 때는 활을 쓰는 것이 낫다'라는 말이 있소. 그러니 활이란 성을 공격하거나 수비할 때 유용한 무기인 것이오. 하지만 활 쏘는 기술은 반드시 평소에 익혀 두어야 나중에 위급한 상황에 활용할 수 있소. 지금 도적떼들이 벌떼처럼 몰려와 우리 성 앞에 포진한 것은

---

1) 『朱文公文集』, 권77.
2) 현령의 비서직 관리를 말한다.

아니지만, 장차 그런 때가 되어 죽을힘을 다해 싸우려면 평소에 병사를 훈련시켜 두었다가 나중에 동원해야 하지 않겠소?" 이에 우리는 함께 성의 모퉁이를 살펴 빈터를 구하고 그곳을 닦아서 활터를 만드니, 세로는 60보가 되게 하고 가로의 길이는 세로의 삼분의 일 즉 20보가 되게 하였다. 그러고는 병사들에게 날마다 그 사이에서 활을 쏘도록 권장하였다.

그 뒤 도적들이 모두 궤멸된 후로도 활터는 없애지 않았기에, 간간이 활터에 가서 예전처럼 활을 쏘았다. 조항은 나에게 "이 활터는 우리 두 사람의 힘으로 만든 것인데, 남들은 뒷날 일어날 수 있는 일을 알지 못한 채 그저 우리 두 사람이 하릴없이 백성들을 피곤하게 했다고 생각할 것이오. 그러니 우리의 뜻을 기록하여 뒷사람들에게 보이는 게 어떻겠소." 라고 하였다. 나는 좋다고 말했다.

조항은 자가 덕광德廣이고, 무혜왕武惠王[3]의 자손이다. 집안 대대로 무장武將이어서 병법을 익혔으나 문학을 좋아하고 행정업무에도 밝았으니, 공명을 이루는 데 강개한 뜻이 있는 자였다. 그리고 나는 신안新安 사람 주희 중회仲晦이다. 때마침 이곳에서 주부主簿의 일을 맡고 있다. 그래서 이렇게 기록해 둔다.

---

3) 曹彬(931~999)은 자가 國華이고 宋 眞定 靈壽 사람이다. 송 太祖가 江南을 정벌할 때 조빈에게 金陵을 공격하게 하였다. 조빈은 금릉을 격파하였지만 함부로 파괴하거나 살육하지 않았다. 관직은 樞密使・忠武軍節度使에 이르렀으며, 시호는 武惠 이다.(『宋史』, 권258)

22. 건녕부 건양현 주부청에 관한 기문 — 建寧府建陽縣主簿廳記[1]

현縣의 관청에는 주부主簿라는 벼슬이 있는데, 직급은 종구품從九品이고 각 현마다 한 명씩 있으며 현의 장부와 문서를 관리하는 일을 한다. 대저 호구戶口 세금의 기록부와 출납의 회계, 각종 문서의 정리, 송사의 중재 등의 일들을 모두 총괄하여 처리하고, 그런 업무의 지연이나 착오, 재용財用의 망실亡失 등을 검사하여 현령의 정사를 돕는 것, 이런 것들이 주부의 직무이다. 나는 일찍이 그 직무에 대해 논하면서 다음과 같이 생각하였다. '현의 정사란 비록 작은 일이지만 백성들에게 있어서는 실로 절실한 것이니, 그곳의 장부를 관리하는 자는 비록 직급은 낮지만 제대로 된 사람을 기용하지 않으면 백성들에게 주는 근심이 실로 매우 무거워질 것이다.' 그런데 지금 인사부서(銓曹)에서 관리하는 인원이 백여 명이지만 추천 선발을 허락하지 않는 데다 현령들이 종종 인사행정을 사사로이 처리하기 때문에 해당 업무책임자에게는 이르지 못한다. 그런 까닭에 많은 관직이 제대로 인재를 얻지 못하고 또한 많은 인재들이 알맞은 직책을 얻지 못하는 것이다. 온 천하의 모든 현 중에서 우연히 적절히 관직을 맡은 자가 백에 한둘도 안 될 것이고, 설령 관직을 적절히 맡은 자라 할지라도 단지 호구 세금 기록부에다 붉은색과 검정색 글씨로 출납을 기록하는 일만 하고 있을 뿐이다. 다른 사람들은 물론 그 일에

---

1) 『朱文公文集』, 권77.

간섭할 수도 없겠지만, 사실 그 업무가 제대로 이루어지지 못한다는 것도 알지 못한다.

건양현 주부의 관아는 원래 현청사縣廳舍 소재지의 서쪽 보루 아래에 있었는데, 건염建炎 연간(1127~1131)에 도적떼에 의해 소실되었다. 그래서 주부는 어느 절간에 기거하며 업무를 보았는데, 그곳은 현과 3리나 떨어진 곳이었다. 이렇게 저 주부들이 자기의 관서官署에서 직무를 볼 수 없었던 것이 40여 년이나 되었다. 근래에 우통직랑右通直郎의 직급에 있는 지양池陽 사람 왕악王渥이 와서 현의 일을 주관할 때 주부의 청사를 복원하려 했지만 미처 실행할 수 없었다. 그러던 중 괄창括蒼 사람 섭지기葉之基가 주부로 와서 (청사가 없어) 이른 아침부터 늦은 밤까지 그 직무를 다할 수 없음을 더더욱 근심하고는, 이에 현에 청원하여 마침내 주부 청사를 짓게 되었다. 공사는 시작부터 완성까지 약 100여 일이 걸렸는데, 집짓는 데에는 100여 개의 기둥이 들었고 그 공사비용으로 현의 잔고 50만 냥과 곡식 100곡斛을 얻었다. 무릇 이미 백성의 주거지로 변해 버린 옛 땅은 옛 장부에 바르게 기록해 두기만 하고 빼앗지 않았다.

이듬해 섭군은 편지에 그 일의 본말을 다 적어서 나에게 보내며 기록해 달라고 부탁해 왔다. 나는 왕군이 현의 행정을 사사롭게 처리하지 않은 것과 섭군이 자기의 직무에 대해 근심한 것을 가상히 여겨, 관직을 설치한 의도가 무엇인지 그 연원을 밝히고 주부 청사를 짓게 된 일을 서술하기 위해 이 글을 쓴다. 뒤에 부임하는 자에게 고해 줌으로써 자기의 직무를 태만히 하는 일이 없도록 하기 위함이다. 얼마 후 또 섭군의 청에 따라 나는 "공자께서 창고관리직에 계실 때에 '나는 회계를 마땅하게 할 뿐이다' 라고 말씀하셨다"는 『맹자』의 기록2)을 취하여, 주부 청사 동쪽의 당실堂室

---

2) 『孟子』, 「萬章下」, "孔子嘗爲委吏矣. 曰, 會計當而已矣."

을 '당재當齋'라고 이름지었다. 그 뜻이 아마 이 기록문과 서로 표리를 이룰 것이다.

　건도乾道 9년(1174) 가을 8월 신유辛酉일 그믐, 신안 사람 주희가 기록하다.

23. 구주 강산현 학당에 관한 기문 ― 衢州江山縣學記[1]

건안建安 웅가량熊可量은 구주 강산현의 현위縣尉[2]이다. 그가 처음 그곳에 부임했을 때 관례에 따라 공자묘孔子廟를 알현하였는데, 묘의 건물들이 많이 허물어져 있고 예전禮殿(大成殿)은 더욱 심하게 훼손되어 있는 것을 보고는 학교의 운영에 대해 물었다. 그러자 사람들은 많이 훼손되었지만 수리하지 않은 지가 벌써 수십 년이 되었다고 했다. 이에 그는 땅을 굽어보고 하늘을 올려보며 탄식한 뒤, 물러나 그 일을 현령 탕열湯悅에게 고하면서 공자묘와 학교를 재건하는 사업을 맡아 일신一新할 수 있게 해 달라고 청하였다. 탕군은 옳은 일이라 인정하고 5만 냥을 주면서 "이것으로 공사를 시작하라" 하였다. 웅군은 읍인邑人 중의 관리와 학자들에게 두루 공사에 대해 말하여 얼마 뒤 50만 냥을 얻었다.

드디어 올해 정월 계축일에 공사를 시작하니, 먼저 대성전을 짓기로 하여 다음 달에 공사를 마쳤다. 새로 지어진 대성전은 규모가 높고 화려하며 모양이 존엄하였고, 위치와 단청이 도상圖像에 들어맞고 예법에 합치되었다. 웅군은 현령에게 공사의 완료를 아뢴 다음 뭇 관리들을 모으고 제생諸生을 이끌어 간단한 석전제釋奠祭를 올렸다. 그리고 다시 남은 비용을 써서 나머지 공사를 완료하였다. 앞에 극문戟門을 배치하고 '규문奎文'[3]이

---

1) 『朱文公文集』, 권78.
2) 현의 군사·치안의 업무를 맡아보던 경찰 관리.
3) 28수의 하나. 白虎七宿의 첫 번째 星宿로서 16개의 별로 구성되어있다. 文運을 관

라는 현판을 걸었으며, 학생과 교수의 교사校舍를 예전처럼 수리하였다. 이에 웅군은 다시 예를 차려 제생들을 불러 모으고서, 학업의 과정을 정하여 서로 순서에 맞춘 다음 관사官舍를 내어 주고 늠식廩食[4]을 하사하여 때때로 현가弦歌를 암송하게 했다.

읍인들 중 식견이 있는 자들은 모두 감탄하며 말했다. "현위란 본래 도적을 쫓고 체포하는 관리이니 그 직무로 녹을 먹으며 업무를 게을리하지만 않아도 충분할 터인데, 어찌 공자묘와 학교의 흥폐興廢까지도 자기의 급무로 처리했는가?" 그런데도 웅군은 능히 이렇게까지 할 수 있었으니, 과연 그 사람의 뜻과 재질이 어떠했을 것이겠는가?

나는 당시 마침 일이 있어서 그 읍을 지나게 되었는데, 그때 그 말을 듣고서 웅군에게 다음과 같이 말하였다. "당신이 이런 일을 한 것은 잘한 것이오 다만 당신의 교육 내용에 대해서는 들을 수 없었소이다. 선성先聖의 말씀 중에 '옛날의 학자는 자기의 발전을 바라고 오늘날의 학자는 남의 눈에 들기를 바란다'[5]라는 말이 있습니다. 이 두 가지의 구분은 실로 인재와 풍속의 성쇠盛衰·후박厚薄에 긴밀히 연결되어 있는 것이니, 가르치는 자가 그 뜻을 살피지 않을 수 없소이다. 나는 이에 대해 논하기 부족한 사람이지만, 당신의 읍에는 예전에 '서성수徐誠叟[6] 선생'이란 분이 계셨는데 그분은 이정二程의 문인에게서 수학하였기에 학문이 심오하고 행절이 고고하였소 그래서 그가 집에서 도를 강론할

장하는 별이라고 한다.
4) 녹봉으로 주는 쌀을 뜻한다. 廩料라고도 한다.
5) 『論語』, 「憲問」, "子曰, 古之學者爲己, 今之學者爲人."
6) 이름은 存이고 성수는 자이다. 호는 逸平이다. 艾軒 林光朝, 五峰 胡宏 등과 교유하며 학문을 논하였다. 江山縣 南塘에 은거하면서 학생을 가르쳤는데 그 학생 수가 천여 명에 이르렀다. 『五經講議』를 저술하였다. 『宋元學案』25권 「龜山學案」에 전기가 있다. 그의 사부는 蕭顗였고 師祖는 楊時였으며, 주희의 부친 朱松과 동문수학하는 사이였다. 그래서 주희는 더욱 서성수를 높이 추존하였다.(束景南, 『朱熹年譜長編』, 華東師範大學出版社, 2001, 124쪽 참조)

때에는 제자들 중 멀리서 찾아오는 이도 항상 백여 명이나 되었습니다. 그분이 살던 때는 지금과 그리 멀지 않소이다. 내 생각에는 큰 산과 깊은 계곡이나 좁은 골목길과 누추한 동네 아래라고 하더라도 분명 그 정전正傳을 얻었으면서도 깊이 감추고 드러내지 않는 자가 있을 것 같습니다. 저를 대신해서 여기저기 물어서 그런 사람을 찾아낸다면, 그는 반드시 제가 말한 이런 점을 잘 살펴서 교육의 방향이 어떠해야 하는지 잘 알려 줄 것입니다."

그러자 웅군이 감사해하면서 "저는 공경히 그 명에 따르겠습니다. 하지만 이 뜻을 이 읍인들에게 전하지 않을 수 없으니, 원컨대 마저 청을 올려서 이번 일에 대해 기록하고 아울러 그 뜻을 펼쳐 주십시오"라고 하였다. 나는 거절할 수 없어서 이에 그가 한 일을 모두 기록하고 그 대화를 이렇게 써서 새기도록 했다. 웅군을 격려하고 학도學徒들에게 보일 뿐 아니라, 뒷날의 스승·제자와 여기에서 녹을 먹는 자들에게 고해 줌으로써 스스로 길을 잘 택할 수 있도록 하려는 것이다.

순희淳熙 3년(1177) 가을 7월 병진丙辰일 신안 사람 주희가 기록하다.

24. 강좌 명문 — 講座銘[1]

소흥紹興 23년, 나 신안 사람 중회仲晦 주희는 이곳 동안현同安縣에 와서
주부의 관직을 맡으면서 아울러 교육 사업까지 함께 관장하였다. 부임한
다음해 5월이 지나 새로 강좌講座를 만들고 학생들 앞에 섰는데, 강좌를
새로 만든 의도를 돌아봄에 강좌명을 짓지 않을 수 없었다. 강좌명은
다음과 같다.

사도師道가 막혀 이 배움터가 무너지니,
지금 그 말들이 분분하지만 감히 여기에서 사도를 맡지는 못하리.[2]
전대의 성인과 후세의 스승들, 이 문화(斯文)가 여기 있지 않은가?[3]
만일 누군가 이곳을 본다면 마음이 숙연해지리라.
여기에 당실과 교단을 세우니 오직 엄숙할 뿐이로다.
아주 밝게 임하고 있나니 쳐다보는 그대들을 감화시키리라.

---

1) 『朱文公文集』, 권85.
2) 원문은 "今其言言, 亦莫我敢都"라고 되어 있는데, 『朱子大全集箚疑輯補』에서는 我를
   屋으로, 都를 居로 보았다. 그래서 이 구절의 뜻을 '여기에 거처하여 사도를 담당
   한다'는 의미로 풀었다.
3) 『論語』, 「子罕」, "子畏於匡. 曰, 文王旣沒, 文不在玆乎? 天之將喪斯文也, 後死者不得與於斯
   文也. 天之未喪斯文也, 匡人其如予何?"

25. 사직하며 올리는 글 — 致仕謝表[1]

　　신臣 주희가 아룁니다. 4월 23일 상서성尚書省에서 보내 온 폐하의 칙서 한 통을 받았으니, 성지聖旨의 내용은 "현재 직함을 가진 채 퇴임하라"는 것이었습니다. 신은 이미 당일에 궁궐을 바라보며 성은에 대한 감사를 다했습니다. 그러고는 한가로이 거처하고 있을 적에 문득 주상께 진 오랜 빚을 아직 다 갚지 못했다고 생각하게 되었습니다. 주상께서 이 늙은 관리를 예우해 주셨기에, 신에게는 깊은 은혜를 온전하게 입는 경사가 있었습니다. 신의 간절한 소청에 딱 맞게 부응해 주셨으니, 신은 드디어 주상의 특별한 은총을 입을 수 있었습니다. 겸손하게 순응하며 살아가는 노구老軀이지만 차마 잊을 수 없는 성은에는 더욱 감개무량해집니다. 감사드립니다.

　　엎드려 생각건대 신은 성스런 왕조의 미천한 선비이며 깊은 계곡에 숨어 사는 촌스런 서생일 뿐입니다. 이 평범한 재질을 스스로 잘 알고 있기에 매양 옛 경전을 품고 길게 탄식하고 있지만, 사람들은 신의 학문을 고루한 학문이라 비웃으니 설령 좋은 날을 만난다 해도 이 학문을 어찌 펼칠 수 있겠습니까? 그런데 관리의 선발이 잘못되어 너무나 외람되게도 신이 관직을 맡게 되었던 것입니다. 그러나 지방 관리로 나가거나 중앙에서 주상을 가까이 모실 적에 모두 조금도 좋은 칭송이 없이 그저 위학僞學을

---
1) 『朱文公文集』, 권85.

열어 간사한 무리를 만들었다는 비난만 있었으니, 그 죄가 산처럼 높이 쌓여 있다 할 것입니다. 그 결과 청의淸議를 어지럽히고 마침내 큰 짐을 지게 된 것인데, 다행히도 일찍이 밝으신 황제 폐하께서 잘 헤아려 주셔서 가벼운 벌만 받게 되었습니다.

신의 발길은 이미 편안히 백성들의 향촌에 닿아 있지만 봉록은 아직도 조정의 반열에 끼어 있습니다. 조정에 출입한 지 3년 동안 조금도 허물을 줄일 수 없었는데, 이리저리 돌보아 주시며 두 번이나 죄를 사면해 주셨으니 신은 이미 성은을 입은 것입니다. 이제 노쇠함을 아뢰어야 할 시기에 이르러 고향으로 돌아가 농사나 지을 채비를 서둘고 있는데, 적적謫籍에 묶여 있다면 어떻게 쉬고자 하는 소망을 이룰 수 있었겠습니까! 신에 대한 어사대의 탄핵이 두루 퍼졌다는 소식을 듣고서야 비로소 주상의 윤허가 있으리라는 희망에 기뻐하였습니다. 근원에 해당하는 일이니 이 얼마나 다행스런 일이겠습니까! 이것은 아마 황제 폐하께서 신성神聖을 하늘로부터 받으시고 문명文明이 만물을 찬란하게 비추시는 것을 신이 엎드려 만났기 때문일 것입니다. 저 충직한 무리와 아첨하는 무리가 서로 다툴 때 주상께서는 그들을 판별하시어 의심이 없으셨고, 그 정화精華를 거의 다하게 되었을 때에는 함께 휴식하시어 간극이 없으셨습니다. 지혜와 인자함을 두루 다하셨고 위무威武와 은덕을 함께 펴셨습니다. 그러니 어찌 한 사람에게 사사로운 요행일 뿐이겠습니까? 신이 어찌 감히 우러러 자신을 지극히 도야하고 아래로 만년을 이루지 않을 수 있겠습니까? 중요한 관청에서 큰 공을 세우려는 소망은 이미 끊어버렸지만, 이름 없는 논밭에서 미천한 백성이 가지는 충성은 여전히 잊기 어려울 것입니다. 살아 있는 동안 다시 무엇을 하겠습니까? 죽은 다음에야 그칠 뿐입니다.

덧붙여 아룁니다. 우러러 주상의 지극한 교화에 젖어드니, 더욱 처음의 마음가짐을 재촉합니다. 비통하게도 남은 세월이 많지 않아 비록 제대로 다루기 힘들겠지만, 슬프게도 깊은 연못에 임한 듯 얇은 얼음을 밟고 선 듯한 상태를 면하지 못하였으니 유독 어찌 삼가는 마음을 태만히 하겠습니까? 맹서컨대 여생을 마칠 때까지 우러러 주상의 위대한 교화에 보답하겠나이다.

26. 계미년에 수공전에서 아뢴 주차 1 — 癸未垂拱奏箚一[1]

신은 "대학大學의 도는 천자로부터 서인庶人에 이르기까지 한결같이 모두 수신修身을 근본으로 한다"[2]라고 들었습니다. 한 집안이 가지런해지는 것이나 한 나라가 다스려지는 것이나 천하가 태평해지는 것이 모두 이 수신으로부터 시작되는 것입니다. 그러나 한 사람의 몸이란 그냥 수양되는 것이 아니니, 그런 수양이 가능하게 되는 기초가 무엇인지 깊이 따져 보면 그것은 바로 "격물格物하여 자신의 앎을 온전히 이루는 공부(致知)"라고 하겠습니다.

'격물'이란 "사물의 이치를 끝까지 탐구한다"(窮理)라는 뜻입니다. 어떤 사물이 있으면 거기에는 반드시 리理가 있습니다. 그런데 리는 형체가 없어서 알기 어려운 반면에, 사물은 자취가 있어서 쉽게 볼 수 있습니다. 그러므로 사물을 통해 탐구해서 이 리를 한 치의 잘못도 없이 명확히 이해할 수 있게 되면 자연히 모든 상황에 털끝만큼의 착오도 없이 대처할 수 있게 될 것입니다. 그렇기 때문에 의意가 성실하게 되고(意誠) 마음이 바르게 되어(心正) 몸이 수양되는 것(身修)에서부터 집안이 가지런해지고 나라가 다스려지고 천하가 태평하게 되는 것에 이르기까지도 모두 그

---

1) 『朱文公文集』, 권13. 「수공전에서 아뢴 주차」 1・2・3은 모두 『朱文公文集』 권13에 실려 있다. 이 주차를 아뢴 것은 癸未年, 즉 1163년(隆興 1년, 주희 33세)으로 孝宗이 즉위한 해이다. 주희는 이해 3월에 부름을 받아 10월 6일에 垂拱殿에 入對하였다. 奏箚는 신하가 입대할 때에 가지고 들어가 임금 앞에서 읽는 글을 가리킨다.
2) 『大學章句』, 經1章.

격물하여 탐구한 리를 그대로 하나하나 적용시키기만 하면 되는 것입니다. 이것이 이른바 '대학의 도'입니다.[3]

옛날 대성인께서는 태어나면서부터 아셨다지만(生而知之), 위와 같은 방식으로 공부하지 않은 분이 없습니다. 요堯 · 순舜께서 전수하신, 이른바 "정밀히 살피고 그것을 한결같이 견지하여, 모든 일을 적절하게 처리하라"(惟精惟一, 允執厥中)[4]는 심법心法이 바로 여기에 해당합니다. 이때부터 여러 성인께서 서로 전하여 이 방법[5]으로 천하를 다스리셨습니다. 그리고 세월이 흘러 공자께서는 제왕의 지위를 얻지 못하셨기에 글로 써서 후세의 천하와 국가를 다스리는 자들에게 이 방법을 보여 주셨고, 그 문인들이 다시 그것을 계승하여 미루어 밝혔으니,[6] 그 또한 상세하다 할 만하였습니다.

그러나 진秦나라와 한漢나라 이래로 이 학문이 끊어져서, 유자儒者들은 문장을 꾸미고 경서를 외우는 것에만 힘을 기울여 그 성취함이 날로 천박하게 되어 갔고, 이런 공부에 매몰되지 않겠다고 생각한 이들 또한 그저 방향을 바꾸어 노자와 석가에게서 도를 구하니 유자의 겉모습을 하고 있었지만 속으로는 도사와 승려의 마음을 가지고 있었으며 개인 수양은 도가와 불가의 설을 따르면서 사회 실천은 유가의 법도대로

---

3) 『朱子文錄』에는 "此所謂大學之道"라고 되어 있는데, 朝鮮本 『朱子大全』(1771년 전라도 관찰사 尹東昇 刊行)에는 "此之謂大學之道"라고 되어 있다.

4) 『書經』, 「大禹謨」.

5) 이 방법이란 大學之道이다. 대학의 格物 · 致知는 곧 惟精이고 誠意 · 正心은 惟一이며 "모든 상황에 털끝만큼의 착오도 없이 대처한다"는 것은 允執厥中이다.(『朱子大全箚疑輯輔』)

6) 『大學』에 대한 설명이다. 聖王에서 聖王으로 이어지던 大學의 道(치세의 원리)가 周代에 끊어지고 나서 더 이상 聖王이 나타나지 않는 상황에서, 聖人인 공자가 그 道를 책과 교육을 통해 전승했는데 그 책이 『대학』이라는 것이다. 주희는 '孔子의 말을 曾子가 받아 적은 것'(經)과 '증자의 뜻을 그 문인들이 기록한 것'(傳)으로 『大學』이 구성되어 있다고 생각했다.

하였습니다. 그리하여 진정한 학술은 숨겨지고 가려져 버렸습니다. 어언 천 년이 흐르도록 비록 어쩌다 한 번 현명한 임금과 훌륭한 신하가 만나는 기회가 오더라도 끝내 삼대三代의 융성함을 회복하지 못한 것은 바로 이 대학의 도를 몰랐기 때문입니다.

삼가 생각건대, 황제 폐하께서는 성덕聖德이 크고 순수하셔서 태자 때부터 황제의 지위에 오르실 때까지 인효공검仁孝恭儉의 덕으로 천하의 신망을 얻으셨고 사치하고 화려한 것들이 하나도 마음을 침범하지 않았으니, 그 몸이 '수양되었다' 할 만합니다. 그러나 천하를 다스리신 지 지금 만 일 년이 되었는데도 아직 그 다스림의 효험에 대한 칭송은 들을 수 없습니다. 신은 삼가 이 점을 의아해하고 있습니다.

제 생각으로는, 옛날 폐하를 모시고 강론하던 신하들은 예전부터 행해 오던 진강進講의 관습을 벗어나지 못하여 폐하께 문장을 꾸미고 경서를 암송하는 공부만을 말씀드렸고, 폐하께서 그 상태를 벗어나 보고자 추구 하신 것들도 노자와 석가의 책7)들에 불과하였습니다. 그리하여 태어날 때부터 모든 것을 아는 성인의 자질과 세상에서 가장 뛰어난 행실을 갖추시고서도 실제의 일들 속에서 하나하나 그 이치를 연구하신 적이 없으셨기에 아직 제대로 이해하지 못하신 천하의 이치가 많고, 이러한 연구를 통해 얻은 이치에 입각해서 일에 대처하신 적이 없으셨기에 아직 제대로 파악하지 못한 천하의 일이 많은 것입니다. 그래서 행동하실 때에는 갈피를 잡지 못하여 주저하시게 되고, 신료들의 주청을 들으실 때에는 그 말을 제대로 파악하지 못하거나 속아 넘어가시게 되는 것입니다. 천하를 태평하게 다스린 효과가 아직 드러나지 않는 이유도 '대학의

---

7) 『朱子文錄』에는 "노자와 석가의 일(老子釋氏之事)"이라고 되어 있는데, 『朱子大全』(朝鮮本)에는 "노자와 석가의 책(老子釋氏之書)"이라고 되어 있다. 여기서는 『朱子大全』에 의거하여 번역하였다.

도'를 공부하지 아니하고 천박한 문장 꾸미기와 경전 암송에 힘쓰시거나 허무한 노자와 석가의 도에 마음을 쏟으시기 때문입니다.

　신이 우직하여 무엄한 말씀을 올렸으니 만 번 죽어 마땅합니다. 그러나 바라옵건대, 한가하실 때에 이 '대학의 도'를 아는 참된 선비를 널리 찾아 공부하시어 그 도를 밝히시고, 이를 경전과 역사를 통해 검증하시고 마음으로 깨달아서 이것을 가지고 세상의 무궁하게 변화하는 상황에 대처하신다면, 현재 상황에서 해야 할 일들은 하지 않을 수 없게 되고 하지 말아야 하는 일들은 그만두지 않을 수 없게 될 것입니다. 그리고 신하가 충성스러운지 사특한지, 이 계책이 좋은지 나쁜지의 여부를 촛불을 들고 하나하나 따져 보지 않더라도 희고 검은 것을 분별하듯 확실하게 가리어 판단하실 수 있을 것입니다. 이렇게 되면 의意는 성실해지지 않을 수 없고, 마음은 바르게 되지 않을 수 없을 것입니다. 몸을 수양하고 집안을 가지런하게 만들고 천하를 태평하게 다스리는 일에 있어서도 어찌 다른 방법이 있겠습니까?

　신이 스승에게 들은 바는 이상과 같은데, 보통사람의 입장에서 보면, 이러한 말은 현실과 동떨어진 진부한 말이어서 그다지 쓸모 있는 것처럼 여겨지지 않을 것입니다. 그러나 신이 삼가 생각건대, 그 근본을 바르게 하면 만사가 다스려지지만 처음에 조금이라도 잘못되면 나중에는 천리의 차이가 나게 되니, 천하의 일 중에 이보다 더 급한 일은 없습니다. 엎드려 바라건대 폐하께서는 해와 같은 지혜로 밝게 비추시어 가납해 주십시오. 그렇게 된다면 이는 단지 신의 행복일 뿐 아니라 실로 천하 만세의 행복이 될 것입니다.

27. 수공전에서 아뢴 주차 2 — 垂拱奏箚二[1]

국가 전략에 대한 최근 논의들을 신이 삼가 살펴보니, 전쟁을 하자는 것과 수비에 힘을 쏟자는 것, 그리고 적과 화친을 하자는 것, 대략 세 가지가 있을 따름입니다.[2] 그러나 천하의 일에는 이익이 있으면 반드시 해로움이 있고 얻는 것이 있으면 반드시 잃는 것이 있으니, 이 세 가지 계책도 각각 그 두 가지 면을 가지고 있습니다. 전쟁을 하자는 계책은 진실로 진취적이지만 또한 경솔한 잘못을 저지를 가능성도 있으며, 수비에 힘쓰자는 계책은 물론 자기를 다스리는 방책이기는 하지만 이 또한 오래 지속하기에는 어려움이 있습니다. 적과 화친하자는 주장은 하책下策이지만 이 계책을 주장하는 자들은 또한 "자신의 몸을 굽혀 백성들을 아끼고, 힘을 비축하면서 적의 허점을 노리며, 적을 헷갈리게 하여 그들의 출병을 늦추니, 잘못된 계책이 아니다"라고 합니다.

국가에 많은 일이 있은 이래[3] 이 세 가지 계책의 여섯 가지 측면[4]을 가지고 암암리에 서로 시비是非와 가부可否를 다투고 있는데, 주장하는

---

1) 『朱文公文集』, 권13.
2) 이때에 張浚은 전쟁을 주장하였고, 史浩는 수비를 우선할 것을 주장하였으며, 湯思退는 화친할 것을 주장하였다.(『朱子大全箚疑輯補』)
3) 徽宗과 欽宗이 金에게 패배했던 일을 가리키는데, 황제 앞에서 차마 직접 이야기할 수 없어서 이렇게 둘러서 이야기하는 것이다.(『朱子大全箚疑輯補』)
4) 세 가지 계책은 전쟁·수비·화친이며, 여섯 가지 측면은 세 가지 계책 각각이 가지는 장단점을 일컫는다. 화친의 경우, 下策이라는 것이 단점이며, 자기의 몸을 굽혀 백성들을 아낀다는 등의 주장이 장점이다.(『朱子大全箚疑輯補』)

자들은 각자 그 사사로운 목적을 갖가지 명분과 수사로써 그럴싸하게 포장하니, 이를 듣는 자는 어리둥절하여 속지 않을 수 없습니다. 그러니 폐하의 밝은 지혜로도 그 사이에서 확고하게 결단하지 못하시는 것입니다. 이렇게 된 까닭을 신이 삼가 말씀드리자면, 의리의 근본에서 올바른 해결책을 찾지 아니하고 이해利害만을 따지는 말류末流로 치닫기 때문입니다. 그래서 신은 일찍이 "임금의 학문은 리를 밝히는 것을 우선해야 합니다. 이 리가 밝혀지고 나면 언제나 하늘의 이치를 따르게 되어 해야 할 일은 꼭 하고 하지 말아야 할 일은 그만두며 나의 사사로움을 반드시 이루려는 생각을 하지 않게 됩니다"라고 망녕되이 말씀드렸던 것입니다.[5] 신이 이번에는 실제의 일로써 설명해 드리겠습니다.

신은 "하늘은 높고 땅은 낮으며 사람은 그 가운데에 있다"라고 들었습니다. 하늘의 도는 음·양을 벗어나지 않고, 땅의 도는 유柔·강剛을 벗어나지 않으며, 인仁과 의義가 아니고서는 사람의 도를 세울 수 없습니다. 그런데 인仁은 부자관계에서보다 더 크게 드러나는 곳이 없고 의義는 군신관계에서보다 더 크게 드러나는 곳이 없으니, 때문에 이 부자와 군신의 관계를 삼강三綱의 핵심이요 오상五常의 근본이라 일컫는 것입니다. 이는 인륜과 천리의 궁극이니, "천지 사이에서 이로부터 도망갈 곳이 없는"[6] 것입니다. 그러므로 "임금과 아버지의 원수와는 같은 하늘을 이고 살 수 없다"[7]라는 말은 곧 하늘과 땅 사이에서 군신 및 부자의 관계를 가지고 있는 모든 것들이 보편적으로 가지고 있는, 멈출 수 없는 통절한 정情에서 우러나온 것이지, 오로지 한 몸의 사사로운 감정에서 비롯된 것은 결코 아닙니다.

삼가 생각건대, 우리나라에 있어 북쪽 오랑캐(금나라)는 곧 능과 종묘를

---

5) 「수공전에서 아뢴 주차 1」 참조.
6) 『莊子』, 「人間世」.
7) 『禮記』, 「曲禮上」.

훼손한 원수이니, 그 사연이 통절痛切하여 신하된 자로서 차마 말씀드릴 수 없으나, 그들과 함께 한 하늘 아래서 살 수 없는 것은 명백한 일입니다. 태상황제께서는 아직 원수를 갚지 못한 까닭에 비록 천자의 자리에 오르셨어도 즐겁게 여기지 않으셨으니, 태상황제께서 하루아침에 폐하를 황제의 지위에 오르게 하신 것은 폐하께서 총명하시고 지혜와 용맹을 함께 갖추시어 반드시 이 뜻을 이룰 수 있으리라 생각하셨기 때문입니다. 그러하니 폐하께서 오늘날 마땅히 하셔야 할 일은 전쟁을 하여 복수하고 굳건히 수비하여 적을 제압하고 승리하는 것입니다. 이는 모두 자연스러운 천리天理이지 사사로운 인욕의 분노가 아닙니다.

폐하께서도 이 일을 기필코 이루려는 의지를 이미 가지고 계셨습니다. 그러나 요즈음 누군가 삿된 의론을 계속 주장하여 성총을 흐려서, 급기야는 국서國書를 지닌 신하를 보내어 오랑캐의 장수에게 항복하고 강화를 하려는 지경에 이르렀습니다.[8] 신이 한스러워하는 것은 폐하께서 마땅히 하지 말아야 할 것을 반드시 그만두지 못하고 거듭 실수하시는 것입니다. 폐하께서는 화친을 주장하는 자들의 말 때문에 부득이하여 일시적으로 이렇게 하신 것입니까? 아니면 진심으로 화친이 이루어지기를 바라서 이렇게 하신 것입니까? 일시적인 미봉책으로 이렇게 하신 것이라면, 이미 시작을 하였으니 반드시 어떻게 끝맺음할 것인가를 심사숙고해야 할 것입니다. 우리가 이미 화친을 청하였으니 그들은 필시 화친하자고 답할 것인데, 성급하게 화친을 해서는 안 됩니다. 임시방편으로 그렇게 하여 무엇을 구하려는 것입니까? 일에도 도움이 안 되고 다만 리를 해치기만 할 것이니, 신은 폐하께서 이렇게 조치하지 않으시리라는 것을 알

---

8) 孝宗은 즉위하자마자(正月) 張浚과 張栻 등의 주청에 따라 李顯忠·邵宏淵 등을 보내어(4월) 금나라와 싸워서 많은 땅을 수복했다(5월). 그러나 이후 전세가 역전되자 다시 張浚을 유배보내고(6월) 湯思退·陳康伯·周葵·洪遵 등의 주청에 따라 盧仲賢을 보내어 금나라에 화의를 청했다(8월).(『朱子大全箚疑輯輔』)

수 있습니다. 만약 폐하께서 진심으로 화친이 이루어지기를 바라신 것이라면, 그것을 주장하는 자들이 말하는 "자신의 몸을 굽혀 백성들을 아끼고, 힘을 비축하면서 적의 허점을 노리며, 적을 헷갈리게 하여 그들의 출병을 늦추니, 잘못된 계책이 아니다"라는 것에 대해서 신이 한 번 논의해 보겠습니다.

대저 사람은 하늘과 땅 사이에서 자그마한 몸으로 살아가는 매우 미약한 존재이지만 하늘·땅과 나란히 서서 삼재三才가 될 수 있는 것은, 사람이 인의仁義의 본성을 가지고 있고 또 저 천지자연의 음양의 기 및 강유剛柔의 체體와 마찬가지로 만물의 근원인 태극太極에서 나온 존재이기 때문입니다. 옛 성인들께서 천지와 함께 나란히 서서 만물의 화육을 도우신 것9)이 어찌 다른 이유가 있어서 그런 것이겠습니까? 이 리(仁義)를 따르고 천리에 거스르지 않으셨기 때문일 따름입니다. 그런데 지금 원한을 풀고 강화를 맺는 것은, 자신의 몸을 굽히는 것이 아니라 리를 거스르는 것입니다. 자기 몸이야 굽힐 수 있을지언정 리를 거스를 수야 있겠습니까? 리를 거스른 화는 장차 삼강三綱과 구법九法10)을 허물어뜨려서 자식이 부모를 몰라보게 되고 신하가 임금을 몰라보게 되며 인심이 패악해지고 천지의 기가 막혀 버려서 오랑캐와 금수들이 더욱 번성하게 될 것입니다. 이것은 곧 남과 북의 백성11)들을 다 버리는 것이니, 어찌 '백성을 아낀다.' 고 할 수 있겠습니까? 또한 그들은 "군부君父를 아낀다"고 하지 않고 "남북의 백성들을 두루 아낀다"고 하니, 그 경중輕重과 완급緩急의 순서가

---

9) 『中庸』, 22장.
10) 三綱은 君爲臣綱·父爲子綱·夫爲婦綱을 일컫고, 九法은 周나라 때 나라를 다스리던 9가지 원칙 즉 制畿封國以正邦國, 設儀辨位以等邦國, 進賢興功以作邦國, 建牧立監以維邦國, 制軍詰禁以紏邦國, 施貢分職以任邦國, 簡稽鄕民以用邦國, 均守平則以安邦國, 以小事大以和邦國(『周禮』, 「夏官·大司馬」)을 가리킨다.
11) 금나라 치하에 있는 백성들과 남송의 백성들을 함께 이르는 것이다.

어그러진 논의라 할 수 있습니다.

공자께서는 정치에서 정명正名을 최우선 과제로 설정하셨으니, 이는 명분名分이 바르지 않으면 말이 사리에 맞지 않고 일이 이루어지지 않아 백성들이 어찌할 바를 모르게 되기 때문이었습니다.[12] 그런데 지금 복수의 명분을 버리고 화친함으로써 적의 허점을 노리고 적의 출병을 늦추는 계책으로 삼으려 하니, 이는 상하上下 온 백성의 마음을 이반시키고 중앙과 지방을 나누어 위기상황이 벌어졌을 때 적에게 대처할 수 없게 하는 것일 뿐 아니라, 우리 군신君臣 모두가 새벽부터 늦은 밤까지 열심히 내치內治에 힘쓰던 자세를 이완시키고 타성에 젖게 하여 다시 진작되지 못하게 할 것입니다. 이렇게 되면 설사 훗날 오랑캐에게 우리가 놓쳐서는 안 되는 허점이 정녕 생긴다 하더라도, 우리는 기쁨보다 걱정이 앞서게 되지 않을까 두렵습니다. 그들은 강화의 약속과 군신간의 명분의 엄중함[13]을 들어 전쟁을 일으킨 잘못을 우리에게 돌릴 것이니, 그렇게 되면 두 나라의 군대가 맞닥뜨리기도 전에 우리 군의 사기는 이미 땅에 떨어지고 말 것입니다.

또한 선화宣和 · 정강靖康[14] 이래로 강화의 결과를 살펴보면 무엇이 오랑캐의 진심이고 무엇이 거짓이었는지, 우리가 무엇을 잘하고 무엇을 못했는지 쉽게 알 수 있는데, 소인배들은 이것을 토대로 화친의 설을 주장하기를 좋아합니다. 오직 군자라야 의리는 마땅히 반드시 해야 할 일이며 반드시 믿을 만한 것이라는 점을 알 수 있으니, 그들은 자신의 이해득실 따위는 신경 쓰지 않으며 그들의 학문은 상황의 변화에 제대로 대처할 수 있습니다. 그래서 그들은 용감하고 지혜로워서 거리낌이

---

12) 『論語』, 「子路」.
13) 고종 때 남송은 금에 대해 스스로 '신하'라 칭했다.(『朱子大全箚疑輯補』)
14) 宣和는 徽宗의 연호(1119~1125)이고 靖康은 欽宗의 연호(1126)이다. 이때 송나라는 금나라에게 패배해서 臨安으로 수도를 옮겼다.

없고 불행히 좌절을 겪더라도 목숨을 걸고 헤쳐 나아가는 것입니다. 한편 소인배들의 마음은 완전히 이와 반대이니, 그들이 오로지 강화하자고 주장하는 이유는 단지 그들의 사사로운 이익 때문일 따름입니다. 그들이 기획한 국가 전략은 잘못된 것인데도 그 의견을 가납하시니, 어찌 잘못이 아니겠습니까?

지금 사자가 돌아오면 과연 화친을 할지 결정해야 할 것이니, 이는 과거의 잘못을 고칠 수 있는 기회입니다. 신은 바라건대, 폐하께서 이해를 가지고 따지는 이야기들은 잠시 접어 두고 궁리窮理를 우선하시어, 인의의 도와 삼강의 뿌리에 조금 더 마음을 기울여 이를 체험하고 확충해서 강상綱常의 도를 세우시옵소서. 일을 맡은 신하에게 조서를 은밀히 내리시어 하루 빨리 화친을 깨고 소인배들을 몰아내는 명령을 내리시어 천하에 그 뜻을 보이심으로써, 천하의 사람들로 하여금 복수하여 치욕을 씻으려는 폐하의 본의가 조금도 쇠한 적이 없었다는 것을 알게 하시옵소서. 설사 오랑캐의 뜻이 정성스러워서 부당한 요구가 없다 하더라도 안으로는 깊이 감추는 바가 있을 것이니 더욱 의심하고 두려워해야 합니다. 의리에 입각하여 화친을 거절함으로써 그들의 모의를 깨뜨려 버리시옵소서. 그런 후 양자강과 회수淮水의 군대로써 수도 임안臨安을 안팎으로 방어케 하고 전쟁과 수비의 계책을 하나로 합쳐서, 방어 태세가 완비되면 전쟁을 하고 전쟁에서 승리하면 방어하기를 계속해서, 정규전과 기습전을 섞어 감행하시어 세월이 흘러 중원을 회복하고 오랑캐를 멸망시킬 때까지 이러한 자세를 견지하시옵소서. 비록 성패 여부를 미리 알 수는 없사오나, 우리가 이미 군신 사이, 부자 사이의 의리에 거리낄 것이 없다면 이는 굴욕을 당하면서 구차하게 나라를 보존하려는 것에 비해 월등히 훌륭한 계책입니다.

신은 폐하께서 이렇게 하기로 마음을 정하시고 뜻을 굳게 세우시기를 바랍니다. 그렇게 되면 위에서는 인의의 도가 밝아질 것이요, 아래에서는 충효의 풍속이 만들어질 것입니다. 인도人道가 이미 이루어지면 천지의 화기和氣도 자연스럽게 섞여 하나가 될 것이고[15] 오랑캐와 금수 또한 장차 패악을 부리지 못할 것이니, 어떤 일이라 한들 이루어지지 못하겠으며 어떤 공이라 한들 세우지 못하겠습니까? 신이 재야의 미천한 신분으로 일이 어떻게 돌아가야 하는지 잘 모르면서도 오직 배운 바에 입각하여 망녕되이 국가의 전략에 대해 논하였으니, 폐하께서 가려 주시길 바라옵나이다.

---

15) 『朱子文錄』에는 忻合으로, 『朱子大全』에는 訢合으로 되어 있다.

28. 수공전에서 아뢴 주차 3 — 垂拱奏箚三[1]

신은 익益이 순舜임금께 다음과 같이 경계하는 말씀을 올렸다고 들었습니다. "잘못이 없도록 경계하고 법도를 잃지 마소서. 안일함에 빠지지 마시고 지나치게 쾌락을 추구하는 일이 없도록 하소서. 현명한 이를 임용하시되 그를 의심하지 마시고 사악한 이를 제거하심에 망설이지 마소서" 그리고 다음과 같은 말로 끝맺음했다고 합니다. "태만하지 않고 안일에 빠지지 아니하면 사방의 오랑캐들이 임금께 귀의할 것입니다."[2] 주나라의 문왕과 무왕도 『시경詩經』「소아小雅」의 '천보天保' 이전[3]까지의 시에 나와 있는 대로 내정內政을 다스리고 '채미采薇' 이후[4]의 시에 나와 있는 대로 외치外治를 하시니, 처음에 걱정하며 부지런히 일하시어

---

1) 『朱文公文集』, 권13.
2) 『書經』, 「大禹謨」.
3) 주희는 「小雅」를 "주로 궁중에서 잔치할 때 부르는 노래"로 규정했다. 「小雅」는 「鹿鳴之什」·「白華之什」·「彤弓之什」·「祈父之什」·「小旻之什」·「北山之什」·「桑扈之什」·「都人士之什」 등으로 구성되어 있는데, '天保'는 「鹿鳴之什」의 하나이다. 여기에서 말하는 "天保 이전"에 해당하는 시들은 '鹿鳴'(잔치를 열어 손님을 대접하는 시)·'四牡'(使臣을 위로하는 시)·'皇皇者華'(사신을 보낼 때 부르는 시)·'常棣'(형제의 우애를 읊은 시)·'伐木'(친구들과 잔치를 벌이는 시)·'天保'(앞에 나온 '鹿鳴'에서 '伐木'까지의 시는 임금이 신하를 위로하고 칭송하는 시이고, 天保는 신하들이 그에 대해 임금의 복을 빌며 답례로 부르는 시이다) 등이다. 이 시들은 모두 內政과 관련이 있다.(『朱子大全箚疑輯輔』)
4) "菜薇 이후"에 속하는 시로는 '菜薇'(변방으로 수자리 병사들을 보내는 시)·'出車'(개선하는 군대를 위로하는 시)·'杕杜'(귀향하는 수자리 병사들을 위로하는 시) 등이 있다. 모두 外治와 관련된 내용들이다.(『朱子大全箚疑輯輔』)

나중에는 편안히 즐기실 수 있었던 것입니다. 그 후 중간에 국운이 쇠미해져서 「소아」에 담긴 법도가 모두 행해지지 않자, 사방의 오랑캐들이 번갈아 침입해 와 중원이 점차 무너져 갔습니다.[5] 그렇지만 선왕宣王[6]께서 대통을 이으신 뒤로는 그 몸을 삼가서 자신을 수양하고 현명한 이를 임용하며 재주가 있는 자를 써서, 안으로는 정사를 잘 돌보고 밖으로는 오랑캐를 물리치시어 주나라의 도가 찬연히 부흥하게 되었습니다. 신은 일찍이 이러한 역사를 살펴보고서 옛 성왕聖王들께서 오랑캐를 다루시는 방법을 확실하게 알 수 있었습니다. 성왕들께서는 분명히 군사력이 아닌 덕업을 근본으로 삼으셨고, 변경이 아닌 조정을 대비하고 경계하셨으며, 병사와 식량이 아닌 기강을 도구로 삼아서 오랑캐들을 다루셨던 것이었습니다.

삼가 신은 폐하께서 국운이 어려운 때에 처해서 어떻게 하면 중흥의 공을 이룰 것인가를 생각하시어 이미 마땅히 해야 할 일과 하지 말아야 할 일의 큰 실마리를 알고 계신다고 생각합니다. 지금 오랑캐들이 그 기세를 믿고 우리를 능멸해서 그 속내를 헤아릴 수 없는데, 중앙과 지방에서 국가의 전략을 논의하는 자들은 모두 현재의 상황에 대해 "나라의 위세는 진작되지 못하고, 국방은 튼튼하지 못하며, 군량미는 넉넉하지 않고,[7] 병사들은 훈련이 부족하다. 일단 위급한 일이 생기면 어떻게 하겠는가"라고 평가하고 있습니다. 그러나 신은 홀로 지금 진정으로 걱정해야 할 것은 이러한 것들보다 더 큰 것이라고 생각하며,

---

5) 「毛詩序」에 "鹿鳴이 폐해지자 和樂에, 四牡가 폐해지자 君臣에, 皇皇者華가 폐해지자 忠信에, 常棣가 폐해지자 兄弟에, 伐木이 폐해지자 朋友에, 天保가 폐해지자 福祿에 각각 문제가 발생하였고, 小雅가 모두 폐해지자 오랑캐가 번갈아 침입해 와서 중국이 쇠미해졌다"라는 말이 나온다.(『朱子大全箚疑輯輔』)

6) 周나라 12대 왕으로 주나라를 중흥시켰다고 평가받는다.

7) 『朱子文錄』에는 帑廩未充으로, 『朱子大全』에는 倉廩未充으로 되어 있다.

국가 전략을 논의하는 사람들이 여기에까지 생각이 미치지 못하고 있는 점에 대해 안타깝게 여기고 있습니다. 신이 삼가 요즈음의 상황을 살펴보건대 간쟁의 길이 여전히 막혀 있고 폐하의 측근에서 아첨하는 무리들의 기세는 날로 커지고 있으니, 작록과 상급이 남발되고 벌은 시행되지 아니하며 백성의 힘은 이미 고갈되었고 국가의 씀씀이는 여전히 헤픕니다. 이 네 가지를 보건대 덕업이 '닦아졌다'고는 아직 말할 수 없고 조정이 '바로잡아졌다'고는 아직 말할 수 없으며 기강이 '바로섰다'고는 아직 말할 수 없으니, 옛 성왕들께서 보여 주신 '근본을 강하게 하여 오랑캐를 제압하는' 방법들이 모두 '갖추어졌다'고 말할 수 없는 것입니다. 바로 이것이 신이 깊이 염려하는 바입니다. 다른 사람들도 전략을 논하면서 일찍이 이러한 내용을 가지고 폐하께 아뢰었던 적이 있습니까?

신은 앞에서 말씀드린 『시경』과 『서경』에 있는 내용을 폐하께서 거듭하여 음미해 보신 다음 지금 하고 계신 일의 득실得失에 이를 적용시켜 보시어, 덕업을 닦고 조정을 바로잡으며 기강을 바로세우시기 바랍니다. 그리고 반드시 간쟁을 가납하시고, 폐하의 측근에서 아첨하는 사악한 무리들을 축출하시며, 청탁에 의해 상급과 작록을 받는 길을 막아 버리시고, 국가의 근본인 백성들의 힘을 공고히 하는, 이 네 가지 일을 급선무로 삼으소서. 그리하여 지엽이 아닌 근본을 다스리시고 명분이 아닌 실질을 다스리신다면 민심이 안정되어 폐하께 복종해 올 것이고 오랑캐들은 두려워하게 될 것이니, 국력이 저절로 강해져서 중원을 회복할 수 있게 될 것입니다.

신은 시골의 어리석은 자인지라 폐하의 위엄에 무섭고 떨려서 감히 긴 시간 동안 폐하께 아뢰고 싶은 바를 번다하게 전부 다 아뢰지는 못하고[8] 이와 같이 그 대략만을 거칠게 아뢰었을 뿐이옵니다. 폐하께서는 헤아려 주시기 바랍니다.

---

8) 「魏元履에게 보낸 편지」(『朱文公文集』, 권24)에서 주희는 "첫 번째 奏箚를 읽으며 格物致知의 道를 논할 때에는 폐하께서 온화한 표정으로 대구를 해 주셨는데, 복수의 뜻을 논한 두 번째 주차와 언로가 막혀 있고 측근들의 기세가 신장된다는 내용의 세 번째 주차를 읽을 때에는 아무런 말씀이 없으셨다"라고 술회한 바 있다.(『朱子大全箚疑輯輔』)

29. 무신년에 연화전에서 아뢴 주차 — 戊申延和奏箚[1]

제가 듣건대, 예전에 순임금께서는 백성들이 서로 친화하지 못하여 오품五品(五倫)의 법도에 순응하지 않자 설契에게 사도司徒의 관직을 맡겨 인륜을 가르치게 하셨는데, 그 내용은 '부자유친父子有親', '군신유의君臣有義', '부부유별夫婦有別', '장유유서長幼有序', '붕우유신朋友有信'이었습니다. 그리고 그 가르침에 혹 따르지 않는 이가 있을까 우려하여 고요皐陶를 사사士師로 임명해서 형법을 밝히고 오교五敎를 보완하게 함으로써, 훗날에는 형벌이 없는 세상이 되기를 기약하였습니다. 대개 삼강오륜三綱五倫이란 천리와 민이民彝의 큰 절도이고 치도治道의 근본입니다. 그래서 성인의 다스림은 가르침을 만들어 밝히고 형벌을 만들어 보완했던 것이니, 설령 그 시행하는 순서에 혹 선후나 완급이 있었다고는 해도 정중하고 간절한 뜻이야 여기에[2] 있지 않은 적이 없었습니다. 삼대三代 제왕의 제도에도 또한 "오형五刑[3]과 관련된 소송을 처리할 때에는 반드시 부자간의 친근함을 기준으로 삼고 군신간의 의로움을 세워서 판단하라"[4]라는 말이 있습니다. 반드시 이렇게 하고 난 뒤에야 비로소 일의 가볍고 무거운 순서를 논할 수 있고 얕고 깊은 정도를 헤아릴 수 있어서, 그 총명한 지혜를

---

1) 『朱文公文集』, 권14.
2) 三綱五倫을 말한다.
3) 五刑은 墨刑, 劓刑, 剕刑, 宮刑, 大辟이다.
4) 『禮記』, 「王制」, "凡聽五刑之訟, 必原父子之親, 立君臣之義, 以權之. 意論輕重之序, 愼測淺深之量, 以別之. 悉其聰明, 致其忠愛, 以盡之."

다하여 그 충심과 사랑을 이루는 일이 온전히 시행되어 잘못되지 않을 것입니다. 이것이 바로 선왕이 의로운 형벌과 의로운 사형을 시행한 취지이니, 설령 백성의 살갗을 상하게 하고 백성의 육신을 해쳐서라도 한 사람에게 형벌을 가하여 천하의 모든 사람들로 하여금 두려워 감히 멋대로 악한 행동을 하지 못하도록 한다면, 그것이 바로 백성들을 올바르게 만들고 악에 빠지지 않도록 보좌하여 항상된 성性을 간직하고 있는 것처럼 만드는 방법입니다.

후세에 형벌에 대해 논하는 자들은 형벌의 취지가 여기에서 나온 것인지 모르고 있습니다. 신불해나 상앙 같은 각박한 형벌주의에 빠진 자들이야 논할 거리도 아니지만, 비루한 유자들의 고식적인 논의나 불교 같은 이단의 인과응보설, 법조문을 멋대로 조작하여 사익을 도모하는 속리俗吏들의 계책의 경우에는 또한 한결같이 경형輕刑을 주장하고 있습니다. 그러나 형벌이 가벼워질수록 백성의 풍속을 두텁게 하기는 더 어려워져서, 왕왕 반대로 백성들의 패역悖逆과 작란作亂의 마음만 더 길러 줌으로써 쟁송이 더욱더 많아지게 만들고 맙니다. 이는 선왕의 법을 강구하지 못한 탓입니다. 제가 엎드려 살펴보니, 근년 들어 아내가 남편을 죽이거나 자식이 아비를 죽이거나 소작농이 지주를 죽이는 일이 있었는데, 유사有司가 이 사건들에 대해 형벌을 판결할 때는 결국 유유流宥의 법5)을 따르고 말았습니다. 대저 다른 사람을 죽인 자가 사형을 받지 않거나 다른 사람을 상하게 한 자가 형벌을 받지 않는다면, 이제二帝와 삼왕三王6)이라 해도 그런 법률로는 천하를 다스릴 수 없을 터인데 더구나 부자간의 친함이나 군신간의 의로움 같은 중대한 삼강의 인간관계처럼 다른 평범한 인간관계

---

5) 『尙書』, 「舜典」, "流宥五刑." 오형에 해당하는 형벌을 유배형으로 완화하여 처벌하는 것을 말한다.
6) 堯임금과 舜임금이 2제이고, 하나라의 우임금과 은나라의 탕임금, 주나라의 문왕이 3왕이다. 즉 이제삼왕은 성군을 뜻하는 말이다.

에 비할 바가 아닌 경우에는 또 어떻겠습니까?

제가 감히 이런 말씀을 드리는 것은 폐하께 법의 집행에만 몰두하여 사람 죽이는 일을 과감히 하시라고 권하는 것이 아닙니다. 다만 저는 개인적으로, 인륜과 풍속에 관련된 이러한 문제들에 대해, 유사가 경술經術과 의리로 판단하지 못하여 그 사이에 속유들의 비천한 논의나 이단의 치우친 주장, 속리들의 사사로운 계책이 끼어들게 된다면 천리天理와 민이民彝가 어찌 민멸되지 않겠으며 순의 이른바 '형벌 없는 세상'(無刑)을 또한 어느 날에 기약할 수 있을까 우려하는 것일 뿐입니다.

그러므로 폐하께서는 나라 안팎에서 정사를 담당하고 형옥을 맡은 관리7)들에게 엄히 조칙을 내리시어, 무릇 송사가 있으면 먼저 관련자들의 존비尊卑와 상하上下, 장유長幼와 친소親疎의 구분을 논한 다음 옳고 그름을 판결하게 하십시오. 무릇 아랫사람으로서 윗사람을 범하고 비천한 사람으로서 존귀한 사람을 능멸한 경우라면, 비록 정당한 상황이라도 도와주지 말고 정당하지 않은 경우라면 평범한 인간관계 속에서 발생한 범죄의 경우보다 형량을 더 무겁게 하십시오. 불행하게 살상에 이른 자의 경우는, 비록 사건 경위에 의심스럽고 가여운 구석이 있어 조정에 평결을 요청한 경우라 하더라도 또한 가볍게 의대擬貸의 판례8)를 쓰게 하지 마십시오. 또 유신들에게 경사經史와 고금의 현철賢哲의 의론 중에서 교화와 형벌에 관련된 것들을 널리 채집하여 그 중 요긴한 말들을 간추려 책 한 권으로 편집하게 해서, 그것으로 옛것을 배워 관직에 들어서려는 선비들과 법을 집행하고 백성을 다스리는 관리들을 가르쳐서 이들 모두가 옛 성왕들이 제도를 정비하고 가르침을 펴며 형법을 제정하고 형벌을 밝힌 큰 실마리를

---

7) 『尙書』, 「呂刑」, "四方司政典獄."
8) 正律에 없는 범죄의 경우에는 범죄 사실이 유사한 형법을 적용하거나 벌을 경감해 주는 것을 말한다.

대략적으로라도 알게 하십시오 그렇게 해서 감히 암암리에 형벌에 대한 비루한 유자들의 고식적인 의론이나 불교도들의 인과응보설, 법조문을 자의적으로 해석해서 사익을 추구하려는 속리들의 계책을 행하지 못하게 하신다면 그들은 세세토록 교화를 도와 완성할 것이니, 살리는 것을 좋아하고 죽이는 것을 싫어하여 형벌 없는 세상을 기약하시는 폐하의 본의에 우러러 합치하게 될 것입니다. 진지進止를 결정해 주소서.

30. 행궁편전에서 아뢴 주차 — 行宮便殿奏箚[1]

신이 삼가 생각건대, 폐하께서는 준명駿命에 삼가 부응하시고 보도寶圖[2]를 공손히 받드시어 즉위 초기엔 다른 일을 할 겨를도 없이 우선 널리 유신儒臣들을 불러 모아 경학經學을 논하는 것을 급선무로 삼으셨습니다. 이는 무릇 많이 공부한 자에게 배움을 구하여 사업을 바로세우고 옛 가르침을 공부하여 교훈을 얻으려 했던 것이니, 어리석은 유생에게 사장詞章의 잔재주를 배우고 물으면서 그들이 많이 안다고 자랑하는 것을 박학이라 여기고 사소한 문제로 다투는 것을 재능이라고 여기는 것과는 전혀 다른 것입니다. 그렇다면 강학講學을 권면하는 신하들을 마땅히 신중히 선발해야 하겠습니다만, 지금 돌아보건대 적절한 인물이 선택되지 못한 데다 심지어는 망녕되고 못난 자를 채용할 정도로 어긋났으니, 신은 삼가 이것이 큰 잘못이라고 생각합니다.

신은 타고난 자질이 매우 어리석고 지극히 고루한 터라 일찍부터 열심히 독서하여[3] 주제넘게 성현의 유지遺旨를 터득하려 했지만 힘이 부족하여 늙도록 배우지 못했습니다. 더구나 제왕의 학문라면 더더욱 강구해 본 적이 없으니, 어찌 발탁되는 총애를 입어 고문顧問의 중책을

---

1) 『朱文公文集』, 권14.
2) 황제의 제위나 제왕의 위업을 뜻한다. 『周書』 「武帝紀上」의 "朕祇承寶圖, 宜遵故實" 이라는 말에서 유래하였다.
3) 『莊子』에 나오는 "挾策讀書"에서 유래한 말이다. 『莊子』, 「騈拇」, "臧與穀二人相與牧羊 而俱亡其羊. 問臧奚事, 則挾策讀書, 問穀奚事, 則博塞以遊."

욕되게 할 수 있겠습니까? 그렇기 때문에 어명을 듣고서도 두렵고 황송하여 전하의 조칙을 받들 수 없었던 것입니다. 그러나 신이 일찍이 듣건대, 사람은 처음 태어날 때부터 하늘이 인의예지의 본성을 부여해 주었기에 군신과 부자의 질서를 확립하고 사물의 마땅한 법칙을 제정할 수 있다고 합니다. 다만 그 기질이 편차가 있고 물욕에 가림이 있기 때문에 혹 그 본성을 어둡게 하여 질서를 어지럽히고 법칙을 허물고서도 돌이킬 줄 모르게 되는 것입니다. 이때에는 마땅히 학문을 통해 열어 준 뒤에야 정심正心과 수신修身을 할 수 있어서 제가齊家와 치국治國의 근본을 마련할 수 있습니다. 이것이 바로 사람이 공부하지 않을 수 없는 까닭이고, 공부하는 자가 처음부터 사장을 외우고 따지는 것을 하지 말아야 하는 까닭이니, 이 점에 있어서는 성인과 바보, 귀한 자와 천한 자의 차이가 있을 수 없습니다. 이렇게 보자면 신이 일찍이 힘썼던 것들 중에서 폐하를 위해 말씀드릴 만한 바가 있을 것이니, 이제 진술할 수 있게 해 주시기를 청합니다.

학문을 하는 길에서는 궁리가 최우선이고, 궁리의 핵심은 독서에 있습니다. 독서의 방법은 차례에 따라서 정미精微한 의미에 이르는 것이 가장 중요합니다. 정미한 의미에 이르는 것의 근본은 다시금 거경居敬과 지지持志입니다. 이것은 변하지 않는 이치입니다.

천하의 모든 일에는 항상 합당한 도리가 있습니다. 군신에게는 군신의 도리가 있고 부자에게는 부자의 도리가 있으며, 부부 사이와 형제 사이, 친구 사이에도, 심지어는 출입하고 기거起居할 때, 사물을 대하는 매 순간에도 각각 합당한 도리가 있는 것입니다. 이를 궁구하면 군신의 커다란 관계에서부터 사물의 미미한 것에 이르기까지 그것의 존재의 원인(所以然)과 당위의 법칙(所當然)을 모두 알게 되어 티끌만한 의심도 없을 것이니, 좋은 것은 따르고 나쁜 것은 물리쳐서 터럭만큼의 잘못도 없게 될 것입니다. 이것이 바로 학문을 하는 데 있어서 이치를 궁구하는 것이 가장 우선시되는 까닭입니다.

천하의 이치에 대해 논해 보자면, 천하의 이치는 오묘하고 정미精微하며 각각 마땅한 바가 있어서 고금을 통틀어 변할 수 없는 것입니다. 오직 옛 성인만이 그 이치를 온전히 다할 수 있었기에, 성인의 행동과 말씀에는 후세에도 바뀌지 않는 위대한 법도가 아닌 것이 없습니다. 나머지 사람들은 성인을 따르면 군자가 되어 길했고 성인을 거스르면 소인이 되어 흉했습니다. 매우 길한 사람은 천하를 잘 다스려 본보기가 될 수 있었고, 아주 흉한 사람은 제 몸 하나도 보존하지 못해서 경계의 대상이 되었습니다. 이것은 곧 성인의 빛나는 자취이고 필연적인 효험이니, 경전의 가르침과 역사책 속에 모두 갖추어져 있습니다. 천하의 이치를 궁구하려 하면서도 이것에서 구하려 하지 않는 것은, 마치 벽을 마주 보고 서 있는 것과 같을 뿐입니다.[4] 이것이 바로 궁리 공부는 반드시 독서에 있다고 말하는 이유입니다.

무릇 독서라는 것은, (독서를) 좋아하지 않는 자야 물론 게으름을 피우고 소홀히 하여 간단이 생기다 보면 이룰 수 없는 것이려니와, 좋아하는 자라 할지라도 지나치게 많은 양을 탐하여 많이 읽는 것에만 얽매이게 되면 왕왕 첫 실마리도 열지 못한 채로 돌연 그 결론을 탐구하려 하거나 여기 있는 것도 궁구하지 못하면서 문득 저기 있는 것에 뜻을 두는 경우가 있게 되는 것입니다. 그래서 온종일 부지런히 힘써 공부하며 한 틈도 쉬지 않는다 해도 생각의 실마리는 허겁지겁 내달려서 늘 바쁘게 치달으며 쫓아다니는 듯해서 차분히 침잠하여 헤아려 보는 즐거움이 없을 것입니다. 이런 사람을 두고 어찌 자득하여 깊이 확신하고 오래도록

---

4) 담을 대하고 있으면 아무것도 보이지 않는다는 뜻(牆面)으로, 무식자를 비유한 말이다.

실증내지 않을 수 있어서, 게으르고 소홀히 굴다가 간단이 생겨 아무 것도 이루지 못하는 저들과는 다른 사람이라고 할 수 있겠습니까? 공자께 서는 "빨리 가려 하면 채 도달하지 못한다"[5]라고 하시고 맹자께서 "나아가 는 기세가 날카로운 자가 속히 물러서고 만다"라고 하셨던 것은 바로 이를 두고 말씀하신 것입니다.[6] 진실로 이를 거울삼아 반성할 수 있다면, 마음이 오롯이 하나에 잠겨 오래도록 변치 않아서 읽은 책의 문의가 서로 연결되고 혈맥이 관통되면서 저절로 그 의미에 젖어들고 합치되어 마음과 이치가 융합하게 될 것입니다. 그렇게 되면 권할 만한 좋은 것은 더욱 깊어질 것이고 경계해야 될 나쁜 것은 잘려 나갈 것입니다. 이것이 바로 순서에 따라 정밀한 곳에 이르는 것이 독서의 방법이 된다고 하는 이유입니다.

무릇 "정밀한 곳에 이른다"라고 할 때, '근본'은 마음에 있습니다. 마음이 란 것은 지극히 허령虛靈하고 신묘불측하며 항상 한 몸의 주인이 되어 만사의 벼리를 잡는 것으로, 한순간도 사라져서는 안 되는 것입니다. 단 한 순간이라도 자각하지 못한 채 거칠게 치닫고 날뛰며 내 몸 밖의 물욕을 쫓게 되면 이 한 몸에는 주인이 없어지고 만사에는 벼리가 없어집 니다. 잠깐 굽어보고 우러러보며 살펴보고 곁눈질하는 사이에라도 이미 그 몸이 있는 곳이 어딘지 자각하지 못할 것인데, 하물며 성인의 말씀을 되새겨 실천하고 사물을 돌이켜 살펴서 의리의 지당한 귀속처를 구할 수가 있겠습니까? 공자께서 "중후하지 않으면 위엄이 없어지고 배우더라 도 견고하지 못하다"[7]라고 하셨던 것과 맹자께서 "학문의 도는 다른 것이 아니다. 잃어버린 마음을 되찾는 것일 뿐이다"[8]라고 하셨던 것은

---

5) 『論語』, 「子路」, "子夏爲莒父宰, 問政. 子曰, 無欲速, 無見小利, 欲速則不達, 見小利則大事 不成."
6) 『孟子』, 「盡心上」, "進銳者 用心太過 其氣易衰 故退速."
7) 『論語』, 「學而」, "子曰, 君子不重則不威, 學則不固."

모두 이를 두고 하신 말씀입니다. 진실로 엄숙하고 공손하며 삼가고 두려워해서 항상 이 마음을 보존하여, 종일토록 엄숙하게 유지하고 물욕의 침란을 입지 않게 해야 합니다. 그리하여 이 마음으로 독서하고 이 마음으로 이치를 살핀다면 어디에 가든 통하지 않는 곳이 없을 것이고, 이 마음으로 세상사를 대하고 이 마음으로 외물을 접한다면 어디에 처하든 합당하지 않은 곳이 없을 것입니다. 이것이 바로 '거경지지居敬持志'가 독서의 근본이 되는 까닭입니다.

　이 몇 마디의 말은 모두 어리석은 신이 평생 학문을 하면서 힘겹고 모질게 시험해 본 결과입니다. 성현께서 다시 태어나신다 해도 사람을 가르치는 것이 이에 불과할 것이라고 삼가 생각해 봅니다. 이것은 비단 베옷을 입고 가죽띠를 찬 선비들만 마땅히 따라야 하는 길인 것이 아니라, 제왕의 학문에서도 아마 바뀔 것이 없을 것 같습니다. 특히 최근 들어 풍속이 야박하고 비루해지면서 사대부들 중에 이런 말을 들은 자들은 모두 이를 '도학道學'이라고 지목하면서 반드시 제거한 뒤에라야 그치려 합니다. 그래서 맛있는 미나리를 바치고 싶어도9) 통할 길이 없어서 매양

---

8) 『孟子』, 「告子上」, "學問之道無他, 求其放心而已矣."
9) 하찮은 사물이지만 임금께 바치고 싶은 충심을 뜻하는 말이다. 출전은 『列子』, 「楊朱」편이다. "옛날 송나라에 농부가 있었는데, 언제나 헤진 무명옷과 삼베옷으로 근근이 겨울을 난 뒤 봄이 되어 농사가 시작되면 스스로 햇볕을 쬘 뿐, 천하에 넓은 집과 따스한 방, 솜옷과 여우 담비의 갖옷이 있음을 알지 못하였다. 그가 아내를 돌아다보면서 말하였다. '햇볕을 쪼이면서도 따스함을 아는 사람이 없소. 이것을 임금님께 알려 드리면 중대한 상을 내리실 것이오.' 그러자 마을의 한 부자가 그에게 말했다. '옛날 사람 중에 들콩과 들나물과 들미나리와 개구리밥을 맛있다고 생각하고는 고을의 귀한 신분의 사람에게 추천하였다 하오. 고을의 귀한 신분의 사람이 그것을 가져다가 맛을 보니 입을 쏘고 배를 아프게 하였다오. 여러 사람들이 그를 비웃고 원망을 하니, 그 사람은 크게 부끄러워하였다 하오. 당신도 이런 종류의 사람이오."(昔者宋國有田夫. 常衣縕黂, 僅以過冬. 暨春東作, 自曝於日, 不知天下有廣廈隩室, 緜纊狐狢. 顧謂其妻曰: '負日之暄, 人莫知者. 以獻吾君, 將有重賞.' 里之富室告之曰: '昔人有美戎菽. 甘枲莖芹萍子者, 對鄉豪稱之. 鄉豪取而嘗之. 蜇於口, 慘於腹, 衆哂而怨之, 其人大慙. 子此類也.')

옛 경전을 끼고 있으면서 헛되이 개탄만 하였습니다. 그런데 오늘 비로소 폐하께서 처음 등극하시어 맑고도 밝게 다스리시며 다른 기호嗜好도 없이 오로지 학문에만 매진하시는 것을 보았습니다. 신은 이런 때를 만나서 특별히 인대引對[10]의 은혜를 입었으니, 감히 스스로의 고루함을 잊고 아뢰고자 합니다. 엎드려 바라옵건대 성스러운 영명함으로 깊이 베푸시고 넓게 살피시옵소서. 시험 삼아 제가 드린 말씀을 폐하의 일신에서 증험해 보시고, 단 한 순간도 오늘의 의지를 잊지 않으시고 자강불식自强不息하셔서 선대先代의 광명을 계승하여 넓히소서. 또 뒷날 상商나라 고종高宗처럼 방국邦國을 잘 다스리시고 주周나라 선왕宣王처럼 망한 것을 부흥시키고 혼란한 것을 다스리셔서, 폐하께서 강학하신 효력을 밝게 드러내시어 탁연하게 만세 제왕의 표준이 되시옵소서. 그렇게 된다면 신은 전야田野로 물러나 숨어서 세상과 영원히 이별하고서도 영광을 누릴 것이온대, 어째서 저로 하여금 억지로 눈멀고 귀먹은 자가 되어 병든 다리를 끌고 와서 근신近臣들의 대열을 더럽히고 태평성대에 수치가 되라 하십니까! 대궐의 엄숙함을 범하자니 차마 두려운 마음을 이기지 못하겠으니, 폐하께서 이 점을 유념해서 결정하신다면 그 뜻을 따르겠나이다. 진지進止를 결정해 주소서.

---

10) 황제가 신하 관료를 불러서 詢問하고 대답하는 것을 引對라고 한다.

朱子文錄 巻下

1. 『신당서』를 읽고 — 讀唐志[1]

구양수歐陽修는 "삼대三代 이전에는 제도가 통합되어 있어서 예악이 천하에 두루 적용되었으나, 삼대 이후에는 제도가 양분되어 예악은 빈이름이 되어 버렸다"라고 하였는데, 이 주장은 고금에 걸쳐 바뀔 수 없는 지론이다. 그러나 그는 정사와 예악이 하나로 통합되지 않을 수 없다는 것은 알았지만 도덕과 문장이 더욱더 둘로 나뉠 수 없다는 사실은 알지 못하였다.

옛 성현들은 그 문文이 성대하다고 할 수 있다. 그렇지만 어찌 처음부터 이런 문文을 배우려고 했겠는가? 속에 이 실질이 있으면 반드시 그 문이 밖으로 드러나게 마련이다. 예컨대 하늘에 이 기가 있으면 반드시 일월성신이 빛을 내게 마련이고, 땅에 이 형이 있으면 반드시 산천초목이 벌여 서게 마련이다. 성현의 마음에 이 정명하고 순수한 실질이 있어서 그 속을 가득 채웠으면 밖으로 드러나는 것도 자연히 조리가 분명하고 광휘가 드러나서 덮을 수 없게 될 터이니, 언어를 빌리거나 서책에 써야만 문이 되는 것이 아니라 다만 그의 한 몸이 온갖 일을 응접해 나갈 때 남들이 볼 수 있는 그의 모든 어묵語黙 · 동정動靜은 어느 것이나 문이 아닌 것이 없다. 그 가운데 가장 현저한 것을 예로 들면 『역易』의 괘획卦畫, 『시詩』의 영가詠歌, 『서書』의 기언記言[2], 『춘추春秋』의 술사述事[3], 『예禮』의

---

1) 『朱文公文集』, 권70. 歐陽修의 『新唐書』를 읽고 그의 정치관을 높게 평가하면서도 그의 문학관에 대해 문제를 제기한 글이다.

위의威儀, 『악樂』의 절주節奏와 같은 것이니, 그 모두가 이미 육경六經으로 받아들여져 만세에 전해지게 되었다. 그 문의 성대함은 후세의 그 누구도 미칠 수 없는데, 그것이 아무도 미칠 수 없을 만큼 성대하게 된 데에는 어찌 까닭이 없겠는가? 그러나 세상 사람들은 아무도 그 까닭을 알지 못한다. 그래서 공자께서는 "문왕이 이미 돌아가셨으니 문이 나에게 있지 않겠는가?"라고 했으니, 그 일을 거부할 수 없다는 사실을 명백하게 알았으면서도 여전히 머뭇거리며 돌아보고 망설이지 않을 수 없었던 것이다. 그러면서 그 문이 흥하거나 쇠하게 되는 원인에 대해서는 모두가 천명에 의해서 이루어진 것으로서 사람의 힘이 미칠 수 없는 바라고 했다. 이 문의 의의가 이렇듯 중대한데 어찌 세속의 이른바 문이라는 것이 맞설 수 있겠는가?

맹자가 죽고 성학이 전수되지 않자 천하의 학자들은 근본을 버리고 말단을 좇다 보니 도를 알고 덕을 길러 그 속을 채우려 하지 않고 문장을 사업으로 삼기에 급급하게 되었다. 그러나 전국시대의 신불해申不害・상앙商鞅・손무孫武・오기吳起의 술術, 소진蘇秦・장의張儀・범려范蠡・채택蔡澤의 변辯, 열어구列禦寇・장주莊周・순황荀況의 말, 굴평屈平의 부賦, 그리고 진・한시대의 한비韓非・이사李斯・육가陸賈・가의賈誼・동중서董仲舒・사마천司馬遷・유향劉向・반고班固와 엄안嚴安・서악徐樂 같은 이들의 문장은 그래도 모두 먼저 그 실질이 있은 뒤에 말로 표현된 것이었다. 다만 그들은 근본이 없어 한결같이 도道에 맞는 것은 아니었기에 군자가 그들을 거론하는 것을 부끄럽게 여겼을 뿐이다. 송옥宋玉・사마상여司馬相如・왕포王褒・양웅楊雄 같은 이들은 하나같이 부화한 것을 숭상해서 실질이랄 것이 없다. 양웅의 『태현太玄』・『법언法言』이라는 것도 「장양長楊」・「교렵校

---

2) 역사 인물의 말에 대한 기록이다.
3) 역사 사실에 대한 서술이다.

獵」 같은 부류로서 그 음절을 조금 변화시킨 것일 뿐이어서, 애초에 도를 밝히고 학문을 강구하기 위해 지어진 것이 아니다. 동한 이후로부터 수·당시대에 이르기까지의 수백 년 사이에는 나날이 더 쇠퇴해져서 도에서 더욱 멀어지게 되었기 때문에 실질이라고는 없으니, 그들의 문장 또한 논할 만한 것이 없다.

이후 한유韓愈가 나오면서 비로소 그 동안의 문장이 천박했다고 느끼고 개연하게 일세를 호령하면서 묵은 말들을 없애고 『시詩』·『서書』와 육예六藝의 문장을 부흥시키려고 했으나, 그가 정신을 피폐시키고 세월을 흘려보 낸 것은 이전 사람들이 했던 것보다 더 심했다. 그렇지만 그나마 뿌리 없고 실질 없는 것들이란 믿을 수 없다는 것을 조금은 알게 되었으므로 제법 근원으로 거슬러 올라가서 파악해 낸 것도 있었다. 그렇게 되자 「원도原道」와 같은 글들이 비로소 지어졌다. 그는 "뿌리가 무성한 것은 열매가 잘 열리고, 기름이 풍부한 것은 빛이 밝으며, 인의로운 사람은 그 말이 온화하다"라고 했고 그의 제자들도 거기에 호응해서 "도를 깊이 체득하지 못했으면서 글을 잘하는 이는 없다"라고 하였으니, 훌륭하다고 할 만하다. 그러나 그들의 글을 읽어 보면 아첨하거나 농지거리하려고 해서 겉돌기만 하고 실질이 없는 것이 적지 않다. 그가 밝혀 낸 도道라는 것도 다만 그 대체大體를 말한 것일 뿐이어서, 실제로 탐색하고 실천해서 문文으로 드러난 말들이 모두 거기에 근거하여 나오게 하지는 못했다. 그래서 옛사람을 논할 때도 다만 굴원·맹자·사마천·사마상여·양웅 등을 한 부류로 보면서도 동중서·가의는 언급하지 않았고, 당세의 병폐를 논할 때는 사詞가 자신에게서 나오지 않았다는 이유로 신이 떠나고 성인이 숨었다고 탄식하였던 것이다. 그리고 그 제자들의 주장도 단지 몰래 표절하는 것만을 문장의 병폐로 간주하면서 퇴풍을 크게 떨쳐 사람들로 하여금 한유韓愈를 배우게 만들었으니, 그들 사생師生 사이에 전수된 문학관 또한 도道와 문文을 둘로 갈라서 그 경중·완급과 본말·주객의 구분을 전도시켜 버리고 말았다.

그 뒤로 또 다시 쇠미해졌다가 수십 수백 년이 지난 뒤 구양수가 나왔다. 그 문장의 오묘함은 이미 한유에 비해 부끄러울 것이 없었으며, "제도가 하나로 통합되면······"이라 했던 그 정치관은 순자·양웅 이하의 사람들 가운데 누구도 미치지 못할 수준이었으니 한유의 글에도 그런 내용은 찾아볼 수 없다. 그래서 도에 가까이 다가선 듯이 보인다. 그러나 그가 평소 견지하던 주장이나 평소의 행동방식을 살펴보면 또한 한유의 병통을 벗어나지는 못한 것 같다. 그 제자들의 말들을 가지고 살펴보더라도, 그의 말을 옳는 이들은 이미 "내 늙어서 쉬어야겠으니 그대에게 사문斯文을 맡기노라"라고 해 놓고는 또 굳이 이어서 "내가 말한 문文은 반드시 도道와 함께 있다" 하였고, 그를 추존하는 이들은 이미 "지금의 한유이다"라고 해 놓고는 다시 굳이 이어서 "문文이 여기에 있지 않은가?" 라는 말을 인용해서 장황하게 꾸며 댄다. 앞의 말대로라면 나는 도와 문이 과연 하나인지 둘인지 알지 못하겠으며, 뒤의 말대로라면 나는 또 공자의 문이 한유·구양수의 문과 과연 이 정도로 유사한 것인지 알지 못하겠다. 아아! 학문이 강구되지 못한 지 이미 오래이니, 습속의 잘못된 점을 이루 다 말할 수 있겠는가! 『당서唐書』를 읽다가 느끼는 바가 있어 이 말을 쓰고 그것을 바로잡는다.

2. 공중지에게 답한 편지 — 答鞏仲至書[1]

좋은 글을 보내 주신 후의는 더욱 두텁습니다. 제 졸렬한 안목으로 여기에 무슨 품평을 할 수 있겠습니까? 세 번 읽고서 그저 찬탄만 할뿐입니다. 그러나 이것이 계기가 되어서 몇 년 전 도에 대한 공부가 전일하지 못했을 때 저 역시 시의 원류를 고찰하다가 고금의 시에 세 번의 변화가 있었음을 알게 되었던 것을 우연히 기억해 내게 되었습니다.

대개 『서전書傳』에 기록된 우虞·하夏의 글들에서부터 위魏·진晉에 이르기까지가 한 시기이고, 진晉·송宋 사이의 안연년顏延年과 사영운謝靈運 이후로부터 당초까지가 한 시기이며, 심약沈約[2]·송지문宋之問이 율시律詩를 정착시킨 뒤로부터 현재까지가 또 한 시기입니다. 당나라 초기 이전까지는 시詩의 품격에 높낮이가 있긴 했지만 작법에는 변화가 없었습니다. 그런데 율시가 나오면서부터 시詩와 법法이 모두 크게 변하여 오늘에 이르기까지 더욱 교묘해지고 더욱 세밀해져서, 더 이상 고인의 풍모가 남아 있지 않게 되었습니다. 그래서 저는 한때 분수없이, 여러 경전이나 사서史書 속에 실린 운문들을 가려 뽑고 또 『문선文選』과 한漢·위魏 시대의 고사古詞에서 좋은 작품을 골라내며 마지막으로 곽경순郭景純[3]과 도연명陶淵明의 작품들에서도 좋은 것을 가려내어 이를 한 편으로 만들어서 삼백편

---

1) 『朱文公文集』, 권64. 1199년(寧宗 慶元 5, 주희 70세)에 지은 글이다.
2) 혹은 沈佺期이다.
3) 『山海經注』를 쓴 郭璞이다. 楚辭에 능하였다.

三百篇과 초사楚辭의 뒤에 붙임으로써 시의 근본준칙으로 삼고, 다시 뒤의 두 시기의 작품들 가운데 옛것에 가까운 것들을 선택해서 각각 한 편으로 만들어 우익羽翼과 여위輿衛[4]로 삼으려고 한 적이 있습니다. 그리고 적절하지 않는 것들은 모두 없애서 내 귀와 눈에 닿아 가슴속으로 들어오는 일이 없도록 하고자 했습니다. 마음속에 한 글자라도 세속 언어의 냄새가 나는 것이 남아 있지 않으면 그 시의 품격은 굳이 높고 심원하게 만들려고 하지 않더라도 높고 심원해질 것입니다.

그러나 이것보다 급하게 해야 할 공부가 있고, 능력이 모자라서 결코 옛사람들과 어깨를 나란히 할 수 없다는 것도 나 자신이 잘 알고 있다 보니, 드디어 모두 버려 둔 채 더 이상 손대지 못했습니다. 하물며 지금은 늙고 병들어 모든 생각을 다 쉬고 있는데 어찌 다시 이것을 말하겠습니까? 다만 고명高明이 나를 높이 평가하여 마치 이 문제에 대해 내가 무슨 말이라도 할 수 있을 것처럼 대하시니 그냥 한 번 말해 보겠습니다. 어쩌면 고명이 백척간두에서 다시 한 걸음 더 나아가는 데 무슨 도움이 될지도 모르겠군요.

보내신 편지에서, "육예六藝의 방윤方潤을 머금어 참되고 담박한 맛을 구한다"[5]라고 하신 것은 참으로 지극한 말씀입니다. 그러나 먼저 고금古今의 체제體制와 아속雅俗의 향배向背를 알고 다시 장위腸胃 사이의 익거나 선 비린 피와 기름덩이를 씻어 낸 뒤에야 이 말이 실현 가능할 것입니다. 만일 그렇게 하지 않으면 더러운 것이 주인 자리를 차지해서 방윤方潤이 들어오지 못할 것 같습니다. 근세近世의 시인들은 바로 이 관문을 뚫지 못하여 근체近體에 얽매어 있기 때문에 그 성취가 만족스럽지 못하고 별로 논할 만하지 못하게 된 것입니다. 다만 그 가운데서 논할 경우

---

4) 『易』大畜卦 九三의 爻辭에 나오는 말. 전차의 호위 병사를 말한다.
5) 陸機의 『文賦』에, "傾群言之瀝液, 漱六藝之芳潤"이라는 말이 있다.

거기에도 장단이 있으니, 일률적으로 이것을 누르고 저것을 높일 수는 없습니다. 하물며 적절하게 품평하지 못하여 그 취사한 것이 또한 천하의 공론에 전부 맞을 수는 없지 않겠습니까? 이 문제에 대해서는 할 말이 많으니 편지로 다 할 수 없습니다. 뒷날 만나서 논의할 수 있게 되면 아마 다 말할 수 있을 것입니다. 그러나 그때는 또한 '수사修辭'에 대한 문제를 해결해야 할 것이므로 이 문제를 다룰 만한 겨를이 없을 것 같기도 합니다.

기문記文은 몹시 강건하고 사리를 남김없이 언급했습니다. 다만 제가 보기에 다시 구양수와 증공의 유법을 고찰하여 잘 다듬어서, 청명하고 준결한 가운데 느긋하게 이런저런 단계들을 오르내리는 모습이 있게 해야 할 것 같습니다. 그러면 그것이 더욱 멀리까지 전파될 수 있고 사람들도 더욱 아쉬움이 없게 될 것입니다. 제 말이 참람僭濫되기도 하고 간만簡慢하기도 해서 몹시 부끄럽고 두렵습니다. 고명의 마음에는 어떻게 느껴지시나요? 답장을 주시기 바랍니다.

장계長溪의 왕군王君[6]의 시는 지금 어떻게 되었습니까? 여기에 황자후黃子厚(이름은 銖)라는 사람이 있는데, 그 시가 초한楚漢의 작품들에서 배운 것이어서 전혀 세인들의 말 같지 않지만 알아주는 이들이 적습니다. 그런데 근래 사창社倉의 출납과 기찰을 조심스럽게 하지 않은 탓에 낭패하여 우울하게 지내다가 죽고 말았습니다. 몹시 가슴 아픈 일입니다.

---

6) 알려지지 않은 인물이다.

3. 진체인에게 답한 편지 — 答陳體仁書[1]

별지에서 깨우쳐 주신 글을 읽어 보니 『시詩』에 대한 견해[2]가 더욱 상세히 드러나 있더군요. 저도 그 글을 통해 한두 가지 핵심적인 문제를 살펴볼 수 있게 되었으니, 감히 남의 일처럼 여길 수 없어서 감히 좌우左右께 질정을 구합니다.

보내신 편지에서 "『시』는 본래 악樂을 보완하기 위해 지은 것이므로 지금 학자들이 반드시 성聲을 통해 그 의미를 구한다면 그것이 아무렇게나 지어진 것이 아님을 알게 될 것이다"라고 했는데, 이 견해는 좋긴 하나 저로서는 의문을 갖지 않을 수 없습니다.

대개 『상서尙書』 「우서虞書」[3]를 근거로 고찰해 보면 시를 짓는 것은 본래 자신의 뜻을 말하려는 것일 뿐입니다. 시의 형태로 있을 때는 노래가 아직 있지 않았고, 노래의 형태로 있을 때는 아직 악樂이 있지 않았습니다. 성聲으로 노래에 박자를 넣고 율律로써 성聲을 조화롭게 만드는 것이므로, 악이 시를 보완하기 위해 지어진 것이지 시가 악을 보완하기 위해 지어진 것은 아닙니다.

삼대三代 때는 예악이 위로 조정에서부터 아래로 동네 골목에서까지 두루 쓰였으므로, 학자들은 그 말을 뇌고 외워서 그 뜻을 알아차렸고

---

1) 『朱文公文集』, 권37. 진체인은 이름은 知柔, 호는 休齋이다.
2) 陳知柔의 저서에 『詩聲譜』가 있다.
3) "詩言志, 歌永言, 聲依永, 律和聲."

그 성을 읊조리고 그 악기를 잡고서 박자대로 춤춰서 자신의 마음을 함양시켰으니, 성과 악이 시를 돕는 정도가 아주 대단했습니다. 그러나 여전히 "『시』를 배워서 선한 마음을 일으키고 악을 익혀서 선한 마음을 완성시킨다"[4]라고 했으므로, 그것을 공부하는 데에는 순서가 있는 셈이었습니다. 그러므로 성현이 『시』를 말할 때에는 성을 위주로 한 것이 적고 그 내용을 밝힌 경우가 많았던 것입니다. 중니의 이른바 "생각에 사특함이 없다"라는 『시』에 대한 평가와 맹자의 이른바 "곰곰이 생각해서 그 의미가 드러나기를 기다린다"라는 『시』 해석 방법은, 『시』가 지어지게 된 것이 그 뜻이 지향하는 내용에 뿌리를 두고 있기 때문에 그런 것입니다. 이런 사실을 알아야만 『시』에 대해 그래도 무슨 말이든 할 수 있게 될 것입니다. 시인의 뜻만 제대로 알고 그 성을 알지 못하는 경우는 있어도, 그 뜻을 알지 못한 채 그 성을 완전히 파악해 낼 수 있는 경우는 있지 않습니다. 비록 알아낸다고 해도 그 내용은 종과 북의 쾅쾅, 둥둥거리는 소리일 뿐이지 어찌 성인이 "악樂이다, 악이다 하지만"이라고 했던[5] 그 의미이겠습니까!

하물며 지금은 공맹孔孟의 시대로부터 천여 년이 지나 이미 고악古樂이 흩어져 버렸으니 더 이상 고찰할 수도 없습니다. 그러니 성聲을 통해 시를 찾으려고 해도 흩어져 버린 고악의 성을 지금 모두 발굴해 낼 수 있겠으며, 305편[6]을 모두 음률에 맞추어서 음악으로 실어낼 수 있겠습니까? 정말 알아낼 수 있다면 『시』 이해에 많은 도움이 될 수 있을 것입니다만, 그렇더라도 그러나 그것이 『시』의 근본이 될 수는 없습니다. 하물며 반드시 알아낼 수 있는 것도 아니라면 지금 연구하는 것이 그림의 떡이라는 비웃음을 받을 만하지 않겠습니까?

---

4) 『論語』, 「泰伯」, "興於詩, 立於禮, 成於樂."
5) 『論語』, 「陽貨」, "子曰, 禮云禮云, 玉帛云乎哉? 樂云樂云, 鐘鼓云乎哉?"
6) 『시경』의 편수이다.

제가 보기에 『시』는 뜻에서 나온 것이고 악은 『시』에서 나온 것이므로 뜻이 『시』의 근본이고 악은 말엽인 것 같으니, 말엽이 없어진다고 해도 근본이 존립하는 데에는 아무런 영향을 줄 수 없습니다. 그저 염려되는 것은, 배우는 사람들이 마음을 가라앉히고 기운을 화평하게 하여 느긋하게 읊조려서 성정 속에서 그 의미를 구해야 함을 알지 못한다는 점입니다. 이 부분에서 얻은 것이 있어야 『시』에 대해 말할 수 있게 됩니다.

그 얻은 것의 얕고 깊음의 차이가 있을 뿐, 순의 문덕이 있으면 성聲이 율律이 되고 몸가짐이 도度가 되어 소무·이남의 성을 짓지 못할까 걱정할 필요가 없습니다. 이것은 쉽게 말할 수 없는 것이지만 그 이치만은 무시해 버릴 수 없습니다. 어떻게 생각하시는지 모르겠습니다. 「이남二南」은 각각 왕자王者의 교화와 제후의 교화로 나뉩니다. 「대서大序」의 해석이 지나친 것이 아닙니다. 그렇지만 거기서 '성인과 현인의 얕고 깊은 차이'라고 한 것은 해석자의 천착입니다. 정부자程夫子(二程)께서 「이남」은 『역易』의 건乾·곤坤과 같다고 했고 귀산龜山 양씨楊氏는 하나의 체에서 나온 것으로서 서로를 이루어 주는 것이라고 했는데, 그 해석이 온당합니다. 한번 살펴보시는 것이 어떻겠습니까? 「소남召南」의 '부인夫人'은 아마 당시 제후의 부인 가운데 문왕文王의 부인인 태사太姒의 교화를 입은 이인 것 같습니다. 「이남」의 '향응響應[7]'이라는 것도 전적으로 악성惡聲의 향응만을 말한 것이 아닌 것 같습니다. 대개 반드시 리가 거기에 존재해야 하는 것이니, 어찌 사물이 없는 리가 있을 수 있으며 리가 없는 사물이 있을 수 있겠습니까? 그 리를 통해 구해서 리를 얻게 되면 사물이 그 속에 포함되어 있을 것입니다.

---

7) 「關雎」와 「鵲巢」의 내용이 서로 통하고 「麟趾」와 「騶虞」의 내용이 서로 향응하는 것을 말한다.

4. 초사집주 서문 — 楚辭集註序[1]

　위의 글[2]은『초사집주楚辭集註』8권으로, 현재 교정된 것은 그 편제와 내용이 위와 같다. 굴원屈原이「이소離騷」를 지은 뒤로 남방 사람들이 그것을 종주宗主로 삼아 훌륭한 작품들이 쏟아져 나왔는데, 총칭해서『초사楚辭』라고 한다. 그것들은 모두 굴원屈原의 뜻에 바탕을 둔 것이어서「이소」의 영향이 심원하다고 하겠다.

　내가 이것에 관해 검토해 본 적이 있는데, 굴원이란 사람에 대해 말하자면 그 뜻과 행동이 비록 간혹 중용中庸을 지나쳐서 모범으로 삼지 못할 바도 있었지만 모두가 임금에게 마음을 다하고 나라를 사랑하는 성심에서 나온 것이었으며, 그가 지은 글에 대해 말하자면 그 내용이 간혹 질탕하고 괴이하거나 원망으로 격발되어 있어서 교훈으로 삼지 못할 바도 있었지만 모두가 곡진하고 애달파서 그만두지 못하는 지극한 마음에서 생긴 것이었다. 비록 그가 북방北方을 향해[3] 배워서 주공과 공자의 도를 추구할 줄은 모르고 오직 변풍變風 · 변아變雅의 말류로 내달았기 때문에 순정하고 엄숙한 선비들 가운데는 그에 대해 말하는 것을 부끄럽게 여기기도 하지만, 세상의 여러 내쳐진 신하나 가려진 자식, 원망하고 있는 아내나 쫓겨난

---

1) 『朱文公文集』, 권76. 1198년(寧宗 慶元 4, 경오)에 지은 글이다.
2) 이 서문은『초사』의 본문에 이어서 붙여졌기 때문에 본문 전체를 '위의 글'(右)이라고 표현하였다.
3) 楚는 中原에 해당하는 周나 魯에서 볼 때 남방에 있기 때문에 이렇게 표현한 것이다. 『孟子』「滕文公上」에 나오는 표현이다.

며느리가 아래에서 눈물을 닦아 내며 읊조리는 것을 그들이 하늘로 여기는 이들이 다행히 듣게 된다면 어찌 저들과 이들 사이에서 천성天性인 인간 공통의 선善이 서로에게 일어나서 삼강오상三綱五常의 무게를 더해 주지 않겠는가? 이것이 내가 늘 그 말에서 맛을 느끼고 감히 단지 문인文人의 부賦로만 대하지 않는 이유이다.

그러나 굴원이 이 글을 지은 뒤 한대漢代에 이르러, 오래지 않아 해석하는 이들은 이미 그 취지를 놓쳐 버렸다. 태사공太史公 같은 이도 예외가 아니었고,4) 유안劉安・반고班固・가규賈逵의 글5)도 더 이상 세상에 전해지지 못했다. 그러다 수隋・당唐 사이에 이 글을 해석한 이가 그래도 5~6가家가 있었고 또 승려인 도건道騫6)이라는 이가 초성楚聲을 잘 읽었다고 하는데, 지금은 더 이상 전해지지 않아서 그 내용이 옳은지 알 길이 없다. 오직 동경東京7) 왕일王逸의 『초사장구楚辭章句』와 근세近世 홍흥조洪興祖8)의 『초사보주楚辭補注』가 함께 세상에 읽히고 있는데, 훈고訓詁・명물名物에 있어서는 아주 상세하게 잘 설명되어 있다. 다만 왕일의 책은 취사取捨의 기준에 있어서나 제목을 붙이고 분류하는 데 있어 다시 따져 보아야 할 곳이 많은데, 홍흥조는 그런 것들을 전혀 바로잡지 못했으며 그 대의大義에 있어서도 거듭 침잠해 들어가서 실제로 차탄嗟歎해 보고 노래로 불러봄으로써 그 문사文詞나 그 지향이 어디에서 나온 것인지 찾아보려고 하지 않았다. 그는 그저 비유를 들어 설명을 시도하거나 이것저것 인용하여

---

4) 史馬遷이 『史記』에서 굴원에 대해 "임금을 원망하는 마음을 가졌다"고 평가한 것을 말한다.
5) 淮南王 유안은 『離騷傳』을 지었고, 반고와 가규는 각기 『楚辭章句』를 지었다고 한다.
6) 『隋書』「經籍志」에 의하면, 釋道騫이 楚聲에 밝았기 때문에 당대에 『楚辭』를 공부하는 사람들은 모두 도건의 말을 가장 높였다고 한다.
7) 東漢을 말한다. 왕일은 동한 順帝 때 侍中까지 올랐다.
8) 洪興祖는 주희와 마찬가지로 南宋 사람이다.

일일이 증거를 댐으로써 역사 기록에 나타난 사실에 억지로 맞추려고 느닷없이 덤볐으니, 그러다 보니 더러 엉뚱한 이해로 빗나간 채 사람의 성정性情과는 너무 맞지 않게 되기도 하고 더러 너무 박절迫切해서 의리義理를 해치기도 해서, 굴원이 당년에 풀지 못했던 그 억울한 심정[9]이 어둡게 가려져서 후세에 훤히 드러나지 못하게 되었다.

내가 이 점을 더욱더 유감으로 여겨, 병이 깊어 신음하고 있던 겨를에 이전의 판본들을 저본으로 삼아 그것을 조금 바로잡아서 『초사집주』 8권으로 만들었다. 읽는 이들은 천 년 전에 살았던 옛사람을 만나볼 수 있을 것이며, 또한 죽은 사람이 다시 살아난다면 천 년 뒤에 자신을 알아주는 사람이 있다는 것을 알 수 있어서 뒷사람이 자신의 말을 듣지 못할까 한하지 않게 될 것이다. 아, 안타깝다! 이것을 어찌 속인들과 같이 얘기할 수 있는 것이랴!

---

9) '抑鬱'은 '壹鬱'로 된 판본이 있는데, 『箋疑』에 의하면 이때 '壹'은 '湮'과 통용되는 글자로서 그 뜻은 '막히다'이다.

5. 왕매계 문집 서문 <유공보를 대신해서 짓다> — 王梅溪文集序<代劉共父作>[1)

　사람 알기 어려움에 대해서는 요순堯舜도 힘들어했고, 공자 또한 "그 사람의 말을 들었더라도 다시 그의 행동을 살펴보아야 한다"[2)며 사람들에게 주의를 주었다. 그러나 내가 보기에 이런 것은 단지 소인小人들 때문에 그런 것이다. 만일 모두가 군자라면 무슨 알기 어려운 점이 있겠는가? 대개 천지 사이에는 절로 그러하기 마련인 이치가 있어서, 무릇 양陽은 반드시 강하고 강한 것은 반드시 밝으며 밝은 것은 알기가 쉽고, 무릇 음陰은 반드시 나약하고 나약한 것은 반드시 어두우며 어두운 것은 헤아리기 어렵다. 그래서 성인은『역易』을 지을 때 양을 군자로 삼고 음을 소인으로 삼았던 것이니, 거기서 어두운 일과 밝은 일을 명백하게 밝혀내고 만물의 정상을 분류해 낸 기준은 백세가 지나도 바꿀 수 없는 것이다.

　내가 한때『역』의 이론을 기준으로 천하 사람들을 관찰해 본 적이 있는데, 광명정대하고 마음이 훤히 열려 있어 마치 푸른 하늘의 밝은 해와 같고 높은 산과 큰 강과 같으며 벼락과 우레의 위엄과 비와 이슬의 은택과 같고 용과 범의 용맹함과 기린과 봉황의 상서로움과 같아서 시원시원하여 티끌만큼의 의심스러운 점도 없는 이들은 반드시 군자였으며, 아첨하고 더러우며 숨기고 감추어서 꼬인 것이 마치 뱀이나 지렁이와

---

　1)『朱文公文集』, 권75. 梅溪는 王十朋(자는 龜齡)의 호이고, 共父는 주희의 친구인 劉珙의 字이다. 이 글은 1176년(孝宗 淳熙 3, 주희 47세)에 지었다.
　2)『論語』「公冶長」에 있는 내용이다.

같고 자잘하기는 서캐나 이 같으며 귀신·도마뱀·여우·벌레 같고 도적들의 저주 같아서 순식간에 바뀌고 교활하여 형상을 잡아 낼 수 없는 이들은 반드시 소인이었다. 군자와 소인의 구분이 안에서 이미 정해졌으면 밖으로 형상화되어 나오는 것에서는 작은 말이나 몸가짐이라 해도 드러나지 않는 것이 없다. 하물며 사업事業·문장文章과 같이 더욱 훤하게 드러나는 것에 있어서야 말할 것이 있겠는가? 저 소인들을 알기 어렵다고 말하지만 또한 어찌 내 눈에서 달아날 수 있겠는가? 그래서 다시 옛사람들을 관찰하여 내 이론을 적용시켜 보았더니, 한대漢代에서는 승상 제갈량(諸葛忠武侯)을 발견했고 당대唐代에서는 공부工部 두보(杜先生)와 상서尙書 안진경(顔文忠公)과 시랑侍郎 한유(韓文公)를 발견했으며 본조(宋代)에서는 참지정사參知政事 범중엄(范文正公)을 발견했다. 이 다섯 군자들은 당면한 상황이 달라서 대응방식도 달랐지만, 그 마음을 확인해 보면 모두 이른바 광명정대하고 속내가 훤히 열려 있으며 시원시원해서 남이 가릴 수 없는 이들이었다. 그리고 공업功業·문장文章으로 드러난 것들이나 아래로는 자획 같이 자잘한 부분에서도 그 사람됨을 짐작해 볼 수 있다. 요즘 사람들 가운데 찾아보면 태자첨사太子詹事인 왕공王公 귀령龜齡 같은 사람이 또한 여기에 가까운 것 같다.

공은 처음에 제생諸生의 신분으로 궁중에서 열린 대책對策에 참여했는데, 하루에 수만 언을 써서 내니 태상황제太上皇帝[3]께서 손수 장원으로 뽑았을 뿐 아니라 그 내용을 정책에 반영하기도 했다. 제후의 보좌가 되었을 때[4]와 책부冊府에서 들어갔을 때[5], 그리고 지금 황제[6]를 태자 시절에

---

3) 南宋의 高宗이다.
4) 紹興府 簽判으로 일했던 사실을 말한다. 宋은 각 路에 按撫制置使를 두었는데, 그 직위는 옛날의 제후와 비슷했다. 소흥부는 浙東按撫制置使를 겸했다.
5) 秘書省 秘書郎으로 일했던 사실을 말한다.
6) 남송의 孝宗이다.

모셨을 때도 모두 충언과 곧은 지조로써 그들에게 도움을 주었다. 황제께서도[7] 평소에 존경하고 신임하셔서 등극하시자마자 시어사侍御史로 임명하여 건의들을 받아들였다. 공은 황제의 뜻이 반드시 강토를 회복하고 반드시 원수를 갚는 것을 당신의 일로 삼으려고 한다는 사실을 알았기 때문에 말씀을 올린 것이 덕을 닦아서 정치를 행하며 뛰어난 인재에게 군대의 일을 맡기는 데 필요한 실질적인 내용이 아닌 것이 없었고, 나쁜 것과 옳은 것을 분별하는 데 있어서는 더욱 주의를 기울였다.

얼마 뒤 금金과의 전쟁에서 패하여[8] 조정의 의론이 들끓으니 상소를 올려 스스로 탄핵하였다. 이부시랑史部侍郎에 제수되었으나 취임하지 않았고, 몇몇 군郡을 다스리게 되자 황제의 은혜를 베풀고 백성들의 고통을 돌보면서 밤낮으로 부지런히 일하니 마치 그런 것이 목마름과 배고픔 같은 자신에게 절실한 욕구인 것처럼 하였다. 그래서 그가 떠나는 날에는 백성들이 부모를 떠나보내듯 힘들어했다. 집안에 거처할 때나 향당鄕黨에서 생활할 때는 또 친족들을 사랑하고 어른을 공경하였으며 신의를 높이고 질박함에 힘써서, 비록 집안사람이나 어린애들에게도 모두 훈훈하게 충후하고 겸손한 모습이 있었다. 평소 취미로 삼은 것이 없고 다만 시 짓기를 좋아했는데, 혼후하면서도 올곧으며 애달파하면서도 시원하여 꼭 그의 사람됨과 같았다. 화려한 문식을 사용하지 않고 일을 논하면서 자기 생각대로 문장을 글을 만들었다. 그러나 그 규모가 크고 넓으며 골격이 제대로 펼쳐져 있어서 드나들고 변화하는 것이 뛰어나고 신속하였으니, 세상 사람들 가운데 문장에 온 힘을 기울이는 자들이 오히려 그에 미치지 못하는 경우가 많았다. 그 밖의 간단한 말들이나 서간書簡들도

---

7) 建王府 小學敎授로 일했던 사실을 말한다. 아들이 없던 고종은 普安郡王 瑗을 王子로 삼아 이름을 瑋로 고치고 建王에 봉했다. 건왕은 나중에 효종이 되었다.

8) 隆興 원년(1163, 계미), 효종의 뜻에 따라 張浚 등이 北伐을 감행했다가 符離에서 참패한 사실을 말한다.

아무렇게나 말하고 쓴 것이라 해도 모두 인의·충효로 귀결되지 않는 것이 없었으니, 폐부의 참된 마음에서 나온 것이었다. 그러나 그렇다고 억지로 모방해서 그렇게 한 것이 아니고, 하늘에서 품부받은 것이 순전하게 양덕陽德의 강명한 기氣여서 그 마음이 광명정대하고 훤히 열려 가려진 것이 없었기 때문이었다. 사업·문장으로 드러난 것이 하나같이 모두 이러하였다.

해내海內의 뜻있는 선비들 가운데에는 그의 이름을 듣고 그의 말을 외우며 그의 행동을 보고서 그의 마음을 얻고서는 옷깃을 여미고 심복하지 않는 이가 없었다. 소인들도 한때의 취향이 달라서 감히 그를 교묘하게 비방하기도 했지만, 끝까지 간 경우에도 '우활하고 명성을 가까이하며 시무時務에 절급하지 않다'고 비판하는 정도에 그쳤을 뿐 그의 대절大節의 위대함에 대해서는 조금도 더럽히지 못하였다. 그렇다면 공은 앞서 말한 다섯 군자와 비교할 때 그 드러난 모습은 완전히 같다고 할 수 없지만 마음은 실로 근사하였다고 하겠다. 그래서 포의布衣 시절부터 한유韓愈의 시를 거의 백 편이나 화운和韻하였고 파양鄱陽과 기주蘷州의 군수가 되었을 때는 마침 그곳이 제갈량·두보·안진경·범중엄의 유허가 있는 곳이어서 그들을 모신 사당을 전부 보수하여 존모하는 마음을 다하였으니, 대개 그들 모두에게 자신을 견주었기 때문이다. 오회! 공이 반드시 군자라는 것은 요·순·공·맹이 아니라도 알 수 있을 것이다.

내가 예전에 중비中秘9)에서 벼슬할 때나 서성西省10)에서 일할 때 모두 공과 동료가 되었는데, 공이 나를 알아주는 것이 몹시 두터웠다. 그러다가 내가 건강建康의 군수로 오게 되었는데,11) 공이 죽은 지 이미 10년이

---

9) 中書省과 秘書省의 합칭이다. 왕십붕은 1160년(주희 49세)에 비서성 교서랑에 제수되었다.
10) 중서성의 별칭이다. 왕십붕은 1162년(주희 52세)에 起居舍人이 되었다.
11) 劉珙은 1176년 당시에 建康府使로 있었다.

흐른 뒤였다. 당시에 그 아들 문시聞詩가 마침 그 관부官府에 있어서 함께 옛이야기를 하다가 감개해하면서 탄식하곤 했는데, 하루는 그가 공의 유문遺文 32권을 내어 놓으면서 내게 서문을 부탁했다. 내가 그것을 몇 번이나 읽어보고는 책을 두들기며 크게 탄식하였다. 공의 업적에 대해서는 현재 비각수찬秘閣修撰인 막자재莫子齋가 행장을 지었고 돌아가신 단명전端明殿 학사學士 왕성석汪聖錫(이름은 應辰)이 그 내용을 바탕으로 묘지墓誌를 지은 바 있다. 그래서 내가 다시 짓지 못하고 그의 마음에 대해서만 이렇게 논하여 책의 끝자락에 붙여서 천하의 선비들에게 이른바 광명정대하고 마음을 훤히 열었던 그의 인품이 아직도 거대하고 늠름하여 죽음과 함께 사라지지 않았다는 것을 알려 주고자 한다. 공의 그런 인품을 전해 듣고서 사심을 이기고 나약함을 떨쳐내어 함께 그분의 만분의 일이라도 모범으로 삼고 존모하여, 조정에서는 임금의 안색을 범하여 극간하는 것을 충성으로 여기고 주현에서는 일을 부지런히 하여 백성을 사랑하는 것을 직분으로 삼아 안과 밖을 함께 닦고 힘을 남기지 않는다면, 공이 비록 돌아가셨다고는 하나 그 두려워할 만한 정상精爽은 구천에서도 유감이 없으실 것이다. 아! 이것도 슬퍼할 만하도다. 문시도 학문을 좋아하여 나름의 입지를 세워서 그 가법을 지켜 내고 있다.

　　모년 모월 모일에 건안의 유공劉珙이 서문을 쓰다.

6. 사감묘 문집 서문 — 謝監廟文集序1)

돌아가신 감서악묘監西嶽廟2) 사작중謝綽中이란 이는 건주建州의 정화현政
和縣 사람이다. 내 선친이신 태사공太史公3)께서 정화현의 현위縣尉로 계실
때 공사公事가 있어서 향리로 가셨는데 어느 시골집에서 책 읽는 소리가
들려 나왔다. 자못 이상하여 얼른 수레에서 내려 그 집으로 들어가 보니
웬 소년 서생이 책상 앞에 궤좌위좌跪坐危坐하고서 느긋하게 송독誦讀하고 있었
다. 선친께서 그에게 읍을 하고 무슨 책을 읽는지 물어 보았더니, 서생이
일어나서 "『의례儀禮』입니다"라고 했다. 당시의 선비들은 오로지 왕안석王
安石의 학설만을 공부하느라고 삼경자설三經字說4) · 일록日錄 · 노장서老莊書
가 아니면 읽지 않았는데, 그 서생이 공부하는 것이 『의례』이다 보니
선친께서는 이미 기특하게 생각하였다. 그를 가까이 앉히고 함께 말을
주고받아 보니 말이 시원시원하였다. 그래서 지은 글을 내어 놓게 했는데,
그 글의 기운이 범상하지 않았다. 그의 성명을 물어 보니 "사謝가 성이고
예豫가 이름이며 작중綽中이 자字입니다"라고 대답했다. 선친께서 아주
기뻐하시며 그를 데리고 가서 날마다 경사經史와 백가百家의 글을 가르치고

1)『朱文公文集』, 권76. 1185년(孝宗 淳熙 12, 주희 56세)에 지은 글이다.
2) 西嶽은 華山이다. 西嶽廟는 서악의 신을 모신 사당인데, 監廟는 이 사당의 관리자
   이다. 하지만 감묘는 祠官으로서, 실직이 아니라 명예직이다.
3) 주희의 부친 朱松은 尙書度支員外郞 兼 史館校勘으로서 실록 편찬에 참여하였다.
   太史公으로 부른 것은 미칭이라 하겠다.
4)『詩經』·『書經』·『周禮』에 대한 왕안석의 해석서이다.

공부가 덜 된 부분을 독려하였다. 얼마 지나지 않아 외우는 범위가 더욱 넓어지고 문장이 더욱 정치해져서 선친께서 더욱 감탄하고 소중히 여기셨다. 소흥紹興 2년(1132)의 진사시에 급제한 후 소무군昭武郡의 태녕현泰寧縣 주부主簿로 부임했다가 사관祠官을 맡아 귀향하여 46세에 생을 마쳤으니, 선친께서 몹시 애석해하셨을 것이다.

군의 성격은 강직하여 세속과 맞지 않는 바가 많았지만 집안에서는 아주 효성스럽고 우애가 있었다. 관리가 된 뒤에는 물려받은 전답을 모두 형에게 드렸고, 아내를 맞았을 때 전답을 가져왔지만 어느 날 문득 처가에 모두 돌려주었다. 태녕현에서 돌아온 뒤로는 세속과 함께 맞추어 살아갈 수 없다고 여겨서 개연하게 한직을 청하여 어버이를 잘 모시고자 했다. 그러나 군이 스스로 자부한 것과 선친께서 군에게 기대한 것이 모두 천하를 경륜할 공부에 관한 것이었으니, 그 뜻이 어찌 이것에 그쳤겠는가?

군이 돌아가신 해에 선친께서도 돌아가셨다.[5] 그 뒤 43년이 지나 군의 아들 동경東卿이 군의 유문遺文 한 질을 무이정사武夷精舍에 있는 나에게 보내 왔다.[6] 그 글을 읽은 후 나는 그 뜻을 알아차리고 군의 불행을 탄식하면서, 선친의 문인·빈객 가운데 군만한 사람이 거의 없었고 지금 남아 있는 사람도 없으며 나와 동경이 또한 모두 자질이 뛰어나지 못해 선친들의 뜻을 이루지 못한다는 것을 생각하고서는 함께 오랫동안 탄식하며 눈물을 흘렸다. 그러고서 동경이 그 글에 서문을 써 달라고 내게 부탁함에 드디어 이렇게 본말을 써 본다. 군이 평소에 지은 글이 몹시 많았지만 동경은 미처 글을 읽을 수 없는 나이에 아비를 잃었기 때문에 이 정도 밖에 수집하지 못했다. 그 사이에 또 어긋나고 빠뜨려진 부분이

---

5) 1143년(高宗 紹興 13, 癸亥)의 일이다.
6) 1183년(孝宗 淳熙 10, 癸卯)의 일이다.

많지만 감히 고치지는 못하니, 참된 모습을 잃게 될까 두렵기 때문이다. 읽은 이들은 이 점을 잘 헤아리는 것이 좋겠다.

순희淳熙 을사乙巳 4월 기망旣望에 신안新安 주희가 서문을 쓰다.

7. 황자후 시집 서문 ― 黃子厚詩序[1]

내 나이 15~6세에 자후子厚와 함께 병산屏山 유씨劉氏[2]의 재관에서 병옹病翁선생[3]을 모셨다. 자후는 나보다 한 살 어렸는데, 읽기나 쓰기가 나와 거의 비슷했는데도 간혹 내게서 글을 배워 부족한 점을 보충하곤 했다. 그 뒤 3, 4년이 지났을 때 나는 그대로인데 자후는 어느 날 문득 훌쩍 뛰어서 빠르게 나아가 그 진보를 헤아릴 수 없게 되었다. 말을 하거나 글로 지은 것이 좌중을 깜짝 놀라게 하는 일이 잦았다. 나야 물론 그가 너무 초연하여 좇아갈 수 없다는 것을 탄식할 수밖에 없었지만, 우리 가운데 그에게 미칠 만한 이가 드문 것이 사실이었다. 그 뒤 20여 년 동안 자후의 시문은 나날이 정교해지고 탄금彈琴과 글씨는 나날이 신묘해졌는데, 나는 나날이 혼매하고 게을러져서 보통사람에게도 미치지 못했다. 게다가 내게 모자란 것 가운데 이보다 더 급하게 보완해야 할 것이 있다고 여겨 이 분야에 대해서는 생각을 끊어버리고 촌뜨기 같은 수준에 만족하고 있었으므로, 다시는 자후와 함께 문장에 대해서 솜씨를 겨룰 겨를이 없게 되고 말았다. 그 뒤 자후가 한두 번 숭안崇安·포성浦城으로

---

1) 『朱文公文集』, 권76. 1199년(寧宗 慶元 5, 己未)에 지은 글이다. 子厚는 黃銖의 자이다. 學禁이 가혹하게 시행되던 시기여서 주희는 문학에 대한 자신의 관점을 드러내는 방식으로 간접적인 학술 활동을 할 수밖에 없었다. 이 글에서 주요하게 다룬 『楚辭』에 대해서는 주희도 1198년에 『楚辭集註』를 완성시켰다.

2) 崇安 五夫里 劉子羽의 집안이다.

3) 劉子羽의 동생인 劉子翬, 자는 彦冲이고. 호는 屏山·病翁이다.

이사하여 만나는 일이 점점 드물게 되었지만, 그의 시문과 필찰을 받아보게 되면 나는 늘 깊이 완미하고 찬탄하면서 며칠 동안 손에서 놓지 못하였다.

자후의 문장은 사마천(太史公)을 배운 것이었고, 시는 위로 굴원屈原・송옥宋玉・조자건曹子建・유공간劉公幹에서부터 아래로 위응물韋應物에 이르기까지 두루 배웠으며 유종원(柳子厚)에 대해서는 금문체今文體를 섞어 썼다고 해서 좋지 않게 여겼다. 그의 예서隸書・고문古文에 대한 조예는 더욱 위진魏晉 이전의 필법筆法을 얻었으니, 말하자면 기운이 시원하고 취향이 깨끗해서 세속의 기운이라고는 조금도 없었다.

중년이 되어서도 과거에 합격하지 못하자 드디어 발분해서 과거공부를 그만두고서 문을 걸어 잠근 채 책을 읽으면서 하루 종일 맑게 앉아 지냈다. 간혹 지팡이를 끌며 밭두렁을 다니면서 읊조리거나 산을 바라보고 강을 굽어보며 자적自適하기도 했다. 그는 초사楚辭에 대해서는 초성楚聲의 고운古韻으로 절주節奏를 맞출 줄 알았으니,[4] 누르거나 펴거나 높이거나 낮추거나 굽히거나 세우거나 빨리 하거나 천천히 하는 사이에 가파르게 나아가다가 갑자기 꺾이기도 하고 그윽하게 감아 돌기도 해서 듣는 사람들이 감격하고 개탄하여 눈물을 흘리는 이도 있었다. 그로부터 그의 시는 나날이 더욱 고고하게 되어, 드디어 세상과 등져서 더 이상 남에게 보여 줄 수 없게 되었고 누가 그 시를 보게 되더라도 그것이 무슨 말인지 알 수 없었다. 오직 나만은 그래도 옛 버릇을 잊지 못해서 그의 깊은 의도를 알아차릴 수 있었으니, 그의 시를 여러 번 읽고 몹시 슬퍼하면서 '자후가 어찌 정말 이것 때문에 곤궁해졌겠는가?'라고 여기지 않은 적이 없다. 그러나 또한 그가 이렇게 곤궁한

---

4) 황수는 『楚辭協韻』을 지었다.

채로 죽어 버리게 될 줄은 생각지도 못했다.

내 지금 나이 먹고 병들었으니 남은 날이 얼마나 될까? 친구들 또한 모두 쓰러져 가서 더 이상 이것을 말할 만한 사람도 없다. 그래서 그의 유고遺稿를 찾아서 궤짝에 보관해 두고서 후세에 반드시 이것을 좋아할 사람이 있으리라고 기대하고 있던 차에, 하루는 삼산三山의 허굉許閎이란 이가 나를 찾아와서 소매에서 자후가 손수 쓴 자작시 몇 편과 남이 베낀 시 몇 편을 꺼내어 보여 주었다. 거기에는 내가 보지 못한 시들도 있었는데, 자후의 만년 시는 그 변화가 무상하고 미묘하여 내가 예전에 알던 수준에 그치는 것이 아님을 알게 되었다. 그래서 그 두루마리를 부여잡고 눈물을 흘리면서 이렇게 기록해 둔다.

자후는 이름이 수銖이고 성은 황씨黃氏이며 대대로 건주建州의 구녕甌寧에 집이 있었는데, 중간에 영창穎昌으로 옮겨 두 대를 지낸 적이 있다. 어머니인 손씨孫氏는 책 읽고 글 지을 줄 알았으며, 형제들은 모두 재주가 빼어났지만 자후가 세운 것이 가장 우뚝하여 더욱 스스로 드러날 만했다. 그런데 불우하여 곤궁한 채 죽었으니, 슬프도다. 허생許生이 자후에게 시를 배워서 그의 학문 깊이를 알았는데, 그 유문을 수집하여 이렇게 많이 모으고 소중하게 그것들을 엮어 놓고서 스승이 죽었는데도 차마 등을 돌리지 못하고 있으니 이 또한 가상하다.

경원慶元 기미己未 7월 임자壬子에 운곡노인雲谷老人이 쓰다.

8. 가장석각 서문 — 家藏石刻序[1]

나는 어려서부터 옛 금석문자金石文字를 좋아했지만 집이 가난하여 그 글씨를 소장하지는 못하고, 단지 때때로 구양자歐陽子(구양수)가 집록한 것을 펴 놓고는 그 서발序跋과 변증辨證의 글을 읽으면서 즐겼다. 그러다가 마음에 맞을 때는 마치 손으로는 그 금석을 만지고 눈으로는 그 문자를 보는 듯이 했지만, 또한 몸이 빈천하고 사는 곳이 궁벽하여 공(歐陽子)처럼 얻고 싶은 것을 전부 얻을 수 있는 처지가 아님을 한스럽게 여겨서 밥 먹을 때나 잠잘 때도 기껍지 못한 마음을 가진 채 하루를 보내곤 했다. 동안同安으로 온 뒤에 또 동무東武 조씨趙氏[2]의『금석록金石錄』을 볼 수 있는 기회를 얻었는데, 대략적인 내용은 구양자의 책과 비슷했지만 해석과 순서가 더욱 조리 있고 고증이 더욱 정밀하고 방대하여 금석문자에 대한 나의 애호는 더욱 깊어졌다.

이에 비로소 자루를 풀어 선친 때부터 소장해 오던 것과 내가 뒤에 더 모은 수십 종을 확보했는데, 양이 많지는 않지만 모두 완미할 만한 기고奇古한 것이었다. 그것들에 전부 표식을 한 뒤 각석의 크기에 따라 횡축橫軸을 만들어서 벽간에 걸어 두고, 앉아서 쳐다볼 때나 방안을 거닐 때나 눕거나 일어날 때에 항상 눈앞에서 벗어나지 않게 하여, 굳이 상자를 열어 펼쳐 들고 감상하지 않고서도 흡족할 수 있게 하였다. 한漢·위魏

---

1) 『朱文公文集』, 권75. 1156년(高宗 紹興 26, 주희 27세)의 글이다.

2) 趙明誠으로, 자는 德夫이고, 徽宗 때 사람이다. 『金石錄』 2000권을 편찬했다.

이전의 석각은 만드는 법이 간단하고 소박해서 어떤 것은 기궤奇詭하기도 하지만 모두 볼만한 것이 있어서 보관해 두면 옛것을 좋아하는 취미를 만족시켜 주니 참으로 작은 도움이라 할 수 없다. 근세의 석각 가운데 본래 작게 만든 것은 간혹 책처럼 횡권橫卷으로 만들었는데, 그것은 그저 편의에 따라 그렇게 한 것일 뿐이다. 대개 구양자의 책은 천 권이고 조씨의 책은 또 그 두 배에 달하니, 내가 이 수십 종을 가지고 그것들과 비견되려고 한다는 것은 참으로 기대할 수 없는 일이다. 그러나 오래 쌓이다 보면 그렇게 풍부해지지 않으리라고 어찌 장담하겠는가? 이 가장家 藏의 석각을 출발점으로 삼아 뒷날을 기약한다.

소흥紹興 26년 병자세丙子歲 8월 22일 임진壬辰, 오군吳郡3) 주희가 서하다.

---

3) 주희의 조상은 원래 吳郡에 살았는데 뒤에 翕의 黃墩으로 옮겼다가 唐 天祐 연간에 8대조가 婺源에 터를 잡았다.

9. 단숙 서명을 보내며 쓴 송별사 — 贈徐端叔命序[1]

세상에는 사람이 태어난 연월일시年月日時의 간지干支를 오성五聲(宮商角徵
羽)에 배속시켜 그 사람의 길흉吉凶·수요壽夭·궁달窮達을 짐작하는 이들이
있는데, 그 재주가 비록 천근한 것 같지만 또한 그것을 배우는 이들도
정미한 단계에는 이르지 못한 자가 많다. 천지가 만물을 낳는 추뉴樞紐는
음양오행에 지나지 않을 따름이다. 그 굴신屈伸·소식消息하고 착종錯綜·
변화하는 현상은 진실로 그침이 없는데, 인물에 부여된 현우賢愚·귀천貴賤
의 차이는 단지 아주 작은 혼명昏明·후박厚薄의 차이에서 비롯된 것일
뿐이니 어찌 그 이론을 쉽게 알 수 있겠는가?

서군徐君은 일찍이 유학儒學을 공부해서 이 이론을 알고 있을 터이니,
그의 판단이 정미하고 말이 많이 적중하는 것은 당연한 일이다. 그러므로
세상의 군자가 그에게 한번 묻게 되면, 어찌 단지 서군의 술법術法을
믿어서 그의 직업으로 인정해 주는 데 그치겠는가? 또한 사람이 처음
태어날 때 부여받은 분수가 이미 그와 같아서 부귀·영달은 탐낸다고
얻을 수 있는 것이 아니고 빈천·재앙이 기교를 쓴다고 피할 수 있는
것이 아니라고 생각하게 될 것이다. 그러므로 도道에 따라 곧게 행해서
자기 명命을 다하고 뜻을 실현하여 한번 말속末俗을 변화시킴으로써 염치
를 아는 충후한 고인古人의 여풍餘風을 회복하는 데에 혹시 서군이 도움이

---

1) 『朱文公文集』, 권75. 1162년(高宗 紹興 32, 주희 33세)에 지은 글로서, 術士로 보이는
徐命(자는 端叔)을 송별하면서 지은 詩文에 붙인 서문이다.

되고 있는지도 모른다. 그렇다고는 하지만, 아들 된 사람에게는 효孝에 근거해서 말하고 신하된 사람에게는 충忠에 근거해서 말해야 하는 법이니, 요절하거나 장수하는 것으로 인해 마음이 혼들리게 되지 않았더라도 반드시 몸을 닦고 기다려야만 명命에 맞게 살 수 있다. 서군은 설說을 세우는 데 있어 신중해야 할 것이다![2]

소흥紹興 임오壬午 10월 9일, 신안 주희 회암이 쓰다.

---

2) 嚴君平이 그랬던 것처럼, 術法을 활용할 때 忠孝에 근거를 두라는 말이다.

10. 곽공신을 보내며 쓴 송별사 — 送郭拱辰序[1]

세상에 남의 모습을 그림으로 그리는 자는 겉모습이라도 제대로 그려 낼 수 있으면 이미 훌륭한 화공畵工이라고 할 수 있다. 그런데 곽공신郭拱辰(자는 叔瞻)은 정신과 지향까지도 모두 그려 낼 수 있으니 기특한 일이라고 할 만하다. 내가 예전에 친구인 임택지林擇之와 유성지游誠之가 그 사람을 칭찬하는 소리를 듣고 그를 청했지만 오지 않았는데, 올해 들어 고맙게도 그가 소무昭武로부터 이곳에 오니 마을의 사대부 몇 명이 그의 재능을 구경하고 싶어했다. 그는 한 번에 닮게 그리기도 하고 조금씩 고쳐 가기도 했는데 마지막에는 어느 것 하나 닮지 않은 것이 없었다. 그 풍격과 기운이 절묘하게 그려진 이의 천연스러운 모습을 담아내고 있었다. 우스운 것은, 그가 나를 위해 크고 작은 두 화상을 그려 주었는데 사슴 같이 야윈 모양과 자연에 묻혀 사는 거친 성품이 잘 나타나 있었다. 그것을 남들에게 보여 주면 나에 대해 듣기만 하고 본 적은 없는 사람이라도 그것이 나를 그린 그림이라는 것을 알 것이다.

그런데 나는 지금 동쪽으로 가서 안탕雁蕩에서 노닐고 용추龍湫[2]를 살펴본 뒤 옥소玉霄[3]에 올라서 봉래蓬萊를 바라보고, 서쪽으로 마원麻源[4]을

---

1) 『朱文公文集』, 권76. 1174년(孝宗 淳熙 원년, 주희 45세)에 지은 글로서, 畵工인 郭拱辰(자는 叔瞻)을 떠나보내며 지은 서문이다.
2) 안탕은 溫州에 있는 산 이름이고, 용추는 그곳의 勝景이다.
3) 台州 銅柏山의 봉우리 이름인데, 멀리 바다를 바라볼 만한 곳이다.
4) 建昌 麻姑山이다. 도교의 36洞天 가운데 하나이다.

돌아 옥사玉笥5)를 거쳐서 축융祝融6)의 꼭대기에 버티고 서서 파도치는 동정호洞定湖의 장관을 바라보며, 그러고서는 북쪽으로 구강九江을 나서서 여산廬山에 오른 뒤 호계虎溪로 들어가서 도연명陶淵明의 유적을 찾아보고 돌아와서 쉬려고 한다. 거기에는 분명 숨은 군자가 있을 것이니, 세인들이 못 본 그들을 내가 다행히 만나게 된다면 그 모습을 그려서 가져 오고 싶다. 그렇지만 곽군은 지금 나이가 많고 부모를 그리워하여 나를 따라 오래 돌아다닐 수 없을 것 같다. 내가 이것이 아쉬워서 그가 떠나는 지금 이 글을 써서 준다.

순희淳熙 원년 9월 경자일庚子日 회옹晦翁이 쓰다.

---

5) 臨江에 있는 산 이름이다. 도교의 17번째 동천이자 여덟 번째 福地이다.
6) 衡山의 최고봉이다.

11. 고사헌에 대한 기문 — 高士軒記[1]

동안현同安縣 주부主簿의 숙사는 모두 오랜 건물들이 겨우 지탱하는
꼴이어서 기거할 수 없을 지경이다. 오직 서북쪽의 한 누각만은 높고
시원스러워서 마음에 든다. 앞사람이 만들어 놓고 장부를 정리하는 여가
를 이용해서 편히 쉬려고 했던 듯하다. 그러나 그가 이 건물에 붙여
놓은 이름을 보면 여기에 거처하기를 꺼려하는 뜻이 보인다. 나는 군자란
어느 곳에서든 자득할自得 수 있어야 하므로 그런 이름을 지은 것은
옳지 않다고 여겨 '고사헌高士軒'이라고 고쳤다.

그런데 어떤 객이 나를 책망하였다. "한대漢代의 어떤 고사高士[2]는 주부主
簿 일을 하려 하지 않았는데, 그 자리는 사실 어사부御史府에 속한 것이었다.
한대漢代의 관직에서 어사부는 제도·문장文章을 관장하였으며, 그 장관인
대부의 품계는 상경上卿으로 승상 다음이었다. 그러니 그 관청에서 장부를
다루는 관원(즉 主簿)도 직명과 품계가 낮지 않았을 것이지만, 그럼에도

---

1) 『朱文公文集』, 권77. 1153년(高宗 紹興 23, 주희 24세)에 지은 글이다.
2) 漢의 孫寶이다. 그가 郡吏가 되었을 때 御史大夫 張忠이 그를 屬官에 임명하였는데
   사실은 자기 아들의 교육을 담당해 주기를 기대한 것이었다. 그러나 손보는 自劾
   하고 떠나 버렸다. 뒷날 그가 主簿의 직을 흔쾌히 받아들이자 장충이 사람을 보
   내어 힐난하니, 손보는 이렇게 답했다. "高士는 主簿 일을 하려 하지 않지만, 大夫
   께서 이 자리가 적합하다고 하고 이곳(御史府) 사람들 또한 모두 잘못이라고 하
   지 않으니 士가 어떻게 홀로 자기를 높이겠는가! 전날에 떠난 것은 의리상 스승
   이 가서 가르치는 법은 없기 때문이다.…… 때를 만나지 못하면 어떤 일이든 해
   도 좋은 것이다."

불구하고 그 사람은 그 관직이 자신을 더럽힌다고 여겨 거들떠보지 않았다. 그래서 남들이 그를 고고하다고 여기는 것이다. 지금 그대는 진애塵埃 속에 매여 있는 꼴이어서, 좌우에 주朱와 묵墨을 놓고 매질을 견디며3) 여기서 현縣의 장부나 관리하고 있다. 그런데 이처럼 '고사高士'라는 이름을 쓰고 있으니 어찌 잘못된 것이 아니겠는가?"

이에 나는 이렇게 답하였다. "참 고루하십니다! 바로 그 기록(『漢書』를 말함)에 '사士가 어떻게 혼자서 자신을 높이겠는가! 때를 만나지 못하면 어떤 일이든 해도 좋은 것이다'라는 말도 있지 않습니까? 저는 그 말에 대해 감동을 받은 것이 사실입니다. 그러나 그 말이 미진하다는 점에 대해서도 늘 병통으로 여겼습니다. 대개 선비가 때를 만나지 못하면 어떤 일이든 할 수 있어야 한다는 말은, 그것이 옛날의 승전乘田이나 위리委吏, 포관抱關이나 격탁擊柝과 같은 경우라면 괜찮을 것입니다. 그리고 '선비란 스스로 고상해질 수 없다'라는 말의 경우, 저 손보孫甫란 사람은 사실 고상함이 무엇인지 잘 모른 것 같습니다. 무릇 선비란 스스로를 높이는 데 뜻을 두지 않은 것이 아닙니다. 그러나 그가 만물들 위로 우뚝 홀로 설 수 있는 것이 어찌 밖에 있는 어떤 것에 의존한 뒤에 높아지는 것이겠습니까? 이것을 안다면 현縣의 장부를 관리하는 직책이 비록 낮기는 하지만 그 사람이 고상해지는 데는 문제가 되지 않음을 알 수 있을 것이고, 이 헌軒이 비록 누추하지만 고사高士가 언젠가 한 번 올 수도 있다는 것을 알 수 있을 것입니다. 다만 저는 감당하지 못해서 뒷날의 군자를 기다릴 뿐입니다"라고 대답했다.

그러자 객이 "아, 그건가" 하면서 물러나니, 나는 이 일을 벽에 써서 기記로 삼는다.

---

3) 唐나라 제도에 州縣의 主簿나 丞尉는 상관에게 매질을 당하게 되어 있었다. 송나라 제도도 마찬가지였다.

12. 귀락당에 대한 기문 — 歸樂堂記[1]

내가 천주泉州의 동안현同安縣에서 벼슬할 때 선유僊游의 주후朱侯 언실彦實과 동료로 잘 지냈다. 그 뒤 내가 임기를 마치고 돌아온 뒤 5~6년 동안 시골에 병들어 누워 있으면서 점점 세상 사람들과 소식이 끊기게 되었는데, 주후만이 때때로 편지를 보내와서 정답게 소식도 묻고 옛 이야기도 하며 예전처럼 즐거웠다. 그가 하루는 내게 편지를 보내 와서 "내가 선려先廬 곁에 집을 하나 지어 '귀락지당歸樂之堂'이라고 이름 지었다. 사방으로 다니려던 뜻이 시들해져서 여기에 의탁하여 쉬려고 한다. 그대는 나를 위해 소개하는 글을 지어 달라" 하였다.

내가 생각하기에 어려서 배우고 나이가 차서 벼슬하며 늙어서 고향으로 돌아가고 돌아가서 즐거워하는 것은 일반 사람들의 대체적인 삶의 과정이고,[2] 이 점에서는 사군자도 남들과 마찬가지이다. 그런데 어떤 사람들은 권세와 이익의 유혹에 빠져서 헌면軒冕과 인불印韍을 추구하다 보니 늙어서도 돌아가지 못하고, 돌아가더라도 술과 고기만 좋아하고 담박한 맛을 싫어하며 옛날을 그리워하여 잊지 못한다. 탄식하고 고달파해서 자기 자리에 있지 않다고 여기니, 어찌 돌아가는 것이 즐거운 일인 줄 알겠는가? 간혹 안다고 해도 예전에 벼슬살이할 때 한 일 가운데 후회스러운 일이 있을 경우라면 그 즐거움을 잠시 누릴 수는 있겠지만 그 마음이 편안하지

---

1) 『朱文公文集』, 권77. 1160년(高宗 紹興 30, 주희 31세)에 지은 글이다.
2) 『禮記』「曲禮」에 있는 말이다.

는 못할 것이다. 그러니 벼슬하다가 돌아갈 수 있는 것과 돌아가서 즐거울 수 있는 것이 어찌 어려운 일이 아니겠는가!

주후는 이름이 경자卿子로, 어려서 훌륭한 재능이 있었고 학문을 매우 열심히 쌓았다. 벼슬살이 30년 동안 강직함을 늘 견지하고 자기 뜻을 관철했으며 권세에 굴복하지 않았다. 그래서 늘 여러 관직을 옮겨 다니지 않을 수 없었으니, 50살이 되어서야 내직을 맡을 수 있었다. 그러나 나는 그가 장부와 회계를 처리하고 남는 시간에 빈우賓友와 자질子姪을 데리고서 산에 오르고 물가를 거닐며 노래하고 시를 읊조리면서 세속 밖에서 노닐지 않는 날이 하루도 없어서, 조금도 불우한 빛을 얼굴에 드러낸 적이 없다는 것을 보아 왔다. 그러니 그가 권세와 이익을 어떻게 생각하겠는가! 그가 벼슬하다가 돌아갈 수 있었고 돌아가서는 즐거워할 수 있었다는 것은 당을 짓지 않았어도 의심할 여지가 없다.

내가 직접 그 당에 올라가서 풍광을 눈으로 보지는 못했지만 그곳의 숲과 계곡이 아름답고 샘과 바위가 넉넉해서 거닐 만하고 집이 그윽한 곳에 있으면서도 드나들기에 편안하여 가서 쉴 만하며, 도서가 풍부하여 마음을 즐겁게 할 수 있으며 들길을 오가는 유인遊人과 일사逸士들이 함께 이치를 변론하고 고금을 토론할 만하리라는 점은 군이 눈으로 보지 않고도 알 수 있다. 그리고 후侯의 즐거움이 여기에 있다는 것을 알고 있으므로 그 부탁을 받고서는 사양하지 않고 그가 이 당을 지은 뜻을 이렇게 소개한다. 혹시 하늘이 내게 복을 내려 뒷날 그 당에서 함께 노닐 수 있게 되면 후侯를 위해서 읊어 줄 것이다.

소흥 30년 12월 을묘.

13. 통감실에 대한 기문 — 通鑑室記[1]

선비가 천하에 큰 사업을 세울 수 있는 것은 그가 뜻(志)을 가지고 있기 때문이다. 그러나 재능(才)이 없으면 그 뜻을 이룰 수 없고, '술術'이 없으면 그 재능을 보완해 줄 수 없다. 그러므로 옛 군자들 가운데 이 셋을 모두 갖지 않고서 세상에 큰일을 할 수 있었던 사람은 없었다. 그러나 이른바 '術'이란 것이 어찌 음험하고 기만적인 조삼모사 같은 것을 말하겠는가? 단지 그 일을 풀어 가는 방법을 말할 뿐이다.

영구營丘의 장후張侯 중륭仲隆은 강개한 성격으로 기절이 있어 늘 옛사람의 공명사업을 펴 보려는 포부를 지녔고 녹녹하게 세속을 따라 부침하려고 하지 않았다. 그 재능과 기량 또한 대단해서 하는 일마다 적절했으니, 대개 중대한 사태를 만나면 더욱 집중력을 발휘해서 일을 해결해 나가는 방법이 그 일에 정확히 맞지 않는 것이 없었다. 그러므로 비록 그 뜻과 재능이 세상에 쓰이지는 못했지만 사람들은 그의 뜻과 재능이 넉넉하다는 것을 잘 알 수 있었다. 그러나 그는 이것으로 만족하지 않아서, 여러 전적들을 폭넓게 보고 그것을 외우고 읽는 일을 게을리하지 않았다. 옛일을 살피고 지금 일을 헤아려서 일을 처리하는 가장 적절한 방법을 찾아 그대로 시행하기 위해서였으니, 진부한 책들만 읽고 화려한 것만 끌어모아서 담론의 소재로 삼을 뿐 실제로 일을 실행할 때는 멍하게

---

1) 『朱文公文集』, 권77. 1167년(孝宗 乾道 3, 주희 38세)에 지은 글이다.

아무 방법도 찾지 못하는 세상의 글 읽는 다른 사대부들과는 같지 않았다.
한때 숭안崇安의 광화정사光化精舍에 머물게 되었는데, 한가한 날에 문
오른쪽에 새로 방 하나를 만들어서 다른 것은 두지 않고 오직 『자치통감資治
通鑑』 수십 권만 그 안에 벌여 두고 날마다 향을 사르면서 몇 권씩 읽었다.
그리하여 아래위 몇 년 사이에 일어난 안위安危·치란治亂의 원인과 정위正
僞·길흉吉凶의 전개에 대해서, 큰 것은 핵심을 집어내고 잔 것은 세세하게
분석하여 눈앞에 선연하게 드러나게 해서 어느 것 하나 자신에게 주어진
일을 처리하는 방법이 되도록 하지 않음이 없었다. 이렇게 3년을 공부했는
데, 기거와 음식, 휴식과 담소마저 하루도 이곳에서 하지 않은 적이
없었다. 방의 앞 헌軒은 여러 산들을 굽어보고 있고 아래로 맑은 시내가
흐르고 있으며 동네의 집들과 대관臺觀, 숲과 연못의 절경도 있고 달과
별, 비와 이슬, 바람과 연기, 구름과 물상이 빚어내는 아름다움이 있으니,
또한 가슴속을 깨끗이 씻어 주고 사고력을 향상시켜 주어서 이 책을
읽는 데 더욱 적당하다. 그래서 바로 '통감通鑑'이라는 이름을 붙이고
나에게 기記를 부탁했다.

내가 들건대, 고금이란 시간이고 득실이란 일이며 전해 주는 것은
책이고 읽는 것은 사람인데, 사람이 이 책을 읽어서 고금을 꿰뚫고 득실을
정할 수 있는 것은 인仁에 의해서이다.[2] 사람이 정말 현재 느끼는 것에
대해 마음으로 묵식黙識해서 그것을 잘 간직할 수 있으면 눈으로 보고
귀로 듣는 것이 지극한 리가 아닌 것이 없다.[3] 하물며 이 책은 선현인
사마온공司馬溫公의 뜻이 담긴 것으로, 전형典刑이 종합되고 간독簡牘이
풍부하기가 신종神宗의 조서詔書에서 칭찬한 것처럼 대단하다. 이런데

---

2) 마음이 자리를 지켜서 理를 제대로 파악하고 제대로 실천할 수 있게 된 상태가
仁이다.
3) 이 표현은 動의 때에 察識端倪하는 것을 중시했던 '中和舊說'의 사상을 담고 있다.

어떻게 마음을 쏟을 만하지 않겠는가? 지금 후侯는 당세에서 '뜻'과 '재능'
을 갖춘 사람이다. 그런 사람이 이 책에서 자신의 뜻을 이룰 '술術'을
찾으려고 하니, 어찌 그냥 아무 생각 없이 그런 것이겠는가? 다만 나는
그가 하는 일에 대해 분명히 알고 익숙한 일에 대해 명확히 인식할
수 있는 길로 나아가서 뒷날 일로 드러날 때 조금의 잘못도 생기지
않도록 하기 위해서 또한 인仁의 학설을 그에게 말해 주려고 한다. 그래서
부탁을 받자 거절하지 않고 그 본말을 적고 내가 들은 것을 이렇게
기록한 것이다.

건도 3년 가을 7월, 신안 주희가 기록하다.

14. 강릉부 곡강루에 대한 기문 — 江陵府曲江樓記¹⁾

광한廣漢 사람 장후張侯 경부敬夫²⁾는 형주荊州태수가 된 이듬해에 농사가
잘되고 백성이 화목해져서 막부幕府에 일이 없었는데, 다만 늘 주학州學
문 밖이 높은 담으로 막혀 있어서 막힌 것을 훤히 열어 시원한 전망을
끌어들이지 못함을 아쉽게 생각했다. 그래서 남쪽으로 문을 만들고 길을
내어 백하白河를 임하게 하고, 근처 폐문의 옛 현액을 주워서 달고 누관樓觀
을 지어 그 위에 표시를 해 두었다. 하루는 경부가 손님과 더불어 올라가
보았더니 대강과 거대한 호수가 뒤엉켜서 넘실대며 한눈에 천리가 들어오
는데, 서릉西陵의 뭇 산들이 또한 흐릿흐릿하게 구름 덮인 하늘과 안개
자욱한 물 밖에서 보이다 말다 하였다. 경부가 이것을 보고 돌아보며
탄식했다. "이곳이 곡강공曲江公³⁾이 말한 강릉군성江陵郡城의 남루란 곳인
가! 옛날 공이 재상을 그만두고 이곳을 맡게 되자 평소에 시간이 나면
여기 올라 시를 읊조렸다. 아마 늘 불현듯 세속을 떠나고 싶은 생각이
들었기 때문이리라. 세상일을 마음아파하고 자나 깨나 탄식하여 그 마음
이 하루도 조정에 있지 않은 적이 없었으니, 그 도道가 끝내 이루어지지
않을까 노심초사했다. 아! 슬프도다." 그리하여 '곡강지루曲江之樓'라 편액

---

1) 『朱文公文集』, 권78. 1179년(孝宗 淳熙 6, 주희 50세)에 張栻이 세운 곡강루에 지어진
   기문이다.
2) 張栻은 자가 欽夫 혹은 敬夫이고 호는 南軒이다. 廣漢은 그의 祖籍이다.
3) 唐 玄宗 때 荊州 長史로 좌천되었던 張九齡이다. 장식은 장구령의 아우인 張九皐의
   14대손이다.

을 쓰고 내게 편지를 보내어 기記를 부탁하였다.

이때 나는 남강군수로 있으면서 질병이 심해서 결국 가 보지 못했지만 경부의 글을 읽어 보니 이 누樓의 승경을 알 만했다. 그래서 한번 경부와 함께 거기서 노닐면서 강산을 멀리 바라보고 형세를 관찰하며 초한楚漢 이래 성패·흥망의 역사를 비교해서 그렇게 된 원인을 따져보고 싶다. 그런 뒤에는 술잔을 들고 권하며 장공의 시를 읊조리면서 천년 전으로 거슬러 가서 그 사람됨을 상상해 보면 내 오랜 소망을 조금이나마 위로해 줄 수 있을 것이다. 그러나 천리나 떨어져 있어 갈 수가 없으니, 고개를 곧추세우고 서쪽을 향해 슬퍼하며 한숨을 크게 쉬지 않은 적이 없다. 다만 이런 생각을 해 본 적은 있다. '장구령(張公)은 예전 사람이다. 그 한때의 일이 비록 당唐의 치란이 갈리게 된 계기이긴 했지만, 그것이 뒷사람에게 무슨 상관이 있단 말인가? 그런데도 그 글을 읽는 사람은 책을 덮고 크게 탄식하지 않는 이가 없다. 이것은 시비是非·사정邪正에 대한 인식이 천리에 의해 주어진 것으로서 사람 마음에서 없애지 못하는 것이므로, 비록 백세百世의 차이가 있지만 감동을 주게 마련이어서 가슴속에 슬프면서도 흐뭇한 마음이 일어나 마치 그 사람을 직접 보고 그 말을 정말 들은 것 같기 때문이다.' 여기에 어찌 고금·피차의 간격이 있겠는가! 또 누가 시켜서 그런 것이겠는가! 『시詩』에서 "하늘이 뭇 사람을 낼 때 하나하나에 이치가 주어졌다. 사람들이 모두 함께 가진 심성이 있어 이 아름다운 덕을 좋아한다"라고 했다.[4] 이 누樓에 오른 사람은 이것을 통해 자신의 몸에 돌이켜 자득할 수 있을 것이다.

내 이 누에 대해서는 한 번도 직접 가서 보지 못했기 때문에 산천의 풍경과 조석·사시의 변화에 대해서는 범중엄(汜公)이 악양루岳陽樓에 대해

---

4) 『詩經』, 「大雅·蕩」.

썼던 것처럼 쏠 수가 없다. 그래서 다만 장경부가 했던 말을 정리하고 내가 느낀 점을 이렇게 붙여 둔다. 뒤에 그곳을 직접 가 보는 군자가 있을 것이다.

순희 기해년 11월 을사일 동지(南至).

15. 원주 주학 삼선생 사당에 대한 기문 — 袁州州學三先生祠記[1]

　　의춘宜春 태수인 광한廣漢 사람 장후張侯[2]가 그 군郡의 학교를 일신一新한 뒤 염계濂溪·하남河南 삼선생三先生의 사당을 강당의 동서東序에 세우고서 편지를 보내어 내게 기記를 부탁하였다.

　　추국鄒國의 맹자가 돌아가신 뒤로부터 성인의 도가 전해지지 않으니, 세속에서 말하는 유자儒者의 학문이란 것은 안으로는 장구章句·문사文詞를 익히는 데 국한되고 밖으로는 노자老子·석씨釋氏의 이론과 뒤섞이게 되었으며, 자신을 닦고 남을 다스리는 방식 또한 전부 사지私智와 인위人爲로써 천착하여 얄팍하고 어긋나게 되니 주통主統에 맞는 것이 없었다. 그리하여 이들은 임금의 덕이 삼대三代처럼 융숭해지지 못하게 했고 백성의 풍습이 삼대처럼 성대할 수 없도록 했다. 이렇게 지속된 것이 지금까지 이미 천여 년이다. 그러다가 염계 주돈이 선생이 백세百世의 뒤에 뜻을 일으켜, 처음으로 성현의 심오한 뜻을 깊이 찾아내고 조화의 근원을 명석하게 살펴서 홀로 마음으로 얻었다. 그리하여 상象을 세우고 글을 지어 숨겨져 있던 것을 밝혀내니, 그 용어들은 비록 간략했지만 천인성명天人性命의 은미한 내용과 수기치인修己治人의 요체가 남김없이 모두 드러났다. 하남河南 이정二程 선생(정호·정이)은 염계선생을 직접 뵙고 그것을 전수받았다. 그리하여 드디어 그 학문이 세상에 알려지게 되었다. 그 이론을 연구한

---

1) 『朱文公文集』, 권78. 1178년(孝宗 淳熙 5, 주희 49세)에 지은 글이다.
2) 張枸이다.

학자들은 비로소 속학의 누추함과 이단의 미혹으로부터 벗어날 수 있었다. 그들이 수기치인하려고 한 계기 또한 세속의 이해에 대한 이기심으로부터 시원하게 벗어나서 그 임금과 백성을 모두 요순시대처럼 만들려는 강렬한 포부에서 비롯된 것이었다. 삼선생이 당세에 세운 공은 이것으로도 이미 작지 않다. 그런데 어떤 이들은 그 학문에 대해 고찰하지도 않고 또 도가 과거에는 밝게 드러나 있었지만 지금은 가려져 있다 보니, 그 본말과 원류가 이와 같음을 알지 못하여 가볍게 비난하곤 했다. 그 이론에 대해 조금 들은 사람들 또한 그 가까운 것을 버리고 먼 것을 구하며 그 낮은 곳에 있으면서 높은 곳을 엿보기에 바빠서, 사물에서 이치를 궁구하여 수기치인하는 데 절실한 구체적인 것을 찾아내는 데는 이르지 못하였다. 오호! 장후張侯가 이 사祠를 짓고 내게 글을 부탁한 이유가 어찌 여기에 있지 않겠는가?

내가 이전에 듣자니 소흥紹興 초년에 고故 시독侍讀 남양南陽 호문정공胡文正公(胡安國)이 정씨程氏에게 작렬爵列을 더하여 선성선사先聖先師의 묘당(공자를 모신 文廟)에서 종식할 것을 조정에 요청하려 했다. 그 뒤 나의 망우亡友인 건안建安의 위군魏君 섬지掞之가 태학관太學官일 때 또 그 일을 재상에게 아뢰면서 왕형공王荊公 안석安石 부자3)를 폐하고 제사지내지 말도록 할 것을 요청했다. 당시에는 모두 이루어지지 못해서 식자識者들이 한스럽게 생각했으나, 근세 들어 천자(효종)께서 특별히 조칙을 내리어 임천백臨川伯 방雱의 위패를 없앴으니 대략 섬지의 말처럼 되었다. 그러므로 공경의 의신들 가운데 누가 앞의 두 건의를 조리 있게 아뢸 수만 있으면 모두 시행될 것이며, 다시 미루어 올라가서 염계까지 포함시키더라도 천자께서 따라 주지 않으실 걱정은 없을 것이다.

---

3) 왕안석의 아들 王雱(자는 元澤)은 황제의 조칙을 받고 『詩經』과 『書經』에 주석을 쓸 정도로 經學 능력을 인정받았다. 南宋 초기까지도 문묘에 배향되고 있었다.

장후張侯는 이름이 진枃이고 승상 위충헌공魏忠獻公의 아들이니,[4] 문학과 이치吏治가 모두 가법이 있었다. 이 사당을 보니 또한 그 뜻이 어디에 있는지 볼 수 있다. 뒷날 차분하게 조정에 알려서 그 단서를 열어 삼선생의 사당이 천하에 두루 세워지고, 선비를 높이고 도를 중시하는 성조의 뜻이 끝없이 드리워질 수 있게 된다면, 기록으로 남겨야 할 아름다운 공적이 이 사당에 그치지 않을 것이다. 그래서 내가 이전에 이미 그 일에 대해 상세히 논한 바 있지만 다시 이 설명을 거기에 붙여서 뒷사람을 기다린다.

순희 5년 겨울 10월 신묘에 기록하다.

---

4) 張枃은 대표적인 主戰派 將相인 魏忠獻公 張浚의 둘째 아들로, 張栻의 동생이다.

16. 신주 연산현 학교에 대한 기문 — 信州鉛山縣學記[1]

　　연산鉛山의 현학縣學은 예전에 현의 동남쪽 백여 보 거리에 있었는데, 지형에 따라 집을 지으니 동향이었다. 그런데 제생들이 부자夫子께서 남면南面하지 못하는 것은 예禮에 맞지 않다고 해서 현의 동쪽 산 아래로 옮기게 되었다. 그러나 그 비용이 모두 민간에서 나온 것이었고 유사有司는 관여하지 않았기 때문에, 땅을 마련한 것이 협소하여 묘묘廟·학학學의 제도를 다 갖출 수 없었다. 원래는 사생師生들이 모두 있었지만 현송絃誦이 끊어져 버린 것도 이미 20여 년이 지났다. 그러다 순희淳熙 기해년 봄에 의흥義興 사람 장후蔣侯가 현을 맡게 되었다. 그는 처음 와서 당堂 아래에서 진알進謁한 뒤, 고개를 들었다 숙이며 크게 탄식하고는 이 문제에 대해 뜻을 두게 되었다. 그 뒤 몇 달이 지나자 현정縣政이 자리를 잡으면서 일이 줄어들고 백성들이 부유해지며 재정이 풍족해졌다. 그래서 장후는 땅을 사서 산을 깎고 경비를 헤아려 물자를 공급하면서 속관屬官인 뇌군雷君 정霆에게 그 일을 맡겼다.

　　이해 12월 병신일에 일을 시작해서 이듬해 4월 무신일에 완공하여 석채釋菜를 올렸다. 문관門觀은 위엄이 있고 궁려宮廬는 웅위했으며 신위神位는 청밀淸蜜한 곳에 모셔지고 여러 도구들은 모두 정비되었으니, 도사圖史를 보관한 것이나 궤석几席을 벌여 놓은 것, 거처하고 음식을 장만하며

　　1) 『朱文公文集』, 권78. 1180년(孝宗 淳熙 7, 주희 51세)에 지은 글이다.

청소를 하기 위한 도구들이 어느 것 하나 갖추어지지 않은 것이 없었다. 그런 뒤에 간전墾田을 배정하고 추사僦舍를 세워서 날마다 제자원弟子員 20여 인에게 공급하니, 관官도 재용財用이 모자라게 되지 않고 백성도 노역에 시달리지 않게 되었다. 읍의 부형들이 함께 모여 바라보면서 감탄하며 "현령이 우리 자제들을 가르치는 것이 이렇게 두터우니 어떻게 뒷사람들이 계승하지 못하게 두겠는가?"라고 하였다. 뇌군이 이런 말을 듣고 그 뜻을 내게 알려 오면서 "학교가 갖추어지긴 했지만 제생들이 뜻을 어디에 두어야 할지 모르고 있습니다. 선생님께서 이 학교를 토대로 학생들을 이끌어 주십시오"라고 했다.

내 일찍이 "도道는 고금古今의 차이가 없지만 학문은 고금의 차이가 있다"라고 한 적이 있다. 주周나라 사람들은 향삼물鄕三物로 만민을 가르치고 그것을 기준으로 백성을 등용하였다. 그 덕德이 여섯이었으니 바로 지智·인仁·성聖·의義·중中·화和이고, 그 행실이 여섯이었으니 바로 효孝·우友·목睦·인婣·임任·휼恤이며, 그 예藝가 여섯이었으니 바로 예禮·악樂·사射·어御·서書·수數이다. 그래서 학자들이 일상에서 기거하고 먹고 마시는 것들 가운데 어느 일 하나도 학문이 아닌 것이 없었고, 여럿이 모여 학문을 연마하거나 유식遊息하는 것들 가운데 어느 학문이든 일이 아닌 것이 없었다. 학생의 총명을 개발시켜 주고 그들의 덕업을 성취시켜 주는 방법도 모두 서로 보완적이어서 어느 한쪽을 버려 두지 않았다. 이것이 선왕의 시대에 인재가 많이 나오고 풍속이 성대하여 후세가 미칠 수 없게 된 이유이다. 지금도 국가는 학관學官을 해내海內에 두루 설립하고 있으니, 천하의 학자들에게 바라는 바가 어찌 선왕의 뜻과 같지 않겠는가? 그런데 학자들은 그 뜻이 어디에 있는지를 알지 못해서, 일상 속에서는 오만하고 자의적이어서 학문하는 목적을 알지 못하며, 여럿이 모여 강습할 때에도 이론을 찢고 깁는 것을 능사로 여겨서 그런 것이 결국 아무 소용이 없다는 것을 깨닫지 못한다. 그래서 날로 더 비루해지고 이록만을 알게 되기에 이르렀다. 다행히 한두 걸출한 사람이 자립하려고 할 때도 있지만, 그들 역시 고원한 것만 끝까지 추구하여 실제적인 역행에는 힘쓰지 않거나, 옛것을 그대로 지키기만 하고 윤리도덕의 타당한 근거에 대해서는 알지 못한다. 그래서 그 이론이 항상 한편에 치우쳐져서 성현의 영역으로 들어갈 수 없다. 이런 상황에서 이단異端·잡학雜學의 학자들과 세상에 영합하는 무리들이 나와서 그 빈틈을 타고 자신들의 엉터리 같은 이론을 선양한다. 오호! 우리 도가 사라지지 않은 것은 오직 백성들이 모두 가진 심성을 완전히 없애지는 못하는 까닭일 따름이건만, 내 힘이 이러한 상태를 구제할 수 없다 보니 남몰래 걱정한다. 그래서 장후의 일을 기록한 뒤 또 뇌군의 요청을 받은 참에 그 내용을 함께 기록하여 여기 공부하러 오는 사람들에게 말해 주려 한다. 이것을 근거로 돌이켜 자기 몸에서 구할 수 있으면 내가 뜻을 둔 것이 어디에 있는지 알 수 있을 것이다.

장후蔣侯는 이름이 억億이고 자는 중영仲永이다. 재능이 높고 뜻이 원대하여, 평소 손바닥을 부딪치면서 당세의 일을 논의할 때에는 도도하여 끊임이 없었다. 한때 만리에 걸친 군대를 지휘하여 국가에 엄청난 공을 세우고자 했으니 확실히 한 읍을 다스리기에는 힘이 남아돌았지만, 그는 일체의 치리治理를 공으로 삼지 않고 이렇듯 화민성속化民成俗을 급선무로 삼을 뿐이었다. 이 점은 또한 후세의 군자들이 여기에서 고찰할 수 있을 것이다.

가을 9월 병인, 자리나 채우는 주희가 기록하다.

17. 악주 주학 계고각에 대한 기문 — 鄂州州學稽古閣記[1]

사람이 이 몸이 있으면 반드시 이 마음이 있고 이 마음이 있으면 반드시 이 리理가 있으니, 인의예지仁義禮智라는 체體와 측은惻隱·수오羞惡·공경恭敬·시비是非라는 용用은 사람마다 모두 원래 지닌 것이지 밖에서 내게 녹아 들어온 것이 아니다. 그러나 성인이 가르치는 방법은 학자들에게 눈과 귀를 모두 안으로 집중시켜 한결같이 마음에서 구하는 것만을 일삼게 한 것이 아니었다. 오히려 반드시 "시詩에서 일어나고 예禮에서 세워지고 악樂에서 이루어진다"라고 했고,[2] 또 "박학博學·심문審問·신사愼思·명변明辨하고 역행하라"라고 했다.[3] 왜 그러할까? 리理란 비록 나의 내면에 있는 것이지만 기품氣稟·물욕物欲이라는 자사自私에 가려져 있어서 저절로 드러날 수는 없고, 학문 행위는 밖에서 이루어지는 것이지만 모두가 이 리의 구체적 함의에 대해 강구하는 것이어서 완전히 젖어 들고 관통해서 자득하게 되면 애초에 내외內外·정조精糟의 틈이 없기 때문이다.

세상이 변하고 풍속이 쇠하여 사士가 배울 줄 모르게 되자 책을 끼고

---

1) 『朱文公文集』, 권80.
2) 『論語』「泰伯」의 글이다. 詩와 禮와 樂은 여기서 모두 일종의 문화전통을 가리킨다. 사회적인 문화전통을 학습하는 것이 군자가 되는 길이었다는 것을 지적하기 위해 인용하였다.
3) 『中庸』의 글이다. 널리 배우고 끝까지 캐묻고 신중하게 사유하고 밝게 변별한다는 것은 모두 어떤 외부의 대상을 상정하고 있는 것이다. 성인이 되는 길은 내면에 대한 침잠이 아니라 외부 대상으로 열린 마음을 제대로 발휘하는 데 있다는 것을 지적하기 위해 인용하였다.

글을 읽는 이들은 많이 외우고 잘 외우고자 서로 다투며, 그것을 이록利祿을 얻기 위한 방법으로 이용한다. 자신을 완성하는 데 뜻을 둔 이들은 또한 바로 마음 그 자체에서 모든 것을 얻을 수 있으므로 밖에서 구할 필요가 없다고 여겨서, 불佛·노老의 공허한 사견邪見으로 빠져들 뿐 올바른 의리義理와 상세한 법도法度에 대해서는 살피지 못한다. 다행히 리가 나에게 있다는 것과 학문이란 강구하지 않으면 안 된다는 것을 아는 이들이라 하더라도, 차례에 따라 상세하게 연구해 들어가지 못하고 또 마음을 비워 집중하지 못하기 때문에 자신 속에 본래 갖추어진 리를 차분하게 인식할 수 없고, 그리하여 급하고 얄팍한 마음으로 서두르다 보니 끝내 한껏 젖어들어 관통할 수 없다. 아! 어찌 학문이란 것이 사람이 할 수 없는 일이고, 책이란 것이 사람이 읽을 수 없는 것이며, 옛 성현들이 만세의 가르침으로 남겨 둔 것이 뒷사람들에게 아무 도움도 안 될 것이겠는가? 도가 밝혀지지 못하고 있으니 탄식할 일이다!

악주鄂州의 주학州學 교수 허군許君 중응中應이 그곳 학교의 대문을 새로 고친 뒤 그 위에 각閣을 세우고 소흥紹興 석경石經4)과 양조兩朝의 신한宸翰(임금의 편지)을 보관하여 보진寶鎭5)으로 삼았다. 또 판본板本 구경九經과 제사諸史·백씨白氏의 책을 가져다 그 곁에 두고 부족하면 사람을 보내어 경사京師의 학관學官에게 정식으로 요청함으로써 학자들이 토론하고 송설誦說할 때 넉넉하여 개발하는 것이 있도록 했다. 그 일은 소흥 신해년 겨울에 시작되어 이듬해 여름에 끝났다. 비용이 무려 300만이나 들었는데, 봉급에서 취한 것이 3분의 1이었고 나머지는 태수인 환장각대제煥章閣待制 진공陳公 거인居仁과 전운판관轉運判官 설후薛侯 숙사叔似가 실제적으로 도와주었으며

---

4) 南宋 高宗이 쓴 石經이다.
5) 원래 玉圭 같은 진귀한 玉器를 가리키는데, 여기서는 임금이 내린 보물이라는 뜻으로 쓰였다.

총경總卿[6) 첨후詹侯 체인體仁과 융수戎帥 장후張侯 조조詔도 자금을 보태어 도와주었다. 그리고 완공된 뒤에는 내 벗 채군蔡君 원정元定 편으로 내게 기記를 써 달라고 부탁해 왔다.

내가 평소 듣기에 허군許君의 학문은 위기爲己에 뜻이 있다고 해서, 그의 학문방법이란 것은 마음에서 모든 것을 구하는 것일 뿐이려니 생각했다. 그런데 이번에 한 일을 보니 그가 사람을 가르치는 것이 아주 평실하다는 것을 볼 수 있었다. 그제야 그가 자신을 추구하는 방법은 심사를 없애고 문견을 배제하는 것을 가장 요긴한 길로 삼지 않는다는 것을 알 수 있었다. 그래서 그 본말을 기록하고 아울러 근세 학자들이 공부하고 독서할 때 보이는 병통을 따져서 함께 새기도록 요청한다. 이 각에 올라서 이 글을 읽는 사람들이 속학俗學의 하류에 빠지지도 말고 이단異端의 첩경에 미혹되지도 않도록 하기 위해서이다. 그렇게 되면 나에게 있는 리를 깊이 강구하여 자득할 수 있을 것이다. 도가 밝혀지지 않을 것을 걱정할 것이 있겠는가!

4년 계축 9월 갑자 삭단朔旦, 신안 주희가 기록하다.

---

6) 첨체인이 司農少卿으로서 湖廣總領을 맡고 있었기 때문에 관직과 직품을 합쳐서 이렇게 지칭한 것이다.

18. 장주 주학 동계선생 고공 사당에 대한 기문
— 漳州州學東溪先生高公祠記[1]

맹자께서 말씀하시기를 "성인은 백세의 스승이라는데 백이伯夷·유하
혜柳下惠가 그러하다. 그래서 백이의 기풍을 듣게 되면 완악한 이도 청렴해
지고 나약한 이도 뜻을 세우게 되며, 유하혜의 기풍을 듣게 되면 인색한
이도 관대해지고 각박한 이도 푸근해진다. 백세 이전에 떨치고 일어났는
데, 백세 뒤에도 그들에 대해 들으면 고무되지 않는 이가 없다"라고
하였다.[2] 맹자의 이 두 사람에 대한 설명은 참으로 상세하다. 비록 한
사람을 '성聖의 청淸'이라고 하고 한 사람을 '성聖의 화和'라고 했지만[3]
또한 일찍이 그 속 좁음과 공경스럽지 않음을 병통으로 들고는 이어서
그 도道가 공자와 같지 않기 때문에 배우지 않겠다고 했는데,[4] 어느
날 개연히 이런 말을 꺼내어 그들을 백세의 스승으로 삼고 오히려 공자를
거기에 포함시키지 않았으니 어찌된 일인가? 공자는 도가 크고 덕이
치우치지 않지만 흔적이 없기 때문에 배우는 이들이 평생 꿰뚫어 보고
우러러 보아도 될 수가 없는데, 두 사람은 뜻이 깨끗하고 행동이 고결하지
만 흔적이 뚜렷하므로 흠모하는 이가 어느 날 감개하기만 하면 충분히

---

1) 『朱文公文集』, 권79. 1187년(孝宗 淳熙 14, 주희 58세)에 지은 글이다.
2) 『孟子』「盡心下」의 글이다.
3) 『孟子』「萬章下」에 있는 내용이다.
4) 『孟子』「公孫丑上」에 있는 내용이다.

배울 수 있다. 그러니 두 사람의 공이 비록 작은 것은 물론 아니지만, 맹자의 의도가 무엇이었는지를 또한 알 수 있다.

임장臨漳에 동계東溪선생 고공高公이란 분이 있으니, 이름은 등登이고 자는 언선彦先이다. 정강靖康 연간에 태학太學에서 공부하면서 진공陳公 소양少陽과 함께 복궐伏闕하여 상소를 올렸는데, 그 내용은 육적六賊[5]을 처벌하고 충사도种師道와 이강李綱을 조정에 남기도록 요청하는 것이었다. 용사用事하던 이가 그들을 해치려 했으나 꿈쩍도 하지 않았다. 소흥紹興 초에 황제가 정사당政事堂으로 불렀으나, 다시 재상 진회秦檜와 맞지 않아서 정강부靜江府 고현古縣 현령이 되어 대단한 정적政績을 남겼다. 그러나 수수帥守[6]가 진회의 환심을 사고자 그 잘못을 들추어내어 하옥시켰는데, 마침 이 수수帥守도 참소를 당해 옥중에서 죽었기 때문에 풀려나게 되었다. 조주潮州지역의 진사 시험을 감독하게 되자 제생들에게 '직언을 듣지 않으면 얼마나 두려운가'를 논하게 했고 책문策問으로는 민閩·절浙지역의 수재가 발생한 원인에 대해 물었다. 그런 뒤 사령장(檄)을 던지고 돌아갔다. 진회가 듣고 대노하여 관직을 뺏고 용주容州로 유배 보냈다.

공은 학문이 해박하고 행실이 고결하였으며 의론이 강개하였다. 입으로 말하고 손으로 그리면서 하루 종일 도도하게 얘기하는 것이 모두 충신효자忠臣孝子의 말 아닌 것이 없었고 삶을 버리고 의를 택하려는 뜻이 아닌 것이 없었으니, 듣는 이들이 늠연하게 혼백이 움직이고 정신이 송연해졌다. 그가 고현古縣에 있을 때 학자들이 이미 앞 다투어 배우러 왔는데, 이때가 되자 제자들이 더욱 많아졌다. 병이 들자 스스로 매명埋銘을 짓고 벗들과 제생들을 불러 영결하고서는 정좌하여 손을 맞잡은 채 수염을 곤두세우고 눈을 치켜뜬 채 죽었다.

---

5) 蔡京·童貫·王黼·梁師成·李邦彦·朱勔이다.
6) 安撫使 혹은 經略安撫使이다. 帥司·帥臣 등으로도 불린다.

아! 이 사람도 일세一世의 호걸豪傑이라 할 만하다. 비록 그의 배움과 그의 행실이 공자와 모두 합치하지는 않지만, 그 뜻과 행실이 탁연하기는 현자 가운데의 청淸이라 할 만하다. 백세가 지난 뒤 그 기풍을 듣고 완악한 이가 청렴해지고 나약한 이가 뜻을 세우게 된다면 세상을 교화하는 데 공이 있을 것이다. 어찌 자신의 뜻을 숨기고 둘러대며 자사自私만을 이루면서 스스로 공자의 중행中行⁷⁾에 가탁하는 이들과 같은 날 함께 말할 수 있겠는가!

공이 돌아가신 뒤 20여 년이 지난 뒤 연평延平 사람 전군田君 담澹이 군郡의 박사로 와서, 비로소 공이 남긴 글을 구해 방판方版에 새기고 또 공의 초상을 그려 제사를 지냄으로써 제자들을 독려했다. 그러다가 우리 군郡 사람인 왕군王君 우遇가 오는 길에 글을 구해서 기記로 삼으려 했는데, 마침 내가 병이 들어 미처 다 짓기 전에 전군이 그 관직을 떠났다. 지금 태수 영가永嘉 사람 임후林侯 원중元仲이 부임하여 또 다시 왕군과 함께 편지를 보내어 독촉을 그치지 않았다. 내가 보건대 고공高公은 고고한 절개가 저와 같고 또한 제현들이 공을 높이려는 뜻이 저와 같으니, 질병이 있다는 평계로 오랫동안 촌스런 내 글을 짓지 않고 있을 수만도 없었다. 그래서 억지로 일어나 글을 쓰다 보니 말이 뜻을 담아 내지 못한 바가 있다. 그러나 임후가 한번 새겨서 사당의 벽에 놓아두면, 장주漳州의 학자와 사방의 선비들이 오가면서 일이 있을 때마다 읽게 되고서 감개하여 흥기하는 이가 과연 있지 않겠는가!

순희 정미 가을 9월 갑인, 신안 주희가 기록하다.

---

7) 中道 혹은 中庸이다. 공자는 中行에 맞는 사람을 만나지 못할 바에야 차라리 '진취적인 狂'이나 '하지 않는 바가 있는 狷'의 사람을 선택하고 싶다고 했다. 『論語』 「子路」에 있는 내용이다.

19. 덕안부 응성현 상채 사선생 사당에 대한 기문
─ 德安府應城縣上蔡謝先生祠記[1]

응성應城 현학縣學에 있는 상채上蔡 사謝선생의 사당은 지금 현령인 건안建
安 사람 유병劉炳이 지은 것이다. 선생은 이름이 양좌良佐이고 자는 현도顯道
이다. 하남河南 정부자程夫子 형제의 문하에서 배웠는데, 처음에 자못 해박
하다고 자부하여 강관講貫할 때 고전들을 두루 인용하고 더러 전편을
암송하기도 했다. 그러자 부자夫子께서 웃으며 "그대는 '물건을 가져 놀다
지향해야 할 것을 잃어버렸다'(玩物喪志)[2]고 할 만하다"라고 했다. 선생은
듣고서 정신이 아득해져서, 얼굴이 화끈거리고 땀이 흘러내리며 몸 둘
곳을 몰랐다. 그리하여 그동안 배웠던 것을 다 버리고 부자께 배웠다.
그러나 사람됨이 과감하고 분명하며 부지런하고 게으르지 않아서 극기복
례克己復禮하는 공부가 나날이 진보하였으니, 부자께서 그 절실히 묻고
가까이서부터 생각하는 공부 태도를 인정하였다. 선생이 지은『논어설論語
說』과 문인들이 기록한 어록이 모두 세상에 전해진다. 선생은 '생의生意'라
는 말로 '인仁'을 해석하고 '실리實理'라는 말로 '성誠'을 해석하였으며
'늘 깨어 있는 태도'(常惺惺法)라는 말로 '경敬'을 해석하고 '구시求是'(옳은
것을 구함)라는 말로 '궁리窮理'를 해석하였는데,[3] 그 정의들이 모두 정밀하

---

1)『朱文公文集』, 권80. 1191년(光宗 紹熙 2, 주희 62세)에 지은 글이다.

2)『書經』,「旅獒」, "玩人喪德, 玩物喪志."

3) 모두『上蔡語錄』에 나오는 내용이다.

고 온당하다. 또 궁리窮理 · 거경居敬을 곧장 가리켜 '덕德으로 들어가는 문'이라고 설명한 것은 부자께서 제자를 가르치는 법에 대해 가장 핵심적인 부분을 잘 가려 낸 것이다.

선생은 건중정국建中靖國(北宋 徽宗 연호) 연간에 조칙을 받고 황제를 만났지만 뜻이 맞지 않아서 서국書局에서 벼슬을 살게 되었다. 뒤에 주현州縣으로 옮겨졌다가 못난이들과 함께 일생을 마치게 되었지만 호연하게 처신하고 조금도 꺾이지 않았다. 한때 이 읍을 다스린 적이 있었으니, 당시에 남양南陽 호문정공胡文定公이 전학사자典學使者로서 부내部內를 시찰하던 중 이곳을 지나게 되었는데, 감히 직사職事에 대해서는 묻지 못하고 다른 사람의 소개를 통해 제자의 예로 뵙고자 했다. 공이 문으로 들어서면서 뜰에 이졸吏卒들이 토목 인형처럼 꼿꼿이 서 있는 것을 보고는 숙연하게 공경하는 마음이 생겨서 드디어 선생께 배우게 되었다. 같은 시기에 문하에 들어온 학자들도 모두 선생의 언론이 굉장하여 사람을 잘 계발시킨다고 일컬었다. 지금 선생의 글을 읽어 보면 여전히 그의 학문을 연상시킬 수 있다.

선생이 돌아가셨을 때 유공游公 정부定夫 선생이 그 묘지명을 지었지만 상란喪亂을 거친 뒤 두 집안의 문자를 모두 볼 수 없게 되었다. 응성은 도적의 공격이 더욱 심해서 잡초가 우거진 구허丘墟가 되다 보니 선생이 남긴 구체적 가르침과 행정 방식은 전해지는 것이 사라지고 말았다. 유군劉君이 부임하여 그 유적을 찾아 나섰지만 겨우 읊조리시던 시 몇십 자가 새겨진 것밖에 얻지 못했다. 그래서 강개하여 길게 탄식하고는 선생의 유열遺烈을 이 지역에 세우지 않으면 뒷날의 군자들이 그 책임을 지지 않을 수 없다고 여겨, 그곳의 학교를 일신하고서는 강당의 동편에 위폐를 세우고 제사를 지냈다. 그리고 천리나 되는 먼 길로 편지를 보내어 내게 기문記文을 구했다.

나는 어려서부터 함부로 배움에 뜻을 두었는데, 선생의 글을 읽고 학문의 흥취를 가지게 되었다.[4] 평소 들었던 선생의 일들은 또한 모두 고매하고 탁절해서 사람을 흥기시켰다. 쇠약하고 병이 들어 시골에 묻혀 지내면서도 늠연하게 선생의 학문이 하루아침에 민멸하여 전해지지 않게 되지나 않을까 늘 두려워하고 있던 중, 유군의 부탁을 받고 그것이 마침 내 마음에 맞는 것이어서 사양하지 않고 이렇게 기록하여 학자들에게 보낸다.

순희 신해년 겨울 10월 병자일 삭단, 신안 주희가 기록하다.

---

4) 주희는 20세에 사양좌의 『論語解』를 구해서 연구했고, 27세에 『上蔡語錄』을 편집 했다.

20. 빙옥당에 대한 기문 — 氷玉堂記[1]

　　남강사군南康使君 증후曾侯 치허致虛가 둔전屯田 유공劉公의 묘를 이미 손질한 뒤, 이듬해에 군치郡治 동편에 있던 공의 유지를 찾아 나섰다. 쉬는 날이면 아랫사람을 물리친 채 가시덤불을 헤치고 가서 살피곤 했는데, 그 북쪽에 으슥하면서도 높은 곳이 있어 어딘지 물어 보았더니 바로 유공이 읊던 동대東臺였으며, 남쪽의 움푹하게 낮은 곳이 또 무엇인지 알아보았더니 시서詩序에서 언급된 연지蓮池였다. 병란이 있은 뒤로 황폐해진 지 오래되어 겨우 이런 것들만 남아 있고, 나머지는 모두 전부 없어져서 다시 알아볼 수 없었다. 이에 증후는 거기서 서성이며 사방을 돌아본 뒤 '휴' 하고 탄식하며 말했다.

　　"응지凝之는 아버지로서, 도원道原[2]은 아들로서 그 높은 회포와 강건한 지조가 구양수歐陽修·사마광司馬光·소철蘇轍·황정견黃庭堅 등 제공諸公이 말했던 것과 같으니, 일세의 인걸이라 할 만하다. 생각해 보면 그분이 평소 여기서 살 때 임당林塘·관우館宇가 그윽하고 시서詩書·도사圖史가 넉넉해서 그것만으로도 흥취를 즐길 만했으니, 노닐러 오거나 고을 살러 온 당대의 인물들이 문을 두드리고 자리를 피해서 그분의 덕을 살피고 업을 여쭤 볼 수 있었다. 이 얼마나 성대한가! 그런데 지금 백년이 지난

---

　1) 『朱文公文集』, 권80. 1192년(光宗 紹熙 3, 주희 63세)에 지은 글이다. '氷玉'은 蘇轍의 "氷淸玉潔"에서 따온 말이다.
　2) 이름은 恕이다. 司馬光이 『自治通鑑』을 편찬할 때 兼修史事로 천거했다.

뒤 누대는 기울고 연못은 메워진 채 잡초만 무성해져서 나무하는 아이, 소 치는 아이들이 그 위로 휘파람 불며 뛰어다니고 있다. 또한 얼마나 슬픈 일인가! 이것은 나의 일이니 힘쓰지 않을 수 없다."

그리하여 소부少府의 남은 돈으로 민간으로부터 그 터를 사서 담을 쌓고 도랑을 만들어 군포郡圃와 합쳐 놓고, 돌을 쌓아 누대를 높이고 물을 끌어들여 연못을 깊게 하고서는, 드디어 '빙옥지당氷玉之堂'을 누대의 서북쪽에 세우고 유공劉公 부자의 상을 그려 모셨다. 또 진충숙공陳忠肅公[3] 이 여기서 묵었다는 말을 듣고는 그분의 상도 그려서 제사를 지내고, 이어서 '시시당是是堂'·'만랑각漫浪閣'도 차례로 복원시켰다. 다 만든 뒤 그림과 글을 내게 보내어 기문을 부탁해 왔다. 나도 언젠가 이 지역에서 고을살이 하면서 이 일에 뜻을 두었다가 이루지 못했는데, 지금 그림을 들추며 살펴보니 옛 기억들이 생생하게 되살아났다. 증후가 일을 잘 성취하게 된 것을 기뻐하면서도 남다른 감회가 있었다.

근년 들어 인심이 바르지 못해서 행실에 마음을 둔 이는 남들과 어울리는 것을 가장 뛰어난 행실로 삼고 일을 맡은 이는 자신에게 편하게 하는 것을 가장 좋은 방책으로 삼으니, 그들 중에 유씨劉氏 부자의 기풍을 들으면 침을 뱉으며 옥하지 않은 이가 드물다. 증후처럼 전현前賢을 표창하여 풍속을 바로잡는 데 온 마음을 다해 세습에 흔들리지 않는 사람을 찾으려고 해도 어찌 찾을 수 있겠는가! 그래서 그 일을 기록하고, 마침 어떤 이가 진영거陳令擧의 기우시회騎牛詩畫[4]를 보내 왔기에 함께 증후에게 부쳐서 당堂 위에 새겨 빠뜨려진 당대의 고사를 보완하게 한다.

순희 3년 9월 경오 삭단, 신안의 주희가 기록하다.

---

3) 南劍州 沙縣 사람 陳瓘(자는 瑩中)이다.
4) 陳令擧는 熙寧 연간에 新法을 비판했다가 南康酒稅로 좌천되어, 劉凝之와 황소를 타고 廬山으로 놀러 다니곤 했다.

21. 남악 유산 후기 — 南嶽遊山後記[1]

　　남악南嶽의 창수唱酬는 경진일(1167년 11월 16일)에 끝났는데, 경부敬夫가 이미 그 일의 전말에 대해 서문을 지어 보관하고 있다.

　　계미일에 승업사勝業寺를 출발하자 백숭伯崇(이름은 氾念德)도 여러 종형제들과 헤어져 그리로 왔다. 처음에는 수렴동水簾洞이 빼어나다는 말을 듣고 가서 한번 보려고 했는데, 비가 와서 그러지 못했다. 조순수趙醇叟·호광중胡廣仲·호백봉胡伯逢·호계립胡季立·감가대甘可大가 운봉사雲峯寺로 와서 전별해 주었다. 술이 다섯 순배 돌고 의문 나는 것을 격렬히 토론한 뒤 헤어졌다. 병술일에 저주醴州에 이르러, 나와 백숭·택지擇之(이름은 林用中)는 동쪽으로 돌아가게 되었고 경부는 그 길로 서쪽 장사로 돌아가게 되었다. 계미일에서 병술일까지의 나흘간에, 악궁에서 저주에 이르는 100리 하고도 80리의 일정이었는데, 그 사이의 산천임야山川林野와 풍연경물風煙景物이 모두 이전에 보던 것에 비해 시詩가 아닌 것이 없었지만 전날 이미 약속한 것이 있었다.[2] 또한 헤어질 날이 이미 임박했고 전날 강론하던 것 가운데 실마리만 열고 끝내지 못한 것도 있어서 이제 함께 사색하고 토론해서 정리하려던 참이었기에 시를 지을 겨를이 없었던 것도 사실이었다. 병술일 저녁에 내가 여러 사람들에게 제안했다.

---

1) 『朱文公文集』, 권77. 1167년(孝宗 乾道 3, 주희 38세)에 지은 글이다.
2) 시를 짓지 말기로 한 약속이다.

"시를 짓는 것이 본래 좋지 않은 것이 아닙니다. 그런데도 우리가 깊이 경계하여 아예 끊어버린 것은 그 길로 흐르다가 문제가 생길까 걱정해서이니, 애초에 시 자체에는 무슨 허물이 있겠습니까? 그런 데다가 지금 멀리 헤어져야 할 시일도 조석에 가까워졌으니, 언어를 통하지 않고서는 알기 어려운 정회를 풀어 낼 길이 없습니다. 그러므로 전날에 잘못을 바로잡자고 너무 지나치게 했던 일시의 약속을 지금은 파해도 좋을 듯합니다."

그러자 모두 좋다고 했다. 잠시 뒤 경부가 시를 지었고, 우리 세 사람도 각각 답시를 지어 마음을 나타내었다. 내가 또 나아가 말했다.

"전날의 약속이 너무 지나치긴 하지만, 두려워하고 일깨우자는 그 뜻은 잊지 말아야겠습니다. 왜냐하면, 시는 본래 뜻을 나타내는 도구이 므로 막힌 것을 펼쳐 내고 부드럽고 평이해야 하는 것인데, 말폐로 흐르면 뜻을 잃는 데까지 이르기 때문입니다. 그리고 여러 사람이 모이면 인仁을 돕는 도움이 있으므로 의義가 정미해지고 리理를 얻게 되며 늘 윤倫·려慮에 맞게 될 듯한데,[3] 그럼에도 간혹 유폐로 흐르곤 하기 때문입니다. 하물며 사람들을 떠나 외롭게 살게 된 뒤에는 사물의 변화가 끝이 없다 보면 아주 잠깐 사이에 이목을 현혹시키고 마음을 움직이는 것들을 어찌 막을 수 있겠습니까? 그러므로 전날 두려워하고 경계하던 뜻이 비록 조금 지나치긴 했지만 또한 마땅히 지나쳐야 할 것이기도 했습니다. 거기서 확충해 가면 지나침을 줄일 수 있게 될 것입니다."

경부가 "그대의 말이 옳으니 글로 써서 잊지 말도록 합시다"라고 했다. 그래서 보내는 사람과 남는 사람의 여러 시편들을 모아 전부 기록하고

---

3) 『論語』, 「微子」, "言中倫, 行中慮." 倫은 義理에 비춰 볼 때 상정되는 次序이고, 慮는 보통사람들의 생각을 말한다. 말이 時宜에 맞고 행동이 상식에 맞다는 뜻이다.

그 설명을 이렇게 쓴다. 이제부터 한가한 날 때때로 꺼내 보면 반盤·우盂·궤几·장杖과 같은 경계4)로 삼을 만할 것이다.

정해일, 신안 주희가 기록하다.

---

4) 고대에는 소반(盤), 사발(盂), 안석(几), 지팡이(杖) 등에 銘을 새겨 놓고 자신의 행동을 점검하곤 했다.

22. 백장산에 대한 기문 ─ 百丈山記[1]

　백장산百丈山을 3리쯤 오르면 오른쪽으로는 깎아지른 계곡을 굽어보고 왼쪽으로는 드리워진 절벽을 더듬게 된다. 돌을 쌓아 계단을 만들었는데, 열 몇 단이면 올라서게 된다. 산의 승경은 여기서부터 시작된다.

　돌계단을 따라 동쪽으로 가면 작은 개울물이 나오는데, 돌다리를 그 위에 걸쳐 놓았다. 주위에는 모두 푸른 등나무가 얽힌 고목들이어서 한여름 정오라도 더운 기운이 없었다. 맑고 투명한 물이 높은 데서 낮은 데로 흐르는데, 그 소리가 졸졸졸 들린다.

　돌다리를 건너서 두 절벽을 따라 굽이굽이 올라가 산문山門에 이른다. 열 몇 사람 정도 들어설 수 있는 세 칸 작은 집이 나오는데, 앞으로 개울물을 마주하고 뒤로 석지가 있으며 바람이 골짜기 사이로 불어 종일 그치지 않는다. 문 안에 연못을 가로지른 것은 또 돌다리이다. 건너서 북쪽으로 가면 돌계단 몇 단을 올라 암자 안으로 들어간다. 오래된 몇 칸 집 암자는 낮고 비좁아 볼만한 것이 없다. 서쪽 누각은 그래도 훌륭하다. 물이 서쪽 계곡에서 돌 틈을 따라 누각 아래로 뿜어져 나온 뒤 남쪽으로 동곡의 물과 함께 연못으로 흘러 들어간다. 연못에서 나온 물이 앞에서 말한 작은 개울물이다. 누각은 그 상류에 버티고 서 있는데, 수석이 거칠게 부딪치는 곳이어서 가장 감상할 만하다. 뒤에 벽을 세워 보이지 않게

---

1) 『朱文公文集』, 권78. 1174년(孝宗 淳熙 원년, 주희 45세)에 지은 글이다. 백장산은 崇安縣 동쪽에 있다.

한 뒤 밤에 홀로 그 위에 누워 있으면 침석 아래로 밤새 졸졸 흐르는 소리가 들리는데, 시간이 지날수록 더욱 구성진 것이 사랑스럽다.

산문을 나와 동쪽으로 열 몇 걸음 가면 석대石臺가 나온다. 아래로 보이는 가파른 절벽은 까마득하고 험하다. 숲 사이로 동남쪽을 바라보면 폭포가 암혈에서 콸콸 쏟아져 나오는데, 수십 척 공중으로 떨어지는 물거품이 마치 구슬을 흩어 놓은 듯, 안개를 뿜어내는 듯하다. 햇빛이 비치면 눈이 시려서 바로 볼 수가 없다. 대는 산 서남쪽 허전한 곳에 세워져 앞으로 노산을 향해 읍하고 있는데, 한 봉우리가 홀로 빼어나다. 그리고 수백 리 사이에 봉우리의 높고 낮은 등성이들이 또렷하게 눈에 들어온다. 해가 서산으로 기울어 여광이 옆으로 비치면 자취색이 첩첩이 쌓여 셀 수가 없고, 새벽에 일어나 굽어보면 백운이 냇물에 가득하여 파도가 넘실대는 것 같다. 그 속의 멀고 가까운 여러 산들이 모두 날아 오가는 것 같아서, 혹은 솟아오르고 혹은 없어져 잠깐 사이에 만 번이나 변한다.

누대의 동쪽은 길이 끊겼는데, 향인鄕人들이 돌을 뚫고 비탈길을 내어 건널 수 있게 한 다음 신사神祠를 그 동쪽에 세워서 홍수가 나거나 가물면 거기서 기도를 드린다. 험한 길을 두려워하는 사람은 건너지 못하기도 하거니와, 산에서 볼만한 곳도 여기서 그친다.

나는 유충보劉充父·유평보劉平父·여숙경呂叔敬 및 표제表弟 서주빈徐周賓과 함께 거기서 노닌 후 시를 지어 그 절경을 적고, 또 그 상세한 정경을 이렇게 낱낱이 기록한다. 가장 볼만한 것은 돌계단, 작은 개울물, 산문, 석대, 서쪽 누각, 폭포이다. 그래서 하나하나 별도의 작은 시로써 그곳들을 기록하여 같이 노닐던 여러 사람들에게 드리고, 또한 오고 싶었으나 아직 못 온 사람들에게 알려 준다.

모년 모월 모일에 기록하다.

23. 운곡에 대한 기문 — 雲谷記[1]

운곡雲谷은 건양현建陽縣 서북쪽 70리 노산廬山의 꼭대기에 자리해 있다. 지대가 가장 높아서 뭇 봉우리들이 위를 향해 빙 둘러싼 가운데 언덕들이 아래로 펼쳐져 있으며 안으로 널찍하고 밖으로 촘촘해서 스스로 하나의 구역을 이루고 있다. 갠 대낮에도 흰 구름이 모여들어 지척을 분간할 수 없으며, 눈 깜짝할 새 변화해서 어디로 가는지 알 수도 없다. 건도乾道 경인년(1170, 41세)에 내가 처음 발견하여 그 사이에 초당을 짓고 '회암晦庵'이라는 편액을 달았다.

골짜기 안의 물이 서남쪽으로 7리 흐른 곳에서부터 안장원女將院 동쪽에 이르기까지 무성한 나무들이 어울려 그늘을 이루고 있으며, 개울물 속에는 거대한 바위들이 서로 의지해 있어 물이 그 사이로 흐를 때면 세찬 소리가 산곡山谷을 다 울린다. 외인이 여기에 이르면 신관神觀이 상쾌해져서 이미 속세와는 아주 다름을 느끼게 된다. 그래서 '남간南澗'이라고 이름 붙여 구경을 처음 시작하는 곳임을 나타내었다.

개울을 따라 북쪽으로 올라가면 산이 더욱 깊어지고 나무는 더욱 오래되었다. 개울은 암석들로 이루어져 아래위가 두절된 채 굽이굽이 돌아 흐르며, 물이 높은 곳에서 낮은 곳으로 떨어진다. 긴 것은 한두 길(丈)이나 되고 짧은 것도 모두 몇 척을 넘는데, 어떤 것은 가려졌다가

---

1) 『朱文公文集』, 권78. 1175년(孝宗 淳熙 2, 주희 46세)에 지은 글이다. 이해에 鵝湖寺에서 陸九淵 형제와 논변을 벌이고, 呂祖謙과 함께 『近思錄』을 지었다.

곁으로 쏟아져 몇 층이 서로 이어진 뒤에 흘러간다. 때때로 지류가 양쪽 산곡에서 합쳐 들어오기도 하는데 서로 부딪치면서 흩뿌려지는 모양이 훌륭하다. 1리쯤 가서 무성하게 우거진 수풀로 백 몇 걸음 숙이고 들어가면 거대한 바위가 물가에 있으니 발돋움해서 설 만하다. 개울 서쪽에는 가파른 바위가 옆으로 서 있는데, 이끼와 덩굴이 휘감아 있고, 아름다운 나무와 기이한 풀들이 위로부터 사방으로 드리우고 있으며, 물이 그 아래로 흘러 개울 속으로 흩뿌리듯 부딪치며 쏟아져 들어가니, 몹시 그윽하고 아름답다. 하류는 열 몇 번을 굽이도는데, 들끓듯이 요란하다가 서쪽으로 가서 잇몸처럼 생긴 횡석에 부딪친 뒤로는 끌려가듯 넘실넘실 서서히 흘러간다. 여기에 작은 정자를 세우고 육사형陸士衡이 지은 「초은시 招隱詩」의 말을 따서 '명옥鳴玉'이라는 이름을 붙이려고 했지만,2) 그럴 겨를이 없었다.

이로부터 다시 북쪽으로 가면 폭포 서너 곳을 지나게 된다. 높은 것은 대여섯 길에 이르기도 하는데, 모이고 흩어지며 넓고 좁은 것이 각각 자태가 있어 정자를 세워서 음미해 볼 만하다. 다시 북쪽으로 가서 개울을 버리고 산을 따라 굽이돌아 동쪽으로 가면, 발아래 초목이 뒤엉켜 있어서 깊이를 알 수 없는 그 아래로 우레 같은 물소리가 들려오니 좋은 곳이 있음직도 하건만 찾아가 볼 겨를이 없다.

수백 보를 가면 높이와 넓이가 모두 백여 척이나 되는 석벽石壁이 나오고, 그 가운데로 폭포가 흐른다. 멀리서 바라보면 마치 비단을 드리운 듯하며 개울의 여러 폭포 가운데 가장 긴데, 길이 그곳을 지나게 되어 있어 옷을 걷고 건넜다. 지나온 길을 돌아보니 여러 산들이 모두 꼭대기를 드러내고 있는데 유독 서북쪽으로 보이는 반산半山에 입석立石과 총목叢木

---

2) 陸機의 「招隱詩」에 "飛泉漱鳴玉"이라는 표현이 있다.

이 서로 뒤엉켜 우뚝 솟은 것이 있어 마치 하늘 밖에 서 있는 듯하였으니, 시자암犲子巖이라 이름하였다. 그러나 석벽 사이로 폭포의 근원을 찾아서 북쪽의 운곡을 향해 계속 들어가면 다시 아래로 굽어보인다. 지세의 고하는 대략 여기서 볼 수 있다.

계곡 초입의 협소한 곳을 관문으로 삼아 내외가 구분된다. 두 날개 부분은 헌창軒窓이 되니, 앉고 누울 만해서 노니는 사람이 쉴 수 있게 해 준다. 밖에 총황叢篁을 심고 안에 연못을 만들었으며 나무다리를 놓고 삼나무를 사방에 둘러 심었다. 서쪽으로 작은 산을 따라 올라 가면 가운데 마루에 이르게 된다. 연못가에 몇 이랑 밭이 있는데, 그 동편에 전사田舍 몇 칸을 지어 운장雲莊이라 부르려 한다. 가운데 마루의 발치를 따라 북쪽 천협泉峽으로 들어가서 석지石池·산영山楹·약포藥圃·정천井泉·동 료東寮의 서편을 거쳐 빙 둘러 남쪽의 숲속으로 들어가면 초당 세 칸이 나온다. 이것이 이른바 회암이다. 산영山楹은 앞쪽으로 두 봉우리를 마주하 고 있는데, 가파르고 우람하게 서서 아래로 석지를 굽어본다. 동쪽에는 층장層嶂이 솟아 있고, 그 옆구리에 경작할 만한 몇 이랑이 있다. 그곳 요사寮舍에 도사道士가 사는데, 가운데 마루 동편으로 경작할 만한 곳은 모두 개간했다.

초당 앞으로는 빈터 몇 길이 있다. 왼 어깨는 앞쪽으로 휘둘러 작은 산을 이루고 있는데, 춘椿·계桂·난蘭·혜蕙 따위를 심어져 있어 제법 더북하다. 남봉南峯이 그 등에 있는데, 고고하고 완정하며 곧고 빼어난 모습은 빗댈 것이 없다. 그 왼편으로도 우거진 나무와 빼어난 대나무들이 푸른빛으로 촘촘하게 둘러서 있어 빈틈이 없다. 그 사이에서 노닐다 보면 내 몸이 얼마나 높은지 땅이 얼마나 멀리 있는지 알 수 없으니, 해와 달을 곁에 두고 바람과 비를 굽어볼 만하다.

초당의 뒤에 풀을 엮어 초막을 만들었다. 잠깐 산꼭대기에 올라 북쪽으로 바라보면 무이산武夷山의 여러 봉우리를 굽어볼 수 있다. 정자를 지어 바라보고 싶지만 바람이 거세어 오래 버틸 것 같지 않아서 석대를 짓고 '회선懷仙'이라고 이름 붙였다. 작은 산의 동쪽 길이 산복山腹을 휘둘러서 대나무 숲을 뚫고 남쪽으로 나와서 서쪽으로 내려가니, 거기서 산 앞의 마을 자리를 바라보면 촌락이 드문드문하여 손가락으로 꼽을 수도 있을 듯했지만, 또한 집을 짓지 못하고 다시 대臺를 지어 '휘수揮手'라 이름 붙였다. 남쪽으로 산등성이를 따라 내려오면 옆으로 빠지는 길이 나오는데, 그 길의 남쪽이 바로 골짜기 초입에 있던 작은 산이다. 그 위에 작은 평지가 있으니, 농사꾼들이 여기서 한 해 농사를 기원한다. 그래서 '운사雲社'라고 이름 지었다.

길은 동쪽으로 삼나무 숲으로 이어지고 서쪽으로는 서엄西崦으로 들어간다. 서엄에는 몇 십 이랑의 땅이 있는데, 거기에도 도사들이 띳집을 만들어 농사짓고 사니 '서료西寮'라고 부른다. 그 서산의 등성이가 동쪽 아래로 빙 둘러서 남봉의 서쪽과 서로 물려 있고 골짜기 초입의 작은 산이 그 사이에 끼여 있으니, 마치 거인이 손을 드리워 주벽珠璧을 들고 노는 것 같다. 서엄과 남봉의 물이 그 앞에서 합쳐져서 남간南澗을 만들어 낸다.

동료의 북쪽에는 복숭아 길과 대나무 언덕, 옻 밭이 있고 북령北嶺을 넘으면 차를 심은 고개가 있다. 차 심은 고개에서 동북쪽을 향해 가파른 바위를 타오르기도 하고 옆길로 걸어가기도 하면 그 아래로 무성한 수풀이 거의 수십 보이고, 동봉東峰 산마루를 지나 내려갔다 올라오면 절정에 이른다. 평평한 곳은 한 길 남짓 낮고 사방은 모두 깎아지른 절벽인데, 아래로 수백 길이어서 내려다보면 어지러워서 무서움을 참지 못한다. 그러나 주위를 둘러보면 사방 수백 리가 모두 눈에 들어오고 봉우리가 끊어질 듯하면서도 계속 이어져서 멀고 가까운 곳이 둥글게 합쳐져 있으며 비췻빛 구름 물결이 아침저녁으로 만 가지 모양을 만들어내니, 세인들의 이목으로 늘 볼 수 있는 바가 아니다. 일전에 내가 상수湘水서쪽 악록산嶽麓山의 꼭대기를 '혁희대㷉曦臺'[3]라고 이름 지은 적이 있는데, 장백화보張伯和父가 큰 글씨로 써서 몹시 장위하다. 그런데 지금 와서그곳이 그 이름에 맞지 못한 것을 알게 되었으니, 그 이름을 이리로옮겨와서 이 승경을 자랑해야 할 것 같다.

절정의 북쪽 아래에는 위림魏林이 있는데, 반암牛巖을 옆으로 띠고 있고목기木氣가 매서워 비질痺疾을 고칠 만하다. 어쩌면 방가方家에서 쓰는아위阿魏인지도 모르겠다. 숲 아래 바위에는 떨어지는 물이 웅덩이를이루고 있는데, 크기가 술잔만하다. 마르지도 않고 넘치지도 않아서마을 사람들이 '현제顯濟'라고 부르며, 홍수가 지거나 가뭄이 들면 여기서기도한다. 또 그 아래는 북간北澗이다. 큰 바위 둘이 개울가에 마주서있으며 고목이 가파른 산을 에워싸고 그것을 등나무와 꽃들이 덮고있으니, 산북에서 가장 빼어난 곳이다. 마을 사람들이 왼쪽을 '인仁'이라고부르고 오른쪽을 '의義'라고 부르며 세시歲時마다 법을 지키듯 제사를지낸다. 듣자니, 동북쪽으로 가면 폭포가 있어 유당봉油幢峯 아래 돌 절벽의낭떠러지 아래로 떨어지는데 물이 공중에서 수십 길을 쏟아져 기세가더욱 기특하고 장위하다고 한다. 또 동남쪽 별곡別谷에는 석실石室들이있어 모두 거처할 만하지만 그 중 한 곳이 더욱 훌륭하니, 두 방을 나란히만들고 그 가운데에 옆문을 내었으며 곁에 있는 샘물을 끌어 씻고 닦을수 있다고 한다. 그러나 겨를이 없어 가 보지는 못했다.

동장東嶂으로부터 남쪽으로 작은 산등성이 아래로 수십 보 내려가면거대한 바위가 아래로 절학을 굽어보고 고목이 무더기로 서서 큰 가지를

---

3) 『楚辭』 「離騷」에 "陟陞皇之赫戲"라는 구절이 있는데, 주희의 『楚辭集註』에 따르면 '戲'는 '曦'로 쓴 곳이 있고, '빛나는 모양'이라고 한다.

뻗치고 있으니, 이곳이 중계中溪이다. 샛길은 아래로 촌락으로 들어가고, 그 가운데 길은 처음 들어올 때 보았던 남간南澗 서편 비탈에서 떨어지는 작은 폭포의 근원에 이른다. 거기에 각각 돌밭 몇 이랑이 있는데, 촌민들이 멀고 척박하다고 해서 버리고 경작하지 않는다. 모두 돈을 주고 사들여서 회암晦菴을 지키는 사람에게 삯으로 주고 그 나머지는 증수增修하는 비용으로 충당한다면 족히 밖에서 구할 것 없이 살 수 있을 듯하다.

대개 이 노산은 서북쪽에서 횡으로 뻗어 나가며 그 산등성이는 숭안崇安·건양建陽의 남북 경계가 되는데, 근처 수백 리의 산 가운데 이곳보다 높은 곳이 없다. 이 운곡은 아래서 위로 5분의 4를 차지하는데, 광활한 곳은 사방을 바라볼 만하고 깊은 곳은 사람이 살 만하다. 옛날에 왕군王君 자사子思란 이가 관직을 버리고 숨어살면서 연형練形·벽곡辟穀의 법을 배우다가 몇 년이 지난 뒤 떠났는데, 지금 동료東寮가 바로 그가 살던 유지이다. 그러나 땅이 높고 기운이 차며 또 매서운 바람이 많고 습한 구름이 흩날려서 기용器用과 의복이 모두 목욕한 듯 젖어 버리므로 뜻이 완전하고 신이 왕성하며 기가 성하고 뼈가 강하지 않은 사람이라면 오래 거할 수 없으며, 사방으로 오르는 길은 모두 절벽을 타고 칡을 당기면서 몇 리나 되는 길을 기구하게 올라가야 하므로 평소 임천林泉에 뜻을 두어 노고를 꺼리지 않는 사람이 아니라면 이르지 못한다. 우리 집에서도 서남쪽으로 80리나 되므로[4] 다른 사람들은 절대 오지 못하고, 나도 한 해에 한두 번 정도 올 뿐이다. 다만 내 벗 채계통蔡季通[5]이 산의 북쪽 20리 거리에 살고 있어 몇 번 그곳을 왕래했으니, 처음 지반을 닦고 지금 낙성하기까지 모두 그의 힘이다.

내가 늘 생각해 온 것이 있으니, 지금부터 10년쯤 뒤에는 자식들 시집장

---

4) 당시 주희는 崇安 五夫里 潭溪에 살고 있었다.
5) 주희의 제자 蔡元定이다. 風水에 밝아 주희에게 이 방면으로 많은 조언을 했다.

가도 다 보내었을 터이니 곧장 집안일을 끊고 이 산으로 종적을 감출 작정이다. 그때가 되면 산의 숲은 더욱 우거질 것이고 수석은 더욱 그윽해질 것이며 집들은 더욱 완미해질 것이니, 산에서 밭 갈고 물에서 낚시하며 심성을 기르고 독서하며 금琴을 타고 부缶를 두드리며 선왕의 풍風을 노래한다면 즐거운 마음에 죽는 것도 잊게 될 것이다. 그러나 지금은 아직 겨를이 없어, 잠시 그 산수의 승경을 이렇게 기록하고 아울러 시를 지어서 화공에게 그림을 그리게 하여 때때로 내놓고 보면서 자신을 위로하고자 할 따름이다.

산영山楹과 마주한 두 봉우리의 아래에는 옛날에 방사方士 여옹呂翁이 살았는데 죽어서도 썩지 않았다고 한다. 그 땅이 또한 고절하고 아주 빼어난데, 본래 산 북쪽의 민가에 속한 것이었으나 지금 그곳도 사들여 '휴암休庵'이라 이름 지었다. 대개 내 산에서 밭 갈아 먹는 이들은 여옹의 무리들로, 대부분 순질淳質하고 청정淸淨해서 근골을 움직여 자급하며 남이 자신들을 범해도 따지지 않는다. 한 소년이 처자를 버리고 그들을 따라 다니고 있기에 거기서 주고받은 것이 무엇인지 물었더니 웃기만 할 뿐 대답하지 않았으나, 오랜 시간이 지나도 더욱 견고해지면서 원망하거나 후회하는 빛이 없었다. 아! 그들이 인륜을 끊어버린 것은 비록 선왕의 가르침에는 어긋나는 것이지만, 이익을 탐하고 미색에 빠져서 헤어나지 못하는 사람에 비해서는 뛰어나다. 그래서 그것도 기록해서 자신을 경계한다.

순희 을미 가을 7월 기망에 회옹晦翁이 기록하다.

24. 와룡암에 대한 기문 — 臥龍菴記[1]

　　와룡암臥龍菴은 여산盧山 남쪽 오유봉五乳峯 아래에 있다. 나는 어려서 귀산龜山선생 양공楊公(楊時)의 시를 읽으면서, 와룡 유군劉君이 은거하여 벽곡辟穀하면서 나무를 먹고 시냇물을 마시고 살았는데 백 살이 지나도 신색神色이 맑고 눈이 푸르며 객이 오면 늘 먼저 알았다는 기록을 보았기 때문에 이 초막(菴)이 있다는 것을 알고 있었다. 작년 은혜를 입어 이곳에 와서는[2] 또 진순유陳舜兪 영거令擧의 「여산기盧山記」를 읽어 보았는데, 그 기록에 이런 것이 있었다. "여산이 천하에 알려지게 된 것은 개선사開先寺의 폭포가 서응徐凝·이백李白의 시에 나오고 강왕곡康王谷의 수렴동水簾洞이 육우陸羽의 『다경茶經』에 나오기 때문이지만, 이미 유심幽深하고 험절險絶한 곳마다 모두 수석水石의 아름다움이 있다. 이 초막의 서쪽에는 창애蒼崖가 사방에 서 있고 노한 폭포가 그 사이에 쏟아져 나오는데, 큰 골은 깊고 깊어서 흠칫 놀랄 만하다. 몇 길이나 되는 황석黃石이 은은히 비친 것이 격랑 속에 연이어져 있어 보는 사람이 어지러움을 느끼게 되는데, 완연하게 날아 춤추는 것 같아서 와룡臥龍이라고 이름 지었다. 이곳 산수 가운데 가장 뛰어난 곳이다." 그래서 또 천석泉石의 승경이 이와 같다는 것을 알게 되었다.

---

1) 『朱文公文集』, 권79. 1180년(孝宗 淳熙 7, 주희 51세)에 지은 글이다.
2) 주희는 1179년, 50세 3월에 南康軍 知事로 부임했다. 軍은 郡과 동등한 행정 단위로 군사적 요충지에 설치되었다.

얼마 전 순시하느라 비로소 가 보게 되었는데, 초막은 이미 없어지고 유군劉君도 더 이상 보이지 않았지만 천석의 승경만은 변함이 없었다. 그러나 그 장위하고 기특한 기세는 진순유의 기록으로 다 묘사하지 못한 바가 있었다. 나는 그곳이 황폐해져 버린 것을 안타깝게 여기면서도, 그곳이 멀리 깊은 산중에 떨어져 있어 수레나 말이 다니지 못해서 내가 혼자 차지할 수 있게 된 것을 다행으로 여긴다. 이때 이미 상소를 올려 군불郡紱을 벗게 해 달라고 했으니,[3] 봉전俸錢 10만 전을 털어 서원西原의 은자 최군崔君 가언嘉彦[4]에게 부탁해서 옛터에 몇 서까래의 집을 짓게 해 두었다가 명이 내려오면 옮겨 가려고 한다. 또한 이 못 이름의 의미에 따라 한漢 승상 제갈공의 화상을 그려 당중堂中에 놓았는데, 오랜 벗 장경부 張敬夫가 시를 지어 그 일을 기록했다.

그러나 초막이 못에서 백 보나 떨어진 곳에 있어서 어지러운 돌길을 지나 시냇물 셋을 건너야 이를 수 있고, 거기 가서도 발 딛고서 경관을 구경할 만한 곳이 없다 보니 낭패해서 돌아오는 경우가 있었다. 그래서 그 동쪽 기슭으로 돌을 깨뜨리고 길을 내어서 더위잡고 건널 수 있게 하였다. 조금 아래에는 큰 바위가 시내 가운데 가로로 서 있는데, 위로는 교목喬木을 가리고 아래로는 청류淸流를 굽어보고 있으며 앞으로는 비폭飛 瀑을 마주하고 있어 골 가운데 가장 빼어난 곳이다. 드디어 그 위에 정자를 지었는데, 이민吏民들이 기도하는 곳이면서 또 여기 노닐러 오는 사람들이 서성이며 의존한 채 멀리 여기저기 바라보며 마음을 쾌적하게 할 수 있는 곳으로 삼았다. 이해에 마침 큰 홍수가 나서 '기정起亭'이라는 이름을

---

3) 郡紱은 郡守의 직임인데, 여기서는 남강군 지사의 직임을 말한다. 주희는 부임하 기 전부터 계속 사임하게 해 달라고 요청했으며, 1180년 정월에 또 한 차례 사직 소를 올렸다.
4) 西原菴과 은자 崔嘉彦에 대해서는 다음에 나오는 「西原菴記」에 상세히 소개되어 있다.

붙였다. 그렇게 하면 연못 속에 누워 있던 용이 일어나서 하늘로 가려니 생각했다.

내가 이전에 올렸던 요청은 지금까지 몇 번이나 다시 올렸지만 아직 대답이 내려오지 않고 있고, 세월은 눈 깜짝할 새에 흘러가 버리니 생각하면 마음이 무겁다. 그래서 이곳을 지은 본말을 기록해서 집의 벽에다 붙여 두니, 오는 사람이 읽으면 내 뜻을 알 수 있을 것이다.

순희 경자 겨울 11월 병진, 신안 주희가 기록하다.

25. 서원암에 대한 기문 — 西原菴記[1]

나는 어려서부터 산수를 좋아하는 것이 아주 심했는데, 중년 이래로 병들고 쇠약해서 사방에 뜻을 펴지 못했다. 다만 여산의 빼어남이 천하에 으뜸이어서 기인과 일사逸士가 더러 그곳에 머문다는 말을 듣고서는 늘 한번 놀러 가 보려고 했는데 겨를이 없었다. 재작년에 은혜를 입고 이곳 군郡을 맡게 되니[2] 마침 여산의 남쪽이었다. 간혹 관청의 공무 때문에 그곳에 가 볼 수 있었는데, 암학巖壑이 그윽하고 수석水石이 기괴하여 평소에 보지 못하던 곳이었다. 암학과 수석 사이에서 또한 성기成紀 사람 최군崔君을 만나게 되니, 이전에 들었던 말들이 참으로 거짓이 아니었다.

군의 이름은 가언嘉彦이고 자는 자허子虛인데, 어려서 강개하여 기이한 뜻이 있었다. 장년 들어 파동巴東과 삼협三峽 사이로 세속을 피해 숨어들어 신농神農·노자老子의 술術을 닦았다. 그러다 동쪽으로 오월吳越로 내려와서 경전耕戰에 관한 방책方策을 제시하며 고故 재상 조충간공趙忠簡公(趙鼎)에게 써 줄 것을 요청하였다. 조공이 옳게 여겼으나 마침 조공이 재상 자리를 떠나게 되어 그 일이 이루어지지 못했다. 군은 그 뒤 이 산으로 자취를 감추고 진영거陳令擧가 지은 도기圖記를 좇다가 와룡臥龍폭포 동쪽에서 서원암西原菴의 옛터를 찾아 집을 짓고 살았다. 밭을 갈고 약초를 심었는데,

---

1) 『朱文公文集』, 권79. 1181년(孝宗 淳熙 8, 주희 52세)에 지은 글이다.
2) 「臥龍菴記」의 각주에 설명되어 있다.

25. 서원암에 대한 기문 447

겨우 자급할 수 있을 정도였다. 사방에서 왕래하는 이들이 모두 거기서 묵었으며, 병들고 늙어서 갈 곳 없는 사람이 오면 또한 거두어 주었다. 나이가 칠십 세가 넘었지만 신명과 근력은 조금도 쇠하지 않았다. 내가 한번 찾아가 보았더니 군이 나를 피하지 않았다. 하루는 자신의 생애에 대해 얘기해 주어서 함께 크게 탄식하기도 했다. 마침 내가 와룡에 집을 짓고 제갈승상을 제사지내려고 했는데, 세상에는 그 뜻을 아는 이가 적었으나 군만은 탄식하며 "이것은 대단한 일이다"라고 하였다. 그래서 서로 그 일을 함께 꾸려 나가서 완성을 보게 되었다. 양년 사이에 서로 만난 것이 몇 번이나 되었지만 군은 바깥일에 대해서는 한마디도 하지 않았다. 나는 그래서 군의 사람됨을 더욱 훌륭하게 여겨 거듭 그가 이미 늙어 더 이상 세상에 쓰이지 못하는 것을 안타까워했다. 순희 신축년 윤월의 그믐에 내가 군郡을 그만두고 떠나게 되자 와룡으로 와서 자게 되었는데, 군이 "와룡의 일에 대해서는 그대가 이미 글을 지었지만 서원西原에 대해서는 기록이 없으니, 다시 나를 위해 글을 지어줄 수 있겠는가?"라고 하였다. 나는 그러겠다고 답하고, 이렇게 그 말을 전부 기록해서 돌에 새기게 하였다.

신안 주희가 기록하다.

26. 여암기 문집 발문 — 跋余巖起集[1]

　나는 어려서 그래도 자못 선배 학자들을 만나 뵙고 그분들의 여론餘論을 들을 수 있었다. 그래서 뜻을 세우고 처신하는 데 있어서는 강개하고 곧은 것을 훌륭하게 여기고, 관리가 되어 사업을 벌일 때는 굳세고 과단성 있는 것을 옳게 여겼다. 문장文章에 대해서는 또한 아주 명백하게 사정을 바로 드러냄으로써 모호하여 둘러대거나 실눈으로 비굴하게 웃는 교태를 부리지 않아 읽는 사람들이 한두 번 읽고서 바로 그것이 어떤 일에 대해 논하고 어떤 책략을 따른 것인지 분명하게 알아차리게 해서 피차가 의심이 없게 하는 데 힘썼다. 근년 들어 풍속이 크게 변하여 조정의 사대부로부터 아래로 여항閭巷의 선비들까지 서로 동일한 의논을 전수하고 익히고 있는데, 그것은 바로 '처신處身하고 입언立言할 때 오로지 모나지 않게 둘러서 감추고 원숙하고 부드럽게 하는 것을 숭상하여, 함께 지내는 사람이 죽을 때까지 그 속에 담긴 뜻이 무엇인지 알지 못하게 하고 그 말을 듣는 이가 하루 종일 그 뜻이 무엇인지 알지 못하게 하는 것'이었다. 4~50년 전의 분위기와 비교해 보면 한서寒暑・주야晝夜의 상반됨 정도가 아니다. 무엇이 이렇게 만든 것인가? 용산龍山 사람 여공余公의 글을 본 사람이라면 또한 개연하게 느끼는 바가 있을 것이다.

　여공余公은 휘가 양필良弼이고 자가 암기巖起이며, 제생 때부터 글로

---

1) 『朱文公文集』, 권83. 1193년(光宗 紹熙 4, 주희 64세)에 지은 글이다.

장옥場屋에 알려졌다. 향거鄕擧를 거쳐 전례대로 외대外臺에서 시험을 치렀는데, 나의 선군자先君子[2]와 고故 직비각直秘閣 오공吳公 공로公路가 그 글을 읽고 기이하게 여기고 참으로 쓸 만한 자질이 있다고 보아서 그 글을 전열에 놓았다. 얼마 뒤 막부幕府에 들어가 획책劃策으로 도적을 평정하는 데 공이 있었고 중앙과 지방을 출입하다가 드디어 수곤帥閫[3]을 분담받았는데, 모두 명성과 공렬功烈이 있었다.

평생 글을 지은 것이 아주 많았지만 대부분 잃어버리고 남은 것은 이 정도이다. 그러나 모두 실제의 일을 들어 그 일에 적용하는 방법에 대한 글이어서 공언이 아니다. 돌아가신 지 28년이 지나 막내아들 대용大用이 건양建陽의 현위縣尉로 와서 내게 그 글을 보여 주었다. 나는 선세先世에 뜻이 맞았을 뿐 아니라 소리小吏일 때 온릉溫陵에서 공을 모실 적에 격려와 가르침을 받았는데, 노년에 영락零落해져서 다시 이 글을 얻어 읽어 보게 되었으니 금석今昔의 변화에 대해 치미는 감개를 또 어떻게 한단 말인가! 공자께서는 "나는 그래도 사史가 글을 빠뜨려 두는 것을 보았으며 말을 가진 이가 남에게 빌려 주는 것을 보았다. 그런데 지금은 없어졌다!"[4]라고 하셨다. 나는 여공의 글에 대해서도 그런 느낌을 받는다. 그래서 크게 탄식하고 그 말미에 글을 쓴다. 대용은 염개廉介하여 구차하지 않으며 일을 만나면 과감히 나아가니, 공의 풍열豊烈이 남아 있다.

소희紹熙 계축 12월 경신, 조산랑朝散郞 비각수찬秘閣修撰 주관남경홍경궁主管南京鴻慶宮 주희가 쓰다.

---

2) 주희의 부친 위재韋齋 주송朱松이다.
3) 수부帥府 즉 수신帥臣의 막부이다. 송대宋代의 경우 수신帥臣은 안무사安撫使이다.
4) 『논어論語』, 「위령공衛靈公」.

27. 이참중 행장 발문 ─ 跋李參仲行狀[1]

종산鍾山선생 이공李公 참중參仲의 아들 계찰季扎이 그 선군자先君子의 행장 한 통을 모시고 수백 리를 멀다 않고 건계建溪 가[2]로 나를 찾아와서는 절하고 일어나 눈물을 떨어뜨리며 묘지명을 지어 달라고 했다.

우리 선세先世는 무원婺源에 살아서[3] 공公과 같은 현縣 사람이었지만 건주建州로 온 지 오래되었다.[4] 소흥 경오년 내 나이 20세에 처음으로 고향으로 가서 분묘墳墓와 종족宗族·인당姻黨을 찾아 절할 때 공을 알게 되었는데, 그 여론餘論을 듣고 마음으로 그분의 훌륭함을 알게 되었다. 그러나 그때는 나이 어리고 막 배우는 참이라 여쭐 수는 없었다. 중년에 다시 돌아가 다시 공을 뵌 뒤에야 같이 노닐면서 더욱 친해졌다. 그때 공은 이미 종산鍾山에 살 곳을 잡고는 노년을 거기서 보낼 작정을 하고 계셨다. 두 숲 사이로 도랑은 맑고 소는 깊었으며 대와 나무는 빽빽하였다. 때때로 나와 나의 표제表弟인 정윤부程允夫(이름은 洵)에게 그 속을 거닐면서 도의道義를 강론하고 고금을 담론하게 하거나 술 마시고 읊으면서 노닐면서 많은 시간을 보내도록 했다. 간혹 그분이 평소 지은 문사文詞들을 꺼내어 내게 읊게 하곤 했는데, 모두 고고하고 기굴奇崛하며 심후하고

1) 『朱文公文集』, 권83. 1195년(寧宗 慶元 원년, 주희 66세)에 지은 글이다.
2) 이때 주희는 建州 考亭에 있었다. 建溪는 그곳을 흐르는 시내이다.
3) 주희의 조상은 대대로 徽州 婺源縣 萬安里 松巖里에 살았다.
4) 주희의 부친이 建州 政和縣의 縣尉로 부임하면서 건주로 옮기게 되었다.

엄밀해서 그 사람됨과 같았으니 공을 공경하는 마음이 더욱 깊어졌다. 그 뒤 몇 년이 지나 공이 돌아가셨다는 소식을 들었지만 나는 우환과 질병으로 여의치 않아서 가서 곡하지 못했다. 그런데 공의 아들들은 그것을 죄로 여기지 않고 오히려 내게 부탁해 왔다.[5]

그 행장을 받아서 읽어 보니 또한 윤부의 글이었다. 세 번 읽은 뒤에 공의 목소리와 모습을 눈앞에 뵙는 듯했다. 고국의 인물들이 점점 사라져 가는 것을 길이 염려하노니, 공과 같이 뛰어난 이를 어떻게 다시 얻을 수 있겠는가? 내가 비록 불민하지만 어찌 말을 아낄 수 있겠는가? 그러나 병들고 쇠약하고 심력이 시들어 붓을 들어 쓰려고 해도 정신이 모이지 않는다. 그래서 계찰의 뜻을 채우지 못하고 그 편말에 이렇게 기록하여, 윤부의 행장에 전혀 부끄러워할 만한 말이 없으니 내가 짓더라도 더 나을 수 없다는 것을 보인다. 등공滕珙이 기록한 것이 행장의 빠진 부분을 보완해 줄 수 있다. 대저 수십 년 동안 향인의 자제들 가운데 자호自好하여 문사에 뛰어난 이가 많으니, 사우師友의 연원에 뿌리가 있기 때문이다.

경원 원년 11월 계사 동지, 오군吳郡 주희가 고정考亭의 거처인 청수각淸邃閣에서 쓰다.

---

5) 묘지명을 부탁해 왔다는 말이다.

28. 병옹선생 시 발문 ― 跋病翁先生詩[1]

달이 높은 밤에 울리는 쟁箏은, 소리가 비단 창에서 들린다.
바람을 타고 더욱 멀어져, 구름을 감고 잠시 서성인다.
남은 소리 사랑스러우나, 번다한 현들이 서로 재촉한다.
쟁 타는 사람 볼 수 없고, 품은 뜻은 멀리서도 안다.
옛 사랑 버렸다고 슬퍼하리, 새 약속 어겼다고 원망하리.
품은 정 눌러 드러내지 않고, 곡에 실어 슬픔을 펴낸다.
첫 소리에 서리가 날리고, 다음 소리에 유광流光이 무너진다.
듣는 이 드물다고 원망하더니, 은갑銀甲에 뜬 먼지가 생긴다.
짝 잃은 봉이 그윽하게 우노니, 뭇 새들의 소리는 짝될 수 없다.
성년盛年에도 오호! 불우不遇했거늘, 용모가 이미 쇠해 버리지 않았는가!
도道가 같으면 부편에 응락하고, 뜻이 다르면 중매만 고달플 뿐.[2]
안달하는 담장 동쪽의 객도, 능운凌雲의 자질을 품었도다.[3]

이것은 병옹선생이 어려서 지은 「문쟁시聞箏詩」이다. 규모規模와 의태意態
가 모두 『문선文選』의 악부체樂府體를 배운 것이어서 근세의 속체俗體가

1) 『朱文公文集』, 권84. 1199년(寧宗 慶元 5, 주희 70세)에 지은 글이다.

2) 『楚辭』, 「九歌」, "心不同兮媒勞."

3) 後漢 王君公이 儈牛에 은거하고 있을 때 당시 사람들이 "담장 동쪽으로 세상을
피한 왕군공"이라고 불렀다.

끼어 있지 않다. 그래서 그 기운이 고고하고 음절이 화창하여 당시의
무리들 가운데 미칠 만한 이가 드물었다. 만년 들어 필력이 노건해지고
여러 작품을 출입하여 스스로 일가를 이루자, 이미 이 체가 조금 바뀌었다.
그러나 나는 일찍이 천하만사는 모두 일정한 법이 있으므로 그것을
배우는 이는 순서대로 배워서 점진해 나가야 한다고 여기니, 시를 배울
때에도 또한 이런 것들을 법도로 삼아야 한다. 고인의 본분과 체제를
거의 잃지 않을 수 있게 된 다음에 나아간다면 그 변화를 성취하는
것이 진실로 쉽게 헤아릴 수 없을 것이다. 그러나 변화란 대단히 어려운
일이다. 정말 변화하면서도 바름을 잃지 않을 수 있으면 종횡으로 묘용하
여도 무슨 안 될 것이 있겠는가마는, 불행히도 그 바름을 하나라도 잃게
된다면 이것은 도리어 일생 동안 평온하게 고본과 구법을 묵수하기만
하는 것만 못할 것이다. 이백·두보·한유·유종원은 모두가 처음에 『문
선』의 시를 배운 이들인데, 두보와 한유는 변화가 많고 유종원과 이백은
변화가 적다. 변화는 배울 수 없고 변화하지 않는 것은 배울 수 있으니,
변화하는 것을 배우기보다는 변화하지 않는 것부터 배우는 것이 낫다.
이것이 노魯나라 사내가 유하혜를 배운 뜻이다.[4] 오호! 배우는 이들은
"승삭繩索에 번거롭게 구애되지 말라"는 말에 현혹되어 방사放肆해져서
스스로를 속이게 되지 말지어다!

　기미년 5월 22일.

---

4) 『孔子家語』에 나오는 말이다. 魯나라에 홀아비가 있었는데 옆집 과부가 폭풍우로
집이 부서지자 그날 같이 지낼 것을 요구했다. 홀아비가 거절하자 과부가 "왜
당신은 유하혜처럼 하지 않습니까?"라고 불평했다. 유하혜는 남과 허물없이 어
울리기로 유명한 사람이다. 홀아비는 "유하혜라면 괜찮지만 나는 안 됩니다. 나
는 안 된다는 것을 분명히 함으로써 그렇게 해도 괜찮은 유하혜를 배우려고 합
니다"라고 했다. 처지에 맞게 처신하는 것이 옳은 삶이며, 그렇게 하는 것이 결
국 유하혜 같은 현인의 삶을 배우는 셈이라는 뜻이다.

29. 육선생 화상찬 — 六先生畵像贊[1]

염계선생濂溪先生(周惇頤)

도道가 천년간 끊어지니 성인은 멀어지고 말은 사라졌네.

선각先覺이 없었다면 누가 우리를 깨우쳐 주었을까?

글은 말을 다 싣지 못하고 그림은 뜻을 다 싣지 못하네.[2]

바람과 달은 가없고[3] 뜰의 풀은 어우러져 푸르도다.[4]

명도선생明道先生(程顥)

햇빛처럼 비추고 태산처럼 섰으니 옥 같은 낯빛으로 금석의 소리

　　울렸네.[5]

원기元氣가 모여 혼연히 하늘이 이루어졌도다.

상서로운 해와 구름, 부드러운 바람과 단 비.

용덕龍德이 정중正中에 있어 그 베풂 이렇게 넓어라.[6]

---

1) 『朱文公文集』, 권85. 1173년(孝宗 乾道 9, 주희 44세)에 지은 글이다.

2) 周惇頤가 「太極圖說」과 『通書』를 지은 사실을 말한다.

3) 黃庭堅이 주돈이에 대해 "인품이 몹시 높고 가슴 속이 시원하여 마치 光風霽月
　같다"라고 했다.

4) 程顥가 "周茂叔(주돈이)이 창문 앞 풀을 뽑지 않자 누가 물으니, 주무숙은 '풀이
　나와 같은 의지를 가지고 있기 때문이다'라고 대답했다" 하였다.

5) 『禮記』「玉藻」에 "山立, 時行, 盛氣顚實揚休, 玉色."이라 하였다. 그리고 『莊子』「讓王」
　에, "曾子歌商頌, 聲滿天地, 若出金石"이라 하였다.

6) 『周易』 乾卦 「文言傳」에 "見龍在田, 利見大人, 何謂也? 子曰, 龍德而正中者也"라 하였고,

이천선생 伊川先生(程頤)

그림쇠처럼 둥글고 곱자처럼 모나며 먹줄처럼 평평하고 수준기水準器처
  럼 곧으니,
참으로 군자이며 참으로 대성大成이로다.
베와 비단 같은 글이고 콩과 조 같은 맛,
덕德을 아는 이가 드무니 그것이 귀한 줄을 어찌 알리.

강절선생 康節先生(邵雍)

하늘이 낸 빼어난 호걸, 영매英邁함이 세상을 덮었네.
구름을 타고 우레를 채찍질해서 가없이 두루 보고 다녔다.
손으로 월굴月堀을 만지고 발로 천근天根을 밟고 섰어라.[7]
한가로운 가운데 고금이 있고 취중醉中에 건곤乾坤이 있네.

횡거선생 橫渠先生(張載)

어려서 손오孫吳를 좋아하고 뒤에 불노佛老로 도망쳤더니,
고비를 확 걷고 한번 변화로 도에 이르렀도다.[8]
정밀히 사색하고 힘써 행하며 묘계妙契함이 있으면 빨리 적어 두었으니,

「象傳」에 "見龍在田, 德施普也"라 하였다.
7) 소옹의 시에 "須探月窟方知物, 未躡天根豈識人"이라 하였다. 『朱子語類』에, "「先天圖」
  는 復괘에서 乾괘까지가 陽이고 姤괘부터 坤괘까지가 陰이다. 양은 사람을 위주
  로 하고, 음은 物을 위주로 한다. 姤가 위에 있고 復이 아래에 있다. 위에 있기
  때문에 '손으로 만진다'라고 했고, 아래에 있기 때문에 '발로 밟는다'라고 했다"
  하였다.
8) 장재가 처음 洛陽에서 고비를 깔고 『周易』을 강의했을 때 청중이 자못 많았다.
  그러나 뒤에 二程 형제와 『주역』을 논한 뒤에 자신이 모자란다는 것을 깨닫고는
  고비를 걷고 떠났다고 한다.

「정완訂頑」의 가르침은 우리에게 광거廣居의 진면목 보여 주네.[9]

속수선생涑水先生(司馬光)

독실히 배우고 힘껏 실천하며 지키기 힘든 지조 맑게 닦았으니,
덕德이 있고 말이 있으며 공公이 있고 열烈이 있었네.
심의深衣를 입고 대대大帶를 두른 채 소매 늘어뜨리고 천천히 걸으니,
유상遺象이 늠연凜然해서 경박한 이를 엄숙하게 만드네.

---

9) 「訂頑」은 장재가 지은 「西銘」의 원명이다. 廣居는 『孟子』 「滕文公下」의 "居天下之廣
居"에서 온 말이다.

30. 화상에 스스로 경계하는 글을 쓰다 — 書畵象自警[1])

　"예법禮法의 마당에 느긋하고 인의仁義의 덕에 침잠한다"라는 것은 내가 뜻을 두고서도 힘이 아직 자라지 못한 일이다. 선사先師의 격언格言[2])을 끌어안고 전열前烈이 남긴 법도를 지키노니,[3]) 이렇게 가만히 나날이 자라다 보면 어쩌면 그 말에 가까워질지도 모르겠다.

---

1) 『朱文公文集』, 권85. 1190년(光宗 紹熙 원년, 주희 61세)에 지은 글이다.
2) 屛山 劉子翬가 1145년(주희 16세)에 주희에게 字를 지어 주고, 그 字를 지은 배경을 설명하고 축원을 담은 「字朱熹祝詞」를 지었다.
3) 주희의 부친 韋齋 朱松을 말한다.

31. 취성정 병풍 그림과 서문 — 聚星亭畵屛贊并序[1]

『세설신어世說新語』에 따르면, "진태구陳太丘가 순낭릉荀朗陵 집으로 갈 때 가난해서 하인이 없었기 때문에 원방元方에게 수레를 끌게 하고 계방季方에게는 지팡이를 들고 뒤따르게 했다. 장문長文은 아직 어려서 수레 안에 태웠다.[2] 도착하니 순낭릉이 숙자叔慈를 보내어 문에서 맞이하고 자명慈明

---

1) 『朱文公文集』, 권85. 1200년(寧宗 慶元 6, 주희 71세)에 지은 글이다.
2) 『後漢書』에서는 "陳寔은 字가 仲弓이고 潁川郡 許縣 사람이다. 聞喜令이 되었다가 太丘長으로 옮겼다. 德을 청정하게 닦아 백성들이 편히 여겼다. 뒤에 黨人에 연좌되어 체포되었는데, 남들은 도망쳐서 모면하려고 했지만 진식은 '내가 감옥에 가지 않으면 남들이 믿을 곳이 없게 된다' 하면서 자진해서 갇혔다가 마침 사면이 내려 풀려났다. 환관 張讓은 권세가 천하를 기울 정도였지만 부친상을 당해 영천에 장사를 지낼 때 명사들 가운데 조문하는 이가 없었는데, 오직 진식만이 가서 조문했다. 그래서 뒤에 다시 당인을 숙청할 때 장양은 진식 때문에 많은 이들을 그대로 풀어 주었다. 진식은 동네에 있을 때 평심으로 사람들을 이끌었기 때문에 소송이 생기면 사람들이 그에게 판정을 구했고, 그가 曲直을 잘 깨우쳐 주면 물러나 원망하는 이가 없었다. 黨禁이 풀린 뒤 몇 번이나 불렀지만 나아가지 않았다. 나이 84에 생을 마치니 시호를 '文範先生'이라고 했다"라고 하였다. 또 "荀淑은 字가 季和이니 潁川郡 潁陰縣 사람이다. 어려서 높은 행실이 있었고, 博學하고 章句를 좋아하지 않았다. 州里에서는 그가 사람을 잘 안다고 일컬었다. 李固와 李膺이 모두 그를 스승으로 모셨다. 賢良方正으로 천거되어 對策을 지어 貴幸을 비판했더니, 梁冀가 그를 꺼려해서 朗陵의 侯相으로 가게 되었다. 일을 처리할 때는 이치를 밝혀 神君으로 일컬어졌다. 벼슬을 버리고 돌아와서는 한가롭게 살며 뜻을 키웠다"라고 하였다. 그리고 "陳紀는 字가 元方이고 寔의 장자이다. 至德이 세속을 벗어나 식과 함께 高名이 알려졌다. 동생 諶은 字가 季方이니 또한 그에 짝할 만했다. 宰府에서 그들을 부를 때마다 염소나 기러기처럼 떼를 지어 갔으므로 세상에서는 三君이라고 불렀다. 백성에서는 모두 그들의 그림을 그렸다. 紀의 아들 群은 字가 長文이니 魏의 司空이 되었다"라고 하였다.

이 돌아가며 술을 따르게 하였으며 나머지 육룡六龍이 음식을 날랐다. 문약文若은 역시 어려서 무릎 앞에 앉아 있었다.[3] 이때의 일에 대해 태사太史는 '진인眞人이 동쪽으로 간다'고 아뢰었다[4]라고 하였다. 고정考亭에는 진씨陳氏의 옛 별관(離榭)이 있는데 '취성聚星'이라고 이름 지었다. 『속양추續陽秋』의 말을 취한 것이다. 중간에 무너졌다가 근래 들어 새로 지었다. 마침 우리 집[5]과 가까워서 그 역사役事를 구경할 수 있었으니, 그 일에 대한 사적을 뒤적여서 병풍에 그림을 그리고 아울러 찬贊을 지어 오는 사람들에게 보인다.

아, 진자陳子여! 신악神嶽의 영기靈氣가 모였도다.
문文이 깊고 법도가 훌륭하며 도道가 넓고 마음이 공평하다.
위엄과 겸손함, 낮추고 높임, 움켜쥠과 펼침이 모두 내 뜻에 말미암는다.
이를 일러 "가함도 불가함도 없는[6] 경지에 거의 가깝다"고 한다.

---

3) 荀淑에게는 여덟 아들 즉 儉·緄·靖·燾·汪·爽·肅·敷가 있었는데 西豪里에 살았다. 현령 苑康이 "옛날 高陽氏에게 재자 여덟이 있었다"라고 하고 그 동네를 高陽里로 이름 지었다. 당시 사람들은 그들을 '八龍'이라고 불렀다. 靖은 字가 叔慈인데 至行이 있었으며 벼슬하지 않고 일찍 죽었다. 호는 玄行先生이다. 爽은 字가 慈明인데 나이 열두 살에 『春秋』·『論語』에 통하였다. 그래서 潁川에서는 "荀氏 八龍 가운데 慈明만한 이가 없다"라고 하였다. 至孝로 천거되어 郎中에 임명되었으나 對策으로 便宜 수천 마디를 쓰고는 벼슬을 버리고 떠났다. 뒤에 黨錮에 연루되어 십여 년간 은둔했다. 董卓이 집권한 뒤 司空으로 발탁되었다. 순상은 동탁이 잔인하고 포악하여 끝내 사직을 위태롭게 한다고 여겨서, 재략이 있는 이들을 많이 천거하고 王允 등과 함께 몰래 동탁을 誅罰하려고 계획을 세웠지만 뜻을 이루지 못한 채 병으로 죽었다. 뒤에 왕윤은 끝내 동탁을 주벌했다. 緄의 아들 彧은 字가 文若이다. 어려서 아버지가 화를 두려워해서 환관인 唐衡의 딸을 아내로 맞게 했다. 뒤에 曹操를 좇았더니 조조가 그를 謀主로 삼아 張子房에 빗대었다. 조조가 황제로부터 九錫을 받으려고 하자 욱이 그만두라고 간언했다가 드디어 해를 입었다. 욱은 郁으로도 쓴다.
4) 『續晉陽秋』에 "陳仲弓이 여러 자질들을 데리고 荀씨 父子를 찾아갔는데 이 시각에 德星이 모였다. 太史가 '五百里에 賢人이 모였습니다'라고 아뢰었다" 하였다.
5) 주희가 建州 考亭에 지은 滄州精舍를 말한다.

몸 바쳐 사람들을 편안케 하고 종놈을 문상하여 나라를 온전케 하니,[7]

밝디밝은 가슴속은 가을달이 찬 강에 뜬 듯.

사람들을 포근히 감싸 안으며 '나와 뜻이 같은 이'라고 했다.

고故 낭릉군朗陵君 순계荀季 화씨和氏와는

연봉連峰처럼 마주서서 여택麗澤처럼 서로 적셔 주었다.

아득히 보이질 않아 그리워하는 마음이 일어나니

거길 한번 가 보려고 하나 종복이 없다.

다만 두 아들을 불러 수레를 몰게 해서 나간다.

푸른 꼴 뜯는 누른 송아지가 끄는, 베로 포장을 한 장작 싣는 수레로다.

책策을 든 기紀가 전위前衛를 맡고 장杖을 든 심諶이 뒤좇아 온다.

가는 곳은 어디인가? 고양高陽의 동네로다.

이때 순군荀君이, 온다는 소식을 듣고 기뻐하여,

"너 정靖은 가서 문에서 맞으라" 당부하고,

칠룡七龍이 교교히 자리를 깔고 잔을 벌여 놓게 했다.

정靖이 엄숙하게 앞으로 나가고 옹翁은 왕림에 감사를 드린다.

"오늘 이렇게 맑고 그윽한 모습을 뵙게 될 줄 어찌 알았겠습니까?"

상爽에게 잔을 돌리게 하고 나머지는 차례대로 음식을 나른다.

잔을 서로 주고받노니 예법에 맞으면서 정이 넘친다.

웃고 얘기 나누는 것이 덕의가 아닌 것이 없다.

더욱 경륜을 쌓아 이 세상에 도움이 되려고 한다.

다팔머리를 한 두 아이도 무릎 아래 앉아 있다.

근원이 깊고 뿌리가 단단하면 나온 이는 뛰어나지 않은 이가 없건만

---

6) 『論語』, 「微子」.

7) "陳寔이 張讓을 조문하여 많은 黨人이 무사하게 된 일을 말한다. 본문에 언급하는 고사는 「竝序」의 주석 부분에 나와 있으므로 이 아래부터는 설명을 생략한다.

이 자명慈明은 남들보다 더욱 뛰어나다.

만년에 국가의 위난을 당하니 감히 종적을 더럽히는 것을 꺼리겠는가!

군더더기로 남은 한漢나라의 국운이 그 덕분에 조금 연장되었다.

방붕邦朋에서 가장 뛰어나기로는 누가 그보다 앞서겠는가?

욱郁은 그런데 조조曹操에게 붙었고 군群도 한漢을 잊었다.

잇고 지키기 어려운 것은 예나 지금이나 함께 통탄할 일이다.

대臺가 높아 두극斗極이 돌아 지나가서 천문을 점쳤는데

여전히 "이 분야分野에 덕성德星이 모였다"고 나왔다.

우리한테 한 정자가 있으니 이 이름을 가지고 있다.

그래서 지금 옛 기록을 끌어 모아 상의象儀[8]로 알려준다.

높은 산과 큰 길은 덕을 좋아하는 사람이 모두 똑같이 좋아한다.

충忠과 효孝를 요구하는 것이 유독 내 마음을 개연慨然하게 만든다.

이곳을 찾는 너희 후배들아, 잘 살펴서 게을리하지 말라.

나라에 목숨 바치고 집안 잇는 일을 영원히 받들어 밝은 계율로 삼으라.

---

8) 바로 聚星亭 畵屛을 말한다.

32. 창주정사 선성에게 고하는 제문 — 滄洲精舍告先聖文[1]

소희紹熙 5년 세차歲次 갑인甲寅, 12월 정사丁巳 삭朔 13일 기사己巳에 후학 주희가 감히 선성先聖 지성至聖 문선왕文宣王(공자)께 삼가 고합니다.

공손히 생각하오니 도통道統은 멀리 복희伏羲 · 황제黃帝로부터 이어졌는데 그 대성大成을 이루신 이는 참으로 원성元聖(공자)이십니다. 옛것을 조술하고 가르침을 드리워 만세萬世에 법도로 삼았습니다. 3천의 제자들이 제때의 비를 맞은 듯 교화되었지만 오직 안씨顏氏와 증씨曾氏가 으뜸이 되는 것을 전수받았고, 자사子思와 맹자孟子에 이르러 더욱 광대해졌습니다. 그러나 이 뒤로는 입과 귀가 모두 참된 것을 잃었습니다. 천여 년이 지난 뒤에 이은 이가 있다고 할 수 있습니다. 주염계周濂溪와 이정二程이 수수授受하여 만리萬里가 한 근원이라고 하였으며, 또 소강절邵康節, 장횡거張橫渠 같은 이가 있었고 사마광司馬光도 있었습니다. 학문은 비록 궤적을 달리했지만 도道는 모두 같은 곳으로 돌아가니, 우리 뒷사람들로 하여금 밤에 다시 새벽이 열리는 것처럼 느끼게 만들었습니다.

저는 평범하고 보잘것없는 사람이지만 어려서 그 의義로 몸을 반듯하게 할 수 있었습니다. 중간에 일정한 스승이 없었지만 나중에는 도道를 갖춘 분[2]을 만났습니다. 뚫으려고도 하고 우러러 보려고도 하여, 비록 들은 것은 없지만 하늘의 신령에 힘입어 다행히 실추하지는 않았습니다.

---

1) 『朱文公文集』, 권86. 1194년(光宗 紹熙 5, 주희 65세)에 지은 글이다.
2) 延平 李侗을 말한다.

지금 늙어 물러나게 되자 뜻이 같은 이들이 몰려옵니다. 이 언덕에 집을 하나 지어 함께 사는 삶이 이제 시작됩니다. 근원을 더듬고 근본으로 미루어 나가려고 하는데 어찌 감히 처음 집대성한 이를 모르는 체 할 수 있겠습니까?[3] 음식을 갖추어 정성을 바치면, 어쩌면 오셔서 우리를 광명하게 해 주시리라고 생각합니다. 그러면 오는 이들에게 알려서 영원히 싫증내지 않도록 하겠습니다! 지금 길일을 골라 삼가 제생을 이끌고 공손히 석채釋菜의 예를 닦아 선사先師 연국공兗國公 안씨, 성후郕侯 증씨, 기수후沂水侯 공씨, 추국공鄒國公 맹씨를 함께 배향합니다. 그리고 염계濂溪 주周선생, 명도明道 정程선생, 이천伊川 정程선생, 강절康節 소邵선생, 횡거橫渠 장張선생, 온국溫國 사마문정공司馬文正公, 연평延平 이李선생을 종사합니다.

상향尚饗!

---

3) 『孟子』, 「萬章下」, "孟子曰, 伯夷聖之淸者也. 伊尹聖之任者也. 柳下惠聖之和者也. 孔子聖之時者也. 孔子之謂集大成. 集大成也者, 金聲而玉振之也. 金聲也者, 始條理也. 玉振之也者, 終條理也. 始條理者, 智之事也. 終條理者聖之事也. 智, 譬則巧也. 聖, 譬則力也. 由射於百步之外也, 其至, 爾力也. 其中, 非爾力也."

33. 연평 이선생 제문— 祭延平李先生文[1]

도道가 천년 동안 끊겼는데 이정二程이 발흥하였고,

법도가 있고 실마리가 있으니 귀산龜山(楊時)이 그것을 이었습니다.

귀산이 남쪽으로 오자 도가 함께 옮겨 왔으니,

깨우친 제자들이 그 문을 바라보고 모여들었습니다.

이때 예장豫章(羅從彦)이 으뜸 되는 것을 얻었으니,

한 그릇 밥과 한 표주박 물로도 늠연하게 고풍을 지켰습니다.

아, 선생이시어! 어려서 스스로 예장을 스승으로 모셨으니,

몸과 세상을 모두 잊고 오직 도만을 의지했습니다.

의義를 정밀히 연구하여 집약된 경지로 나아갔고,

깊이 탐구하고 미세한 것까지 따져들었습니다.

얼린 것이 풀린 듯 얼음이 녹듯 함은 천기에서 나온 것이니,

건乾의 단서와 곤坤의 실마리, 귀鬼의 비밀과 신神의 창명彰明,

바람과 우레의 변화와 해와 달의 광명,

그리고 산천과 초목곤충,

인륜의 바름과 왕도王道의 중정中正,

모든 것을 하나로 관통하니 남겨진 것이 없었습니다.

---

1) 『朱文公文集』, 권87. 1164년(孝宗 隆興 2, 주희 35세)에 지은 글이다. 연평 이동은 1163년 10월에 세상을 떠났고, 주희는 이듬해 정월에 연평으로 가서 곡하고 제전을 올렸다.

미세한 차이도 분석하여 하나하나 분명하게 구분하니,

체용이 혼원混圓하고 은현隱顯이 소융消融하였습니다.

만변萬變은 함께 어우러져 태공太空에 뜬 구름 같았고,

어질고 효성스러우며 우애 있고 공경스러웠습니다.

성誠에서 명明으로 나아가는 쇄락함이 있었으며,

맑게 트이고 화락하였으니 참으로 대성大成을 이루었습니다.

깊은 산골에 살다 보니 세상에 아는 이가 없었지만

너무나 느긋하게 일생을 마치도록 즐거워했습니다.

말년에는 덕이 성대해지고 도가 더욱 높아져서,

가르침을 청하는 이가 있으면 그 가려진 것을 밝혀 주었습니다.

후백侯伯이 그 소문을 듣고 빗자루를 들고 맞이했습니다.

대본大本과 대경大經을 법도로 삼아,

수레에서 내리자마자 강의講義가 단서를 열었습니다.

질병이 틈을 타고 들어오니 온갖 의술을 다 써 보았지만

아! 선생의 생은 여기서 마치고 말았습니다![2]

명이 고르지 않으니 누가 그것을 주재하는 것입니까!

모였다 흩어지고 굽혔다 펴며 사라졌다 자라나고 찼다가 비워지니,

확연廓然하게 크고 공정하게 임하여 조화옹造化翁과 짝을 이룹니다.

고금이 한 호흡이니 어찌 길고 짧음을 헤아리겠습니까!

물아物我가 한 몸이니 무엇이 궁窮이고 무엇이 통通이겠습니까?

아! 다만 성학聖學이 안 끊어진 것이 실가닥 같은데

선생께서 그것을 얻어 두텁고도 온전히 하셨습니다.

나아가서는 펴 보지 못하고 물러나서는 전수하지 못한 채

---

2) 福建安撫使이던 汪應辰이 수레를 보내어 이동을 초대했다. 이동은 이 초대에 응했
   는데, 도착한 날에 병이 들어 결국 그곳에서 세상을 떠났다.

몸으로 행하고 돌아가셨으니 어찌 하늘의 탓이라 하지 않겠습니까!

저는 소생小生으로서 총각總角을 하고 추배趨拜한 적이 있습니다.[3]

공손히 생각하니 선군先君과는 실로 같은 연맥緣脈이었습니다.[4]

은은誾誾하고 간간侃侃한 마음으로[5] 옷깃을 여미고 우러러 보니,

'얼음 담은 항아리, 가을의 달'(氷壺秋月), 공의 청백함이 그러합니다.

뒷사람에 미쳐 어찌 그 뜻을 어길 수 있겠습니까?

같이 노닌 10년 동안 나를 자상하게 잘 이끌어 주셨습니다.

춘산春山에 아침 꽃 필 때와 추당秋堂에서 밤에 홀로 앉았을 때,

일마다 리를 가르쳐 주셔서 어떤 은미한 것이든 궁구하지 않음이
　　없었습니다.

기약한 날이 깊어 단련시켜 주신 것이 더욱 절실했고,

굼뜬 걸음을 막 쉬려 하자 선생께서는 편승鞭繩을 이미 들었습니다.

수레에 몸을 싣고 더운 날 길을 떠나 우리 집 형문衡門을 지나셨고,

돌아가시는 길에 서로 만났을 때 양추涼秋가 이미 반을 넘었습니다.[6]

내가 이때 황제의 부름을 받아

어떤 말을 해야 할지 여쭈니 반복해서 가르쳐 주시고,

마지막에는 이렇게 덧붙이셨습니다.

---

3) 주희의 부친 주송은 1135년(高宗 紹興 5, 주희 6세)에 가족을 데리고 政和縣 星溪로
　옮겨 여묘살이했다. 주희는 이때 늘 星溪書院 · 雲根書院 · 湛盧山에서 글을 읽었다.
　대략 이해에 延平 李侗을 처음 만났다.
4) 주희의 부친 주송도 羅從彦에게서 배운 적이 있다.
5) 『論語集註』에는 許愼의 『說文解字』를 인용하여, "侃侃, 剛直也. 誾誾, 和悅而諍也"라고
　풀이하였는데, 『논어』에서 侃侃은 아랫사람을 대하는 태도를 형용한 것이므로
　이 글의 뜻과는 의미가 통하지 않을 듯하다. 顔師古는 『漢書』의 주석에서 '侃侃'을
　'화락한 모습'으로 풀이하였다. 여기서는 '侃侃'이나 '誾誾'을 모두 和樂 내지 和悅
　의 의미로 보는 것이 좋겠다.
6) 연평 이동은 1163년 5월 鉛山으로 가는 길에 武夷山에서 지내던 주희를 만났고,
　8월에 다시 建安으로 돌아가는 길에 무이산에서 주희를 만났다.

"그대는 힘써라. 이 뭇 이치들은 그대가 이미 알고 있는 것이다.
받들어 잘 실천하여 실추시키지 않도록 하라."
돌아갈 행장을 아침에 꾸렸는데 부음이 저녁에 이르렀으니,
실성하여 크게 울부짖으며 허공에 샘이 걸린 듯 눈물을 흘립니다.
어찌 이 말로 영결하게 될 줄 알았겠습니까!
병드셨을 때 부축해 드리지도 못하고
돌아가실 때 밥을 머금어 드리지도 못했는데,
분상奔喪하는 것도 남들보다 늦으니 죽어도 여한이 있습니다.
의형을 영원히 격하게 되니 졸업은 기약이 없습니다.
실마리를 아득히 놓치고 있나니 누가 나의 슬픔을 알겠습니까!
영구靈柩 앞에 엎드려 곡하며 예물을 받들어 바칩니다.
없어지지 않은 무엇이 있거든 이 성의를 비쳐 보소서!

34. 왕상서 제문 — 祭汪尙書文[1]

순희 3년 세차 병신 3월 삭 27일 임신, 종표질從表姪인 선교랑宣教郎 주관태주숭도관主管台州崇道觀 주희가 삼가 향다香茶와 청작淸酌을 마련하여 얼마 전 돌아가신 단명전학사端明殿學士 상서尙書 왕공汪公[2]의 영전에 제사를 올립니다.

오호! 공은 학문이 구류九流[3]를 꿰뚫으면서도 만족스러워하지 않고 재능은 일세에 가장 뛰어나면서도 명예롭다고 여기지 않았으며 도道가 높고 덕德이 갖추어졌으면서도 득의하지 않고 자리가 높고 성망이 무거운 데도 영예로워하지 않았습니다. 문무文武의 전통에서 아직 땅에 떨어지지 않은 것에 마음을 두시고 선민先民이 걸었던 길을 가는 데 뜻을 강고하게 가졌습니다. 높디높아 숭산嵩山이나 태산같이 웅위하며, 넓디넓어 창해처럼 머금었습니다.

묘령妙齡 때부터 빼어나서 또래의 우두머리가 되어 홀로 우뚝 섰습니다. 중년에 제후에게 버림받았지만[4] 실은 하늘이 굴레를 벗어준 셈이었습니다. 장년에 돌아와서는 "내가 좋은 시절을 만난 것 같다"고 하셨습니다. 묵돌이 검어지기 전에 다시 내 갈 길이 바빠졌습니다. 동쪽 복건성福建省에 있다가 서쪽 사천성四川省으로 가게 되셨으니 만리 길을 주류周流한 셈입니

---

1) 『朱文公文集』, 권87. 1176년(孝宗 淳熙 3, 주희 47세)의 글이다.
2) 이름은 應辰이다. 주희의 든든한 후원자로서 수차례 주희를 조정에 천거하였다.
3) 儒家流, 道家流, 陰陽家流, 法家流, 名家流, 墨家流, 縱橫家流, 雜家流, 農家流 등이다.
4) 왕응진은 趙鼎의 幕官이 된 적이 있었다.

다. 더욱 알차고 위대해졌으니 성신이 찾는 적합한 인재이셨습니다. 천관天官(이부)에서 인사를 보좌했고 또 황제의 정책을 윤색潤色하였습니다. 황제께서는 아침저녁으로 자문해야 해서 조정의 정책에 참여시켰습니다. 그런데 어찌 저 경박한 교부狡夫가 들뜬 공리설功利說을 황제에게 바치게 되었단 말입니까! 공은 항소하여 잘못을 지적했고, 그들의 간악함을 밝히고 끊어 버리라고 요청했습니다.

"일이 잘못되어 뜻이 받아들여지지 않으니 내 여기 남아 무엇을 하겠는가? 차라리 숨어서 한가로움을 얻어 내가 가려던 먼 길을 가려고 한다"라고 하시고, 아, 한가한 궁관宮觀을 맡아서 드디어 구림丘林으로 돌아오셨습니다. 승려僧廬에서 고요한 곳을 구하기도 하고 홀로 가서 외롭게 찾기도 했습니다. 먼지 묻은 책에 마음을 싣느니 차라리 세상에는 마음이 없는 듯했습니다. 뭇 사람들이 공이 어찌 홀로 즐기느냐 탄식하나니, 어찌 공의 근심이 깊다는 것을 알겠습니까? 그래도 아는 것이 있는 이는 공이 동산東山을 떠나 재기하여 펴려고 하던 사업을 끝내서 백성들이 모두 기뻐하게 되기를 기대했습니다.

어찌 저 하늘이 저리 믿을 수 없단 말입니까? 단 한 분의 현인도 남겨 놓지 않습니다! 홀연히 당당하게 서거하시니 도가 완전히 망했다는 슬픈 시가 속에서 일어납니다. 저는 외로운 후생後生으로서 공의 인정을 받았습니다. 저를 가르쳐 주신 것이 남달라서 국사國士로 기약하셨습니다. 비록 못 뵌 지 10년이었지만 음서音書는 계속 이어졌습니다. 제 말이 용렬하거나 헛되다고 낮추보지 않으시고, 항상 자상히 묻고 버려두지 않으셨습니다. 이렇게 갑자기 부고를 들으니 슬퍼 실성하여 길게 탄식합니다. 소거素車에 건巾을 매고 길을 나서 민령閩嶺의 높은 봉을 넘습니다. 길이 외롭고도 처량하니 누가 내 마음의 맺힌 속을 알겠습니까? 꿇어앉아 글을 올리고 음식을 바칩니다. 스승을 만나기 어려운 것을 통탄합니다!

35. 다시 장경부 전찬 제문 — 又祭張敬夫殿撰文[1]

　　순희 7년 세차 경자 6월 계미 삭 6일 정해에, 자리나 차지한 주희가 옛 벗 경부敬夫 장형張兄 우문右文 수찬修撰의 대장大葬을 치를 시기가 되었다는 소식을 듣고 삼가 청작淸酌과 시수時羞를 보내어 영구靈柩 앞에 바치며, 남쪽을 바라보고 절하고 곡한 뒤 일어나 아룁니다.

　　오회! 공맹으로부터 멀어진 뒤로 성학이 끊어져 이어지지 못했습니다. 그러다가 주옹周翁(주돈이)과 정자程子가 나와 도가 높아서 떨어지지 않게 되었습니다. 그러나 미언微言의 가녀린 소리가 지금 백 년도 채 되지 않았는데 학자들은 각자 자기가 들은 것에 집착하여 이미 어긋나게 된 것이 말도 못할 지경입니다. 아! 오직 나와 형만은 뜻이 맞고 마음이 맞아서, 만나서 끝없이 강론하고 편지를 중단하지 않고 주고받았습니다. 내가 옳다고 한 것을 형이 그릇되다 하기도 하고, 형이 그렇다고 한 것을 내가 비판하기도 했습니다. 또 처음에는 같이 향왕向往했다가 나중에는 그것이 편벽됨을 깨닫기도 했고, 처음에는 같이 배제했다가 나중에는 그 맛을 느끼는 경우도 있었습니다. 이렇게 격렬하게 주고받으니 몇 십 년이 흐르자 끝내 하나의 방향으로 함께 귀결할 수 있었습니다. 이로 말미암아 위로는 천도天道의 미세함에 대해, 멀게는 성언聖言의 비밀에 대해, 가까이는 공부의 방법에 대해, 크게는 진퇴의 의리에 대해 형의

---

[1] 『朱文公文集』, 권87. 1180년(孝宗 淳熙 7, 주희 51세)에 지은 글이다.

명철함으로 이미 낱낱이 비추어 남김이 없었으니 나같이 어리석은 이도 다행히 그 한둘을 엿볼 수 있었습니다. 그러나 형은 교목喬木을 가진 고가故家의 자손이었지만2) 나는 형모衡茅의 미천한 선비3)였습니다. 또 형은 고명高明하고 굉박宏博했지만 나는 편협하고 한곳에 막힌 상태였습니다. 그래서 나는 일찍이 형이 이 도를 당세當世에 행할 만하다고 여겼고, 형도 내가 이 도를 후세에 전하지 않겠느냐고 하였습니다. 비록 한 사람은 숨고 한 사람은 드러나 다르긴 하였지만, 사실은 서로 도와서 일을 이루려는 것입니다. 서로를 아는 것이 상세할 뿐 아니라 자신을 다스리는 데도 부끄러움이 없었습니다. 아, 누가 형이 끝내 지방에 머물며 그 뜻을 어기게 되고, 나는 또 이곳에 얽매여 바라던 것을 이루지 못하게 될 줄 알았겠습니까?4) 간혹 짬을 내어 보려던 책을 본다지만, 왼팔만 자유롭게 만들고 오른팔은 잃은 셈입니다.5)

슬픕니다! 우리 도가 곤궁해졌으니 내가 이 세상에 어찌 더 이상 마음을 둘 수 있겠습니까! 오직 몸을 닦아 잘못을 보완하며 여생을 마치고자 합니다. 그러면 형을 지하에서 볼 수 있을 것입니다. 공을 장사지낸다는 말을 전해 들었지만 가 볼 수 없어서 다만 남쪽을 바라보고 길게 탄식하고서 이 제물을 보냅니다. 형은 가엾게 여겨 저를 보살펴 주십시오 그리하여 내 뜻을 조금이라도 펼 수 있도록 도와주십시오. 아, 슬픕니다!

상향!

---

2) 『孟子』「梁惠王下」에 "所謂故國者, 非謂有喬木之謂也, 有世臣之謂也"라는 말이 있는데, 여기서는 '喬木'이라는 말로 張栻의 집안이 정말 故家 즉 오래된 집안이라는 것을 비유적으로 표현하였다.

3) 衡茅는 衡門(누추한 문)과 茅屋이니 미천한 집안이다.

4) 장식은 만년에 知靖江府 經略安撫廣南西路, 荊湖北路轉運副使, 知江陵府 安撫荊湖北路 등 지방관직을 맡았고, 사관직인 提擧武夷山沖佑觀의 관함을 가진 채 세상을 떠났다. 이때 주희는 南康軍 知事로 있었다.

5) 왼팔은 주희 자신이 著書를 하는 것을 말하고, 오른팔은 장식이 세상에 道를 행하는 것을 말한다.

36. 여백공 저작 제문 — 祭呂伯恭著作文[1]

순희 8년 세차 신축 9월 갑술 삭 9일 임오에 우인友人인 구위俱位 주희가 삼가 향다香茶와 계주鷄酒로 망우亡友인 백공伯恭 여형呂兄 직각대저낭중直閣 大著郞中의 영구靈柩에 바치고 아룁니다.

아, 슬픕니다! 하늘이 사문을 망치는 것이 어찌 이렇게 혹독합니까! 작년에 이미 우리 경부敬夫를 빼앗아 가더니 지금 백공이 어찌 다시 이런 불숙不淑한 지경에 이르렀단 말입니까? 도학道學을 누가 진작시킬 것이며 군덕君德을 누가 회복할 것입니까? 후생은 누가 가르칠 것이며 이 백성에게는 누가 복을 줄 것입니까? 경설經說은 누가 계승할 것이며 사기事記[2]는 누가 이을 것입니까? 그리고 내 어리석음에 대해서는 병에 누가 침을 주고 고쳐 줄 것이며 잘못을 누가 감독할 것입니까? 그러니 백공을 잃고 내가 어찌 실성하여 놀라 소리치며 하늘에 울부짖고 통곡하지 않을 수 있겠습니까!

아, 백공이여! 시귀蓍龜[3]의 지혜를 가졌으면서 어리석은 것처럼 처신하고, 하한河漢의 변론을 갖추었으면서도 어눌한 것처럼 하였습니다. 가슴에 운몽雲夢[4]의 풍부함을 갖추었으면서도 많다고 여기지 않았고, 글은

---

1) 『朱文公文集』, 권87. 1181년(孝宗 淳熙 8, 주희 52세)에 지은 글이다.
2) 여조겸의 저작인 『大事記』를 말한다.
3) 周易 점을 치는 蓍草와 卜占을 치는 거북껍질을 말한다.
4) 楚 지역의 七澤 가운데 하나로 사방 9백 리이다.

보불黼黻의 화려함을 가졌으면서도 쉽게 내보이지 않았습니다. 이것이 지금 세상에서는 어려운 일이지만, 이런 것으로도 공을 비슷하게라도 묘사하지 못합니다. 효우孝友가 남보다 뛰어났지만 면려하여 미치지 못한 듯이 하였고, 담박하고 과욕하면서도 지수에 조금도 게을리하지 않았습니다. 말을 다해서 충심을 바치면서도 들쳐내는 게 아닌가 부끄러워했고 의를 잡고 몸을 닦으면서도 너무 모진 게 아닌가 부끄러워했습니다. 이것은 옛 군자도 하기 어려운 것인데 우리 백공은 부끄러운 듯 이것을 대단하게 여기지 않았습니다. 대개 그 덕우德宇가 넓고 식량識量이 커서 바다처럼 머금고 시내처럼 잔잔하니, 이미 맑디맑게 되었는데 어찌 다시 어지럽혀 흐리게 만들 수 있겠습니까! 하물며 선훈先訓에 깊이 젖어들고 집안에서 문헌을 전수받지 않았습니까! 또 스승을 높이고 벗을 가까이하여 깊고 먼 곳까지 토론하였습니다. 이미 자질이 뛰어난 데다가 기른 것이 이렇게 깊고 취한 것이 이렇게 넓으며 이룬 것이 이렇게 순수하였습니다. 그러니 세운 것이 매우 높은 것이 당연하고, 구해서 갖추지 않은 것이 없었습니다. 그래서 집안에서 도道를 강론할 때는 때맞춰 오는 비처럼 교화시키고, 조정에 나아가서는 홍우鴻羽와 같은 위의가 있었습니다. 황제에게 나아가 정책을 바칠 때는 선공宣公[5]이 독대獨對했던 것처럼 하였고, 조칙詔勅을 받아 상소를 올릴 때는 우윤右尹의 「기초祈招」 시[6]와 같이 하였습니다. 황제께서 마음을 비워 청납하시니,

5) 唐 德宗 興元 원년, 陸贄가 上奏하기를, "폐하께서는 지혜가 남들보다 뛰어나다 보니 신하들을 가볍게 대하는 마음이 있으시고, 사유가 萬機를 두루 管攝할 수 있다 보니 홀로 천하를 다스리려는 마음이 있으십니다. 그래서 재능을 가진 이들은 임용되지 못하는 현실을 원망하고 충성스러운 이들은 의심을 살까 두려워하게 되었습니다"라고 하였다.

6) 春秋시대 楚나라 右尹 子革이 靈王에게 훌륭한 史의 조건을 거론하면서, 천하를 주유하며 놀던 穆王을 향해 祭公謀父가 지었다는 '祈招'의 詩를 소개하였다. 그 내용은, "祈招之愔愔, 式昭德音. 思我王度, 式如玉, 式如金. 形民之力, 而無醉飽之心"이었다.

남들도 장차 그 정책이 시행될는지 주목했습니다.

그런데 어이하여 때를 잘못 만나 이루지 못하고 갑자기 병이 들어 돌아가셨단 말입니까? 가슴 뭉클하게, 한 번 병으로 누워 3년을 지내면서도 여전히 왼쪽에 그림을 놓고 오른 쪽에 책을 놓고 읽었다고 들었습니다. 간혹 소요逍遙하면서 지팡이를 끌고 다니실 때에는 마치 증점曾點이 기수沂水 가의 무우舞雩에서 바람 쐬던 것과 같았으니,7) 남들이 모두 병이 나았다고 기뻐하며 평소 품은 것을 다 펴게 되리라고 기대하였으며 도를 전하고 책을 지을 뿐 아니라 후세의 법도가 되리라고 보았습니다. 그런데 어찌 이 바람이 이렇게 기필하기 힘들어 하루저녁에 길이 생을 마친단 말입니까? 우리 국가가 더욱 쇠잔해지게 되었고, 우리 당黨은 애통이 극에 이르게 되었습니다.

오호, 슬픕니다! 내 실로 어울리지 않았음에도 형은 나와 함께 노니셨습니다. 강론하는 것이 몹시 절실하고 정의情誼는 얽히고 설켰습니다. 아! 예전에 보내 주신의 편지들은 아직도 필적이 찬연합니다. 처음에는 "침고沈痼를 고치기 힘들 것이라고 여겼는데 다행히 죽는 날이 바로 이르지는 않았다" 하였고, 중간에는 간편簡編8)의 규모와 차례에 대해 말하더니, 마지막에는 풀과 나무가 깊고 그윽하다는 것을 과장하고는 예전에 편지를 보내 만나기로 했으니 지금 수레를 몰아 놀러오지 않겠냐고 했습니다. 이 내용은 이렇게도 기쁜데 가슴 아프게도 부고가 함께 이르렀습니다. 일월이 얼마나 되는데 이런 사나흘 밤낮을 주지 않는단 말입니까! 아, 백공이여! 이렇게 갑자기 돌아가시다니! 우리 도가 쇠한 것이 결국 이 지경에 이르렀단 말입니까? 이미 위패를 세워 슬픔을 토로하고 다시

---

7) 『論語』, 「先進」, "點爾何如? 鼓瑟希, 鏗爾舍瑟而作. 對曰, 異乎三子者之撰. 子曰, 何傷乎? 亦各言其志也. 曰, 莫春者, 春服旣成, 冠者五六人, 童子六七人, 浴乎沂, 風乎舞雩, 詠而歸. 夫子喟然歎曰, 吾與點也."
8) 『大事記』를 말하는 듯하다.

함사緘辭를 써서 음식과 함께 바칩니다. 앞으로 한가로운 날이 주어지면 앞서 했던 말을 실천할 수 있을 것입니다. 오호, 슬픕니다!

　상향!

37. 다시 채계통 제문 — 又祭蔡季通文[1]

경원慶元 4년 12월 4일 신안新安 사람 주희는 망우亡友인 서산西山선생 채형蔡兄 계통季通이 이거輀車(상여)에 실려 조제祖祭를 지낸 뒤 둔석窀穸(무덤)으로 가게 되었다는 소식을 듣고 소거素車를 꾸며 놓고 가서 끈을 잡으려고 했는데, 며칠 사이 큰 병이 걸려 끝내 가지 못했습니다. 그래서 삼가 아들 야埜에게 향촉香燭과 다주茶酒를 받들고 가서 영구靈柩 앞에 바치게 합니다. 아들이 떠날 적에 곡하고 보내며 아룁니다.

아, 계통이여! 이런 지경에 이르고 말았습니까! 정밀하게 나아간 식견, 탁절한 재능, 꺾을 수 없는 뜻, 막지 못할 언변은 더 이상 보지 못하게 되었습니다. 하늘이 이 사람을 낸 것은 과연 무엇을 위해서입니까? 서산西山의 꼭대기에 군君이 집을 장만해서 살 때 서산의 발치에 내가 집터를 골라 살았습니다. 나는 군이 살았을 때 그 집에 한번 가서 산을 반으로 나누어 같이 살자던 약속을 지키지 못했는데, 오늘 또 병든 몸을 이끌고 군이 이 진택眞宅(흙)으로 돌아가는 것을 보고도 길이 영결하지도 못했습니다. 같이 노닐던 기쁨과 뜻이 같던 즐거움이 이제 끝이 났습니다, 끝이 났습니다. 슬픕니다, 슬픕니다!

---

1) 『朱文公文集』, 권87. 1198년(寧宗 慶元 4, 주희 69세)에 지은 글이다.

38. 정강부 우제묘 비명 — 靜江府虞帝廟碑[1]

　　정강부靜江府에는 예전에 우제사虞帝祠[2]가 있었는데 성城의 동북쪽 5리에 있었고 우산虞山[3] 아래, 황택皇澤 물굽이에 가까웠다. 그것이 언제 세워졌는지는 알 수 없고 당대唐代에 새긴 사詞가 있었다.

　　송宋 순희淳熙 2년 봄 2월에 지금 직비각直秘閣 장후張侯 식栻이 처음 부府의 일을 집행하게 되면서 제물을 받들고 가서 참알參謁하였다. 올려다 보니 동우棟宇는 기울어져 지탱할 수 없었고 도상圖象들이 뒤섞여 있는데 음려淫厲(잡신)들도 같이 놓여 있었다. 놀라서 "우제虞帝(순임금)의 덕은 사람들에게 남아 있고 그 신은 하늘에 있어, 멀고 가까운 것에 상관없이 그 위령威靈이 미친다. 이 땅에 제사를 받는 것이, 오오! 일반화되었다. 그런데 촌스러움이 이어지고 잘못이 계속되어 지금에 이르니, 도모해서 고치지 않을 수 없다. 나는 실로 두렵다"라고 하였다. 이에 제사를 끝낸 후 바로 철거하고 새롭게 만들도록 명했다. 이때에 또한 국가의 전례典禮에 의거하여 뭇 방사旁祀들 가운데 법도에 맞지 않는 것은 모두 훼철해서 그 미재美材와 문석文石을 옮겨다가 이 역사에 사용하였다. 일을 시작한 지 한 철을 넘겨서 낙성을 보았다. 문관門觀이 엄현嚴顯하고 방잡한 것은

---

1) 『朱文公文集』, 권88. 1175년(孝宗 淳熙 2, 주희 46세)에 지은 글이다. "廟에 예전에는 鼻亭神과 唐 武曌(측천무후)의 상이 있었는데 모두 훼철시켰다"라는 原注가 달려 있다.
2) 舜임금을 모시는 사당이다.
3) 舜山이라고도 불린다.

멀리 물리쳤다. 외조外朝와 내침內寢에는 제와 이비二妃의 신위가 자기 몸을 공경히 해서 남면南面한 채 엄연하게 굽어보고 있다.

가을 7월 계미일에 후侯가 요속僚屬을 이끌고 뇌례牢醴(제물)를 받들어, 엎드려 관천灌薦⁴⁾하며 황령皇靈을 위로했다. 신령이 이미 감통한 뒤에는 배수拜手하고 아뢰었다. "하늘이 생민生民을 낼 때 저마다 상성常性이 있었으니, 곧 인의예지仁義禮智이며 부자·군신과 곤제昆弟·부부夫婦·붕우朋友입니다. 이것을 천서天敍라고 하니 백성이 붙들고 있는 떳떳한 덕德입니다. 그러니 조금이라도 잃게 되면 하늘과 땅의 자리가 바뀌게 됩니다. 제帝께서는 성인이시니 성誠과 명明이 자연스럽습니다. 집안에서는 자애롭고 효성스러우시며, 나라에서는 인자하고 공경스러우셨습니다. 동생에게 우애 있고, 아내에게 모범이 되셨으며, 남의 선한 것을 배워 함께 선으로 나아갔습니다. 느긋하게 크고 작은 일이 각각 가장 적합하도록 하여 규規가 원에 대해, 구矩가 네모에 대해 그러듯이 하였습니다. 그리하여 천하 후세에 인륜을 실천하는 사람들이 누구나 모범으로 삼도록 하였으니, 고명高明하고 박후博厚하며 화육化育이 두루 흘렀습니다. 어찌 멀리 떨어진 곳이라고 해서 제帝의 사랑을 독차지하겠습니까만, 창오蒼梧의 들판은 제帝가 묻힌 곳이라고 합니다. 제가 지금 이 지역을 맡게 되어 공손히 제사를 지낼 수 있게 되었습니다. 그래서 군리群吏를 이끌고 신궁新宮에 흔종釁鍾의 예를 올립니다. 목목穆穆하신 위신威神이시여, 불인不仁한 이가 멀어졌습니다.⁵⁾ 감히 재배再拜하고 계수稽首하지 않을 수 있겠습니까! 제帝의 신이여, 임조하소서!" 이에 삼헌三獻으로 예를 이루어 신神과 사람이 협화協和하니, 이민吏民이 분주하게 움직이며 영탄詠嘆이 여기저기서 일어났다. 그리하여 다 같이 말을 모아서 석장石章에 새기자고 간청하니, 후가

---

4) 灌은 降神酒를 붓는 의식이고, 薦은 제물을 올리는 의식이다.
5) 순임금의 사당을 깨끗하게 중수하고, 鼻亭神과 武曌의 상을 치웠다는 말이다.

내게 심부름꾼을 보내어 글을 청해서 후세를 길이 가르치고자 했다.

내가 가만히 생각하건대, 제帝가 하늘에 짝하여 극을 세우고 법이 길이 전해지게 된 일에 대해서는 문자로 형용할 수 없을뿐더러 전기傳記에서 말한, "남순南巡하여 돌아오지 못하고 창오蒼梧에 장사지냈다"는 것6)도 경언經言이 아니어서 사실을 확인할 수가 없으니, 모두 내가 알 수 있는 것이 아니다. 다만 천리天理·인륜人倫의 문제에 있어서 제帝가 후세에 가르친 것에 대해서는 일찍이 후侯와 함께 강론해서 그것을 널리 알리는 데 뜻을 두고 있었다. 그러니 후侯의 의도에 대해서는 그 연유를 대강 알 만하다. 그래서 경건하게 글을 짓고 시로 드러내어 돌아가서 새기게 한다. 그 시는 이렇다.

우산의 땅, 이수灕水의 물가.
누가 우사虞祀를 고쳤는가? 구가九歌를 부르고 초무招舞를 춘다.
도움이 되는 장후張侯는 이 남주를 다스리게 되자
제帝의 인仁을 그리워하여 그 보살핌에 답하였다.
사우祠宇를 쳐다보니 지주支柱가 무너지고 벗겨졌으며,
명령明靈이 깨끗하지 못하고 음오淫傲7)가 뒤섞여 있다.
강기綱紀를 세워서 이전 것을 허물고 새것을 다시 지음에,
당堂을 만들고 터를 다져서 높은 집과 높은 담을 이루었다.
제帝의 강림은 더디지 않고 사문四門은 목목穆穆하다.
후侯가 낙성을 기뻐하여 음식을 보내고 축원하였다.
제帝의 덕은 원을 그리는 규規와 네모를 그리는 구矩처럼
모든 것들에 그 법칙이 되니 대륜大倫이 빛나게 되었다.

---

6) 『史記』의 기록이다.
7) 음란하고 오만한 귀신들이라는 뜻인데, 위에서 말한 비정신과 무조를 가리킨다.

미천할 때부터 동·식물이 그 덕에 젖었고
몸을 공손히 하여 하늘에 응할 때는 구름과 비를 부렸다.
후세에 은혜를 베풀어 지금까지 억만년이다.
높은 하늘 넓은 땅, 높은 산, 흐르는 물과 같다.
하물며 훼상卉裳8)은 예로부터 직접 가르침을 입은 곳이어서
초연愀然히 바라보노라면 감동이 일어난다.
자식으로 효가 지극하고 신하로서 충에 힘썼다.
후侯가 절하고 머리를 조아리는 것은 제帝의 공을 기림이다!

---

8) 『書經』, 「禹貢」, "鳥夷卉服". 卉裳은 풀로 衣裳을 해 입는 사람들을 가리킨다.

39. 장충문張忠文과 정위민鄭威愍의 절개를 기린 묘비명

— 旌忠愍節廟碑[1]

소희紹熙 3년 20월 기유에 신주信州 군수 신 왕자중王自中이 상소를 올리니 그 내용은 다음과 같다.

"신이 다행히 은혜를 입고 부절符節을 쪼개어 지군支郡을 지키게 되었는데, 시사視事하던 날에 도첩圖牒을 살펴보다가 고 첨서추밀원사簽書樞密院事 장충문공張忠文公 숙야叔夜와 고 지동주사知同州事 정위민공鄭威愍公 양驤의 의관이 모두 이 군의 경내에 보관되어 있다는 것을 알게 되었습니다. 들자니, 정강靖康의 난에 오랑캐의 기병이 멀리서 달려 와 도성이 위박해지자 사면의 근왕병勤王兵들은 머뭇머뭇 오다 말다 해서 이른 이가 없었는데, 충문忠文이 홀로 남도의 군사를 이끌고 천리 먼 길을 달려 난을 구제하러 와서는 군봉軍鋒이 예리해서 싸울 때마다 반드시 이겼으며, 묘산廟算에 의해 머뭇거리다가 끝내 성공을 거두진 못했지만 죽도록 힘을 쏟아 힘들고 위급한 상황에 빠진 종사宗祀를 반드시 보존하는 것을 자기 책임으로 삼았으며, 일이 다시 성공하지 못하자 드디어 입을 닫고 음식을 끊어 몸으로 순국하였다고 합니다.[2] 그 뒤 오랑캐가 군대를 나누어 서쪽으로

---

1) 『朱文公文集』, 권89. 1194년(光宗 紹熙 5, 주희 65세)에 지은 글이다.
2) 여기서 廟算이란, 和議를 성립시키기 위해 欽宗이 金의 軍營으로 가기로 결정한 것을 말한다. 결국 金은 흠종과 上皇 徽宗을 붙잡아 庶人으로 폐하고, 張邦昌을 황제로 세우려고 시도하였다. 張叔夜는 황태자를 황제로 세워야 한다고 주장하다가 금나라 사람들에게 잡혀 갔는데, 도중에 탕만 마시고 밥은 먹지 않다가 결국

관關·섬陝을 엿보았는데, 그들이 향하는 곳마다 항복하여 뜻대로 되지 않았지만 또한 위민威愍같은 이가 있어 홀로 외로운 성城과 지친 병졸로써 승기를 잡고 날카롭기 그지없는 적의 예봉을 대적한 채 삼진三秦을 가로막고서 순행巡幸에 대비하였으며,[3] 오랑캐의 군대가 대거 밀려옴에 사방으로 응원이 끊기자 지켜내지 못할 것을 알고서도 용기가 더욱 강해져서 반드시 군君과 존망을 함께하리라 맹서하였고, 성이 함락되던 날에 드디어 목숨을 잃으면서도 후회하지 않았다고 합니다. 위태함을 보면 목숨을 내놓고 몸을 마쳐서 인을 이루는 것이 모두 신하의 의義로서 부끄러울 것이 없었습니다. 그래서 성조聖朝가 몹시 애도하여 포상과 보살핌이 여러 번 더해졌고 묘를 세우고 이름을 내렸으며 사전에 올렸습니다. 단지 지하에 있는 충혼을 위로하려고만 한 것이 아니라 만세토록 신자에게 충의라는 큰 가르침을 보이신 것입니다. 그런데 관리가 게을러서 일을 제대로 하지 못하여 사당을 관리하는 것이 성실하지 못합니다. 충문忠文은 비록 묘墓 주변에 사당을 세워 모상貌象이 엄하지만 영풍永豐·영취靈鷲라는 깊은 산 속에 치우쳐 있어서 폐하의 은혜를 빛내지도 못하고 사람들의 뜻을 격려하지도 못합니다. 위민威愍의 경우는 풍익馮翊에 장사지내고 제사지냈는데, 길이 이미 끊어져 있으며 그 고향 옥산玉山의 동곽東郭에는 묘墓만 있고 묘廟가 없어 길가는 사람들이 가슴아파합니다. 신이 재주는 없으나 몹시 두려워해서 삼가 두 현縣 경계의 큰길 곁에 땅을 잡은 뒤 유주전留州錢을 내어 관속으로 하여금 장인을 모아서 쌍묘雙廟를 세우게 하여 순巡·원遠처럼 만들었으니, 정성을 드러내고 영혼을 위로하며 그 충의를 표창하여 남들을 권면함으로써 건염建炎·소흥紹興 연간에 내린

순국하였다.

3) 鄭驤이 同州지사로 있을 때 金軍이 남침해 오자 高宗이 楊州로 도망갔는데, 장양이 楚·泗·汴·洛·陝·華 지역에서 精兵을 모아 적을 막자고 건의하였다.

명조明詔의 유지遺旨⁴⁾에 맞게 할 수 있게 되었습니다. 그래서 폐하의 광령光
靈을 빌려 명호名號를 정하고, 글을 꾸며서 폐하의 명을 신칙申飭하여 길이
후대에 남겨야 한다고 생각합니다. 신은 대원大願을 누르지 못해서 감히
죽음을 무릅쓰고 청을 올립니다."

이 일을 예부禮部와 태상太常에게 내려서 합의하여 조목조목 아뢰도록
하니, 모두들 두 신하의 묘廟는 이전에 이미 사액한 것이므로 이전의
그 이름을 따라 합쳐서 이름 지어야 한다고 했다. 이에 예관들에게 의론을
명하여 편액을 '정충민절지묘旌忠愍節之廟'라고 쓰기로 정하였다. 상서성尚
書省에서 군주郡主(왕자중)에게 부절을 내려 상소대로 시행하도록 하였는데,
왕후王侯(왕자중)는 이미 조정으로 불려 돌아가고 없었다.

처음에, 후侯가 옥산령玉山令 예입언芮立言과 영풍령永豐令 반우문潘友文에
게 일을 지시하고 다시 내게 편지를 보내어 명銘을 부탁했다. 지금 두
현령이 일을 맡아서 법도대로 일을 시행하면서, 사람을 보내어 후侯의
요청을 다시 확인하였다. 내가 평소 두 공公의 일을 즐겨 얘기하던 차에
후侯가 이렇게 거듭 청해왔으므로, 이에 서序를 짓고 시를 써서 묘廟가
완성되는 날에 새기게 한다. 왕후王侯는 자가 도부道夫이고 영가永嘉 사람으
로 어려서부터 건장하고 기절奇節이 있어서, 일찍이 효종(壽皇聖帝)께 당세當
世의 급무急務에 대해 극진하게 아뢰었다. 효종(壽皇)께서 그 말을 기뻐하여
크게 쓰려고 했지만 이루지 못했다. 정사政事를 펼 때에는 먼저 힘써야
할 것을 알아야 하니, 마땅히 이렇게 하여야 할 것이다. 지은 시의 내용은
이러하다.

황황후제皇皇后帝가 백성들에게 충衷(性)을 내리니

바로 군신의 의義와 부자父子의 인仁이다.

신하가 임금을 섬기고자 신적臣籍에 이름을 올리고 신표信標를 드렸다면

죽음으로 은혜를 갚아야 하니 몸을 어찌 돌보겠는가?

물고기와 곰발바닥을 취하고 버리는 것은

누가 시킨 것이랴, 성性이 그러한 것이다.[5]

숲같이 많은 생명들 누가 이 성性이 없겠는가?

다만 이해利害가 빼앗으니 바름을 잃기도 한다.

문무文武를 갖춘 장공張公은 겹겹의 포위 속에 목숨을 맡겼고

외로운 성을 지킬 수 없자 죽는 것을 집으로 돌아가듯이 여겼다.

강직(侃侃)한 정공鄭公은 멀고먼 고루孤壘를 지켜

동주성同州城이 함락되자 함께 순국하니 그 절개가 위대하다.

시절이 크게 변하여 강물처럼 여기저기 무너졌지만

두 공은 서로 바라보며 지주砥柱처럼 우뚝 섰다.

강개한 태도로 위난危難에 임하니 물같이 한결된 마음

하늘에서 받은 것을 온전히 지켜 만세萬世에 죽지 않도다.

혼魂을 불러 묘주廟主로 삼고 황제께서 위로하는 글을 내렸지만

게으른 관속이 일을 제대로 못해 신神이 살 수 없었다.

누가 보고 누가 듣겠으며 누가 한숨 쉬고 누가 한탄하랴?

누가 증烝 제사와 상嘗 제사를 지내며[6] 누가 사람들을 권면하랴?

수후守侯[7]가 황제께 요청하여 이 신궁新宮을 마련하니

황황煌煌한 거편巨扁이 이전의 편액과 합쳐져 숭위崇偉함이 더해졌다.

비석에 희생을 매니, 이무기가 서리고 거북이가 그것을 업었다.

---

5) 『孟子』, 「告子上」, "魚, 我所欲也. 熊掌, 亦我所欲也, 二者不可得兼, 舍魚而取熊掌者也. 生, 亦我所欲也. 義, 亦我所欲也, 二者不可得兼, 舍生而取義者也."
6) 烝은 겨울에 지내는 제사이고, 嘗은 가을에 지내는 제사이다.
7) 군수인 왕자중이다.

내가 명을 쓰노니, 지나는 이는 모두 내릴지어다.

소희紹熙 4년 5월 무인에, 자리나 채운 신안 주희가 짓다.

내가 이 비석의 명銘을 지은 뒤 이듬해에 조정에 불려가게 되었는데,[8] 마침 길이 사당 아래를 지나게 되어 가서 배알하니 모상貌象이 아직 마련되지 않았고 다른 공역도 아직 끝나지 않고 있었다. 까닭을 물으니, 왕후王侯가 떠난 뒤 흉년이 들어 백성이 굶주리고 두 현령도 곧 바뀌게 되었는데, 지금 옥산玉山 현령縣令인 온국溫國의 사마군 司馬君 방放이 비로소 이 일을 완성시키려 하는 중이라고 하였다. 군君은 사마광(文正公)의 자손인 데다 그 할아버지 충결공忠潔公 또한 북수北狩를 호종扈從하고 갔다가[9] 절개를 지켜서 몸을 더럽히지 않은 채 죽었으니, 두 공의 일에 느끼는 바가 있어 주가州家의 명을 기다리지도 않고 왕후王侯의 뜻을 완성시키려 한 것은 이미 당연한 일이다.[10] 10월 임자에 일을 마쳤다고 알려오니, 내가 이 사실도 함께 기록해야 할 것 같아서 그 일을 써서 비석의 좌방左方에 새기게 한다.

---

8) 1194년(주희 65세)에 寧宗이 즉위하자 주희도 부름을 받아 조정으로 나아갔다.
9) 北狩는 靖康의 變으로 宋나라 徽宗과 欽宗이 金나라로 끌려간 것을 우회적으로 표현한 것이다. 충결공도 이때 같이 끌려갔다.
10) 州郡의 명령이 내려오기 전에 현령인 사마방이 먼저 공역을 시작한 것을 말한다.

40. 한계옹 정군 묘표 — 韓溪翁程君墓表[1]

한계옹韓溪翁은 선군자 위재韋齋선생의 내제內弟인 정군程君으로, 휘는
정鼎이고 자는 복형復亨이며 휘주徽州 무원婺源 사람이다. 어려서 부친을
여의었고, 민閩지역(복건성)에서 선군자에게 배우게 되자 당대의 유선儒先·
장자長者의 여론을 강문講問할 수 있게 됨을 마음으로 기뻐하여, 베껴
써서 외우고 익히는 일을 아침저녁으로 조금도 게을리하지 않았다. 선군
자도 그의 근민勤敏하는 태도를 사랑하여 그가 돌아갈 때 육언六言을 써서
주었는데, 모두 사친事親·수신修身·위학爲學의 요체였다. 군이 절하고
그 말을 받아서 돌아간 뒤 더욱 수립하는 것이 있었다. 많은 책을 읽는
데 힘쓰고 사장詞章을 공부하였는데, 그것이 집안을 일으키는 길이라
생각했던 것이다. 그러나 군은 사람됨이 담백하고 질탕跌宕하여 수식에
힘쓰지 않고 『춘추좌씨전春秋左氏傳』 읽기를 좋아하더니, 글이 그 체례體例
를 배우게 되자 뜻을 굽혀서 거자擧子의 척도에 맞추는 일은 할 수 없었기에
오랫동안 장옥場屋에서 좋은 결과를 얻지 못했다. 집안이 원래 어렵기도
했지만, 그 때문에 군에 이르러 더욱 곤궁해졌다.

중년에는 모친을 모시고 궁산窮山으로 옮겨 살면서 스스로 한계옹이라
고 불렀다. 산전山前 백 이랑을 경작하며 담을 비뚤비뚤 둘렀는데, 한
해 먹거리로 부족했지만 군君은 배가 뭍에 닿은 듯 지냈다. 만년에 더욱

---

1) 『朱文公文集』, 권90. 1181년(孝宗 淳熙 8, 주희 52세)에 지은 글이다.

뜻을 얻지 못해 술에 빠져들었다. 술이 얼큰해지면 『춘추좌씨전』을 읊거나 『시경』의 국풍國風・아雅・송頌 편을 섞어 외기도 했다. 그러면 앉은 사람들이 공경스런 마음으로 귀 기울여 듣는데, 곡조曲調를 내리거나 높이고 빠르게 하거나 느리게 하며 갑자기 꺾거나 누르고 올리는 것이 절주節奏가 있는 듯했다. 쫓겨난 신하, 외로운 아들, 원망을 가진 사내, 홀로된 여자의 대목에 이르면 세 번 반복해서 감개하여 눈물을 줄줄 흘리지 않는 경우가 없었다. 그래서 용렬한 사람과 아이들이 곁에서 몰래 훔쳐보다가 때때로 웃고 모욕을 주기도 했으나 공은 오연傲然하게 마음에 두지 않았으니, 가슴에 품었지만 펼치지 못한 포부를 이렇게 해서라도 드러낸 것이다. 무슨 일을 할 때는 이치에 맞지 않는 바가 드물었다. 건도乾道 원년 나이 59세에 병으로 생을 마쳤고, 그 뒤 10년이 지나 군君의 부인 호씨胡氏도 생을 마치니, 회금향懷金鄕 복림福林 영수洽水의 언덕에 합장했다.

신안新安・번양番陽・신안信安의 여러 정씨鄭氏들은 모두 양梁나라 진서장군鎭西將軍 충장공忠壯公 영세靈洗의 후예들이고, 무원婺源에 정착한 이들은 또한 흡주歙州 황돈黃墩에서 이사해 왔다. 그 족보가 모두 남아 있다. 선군자께 들으니, 충장공을 황돈에 장사지냈는데 그 묘를 돌로 봉분해서 지금도 남아 있다고 한다. 군의 집안은 할아버지 상翔 때 비로소 향천鄕薦을 받았고 아버지 저著도 군학郡學 상사上舍로서 경사京師로 천거되었는데, 모두 불행하게도 일찍 생을 마쳤다. 군에 이르러 학문에 더욱 부지런하였고 그 사우師友의 연원에 적혀진 것도 더욱 심원하였지만 때를 만나지 못하고 생을 마쳤다. 아들이 있는데 이름은 순淳이다. 배우기 좋아하고 글에 힘쓰니 군이 기특하게 여겨서 "이 아이가 내 뜻을 이룰 수 있을 것이다"라고 했다. 그 뒤 여러 번 천거되었지만 급제하지 못하다가 이제 특은特恩을 입어 신주信州 문학文學에 제수되니, 식자識者들이 한스럽게 여겼다. 그러나 순淳이 내게 와서 함께 위학爲學의 대요大要를 논한 적이 있는데, 내가 보기에 그가 군의 뜻을 이룰 길은 여기에 있지 저기에 있는 것이 아니었다.

　내 조모祖母가 군의 고모이므로, 나는 군을 숙부라고 부른다. 어려서 선군자와 함께 임안에 있을 때 자주 군이 오면 선군자가 붙잡아서 같이 마시는 것을 보았다. 군은 반드시 완전히 취하였고, 논설이 끊임없이 쏟아져 나와서 스스로 그치지를 못하였다. 자란 뒤 향리鄕里로 돌아가서 또 군에게 절할 기회가 있었다. 그때 군은 나에게 여러 가지를 가르쳐 주었는데, 이미 더욱 늙어 있었지만 술을 마시면 바로 노래하고 담소하는 것이 아직도 의기가 쇠하지 않고 있었다.

　지금 다시 30년이 지나 순洵이 편지로 군의 학도學徒인 이군李君 증繒이 지은 행장을 받들고 와서 군의 묘표墓表를 청했다. 군과 만나고 헤어진 그 시종을 생각하다 보니, 우리 두 사람의 아버지를 지금 모두 볼 수 없거니와 나와 순 또한 외롭게 살던 끝에 모두 나이가 들어 버렸다. 그래서 눈물을 흘리며 글을 쓴다. 군의 집안이 뜻을 얻지 못한 것을 거듭 탄식하고, 또한 내가 이미 쇠퇴해서 군의 옛 뜻을 이루어 줄 수 없음을 슬퍼한다. 오호! 순洵은 힘쓰라!

41. 조입지 묘표 — 曹立之墓表

　　순희淳熙 을미세乙未歲에 내가 여백공呂伯恭을 배웅하느라 신주信州의 아호鵝湖까지 갔더니, 강서江西의 육자수陸子壽와 그 아우 육자정陸子靜, 유자징劉子澄 같은 이들이 모두 왔다.[1] 서로 자기가 들은 것을 강론하며 몹시 즐거웠다. 육자수 형제는 학생들에 대해 그다지 칭찬하지 않는 사람들인데, 오직 여간餘干 사람 조입지曹立之의 사람됨에 대해 내게 말하면서 다시 "조입지(立之)는 군君이 지은 글을 많이 읽었고 군君과 장경부張敬夫를 몹시 만나고 싶어한다"라고 했다. 5년 뒤 내가 남강군南康軍 지사知事가 되자 과연 입지가 찾아왔는데, 그 모습을 보고 그 말을 들으니 위기지학爲己之學에 종사했다는 것을 알 수 있었다. 확실히 육자수 형제는 나를 속인 것이 아니었다. 며칠 머물게 하려고 했으나 입지에게 숙약宿約이 있어서 그러지 못했다.

　　이윽고 후임이 정해져서 내가 떠나게 되었는데, 마침 조정에 올린 백록동서원白鹿洞書院의 사액賜額 관련 상소를 그대로 시행토록 하라는 교지가 내려왔다. 후임 군수인 오군吳郡 사람 전후錢侯 자언子言이 내가 그 일에 몹시 마음을 쏟는다는 것을 알고는 바삐 편지를 보내어 누구를 서원의 스승으로 삼으면 좋을지 물었다. 내가 조입지를 추천했더니 전자언錢子言이 듣고서는 흔연히 편지를 쓰고 예물을 챙겨 여간餘干으로 심부름

---

　　1) 『朱文公文集』, 권90. 주희는 1175년(주희 46세) 4월에 呂祖謙과 함께 『近思錄』을 편찬하고 5월에 信州 鉛山의 鵝湖寺로 출발했다.

꾼을 보냈다. 그러나 입지의 문에 이르러 청했더니 이미 입지는 병이 들어 갈 수 없었다. 그리고 10년 2월 신해일辛亥日에 끝내 일어나지 못하니, 방년 37세였다.[2]

육자정이 편지를 보내어 조문하면서, 입지가 죽을 즈음에 그 말하는 것이 형연炯然하게 도道에 맞아서 평소와 조금도 다르지 않았다고 했다. 그래서 함께 몹시 안타까워했다. 오호! 우리 도가 쇠해진 지 오래되었다. 근년 들어 장경부·육자수·여백공이 모두 한창 나이에 연이어 생을 마쳤고 후진後進 가운데 뒷날을 이어갈 만한 이들 또한 많이 요절했는데, 지금 다시 우리 입지를 잃었으니 육자정과 내가 서로 조문하는 것이 어찌 함께 노닐던 사람에 대한 사사로운 정리일 뿐이겠는가!

입지는 이름이 건建으로, 그 선대가 금릉金陵에서 이사 왔으니 입지까지 8세였다. 입지의 아버지는 휘가 천명天明이고 처음으로 유업儒業을 익혔다. 입지는 어려서 영오穎悟하여 날마다 수천 마디를 외웠다. 조금 자라서 스스로 각려刻厲할 줄 알아서 고금古今의 글을 배워 모두 볼만했다. 하루는 하남河南 정씨程氏(二程)의 책을 구해 읽고서는 성현의 학문에 연원이 있다는 것을 알게 되었다. 그래서 개연히 그 동안 하던 것을 모두 버리고 여러 경서들을 깊이 사색하게 되었고, 당세의 유선儒先 가운데 도道를 밝힐 만한 사람을 두루 찾아다니며 공부하려고 했다. 장경부가 호상湖湘에서 도道를 강론한다는 말을 듣고 가보려고 했지만 그렇게 하지 못했다가, 사수沙隨 정씨程氏가 옛 도道를 배워 행실이 높다는 말을 듣고 바로 가서 배우고 지귀指歸를 얻었다. 또 육씨陸氏 형제가 다만 마음에서 얻은 것을 학문이라고 하는데 그 학설은 문자와 언어로 미칠 수 없다는 소식을 듣고는 다시 가서 그 학문을 배웠으니, 오래 지나자 얻은 것이 있는

---

2) 1183년(孝宗 淳熙 10, 주희 54세)의 일이다.

듯했다. 육자수가 깊이 인정했지만 입지는 감히 자족하지 못했다. 그래서 또 편지를 보내어 장경부와 강론했다. 경부 또한 편지를 펴 보고 기뻐하며 "이 사람은 함께 공부할 만한 사람이다"라고 했으나 얼마 지나지 않아 세상을 떠나 버렸으니, 입지는 끝내 경부를 만나지 못했다. 뒤에 남강南康으로 가서 경부가 남긴 글을 모두 얻어 공부의 전후 맥락에 대해 살펴보고 나서는 '아' 하고 탄식하며, "내가 평소 학문에 대해서 들은 것이 없어 귀치歸致를 알지 못했는데, 지금부터는 정론이 있어 흔들리지 않게 될 것이다"라고 하였다.

이후 궁리窮理가 더욱 정밀해지고 반궁反躬이 더욱 절실해져서, 붕우朋友와 강습할 때에도 반드시 자기가 얻은 것을 말하곤 했다. 대개 그의 글에, "학문이란 반드시 도를 아는 것이 귀하다. 도는 한 번에 듣고 깨치거나 한 번에 초월해서 들어갈 수 있는 그런 것이 아니다. 하학下學의 방법에 따라 궁리의 공부를 해서 얕은 데서 깊은 데로, 가까운 데서 먼 데로 나아가면 어느 정도 가능성이 보일 것이다. 그렇지 않고 지금 반드시 먼저 한 번에 깨치고자 기약한다면 마침내 백 가지 일을 버리고 초월하려고 하게 될 터이니, 그렇게 되면 내가 보기에 깨닫지도 못한 채 낭패가 이미 심할 것이다. 하물며 낮은 것을 소홀히 여기고 높은 것으로만 달려간다면 요행으로 얻을 수 있는 이가 드물 것이라고 본다"고 하였다. 이것이 그가 만년에 추구했던 공부의 표적이자 정도이다.

올해 설날에 병이 손써 볼 수 없다는 것을 알았으면서도 창가에다 "죽기 전에는 스스로를 버릴 수 없다"라고 적어 두고, 선善으로 나아가고 잘못을 고치기를 이후로 더욱 독실하게 했다. 죽는 날에 일어나 의관을 바로하고 평일처럼 위좌危坐해서는 동생 정廷에게, "내 비록 몹시 병들었지만 학문은 더욱 진전되어 이 마음이 밝고 깨끗하여 조금도 가린 것이 없다. 이렇게 죽으면 명命에 관해 말할 만할 것이다"라고 했다. 말을 마치고 자리에 누우려 하다가 제대로 자리도 잡지 못한 채 숨을 거두었다. 아! 입지는 비록 불행히 일찍 죽어서 그 뜻을 이루지 못했지만 스스로 수립한 것이 이와 같으니, 어찌 남이 미칠 수준이겠는가!

입지는 부모를 효로 모셔서 숙수菽水로 봉양해도 기쁜 기색이었고, 아우 사랑이 아주 지극해서 함께 절차切磋하는 것이 엄한 사우 같았으며, 누이가 시집가서 일찍 죽자 그 고아를 잘 보살펴서 성취가 있게 했다. 남과 사귈 때에는 공경하고 충실했으며, 마음에 불편한 것은 스승의 말이라도 굽혀서 따르지 않고 반드시 반복해서 옳은 것으로 돌아간 뒤에 그쳤다. 자신을 규약하는 것이 더욱 절실했으며, 남에게 급한 환란이 있으면 온힘을 쏟아 도왔고 가난과 질병을 염두에 두지 않았다. 그 재齋에 '무망無妄'이라는 방榜을 붙이고 종일 문을 닫고 있었기에 한동네 살면서 그 얼굴을 모르는 이도 있었다. 늘 생활하면서 스스로 반성하여 조금이라도 잘못이 생기면 바로 책에 써 두었다. 경학經學을 토론하다가 얻은 것이 있으면 모두 기록해 두었고 다른 글을 지은 것도 아주 많았는데, 병들었을 때 그것을 모두 태워 버리라고 했다. 그러나 정이 차마 그러지 못했는데, 그가 생을 마친 뒤에 상자를 열어보니 이미 절반은 사라진 상태였다. 정론定論을 세운 뒤의 글을 모아 보았더니 10여 권이 되고 나머지 글들도 또한 전할 만한 것들이 많지만, 입지의 유의에 따라 감히 발표하지 않는다.

입지는 아내를 맞은 적이 있지만 아내가 시어머니 마음에 들지 못하고 가르쳐도 좇지 않자 이혼했다. 그래서 끝내 아들이 없었다. 지금 정廷이 어머니의 명에 따라 종인宗人의 아들 원愿을 후계로 삼아서 입지를 만춘향萬春鄉 율전원栗田原 선영先塋의 오른편에 장사지냈다. 그리고 입지의 유문 몇 편과 그 친구 성지랑成志郎 조군趙君 백역伯域이 지은 행장行狀을 들고 수백 리 길을 마다 않고 찾아와서 내게 명을 부탁하였다. 내가 입지를 알게 된 것이 비록 늦었지만 아는 것이 깊고 바라는 것이 두터워 그의 죽음을 애도하며 여러 번 눈물을 흘렸으니 어찌 따르지 않을 수 있겠는가? 그러나 입지를 이미 장사지냈으니 광중壙中에 넣을 명銘은 짓지 못하고, 그 일을 적어 묘표墓表로 삼게 한다. 그리고 또 이렇게 붙인다.

호자胡子[3]가 "학문은 넓기를 바라되 잡박하기를 바라지 않고, 요약되기를 바라되 누추하기를 바라지 않는다"라고 했다. 믿을 만하다! 입지와 같은 이는 넓되 잡박하지 않고 요약되되 누추하지 않았으니, 하늘이 몇 년을 더 허락하여 그 힘을 다하게 했다면 이 도가 거의 전해질 수 있었을 것이다. 아, 지금 명命이 짧아 죽어 버렸으니 어찌 슬프지 않겠는가!

이해 5월 을유일에 신안 주희가 쓰다.

---

3) 張栻의 스승인 胡宏이다.

494 朱子文錄 卷下

42. 정군 정사 묘표 — 程君正思墓表[1]

사士의 근심은 배우지 못하는 데 있다. 그러나 배울 줄 안다 하더라도 택할 줄 아는 것이 어렵고, 택할 수 있다 하더라도 용감히 행하여 안으로 자기의 사사로움을 돌아보지 않고 밖으로 속습俗習에 이끌리지 않는 이것은 더욱 어렵다. 아! 번양番陽 사람 정군程君 단몽端蒙 정사正思의 경우는 택할 줄 알고 행할 수 있었던 이라 할 수 있을까? 한 번 쓰이지도 못했는데 나이가 많이 들지도 않아 죽어 버렸으니, 그의 덕업德業이 성취되는 것을 볼 수 없었다. 애석한 일이다.

정사正思는 타고난 자질이 단정하고 성실하여 어려서부터 이미 자신을 사랑할 줄 알았고, 커서는 널리 사우師友를 구해 스스로 깨우쳐 나가서 드디어 사예詞藝로 인해 천서薦書에 이름이 올랐다. 그런 뒤에 무원婺源에서 나를 찾아와서 노선생들이 사람들을 가르치던 대지大旨를 듣고는, 물러나 바로 개연히 발분發憤하여 도를 구하고 몸을 닦는 것을 자기 임무로 삼았다. 토론하고 탐색하는 데 들이는 공력이 남의 배나 되었다. 정미함에 있어 간혹 미진한 점이 있었지만 굳건히 지키고 힘써 행하는 공은 남들보다 멀리 앞섰다. 처음에 이름의 아래 글자가 주周·정程 선생과 같았는데, 그 아버지에게 여러 번 청하여 드디어 고쳤다. 집안에 있으면서 부모를 모실 때는 일이 생기려 할 즈음에 아주 작은 부분에서 의리를 밝힐

---

1) 『朱文公文集』, 권90. 1192년(光宗 紹熙 3, 주희 63세)에 지은 글이다.

수 있었기에 감동으로 깨우칠 때가 많았고 기쁜 마음을 잃지 않았다. 어머니를 잃자 장례와 제사를 지냄에 고경古經에 바탕하여 유속流俗의 잘못을 바로잡으니, 향인들이 법도로 삼는 이가 많았다.

태학太學에 있을 때는 동료들이 대체로 시호時好를 좇느라 성현의 학문이 있는 줄 알지 못했다. 이에 정사正思는 그들에게 말해 줄 만한 것을 골라서 일에 따라 성의를 다해 잘 깨우쳐 주기를 게을리하지 않았다. 그랬더니 그를 따라서 바뀌는 이가 자못 많았다. 그러나 그 사람됨이 강개하여 구차하게 맞추지 않았다. 남이 강학講學하거나 의정議政하는 것이 마음에 맞지 않으면 바로 그 문으로 찾아가서 변질辨質하거나 편지를 보내 깨우치기도 하여, 반드시 시비와 가부可否를 끝까지 따진 뒤에 그쳤다. 마침 대신大臣 가운데 방종하기를 좋아하고 법도를 싫어하는 이가 있어, 몸을 잘 수양하는 선비를 보면 사기邪氣가 있다고 간주하여 황제에게 "이 무리들은 폐하의 나라를 망칠 수 있습니다"라고 하였다. 그래서 학관學官이 그 풍지風旨를 받들어 대책對策의 과제課題를 정할 때 바로 왕안석王安石과 정이程頤와 소식蘇軾의 학문에 대해 물은 뒤 대책對策에 드러난 향배向背에 따라 취사取捨하니,[2] 대책에 임하는 이들이 당황했지만 감히 그 잘못을 말하지는 못했는데 오직 정사만이 홀로 화난 붓을 움직여 항론抗論하였다. 이처럼 기대거나 피하는 것이 없었고, 사정邪正을 분별할 때는 경중輕重과 천심淺深이 모두 리理에 맞았다. 비록 그래서 맞지 못하고 돌아갔지만 사邪를 누르고 정正을 권면한 도움이 많았다고 하겠다.

돌아와서는 병으로 일어나지 못하니, 소희紹熙 2년 11월 1일이었고

---

2) 여기서 大臣은 王淮이다. 그는 순희 9년부터 순희 15년까지 거의 獨相으로서 정국을 주도했는데, 처음에는 道學 계열의 학자들을 많이 등용했지만 뒤에는 道學者들을 알게 모르게 정치에서 배제시켰다. 주희는 이 글에서 왕회가, 시험에 응시하는 사람이 對策을 程頤의 이론에 근거하여 지으면 합격하지 못하게 만들었다고 말하고 있다.

향년 49세였다. 듣는 이가 슬퍼하지 않는 이가 없었다. 병이 급해졌을 때 수서手書를 보내어 왔다. "단몽端蒙은 죽어도 여한이 없지만, 끝까지 모시고 문하에서 업을 마치지 못한 것이 한입니다. 그러나 이미 말할 수 없게 되었으니, 선생께서는 자애自愛하시어 군서群書를 일찍 정리해서 다음에 올 철인哲人을 기다리십시오 세상이 나를 알지 못해도 하늘마저 나를 알지 못하겠습니까!" 내가 평소에 정사가 도를 맡는 것이 용감하고 뜻을 쓰는 것이 전일하여 반드시 정미한 내용을 끝까지 궁구해서 이 도를 널리 전할 수 있을 것이라고 생각했는데, 갑자기 그 글을 읽게 되니 나도 모르게 실성하여 눈물을 흘렸다. 잠시 후 필적을 살펴보니 잘 쓴 것이 평소와 같아서 죽고 사는 즈음에 이처럼 태연하다는 것을 알았다. 더욱 통석해하며 오랫동안 평안을 찾지 못했다.

이듬해에 정사의 아버지가 정사를 그 고향의 어느 곳에 장사지내려고 두 동생 단림端臨·단본端本에게 행장을 짓게 한 뒤 내게 보내어 묘표를 써 달라고 요청했다. 행장의 내용을 보니, 정사의 증조는 굉宏이고 할아버지는 여능汝能인데 모두 향리에서 훌륭한 행실이 알려졌다. 아버지 역易은 지금 수직랑修職郎으로 치사致仕하였다. 어머니는 유씨兪氏이고 처는 왕씨王氏이다. 한 아들이 있었으니 이름이 사성師聖이고, 한 딸은 같은 현의 동준董濬에게 시집갔다. 나머지는 내가 들은 것과 모두 다르지 않았다. 또 그 내용을 보니, 정사는 어려서 근신한 것이 보통아이와 달라서 할아버지가 돌아가실 때 그가 가탁할 만하다는 것을 알고 한 노비를 맡겼다. 정사는 이때 나이 14~5세였지만 눈물을 흘리면서 명을 받아 근간하게 잘 보살펴 주었다. 16년 동안 처음부터 끝까지 조금도 게으른 것이 없었다. 병이 들었을 때는 아무리 병세가 심해도 존친尊親이 오시면 반드시 관건冠巾을 쓴 뒤에 감히 뵈었다. 생을 마치려 할 즈음에 부녀婦女를 전부 문밖으로 나가게 하고 상례를 치를 때에 부도의 법을 쓰지 말도록 했다. 두 동생과 붕우에게 말하는 것은 모두 인륜의 대법과 관련된 것이어서 다른 말은 섞여 있지 않았다. 이것은 모두 적을 만한 것이어서 앞에서 논한 것과 함께 써서 묘갈墓碣로 새기게 한다. 뒷날의 군자들이 살펴볼 수 있을 것이다.

소희紹熙 3년 가을 9월 을묘일, 신안 주희가 쓰다.

43. 진사덕 묘지명 — 陳師德墓誌銘[1]

주周나라가 쇠하자 관官은 직분을 잃고 백성은 안정된 생계가 사라지게 되었다. 사士는 배울 줄 모르게 되어, 표절하고 짜깁는 공부에 힘써 이름과 이익을 얻으려고 하는 이도 있었다. 본래는 추위와 배고픔에 심하게 허덕이다 보니 어쩔 수 없어서 그런 점도 있지만, 뒤에는 다시 이것을 능사로 삼았다. 풍속이 그르쳐지자 서로 이런 것을 숭상해서 공경公卿의 자제들 가운데 재능 있는 이들도 더러 이런 것을 존모하여 배우게 되니, 아무런 압박이 없는데도 공연히 수치스럽게 재주를 파는 짓을 하였다. 그래서 도리어 임금의 은혜를 하찮게 여기고 세록世祿을 가볍게 보며 본학本學을 익힐 공부를 줄여서 장옥場屋의 쓸데없는 글에 종사하였다.[2] 세상이 다투듯 달려가니 전혀 깨어날 줄 몰랐다. 그리하여 성현의 수기치인修己治人의 학문과 국가의 예의염치禮義廉恥의 가르침은 더욱 스러져 갔다. 아, 이것이 폐단이 된 지가 오래되었도다! 탁연하게 높은 뜻과 먼 식견을 가진 선비가 나오지 않으면 누가 이런 상황을 뒤집을 수 있겠는가? 우리 사덕師德 같은 이가 거기에 가까웠다. 그런데 그 뜻을 이루지 못하고 병들어 죽어 버렸으니, 이 또한 애통한 일이다.

---

1) 『朱文公文集』, 권91. 1175년(孝宗 淳熙 2, 주희 46세)에 지은 글로 추정된다.
2) 임금의 은혜란 公卿의 자제들이 蔭補로 관직을 얻을 수 있는 기회를 말하고, 世祿이란 대대로 봉록을 받는 것을 말하며, 本學은 儒學 공부를 말한다. 주희는, 공경의 자제라면 굳이 科擧공부에 시간을 축내느니 찬찬히 儒學 경전을 익히고 身心 수양에 힘써서 蔭補로 관직에 나아가는 것이 더 낫다고 보았다.

사덕師德은 보전莆田 사람으로, 성은 진씨陳氏이고 이름은 정定이다. 승상 신안공信安公(陳俊卿)의 셋째 아들로 어머니는 복국부인福國夫人 섭씨聶氏이다. 사덕은 태어나면서부터 빼어나서 어려서부터 성인의 풍도가 있었다. 나이 열두세 살 때 이미 고인古人의 위기지학爲己之學을 알게 되어 거자擧子의 글을 익히려 하지 않았다. 하루는 신안공의 명으로 내 친구 괄창括蒼 사람 오군吳君 경로耕老를 통해 편지를 보내어 자기 뜻을 말하며 내게 와서 학업을 닦겠다고 청했다. 내가 세 번 그 글을 읽어 보고 가상히 여겼지만, 그가 반드시 공환空幻하고 황홀한 세계에 정신을 쏟고 힘을 썼으리라 짐작하여 "성현의 학문은, 내 얕은 식견으로 헤아릴 수 없지만 배우려는 이는 반드시 가깝고 쉬운 것에서 시작해야 한다"라고 답장을 보냈다. 그러자 사덕은 비로소 내 말을 좇아 돌이켜 자신에게서 구하려고 했지만, 이미 예전에 너무 고달프게 사려하느라 지쳐서 병에 걸려 위태롭게 되었다. 뒤에 몇 번 나를 만나려 하고 아울러 장차 세상의 도 있는 군자를 두루 찾아서 사우師友로 삼고자 했지만 병 때문에 뜻을 이루지 못했다. 죽게 되었을 때도 그의 친구 방경도方耕道(이름은 未)에게 부탁해서 나를 만나지 못한 것이 몹시 한스러웠다고 전해 왔다. 이듬해에 그 중형仲兄인 수사守師 진중陳中이 건양建陽으로 나를 찾아와서 경도耕道가 지은 행장 한 통을 주면서 내게 묘혈墓穴에 쓸 명銘을 부탁했다. 그래서 나는 차마 뿌리칠 수가 없었다.

행장에 따르면, 사덕은 성품이 지극히 효성스러워서 신안공信安公과 모부인母夫人을 모실 때 곡진하게 경애하여, 음식을 장만할 때는 반드시 몸소 하였고 옆에서 보필할 때는 의리를 어기지 않으면서도 안색을 살피지 못하는 경우가 없었다. 형제에게는 더욱 우애가 있었다. 신안공이 상주上奏하여 음보蔭補로 우승봉랑右承奉郎에 제수되었다. 같은 군郡의 임씨林氏를 아내로 맞았는데, 조청랑朝請郎 임일명林一鳴의 딸이다. 나이 25세이던 순희淳熙 갑오년(1174) 7월 기해일에 생을 마쳤다. 병이 심해졌을 때 공과 부인이 가서 보고서 "사생死生에 명이 있음을 너는 알 것이다"라고 하니, 사덕은 손을 모으며 "전전긍긍戰戰兢兢하여 깊은 못에 임한 듯 얇은 얼음을 밟은 듯합니다[3]"라고 대답했다. 다시 형을 돌아보며 문학問學과 수신에 대한 것을 당부하더니 저녁을 넘겨서 세상을 떠났다. 공과 부인이 애통해하며 곡하고 그 백형의 아들 복손福孫을 후사後嗣로 삼았다. 석천石泉의 선영 곁에 장사지냈다.

아! 사덕師德과 같은 뜻을 가지고도 그 행사行事를 쓸 만한 것이 이 정도 밖에 없으니 이 또한 어찌 슬프지 않겠는가! 그러나 그가 세운 것은 이익에 눈이 어두워 몸을 욕되게 하고 그만둘 수 있는데도 그만두지 않는 세속의 학문에 비해서 이미 현저하게 높다. 어찌 자못 신안공과 부인의 염려와 형제·붕우의 마음을 위로할 만하지 않겠는가! 내가 이에 명銘을 짓는다.

사士라면 누군들 배우지 않았겠는가? 그러나 그 길이 다르니,
아주 작은 차이가 있어도 도척盜蹠의 무리가 된다.
우뚝하다, 이 사람은! 의義만을 배우고,
꺾이지 않는 의지로 몸소 행하여 선각先覺의 길을 실천했다.
하늘이 그가 큰 진보를 이루도록 두지 않았으니
못가에 선 듯 얼음을 밟은 듯한 삶을 면했으나 지기志氣는 남았으리라.
석천石泉 가에 합장合葬하여 무덤을 만들었다.
누가 몸을 온전히 하여 돌아갈 수 있는가? 여기 깊이 새긴 글을 볼지어다.

---

3) 『論語』, 「泰伯」, "曾子有疾, 召門弟子曰, 啓予足! 啓予手! 詩云, 戰戰兢兢, 如臨深淵, 如履薄冰. 而今而後, 吾知免夫! 小子!"

44. 황고 주부군 천묘기 — 朱府君遷墓記[1]

선부군先父君의 휘는 송松이고 자는 교년喬年이며 성은 주씨朱氏이니, 휘주徽州 무원婺源 사람이다. 부군의 증조는 휘가 진振이고 조부는 휘가 현絢이며 비妣는 모두 왕씨汪氏이고, 부군의 고考는 휘가 삼森이고 비는 정씨程氏이다. 3세가 모두 벼슬하지 않았는데, 고考와 비妣는 부군府君 때문에 승사랑承事郎과 유인孺人으로 추증되었다.

부군은 소성紹聖 4년(1097) 윤2월 무신일에 태어났다. 성품이 지극히 효성스러웠고 높은 뜻과 큰 절개를 가졌으며, 한번 붓을 들면 사람을 놀라게 하곤 했다. 정화政和 8년(1118)에 동상사출신同上舍出身으로 급제하여 적공랑迪功郎 건주정화현위建州政和縣尉로 제수되었다. 승사공承事公이 서거한 뒤 가난해서 돌아갈 길이 없자 그 읍에 장사지냈다. 떠돌이 벼슬은 주로 민중閩中(복건성)에서 크게 벗어나지 않았으니, 이때 비로소 귀산龜山 양씨楊氏의 문인(羅從彦)에게 『대학大學』·『중용中庸』의 학문을 배웠다. 남검주南劍州 우계현尤溪縣의 현위로 제수되었다가 천주泉州 석정진石井鎭의 감세관監稅官이 되었으며 좌종정랑左從政郎으로 승진했다.

소흥紹興 4년(1134) 조정에서 불러서 비서성秘書省 정자正字에 제수했다. 이때 내간內艱을 만났고,[2] 복服을 벗었을 때 소대召對하여 선교랑宣敎郎으로 승진했고 비서성교서랑秘書省校書郎에 제수되었다. 이어서 다시 저작좌랑著

---

1) 『朱文公文集』, 권94. 1170년(孝宗 乾道 6, 주희 41세)에 지은 글로 추정된다.
2) 孺人 程氏의 喪을 당했다는 뜻이다.

作佐郎·상서도지원외랑겸사관교감尙書度支員外郎兼史館校勘으로 옮겼다. 사훈司勳과 이부吏部 두 관청의 관직을 거쳤는데, 여전히 사직史職을 맡았다. 사史를 편찬한 노고를 인정받아 봉의랑奉議郎으로 승진했고 여러 해 봉직한 노고를 인정받아 승의랑承議郎으로 승진했다. 승상 조충간공趙忠簡公(趙鼎)과 장충헌공張忠獻公(張浚)이 모두 부군을 깊이 알아주었지만 중용하지는 못한 채 조정을 떠나가게 되었는데, 진회秦檜가 이런 이유 때문에 부군을 꺼려하였다. 부군이 또 동렬同列을 이끌고 금과 화의를 맺는 것은 옳지 못하다고 극론하였더니, 진회가 더욱 노해서 부군을 요주饒州 지사知事로 보냈다.[3] 이에 부임하기 전에 한직閒職을 청하여 주관태주숭도관主管台州崇道觀에 차견差遣되었다. 소흥 13년 3월 신해일에 건주建州 성 남쪽의 우사寓舍[4]에서 돌아가시니 향년 47세였다. 지은 글로는『위재집韋齋集』12권이 있다. 같은 군郡의 축씨祝氏를 아내로 맞았는데, 처사處士 확確의 딸로 유인孺人으로 봉해졌고 부군이 가신 뒤 27년이 지나 돌아가셨다. 아들 희熹는 좌적공랑左迪功郎으로 추밀원樞密院 편수관編修官으로 발령받은 적이 있다. 딸은 좌적공랑左迪功郎 장정현長汀縣 주부主簿 유자상劉子翔에게 시집갔다. 손자로는 숙塾·야埜·재在가 있고 손녀로는 손巽·태兌가 있는데, 모두 어리다.

애초에 부군이 돌아가셨을 때에 숭안崇安 오부리五夫里에 장사지내려고 했다가 돌아가신 이듬해에 비로소 그 동네 영범원靈梵院 곁에 하관했는데, 이때 나는 어려서 일을 바꾸지 못했고 땅을 잡는 것에 상세하지 못해서 체백體魄이 편안한 곳을 얻지 못할 것을 두려워했다. 그래서 건도乾道 6년 7월 5일 동네의 백수白水 아자봉鵝子峯 아래로 이장하니, 나는 그리움으

---

3) 1140년 3월 진회가 右諫議大夫 何鑄에게 朱松을 탄핵하게 했다. 죄목은 '자기만 현명한 척하고 겉으로만 겸손하다'는 것이었다.

4) 建安城 남쪽 紫芝上坊에 위치한 環溪의 寓舍이다. 주송은 1140년 建陽 登高山 丘義에 있는 집으로 돌아갔다가 가을이 지나자 環溪精舍를 마련하고 여기서 주희를 가르쳤다.

로 울부짖어 심골을 파고든다. 선군께서 그 뜻을 펴지 못하고 돌아가셨고 나도 닮지 못해서 뜻의 만분의 하나도 드러내지 못한 것을 거듭 생각하며, 감히 성계姓系·관벌官閥·지업志業의 대강을 차례로 써서 돌에 새겨 그윽한 곳에 묻어 두고서 글 잘하는 사람을 청해 그 수도隧道를 표하려고 한다. 호천昊天이 망극하나니 아, 가슴 아프다!

45. 상서이부원외랑 주군 유인 축씨 광지
— 尙書吏部員外郞朱君孺人祝氏壙誌[1]

선비先妣 유인孺人 축씨祝氏는 휘주徽州 흡현歙縣 분이시니 그 선조는 휘주의 대성大姓이었다. 휘가 확確인 부친 때부터 유업儒業을 시작하여 고행高行이 있었는데, 같은 군의 유씨喩氏를 취하여 원부元符 3년 7월 경오일에 유인孺人을 낳았다. 유인은 성품이 인후仁厚하고 단숙端肅하였다. 나이 18세에 휘는 송松이고 자는 교년喬年이며 성은 주씨朱氏인 우리 선군에게 시집왔는데, 시부모를 모실 때는 효성과 근신이 독실하여 남이 못하는 것까지 해 냈다. 선군이 교중비서校中秘書여서 지금의 호[2]를 하사받았다.

선군이 돌아가셨을 때 내 나이 겨우 열 넷이었다. 유인은 매우 부지런히 나를 가르쳐서 지향할 곳을 알게 하셨지만, 불행히도 나는 이미 성장해서도 어리석어 세상에 쓰이지 못했다. 그래서 가난과 질병으로 몹시 곤란을 겪어 남이 견디지 못할 지경이었으나 유인께서는 편안하게 대처하셨다. 건도乾道 5년 9월 무오일에 돌아가시니 향년 70이셨다. 세 아들을 낳았는데, 첫째와 둘째는 모두 요절하고 나는 막내로서 좌적공랑左迪功郞 추밀원편수관樞密院編修官으로 임명받은 적이 있다. 딸 하나가 있는데, 우적공랑右迪功郞 장정현주부長汀縣主簿 유자상劉子翔에게 시집갔다. 손자로는 숙塾·야埜·재

---

1) 『朱文公文集』, 권94. 1170년(孝宗 乾道 6, 주희 41세)에 지은 것으로 추측된다.
2) 孺人이라는 봉호를 말한다. 宋代에는 通直郞 등 관원의 모친이나 부인에게 준 봉호였다.

在가 있고 손녀로는 손巽·태兌가 있는데, 모두 어리다.

　이듬해 정월 계유일에 건녕부建寧府 건양현建陽縣 후산後山 천호天湖의 양지바른 곳에 묻나니,3) 선군先君을 모신 백수白水의 조兆로부터 동북으로 백 리 떨어진 곳이다. 불효자 희熹가 울부짖으며 그리워하느라 몇 번 혼절하고서는 감히 광중壙中에 이렇게 기록한다. 호천이 망극하나니 아, 가슴 아프다!

---

　3) 주희는 여기서 寒泉精舍를 짓고 여묘살이를 했다.

46. 죽은 아들의 광기 — 亡嗣子壙記[1]

송宋 주숙朱塾은 자가 수지受之로, 그 선조는 휘주徽州 무원인婺源人이다. 할아버지는 휘가 송松이고 소흥紹興 연간에 사관史官을 지냈다. 아비인 희熹는 지금 홍경궁鴻慶宮의 사관祠官이며, 어미인 유씨劉氏는 빙사聘士 면지勉之의 여식이다. 주숙은 소흥紹興 계유년癸酉年(1153) 7월 정유일에 태어나 소희紹熙 신해년辛亥年(1191) 정월 계유일癸酉日에 죽었다. 반씨潘氏를 아내로 맞아 두 아들을 낳았는데, 장남은 진鎭이고 차남은 은로恩老이다. 네 딸을 두었으니 귀歸·소昭·접만接滿·진만鎭滿인데 모두 요절했다. 이듬해 11월 갑신일에 대동大同 북록北麓에 장사지내니, 바로 할머니가 묻힌 천호天湖이다. 그 아비의 뜻에 따른 것이다.

아, 가슴 아프다!

---

1) 『朱文公文集』, 권94. 1192년(光宗 紹熙 3, 주희 63세)에 지은 글로 추정된다.

47. 염계선생 사실기 — 濂溪先生事實記[1]

선생은 대대로 도주道州 영도현營道縣 염계濂溪 가에 집을 짓고 살았다. 성은 주씨周氏이고 이름은 돈실惇實이며 자는 무숙茂叔이었는데, 뒤에 영종英宗의 구명舊名을 피해 이름을 돈이惇頤로 고쳤다. 구씨舅氏인 용도각학사龍圖閣學士 정공鄭公 향向이 상소하여 추천한 덕분에 홍주洪州 분영현分寧縣 주부主簿에 제수되었다. 현縣에 오랫동안 해결되지 못한 옥사獄事가 있었는데, 선생이 부임하여 한번 심문하고서는 바로 판결하니 사람들이 모두 찬탄하였다. 부部 사자使者[2]의 추천으로 남안군南安軍 사리참군司理參軍이 되었고, 침현郴縣과 계양현桂陽縣의 현령으로 옮겨갔다. 또 추천하는 사람이 있어 대리시승大理寺丞이 되었다. 지사주남창현사知沙州南昌縣事 · 첨서합주판관사簽書合州判官事 · 통판건주사通判虔州事를 거쳐 영주永州로 옮겨 갔다가 권발견소주사權發遺邵州事가 되었다. 희녕熙寧 초에 조청헌공趙淸獻公(趙抃)과 여정헌공呂正獻公(呂公著)의 추천으로 광남동로전운판관廣南東路轉運判官이 되었고, 제점형옥공사提點刑獄公事로 옮겼다. 얼마 지나지 않아 병이 들었는데, 마침 물이 선묘先墓를 침식하자[3] 드디어 남강군南康軍 지사知事의 자리를 청해서 돌아갔다가 묘를 개장한 뒤에 남강군의 인수印綬를 도로 바치고

---

1) 『朱文公文集』, 권98.
2) 洪州 知府를 말한다.
3) 여기서 先墓는 舅氏인 鄭向 집안의 묘라고 한다. 周惇頤는 어려서 아버지를 잃고 정향의 집안에서 자랐다.

남경南京에서 분사分司하였다.[4] 이때 조공趙公이 성도지부成都知府가 되어 다시 선생을 추천하여 기용했는데, 조정의 명이 문에 이르렀을 때 선생은 이미 돌아가셨다. 희녕熙寧 6년 6월 7일이었다. 향년 57세였고, 강주江州 덕화현德化縣 청천사清泉社에 장사지냈다. 선생은 박학하고 역행하여 도道를 듣는 것이 아주 일렀으며, 일을 만나면 굳세고 과감하게 행해서 고인의 풍모가 있었다. 위정爲政은 정밀하고 엄하면서도 인정이 있었고, 도리를 다하려고 힘썼다.『태극도역설太極圖易說』·『역통易通』등 수십 편을 지었다.

남안南安에 있을 때 나이가 어려서 군수郡守에게 알려지지 않았는데, 낙인洛人인 정공程公 향珦이 군수郡守 일을 섭통攝通하게 되었을 때 그 기모氣貌가 보통사람이 아닌 듯하여 같이 대화해 보고서는 공부가 깊어 도를 깨우쳤다는 것을 알아차렸다. 그래서 서로 친구가 되었고, 두 아들에게 가서 배우게 했으며, 랑郞이 되었을 때 선례에 따라 대신할 이를 천거해야 했는데 매번 옮겨 갈 때마다 선생의 이름을 아뢰었다. 또 선생이 침郴에 있을 때 군수인 이공李公 초평初平이 그가 뛰어남을 알고서 그와 말을 해 보고서는 탄식하며 "내가 자네의 글을 읽어 보고 싶은데 어떻게 해야 할까?"라고 물으니, 선생은 "공은 연로하여 이미 늦었습니다. 제가 공에게 말로 설명을 드리겠습니다"라고 했다. 그래서 이초평李初平이 날마다 선생의 설명을 듣더니 2년이 지난 뒤 과연 얻은 것이 있었다. 정공程公의 두 아들은 바로 이른바 하남河南의 이선생二先生이다.

남안南安의 옥에 갇힌 한 죄수는 죽을죄까지는 아니었음에도 전운사轉運使 왕규王逵가 굳이 심하게 다스리려고 했다. 그러나 왕규가 가혹하게 벌한 것에 대해 감히 옳고 그름을 따지는 속리屬吏가 없었는데, 선생만이

---

4) 唐代에 安·史의 난 이후 成都를 南京이라고 불렀다. 宋의 太祖가 應天府에 南京을 세웠지만, 여기서는 成都를 가리킨다고 보는 것이 옳다. 宋代에 陪都(정식 首都가 아니면서 서울 구실을 하는 都城)에서 벼슬살이하는 것을 分司라고 하였다.

홀로 강하게 반대했다. 그러다가 끝내 들어 주지 않자 수판手板을 놓고 집으로 돌아가서 고신告身을 가져와 그에게 주고 떠나면서, "이런 상황에서 어떻게 벼슬할 수 있단 말인가? 사람을 죽여 남에게 잘 보이려는 짓을 나는 할 수 없다"라고 하였다. 왕규도 깨닫는 것이 있어서 죄수는 죽음을 면할 수 있었다.

남창南昌으로 오자 현인縣人들이 맞이하며 "분녕分寧의 옥사獄事를 해결한 사람이니 우리도 하소연할 곳이 생겼다"라고 기뻐하니, 그들에게 교명을 어기지 말라고 자상하게 가르쳤다. 대개 죄에 저촉되는 것을 걱정하였을 뿐 아니라 선정善政을 더럽히는 것을 부끄럽게 여겼기 때문이다.

합주合州에 있을 때 선생의 손을 거치지 않은 일은 이인吏人들이 감히 결정하지 않았고 이인吏人들이 명을 내린다고 해도 백성들이 따르려고 하지 않았으니, 촉蜀의 현인·군자들이 모두 기뻐서 칭송했다. 조공趙公이 이때 사자使者로 있었는데,[5] 누가 선생을 참소해서 조공이 매우 위협적으로 임했지만 선생은 초연하게 대처했다. 그러나 조공은 의심을 끝내 풀지 못하고 있었는데, 조공이 건주虔州 군수郡守가 되었을 때 마침 선생이 좌주사佐州事로 있었다. 조공은 선생이 하는 일을 충분히 보고 나서야 깨닫게 되어, 그 손을 잡고 "군君을 놓칠 뻔했다. 오늘 주무숙周茂叔을 알게 되었다"라고 했다.

소주邵州에서는 학교를 정비하여 사람들을 가르쳤고, 영남嶺南 밖으로 파견되었을 때에는 출입하는 노고와 장독瘴毒의 침입을 두려워하지 않았다. 비록 사람의 발길이 닿지 않는 황애荒崖·절도絶島라도 반드시 천천히 보고 서서히 안무按撫하여 원망을 씻고 혜택을 베푸는 것을 자기의 책임으

---

5) 趙抃이 당시 成都 知府로 있었다.

로 삼았다. 그러나 제도를 만들고 그 제도를 실행하는 능력을 마음껏 펼쳐 보지도 못하고 병으로 돌아가셨다.

어려서부터 옛것을 믿고 의를 좋아하였으며, 명절名節로써 자신을 갈고 닦았다. 봉록俸祿은 모두 종족에게 나누어 주거나 빈객賓客을 접대하는 데 써서, 집안에 더러 백 전錢도 모아 두지 못할 때가 있었다. 이초평이 죽었을 때 그 아들이 어렸으므로 선생이 직접 호상護喪하여 돌아와서 장사지냈으며, 또한 그 집을 드나들면서 생계를 꾸려 주었는데 처음부터 끝까지 나태해지지 않았다. 남경南京에서 분사分司하던 것을 끝내고 돌아왔을 때는 처자가 죽도 제대로 먹지 못하고 있었지만 아무렇지도 않은 듯 개의치 않았다.

가슴속이 시원하여 평소에 고취高趣가 있었으며, 아름다운 산수山水를 더욱 좋아하여 뜻에 맞는 곳이 있으면 더러 하루 종일 돌아다니기도 했다. 여산廬山6)의 산록山麓에 계곡이 있었으니, 연화봉蓮花峯에서 샘솟아 청결하고 시원하였으며 아래로 분강湓江으로 합쳐진다. 선생이 거기서 갓끈을 씻으며 즐겼고 '염계'라는 호를 빌려 왔으며 그 주변에 서당書堂을 지었다. 예장豫章 황태사黃太史 정견庭堅이 시에 서문을 지어, "무숙茂叔은 인품이 매우 높고 가슴속이 시원해서 광풍제월光風霽月과 같다"라고 했다. 덕을 아는 이들은 이 말을 아주 깊이 받아들인다.

순희淳熙 6년 6월 을사일, 후학 주희가 삼가 기록하다.

---

6) 廬山은 南康軍 경내에 있는 산이다.

48. 백록동부 — 白鹿洞賦[1]

「백록동부」는 동주洞主인 회옹晦翁이 지은 것이니, 회옹은 동중洞中에
서원을 지은 뒤 그 일을 노래하여 배우는 이들에게 보였다.[2] 부賦의
내용은 이렇다.

후황后皇의 아름다운 은혜를 받아 여산廬山의 남쪽 땅에 집을 지으니,
농민들의 하소연이 가슴 아프고 이 농호農扈가 어질지 못할까 두렵다.[3]
아, 초겨울 기망旣望에 여산의 피당陂塘으로 수레를 재촉하여,[4]
북원北原을 지나 동쪽으로 달려서 이씨李氏의 높은 산에 올랐다.【지명이
이가산李家山이다.】

그 이름의 내력을 헤아려서 가시덤불 속에서 무너진 터를 찾으니,
옛 산인이 은거하던 곳으로 지금까지 산이 여전히 향을 내뿜고 있다.【진
순유陳舜兪의 「여산기廬山記」에 "당唐의 이발李渤은 자가 준습인데 형인 섭涉과 함께 백록동白
鹿洞에 은거했다. 뒤에 강주자사江州刺史가 되었는데, 동洞에 대사臺榭를 지어 둘레에 물이
흐르게 하고 꽃과 나무를 섞어 심었더니 한 시대의 승경勝景이 되었다"라고 하였다.】

---

1) 『朱文公文集』, 권1. 1180년(孝宗 淳熙 7, 주희 51세)에 지은 글이다.
2) 주희는 1179년 3월 南康軍 知事로 부임했다가, 경내의 廬山 남쪽에서 白鹿洞書院의
   遺地를 발견하여 다시 白鹿洞書院을 짓고 그 洞主가 되었다.
3) 農扈는 각급 農官의 총칭이다. 당시 주희가 남강군 지사로서 勸農官을 겸하고 있
   었기 때문에 이렇게 말한 것이다.
4) 1179년 11월 16일, 下元日에 陂塘을 순시하러 갔다.

승원昇元 연간에 토지를 마련한 뒤로 비로소 숙숙塾을 상庠으로 바꿈에, 엄한 의관과 현송絃誦이 제제濟濟(의관이 많은 모습)하고 양양洋洋(아름답고 성대한 소리)하다. 【「여산기」에 또, "남당南唐 승원昇元 연간에 동洞에 학관學館을 세우고 학전學田을 두어 제생을 먹여 살리니 배우는 이들이 크게 모였다. 이에 국자감 구경박사 이선도李善道를 동주洞主로 삼아서 교수敎授를 맡게 했다"라고 하였다. 『강남야사江南野史』 에서도 당시에 이곳을 백록국상白鹿國庠이라고 불렀다고 한다.】

말세末世에도 그랬는데 하물며 휴명休明한 태평성대에는 어떠하랴, 황제께서 목목穆穆하게 하늘의 일을 대신하니 궤軌와 문文이 한결같아지 고 천하가 통일되었다.

교화의 근원을 돈독하게 하고자 숨겨진 선비를 널리 찾아, 황권黃卷을 역말로 실어 보내어 청금靑衿(학생)의 의문을 풀어 주니, 청아菁莪의 자람을 즐기고 준모雋髦[5]를 뽑아 벼슬길에 오르게 했다. 【『국 조회요國朝會要』를 삼가 살펴보니, 태평흥국太平興國 2년에 강주지사江州知事 주술周述이 구경九經을 백록동에 내려 줄 것을 청하니 그 청대로 따르도록 조칙을 내리고 역말로 실어 보냈으며, 6년에는 동주洞主 명기明起를 채주蔡州 포신褒信 주부主簿로 삼음으로써 유학을 장려하고 향교를 빛내 주었다고 한다.】

진종眞宗 함평咸平 연간까지 그 빛이 이어져 다시 열심히 증축했도다. 【「여 산기」에는 또 "함평 5년에 조칙을 내려 중수하게 하고 또한 선성先聖과 10철의 소상塑像을 만들었다"라고 하였다.】

손면孫冕에게 이곳을 주어 돌아가는 길을 빛내 주었고, 손침孫琛이 부친 의 뜻을 이어 자손에게 전해 주었는데, 【곽상정郭祥正의 「서원기書院記」에 따르면, 상부祥符 초에 직사관直史館 손면孫冕이 병으로 조정을 떠나게 되었을 때 백록동을 얻어 노년을 보내고 싶다고 요청하니 그대로 따르도록 조칙을 내렸다. 그러나 면은

---

5) '雋'은 '俊'과 같은 글자이고, '髦'도 뛰어나다는 뜻이다.

채 돌아가지 못하고 도중에 죽었다. 황우皇祐 5년 그 아들 비부낭중比部郎中 침琛이 학교의 옛터에 집을 짓고 '서당書堂'이라는 현판을 걸어 자제들을 거기서 공부하게 했으며, 그곳으로 오는 사방의 선비들에게도 식량을 제공했다.】

슬프게도 신종神宗 희녕熙寧 연간에 풀로 뒤덮였으니 지금이야 논할 것이 어디 있겠는가? 【「여산기」는 희녕熙寧 연간에 지은 것인데, 거기서 이미 무성한 풀로 뒤덮였다고 했다.】

내가 당단堂壇을 만들어 놓자 벗이 서책을 보내어 바로잡으며, 【처음 이곳을 찾을 때 나무꾼이 그 터를 알려 주었고, 객으로 있던 양방楊方 자직子直이 건물을 일으킬 계획을 도왔으며, 얼마 뒤 유청지劉清之 자징子澄도 옛 기록들을 수집해서 내게 보내어 왔다.】

"이곳은 옛 현인(李渤)이 숨어 지내던 곳인 데다 우리 성조聖祖의 큰 규모와 관련된 곳이다"라고 하였다.

이 말 또한 내 마음을 진동시켰으므로 계획을 세우고 자문을 구했다.

윤尹[6]이 마음을 다해 일을 주도하고 이인吏人이 힘을 다해 뛰어다녔다.

선비들은 경서를 내려놓고 일을 감독하고 공인工人들은 기교를 부려 집을 지었다.

날과 달이 얼마나 흐른 뒤에 깊고도 넓은 큰 집이 세워졌다. 【이 일의 자세한 내용은 여조겸呂祖謙 백공伯恭이 지은 「서원기書院記」에 모두 갖추어져 있다.】

산이 영롱하게 집을 에워싸고 물은 콸콸 뜰을 지나간다.

이곳은 참으로 옛사람이 즐긴 곳이려니와

아, 시대는 다르지만 뜻은 부합한다.

아아峩峩하게 높은 장보章甫들이 유경遺經을 안고 모여든다.[7]

---

6) 南康軍 星子 縣令 王仲傑이다.
7) 章甫는 禮冠이다. 여기서 峩峩는 장보를 높이 쓴 모습이다. 遺經은 先哲이 남긴 儒家 의 경전을 말한다.

어찌 그저 재미로 보고 듣자고 온 것이겠는가,

궁장宮墻 안으로 들어갈 길을 찾는 것이로다.[8]

내 수양이 불민不敏하여 부끄럽나니 어찌 그대들의 바람에 부응할
　수 있겠는가?

하물며 도체道體는 끝이 없으니 또한 어찌 한마디로 이를 수 있겠는가?

청컨대 예전에 들은 바를 우선 외우고, 때때로 익히는 일을 시작한다면,

명明과 성誠이 함께 나아가고 경敬과 의義가 함께 설 것이다.[9]

진실로 유신有莘의 지贄가 품었던 뜻을 받들고[10] 삼가 누항陋巷의 안자顏子
　가 견지하던 바를 지키라.

저 청자靑紫 빛깔 권세와 영화를 어찌 애써 주우려는 마음이 생기겠는가!

난亂[11]은 이렇다.

간수澗水가 돌에 부딪혀 쟁 하며 옥돌 소리를 내고

산의 나무는 무성히 자라서 가지가 뒤엉켰다.

저기 숨어서 수양한 이들이 여기서 쉬고 노닐었나니

덕이 높고 업業이 성대하여 성택聖澤이 흐른다.

가는 이를 붙잡을 수 없나니 내 마음이 슬프지만

오는 이는 이어지니 내가 어디서 구해야 하겠는가?

---

8)『論語』,「子張」, "叔孫武叔語大夫於朝. 曰, '子貢賢於仲尼.' 子服景伯以告子貢. 子貢曰: '譬之
　宮牆, 賜之牆也及肩, 窺見室家之好. 牆卑室淺. 夫子之牆數仞, 不得其門而入, 不見宗廟之美,
　百官之富. 得其門者或寡矣. 夫子之云, 不亦宜乎!'"
9)『中庸』에, "自誠明, 謂之性. 自明誠, 謂之敎. 誠則明矣, 明則誠矣"라고 하였고,『周易』에
　"君子, 敬以直內, 義以方外, 敬義立而德不孤"라고 하였다.
10) 有莘의 들에서 농사짓고 지냈던 伊尹이 품은 뜻을 말한다.
11) 樂節의 이름으로, 마지막에 오는 악절이다.

49. 감춘부 — 感春賦[1]

험한 세상을 만났으니 내 수레를 당겨 어디로 갈 것인가?

아아, 진탕에 빠진 수레의 고삐를 쥐고 옛 산을 가리키며 기약하노라.

거울처럼 밝고 밝으신 황제를 우러르며 바뀌지 않을 내 마음 다잡노라.

거듭 명이 내려와도 거듭 겸양하며 들에서 밭 갈려는 처음 뜻 따르노라.

내가 다시 돌아온 뒤로는 숨어 있던 모든 꽃봉오리들 봄을 터뜨린다.[2]

임려林廬에 묻혀 가만히 사노니 조용한 쑥대문에는 인적이 없다.

먼지 쌓인 책을 펴들고 세 번 읽노니 옛 철인의 밝은 교훈을 깨닫노라.

탄식하고 책을 덮고서 말을 잊노니 방촌에 먼 정회情懷를 받아들이노라.

아침에 바쁘게 상송商頌을 노래하고 저녁에 또 청금淸琴으로 잇는다.

어찌 천년의 먼 시간이 지났건만 홀로 내 마음에는 이렇듯 맞는가!

홀연히 기뻐서 앵嚶 하는 소리[3]를 내고, 뜰의 푸르고 무성한 나무를
　　바라본다.

꽃다운 세월이 감을 슬퍼하노니 미인을 그리워하지만 보지 못하네.

저 미인의 아름다움은 초연히 홀로 명광전明光殿[4]에 처해 있도다.

단하丹霞를 묶어서 수綬로 삼고 명월明月을 달아서 당璫으로 삼는다.

---

1) 『朱文公文集』, 권1. 1183년(孝宗 淳熙 10, 주희 54세) 정월에 지은 글이다.
2) 주희는 1181년 9월에 除擧兩浙東路常平茶鹽公事에 제수되어 같은 해 12월 부임하였
　으며, 1182년 8월에 고향으로 돌아갔다.
3) 嚶은 벗을 찾는 소리이다.
4) 漢武帝의 궁전이다.

아름다운 시절이 다시 오지 않음을 비통해하고 잊지 못할 덕음德音을
   그리워한다.
내 즐거움을 즐기나니 참으로 끝이 날 수 없다.
그대의 걱정을 걱정하노니 누가 내 마음의 긴 상심을 알까!

50. 지락재 명문 — 至樂齋銘[1]

섭학고葉學古가 소사蕭寺에서 독서하다가 구양자歐陽子(歐陽脩)의 시어를 취해서[2] 그 실室의 이름을 '지락至樂'이라고 붙였다. 자양紫陽 주희 중회보仲晦父가 그를 위해 명銘을 지어 준다.

북창北窓에서 신음하나니 기氣가 뭉쳐 내려가지 않는다.
내가 나의 책을 읽나니 병든 몸이 다시 살아나는 듯하다.
객客이 이 책에 무슨 맛이 있기에 그대가 이토록 좋아하냐고 묻는다.
그를 맞아들여 설명하노니, 맛이 없어서 이렇게 하는 것이다.
맛이 있는 것들은 비리다.
천하의 즐거움을 내 감히 알지 못하지만,
구양자歐陽子의 경우 이 시를 지었다.
내 옛사람을 그리워하노니 실로 내 마음을 감동시킨다.
오직 그윽하기 때문에 그 뜻이 심원한 것이다.

---

1) 『朱文公文集』, 권85. 1156년(高宗 紹興 26, 주희 27세)에 지은 글로 추정된다.
2) 歐陽脩, 「讀書詩」, "至哉天下樂, 終日在几案."

51. 부록: 송 고 조봉대부 문화각대제 증 보모각직학사 통의대부 문공 주선생 행장
— 附錄: 宋故朝奉大夫文華閣侍制贈寶謨閣直學士通議大夫謚文朱先生行狀[1]

증조할아버지 현은 벼슬하지 않으셨고 비妣는 왕씨汪氏였다. 할아버지 삼森은 승사랑承事郎에 증직되었으니, 비妣는 정씨程氏로 유인孺人으로 추증되었다. 아버지 송松은 고故 전임 승의랑承議郎 수상서리부원외랑겸사관교감守尙書吏部員外郎兼史館校勘이니 여러 번 추증되어 통의대부通議大夫가 되었으며, 비妣는 유인孺人 축씨祝氏로 석인碩人으로 추증되었다. 본관은 휘주徽州 무원현婺源縣 영평향永平鄕 송암리松巖里이다.

선생의 성은 주씨朱氏이고 휘는 희熹이며 자는 중회보仲晦父이다. 주씨는 무원婺源의 이름난 성씨로서 유학으로 이름난 가문이고 대대로 위인이 있었다. 이부공吏部公(주희의 아버지)은 약관 때 진사제進士第에 뽑혀 입관入舘한 후[2] 상서랑尙書郎이 되어 사관史官의 일을 겸직했으나,[3] 화의和議에 부회附和하지 않아 국도國都를 떠나게 되었다. 문장과 행의行義가 배우는 이들의 스승이 될 만했으니, 호는 위재선생韋齋先生이다. 문집이 세상에 읽히고 있다. 【이부공이 처음에 벼슬살이하느라 민閩(복건성)으로 들어가게 되었고, 선생 때에 이르러 건주建州의 숭안崇安 오부리五夫里에 정착하여 지금은 건양建陽의 고정考亭에 터를 잡았다.】

---

1) 『勉齋集』, 권36. 『면재집』에는 '宋故' 두 글자가 없다.
2) 舘은 三舘이다. 삼관은 宋代 初에는 士舘·昭文舘·集賢院이었다. 入舘은 三舘으로 들어가서 봉직한다는 뜻이다.
3) 朱松은 尙書度支員外郎兼史館校勘을 역임했다.

선생은 건염建炎 4년 9월 15일 오시午時에 남검주南劍州 우계沈溪의 우사偶舍에서 태어났다. 어려서부터 영오穎悟하고 장중莊重하였으니, 말을 할 수 있게 되자 위재韋齋께서 손으로 가리켜 보이며 "저것이 하늘이다"라고 하자 "하늘 위는 무엇입니까?"라고 물어서 위재가 기이하게 여겼다. 스승에게 나아갔더니 『효경孝經』을 가르쳤는데, 한 번 읽고는 책을 덮고 그 위에다 "이렇게 하지 못하면 사람이 아니다"라고 썼다. 한 번은 아이들과 모래 위에서 노는데, 혼자 단좌하고서 모래에 무엇을 그리고 있어서 남들이 살펴보니 팔괘八卦였다. 조금 자라자 성현의 학문에 뜻을 세우고 거자업擧子業에 대해서는 애초에 마음을 두지 않았다.

열여덟 살에 향거鄕擧로 뽑혔고, 소흥紹興 18년(1149) 진사제進士第에 선발되어 좌적공랑左迪功郞의 신분으로 천주泉州 동안주부同安主簿가 되었다.[4] 직책을 맡으면 근민勤敏해서 조그만 것도 반드시 몸소 행하니, 군현의 장리長吏들이 모든 일을 그에 의지해서 결단했다. 백성에게 이로운 일은 수고스럽더라도 꺼리지 않았다. 직책이 학정學政을 겸한 것이어서, 읍의 빼어난 백성을 제자원弟子員으로 충당하고 명사를 찾아서 현학縣學의 빈객賓客으로 초청하여 날마다 성현의 수기치인修己治人의 도道를 강설講說하였다. 나이가 겨우 약관을 넘었으나 그 기풍을 전해들은 이들은 학문에 스승이 있다는 것을 알게 되어 존모하였다.

4년이 지나 돌아와서는[5] 어머니를 모시는 일과 강학講學하는 일을 급하게 여겼다. 28세에 사관직祠官職을 청해서 담주潭州 남악묘南嶽廟의 감관監觀이 되었다.[6] 이듬해 행재行在(臨安)로 불려가게 되었지만, 언로言路

---

4) 1151년 殿試에 中等으로 뽑혀서 左迪功郞의 품계로 차기 泉州 同安縣主簿로 제수되었다. 1153년 7월에 부임하였다.
5) 1157년 10월 임기가 지난 지 오래되었는데도 후임이 오지 않자 직무를 중단하고 同安을 떠났다.
6) 祠官은 道敎의 宮觀을 관리하는 직책으로, 실직은 아니고 녹봉만 받는다. 1158년

에 있는 관리 가운데 '분경奔競을 누른다'는 명목으로 저지하는 이가 있었기 때문에 질병을 핑계로 사양했다.[7] 32세에 사관직의 임기가 다하자 다시 그 직을 청하니, 효종孝宗이 즉위하여 원래의 사관직을 유지하도록 해 주었다. 이때 직언直言을 구한다는 조칙이 내려와 봉사封事를 올렸다.[8] 그 내용은 대강 이러하다.

먼저 "폐하의 몸에는 잘못이 없긴 하지만 제왕의 학문을 익숙하게 강론하지 않으면 안 되고, 조정에는 빠뜨린 것이 없지만 정사를 닦고 이적夷狄을 물리치는 계책을 빨리 확정하지 않으면 안 되며, 이해와 휴척休戚을 전부 세세하게 거론할 수는 없지만 본원本源에 해당하는 것에는 마음을 쏟지 않을 수 없습니다. 폐하께서 처음 덕을 기르실 때 친히 읽으신 간책簡冊들은 정성情性을 음영吟詠하는 풍송諷誦의 문사文詞들에 지나지 않았는데, 근년 들어 대도大道의 요체要諦를 구하려고 해서 다시 노자老子·석씨釋氏의 책에 자못 마음을 두시는 듯합니다. 기송記誦·사조詞藻의 학문은 연원을 더듬어 치도治道를 이끌어 내는 길이 아니고, 허무적멸虛無寂滅의 학문은 본말本末을 꿰뚫어 대중大中을 세우는 길이 아닙니다. 제왕의 학문은 반드시 먼저 격물치지格物致知해서 사물의 변화를 완벽하게 장악하여 거기에 담긴 의리들이 아무리 작고 세세하더라도 모두 비추어야 합니다. 그렇게 되면 자연히 의가 성실해지고 심이 바르게 되어 당면한 천하의 일들에 대응할 수 있습니다"라고 했다.

다음으로 "오늘날의 정책은 오직 정사를 닦고 이적을 물리치는 것일 뿐인데, 그런데도 정책이 제때 정해지지 않는 것은 강화론講和論이 뒤흔들고 있기 때문입니다. 금金나라 오랑캐는 우리에게 불공대천不共戴天의 원수

의 일인데, 黃幹은 28세라고 하였지만 요즘은 29세라고 한다.

7) 1159년 8월 參知政事 陳康伯의 추천으로 徐度·呂廣問·韓元吉과 함께 行在로 부름을 받았지만 左司諫 何溥의 방해로 좌절되었다.

8) 「壬午應詔封事」이다.

이기 때문에 강화해서는 안 된다는 것이 의리로 보면 분명합니다. 의리로써는 할 수 없음을 알면서도 강화를 주장하는 것은 이익만 있고 손해가 없다고 보기 때문입니다. 그러나 신이 헤아려 보기에는 이른바 화의란 백 가지 해악만 있고 한 가지 이익도 없는데 왜 굳이 그렇게 하려고 합니까? 원하옵건대 대신에게 자문을 구하고 여러 가지 계책들을 종합하여 실책이 생긴 이유를 살펴보고 대응할 방법을 강구하여, 의리의 공정함으로 결단하고 이해의 실상으로 참고해서 관關을 닫고 조약을 끊으십시오. 그런 뒤에 현명하고 능력 있는 이를 임용해서 기강을 세우고 풍속을 바로잡아, 우리에게는 정사를 닦고 이적을 물리치는 길 외에는 달리 의존해서 시간을 끌다가 중단해 버려도 좋을 그런 방도가 터럭만큼도 없다는 사실을 분명하게 깨닫도록 하여 감히 경각頃刻이라도 스스로 안주하려는 뜻을 품지 못하게 하십시오. 그래야만 장상將相과 군민軍民이 폐하의 뜻을 분명하게 알지 못하는 이가 없게 되어 서로 격려해 가며 사공事功을 도모할 수 있게 될 것입니다. 그리하여 몇 년 뒤 뜻이 정해지고 기가 풍만해지며 나라가 부유하고 군대가 강성해진 뒤 우리 힘의 강약과 저들이 보이는 틈의 천심淺深을 살펴서 서서히 일어나 도모하면 중원中原의 옛 땅이 우리에게가 아니면 어디로 가겠습니까!"라고 했다.

다음으로 "사해四海의 이해는 이 백성의 휴척休戚에 달려 있으며, 이 백성의 휴척은 수령의 현부賢否에 달려 있습니다. 감사監司는 수령의 벼리이고, 조정은 감사의 뿌리입니다. 이 백성이 제자리를 얻게 하려면 본원이 되는 것은 역시 조정입니다. 지금 감사들 가운데 낭자하게 간악하고 더러워서 포악하게 백성을 괴롭히는 이들은 재집宰執·대간臺諫의 친구·빈객이 아닌 이가 없습니다. 이미 세력을 잃은 이들에 대해서는 사심을 부린 흔적을 살펴서 물리치긴 했지만, 아직 세력을 가진 이들 중에도 어찌 그 사람이 없다고 할 수 있겠습니까? 단지 폐하께서 알 수 없을 뿐입니다"라고 했다.

이듬해 융흥隆興으로 개원하고 다시 부름에, 사양했지만 허락하지 않아서 입대入對하여 차자箚子를 올렸다.[9]

첫 번째는 "대학의 도는 사물의 이치를 궁구해서 앎을 다 이루는 데 있습니다. 이 사물이 있으면 반드시 이 리理가 있습니다. 그러나 리는 형태가 없어서 알기 어렵고 사물은 흔적이 있어서 쉽게 볼 수 있습니다. 그러므로 이 사물을 근거로 구해서 그 리가 심목心目 사이에 환하게 되어 터럭만한 차이도 없게 해야 합니다. 그러면 일에 대응할 때 저절로 터럭만한 잘못도 없게 됩니다. 폐하께서는 비록 생이지지生而知之의 성性과 세상 사람보다 훨씬 뛰어난 행실을 갖추셨지만 일에 따라서 리를 관찰하신 적이 없습니다. 그래서 천하의 리 가운데 살피지 못한 것이 많고 또한 리를 기준으로 일에 대응하신 적이 없으니, 이 때문에 천하의 일 가운데 밝지 못한 것이 많아서 거조가 걸핏하면 이리저리 흔들리고 남의 의견을 받아들일 때 가려지고 속지 않을 수 없었던 것입니다. 치국治國 · 평천하平天下를 이루지 못한 것은 대학의 도를 강구하지 못하고 마음을 천근하거나 허무한 곳에 빠뜨린 잘못에서 생긴 것입니다"라고 했다.

두 번째는 "군부君父의 원수와는 같은 하늘을 일 수 없다는 것은 하늘이 덮어 주고 땅이 실어 주고 있는 모든 군신 · 부자의 도리를 아는, 성性을 가진 이들이 지독한 아픔을 억누르지 못하는 데서 나오는 동일한 정서이지 단지 한 개인의 사심에서 나온 것이 아닙니다. 그러니 오늘 해야 할 일은, 공격이 아니고서는 복수를 할 수 없고 방어가 아니고서는 승기를 만들어 낼 수 없습니다. 이는 모두 천리天理로 볼 때 동일한 것이지 인욕人欲에서 나온 사분私忿이 아닙니다"라고 했다.

---

9) 1163년 9월의 일이다. 당시 南宋 孝宗이 北伐을 감행했다가 실패하자 主和의 목소리가 높았다.

마지막으로는 "옛 성왕聖王이 이적夷狄을 제어한 방법은, 그 근본이 위강威强에 있지 않고 덕업德業에 있었으며, 제어한 것은 변경이 아니라 조정이었으며, 갖춘 것은 군대와 양식이 아니라 기강이었습니다. 오늘날 간쟁諫爭의 길이 여전히 막혀 있고 영행倭幸의 세력이 막 펼쳐져서, 작상爵賞 은 쉽게 구할 수 있고 위벌威罰은 행해지지 않으며 민력民力은 이미 고갈되고 국용國用은 절제되지 않고 있습니다. 그러니 덕업이 닦여졌다고 할 수 없고 조정이 바르다고 할 수 없으며 기강이 섰다고 할 수 없습니다. 또한 옛 성왕이 근본을 강하게 해서 적을 격퇴하고 이적을 제압했던 도가 모두 갖추어졌다고 할 수 없습니다"라고 했다.

세 차자箚子에서 아뢴 내용은 봉사의 뜻을 벗어나진 않았지만 더욱 간절했다. 선생은 천하를 다스리는 근원은 강학보다 급한 것이 없고 경세하기 위해서는 복수보다 중대한 것이 없으며 덕업의 성패는 군자·소 인을 쓰고 버리는 데 있다고 보았다. 그래서 주대奏對에서 다시 거듭 아뢴 것이다. 대개 학문에 정견定見이 있고 일에 정리定理가 있어서 말로 표현하는 것이 이와 같았다.

무학박사武學博士 대차待次[10]로 제수되었다. 건도乾道로 개원開元한 후 관직으로 빨리 나오도록 재촉해 왔는데,[11] 서울에 도착해 보니 시상時相이 화의를 주장하고 있어서 감남악묘監南嶽廟를 청하고 귀향했다.[12] 3년에 추밀원편수관樞密院編修官 대차待次로 차충差充되었다. 5년(1169)에 세 번째 로 관직에 나아가란 재촉이 있었다. 마침 위섬지魏掞之가 포의布衣로 국자록

---

10) 宋代에는 군사적인 것을 교육하는 武學이 있었다. 待次는 해당 관직에 궐원이 생 길 경우 후임으로 가는 것이다.

11) 1165년에 乾道로 개원했다. 武學博士로 부임하라고 재촉하였다.

12) 1165년 4월에 행재에 이르렀는데, 錢端禮·洪适 등이 和議를 주장하고 있어서 다 시 祠官職을 청했다. 당시 벼슬에 뜻이 없을 경우 祠官職을 신청하여 녹봉만 받을 수 있었다.

國子錄이 되어 불려왔지만 증적曾覿을 논핵하다가 물러나는 일[13]이 생긴 것을 보고 힘껏 사양했다. 이미 화의和議를 끊고 영행을 누르라는 경계를 두 번이나 올렸지만 아무것도 행해진 것이 없어서 비록 아무리 은혜롭게 탁용擢用되더라도 감히 나아갈 수 없었던 것이다. 이처럼 출처出處의 의義가 늠연하여 바꿀 수 없는 것이 있었다.

얼마 뒤 내간內艱을 당하였다.[14] 6년(1170)에 다시 불렀지만 상을 마치지 않았다는 이유로 사양했다. 7년(1171)에 상喪을 면하고 이내 부름을 받았지만 봉록이 생계를 꾸리는 데 미치지 못한다는 이유로 사양하였다. 4년 사이에 사양한 것이 여섯 번이었다. 9년(1173)에 "안빈安貧하여 도道를 지키며 쉽게 물러갈 줄 아는 것이 가상하다"라는 성지를 내리고 특별히 적절한 관질官秩로 고쳐서 주관태주숭도관主管台州崇道觀을 제수했다. 그러나 선생은, "관질官秩을 고쳐서 사관직祠官職을 주는 것은 현능한 이를 불러오거나 공적에 대해 상을 내리거나 노인을 우대하고 노고에 보답할 때 베푸는 은전인데, 지금 아무 까닭 없이 덥석 받아들인다면 물러나기를 구하다가 도리어 관작이 높아진 꼴이어서 의리에 맞지 않는다"라고 하여 다시 사양했다.

순희淳熙 원년(1174)에 또 다시 사양했지만 황상의 뜻이 더욱 군건해졌으니, 드디어 명을 받아들여 선교랑宣敎郎으로 고쳐서 사관직을 받게 되었다. 2년(1175)에 비서랑秘書郎에 제수되었으나 선생은, "관질을 높이는 명이 내려온 것은 곧 염치를 알아서 쉽게 물러갈 줄 아는 것을 가상하게 여겨서인데, 지금 진탁進擢되는 총애를 입는다면 이는 좌우를 살펴서 시장의 이익을 그물질하는 것"[15]이라 하여 힘껏 사양했다. 당시 황상이

---

13) 魏掞之는 字는 元履이며, 주희와 함께 胡憲에게 배웠다. 호는 艮齋先生이다. 太學錄이 되었을 때 太學에서 王安石 부자를 從祀하는 것을 폐지하고 二程을 從祀하자고 주장하였다. 幸臣 曾覿을 논핵하다가 台州 敎授로 밀려났다.

14) 1169년 9월 주희의 모친 祝 孺人이 세상을 떠났다.

대신에게 말하기를, 선생이 염치를 알아 물러날 줄 안다고 칭찬하면서 등용하고자 했고 마침 집정執政 가운데 선생에 대해 말한 이가 있어서 이런 명이 내려졌던 것인데, 당시에 허명虛名의 선비를 써서는 안 된다고 한 이가 있어서 다시 사양하게 된 것이다. 바로 그 청이 받아들여져 주관무이산충우관主管武彝山沖佑觀에 제수되었다.

5년(1178)에 권발견남강군사權發遣南康軍事[16]로 차견差遣되었는데, 네 번이나 사양하다가 비로소 부임했다. 선생이 동안同安에서 돌아온 뒤로 사관직을 맡고 집에서 지낸 지 거의 20년 동안, 비록 기구하고 빈곤했지만 마음에 두지 않고 함양涵養을 쌓으니 리理가 밝아지고 의義가 정밀해져서 행사行事로 드러나는 것이 더욱 거침이 없었다. 군郡에 이르자 간절한 마음으로 백성을 사랑하기를 마치 자기 일처럼 가슴아파하며 이로운 일을 일으키고 해로운 일을 제거했는데, 오직 힘이 닿지 못할까 두려워했다. 속읍인 성자星子는 토지가 척박한데도 세금이 무거웠으므로 견감해 달라는 상소를 대여섯 번이나 올렸다. 그해 마침 비가 오지 않아 황정荒政을 강구하면서 조정에 요청할 때에는 말을 다하지 않은 것이 없었다. 재해를 조사하여 관물官物을 적절히 풀거나, 추적秋苗·하세夏稅·목탄木炭·월장月樁·경총제전經總制錢 같은 세금을 잠시 줄여 주거나 경감하거나 면제해 주거나 대납帶納[17]하는 일에 대해서는 각각 그 읍의 항목에 따라서 조목조목 상소를 올렸다. 간혹 서너 번까지 올리기도 했으니, 받아들여지지 않으면 요청을 멈추지 않았다.

아울러 강운綱運을 붙잡아 둘 수 있도록 요구하기도 하고, 전운사轉運司와

---

15) 『孟子』, 「公孫丑下」, "古之爲市也 以其所有易其所無者. 有司者治之耳. 有賤丈夫焉 必求龍斷而登之. 以左右望 而罔市利人皆以爲賤 故從而征之. 征商自此賤丈夫始矣."

16) 南康軍 知事이다. 宋代는 지방관의 권한을 견제하기 위해 호칭도 임시직처럼 보이도록 했다.

17) 夏稅를 新稅 낼 때 함께 상납하게 한 것이다.

상평사常平司에 돈과 쌀을 내어 군량軍糧을 충당해서 진제賑濟에 대비하도록 요청하기도 했다. 그리고 이웃 로路에서 항구를 막아 쌀 팔러 오는 배를 막아 버리는 일을 하지 못하도록 금령을 더욱 엄격히 하고, 관리를 뽑아서 방략方略을 내리어 경내의 기황饑荒의 정도, 호구의 다소, 축적의 실제 상태를 구체적으로 조사하게 하여 통상通商을 장려했더니 생계를 보존할 수 있게 된 이가 많았다. 그 정책의 실행 과정을 사람들이 다투어 기록해 가서 법으로 삼았다. 일을 마친 뒤에는 처음 정한 기준에 따라 곡식을 바쳤던 이들에게 상을 내리도록 상소하여 요청한 것이 네 번이나 되었다. 군郡이 대강大江 가에 있다 보니 나루에 댄 배들이 큰 바람을 만나면 늘 가라앉곤 했는데,[18] 기민들을 모아 제방을 쌓아서 배를 보호하니 백성들이 기아에서 벗어났고 배의 피해도 없어졌다. 선생은 백성을 다친 사람 보듯이 했으며, 간호奸戶들이 세민細民을 침요하거나 법을 어기고 정사를 해칠 경우에는 조금도 용서하지 않고 징벌하였다. 그래서 호강豪强들이 숙이게 되고 고을이 안정되었다.

몇 번이나 군학郡學으로 나아가서 선비들을 이끌고 그들과 강론을 벌였고, 백록동서원白鹿洞書院의 옛터를 찾아 내어 옛 모습으로 복원시키자고 상소했다. 또 서원의 칙액勅額과 고종高宗의 어서御書 석경石經, 판본板本 구경주소九經注疏 등의 서적을 보내 달라는 상소를 두 번이나 올렸다. 휴목일休沐日에는 반드시 서원에 들러서 제생들이 질의質疑·문난問難하면 자상하게 가르쳐 주었고, 서원에서 물러나서는 지친 기색도 없이 천석泉石 사이를 배회하다가 날이 저물면 돌아왔다. 또 율리栗里 도정절陶靖節[19]의 집터와 서간西澗 유둔전劉屯田[20]의 묘, 효자 웅인섬熊仁瞻의 집을 찾아서

---

18) 남강군은 長江 남쪽에 있다.
19) 晉나라 淵明 陶潛을 가리킨다.
20) 劉煥이다.「冰玉堂記」에 보인다.

표창하여 세상에 드러내었으면서도 그 뜻을 완전히 행하지 못한 것을 한스럽게 여겼다.

이듬해(1180)에 감사監司·군수郡守에게 민간의 이병利病을 보고하라는 조칙이 내리자 다음과 같은 상소를 올렸다.(「庚子應詔封事」)

"천하의 큰일 가운데 백성을 구휼하는 것보다 더 큰 것이 없는데, 백성을 구휼하는 근본은 임금이 심술心術을 바르게 하고 기강을 세우는 데 있습니다. 오늘날 민간에서 특히 세금이 무겁다고 고통스러워하는 것은, 두 세금의 수입을 조정에서 전부 군사비로 충당하니 주현州縣에서는 남은 것이 없게 되자 두 세금 이외에 명색을 지어서 백성에게 교묘하게 취하기 때문입니다. 지금 백성들은 가난하고 세금은 무거우니, 군대의 장비와 군량을 제대로 조사하여 쓸데없는 비용을 삭감하지 않으면 민력은 결코 넉넉해지지 못할 것입니다. 장리贓吏를 선발하여 병적을 조사하면 군대의 장비와 군량을 절약할 수 있을 것이고, 둔전屯田을 널리 개발하면 군대의 저장을 늘일 수 있을 것이며, 민병民兵을 연습시키면 변비를 튼튼히 할 수 있을 것입니다.

오늘날 장수로 선발된 이들은 늘 부잣집 자제나 시정잡배들이어서, 그들이 그 자리를 얻어 내는 데 쓴 비용이 이미 어마어마합니다. 그러다 보니 군대에 부임하는 바로 그날부터 돈을 뜯어내어 쓴 돈을 보상받으려고 합니다. 그리고 군수 책임을 관장하는 이들 또한 모두 은밀한 곳에 의지하여 뇌물을 바치려는 이들이어서, 동남東南 지역 수십 군郡의 피와 땀을 짜내어 군사비의 명목으로 수레에 싣고 권행權幸의 문으로 실어 나르는 것이 헤아릴 수가 없습니다. 그러니 군대의 장비와 군량을 제대로 조사하여 민력을 넉넉히 하려면 반드시 지금까지 해 오던 것을 전부 반대로 해야 합니다. 그래야만 바꿀 수 있습니다.

충성스럽고 용맹하며 침착하고 굳세며 실제로 군대를 이끌어 본 이를 구하는 데 힘을 쏟는다면 재능도 갖추지 못한 이를 가볍게 임명하는 폐단을 고칠 수 있을 것이며, 군사들이 두려워하고 사랑할 것입니다. 그리고 검열檢閱을 제때 하면 이름을 훔치고 밥만 축내는 이들이 그 속에 숨을 수 없을 것입니다. 또한 노성老成하고 충실하며 병농兵農에 필요한 것이 무엇인지 잘 아는 이를 뽑아서 둔전屯田의 일을 맡기고 오래도록 중권重權을 맡긴다면 둔전에서 밥만 축내는 병사들이 줄어들어 열군列郡에서 군대에 공급하는 세금의 수를 줄일 수 있을 것입니다. 이미 군적軍籍이 조사되고 둔전이 이루어지며 병민兵民이 훈련되고 주현州縣의 재력이 넉넉해지면 가렴苛斂을 금지하고 있고 관대하게 구휼하도록 요구할 수 있을 터이니, 곤궁한 백성들이 생업을 보존하게 되어 더 이상 떠돌아다녀야 하는 근심이 없게 될 것입니다.

이른바 그 근본을 단정히 하는 것은 심술을 바로잡고 기강을 세우는 데 있다는 것은, 대개 천하의 기강은 저절로 세워질 수 없으니 반드시 임금의 심술이 공평公平·정대正大하여 편당偏黨·반측反側하는 사私가 없어야만 기강이 거기에 의지하여 설 수 있기 때문입니다. 임금의 마음은 저절로 바르게 될 수 있는 것이 아닙니다. 반드시 현신賢臣을 가까이하고 소인小人을 멀리하며 의리가 무엇인지 강명하고 사사로움의 길을 막아야만 바르게 될 수 있는 것입니다. 지금 재상宰相·대성臺省·사부師傅·빈우賓友·간쟁諫諍의 신하들이 모두 그 직임을 잃고, 폐하가 친밀하게 모의하는 이는 한두 근습의 신하에 지나지 않습니다. 이 한두 소인은 위로는 폐하의 심지를 혼란시켜 폐하로 하여금 선왕의 대도를 믿지 못하고 공리功利라는 수준 낮은 논리에나 기뻐하게 만들고 장사壯士들의 강직한 말을 달갑지 않게 여기고 사설邪說의 비속한 태도에 안주하도록 만들며, 아래로는 천하의 사대부 가운데 이익을 탐하고 부끄러움을 모르는 이들을 불러 모아 문무文武의 두 문으로 들어가도록 한 뒤 자신들이 좋아하는 이들은 몰래 이끌어서 청현淸顯의 자리에 발탁하고 싶어하는 이들은 은밀하게 비방을 늘어놓은 뒤 공개적으로 배제합니다. 그러나 그들이 뇌물을 주고 받을 때 도둑질한 것이 모두 폐하의 재물이고, 경상卿相과 장수將帥를 임명할 때 훔친 것이 모두 폐하의 권세입니다. 폐하의 이른바 재상宰相·사부師傅·빈우賓友·간쟁諫諍의 신하들은 간혹 도리어 그 문장을 출입하여 그들의 풍지를 듣지만, 다행히 자립自立할 수 있는 이가 있더라도 힘들게 자신을 지키는 정도여서 감히 그들을 배척하는 말을 한마디도 한 적이 없고, 공론을 심하게 두려워하는 이는 비록 그 도당 가운데 한둘 정도를 내쫓을 수는 있지만 깊은 손상을 주지도 못한 채 끝내 명확하게 그 주머니와 굴의 소재所在를 뒤흔들지 못합니다. 결국 그들의 형세가 이루어 지고 위엄이 서면 중외中外에서 우르르 그들에게 모여드니, 폐하의 호령號令 과 출척黜陟이 더 이상 조정에서 나오지 못하고 이들 한두 사람의 문에서 나오게 됩니다. 이름은 폐하의 독단獨斷이지만 사실은 이 한두 사람이 몰래 그 권병權柄을 쥐고 있는 것입니다. 대개 그들은 폐하의 기강만을 무너뜨리는 것이 아니라 폐하가 기강을 세울 때 도움을 줄 수 있는 것들까지도 무너뜨려 버리니, 백성이 또한 어떻게 구휼될 수 있겠습니까? 재물이 또한 어떻게 관리될 수 있겠습니까? 군정軍政은 어떻게 닦여질 수 있겠습니까? 영토는 어떻게 회복할 수 있겠습니까? 종묘宗廟의 수치는 또한 언제 설욕할 수 있겠습니까?"

선생은 재임 중에 차자箚子로 일을 아뢰었는데, 뒷날 대간臺諫에서 차자 를 쓰는 것은 구제舊制가 아니라고 지적하니 스스로 상소를 올려 파출罷黜시 켜 달라고 요청하였다. 또 인호人戶들이 도망치도록 만들었다고 자핵自劾한 것이 두 번이고, 질병을 이유로 사관직을 청한 것이 다섯 번이었다.

임기가 차게 되자 강서제거상평다염사江西提擧常平茶鹽事 대차待次에 제수 되었다.[21] 처음에 묘당廟堂에서는 선생을 촉蜀으로 보내자고 의견을 모았지만, 황상이 선생을 멀리 보내고 싶지 않았기 때문에 이 명이 내려진 것이다. "황정을 잘 시행하여 유리걸식하는 백성이 없게 되었다"라는 조칙을 내리고 직비각直秘閣 학사學士에 제수했다. 세 번 사양했는데, 앞서 상소했던 것처럼, 황정荒政을 펼 때 곡식을 바쳤던 사람들이 아직 상을 받지 못했으므로 먼저 은명恩命을 입을 수 없다는 이유를 댔다. 마침 절강浙江에 큰 기근이 들자 제거절동상평다염사提擧浙東常平茶鹽事로 바뀌었다.[22] 이때 백성들이 이미 먹는 것도 어렵게 되어 있었기에 그날로 단거單車를 타고 길을 나섰지만, 황정 때 곡식을 바쳤던 남강군南康軍의 몇몇 사람이 상을 받지 못한 이유를 들어 직명을 사양하니 다시 일을 아뢰어 그들이 부임할 수 있도록 요청했다. 곡식을 바친 사람들에 대한 상이 이루어지자 드디어 직명을 받았다.

입대入對하여 처음 올린 차자의 내용은 다음과 같다.(「辛丑延和奏箚」)

"폐하께서 임어臨御하신 20년 동안 수한水旱과 도적盜賊으로 인해 편한 해가 거의 없었습니다. 덕을 높이는 것이 하늘에 이르지 못한 것은 아닐까요? 업業을 넓히는 것이 땅에 미치지 못한 것은 아닐까요? 정사의 큰 것 가운데 시행되지 못한 것이 있어 작은 것이 의존할 곳이 없는 것은 아닐까요? 형벌이 소원한 사람들에게는 부당하게 시행되고 가까운 이들은 요행으로 면하게 되는 것은 아닐까요? 군자가 등용되지 못하고 소인이 제거되지 못한 것은 아닐까요? 대신이 그 직책을 잃고 천한 이들이 권세를 도둑질한 것은 아닐까요? 직량한 말들을 거의 듣지 못하고 아첨하는 이들이 많아서가 아닐까요? 덕의德義의 기풍이 드러나지 않고 더러운 것들이 설쳐대고 있는 것은 아닐까요? 뇌물이 위로 흘러들어서 은택이 아래로 미치지 못한 것은 아닐까요? 남을 책하는 것은 상세하고 자신을

21) 1181년 3월의 일이다.
22) 1181년 9월의 일이다.

반성하는 것은 지극하지 못한 것이 아닐까요? 반드시 이런 몇 가지가 있어야만 재앙을 부르고 괴이한 일이 생기도록 만들 수 있습니다."

두 번째 차자의 내용은 다음과 같다.

"폐하께서 정치를 맡은 초기에 영호英豪들을 뽑아서 정사를 맡겼습니다. 그렇지만 불행하게도 정말 제대로 된 인물을 다 얻지는 못해서, 더 이상 현철한 이를 널리 구하지 못하고 그냥 익숙해서 쉽게 제어할 수 있는 사람을 그 자리에 채웠습니다. 그러자 좌우에 개인적으로 두고 심부름이나 시키는 천한 것들이 폐하의 사적인 생활을 받들고 폐하의 명을 시행하는 자리를 얻게 되니, 재상의 권한이 날로 가벼워졌습니다. 또 그 형세가 편벽되어 조정에서 겹겹이 자신을 막을까 염려해서, 때때로 외정의 논의를 들어 이 무리들이 나쁜 짓을 한다고 살펴서 조절하려 합니다. 폐하께서는 천리를 따르고 성심을 공정하게 하여 조정의 대체를 바르게 하시지 못하였으니 이미 근본을 잃은 셈입니다. 그리고 또 사대부의 공언公言을 같이 들어서 그들을 제어할 기술로 삼으려고 하시지만, 사대부들이 폐하를 뵙는 시간은 한계가 있고 근습近習들은 느긋하게 간격이 없습니다. 사대부들은 예모禮貌가 장엄해서 가까이하기 어려운 데다가 그 의론도 쓴 것이어서 받아들이기가 어려운데, 근습近習·편폐偏嬖의 아첨하는 태도는 심지心志를 좀먹을 만하지만 그 서리胥吏의 교활한 술수는 또한 총명을 현혹시킬 만합니다. 이는 생경한 것과 익숙한 것, 단 것과 쓴 것에 이미 구분이 있는 셈이니, 폐하께서는 그들을 제어할 기술을 쓸 겨를도 없이 먼저 그들의 수법에 떨어질 듯합니다. 그래서 비록 이 무리들을 가볍게 억제하려고 하지만 이 무리의 세는 날로 무거워지고, 공론을 함께 채용하고 싶지만 사대부의 세는 날로 가벼워집니다. 무거운 것들은 그 무거운 것을 끼고 폐하의 권세를 훔치고, 가벼운 이들은 무거운 이들의 힘을 빌려서 자리를 훔치고 총애를 공고하게 하는 계책으로 삼습니다. 중외中外

가 서로 응하여 사심을 채워서 날이 가고 날이 갈수록 침식해 들어가니, 폐하의 덕업德業이 날로 무너지고 기강이 날로 무너져서 사녕邪佞들이 꽉 들어차고 뇌물이 공공연히 행해지며 군대는 고통스럽고 백성은 원망하며 도적이 여기저기 일어나는 데다가 재이災異가 거듭 나타나고 기근이 거듭 이릅니다. 군소가 서로 힘이 되어 사람마다 자기 욕심을 채우지만 폐하만이 아무 소득도 없고 국가만이 그 폐해를 받습니다."

세 번째 차자는 구황救荒의 이해利害에 대해 말했다. 예컨대 주현州縣의 가뭄 피해에 대해서는 빨리 조사해서 실제에 따라 견감하고 인호人戶를 진조賑糶하도록 권장하여 물가를 잡는 데 힘써야 하며, 곡식을 바친 이들에게는 빨리 상을 주고 헌납할 쌀의 수를 반으로 줄이게 해야 한다는 것이었다. 풍부하게 저장된 창고의 쌀 30여만 석을 풀어 제조濟糶하는 데 쓰도록 하고, 주현州縣의 신구 관물官物을 재촉하는 것을 정지하도록 요청했다. 소흥정신紹興丁身과 같은 세금을 미리 견감하고 미상米商의 역승세전力勝稅錢을 면해 주며, 양에 따라 상격賞格을 세우게 하였다. 관리 가운데 어기거나 태만한 이가 있으면 논핵하고 혼미하거나 병이 있는 이는 다른 관직을 받게 한 뒤 득체得替·대궐待闕·궁묘宮廟·지복持服 등의 관원23)을 뽑아서 잠시 관할하게 해 달라고 요청했다.

네 번째 차자는, 수한水旱의 피해가 3분分 이상이면 제5등 호戶의 이들에 대해 검사를 면해 주고 진휼賑恤해 주며, 5분 이상이고 제4등호의 이들에 대해서도 그렇게 시행하도록 법령을 만들 것을 요청하고, 또 사창社倉의 조약을 제로諸路에 반포·시행할 것을 건의한 것이었다.

다섯 번째 차자에서는 소흥부紹興府에 부과된 화매和買24)에 대해 말하고,

---

23) 모두 현직에 있지 않은 관리들이다.
24) 정부에서 봄철에 백성들에게 돈을 빌려 주고 가을에 絹으로 받는 것이 화매인데, 나중에는 과중한 무명잡세가 되었다.

조정에서 의론해서 그 폐해를 개혁하라고 요청했다.

여섯 번째 차자는 남강군南康軍에 있을 때 성자현星子縣의 조세를 견감해 달라고 요청한 것인데, 유사有司가 대보對補를 핑계로 거절함으로써 작은 것에 인색한 속 좁은 모습을 보이고 대체大體에 대해 알지 못하였다고 지적했다.

일곱 번째 차자는 백록동서원白鹿洞書院에 책과 사액賜額을 내려 달라는 내용이었다.

선생이 입대入對해서 올린 주차奏箚는 일곱인데 그 첫 번째와 두 번째는 직접 써서 누설을 방지했다. 또 남강군에서 올린 봉사封事를 잘 써서 책으로 만든 후 자루로 겹겹이 봉해서 합문閤門에 넣어 두었다. 뒤의 다섯 차자箚子도 일시의 급한 구황에 관한 내용을 넘어서는 것이 있었으니, 그토록 급한 상황에서도 근심이 깊고 염려가 멀며 느긋하고 여유가 있었다. 백성 구제하는 일을 급하게 여기다 보니 온 마음을 다해서 감히 숨기는 것이 있을 수 없었기 때문이다. 원래 선생이 생활하던 곳은25) 매해 봄과 여름 사이에 호호豪戶들이 쌀을 팔지 않고 이익을 도모한 까닭에 세민細民들이 창고를 깨뜨리고 강탈해서 걸핏하면 해치고 죽이다 보니 변란이 생길 지경이었다. 이에 선생이 향인들을 이끌고 사창社倉을 설치하여 진대賑貸하였더니, 쌀값은 오르지 않고 사람들은 생업을 얻을 수 있었다. 그래서 이때 이것을 전국에 시행하자고 요청하게 된 것이다. 백록동서원에 대한 일은 본래 얘기할 겨를이 없었던 데다가 앞서 집정執政이 사람을 시켜 이것은 일단 말하지 말라고 권한 바 있었다. 그러나 선생은, 주상主上은 유생을 깔보는 마음이 없는데 대신이 먼저 이런 말을 하는 것은 불가하다고 여겨 입대할 때 끝내 말했던 것이다.

---

25) 建州 崇安 五夫里를 말한 듯하다. 이곳에 주희가 만든 社倉이 있다.

황상皇上이 자세하게 묻고서는 그 청을 모두 들어주었다. 이에 선생은 임명을 받아들이고서 곧장 다른 군郡으로 이서移書를 보내어 미상米商을 모집하고 그 세금을 덜어 주었다. 부임한 뒤로는[26] 날마다 요속僚屬 및 우공寓公[27]들과 함께 백성의 고초를 묻고 다니느라 침식을 폐하기도 했다. 나갈 때는 늘 단거單車를 타고 수행원을 물리치니, 군현郡縣의 관리들은 그 풍채를 무서워해서 스스로 떠나는 이까지 있었다. 그로부터 부내部內(절동)가 숙연해졌다. 도둑을 잡고 메뚜기를 잡으며 수리水利를 일으키는 일을 가장 급선무로 삼았다. 대체적인 정책은 남강군 시기와 같았으나 마음을 쓴 것은 더욱 극진했다.

9년에 진제賑濟에 공로가 있어 휘유각徽猷閣 직학사直學士로 승진되었으나 사양했다. 태주台州 지사知事 당중우唐仲友가 시상時相인 왕회王淮와 같은 동네의 인척간이어서 강서제형江西提刑으로 승진되었는데, 아직 부임하지 않고 있었다. 선생이 부내部內를 순시할 때 소송하는 이들이 우르르 몰려와서 그의 간악함을 고발하며 저폐楮幣(지폐)를 위조한 일 등으로 탄핵했다. 상소가 올라가자 왕회가 숨기고 황제에게 보고하지 않았다. 상소가 열 번이나 올라가니 일을 소흥부紹興府에 맡겨 국문鞫問하게 했는데, 옥사獄事가 갖추어져서 정실情實이 드러나자 조정에서는 당중우의 새 사령장을 빼앗아 선생에게 주었다. 선생은 이것이 남의 밭을 밟고 서서 소를 빼앗는 일이라고 여겨서 사양하고 돌아가 버렸다.[28] 얼마 뒤 강동江東과 맞바꾸라고도 했지만 역시 사양하고,[29] 아울러 직명職名도 사양했다. 10년(1183)에 주관태주숭도관主管台州崇道觀에 제수되었고 14년에 제점강서형옥공사提點江西刑獄公事 대차待次에 제수되었다. 질병을 이유로 사양했지만 허락하지

---

26) 1181년 12월에 부임하였다.
27) 주희에게 와서 함께 지내는 벗이나 제자들이다.
28) 1182년 9월의 일이다.
29) 1182년 10월의 일이다.

않으니, 마침내 복명하였다. 15년(1188)에 상소를 올리도록 독촉하자 다시 질병을 이유로 사퇴했다가 허락하지 않자 드디어 길을 나섰는데, 도중에 질병을 이유로 다시 사관직을 청하였다.

왕회王淮가 재상에서 물러나자 드디어 병든 몸을 이끌고 대궐로 들어가 상소를 올렸다. 가는 길에 길을 막고 "정심正心·성의誠意는 황상이 듣기 싫어하는 말이니 말하지 말라"라고 경계하는 이가 있었는데, 선생은 "내 평소에 배운 것이 이 네 글자뿐인데 어찌 둘러대어 우리 임금을 속일 수 있겠는가!"라고 했다. 상소를 올리자 황상은 좋다고 칭찬하지 않는 부분이 없더니, "오랫동안 경을 보지 못했지만 절동浙東의 일은 짐이 잘 알고 있다. 지금 경에게 청요직清要職을 맡기고 다시는 경을 주현州縣에서 고생시키지 않겠다"라고 하면서 병부랑兵部郎을 제수했다. 그러나 족질足疾을 이유로 들어 사관직을 청했다. 아직 직임에 나아가지 않고 있을 때, 병부시랑兵部侍郎 임률林栗이 며칠 전 선생과 『역易』·『서명西銘』을 논하다가 부합하지 않았던 일이 있었기 때문에 앙갚음을 하고자 부리部吏를 보내어 인印을 안고 서서 선생에게 직임에 나아가도록 다그쳤다. 선생이 병이 있어서 힘들다고 말하자 드디어 기만했다고 상소했다. 이때 황상의 마음이 막 선생으로 기울어 있어서 다른 부部의 시랑侍郎으로 직임을 옮기려고 했지만, 당시의 재상이 이전에 내렸던 강서제형江西提刑의 벼슬을 다시 내리고 구직명舊職名을 그래도 갖도록 하자고 청했다.[30] 선생은 길을 떠나는 한편 사양하면서 "논자論者들은 신이 임금을 섬기는 데 무례하다고 하는데, 신자臣子로서 이런 말을 듣는 것은 주륙誅戮을 당해야 할 죄이니 어찌 외대外臺에서 귀와 눈의 역할을 맡을 수 있겠습니까?"라고 했다. 상소가 두 번이나 올라오자 직보문각直寶文閣 주관서경숭산숭복궁主管西京嵩山崇福宮에 제수되

---

30) 1188년 6월의 일이다.

었고 임률은 파직되었다. 조봉랑朝奉郞으로 승진시켰다가 한 달이 지나지
않아 다시 불렀다. 당시 묘당에서는 선생에 대한 황상의 총애가 두터움을
알고 선생이 다시 오는 것을 꺼려해서 둘을 모두 파직시키는 방법을 썼던
것인데, 황상이 그것을 깨닫고 선생을 다시 불러들인 것이다. 그러나 선생은
직명만 받고 소명召命은 사양했다. 그랬더니 또 재촉해서 불렀다. 처음에,
선생이 들어가 일을 보고할 때 질병이 재발했기 때문에, 한 번은 면주面奏할
때 "말로 아뢰는 것은 미진한 것이 있으니 봉사封事로 갖추어서 아뢰겠습니
다"라고 한 적이 있었다. 그래서 이때 다시 사양하고 드디어 봉사를 갖추어
궤에 넣어서 올렸던 것이다.[31] 상소가 들어갈 때 야루夜漏가 7각을 알려
황상은 이미 침상에 들었다가, 급히 일어나서 촛불을 켜고 마지막까지
읽었다. 다음날 주관태을궁겸숭정전설서主管太乙宮兼崇政殿說書에 제수했다.
이때 황상이 이미 일에 권태로움을 느끼는 듯했기 때문에 이 상소로써
연익燕翼하려고 했던 것이다. 선생은 또 주소奏疏를 초초해서 정치를 쇄신하
는 데 도움이 되게 하려고 했지만, 이때 집정執政 가운데 도학道學을 사기邪氣
라고 지목하는 이가 있었기 때문에 힘껏 사양하였고, 새롭게 명이 내려
비각수찬秘閣修撰에 제수되었지만 여전히 외사外祠를 받드는 신분이다 보
니[32] 끝내 올리지는 못했다.

광종光宗이 즉위하자[33] 다시 직명을 사양하였고, 예전처럼 보문각寶文閣
직학사直學士로 임명되었다. 조칙을 내려 권면하고 강동전운부사江東轉運副
使로 제수했지만 질병을 이유로 두 번이나 사양했다. 깊은 은혜로 조산랑朝
散郞으로 승진시키고 비의緋衣·은어銀魚를 하사했으며 장주지사漳州知事로
고쳐 임명했다. 다시 질병을 이유로 사양했지만 허락하지 않았다.[34]

---

31) 1188년 10월에 올린 「戊申封事」이다.

32) 1189년 정월, 秘閣修撰 主管西京嵩山嵩福宮에 差遣되었다.

33) 1189년 2월, 孝宗의 內禪으로 光宗이 즉위하였다.

34) 1189년 11월에 제수되어 12월에 拜命하였다.

이때 광종이 처음 정치를 맡았고 두 번이나 제수를 받았기 때문에 드디어 소희紹熙 원년(1190)의 부임이 이루어졌다. 상소를 올려 근거 없는 세금 700만 면綿을 없애고 경총제전經總制錢 400만 면을 경감했으며 학교學校 행정에 뜻을 두어 제생들을 이끌어 주니, 남강군 시기와 비슷했다. 또 습속習俗이 예를 몰랐으므로 옛 상장喪葬 · 가취嫁娶의 의례儀禮를 채집하여 게시해 주고 부로父老들에게 해설하여 자제를 가르치게 했다. 불교가 당시 남방에서 극성이어서 남녀가 승려僧廬에 모여서 전경회傳經會를 가지고 시집가지 않은 여자가 사사로이 암자를 지어 살기도 했는데, 이것을 모두 금지시키니 풍속이 크게 변하였다. 군郡의 고故 적공랑迪功郎 고등高登 이란 이가 진회秦檜에게 거슬려서 유배 가서 죽었는데, 그 원통함을 씻어 주고 그 곧음을 포창해 주도록 조정에 주청했다.

이듬해(1191) 맏아들朱塾의 상을 당해 다시 사관직을 요청했다. 3월에 비각수찬秘閣脩撰 주관남경홍경궁主管南京鴻慶宮에 제수되었다. 9월에 형호 남로 전운부사로 제수되었지만 다시 사양했다. 3년(1192)에 다시 질병을 이유로 사양하고 궁관직宮觀職(사관직)으로나 채우게 해 달라고 요청했더니 받아들여졌다. 또 몇 달 만에 지정강부광남서로경계안무知靜江府廣南西路經界安撫로 차견되었지만 사양했다. 4년(1193)에 또 사양하자 주관남경홍경궁主管南京鴻慶宮으로 차견되었고, 얼마 지나지 않아 지담주형호남로안무知潭州荊湖南路安撫로 차견되었지만 힘껏 사양했다. 5년(1194)에 다시 사양했더니 "장사는 거병巨屛이어서 뛰어난 이를 얻는 것이 중요하다"는 성지聖旨가 내려왔다. 이때 동료洞僚들이 속군屬郡을 동요시키고 있어 드디어 명을 받아들이고, 부임해서는 곧장 사람을 보내어 화복禍福으로 타일렀더니 모두 항복했다. 교령敎令을 거듭 내려 무비武備를 엄중하게 하고 간리奸吏를 검속檢束하며 호민豪民을 눌렀고, 이르는 곳마다 학교를 일으키고 교화를 밝혔다. 호상湖湘의 선비들이 평소 배울 줄 알아서 날마다 선생이 공무를 마치면 의문 나는 것을 질문했는데, 선생은 지친 기색이 없이 그들에게 강설해 주었다. 이에 사방의 학자들이 다 몰려들었다. 또 남강군南康軍과 장주漳州에서 벼슬할 때 신청했던, 석전釋奠 의식을 개정하는 문제를 다시 청했고, 사절死節 다섯 사람을 표창하여 묘廟를 세웠다.

효종孝宗이 승하하자[35] 선생은 애통해하며 자신을 억제하지 못했다. 또 황상(광종)이 질병으로 집상하지 못해서 중외中外가 흉흉하다는 소식을 듣고 더욱 우려하고 두려워하여, 드디어 상서성尙書省에 신청하여 전리田里로 돌아가게 해 달라고 요청했다. 또 봉사封事를 초해서 부자父子는 천성이므로 소혐이 있더라도 인륜을 폐기해서는 안 된다고 극언하려 했다가, 이미 황상(寧宗)이 등극했기 때문에 올리지 않았다.[36]

황상(영종)이 잠저潛邸에 있을 때 선생의 이름을 듣고 늘 선생을 본궁本宮의 강관講官으로 삼지 못한 것을 한스럽게 여기고 있다가, 이때 처음으로 불러서 일을 아뢰게 했다.[37] 선생이 길을 나서면서 또 사양했더니 환장각대제煥章閣待制 시강侍講으로 제수했다. 사양해도 허락하지 않았고, 재차 사양했더니 또 다시 허락하지 않았다. 드디어 입주入奏하게 되었을 때는 처음 내린 지휘指揮대로 원래의 관직을 띠고 일을 아뢰도록 요청했다. 입대入對해서는 직접 환장각대제 시강의 직책을 사양했지만 허락하지 않았고, 다음날 또 환장각대제의 직명을 사양하고 설서說書로 고쳐서 차견해 주도록 요청했지만 황상이 수찰手札로 "경은 경술經術에 연원이 있어 강학講學하고 차대次對하는 직책에 알맞으니 더 이상 굳게 사양하지 말고 짐이 유학을 높이고 도를 중히 여기는 뜻에 부합하도록 하라"라고 했다. 드디어 명을 받아들였다. 큰 은혜로 조청랑朝請郎으로 승진시키고

---

35) 1194년 6월의 일이다.
36) 「甲寅擬上封事」를 말한다.
37) 1194년 7월 光宗이 內禪해서 寧宗이 즉위했다. 趙如愚의 추천으로 行在로 와서 보고 하라는 명이 내렸다.

자장복紫章服을 하사하였으며 실록원동수찬實錄院同修撰을 겸직하게 했다. 다시 사양했지만 허락하지 않아서 명을 받아들였다.

조칙을 받고 『대학大學』을 진강進講했다. 선생은 평소의 논저로 설명하고 해석하면서 성의를 다해 황상의 마음을 감동시켰다. 드디어 삭朔·망望·순휴旬休와 과궁일분過宮日分[38]을 제외한 다른 날들은 춥다거나 덥다거나 쌍척雙隻인 일월日月이라는 억지 이유로 결강缺講하지 말고 아울러 아침저녁으로 진강進講하도록 해 달라고 요청했다. 또 부서를 설치해서 사방봉사를 상세히 검토하게 하고 쌍척일월雙隻日月에는 칭하稱賀하지 말도록 요청했다. 모두 따라 주었다. 선생은 진강할 때 늘 몇 차례 반복한 뒤에 다시 앞서 강론한 내용을 편차編次하여 책으로 만들어 바쳤다. 황상도 가슴을 열어 받아들이고, 또 직접 "구방심求放心의 설명은 참 좋다. 바친 책자는 궁중에서 읽어 본 적이 있다. 뒤에 다시 설명해 주오"라고 했다. 선생은 황상이 학문에 뜻을 둔 것을 알고 드디어 차자를 올려 황상이 덕에 나아가도록 권면했다.

지금의 황상皇上을 세울 때 승상 조여우趙如愚가 가만히 이 일을 지합문사知閤門事 한탁주韓侂胄와 모의했기 때문에 한탁주는 자기에게 정책定策의 공이 있다고 하여 조정의 일을 자기 뜻대로 이끌어 갔다. 선생이 장사長沙에서 환장각대제 시강의 직임을 사면辭免할 때부터 이미 이 문제에 대해 슬쩍 거론했고, 진대進對하게 되었을 때 다시 두세 번 직접 말했으며, 네 가지 일을 아뢰는 상소에서도 좌우에서 권세를 훔쳐 가 버리는 실책이 있다고 지적했는데, 뒤에 강연을 마치고 나서 남아서 다시 앞서 상소에서 한 말을 하고 시행해 달라고 요청했다.[39] 물러나자 곧 어비御批가 내려왔으니, "경卿

---

38) 上皇인 光宗에게 문안드리러 가는 날을 말한다.
39) 주희는 1194년 10월 18일 처음 강의를 시작했으며, 윤10월 19일 저녁 강의를 한 뒤 남아서 이런 요청을 했다.

이 나이 든 것을 민망하게 여겼는데, 지금 아주 추운 겨울이라 서서 강론하기 힘들 것 같아서 이미 경을 궁관에 제수했다'라는 내용이었다. 재상(조여우)이 상소문들을 장악하여 황상의 명命이 시행되지 않자 다음날 바로 어비를 내렸던 것이다. 대간臺諫·급사給舍들이 또 선생을 조정에 남게 해야 한다고 황상과 다투었지만 소용이 없었다. 보문각대제寶文閣待制의 직명을 가지고 주군州郡으로 차견差遣하도록 제수했지만 힘껏 사양했고, 얼마 후 강릉부江陵府 지사로 제수했지만 다시 힘껏 사양했다. 그러면서 그동안의 직명職名을 모두 거두어들이도록 요청했다. 12월에 조칙을 내려 예전대로 환장각대제煥章閣待制 제거남경홍경궁提擧南京鴻慶宮에 제수했다.

경원慶元 원년(1195)에 또 구직을 모두 거두어 달라고 요청했지만 허락하지 않았다. 조趙 승상(조여우)도 파직되어 불궤不軌의 죄명으로 무고誣告를 당해 영주永州로 유배되어 갔으니, 조정의 대권은 모두 한탁주에게 돌아가 있었다. 이에 선생은 비록 몸이 물러나 있지만 아직 시종侍從의 직명을 띠고 있으니 침묵할 수는 없다고 여겨 만언萬言을 초서草書하였는데, 그 내용은 간사한 것들이 임금을 가리는 화에 대해 극언하고 원통한 이들을 신원하는 것이었다. 글의 내용이 통절해서 제생들이 다시 점을 쳐서 결정하라고 간하였다. 점을 쳐서 '둔지동인遯之同人'이 나오니, 선생은 원고를 태우고 가만히 물러나서 둔옹遯翁이라고 자호字號했다. 다시 질병을 이유로 치사致仕를 요청했으나 허락하지 않았다. 앞서 이부吏部에서 마감磨勘을 해서 조봉대부朝奉大夫로 승진하게 되었지만 다시 직명을 사양하고 치사를 요청했다. 4년(1198) 12월에 내년이면 나이가 70세라 하면서 다시 치사를 요청했고, 5년에 요청이 받아들여졌다. 6년 (1130) 3월 갑자일에 정침正寢에서 돌아가셨고, 11월 임신일에 건양현建陽縣 당석리唐石里의 대림곡大林谷에 안장되었다.

선생이 서울을 떠난 뒤 한탁주의 세력이 날로 팽창해져서 더럽고 간사한 인간들이 그 뜻에 영합하여 학문을 거짓된 것이라고 규정하자 육경六經·어맹語孟이 세상에서 크게 금해졌다. 이때 선생은 날마다 제생들과 죽림정사竹林精舍[40]에서 강학했는데, 어떤 이가 생도生徒들을 돌려보내라고 권했지만 웃기만 할 뿐 대답하지 않았다. 선생은 평소에 정성을 다했으므로 한 생각도 나라에 있지 않은 적이 없었다. 시정時政의 궐실闕失을 듣게 되면 척연戚然하여 기쁘지 못한 기색이 있었고, 말이 국세國勢가 아직 진작되지 못한 일에 미치면 감정이 북받쳐 눈물을 흘리기까지 했다. 그러나 쉽게 벼슬에 나가지 않아야 한다는 예법禮法을 삼가 지켜서 한 벼슬을 받아들일 때에도 반드시 거절하는 상소를 올려 힘껏 사양하였으며, 쉽게 벼슬에서 물러나는 절조節操를 엄히 지켜서 한 마디만 맞지 않아도 반드시 몸을 들어 급히 떠나 버렸다. 임금을 사귀는 일에 있어서는 도道를 낮추어 팔리기를 구하지 않았고, 백성을 사랑하는 일에서는 세속을 따라 구차히 안주하지 않았다. 그래서 이분은 세상과 걸핏하면 어긋났다. 처음 벼슬할 때부터 속광屬纊할 때까지 50년 동안 4조朝에 걸쳐 섬겼는데, 밖에서 벼슬한 것이 겨우 9년이고 또 조정에 선 것이 40일이었다. 도가 행해지기 어려운 것이 이와 같았으나, 도통道統을 잇고 인극人極을 세워서 만세의 종사宗師가 된 것은 나라에 쓰이고 쓰이지 않음에 의해 덜거나 더해지는 것이 아니다.

선생은 위재韋齋선생으로부터 중원中原 문헌의 전통을 얻고 하락河洛의 학문을 전해 들어서, 성현이 남긴 뜻을 미루어 밝히고 『대학』·『중용』을 날마다 외우며 치지致知·성의誠意를 하는 데 힘을 쏟았다. 선생은 어린 나이에 그 이론에 대해 알고 마음으로부터 좋아했다. 위재는 병이 급해지자 선생에게 "적계籍溪 호원중胡原仲, 백수白水 유치중劉致中, 병산屏山 유언충

---

40) 建州 考亭에 세웠던 집이다. 나중에 滄州精舍로 이름을 바꿨다.

劉彦沖 이 세 사람은 나의 벗인 데다가 학문에 연원이 있어 내가 경외하는
이들이다. 내가 죽거든 너는 거기 가서 배워라. 네가 이 말을 따라 준다면
나는 죽어도 한이 없겠다"라고 당부했다. 선생은 고孤가 되자 이 말을
세 군자에게 알리고 그들에게서 배웠다. 이때 나이 열 넷이었는데, 개연히
도를 구하는 뜻을 가지게 되어 경전에서 널리 구하고 당세의 학식 있는
선비들을 두루 사귀었다. 석釋 · 노老의 학문도 반드시 그 귀취歸趣를 궁구하
고 그 시비를 바로잡았다. 연평延平은 위재와는 동문 벗이었는데, 선생이
동안同安에서 돌아온 뒤 수백 리를 멀다 하지 않고 가서 배웠더니 연평이
일컫기를 "선을 즐기고 의를 좋아하는 데 있어 그만한 사람이 드물다"라고
하고 또 "영오穎悟함이 남보다 훨씬 뛰어나고 역행이 두려워할 만하다.
논란한 것에 대해서는 절실하고 지극하게 체인했다"라고 했다. 그 뒤로
몇 년간 배우면서 정밀히 사색하고 실제로 체인하여 그 다다른 것이
더욱 깊어졌다.

그 학문의 내용은, 우선 리理를 궁구해서 그 앎을 다 이루고 몸으로
돌이켜서 그 내용을 실천하며, 이 마음을 제장齊莊 · 정일靜一한 가운데서
간직하고 이 리를 학문사변學問思辨하는 즈음에 궁구하여 어느 것에 대해서
나 '당연하여 그칠 수 없는 것'과 '소이연이어서 바꿀 수 없는 것'을
파악하는 것이었다. 그런 뒤에는 보지 않고 듣지 않는 즈음에 삼가고
두려워하는 태도를 더욱 엄하고 더욱 경건하게 해서 은미隱微하고 유독幽獨
한 즈음에 성찰하는 자세가 더욱 정미하고 엄밀해지도록 하였다. 그렇게
하여 '사려는 아직 싹트지 않았지만 지각이 어둡지 않을 때'나 '사물이
이미 접해 왔지만 품절品節이 어긋나지 않을 때'를 막론하고 인욕人欲의
사私를 용납하지 않아서 천리天理의 바름이 온전히 보존되도록 하는 것이
그 학문의 궁극적인 경지였다.

그 이론체계는 다음과 같다. 태극이 있으면 음양이 나누어지고 음양이

있으면 오행이 갖추어지는 것이므로, 음양·오행의 기氣를 품부받아 태어나면 태극의 리가 각각 그 안에 갖추어져 있다. 이것을 하늘이 부여한 것이라는 측면에서는 명命이라고 하고, 사람이 받은 것이라는 측면에서는 성性이라고 하며, 사물에 감응하는 측면에서는 정情이라고 하고, 성정性情을 포함하여 주재主宰한다는 측면에서는 심心이라고 한다. 그리고 성性으로서 뿌리를 내린 것이 인仁·의義·예禮·지智의 덕이고, 정情으로 드러난 것이 측은惻隱·수오羞惡·사양辭讓·시비是非의 실마리들이며, 몸으로 드러난 것이 손과 발, 귀·눈·입·코와 같은 기관들이고, 일로 드러난 것이 군신·부자·부부·형제·붕우와 같은 일상적 관계이다. 다른 사람에게서 찾아보면 그 사람들의 리는 나와 다르지 않고 물物에서 참조해 보면 물의 리는 사람의 리와 다르지 않다. 고금에 관철되고 우주에 가득 차서 한순간의 간단도 없으며 터럭만큼의 틈도 없다.

선생은 그것들을 모두 가장 정미한 부분까지 분석하여 흐트러진 것이 없게 하고, 그런 뒤에 가장 거대한 체계로 종합하여 남겨진 부분이 없도록 했다. 그리하여 자기 몸에 체득하여 덕이 된 것은, 한 마음이 조화의 근원을 궁구하고 성정性情의 묘妙를 다하고 성현의 온축蘊蓄을 통달했으며, 한 몸이 천지의 운행을 체현하고 사물의 리를 모두 갖추고 강상綱常을 붙들 책임을 감당하였다. 밝기는 아주 미세한 것까지 관찰할 수 있고 굳세기는 아주 무거운 짐을 맡을 만하였으며 넓은 도량은 그 규모를 포용할 만하고 의연함은 윤상倫常을 지극한 단계로 구현할 만하였다. 속으로 간직하고 있는 모습은 비어 있고 고요하며 밖으로 드러나는 태도는 과단성 있고 확고하였으며, 세상에 적용할 때는 온갖 사물에 대응하면서도 고갈되지 않았고 자신을 지키는 모습은 변화를 겪고 풍파를 겪어도 바뀌지 않았다. 본말本末·정조精粗 가운데 어느 것 하나 빠뜨린 것이 없고 표리表裏·초종初終이 아무런 다른 점이 없었다.

기른 것이 깊고 쌓은 것이 두터운 것에 대해 말하자면, 굳게 지키면서도 무르익었고 엄하면서도 화평하여 마음은 붙잡을 필요 없이 이미 보존되어 있고 의에 대해서는 더 이상 탐색하지 않아도 정밀했다. 그러면서도 의리는 무궁하고 세월은 유한하다고 여겨 늘 겸연하게 부족한 듯이 날마다 새로워지고 또 새로워져서 스스로 그치지 못하는 듯했다.

행실로 드러난 것을 보면, 몸으로 수양하는 것은 그 모습이 장엄하고 말이 엄하며 걸음은 느긋하고 공경스러웠으며 앉을 때는 단정하고 반듯했다. 집안에 계실 때는 날이 새기 전에 일어나서 심의深衣·폭건幅巾·방리方履 차림으로 가묘家廟와 선성先聖에게 배알하였고, 서실로 물러나 앉아서는 궤안几案을 반드시 바르게 하고 서적書籍·기물器物을 반드시 정돈하였으며, 음식은 국과 밥의 행렬에 정해진 자리가 있었고 숟가락과 젓가락을 들고 놓는 곳도 정해진 자리가 있었다. 피곤해서 쉴 때는 눈을 감고 단좌端坐하였고, 쉬고서 일어나면 바른 걸음으로 느긋하게 걸었다. 중야中夜에 잠들었는데, 자다가 깨면 이불을 끌어안고 앉아서 간혹 새벽까지 가기도 했다. 위의용지威儀容止의 준칙은 어려서부터 노인이 될 때까지 아무리 춥거나 덥더라도, 다급한 순간이나 곤경에 처한 때라도 잠시도 떠나지 않았다.

집에서의 행실을 보면, 부모를 모실 때는 효성이 극진하고 아랫사람을 어루만질 때는 자상함이 지극했으며 규정閨庭 안에서는 내외內外가 칼로 자른 듯 나뉘었지만 은의恩意의 독실篤實함은 참으로 화락하였다. 제사를 지낼 때는 크고 작은 일에 상관없이 반드시 성실하고 반드시 공경하여 조금이라도 의칙에 맞지 않으면 하루 종일 즐겁지 않았다. 제사를 예禮에 어긋남이 없이 끝내면 흐뭇하게 기쁜 빛이 있었다. 상례喪禮에서는 슬픔을 전부 표현하고 음식飲食·쇠질衰絰을 각각 그 정情에 맞게 했다. 빈객賓客이 오면 잘 대접하지 않은 경우가 없었으니, 집안의 형편에 따라 늘 즐거움을 다했다. 친고親故에 대해서는 비록 소원하더라도 반드시 사랑을 다했고, 향려鄕閭 사람에 대해서는 비록 미천하더라도 반드시 공경을 다했다. 길흉吉凶·경조慶弔에는 예를 빠뜨린 적이 없었고 구휼救恤하고 상조相助할 때에는 은혜를 빠뜨린 곳이 없었다. 그리고 자신을 봉양할 때에는 옷은 몸을 가리기만 하면 되었고 밥은 배를 채우기만 하면 되었으며 거처는 비바람을 막을 정도면 되었으니, 남들은 견디지 못할 지경이었지만 반드시 느긋하게 거처하셨다.

"성현의 도통을 전하는 내용들은 방책方冊에 흩어져 있다. 그 속에 담긴 성현의 취지가 밝혀지지 않자 도통이 전해지는 것이 비로소 어두워졌다" 하고는 정력을 다 쏟아서 성현의 경훈經訓을 연구했다. 『대학』·『중용』에 대해서는 빠뜨려진 곳을 보충하고 차례를 나눔으로써 강령綱領과 조목條目이 찬연히 다시 밝아지게 했고, 『논어』·『맹자』에 대해서는 당시에 문답한 의미를 깊이 밝혀서 그 글을 읽고 음미하는 이들이 성현을 뵙고 직접 말씀을 듣는 듯한 느낌이 들게 했다. 『역』과 『시』에 대해서는 그 본의本義를 구하고 그 말류末流의 문제를 공격하여 수천 년 전의 고인古人이 남긴 뜻을 깊이 얻었다. 『서』에 대해서는 난삽한 금문今文이 도리어 평이한 고문古文보다 못하다는 점을 의심했고, 『춘추』에 대해서는 성심聖心은 정대하니 결코 전주傳注에서 천착하는 것과 같지는 않을 것이라고 의심했다. 『예』에 대해서는 왕안석이 『의례』를 폐기하고 전傳·기記(『禮記』)만 홀로 남긴 것을 문제로 지적했고, 악樂에 대해서는 후세의 율척律尺이 이미 없어져서 청탁淸濁이 근거를 잃게 되었다고 아쉬워했다. 역대의 사기史記에 대해서는 또 서주西周 이래 오대五代에 이르기까지를 고찰해서 논의한 후, 사마공司馬公(司馬光)의 편년체 사서史書(『資治通鑑』)를 『춘추』의 기사체記事體 서법書法으로 새롭게 조정해서 벼리로 제시함으로써 번잡하지 않고 조목이 밝혀져 어지럽지 않도록 했다.[41] 그리하여 국가의 치란과 군신의 득실에 대해서 손바닥을 보는 듯하게 되었다. 공맹孔孟의 도통을 전한 주周·정程·장張·소邵의 책들은 얼마 지나지 않아서 미언微言과 대의大義가 막혀 드러나지 않게 되었는데, 선생이 자료를 수집하고 의미를 해석하고 난 뒤에 세상에 성행하게 되었다. 정程·장張의 문인들은 스승의 학문을 조술했지만 그 얻은 것에 얕고 깊은 차이가 있고 그 소견에 성기고 정밀한 차이가 있었는데, 선생이 그것을 구별하여 그들의 장점을 모두 취하였다.

남헌南軒 장공張公(張栻)과 동래東萊 여공呂公(呂祖謙)이 같은 시기에 났다. 선생은 그들이 뜻이 같고 도가 합한다고 여겨 벗이 되었지만, 식견에 조금이라도 차이가 있으면 반드시 강마講磨하고 변난辨難하여 의견을 통일시켰다. 당시에 도를 구하는 것이 지나친 이들은 전주傳注·송습誦習이 번거롭다고 꺼려서 문자를 세우지 않고도 식심견성識心見性할 수 있고 수양을 하지 않고도 도로 나아가고 덕으로 들어설 수 있다고 하여, 허령虛靈의 식識만 지키고 천리의 진眞에 대해서는 어두우면서 유자儒者의 말을 빌려 노불老佛의 이론을 꾸며 주었다.[42] 또 입론이 더욱 낮은 이들은 한당漢唐을 숭장하여 삼대三代와 견주어서 공적을 꾀하고 이익을 추구함으로써 자신들의 사사로운 이익에 이바지하였다.[43] 당시에 두 주장이 병립하여, 높은 이들은 허무虛無에 빠지고 낮은 이들은 비루한 데 빠져 있다. 이에 선생이 그들을 힘껏 배척함으로써 우리 도를 어지럽히고 천하를 미혹시키지 못하도록 하니, 배우는 이들이 우르르 선생을 향해 몰려들게 되었다.

선생은 사람을 가르칠 때 『대학』·『논어』·『맹자』·『중용』을 도에 들어가는 순서로 삼고, 그런 뒤에 여러 경전으로 확대해 갔다. 독서에

41) 『資治通鑑綱目』을 편찬한 것을 말한다. 그러나 이 책은 주희가 완성하지 못하여 뒷사람들이 보충하였다.
42) 陸九淵의 학문태도를 비판한 것이다.
43) 陳亮의 학문체계를 비판한 것이다.

있어서는 반드시 그 음석音釋을 분변하고 장구章句를 바로잡으며 글말을 완미하여 그 뜻을 찾도록 했다. 또한 정미하게 연구하고 깊이 생각하여 알기 어려운 문제들을 끝까지 구명하도록 했고, 마음을 평평하게 하고 기를 고르게 하여 자득自得하는 것이 있도록 했다. 그러나 자기발전을 위해 실제에 힘쓰고 의리를 변별하며 자신을 속이지 않고 혼자일 때 삼가야 한다는 계칙에 대해서는 세 번 마음을 기울이지 않은 곳이 없도록 했다. 대개 학자들로 하여금 리를 궁구하고 몸으로 체득하게 하되 모두 경敬으로 일관되게 하려는 의도였다. 그에게 배우는 선비들은 익힌 것을 번갈아 외워서 의문 나는 점을 질의하곤 했는데, 마음에 깨닫지 못한 것이 있으면 곡진하게 가르쳐 주되 게으른 기색이 없었으며 질문이 절실하지 못하면 반복해서 경계하여 숨기는 것이 없었다. 학문에 힘쓰는 것이 독실하면 기쁨이 말에 드러났고, 도에 들어가는 것을 힘겨워하면 걱정이 얼굴빛에 드러났다. 경전을 강론하고 고금을 토론하느라 걸핏하면 한밤중까지 이르렀다. 질병으로 몸이 지리하게 되었을 때도 제생이 문변하면 탈연脫然하게 고질을 몸에서 떨친 듯했고, 하루도 학문을 강론하지 않으면 척연戚然하게 늘 걱정으로 삼았다. 옷자락을 들고 몰려온 제자는 멀리 천촉川蜀에서 온 이도 있었고 문사文詞는 해외까지 전파되기도 했다.

선생은 지난 성인의 미미해져 가는 실마리를 잇고 전현前賢들이 밝히지 못한 내용을 밝혔으며 제유의 득실을 분변하고 이단의 잘못을 배척하여 천리를 밝히고 인심을 바로잡았으니, 사업의 위대함으로 따지면 어느 것이 이보다 더할 수 있겠는가! 천문·지리·율력律曆·병기兵機에 대해서도 연미淵微한 것을 훤히 궁구하였고, 문사文詞와 자획字畫은 소인騷人·재사才士들이 정력과 정신을 다해도 늘 이르기 어렵다고 힘들어하는 바이지만 선생은 마음을 쓰지 않고도 모두 규구規矩·준승準繩에 맞아서 세상의 법이 될 만했다. 자품姿稟이 남다르고 학행이 독실한 이가 아니라면 어떻게 일마다 분야마다 모두 그 이치에 맞게 하고 궁극적 경지까지 이를 수 있겠는가? 아! 이는 하늘이 사문斯文을 돕고자 한 것이니, 철인을 잘 길러 내어서 사문이 크게 전해지도록 한 것이다.

선생은 병이 깊어지자 손수 글을 써서 아들 재在와 문인 범염덕范念德·황간黃榦에게 전하며, 더욱 정성을 다해 학문에 힘쓰고 완전하지 못한 상태로 남아 있는 책들을 수정하라고 당부했다. 지은 책으로는 『역본의易本義』·『계몽시괘고오啓蒙蓍卦考誤』·『시집전詩集傳』·『대학중용장구혹문大學中庸章句或問』·『논어맹자집주論語孟子集註』·『태극도통서太極圖通書』·『서명해西銘解』·『초사집주변증楚詞集註辨證』·『한문고이韓文考異』가 있고, 편차한 것으로는 『어맹집의語孟集義』·『맹자지요孟子指要』·『중용집략中庸集畧』·『효경천오孝經刊誤』·『소학서小學書』·『자치통감강목資治通鑑綱目』·『본조명신언행록本朝名臣言行錄』·『고금가제례古今家祭禮』·『근사록近思錄』·『하남정씨유서河南程氏遺書』·『이락연원록伊洛淵源錄』이 있는데, 모두 세상에 읽혀지고 있다. 평소 지은 글은 막내아들 재在가 분류하여 엮었으며, 생도들과 문답한 내용은 후학 이도전李道傳이 수집하여 판각하였는데 아직 미비하다.

듣자니 도道의 정통은 사람이 있어야 전해진다고 한다. 주周 이래로 도를 전하는 책임을 맡은 이들 가운데 바른 통서統緖를 얻은 이는 몇 사람 되지 않고, 이 도를 장장하게 훤히 드러낸 이는 한두 사람에 지나지 않는다. 공자 이후에 증자·자사가 미언微言을 계승하여 맹자에 이르러 비로소 드러났으며, 맹자 이후에 주周·정程·장자張子가 끊어진 것을 다시 이어서 선생에 이르러 비로소 드러났다. 천여 년 사이에 공맹孔孟을 배우는 이들이 이 도를 밝힌 정도는 타버린 재처럼 남은 찌꺼기를 이리저리 쪼개고 천착하는 것이어서 미언이 거의 끊어지고 있었는데, 주周·정

程·장자張子가 사문이 끊기고 막히며 인심人心이 좀 슬고 무너진 뒤에 굴기하여 붙들어 세웠으니 그 공이 위대하다. 그러나 백년이 되지 않아서 뒤섞인 것이 더욱 심해지자 선생이 나타나서 주대 이래로 성현이 서로 전한 도를 하루아침에 활연하게 대명이 중천에 뜬 것처럼 훤히 드러내었으니, 그분의 언행을 주워 모으는 일을 어찌 줄일 수 있겠는가? 동지들의 의론을 모아서 삼가 세계世系·작리爵里·출처出處·언론言論과 학문·도덕·행업行業 가운데 사람들이 다 아는 것을 서술하고 다시 개인적으로 도통이 드러난 것을 기록한 뒤 글을 끝맺어서 덕을 아는 이가 고찰할 수 있게 한다. 삼가 행장을 쓴다.

문인 봉의랑奉議郞 주관호주명도궁主管亳州明道宮 황간黃榦이 행장을 쓰다.

과재果齋 이씨李氏는 이렇게 말하였다. "선생은 천자天資가 영매英邁하여 세속에서 추구하는 것을 초개草芥보다 못하게 여겼다. 엄정하게 홀로 도와 함께하고 우뚝하게 홀로 도와 함께 섰다. 그것만으로도 서물庶物들 위로 멀리 빼어난데, 리理에 대해 밝고 의義에 대해 정밀하며 수양이 깊고 축적된 것이 성대해서, 덕행으로 드러나고 사업으로 표출된 것까지 논한다면 사람들은 그 넓고 큰 모양만 볼 수 있을 뿐 어떻게 언덕을 구해서 그를 따를지 그 방법을 찾지는 못한다."

朱子文錄 卷續

1. 장흠부에게 답한 편지 — 答張欽夫[1]

저의 여러 학설이 거의 존형尊兄의 인가를 받았고, 제 이론 가운데 미발에 대한 논의가 또한 그 핵심 부분인데 존형은 그것에 대해서도 이론異論이 없으셨습니다. 어떤 위안인들 이와 같겠습니까? 그러나 요즘 이전의 논리를 눈여겨보니 돌연 이렇다 할 강령이 없음을 깨달았습니다. 그래서 다시 체찰體察하여, 이 리理는 반드시 마음을 위주로 해서 논해야 성정性情의 덕과 중화中和의 오묘함이 모두 조리에 맞아 흐트러지지 않는다는 것을 알게 되었습니다.

사람의 지각운용은 마음의 작용 아닌 것이 없으니, 그래서 마음이란 한 몸의 주재자로서 동정어묵動靜語黙 간에 간극間隙이 없는 것입니다. 그러나 마음이 고요한 때에는 사물이 도래하지 않고 사려가 싹트지 않아서 하나의 성性이 혼연한 상태로 있으며 도의道義가 완전히 갖추어져 있으니, 이른바 중中이라는 것입니다. 이것이 마음의 체體에 해당하는 것으로 '고요하게 움직이지 않는 것'입니다. 그리고 마음이 움직이게 되면 사물이 밀려오고 사려가 싹터서 칠정七情이 번갈아 일어나지만 각기 주재하는 바가 있으니, 이른바 화和라는 것입니다. 이것이 마음의 용用에 해당하는 것으로 '느껴 만물에 통하는 것'입니다. 그러나 성은 고요할 때에도 움직이지 않을 수 없고, 정은 움직일 때에도 반드시 절도가

---

1) 『朱文公文集』, 권32.

있습니다. 이것이 바로 마음이 고요한 가운데 느껴서 통하고(寂然感通) 두루 유행하며 관철하여(周流貫徹) 체와 용이 처음부터 떨어지지 않는 까닭입니다.

그러나 사람은 이런 마음이 있더라도 혹 어질지 않으면 이 마음의 오묘한 이치가 드러나지 않고, 사람이 어질게 되기를 원하더라도 경敬하지 않으면 인仁을 구하는 공부를 해 나갈 수 없습니다. 대저 마음은 일신의 주인으로서 동정어묵 간에 서로 다름이 없습니다. 그래서 군자는 거경居敬해서 동정어묵 간에 이것에 힘쓰지 않는 적이 없는 것입니다. 아직 발하기 전에 이 경은 진실로 존심양성存心養性의 실질에 주력해야 하고, 이미 발한 때에 이 경은 언제나 성찰하는 가운데 행해져야 합니다. 존양할 때에 사려는 아직 싹트지 않지만 지각은 깨어 있는데, 이는 고요함 가운데의 움직임으로서 『주역』복괘復卦에서 "천지의 마음을 본다"(見天地之心)라고 한 이유입니다. 성찰할 때에는 사물이 분란하여도 품절品節에 어긋나지 않는데, 이는 움직임 속에서의 고요함으로서 『주역』간괘艮卦에서 "그 몸을 잡지 않는다, 그 사람을 보지 못한다"(不獲其身, 不見其人)라고 한 이유입니다. 정중지동靜中之動에 마음을 경주함이 있기 때문에 고요하되 느끼지 않음이 없고, 동중지정動中之靜에 성찰함이 있기 때문에 느끼되 고요하지 않음이 없는 것입니다. 고요하되 늘 감응할 수 있고 어떤 것에 감응하되 늘 고요한 것, 이것이 마음이 두루 유행하며 관철하면서 한순간도 쉽이 없는 까닭입니다. 그렇다면 군자가 중화中和를 이루어 천지가 제자리를 찾고 만물이 길러지도록 하는 방법은 오직 여기에 있을 뿐입니다. 생각건대 한 몸의 주인으로서 동정어묵 간에 간극이 없는 것은 마음입니다. 인仁이란 이 마음의 도리이며, 경敬이란 이 마음의 '한결같음'(貞)입니다.[2]

---

2) 『朱子語類』, 권72, "咸傳之九四, 說虛心貞一處, 全似敬. 曰, 蓋嘗有語曰, 敬, 心之貞也."

이는 위아래를 관통하는 도리이며, 성학聖學의 근본 체계입니다. 이 점을 분명히 알면 성정의 덕과 중화의 오묘함을 한마디 말로도 다할 수 있을 것입니다. 지금까지의 저의 논리는 아직 진실로 여기에 미치지 못했고, 존형이 보내 주신 편지 또한 깨우쳐 밝혀 준 것이 많기는 했지만 핵심을 파악하는 데에는 아직 미진한 듯합니다.

또 말씀하신 "배우는 자는 반드시 먼저 단예端倪가 발하는 것을 살펴 안 다음에라야 존양의 공부를 할 수 있다."[3]라는 것에 대해 저로서는 의문이 없을 수 없습니다. 생각건대 발하여 나오는 곳은 진실로 마땅히 살펴 알아야 하겠지만 사람에게는 발하지 않는 때도 있으니, 이때에는 마땅히 존양해야 합니다. 어찌 반드시 발하기를 기다린 후에 살피고, 살핀 후에 보존해야 하겠습니까? 또 처음부터 존양하지 않고 일에 따라 찰식하려고만 한다면 넓고도 망망하여 어디서부터 손대야 할지 알 수가 없어서, 결국 털끝만한 차이가 천리의 어긋남이 되어 버리는 일이 이루 말할 수 없을 정도로 많아질까 두렵습니다. 이 점이 바로 정자程子께서 매양 "맹자는 재질이 높은 분이어서 배우는 이들이 의거할 곳이 없으니, 사람들은 반드시 안자顔子의 학문을 배워야 한다. 그러면 성인의 경계에 드는 길이 가깝고 힘쓸 곳이 있을 것이다"라고 하신 이유이니, 이 말의 숨겨진 의미를 잘 알아야 하겠습니다. 또한 물 뿌려 쓸고 응대하며 나아가고 물러나는(灑掃應對進退) 공부도 모두 이 존양 공부의 일입니다. 잘은 모르겠으나, 배우는 이가 이것(존양)을 먼저 한 후에 찰식해야겠습니까, 아니면 찰식을 먼저 한 후에 존양해야겠습니까? 이것으로 본다면 힘써야 할 바의 선후가 분명하게 눈에 들어올 것입니다.

보내 주신 편지에 또 이르시길 "움직임 속에서 고요함을 함양하는

---

3) 張栻, 「察識端倪說」, "學者先須察識端倪之發, 然後可加存養之功."

것이 이른바 '복괘의 천지의 마음을 본다'는 것이다" 하셨는데, 이 또한 잘 이해하지 못하겠습니다. 제가 앞에서 복괘는 고요함 속의 움직임이라고 하였으니, 괘상卦象을 보면 저절로 분명해질 것입니다. 이천선생의 뜻 또한 이와 같습니다.

　보내 주신 편지에 또 이르시길 "고요함을 말하면 허무에 빠지게 된다"라고 말씀하셨는데, 이것은 정말 깊이 생각해 보아야 할 부분입니다. 만일 이 두 글자4)가 불자佛者들의 논의에서라면 정말 이런 병폐가 있을 터이지만, 만일 천리를 가지고 본다면 움직임 속에 고요함이 없을 수 없는 것은 마치 고요함 속에 움직임이 없을 수 없는 것과 같고, 고요할 때에 존양하지 않을 수 없는 것은 마치 움직일 때 성찰하지 않을 수 없는 것과 같습니다. 오직 "하나의 움직임과 하나의 고요함이 서로 뿌리가 되고"5) "경敬과 의義를 함께 견지하여6) 잠시라도 간단이 있어서는 안 된다"라는 말의 의미를 알기만 한다면 고요하다(靜)는 말을 쓴다고 해도 처음부터 사물死物이 되지는 않을 것이니, 지극히 고요한 가운데 움직임의 실마리가 있을 것입니다. 이것이 바로 천지의 마음을 보게 되는 이유이며, '선왕先王이 동짓날에 관문을 닫고 고요히 지내는7) 이유입니다. 이때에는 편안하고 고요하게 길러 낼 뿐이지, 애당초 사물을 멀리하여 끊어 버린 채 눈을 지그시 감고 멀뚱히 앉아 고요함에 편중되는 것을 말하는 것이 아닙니다. 아직 사물에 접하지 않았을 때 경으로써 그 안에 주主를 삼으면, 사물이 도래하였을 때 선한 단서가 밝게 드러나 이것을 살피는 바탕(마음)이 더욱 정밀하고 밝게 될 것입니다. 이천선생께서 "도리어 이미 발동한 때에

---

4) 이황의 『朱子書節要』 주석에, '두 글자'는 '한 글자'로 고치는 것이 좋을 듯하다고 하였다. '靜'자를 말한다.
5) 周敦頤, 「太極圖說」, "一動一靜, 互爲其根."
6) 『二程遺書』, 「二先生語」 제5, "敬義夾持."
7) 『周易』, 復卦, 「大象傳」, "先王之所以至日閉關."

이것을 본다"[8]라고 하신 것은 바로 '아직 발동하지 않은 때에는 단지 존양만 할 수 있고 발동하였을 때 비로소 관찰할 수 있다'는 의미였습니다. 주자周子께서 「태극도설」에서 "고요함을 위주로 한다"라고 하신 것은 바로 중정인의中正仁義의 측면에서 말한 것이니, 정正을 중中에 비교하면 중이 중요하고 의義를 인仁에 비교하면 인이 근본이라는 뜻이지, 중정인의의 바깥에 별도로 고요함을 위주로 하는 일단의 일이 있는 것은 아닙니다.

보내 주신 편지에서, 저처럼 "정靜으로 근본을 삼는다"라고 말하는 것보다는 차라리 "경敬으로 근본을 삼는다"라고 말하는 편이 낫다고 하셨는데, 이는 정말 그렇습니다. 다만 그 경이라는 공부는 동정을 통관通貫하는 것이지만 반드시 정靜으로 근본을 삼는 것이기에 저는 지금까지 그렇게 말한 것입니다. 만일 이제 경으로 바꾼다면 완전한 듯 보이지만, 도리어 경을 시행함에 먼저 할 것과 나중에 할 것이 있음을 알 수 없게 되니, 또한 적절하지 않습니다.

보내 주신 편지에 이르시길 "반드시 움직임을 잘 살펴서 고요하게 있었을 때 제대로 존양했는지 확인하고, 고요하게 있을 때 잘 살펴서 움직이게 되었을 때 근거로 삼을 덕성을 함양해야 한다. 움직임과 고요함이 서로 의존하고 체와 용이 서로 떨어지지 않은 뒤에야 빈틈이 없게 된다"고 하셨는데, 이 몇 구절은 탁월한 것이며 의미와 표현이 잘 갖추어진 것입니다. 삼가 자리 오른쪽에 적어놓고 드나들며 보고 살피겠습니다. 다만 앞의 두 구절의 순서가 아주 온당치만은 않은 것 같습니다. 생각건대 그 자리를 바꾸어 놓으면 실행할 수 있는 실질이 있을 것 같습니다. 잘 모르겠습니다만, 존형의 생각은 어떠신지요?

---

8) 『二程遺書』, 「伊川先生語」 제4, "却於已發之際觀之."

2. 강언모에게 답한 편지 — 答江彦謀[1]

『정몽正蒙』의 대지大旨에 대한 고명高明의 논의에는 아마도 너무 쉽게 보는 잘못이 있는 듯합니다. 무릇 도의 극치에서 사물과 나는 진실로 하나이지만, 어찌 유독 사물과 나 사이에서만 이 점을 체험하겠습니까? 대개 천지天地·유명幽明·은현隱顯·본말本末·정조精粗가 하나로 관통하지 않음이 없습니다. 『정몽』의 뜻은 진실로 여기에서 벗어나지 않는 것이지만, 성현의 말씀이 이미 많은데 굳이 『정몽』을 지은 것은 무엇 때문이었을까요? 아마도 그 학설을 반복해서 연구하여 일관하는 이치를 구하고 그 이른바 일관된 이치에 합치하게 하되, 수銖 단위마다 계산하여 균鈞 단위[2]에 이르러도 반드시 부합하고 촌寸 단위마다 재보아 장丈 단위[3]에 이르러도 어긋나지 않도록 해야 할 것입니다. 그런 뒤에야 제대로 된 것이라 할 수 있습니다. 맹자께서 "널리 배우고 자세히 말하는 것은 나중에 반대로 간략하게 말하고자 함이다"[4]라고 말씀하신 것이 바로 이 때문입니다. 지금 배움이 넓지도 않고 설명이 자세하지도 못하면서 성급하게 한마디로 그 극치를 탐색하려고 든다면, 이는 수銖와 량兩도 구분하지 못하면서 균鈞과 석石을 억측으로 헤아리고 분分과 촌寸을 분별하

---

1) 『朱文公文集』, 권64.
2) 24銖가 1兩이고, 16량이 1斤이며, 30근이 1鈞이고, 4균이 1石이다.
3) 10分이 1寸이고, 10촌이 1尺이며, 10척이 1丈이고, 10장이 1引이다.
4) 『孟子』, 「離婁下」, "孟子曰, '博學而詳說之, 將以反說約也.'"

지 못하면서 장丈과 인引을 눈대중으로 계산하는 격이니, 이에 정밀함과 조잡함이 두 가지가 될 뿐 아니라 크고 작음도 제각기 달라져서 이른바 하나로 관통한다는 것이 되지 못할 것입니다. 저로서는 아마 작은 차이가 쌓여 큰 어긋남이 생겨나서 이른바 균·석·장·인도 그 참됨을 얻지 못하게 될까 걱정입니다. 이는 바로 순서를 건너뛰고 헛된 생각을 하는 데서 오는 병폐이니, 세상에 위기지학爲己之學에 뜻을 두고서도 그 방법을 모르는 자들의 경우 그 병폐가 매번 이와 같습니다. 명도明道선생의 「행장」에 "선생이 사람을 가르칠 때에는 치지致知에서부터 지지知至까지, 성의誠意에서부터 평천하平天下까지, 물 뿌려 쓸고 응대하는 것(灑掃應對)에서 이치를 궁리하며 성품을 다하는 것(窮理盡性)에까지 차근차근 순서가 있었다. 그러나 요즘 세상의 배우는 이들은 가까운 것을 버리고 먼 것을 추구하며 낮은 데에 있으면서 높은 것을 엿보면서, 경솔하게 스스로를 대단하다 여겨서 결국에는 얻는 것이 없었으니, 선생은 이런 세태를 근심하셨다"라고 하였으니, 그 말이 지극합니다. 그대는 어떻게 여기는지요?

3. 왕상서께 답한 편지<갑신 10월 22일> — 答汪尙書<甲申十月二十二日>[1]

제가 최근에 합하閤下를 여러 날 가까이서 모시며 친히 가르침을 받았습니다.[2] 삼가 생각해 보건대, 합하께서는 도덕을 순전히 갖추고 계시기에 진실로 비천하고 촌스러운 제가 엿보아 헤아릴 수는 없습니다만, 겸허하고 묻기 좋아하시어 저의 직설적인 말들을 다 받아 주신 것에 대해서는 더욱 느낀 바가 있었습니다. 생각건대 그 마음을 미루어 나아가면 장차 천하의 선사善士들이 모두 여기로 귀의할 것이니, 천하의 중책을 맡는 데 무슨 어려움이 있겠습니까? 제 생각에 범부가 맡을 수 없는 뒷날의 큰 사업을 합하께서는 끝내 사양하셔서는 안 될 것입니다. 그렇기에 저의 진심을 숨기지 못하고 매번 유교와 불교의 옳고 그른 분별을 말씀드려서 혹 아주 작은 도움이라도 될 수 있기를 바란 것입니다. 그래도 저의 논설에 부족한 점이 있었을까 두려워 다시금 아뢰기를 청하오니, 들어주신다면 다행이겠습니다.

대저 요즘에 도학道學에 대해 말하는 사람은 그 잘못이 너무 고원高遠하다는 데에 있습니다. 그래서 그들은 독서와 강의함에서 대체로 손쉽게 뛰어넘어 단계를 거치지 않는 것을 즐겨하고, 그 사이의 자세하고 정밀하여 곰곰이 음미해야 할 곳에 대해서는 한결같이 소홀히 하고 싫증내면서

---

1) 『朱文公文集』, 권30. 1164년(隆興 2, 주희 35세)의 편지이다.
2) 이때는 주희가 武學博士에 배명되어 귀가하고 왕상서가 閩帥로 있었으므로 서로 상종할 수 있었다.

비근하고 자질구레하여 마음에 차지 않는다고 말합니다. 이런 까닭에 혹 박학다식한 선비라 하여도 그 천하의 의를 밝히는 데 있어서는 미진한 점이 없다고 할 수 없습니다. 【대개 그들은 박학다식 그 자체가 한 가지 일이라 여깁니다. 그래서 그 이치의 근원에 대해서는 그다지 정밀하게 살피지도 않은 채 도리어 달리 높은 경계가 있어서 이것과는 아예 상관이 없다고 말합니다. 이것이 윤화정尹和靖이 "이 세 가지 일 중 하나를 간파하면 이 병통은 없어질 것이다"라고 말했던 까닭이니, 그 병통을 절실히 지적한 것이라 할 수 있겠습니다.】 이치에 미진함이 있는 데다가 마음속에 의심이 없을 수 없으면서도, 이에 다시 가까운 데서 돌이켜 구하지 않고 도리어 이단異端의 학설에 현혹되고 더욱 더 빠져들어서 막연하여 헤아려 알 수 없는 곳에 놓아두고는, 우두커니 하루 종일 의미 없는 말들3)만 되새기며 환하게 단번에 깨닫기를 기다립니다. 그러니 이들은 사물이란 반드시 끝까지 미루어 연구한 후에라야 분명해지고 인륜이란 반드시 잘 살핀 후에라야 다할 수 있다는 것을 정말 모르고 있는 것입니다. 【격물格物은 단지 궁리窮理일 뿐이어서 사물이 격格해지는 것이 곧 이치가 밝아지는 것입니다. 이것이 『대학』공부의 출발점입니다. 깊이 완미하고 두텁게 쌓아감에 각기 얕고 깊은 바가 있으니, 단번의 깨침이나 기발한 경지란 있지 않습니다. 요즘의 유자들이 이것에 대해 말하는 것은 너무 높은 것 같습니다. 여사인呂舍人4)에게 보낸 편지의 별지別紙에 잘 기록되어 있습니다.】

이미 막힌 데 없이 단번에 모든 것을 다 깨달았다고 스스로 말할 수 있는 자도 이 점에 대해서는 오히려 흐리멍덩하게 잘 알지 못하고 있으니, 어찌 깨달았다고 할 수 있겠습니까? 【유자들 중 이런 학문을 하면서

---

3) 불교의 화두를 가리킨다. '뜰 앞의 잣나무', '마른 똥막대기', '麻三斤' 같은 것들이 그것이다.
4) 呂本中을 가리킨다. 여본중은 자가 居仁으로, 呂祖謙의 큰할아버지이다. 사람들은 여본중을 大東萊先生이라 칭하고 여조겸을 小東萊先生이라 칭했다. 大慧宗杲와 교유하며 禪에 깊이 빠졌던 인물이다.

스스로 깨달음이 있다고 말하는 자들에 대해 흐리멍덩하여 잘 알지 못한다고 할 수는 없겠으나, 그들이 사물에 대해 관찰하는 것은 분명 상세하지 못합니다.】 더구나 그것(단번의 깨달음)은 기다린다고 해서 꼭 얻어지는 것이 아니어서, 공연히 사람으로 하여금 판별 못할 의혹을 가슴에 품은 채로 뜻이 흩어지고 기운이 쇠진한 상태로 허송세월만 하며 허둥대게 만들 따름입니다. 그러니 우리 유학의 종지에 전일하게 진력하여 하학상달下學上達의 순서에 따라서 입으로 강설하고 마음으로 생각하며 몸으로 행하고 힘써 궁구하여, 번거로워질지언정 소략해지지 말고 비근해질지언정 고원해지지 말며 천근해질지언정 심원하지 말고 졸렬해질지언정 교묘해지지 않도록 하여, 지속적으로 보존하고 점점 명확해져서 온갖 이치가 밝아지고 차례가 뚜렷해지는 것만 하겠습니까? 그런 뒤에라야 대중지정大中至正한 법칙과 천리天理·인사人事의 전체가 여기에 있지 않음이 없음을 알고, 애당초 멀고 높아서 미칠 수 없는 것이란 없는 것임을 알게 될 것입니다. 그렇게 되면 작은 기미에서 털끝만한 것이라도 모두 파악되고 남과 응대할 때에도 체용體用이 혼연해지며 가령 막중한 자리에 임용되어 어려운 일에 처하더라도 신속하게 일을 처리할 수 있을 것이니, 또 어찌 의혹이 풀리지 않고 기운이 불안한 일이 있겠습니까? 【여기까지 말했어도 등급을 뛰어넘는 것이라 할 수 있겠지만, 합하의 총명함으로 힘써 나아가신다면 아마 어렵지 않을 것입니다.】

이것(유학의 점진적 공부)과 외학外學(불교)에서 말하는 '막힌 데 없이 단번에 깨닫는다'는 것을 비교할 때 어느 것이 나은지 우열을 알지는 못하겠으나, 이것은 하나이고 저것은 둘이며 이것은 실實하고 저것은 허虛한 것임이 분명합니다. 설사 그 학설에 실로 우리 유학이 미치지 못할 바가 있다 하더라도, 그 학설은 대중지정한 법도를 이미 지나쳐 버린(過) 것이니 그렇다면 그것은 미치지 못하는(不及) 것과 다를 바 없습니다. 【그윽하고 심원한 것을 끝까지 궁구하는 것(窮極幽深)은 지나침(過)이요, 인륜에 반하고 이치에 어긋나는 것(反倫悖理)은 미치지 못함(不及)이다.】 대저 큰 근본이 서면 준칙은 스스로 밝아질 것이니, 이것이 바로 맹자가 "말을 안다"(知言)고 하시며, 편벽된 말·방탕한 말·삿된 말·피하는 말들이 나에게 접해지면 모두 그 거울 같은 밝음에서 도망칠 수 없다고 하신 까닭입니다. 그런 말들은 마음에서 생겨나 정사政事를 해치고, 정사에서 발로하여 사업을 해치게 되니,[5] 어찌 경계하지 않을 수 있겠습니까? 어찌 두려워하지 않을 수 있겠습니까?

저의 생각은 이러한데, 고명高明하신 어른께서는 어떻게 생각하시는지요? 만일 제 말 중에 취할 것이 있어서 다행히 조금이라도 마음에 두시고 또한 임금의 잘못을 바로잡고 나라의 근본을 안정시키는 것을 스스로 자임하신다면, 제가 이런 말씀을 드린 것이 아마 군자께 죄를 짓는 일은 아닐 것입니다. 그런데 만일 이치에 맞지 않는 것이 혹 있다면 바라옵건대 밝게 가르침을 내려주십시오 다시 사색해 보고 다시 가르침을 청하겠습니다. 저는 고명께서 남의 말을 받아들이는 도량이 넓지 못할 것이라는 의심을 해 본 적이 없습니다. 고루固陋하고 과문寡聞한 소생의 절실한 바람입니다.

【중국中國이 의지하는 것은 덕이고 이적夷狄이 의지하는 것은 무력입니다. 지금 국사를 염려하는 자들은 대저 저들과 우리의 상태를 살피고 군사력의 강약을 비교하는 것만 말하고 있는데, 이는 이적이 서로 공격하는 책략만 알고 중국이 이적을 다스리는 도리에 대해서는 언급하지 않는 것입니다. 생각건대 무력으로 말해 보자면, 저들은 항상 강하고 우리는 항상 약하여 우리가 이길 수 있는 때는 없으니 화의和議를 진행하지 않을 수 없습니다. 그러나 만일 덕으로 말해보자면, 삼강三綱을 진작시키고 오상五常을 밝히며 조정朝廷을 바르게 하고 풍속風俗을 면려하는 것, 이것은 모두 우리가 힘쓸 수 있는 것들이고 저들은 할 수 없는 것입니다. 이것이 바로 중국이 이적을 다스리는 도리이며, 지금 마땅히 의론해야 할 주제입니다.

---

5) 『孟子』, 「公孫丑上」, "何謂知言? 曰, 詖辭知其所蔽, 淫辭知其所陷, 邪辭知其所離, 遁辭知其所窮. 生於其心, 害於其政. 發於其政, 害於其事. 聖人復起, 必從吾言矣."

정말 이것으로 스스로 노력할 수 있다면 어찌 강화講和할 일이 있겠습니까? 제 생각에는 오직 군사력도 진작되지 못한 데다 덕마저 닦지 않은 상태로 주전主戰이니 주화主和니 떠드는 것은 모두 상책이 될 수 없을 듯합니다.

어버이를 즐겁게 하는 길은 자신을 성실하게 하는(誠身) 데 있고, 자신을 성실하게 하는 길은 선을 밝히는(明善) 데 있습니다. 지금 주화와 주전이 서로 길을 갈려 상황上皇과 황제께서 견해를 달리하고 계신데[6] 올가을의 방어태세는 아주 급박하게 돌아가고 있으니, 이러다 대계大計를 그르칠까 걱정됩니다. 이것은 자신을 성실하게 하는 것이 지극하지도 못하고 스스로 다스리는 것이 강력하지도 못하여 어버이께 신임을 얻지 못한 까닭에 그런 것일 뿐입니다. 지금 기어코 부황 고종의 명령을 어겨 가며 자기의 주장을 실행해서 사공事功을 도모하겠다고 한다면, 그 추세는 이치를 심하게 거스르고 또 난감할 것입니다. 그러나 자신을 성실하게 하고 부모님께 은미하게 간언하여 부모님께서 느껴 깨달으시길 기다린다면 그 이치는 매우 순조롭고 평이한 것일 터이니, 이것이 더 낫지 않겠습니까?】

---

6) 高宗은 제위를 선양한 뒤 금과의 화의를 뒤에서 주도했고, 孝宗은 즉위하면서
   復讐의 정의를 전면에 내세웠다.

4. 연화전에서 아뢴 주차 5 — 延和奏箚五[1]

　신이 삼가 생각건대, 폐하께서는 대업을 이루실 수 있는 자질을 가지고 대업을 이루어 내려는 큰 뜻을 펼쳐서 처음 즉위하셨을 때부터 강개하게 발분하시어, 공손하고 검약하며 근면하신 태도로 안으로는 정사를 정비하고 밖으로는 이적夷狄을 물리쳐 능묘陵廟의 원한을 씻고 강토를 회복하는 것을 임무로 삼아 힘써 오셨는데, 이와 같이 하신 것이 지금까지 27년이나 되었습니다. 그렇지만 힘없이 구습을 따르니 날이 가고 해가 갈수록 점점 그 뜻을 잃어버려서, 우러러 성지聖志에 부응하고 굽어서 백성의 소망을 달래 줄 수 있는 성과를 조금도 거두지 못했습니다. 폐하께서는 한밤중에 일어나 앉아 깊은 한숨을 쉬면서 이렇게 된 이유를 생각해 보신 적이 있으신지 모르겠습니다. 폐하께서 임용한 이들이 제대로 된 사람이 아니기 때문이라 의심하자니, 폐하께서 신명함을 지니셨는데 어찌 임용한 이들이 모두 제대로 된 사람이 아니라고 할 수 있겠습니까? 정사를 실행하는 기준이 도리에 맞지 않기 때문이라 의심하자니, 폐하께서 신성함을 지니셨는데 어찌 정사 실행의 기준이 모두 도리에 맞지 않는다고 할 수 있겠습니까? 그렇다고 국정의 규모가 안정되지 못했기 때문이라 의심하자니 정사의 규모가 일찍이 안정되어 있었고, 지기志氣가 서지 못했기 때문이라 의심하자니 폐하의 지기는 일찍이 세워져 있었습니

---

1) 『朱文公文集』, 권14.

다. 그런데도 이와 같은 꼴이 된 것은 무엇 때문일까요?

비록 신이 아주 어리석고 비천하나 일찍이 폐하께서 미혹되신 까닭을 거듭 생각해 보았더니, 어쩌면 한가하고 탁 트인 가운데 허명虛明하게 사물에 반응하는 폐하의 마음자리에 천리라는 것이 아직 순전하지 못하고 인욕이라는 것이 미처 깨끗이 제거되지 못해서 그런 것 같다는 생각이 들었습니다. 천리가 순전하지 못하기 때문에 선을 행할 때는 항상 그 분량을 다 채우지 못하고, 인욕이 깨끗이 제거되지 못했기 때문에 악을 없앨 때는 항상 그 뿌리까지 제거하지 못하는 것입니다. 그리하여 비록 한 생각이 일어나는 그 순간에도 공사公私와 사정邪正, 시비是非와 득실得失의 기미가 언제나 짝지어 나뉘어서는 뿔을 맞대고 대립하면서 그 마음 속에서 뒤엉켜 싸우게 됩니다. 그래서 폐하께서 대신들을 예의로 대하심 이 두텁지 않은 것이 아니었으나 가까이서 아첨하는 사사로운 무리들이 오히려 폐하의 진심어린 신임을 깊이 얻게 되었던 것이고, 영웅호걸을 오매불망하시는 마음이 절실하지 않은 것이 아니었으나 어이없게도 음흉하고 용렬한 것들이 조정의 권한을 오래도록 훔칠 수 있었던 것이며, 천하의 공의公議와 정론正論을 즐겨 들으시지 않는 것이 아니었으나 어떤 때에는 받아들이지 않으셨던 것이고, 천하의 헐뜯는 말과 나쁜 짓거리들 을 징치懲治하시려는 생각이 없었던 것이 아니었으나 결국 판단착오에 빠지셨던 것이며, 능묘陵廟의 원한을 갚으려는 마음이 없었던 것이 아니었 으나 간혹 겁을 내시어 구차하게 안주하려는 생각에 빠지셨던 것이고, 백성들의 재산과 생산을 아끼며 길러 주려는 생각이 없었던 것이 아니었으 나 백성들의 탄식과 원성을 피하지 못했던 것입니다. 이런 것들은 열거하 자면 한도 없습니다. 그러다 보니 임용된 자가 모두 제대로 된 사람이 아닌 건 아니었다 해도 제대로 된 사람을 다 얻은 것은 아니었고, 정사를 실행하는 기준이 다 도리에 맞지 않았던 건 아니었다 해도 정사의 실행이 모두 도리에 합치된 것은 아니었으며, 국정의 규모가 한때 잠시 안정되긴 했지만 끝내 불안정한 지경에 이르게 되었고, 지기가 한때 조금 세워지긴 했지만 끝내 서지 못하는 지경에 이르게 된 것입니다. 결국 헛되이 세월만 보내며 지금에 이르렀으니, 훌륭한 정치를 이루어 낼 수 없었을 뿐 아니라 어쩌면 오히려 혼란을 초래할 수도 있게 되었고, 남을 위해 일을 도모할 수 없었을 뿐 아니라 실은 자신을 지킬 수도 없게 되었으며, 천하 사람들이 폐하를 안타깝게 생각할 뿐 아니라 신의 생각에는 폐하의 마음도 이런 지경을 한스러워하지 않으실 수 없게 되었습니다.

근년 들어 하늘이 성심聖心을 열어 주시어 날로 성덕盛德을 새롭게 하고 영단英斷을 분발하여 강유綱維를 정돈하셨으니, 천리를 온전하게 하고 인욕을 깨끗이 없애는 데 뜻을 두신 것입니다. 그러나 신이 삼가 현재 상황을 관찰해 보건대, 여전히 폐하의 마음 속에서는 천리와 인욕의 다툼이 일고 있는 듯합니다. 단순히 베껴 쓰는 자들이 그 문자의 내용을 밖으로 누설하는 죄에 대해 폐하께서 힐책하시자 가까이서 심부름하며 아첨하는 무리들이 두려워할 바를 알게 되긴 했습니다만, 쫓아냈던 자들이 얼마 지나지 않아 다시 돌아오고 남아 있던 자들은 더욱 승진하고 승승장구하고 있으니, 폐하께서 이 자들을 총애하는 마음이 아직 줄어들지 않았다는 것을 알 수 있습니다. 수년간 자리를 훔치고 권력을 도둑질한 간신奸臣을 파면하시자 음흉하고 용렬한 것들이 두려움이란 게 뭔지 알게 되었습니다. 그러나 다음 대권을 노리는 자들이 그 행적을 그대로 따르면서 요행을 바라는데도 폐하께서는 꾸짖지 않으시고 간언諫言의 책임을 맡은 이가 사적인 은혜 때문에 침묵해도 질책하지 않으시니, 폐하께서 이 자들에게 위임하시는 마음이 여전히 남아 있다는 것을 알 수 있습니다. 간언을 맡은 관원官員을 늘이시고 간사한 이들을 멀리 배척하시니 좋은 말들을 두루 들을 수 있는 좋은 여건이 정말 이전과 많이 달라졌습니다. 하지만 간언을 들어야 할 실마리가 끝이 없다면 아마 간언은 끝없이 올라오고 그 내용은 갈수록 통절할 텐데, 폐하께서 과연 그것을 가납하여 실행하실 수 있을지 모르겠습니다. 아첨하는 굽은 말들을 변별하시고 고독한 직언을 장려하시니 어두운 곳도 밝히시는 현명함이 정말 이전보다는 훨씬 나아졌다고 하겠습니다. 그렇지만 말을 날조하는 이들은 질책을 받지 않도록 기회를 틈타 재빨리 말하고 그 내용도 더욱 교묘해지고 있는데, 폐하께서 과연 그들을 멀리하여 끊으실 수 있을지 모르겠습니다. 오만한 금나라의 사신을 물리치고 군대를 장려하여 회복恢復을 도모한다면 구차하게 안주하려는 뜻을 떨쳐 버릴 수도 있을 것 같습니다. 그렇지만 장수를 임명하는 권한이 엉뚱하게 내시들에게서 나오는 데다 군정이 무너져서 사졸들이 근심하고 원망하고 있으니, 이런 상태로는 천하의 변란에 대처하기 힘들까 걱정됩니다. 창고를 열고 세금을 줄이며 백성을 괴롭히는 여러 일들을 엄중하게 금하면 피폐해진 백성의 힘을 쉬게 할 수 있을 것입니다. 그렇지만 감사가 제대로 선택되지 않고 수령이 탐욕스럽고 잔혹하며 군현의 정사가 번잡하고 세금이 무거워서 백성들이 제 직분을 잃으니, 나라의 근본을 공고히 하기 힘들 것이라 걱정됩니다. 이런 몇 가지 것들을 논하자면, 천리라는 것이 약간 이긴 것 같지만 인욕이란 것이 끝내 깨끗하게 제거되지 못한 것입니다. 폐하께서 신성하신 덕과 어질고 밝으신 마음으로 정사에 임하신 지 오래되었고 바른 정치를 희구하신 것이 절실하셨으니, 의당 오래 전부터 느긋하게 팔짱 끼고 앉아서 공이 이루어지고 정치가 안정되어 안락함을 누리셨어야 했습니다. 그러나 세월이 지날수록 사방은 더욱 아득해지고 음양의 다툼은 아직도 승부가 나지 않았으니, 어느 날 어느 때가 되어야 성치聖治가 완성되는 것을 대략이라도 볼 수 있을는지요!

길에서 듣자니, 근래 사대부들 중에서 진언한 이들이 많다고 합니다.

그렇지만 그 근본을 탐색하지 못하고 단지 그 말단만 지적했으며 어려운 일을 우선하기보다는 짐짓 쉬운 일로 나아갔기에, 천하의 온갖 세세한 일들을 일일이 다 열거하지만 폐하의 마음과 몸에 근본을 두지 못하고 그저 허겁지겁 사업의 이해利害의 끄트머리로 치달을 뿐입니다. 신이 생각하기에, 그런 이들은 다스림이 나오는 근본을 바르게 하고 사물에 응하는 근원을 맑게 해서 폐하의 정대正大하고 굉원宏遠한 꿈을 도와 천하의 일들을 모두 성지聖志가 바라는 대로 이루어지게 할 수 없을 것 같습니다. 옛날 순임금과 우임금, 공자와 안연 사이에서도 이것을 병통으로 여겨 말한 적이 있습니다. 순임금께서는 우임금에게 "인심人心은 위태롭고 도심道心은 은미하니, 오직 정밀하게 궁구하고 한결같이 보존하여야 그 중中의 덕을 견지할 수 있다"라고 경계하고서는, 굳이 이어서 "근거 없는 말은 듣지 말고 자문을 구하지 못한 계책은 시행하지 말라. 그대가 얻은 자리를 신중히 지키고 바랄 수 있는 일을 경건히 개발시키라. 사해가 곤궁해지면 하늘의 복록福祿은 영원히 끝날 것이다"[2]라고 말씀하셨습니다. 또 공자께서 안연에게 대답하시며 "자기를 이겨 예로 돌아가면 인仁을 이룰 수 있다. 어느 날 자기를 이기고 예로 돌아가면 천하 사람들은 모두 그를 인仁하다고 평가할 것이다. 인仁을 실천하는 것은 자기에게서 말미암는 것이지 어찌 남에게서 말미암는 것이겠는가?"라고 말씀하시고는 다시 "예가 아니거든 보지 말고 예가 아니거든 듣지 말고 예가 아니거든 말하지 말고 예가 아니거든 움직이지 말라"[3]라고 부연하셨습니다. 또 사대四代의 예악을 손익損益하라고 가르쳐 주시고는[4] 다시 "정성鄭聲을

---

2) 『書經』, 「大禹謨」, "人心惟危, 道心惟微, 惟精惟一, 允執厥中, 無稽之言, 勿聽, 弗詢之謀, 勿庸, 謹乃有位敬, 修其可願, 四海困窮, 天祿永終."

3) 『論語』, 「顏淵」, "顏淵問仁. 子曰, 克己復禮爲仁. 一日克己復禮, 天下歸仁焉. 爲仁由己, 而由人乎哉? 顏淵曰: 請問其目. 子曰, 非禮勿視, 非禮勿聽, 非禮勿言, 非禮勿動. 顏淵曰: 回雖不敏, 請事斯語矣."

내쫓고 말 잘하는 이를 멀리하라. 정성은 음란하고 말 잘하는 이는 위태롭다"5)라고 부연하셨습니다. 아! 이것은 모든 성인이 서로 전해 온 심법心法의 요체이니, 천리가 모두 다 발휘되도록 극대화시키고 인욕이 전부 소멸되도록 눈여겨 살피는 방법에 있어 본말과 거세巨細를 모두 포괄했다고 할 만합니다. 그러나 양한 이래로 잘 다스려진 국가를 원한 군주가 없었던 것은 아니지만 여기에 굳건히 뜻을 둘 수 없었습니다. 그래서 혹 어떤 때에는 공적과 명성을 이루기도 했지만 끝내 제왕의 성덕盛德을 함께할 수는 없었습니다. 그 중 간혹 용렬한 임금이 될까 부끄러워하며 이 도에 힘을 쏟으려 힘쓴 경우에도 또한 노자와 불교의 이론에 가려져서, 고요히 있을 때는 그저 허무·적멸을 즐거움으로 여길 뿐 이른바 실리實理의 근원이 있다는 사실을 알지 못하고, 움직일 때는 한갓 '인연에 맡긴 채 막힘없이 흘러가는 것'을 통달한 경지로 여길 뿐 이른바 선악의 추요樞要라는 것이 있음을 알지 못했습니다. 그래서 일용日用의 사이에서 내외가 괴리되어 서로 활용되지 못하고 도리어 정사에 해가 되었습니다. 대개 이른바 모든 성인이 서로 전한 심법의 요체는 이에 더 이상 강구되지 못했습니다.

신은 어리석고 불초하오나, 폐하께서는 오늘날의 정치 상황으로부터 위로 소급해 가서 그렇게 된 연유를 탐색하시고, 요·순과 공자·안연이 주고받았던 것에 조금이라도 마음을 두시길 삼가 바라옵니다. 오늘 이후 한 생각이 싹트면 반드시 신중히 살펴서 그것이 천리인지 인욕인지를 따져 보십시오. 그것이 천리라면 공경恭敬한 태도로 확충하여 조금도 막히는 것이 생기지 않도록 하시고, 그것이 인욕이거든 공경한 태도로

---

4) 『論語』, 「爲政」, "子張問, 十世可知也? 子曰, 殷因於夏禮, 所損益, 可知也. 周因於殷禮, 所損益, 可知也. 其或繼周者, 雖百世可知也."
5) 『論語』, 「衛靈公」, "放鄭聲, 遠佞人. 鄭聲淫, 佞人殆."

억제하여 조금도 응체되지 않게 하십시오. 그리고 더욱 확장해 나가서 말하고 움직일 때나 사람을 기용하고 일에 대처할 때, 언제나 이것으로 판단하지 않는 경우가 없게 하십시오. 그것이 옳은 것임을 알아서 행하실 때에는, 행함에 오직 힘을 제대로 기울이지 못하지 않을까만 걱정해야지 힘쓰는 것이 너무 지나치지 않을까 걱정해서는 안 됩니다. 그것이 옳지 못한 것임을 알아서 제거할 때에는, 제거하는 태도가 단호하지 못할까 걱정해야지 단호함이 너무 심하지 않을까 걱정해서는 안 됩니다. 유능한 사람이라는 것을 알아서 등용할 때에는, 그 사람의 전문 능력을 쓰지 못할까 걱정하고 유능한 이를 많이 모으지 못할까 걱정해야지 그들이 붕당을 이룰까 걱정해서는 안 됩니다. 무능한 사람이라는 것을 알아서 파면할 때에는, 빨리 파면하지 못할까 걱정하고 모조리 파직시키지 못할까 걱정해야지 파직 인사가 편중될까 걱정해서는 안 됩니다. 이렇게 한다면 성심聖心이 환하고 안과 밖에 시원하게 통철되어 한 터럭의 사욕도 그 사이에 끼어들 수 없으니, 천하의 일이 오직 폐하께서 원하시는 대로 이루어지지 않는 바가 없게 될 것입니다.

『시경』에 이르길 "풍수豊水 가에 기芑풀이 있으니 무왕이 어찌 이곳에서 일하지 않겠는가. 후손에게 계책을 남기셔서 공경하는 아들을 편안하게 하시니, 무왕은 훌륭하시구나"[6]라고 하였습니다. 하물며 지금 조종의 광명·성대한 업이 폐하에게 부여되어 장차 폐하께서 무궁한 후대로 전하셔야 하니, 사해 안 백성이 폐하께 바라는 것은 몇 세대에 미치는 인仁 정도가 아닙니다. 『서경』에 이르기를 "약은 정신이 아찔할 정도로 독하지 않으면 병이 낫지 않는다"[7]라고 하였으니, 바라옵건대 폐하께서

---

6) 『詩經』, 「大雅·文王之什」, '文王有聲', "豊水有芑, 武王豈不仕, 貽厥孫謀, 以燕翼子, 武王烝哉."
7) 『書經』, 「說命」, "若藥不瞑眩, 厥疾不瘳."

는 성지聖志를 여기에 깊이 두시고 통절하게 스스로 각려刻勵하고 힘써
행하여 후대 성군들의 본보기가 될 수 있도록 하십시오 그렇게 하신다면
종사의 신령은 영원토록 의탁할 곳이 있을 것이고 만방萬方의 훌륭한
백성은 영원토록 귀의할 곳이 있을 것이니, 천하가 아주 다행스러울
것입니다! 천하가 아주 다행스러울 것입니다! 신은 고루하고 과문하며
학문에도 성취가 없지만 이전에도 두 차례 폐하를 뵐 수 있는 성은을
입은 바 있는데, 그때 진언한 내용도 그 대의는 이와 비슷합니다. 말이
명확하지 않고 의미도 분명하지 않아 성심을 깨우치기에 부족하였지만,
폐하께서는 불쌍히 여겨 끝내 버리지 않고 다시 청광淸光을 뵐 수 있도록
해 주셨습니다. 그 안의 내용을 두루 훑어보니 다른 것은 없고 그냥
옛날에 들었던 말들을 풀어서 바친 것입니다. 참람하고 망녕되며 경솔한
죄는 만 번 죽어 마땅하오나, 엎드려 바라오니 폐하께서 잘 헤아려 용서해
주십시오 진지를 결정해 주소서.

5. 기유년에 올리려고 했던 봉사 — 己酉擬上封事[1]

자리나 채우는 신 주희가 감히 머리를 조아려 절하며 말씀드립니다. 신이 삼가 생각건대, 황제 폐하께서는 총명하고 지혜로운 자질을 지니셨고, 효성스럽고 우애로우며 온화하고 공손한 덕을 지니셨으며, 관대하고 인자하며 널리 사랑하시는 도량을 가지셨고, 신묘한 무덕으로 형벌을 쓰지 않고도 천하를 복종시키는 위엄[2]을 지니셨습니다. 세자의 덕을 기르신 지 20년 만에 하루아침에 명을 받아 자상하신 황제마마께서 친히 전해 주시는 옥새를 받으시니, 마치 용이 드높은 하늘을 날아오르듯 호랑이가 찬란한 위엄을 내보이듯 드디어 옥좌에 올라 하늘을 마주하셨습니다. 하늘과 땅 사이에 조금이라도 혈기를 가지고 있는 것들이라면 모두 고개를 빼들고 발꿈치를 치켜들고 폐하의 덕을 살피고 기풍을 들었습니다. 신은 마침 이때에 폐하께서 불러 주시는 영광을 먼저 입어 욕되게도 알현하여 일월의 광채를 가까이할 수 있게 되었으니, 행복에 깊이 겨운 마음에 어찌 감히 우직한 충심의 한두 가지를 말씀드리지 않을 수 있겠습니까?

신이 듣자 하니, 옛 성현들은 이치를 궁구하고 본성을 다하며 도를 갖추고 덕을 온전히 하였기에, 실행하는 정치가 하나라도 의리에 들어맞지 않음이 없었는데도 오히려 조금도 자족하는 마음을 가진 적이 없었다고

---

1) 『朱文公文集』, 권12.
2) 『周易』, 「繫辭上」, "古之聰明叡智, 神武而不殺者夫."

합니다. 이것은 평소에 마음을 다잡고 성찰하여 화를 징계하고 욕망을 막으며 잘못을 고쳐 선량함으로 옮겨 가는 공부를 한 생각 사이에서도 끊지 않았기 때문입니다. 또한 몸소 실천하는 데에 있어서 큰 변혁이 생기면 또한 반드시 그 변혁에 따라 그 마음을 경계하였던 것은, 바로 매사의 시작에 신중하면서도 거듭 스스로 새로워지도록 했기 때문입니다. 이윤이 태갑에게 말하기를 "지금 왕께서는 그 덕을 이어받았으니, 그 첫 마음을 지키지 않으면 안 됩니다"[3] 하고 또 "지금의 새로운 왕께서는 그 명에 새롭게 복종하시고 오직 그 덕을 새롭게 하십시오"[4] 하였습니다. 또한 소공召公은 성왕成王을 경계하며 말하기를 "마치 애를 낳을 때 처음 낳을 때의 마음을 간직하지 않을 수 없는 것과 같습니다. 스스로 밝은 명을 받으시니, 지금 하늘은 지혜를 명하시고 길흉을 명하시며 다스리는 기간을 명하시었습니다. 지금 왕께서 처음 일하기 시작하게 되었음을 아오니, 이에 오직 왕께서는 민첩하게 덕을 공경하소서"[5]라고 하였습니다. 모두 이러한 것으로써 깊이 그 군주에게 바란 것이니, 그 뜻이 또한 매우 절실합니다.

지금 폐하께서는 황태자에서 천하의 지존으로 그 지위가 바뀌었고, 감찰하고 위무하시던[6] 일에서 오직 청단聽斷만 하시는 일로 그 직분도 바뀌었으니, 그 일신의 변혁에 이보다 더 큰 것이 무엇이겠습니까? 그러니 그 마음을 경계하고 처음을 근실히 하여 스스로 새롭게 해야 할 모든 것들에 대해 그 바른 기준을 쓰지 않으신 일이 없게 될 것입니다.

---

3) 『書經』, 「商書·伊訓」, "今王嗣厥德, 罔不在初."
4) 『書經』, 「商書·咸有一德」, "今嗣王新服厥命, 惟新厥德'."
5) 『書經』, 「周書·召誥」, "若生子, 罔不在厥初生, 自貽哲命. 今天其命哲, 命吉凶. 命歷年. 知今 我初服, 宅新邑, 肆惟王其疾敬德."
6) 원문은 '監撫'이다. 정사를 감찰하고 군대를 위무하는 일(監國撫軍)로서, 태자의 직무를 의미한다.

그런데도 신의 어리석은 생각에 못내 근심스러운 점은, 정말 만에 하나라도 경계하고 스스로 새로워지는 절목이 행여 다 실행되지 못한다면, 장차 아득하고 은미한 곳에서부터 재앙의 씨앗이 싹터서 생각지도 못한 부분에서 터질까 하는 것입니다. 그런 까닭에 신은 천하고 소원한 신분을 잠시 잊은 채 겁도 없이 평소 사사로이 근심하며 엉뚱하게 계획했던 것들을 폐하를 위해 도모해 보고자 합니다. 그것은 곧 강학하여 마음을 바르게 하는 것, 자신을 수양하여 집안을 바르게 다스리는 것, 쉽게 부릴 수 있는 간신을 멀리하고 충직한 이들을 가까이하는 것, 사적인 은혜를 억누르고 공적인 도리를 선양하는 것, 의리를 밝혀 기괴한 미신을 끊어 버리는 것, 사부師傅를 잘 택하여 황태자를 잘 가르치게 하는 것, 신중하게 관리를 선발하여 정치의 체통을 밝히는 것, 기강을 세워 풍속을 면려하는 것, 재용을 절약하여 나라의 근본을 다지는 것, 정사를 정비하여 이적을 물리치는 것입니다. 이 열 가지는 모두 폐하께서 마땅히 경계하시고 스스로 새로워지시는 데에 하나라도 빠뜨릴 수 없는 것들입니다. 신은 개나 말 같은 충정의 마음에서 폐하를 사랑하고 나라를 걱정하는 진심을 억누르지 못한 채, 감히 말을 지어 받들어 죽음을 무릅쓰고 바치옵니다. 사안별로 삼가 아래와 같이 조목을 갖춥니다.

첫째, 강학하여 마음을 바르게 한다는 것은 다음과 같습니다.
신이 듣자니, 천하의 일은 그 근본이 군주의 한 몸에 달려 있고, 군주의 한 몸은 그 주재가 한 마음에 달려 있습니다. 그러므로 군주의 마음이 한 번 바르면 천하의 일들이 바르지 않은 것이 없고, 군주의 마음이 한 번 사특하면 천하의 일들이 사특하지 않은 것이 없습니다. 마치 겉모양이 반듯하면 그 그림자도 반듯하고 원류가 더러우면 지류도 더러운 것과 같으니, 그것은 이치상 반드시 그러한 것입니다. 그러므로 옛날의 현명한 임금 중 천하에 그 덕을 밝히고자 했던 이들은 하나같이 마음을 바로잡는 것을 근본으로 삼지 않은 이가 없었습니다. 그러나 본심의 선함이란 그 체體가 아주 은미한 데다 사리사욕의 침범은 셀 수 없이 많습니다. 시험 삼아 말씀드려 보자면, 하루 사이에도 이목구비를 유혹하는 욕망들과 방탕하게 노닐며 사냥하고 싶은 욕구들, 궁궐을 화려하게 꾸미고 싶거나 재화를 잔뜩 갖고 싶은 욕망들이 눈앞으로 어지러이 닥쳐오고, 또한 날이 갈수록 새롭게 바뀌고 달이 갈수록 성대해집니다. 그러니 그 사이에 마음의 본체가 맑디맑게 선한 실마리를 드러내 보이는 때라 하더라도 그것은 아예 없거나 아주 조금 있게 될 뿐입니다. 그러므로 강학하는 공부로써 그 마음을 밝혀 열어서 시비와 정사正邪의 소재를 헷갈리지 않게 되고 또 천리가 나에게 있어 잠시라도 떨어지지 않는다는 것을 굳건히 믿게 되지 않는다면, 또한 어떻게 이 마음의 바름을 얻어서 사리사욕을 이겨내고 사물의 무궁한 변화에 대응할 수 있겠습니까? 그러나 배움이라는 것에도 바름과 삿됨의 구별이 있습니다. 성현의 말씀을 완미하여 의리義理의 마땅함을 구하고, 고금의 변화를 살펴 득실의 기미를 징험하며, 반드시 자신에게 돌이켜서 그 실질을 실천하는 것이 배움의 바름입니다. 대강 섭렵하여 암송하면서 잡박한 지식을 서로 자랑하고 경전의 말씀을 이리저리 잘라 붙여 화려하고 현란한 말솜씨로 서로 경쟁할 뿐, 자신에게 돌이켜보아도 실질이 없고 일에 적용해 보아도 타당함이 없는 것은 배움의 삿됨입니다. 배움이 바른데도 마음이 바르지 않은 이가 드물고, 배움이 삿된데도 마음이 삿되지 않은 이 또한 드뭅니다. 비록 강학이 마음을 바르게 하는 요체가 된다 하더라도 배움의 삿됨과 바름은 행위의 득실과 관련되어 있는 것입니다. 자세히 살피지 않을 수 없음이 이와 같습니다. 『역설易說』에 이르기를, "그 근본을 바르게 하면 만사가 순리대로 이루어지지만, 처음에 털끝만큼의 어긋남이라도 있게 되면 결국에는 천 리만큼 벌어진다"라고 하였습니다. 오직 성상의 총명함으로 유념하신다면 천하에 매우 다행이겠습니다.

둘째, 자신을 수양하여 집안을 바르게 다스린다는 것은 다음과 같습니다.

신이 듣건대, 천하의 근본은 나라에 있고 나라의 근본은 집안에 있다고 하였습니다. 그러므로 군주의 집안이 잘 다스려지면 천하는 다스려지지 않음이 없고, 군주의 집안이 잘 다스려지지 않으면 천하 또한 다스려질 수 없습니다. 하·은·주 삼대의 성대한 시절에 성스럽고 현명한 군주들이 그 정치를 잘 실행했던 것은 모두 집안을 잘 다스리는 데에 근본을 두었기 때문입니다. 남자가 밖에서 바르게 자리하고 여자가 안에서 바르게 자리하여 부부의 구별이 엄격한 것이 집안이 잘 다스려지는 길이며, 본처는 윗자리에서 체통을 바르게 하고 첩실은 아랫자리에서 본처를 받들어서 적자와 서자의 구분이 정해지는 것이 집안이 잘 다스려지는 길이며, 덕 있는 이들을 모으고 미색을 멀리하며 엄하고 삼가는 이들을 가까이하고 재주만 있는 이들을 멀리하는 것이 집안이 잘 다스려지는 길이며, 집안의 말이 밖으로 나가지 않고 밖의 말은 집안으로 들어오지 않으며 뇌물이 이르지 않고 청탁이 행해지지 않는 것이 집안이 잘 다스려지는 길입니다. 그러나 아낙네들이 사는 집안에서는 애정이 항상 의리를 압도하기 때문에, 비록 영웅의 재질을 갖춘 자라도 오히려 주색에 빠지고 애정에 휘둘려 스스로 이겨낼 수 없는 경우가 있습니다. 진실로 마음을 바르게 하고 몸을 수양하며 예의에 맞게 움직여서 집안사람이 나의 덕에 복종하고 나의 위엄에 두려워하도록 만들지 않는다면, 어떻게 궁실을 바르게 하고 청탁을 막으며 인척을 감찰하여 화란의 싹을 막을 수 있겠습니까? 『서경』에 이르기를 "암탉이 새벽을 알리면 집안이 망한다"[7] 하였는데, 그 전傳에 서는 이를 "복이 일어나는 것은 집안에 근본하지 않음이 없고, 도가 쇠미해지는 것은 문지방 안에서 시작하지 않음이 없다"[8]라고 풀이하였 습니다. 오직 성상의 총명하심으로 유념하신다면 천하에 매우 다행이겠 습니다.

셋째, 쉽게 부릴 수 있는 간신을 멀리하고 충직한 이들을 가까이한다는 것은 다음과 같습니다.

신이 듣건대, 쑥도 마 사이에서 자라나면 잡아 주지 않아도 곧게 자라고 흰 모래도 진흙에 섞여 있으면 물들이지 않아도 검어진다고 합니다. 그래서 가의賈誼[9]는 말하기를, "올바른 사람과 함께 거처하는 데 익숙해지면 바른 행실이 없을 수 없으니, 마치 제齊나라에서 나고 자라면 제나라 말을 하지 않을 수 없는 것과 같다. 올바르지 않은 사람과 함께 거처하는 데 익숙해지면 그른 행실이 없을 수 없으니, 마치 초나라에서 나고 자라면 초나라의 말을 하지 않을 수 없는 것과 같다"라고 하였습니다. 그렇기 때문에 옛날의 성현 중에 자신을 수양하 여 다른 사람을 다스리고자 했던 이들은 반드시 쉽게 부릴 수 있는 간신을 멀리하고 충직한 이들을 가까이하였던 것입니다. 군자와 소인의

---

7) 『書經』, 「周書·牧誓」, "牝雞之晨, 惟家之索."
8) 이 구절은 西漢의 경학자 匡衡이 쓴 『書經傳』 「治性正家」편의 疏에 나오는 구절로, 원문은 "福之興, 莫不本乎室家, 道之衰, 莫不始乎梱內"이다.(『朱子大全集箚疑輯補』)
9) 가의(BC.201~BC.169)는 서한의 政論家이자 문학가이다. 洛陽人. 20여 세에 博士가 되었고 太中大夫에 올랐으며, 후에 長沙王, 梁懷王의 太傅가 되었다. 여러 차례 상소 하여 당시의 정치를 비평하였으며, 諸侯의 王權을 약화시키고 중앙집권을 강화 할 것을 주장했다.

관계는 마치 얼음과 숯불이 서로 용납하지 않고 훈초薰草의 향기와 유초蕕草의 악취가 서로 섞이지 않는 것과 같습니다. 소인을 등용하면 군자는 반드시 물러나고 군자와 친밀해지면 소인과는 반드시 소원해지는 것이니, 군자와 소인을 함께 받아들여 같이 키우면서도 서로 해가 되지 않았던 적은 없었습니다. 이러한 이치를 잘 살펴서 취사를 결정하신다면, 충신에게서 얻는 견문의 이익과 감화됨의 이득으로 인해 삿되고 간사한 것의 방비를 근실히 다지고 의리의 습관을 편안히 여기게 되어 스스로 멈출 수 없을 것이며, 또 상벌을 실행하여 밖으로 드러내는 것에도 분명 편파의 실수가 없게 될 것입니다. 만일 하나라도 제대로 살피지 못한 바가 있게 되면 간사한 무리들은 제멋대로 청탁을 행하고 권위를 우롱하여 나의 정사를 해칠 뿐만 아니라 꾀어내고 물들여서 나도 모르는 사이에 그 무리와 함께하도록 만드니, 이들이 나의 본래 마음과 바른 본성을 해치는 것은 이루 다 말할 수가 없습니다. 그런데 이러한 무리들도 그 부류가 각기 다릅니다. 근본이 천한 데서 나와 예의도 모르고 겨우 글줄이나 아는 자들이 있는가 하면, 유가의 의관만을 한 채 관직을 훔쳐서 실제로는 전혀 이렇다 할 행실과 검속함이 없는 자들도 있습니다. 이들은 모두 국가를 훔치는 큰 도적이고 군주를 죽이는 큰 요괴[10]입니다. 고약한 악취를 맡는 듯한 이런 상황을 진실로 마음을 바로하고 몸을 잘 수양하여 환하게 꿰뚫어 보지 못하게 된다면, 또한 어떻게 이런 자들을 멀리하고 충직한 선비들을 불러들여 덕업이 성취되길 기대할 수 있겠습니까? 그래서 제갈량은 "현명한 신하를 가까이하고 소인을 멀리하는 것, 이것이 바로 전한前漢이 흥성했던 까닭입니다. 소인을 가까이하고 어진 신하를 멀리하는 것, 이것이 바로

---

10) 원문은 '蜮'으로, '물여우'라는 뜻이다. 물에서 사는 요괴로서, 이것이 사람의 그림자에 침을 뱉으면 그 사람이 죽는다고 한다.

후한이 멸망한 이유입니다. 선제先帝께서 계실 때에는 매번 신과 더불어 이 일을 논하면서 환제桓帝와 영제靈帝에 대해 탄식하고 통탄하지 않은 적이 없었습니다"11)라고 말했습니다. 본조本朝의 위대한 유자儒者 정이程頤는 원우元祐 연간에 항상 조정에 상소하기를, "군주가 마땅히 하루 중에 현명한 사대부를 가까이하는 시간을 늘리고 환관과 궁첩을 가까이하는 시간을 줄인다면 가히 기질을 함양하고 덕성을 훈도할 수 있다" 하였으니, 이것은 아주 절실하고 지극한 말입니다. 그러나 후주後主는 제갈량의 말을 실행하지 못해서 끝내 황호黃皓와 진지陳祗로 인해 나라를 망치게 되었고12) 원우 연간의 대신들도 정이의 말을 그대로 실행하지 못해서 소성紹聖·원부元符의 화13)를 불렀으니, 지금 말해도 여전히 애통합니다. 지난날의 일들이 멀지 아니하니, 오직 성상의 총명하심으로 유념하신다면 천하에 매우 다행이겠습니다.

넷째, 사적인 은혜를 억누르고 공적인 도리를 선양한다는 것은 다음과 같습니다.

신이 듣건대, 하늘은 만물을 사사로이 덮어 주지 않고 땅은 만물을 사사로이 실어 주지 않으며 해와 달은 만물을 사사로이 비추어 주지 않는다고 합니다.14) 만일 임금된 자가 이 세 가지의 무사無私함을 받들어

---

11) 諸葛亮이 建興 5년(227)에 劉禪에게 올린 상소에 있는 말로서, 『三國志』「諸葛亮傳」에 보인다.
12) 漢나라 後主는 尙書令인 董允이 죽자 宦官인 黃皓를 中常侍로, 陳祗를 侍中으로 삼았다. 이들은 技藝가 있어 후주의 총애를 받았고, 나라의 권력을 좌우하다가 결국 나라를 망하게 만들었다.(『朱子大全箚疑輯補』)
13) 紹聖과 元符는 모두 哲宗의 연호이다. 주희가 언급한 일은 소성·원부 시기에 신법당이 구법당을 공격하였던 일을 말한다. 哲宗 때에 재상 章惇과 知樞密院事 曾布, 執政 蔡卞이 王安石의 新法을 회복하고 집행하는 일에 주력함으로써 송 왕조의 정치경제를 개선하였다. 그러나 구법당을 공격하는 데에 힘을 썼던 까닭에 주희는 禍亂이라고 했던 것이다.

천하에서 일한다면 만백성에 두루 임하여 널리 사랑하면서 탁 트여 크게 공정할 것이니, 천하 사람들은 모두 진심으로 기뻐하며 성심으로 복종할 것입니다. 그러나 그 사이에 다시 신법新法과 구법舊法의 차이로 가까운 이와 먼 이를 구별하신다면, 치우쳐 당파 짓는 마음과 편협한 도량 때문에 사람들은 불안하여 복종하지 않는 마음을 갖게 될 것이고, 호오와 취사가 반드시 의리에 들어맞지 않게 될 것이며, 심지어는 올바른 도모를 막아 나라를 망치고 덕을 방해해서 정치가 문란해지는 지경에 이르게 될 것이니, 그 해악은 이루 다 말할 수 없을 것입니다. 좌우의 미천한 것들이 멋대로 관직과 상을 뿌리고 궁부의 관속들이 대부분 포상과 승진을 얻으면서도 전례에 맞고 틀리는지를 묻지도 않거니와 심하면 그런 전례가 있었는지 없었는지조차 묻지 않으니, 이것은 진실로 옛일에 어긋나는 것으로서 바로잡지 않을 수 없습니다. 더구나 지금은 애당초 간사한 마음을 품고서 미리부터 결탁하여 기대려는 자들이 있습니다. 이들은 또한 장차 남의 공적을 빼앗아 자기 힘으로 이룬 것처럼 여기면서도[15] 위로 성상의 덕에 누를 끼칠 것은 고려하지 않고, 현명한 이를 시기하고 유능한 이를 질투하며 아랫사람을 가로막고 윗사람을 기만하면서도 성상의 정치에 해를 끼칠 것은 걱정하지 않습니다. 진실로 깊이 사적인 정분을 억누르고 통절히 제거해 버릴 수 없다면 어떻게 공적인 도리를 밝히고 대중의 마음을 복종시키며 묵은 폐단을 혁파하고 후환을 제거할 수 있겠습니까? 당태종이 방상수龐相壽를 문책하며 "내가 전날에는 왕으로서 한 부府의 주인이었지만, 지금은 천자로서 사해의 주인이다. 사해의 주인이 되었으니 한 부에서

---

14) 『禮記』, 「孔子閒居」, "天無私覆, 地無私載, 日月無私照."
15) 『左傳』, 僖公 24年, "貪天之功, 以爲己力." 남의 공적을 가로채서 자기 힘으로 이룬 것처럼 꾸미는 일을 의미한다.

했던 것처럼 은택을 치우치게 줄 수는 없다. 만일 다시금 너에게 중요한 지위를 맡긴다면 분명 선을 행하는 자들이 모두 마음을 쓰지 않을 것이다"[16)라고 말했던 것은 바로 이 때문입니다. 더구나 국가를 소유하고 있는 사람이라면 마땅히 멀리 내다보는 사려가 있어야 하니, 한고조가 정공丁公[17)을 죽인 일과 우리 태조께서 왕부王溥[18)를 박하게 대하신 것 등은 깊은 견식과 웅대한 결단으로 모두 후대의 성군들이 본받을 만한 것입니다. 오직 성상의 총명하심으로 유념하신다면 천하에 매우 다행이겠습니다.

다섯째, 의리를 밝혀서 기괴한 미신을 끊어 버린다는 것은 다음과 같습니다.

신이 듣건대 "하늘에 밝게 드러난 도가 있으니, 상 주고 벌하는 것으로 오직 드러날 뿐이다"[19)라고 하였으니, 하늘은 선을 행하는 자에게는 모든 상서로움을 내려 주시고 불선을 행하는 자에게는 모든 재앙을 내려 주십니다. 이러한 까닭에 사람의 화복은 모두 스스로가 취하는 것입니다. 선행을 하지 않고 그저 아첨하는 기도만 드려서 복을 얻는 경우가 없고, 악행을 하지 않고 올바름을 지켰는데도 화를 당하는 경우가 없습니다. 더구나 성상께서는 제왕으로 태어나 실제로 천명을 받아 종묘사직의 신과 사람의 주인이 되신 분입니다. 그러므로 덕을 수양하여

---

16) 唐林寶의 『元和姓纂』권1에 나오는 이야기이다.
17) 이름은 丁固(198~273)이다. 항우의 장군으로 여러 차례 유방의 군대를 물리쳤는데, 유방이 그에게 "현명한 두 사람이 어찌 서로 격돌하겠는가?"라고 회유하자 병력을 퇴각시켰다. 항우가 망하자 정공이 유방을 알현하였다. 이때 고조는 그를 참수하면서 "뒷날의 신하들이 정공을 본받지 않게 하라"라고 말했다.
18) 宋 幷州 祁縣 출신으로 자는 齊物이다. 後周에서 禮部尙書와 參知樞密院事의 벼슬을 지내다가 宋朝가 개국하면서 司空이 되었고, 뒤에 太子太師로 임명되었다.
19) 『書經』, 「周書·泰誓下」, "天有顯道, 厥類惟彰."

정치를 행해서 만백성을 구제할 수 있다면 재해를 없애기 위해 푸닥거리에 의존할 필요도 없고 복록을 부르기 위해 기도에 기댈 필요도 없을 것입니다. 만일 이것과 반대로 해서 하늘에 죄를 짓는다면 사람이 원망하고 귀신이 진노할 것이니, 비록 악귀를 피하고 올곧은 사람이 오기를 바란다 해도 역시 아무것도 이룰 수 없을 것입니다. 더욱이 선왕께서 예제를 제정하신 덕택에 천자에서부터 서민에 이르기까지 자신의 근본에 보답하고 부모님을 섬기는 데에 모두 일정한 규범이 있고 희생의 기물과 일시에 모두 정해진 법도가 있으니, 인간세에는 예와 악이 있고 유계에는 귀신이 있어 모두 하나의 이치로 관통하여 애초부터 간격이 없습니다. 만일 예법의 항목에 실려 있지 않은 것이라면 귀신도 흠향하지 않습니다. 그렇기 때문에 『예기』에 "올바른 귀신이 아닌데 제사를 지낸다면 그것은 음사淫祀이고, 음사는 지낸다 해도 복이 없다"[20]라고 한 것입니다. 경전에 분명한 구절이 있는 것은, 일부러 이것을 설정하여 금지시키려는 것이 아니라 이치상 자연스러운 것이라 바꿀 수 없는 것입니다. 혹 황홀한 때에 허망한 것이 있는 듯하다고 해서 이내 마음에 주재함이 없이 쉽사리 근심하고 의심하면 마침내 무당과 요망한 이들이 그 틈을 비집고 들어와서 간사함을 드러내게 되니, 속이고 의혹시키는 술수가 이미 실행되면 그 재앙이 미치지 않는 곳이 없습니다. 옛날부터 지금까지 이런 일 때문에 난리와 패망을 부른 자를 어찌 다 셀 수 있겠습니까? 그 거울이 아마 멀리 있지 않을 것입니다. 진실로 정성을 다해 학문에 힘쓰고 성명의 이치를 밝혀서 이 마음이 환히 되어 아무런 의혹도 없게 해서, 있어야 할 것은 있게 하고 없어야 할 것은 없게 해야 합니다. 그렇지 않고서 갑자기 예법을 집행하는 것만으로 어떻게 요망함의

---

20) 『禮記』, 「曲禮」, "祭非其鬼, 即爲淫祀, 淫祀無福."

근원을 제거할 수 있겠습니까? 선왕은 정치를 함에 있어, 미신이나 주술로써 정치를 어지럽히거나 귀신의 힘을 빌려 대중을 의혹케 하는 이들은 반드시 주륙하고 따르지 않았으니, 그 사려가 깊은 것입니다. 그러므로 전(傳)에서는 말하기를 "천지의 본성에 밝은 자는 귀신의 괴이함으로 현혹시킬 수 없고, 만물의 실정에 밝은 자는 옳지 않은 부류로 속일 수 없다"[21]라고 하였으니, 그 망녕됨은 또한 살피기가 결코 어렵지 않습니다. 오직 성상의 총명하심으로 유념하신다면 천하에 매우 다행이겠습니다.

여섯째, 사부(師傅)를 잘 택하여 황태자를 잘 가르치게 한다는 것은 다음과 같습니다.

신이 듣건대, 가의가 지은 「보부전(保傅傳)」에 다음과 같은 말이 있습니다. "천하의 명은 태자에게 달려 있고, 태자의 선함은 일찍부터 가르치는 것과 좌우의 사부를 잘 선택하는 데에 달려 있다. 교육이 잘 이루어지고 좌우의 사부가 바르면 태자가 올바르게 되고, 태자가 올바르면 천하가 안정된다." 이것은 천하의 지극한 말로서 영원히 바꿀 수 없는 정론입니다. 교육의 방법에 있어서는, 반드시 효인예의(孝仁禮義)를 근본으로 삼되 상세한 조목에 있어서는 용모와 말투의 은미함과 의복과 기물의 세세한 데에도 섬세하고 곡진하게 모두 다 법도가 있었으니, 그 중 하나라도 과실이 있으면 사관(史官)은 죽간에 기록하고 재상은 제사를 파했습니다. 또 반드시 선을 권장하는 깃발과 악을 비난하는 나무[22]와 감히 간언하는 북[23]을 갖추어 소경이 시로 읊고 사관이 기록하며 악공이 잠언과 간언을

---

21) 한나라 때 谷永이 쓴 疏의 말이다. 원문은 "明於天地之性者, 不可惑以神怪, 明於萬物之情者, 不可罔以非類"이다.(『朱子大全箚疑輯補』)
22) 요임금은 자기에게 좋은 말을 해 주는 자에게는 깃발을 세워 주고, 자기의 잘못을 꾸짖는 자에게는 나무에 기록하게 했다고 한다.(『朱子大全箚疑輯補』)

암송하고 사인士人이 백성의 말을 전함으로써[24] 반드시 기질을 변화시켜 마음을 이루도록 하였으니, 마치 자기 본성대로 하는 듯 도리에 맞게 되었다 해도 오히려 감히 태만하지 않았습니다. 좌우에 관리를 선발하는 법에 있어서는, 존귀한 삼공三公이 있고 친밀한 삼소三少가 있으며 도道와 충充과 필弼과 승丞이 있으니[25] 위로는 반드시 주공周公·태공太公·소공김公·사일史佚의 부류를 얻어 그 책임을 감당할 수 있었습니다. 아래로는 반드시 효성스럽고 우애 있으며 많이 듣고 도술을 지닌 자를 얻었으니, 불행히도 하나라도 삿된 자가 그 곁에 있으면 반드시 축출하여 제거했습니다. 그러므로 태자가 아침저녁으로 함께 거처하고 출입하는 좌우전후의 사람들 가운데 하나라도 올바른 사람 아닌 이들이 없게 하여, 태자가 악행을 하나도 보지 못하게 했습니다. 이것이 바로 삼대의 군주들이 도를 지녀서 수백 년이 되도록 길이 천하를 잃지 않았던 이유입니다. 이미 가의의 시대에도 이 법식이 갖추어지지 않은 병통이 있기는 하였지만, 효소孝昭의 조칙[26]을 고찰해 보면 아직 가의의

---

23) 순임금은 북을 매달아 두고서 간언하려는 자로 하여금 그 북을 치고 간언할 수 있게 했다고 한다.(『朱子大全箚疑輯補』)

24) 『左傳』, 襄公 14年, "史爲書, 瞽爲詩, 工誦箴諫, 大夫規誨, 士傳言, 庶人謗, 商旅于市, 百工 獻藝."

25) 『朱子大全箚疑輯補』에 따르면, 賈誼의 『新書』에 나오는 사부에 대한 다음 설명을 참조할 만하다. "천자가 의심나 물으면 응대하여 끊이지 않는 이를 일러서 '道'라고 한다. '도'라는 것은 천자를 道로 이끄는 자이다. 항상 앞에 서 있으니, 周公이 여기에 해당한다. 성실하게 서서 감히 단정하고 선을 도와 義를 돕는 이를 일러서 '輔'라고 한다. '보'라는 것은 천자의 義를 돕는 자이다. 항상 좌측에 서 있으니, 太公이 여기에 해당한다. 깨끗하고 청렴하며 올곧아 허물을 고치고 삿된 일에 간언하는 자를 일러서 '拂'(필)이라고 한다. '필'이란 천자의 허물을 털어 내는 자이다. 항상 우측에 서 있으니, 김公이 여기에 해당한다. 앞사람에게서 전해 어는 것을 들려주고 잘 기억하였다가 필요할 때 천자에게 알려 주는 이를 일러 '承'이라고 한다. '승'이란 천자가 잊어버린 것을 잘 이어 주는 자이다. 항상 뒤에 서 있으니, 史佚이 여기에 해당한다." 『朱子大全箚疑輯補』에서는 본문의 充은 아마도 輔의 의미인 것 같다고 보았다.

26) 始元 5년(BC.81) 6월 昭帝가 조칙을 내리니, "짐은 불초한 몸으로 종묘를 보호하기

말을 암송하고 있어서 선왕의 뜻을 잊지 않았다는 것을 알 수 있습니다. 그러나 후대로 내려와 근세에 이르면서 제왕들이 자식을 가르치는 법도는 갈수록 소략해졌으니, 후대에는 천자가 태자를 가르친다는 것이 서찰에 기록하고 암송하는 것에 불과할 따름입니다. 인효예의仁孝 禮義의 습관을 열어 주는 적이 없고, 용모와 말투, 의복과 기물에 이르러서 는 비록 매우 잘못되고 법도를 지나쳐도 절제함이 없으며, 관료도 인원을 맞추어 갖추었지만 사부師傅를 보호하는 엄격함이 없고, 강독은 예를 맞추어 갖추었지만 경계하고 규찰하는 효과가 없습니다. 심지어 아침저녁으로 함께 출입하고 거처하며 격의 없이 친밀하게 지내는 이들은 그저 환관과 근습近習들로 청소나 하고 시중이나 드는 무리에 불과합니다. 제왕은 세세손손 전해 주고 건네받는 계통에 있어서, 위로 는 종묘사직의 막중함이 있고 아래로는 천하만민의 생명이 있으며 앞으로는 조종께서 창업하시던 때의 어려움이 있고 뒤로는 자손의 장구함을 도모할 계획이 있습니다. 그런데도 태자를 보좌하고 교육할 방안이 이와 같이 소략하니, 이것은 마치 집안에 간직하고 있는 명월주明 月珠와 야광벽夜光璧 같은 보물을 큰 사거리의 한 모퉁이나 도적이 득실대 는 큰길가에 내버려 둔 것과 같습니다. 그러니 어찌 위태롭지 않겠습니 까? 『시경』에서는 이렇게 읊었습니다. "풍수豐水 가에 차조가 자라났네, 무왕께서는 어찌 일하시지 않겠는가? 자손을 위해 도모해 주시고, 편안히 자손들을 도우시네."[27] 오직 성상의 총명함으로 유념하신다면 천하에 매우 다행이겠습니다.

위해 전전긍긍하여 새벽에 일어나고 저녁 늦게 잠들어 옛 제왕의 일들을 수양할 것이다"라고 하였다. 『保傅傳』의 내용과 통한다.(『朱子大全集箚疑輯補』)

27) 『詩經』, 「大雅‧文王有聲」, "豐水有芑, 武王豈不仕, 詒厥孫謀, 以燕翼子."

일곱째, 신중하게 관리를 선발하여 정치의 체통을 밝힌다는 것은 다음과 같습니다.

신이 듣건대, 군주는 재상에게 자문하는 것이 직무이고 재상은 군주를 바로잡는 것이 직무라고 합니다. 두 사람이 각기 자신의 직책을 제대로 수행한 뒤에야 체통이 바르게 되고 조정이 존엄해지며 천하의 정치가 반드시 한 곳에서 나오고 여러 파벌이 생기는 폐단이 없게 됩니다. 마땅히 재상에게 자문해야 할 사람이 그저 나에게 순응할 사람을 구할 뿐 나를 바로잡아줄 사람은 구하지 않고, 그저 내가 총애할 만한 사람을 선택할 뿐 내가 경외할 만한 사람을 선택하지 않는다면, 군주는 그 직무를 잃는 것입니다. 마땅히 군주를 바로잡아야할 사람이 옳은 것을 진헌하고 옳지 않은 것을 폐지하는 것을 자기 일로 여기지 않고 그저 군주를 좇아 부화뇌동하고 그 뜻을 잘 받드는 것을 유능하다고 여기며, 세상을 경영하고 만백성을 주관할 마음을 품지 않고 그저 일신이 용납되어 총애를 독차지할 방법만을 생각한다면, 재상은 그 직무를 잃은 것입니다. 두 사람이 서로 그 직무를 잃어버림으로써 체통이 바로서지 못하고 기강이 확립되지 못하여 좌우의 근습들이 모두 황실의 권위를 몰래 우롱하고 관직과 옥사를 팔게 되니, 이 때문에 정치가 날로 문란해지고 국세가 날로 비루해지는 것입니다. 비록 커다란 화란이 어둑하고 은밀하게 숨어 있어도 위의 군주는 편하게만 지내고 아래의 신하는 즐겁게만 지낼 뿐 그러한 상황을 근심으로 여길 줄 모릅니다. 그러니 이렇게 된 원인을 잘 살피고 상황을 반전시켜서, 이미 등용한 자를 좇아내고 장차 등용할 자를 신중히 살피지 않을 수 있겠습니까? 나를 바르게 할 수 있고 경외할 만한 사람을 선임한다면 반드시 자중하는 선비를 얻을 수 있을 것이며, 내가 그에게 임무를 맡기는 것도 무겁지 않을 수 없을 것입니다. 임무가 무겁게 되면, 그 또한 옳은 것을 진헌하고 옳지 않은 것을 폐지하려는 자신의 뜻을 다 펴고, 세상을 경영하고 만백성을 주관하려는 마음을 다 행할 수 있을 것입니다. 또한 천하에서 직언과 간언을 잘하는 선비들을 공정하게 선발하여 대간과 급사[28)]의 직책을 맡기고 조정의 의론에 참여하게 해서, 나의 숨은 속내와 이목을 항상 현명한 사대부에게 기탁하십시오. 그것을 뭇 소인들에게 기탁하지 마시고, 임명과 좌천, 상벌의 권한을 항상 조정에 두어 그 권한이 사적인 당파에서 나오지 않게 하십시오. 이와 같이 했는데도 군주의 위엄이 서지 않고 국세가 강해지지 않으며 기강이 세워지지 않고 형정刑政이 투명하지 않으며 백성의 생산력이 넉넉해지지 않고 군정軍政이 정비되지 않는다는 것을 신은 믿지 못하겠습니다. 『서경』에서는 "왕도를 이루자면 재상을 두렵게 여겨야 한다"[29)]라고 했고 『국어國語』에서는 "부화뇌동하는 신하는 충성되지 못하다"라고 했습니다. 또한 당태종唐太宗은 총명하고 영특하여 한 몸에 장군과 재상의 직분을 겸하였다고 칭송되었음에도 오히려 천하의 일들을 반드시 재상과 더불어 논의하고 깊이 숙고한 뒤 편안하다고 판단되면 시행하였으니, 그렇게 하는 것이 이치상 아주 당연하여 바꿀 수 없는 것이라고 여겼기 때문입니다. 오직 성상의 총명하심으로 유념하신다면 천하에 매우 다행이겠습니다.

여덟째, 기강을 세워 풍속을 면려한다는 것은 다음과 같습니다.

신이 듣건대, 사해는 드넓고 억조창생은 지극히 많은데 사람들은 저마다 자기의 뜻을 가지고 사리를 추구하려 하니, 잘 다스리는 사람은 그들을 총괄하여 질서를 잡아 줌으로써 사람들이 각자 이치에 따라 행하면서도

---

28) 給事는 給事中이라고도 한다. 宋나라 때에는 吏・戶・禮・兵・刑・工의 여섯 科에 각기 給事中을 1명씩 두었다. 주로 비리적발의 직무를 담당했기 때문에 권한이 높은 편이었다.
29) 『書經』, 「周書・酒誥」, "成王畏相."

자신들이 원하는 것을 충족시킬 수 있도록 해 준다고 합니다. 이는 우선 바른 기강을 세워 윗사람들에게 지키도록 한 뒤에 좋은 풍속을 만들어 아래의 백성들로 하여금 따르도록 했기 때문입니다. 바른 기강이란 무엇입니까? 현명한지 아닌지를 변별하여 상하의 구분을 정하고, 공적과 죄과를 살펴서 상벌을 공정하게 시행하는 것입니다. 좋은 풍속이란 무엇입니까? 백성들로 하여금 선량함을 부러운 것으로 알아 반드시 실행하게 만들고, 불선함을 부끄러운 것으로 알아 반드시 없애게 만드는 것입니다. 그런데 바른 기강이 진작될 수 있는 방안은, 재상이 권력을 장악하여 잃지 않으며 대간이 사심 없이 보좌하고 감찰하며 군주가 또한 지극히 공정한 마음으로 윗자리에서 자신을 공손히 하면서 천하에 밝게 임하는 것입니다. 이렇게 되면 현명한 이는 반드시 위에 있고 불초한 이는 반드시 아래에 있으며 공이 있는 사람은 반드시 상을 받고 죄가 있는 사람은 반드시 벌을 받아서 만사의 체통에 결함이 없게 될 것입니다. 기강이 이미 떨쳐지면 천하 사람들이 저절로 각자 힘쓰면서도 서로 권면하여 악을 없애고 선을 따르게 되니, 출척과 상벌을 한 사람 한 사람 일일이 적용하지 않더라도 예의의 기풍과 염치의 풍속이 크게 변할 것입니다. 그러나 지금은 지극히 공정한 도리가 위에서 행해지지 않기에 재상과 대간에 적당한 사람을 얻지 못하고 출척과 상벌이 대부분 사적인 당파에서 생겨 나오고 있으니, 결국 천하의 풍속이 한꺼번에 휩쓸려 명분과 절개, 검속의 행위가 귀하다는 것을 모른 채 오직 아첨하고 부드러운 낯빛을 꾸며 다투어 결탁하는 데에만 힘쓰게 된 것입니다. 그리하여 한 사람이라도 옳은 말과 바른 낯빛을 하는 이가 있으면 모두들 비난하고 배제하여 반드시 이 세상에 용납될 곳이 없게 만든 다음에야 그칩니다. 그 형세가 마치 막 쓰러지려는 집과 같으니, 크고 화려하게 장식한 집이 비록 겉으로는 그 변하는 모습을 볼 수 없지만 재목의 속이 이미 모두 썩어 버려서 더 이상 지탱할 수 없는 것과 같습니다. 진실로 성상의 의지대로 결단하여 그 마음을 공명하게 씻어 내고 또 크게 경계하는 칙지를 내려서 대소 신료들로 하여금 각자 자기의 직무를 실행함에 출척을 분명히 이해하고 상벌을 신뢰하게 만들지 않는다면, 이미 타락한 기강을 어떻게 떨쳐 세우고 이미 무너진 풍속을 어떻게 면려할 수 있겠습니까? 『관자』에서는 "예의염치禮義廉恥를 네 개의 벼리라고 한다. 네 개의 벼리가 팽팽하지 못하면 국가는 이내 멸망한다"라고 했는데, 가의는 한문제를 위해 이 말을 읊으면서 "관자를 어리석은 사람이라고 일컫는 것은 가능하겠지만, 관자를 두고 정치에 대해 잘 몰랐다고 한다면 이 어찌 한심한 일이 아니겠습니까?"라고 하였습니다. 이 두 사람의 말은 명백하고 심절하니 결코 빈 말이 아닙니다. 오직 성상의 총명함으로 유념하신다면 천하에 매우 다행이겠습니다.

아홉째, 재용을 절약하여 나라의 근본을 다진다는 것은 다음과 같습니다.

신이 듣건대, 앞선 성인들께서는 나라를 다스릴 때에는 재용을 절약하고 백성을 사랑하라고 말씀하신 바 있습니다. 국가의 재물은 모두 백성들에게서 나옵니다. 만일 절약하지 않아 재용이 모자라게 되면 멋대로 세금을 부과하고 잔혹하게 거두어들여 반드시 백성의 삶에 해를 끼치게 되니, 군주에게 백성을 사랑하는 마음이 있다 하더라도 백성은 그 은택을 입지 못합니다. 그렇기 때문에 백성을 사랑하는 사람은 반드시 먼저 씀씀이를 절약해야 합니다. 이것은 바꿀 수 없는 이치입니다. 우리나라는 오대五代의 피폐한 상황을 이었기에 조종이 창업하신 초기에는 하루도 여유가 없어서 크게 정비하지 못하였습니다. 그렇기 때문에 백성들에게서 수취한 것이 이미 전대에 비해 너무 과중하였습니다. 그런데 다시 희녕熙寧·원풍元豊 연간의 변법으로 세금이 더욱 증가하였고, 건염建炎(高宗 때의 年號) 이후에는 땅은 줄어들었지만 군대는 더 비대해지니 임시로 부과한 과렴科斂과 수용須用이 다시 몇 배에 달하게 되어 공출이 날로 늘어나면서 백성의 힘은 이미 고갈되었습니다. 또한 최근 제로諸路에서 상공上供하는 것이 대부분 내탕內帑으로 들어가면서 호부戶部의 경비가 부족하게 되니, 드디어는 조종祖宗부터 이어져 오던 파분破分의 법이 폐기 되고 상공上供의 세액은 반드시 십분十分을 모두 거두어야 족하게 되었습니 다. 기한은 촉박하고 수세收稅의 책임이 엄격해지자 감사監司와 주현州縣에 서는 서로 독촉하면서 오로지 자기 책임량을 넉넉히 확보하는 데만 힘쓸 뿐이니, 어느 겨를에 백성의 실정을 살피겠습니까? 백성을 매질하고 호령하는 꼴은 차마 보고 듣지도 못할 지경에 이르렀습니다. 게다가 주현에서 거두는 세금은 대부분 상공上供을 위한 것이었기 때문에 그들은 정해진 세액 이외에 교묘한 명색을 만들어 부단하게 각박한 수렴을 합니다. 이것이 백성의 힘이 크게 궁핍해지는 이유입니다. 이러한 지경에 이른 이유를 생각해 보니 대부분 군대의 물자를 넉넉히 하기 위한 것이라 고 말할 수 있지만, 안으로 경사京師에서부터 밖으로 군읍郡邑에 이르기까 지, 위로 황궁에서부터 아래로 아전에 이르기까지, 무명잡비 중에 어찌 줄일 수 있는 것이 없겠습니까? 삼가 헤아려 보건대, 만일 내탕의 수입을 판조版曹로 되돌리고 파분의 법을 제로諸路에서 다시 시행하게 한 뒤에 안팎의 줄일 수 있는 불필요한 비용을 계산하여 모두 폐지한다면 어찌 조금인들 구제할 수 없겠습니까? 또한 장수를 선별하여 군의 장부를 감사함으로써 쓸모없는 비용을 줄이고, 둔전을 확대하여 시기에 맞게 적절히 실행하여 크게 분별하게 된다면, 군대로 들어가는 셀 수 없이 많은 비용을 가히 줄여 나갈 수 있을 것입니다. 여기에서 비로소 백성들의 생산력을 늘리는 문제에 대해 의논할 수 있습니다. 이것은 그 일의 규모가 지극히 크고 그 강목이 세세하기 때문에 한마디의 말로 다할 수 있고, 또 지금 폐하를 위해 모두를 말씀 드릴 겨를도 없습니다. 오직 성상의 총명하심으로 그 근본이 앞의 여덟 조목과 같다는 점을 유념하신 뒤에 도모하신다면 천하에 매우 다행이겠습니다.

【앞에서 제시한 총목에 따르면 이 다음에는 "정사를 정비하여 이적을 물리친다는 것"에 대한 한 조목이 있어야 하는데, 지금은 없어졌다.】

6. 갑인년에 올리려고 했던 봉사 — 甲寅擬上封事[1]

5월 26일 조산랑朝散郎 비각수찬秘閣修撰 권발견담주군주사겸관내권농영전사權發遣潭州軍州事兼管內勸農營田事 주관형호남로안무사공사主管荊湖南路安撫司公事 마보군도총관馬步軍都總管 차자借紫인 신하 주희가 죽음을 무릅쓰고 백 번 절하오며 황제 폐하께 상소를 올립니다. 신이 최근에 삼가 듣건대, 폐하께서 부왕父王이신 수황壽皇[2] 전하의 중화궁重華宮을 찾아가지 않으신 일[3]에 대해 조정 안팎에서 많은 의론이 있었지만 폐하께서는 받아들이지 않으셨고, 폐하께서 누차 지시하셔서 이윽고 그 의론이 멈추게 되었다고 합니다. 신이 보고들은 이야기는 당황스럽고 곤혹스러우며, 전해들은 소문은 너무 놀랍기만 합니다.

지금 신은 성은을 입은 덕에 변방을 수비하는 직책을 맡고 있사옵니다.

---

1) 『朱文公文集』, 권12.
2) 淳熙 16년 효종이 광종에게 제위를 물려주자, 광종은 효종에게 '至尊壽皇聖帝'라는 존칭을 바쳤다. 이 존칭을 줄여 '수황'이라고 한다. 『宋史』 「孝宗紀」에 해당 기사가 보인다.
3) 孝宗은 효성스러운 제왕이었으나 그의 아들 光宗 趙惇은 불효자였다. 왕위를 물려준 효종은 重華宮에 머물렀는데, 광종은 중화궁에 가지 않았다. 紹熙 5년(1195) 4월, 효종의 병세가 날로 심해지자 조정 대신들은 계속 상소를 올려 부왕께 문안 가야 한다고 호소하였지만 광종은 아랑곳하지 않았다. 이에 4월 19일 程珤說 등의 태학생들이 투서하여 중화궁 행차를 재촉하자, 광종은 4월 23일에 중화궁으로 문안 가겠다고 약속하였다. 그러나 그날 광종은 약속을 어기고 나타나지 않았다. 6월 9일 효종이 중화궁에서 승하하였는데, 광종은 애통해하지도 않았고 중화궁에 문상하려 하지도 않았다. 주희는 광종이 그렇게 불효하게 된 것은 李后 등의 간신배가 부자 사이를 이간질하였기 때문이라고 생각했다.

신이 저의 직책에 대해 조용히 생각해 보니, 그것은 위로 국체國體와도 상관이 되는 것이었습니다. 만일 조정이 올바르게 되고 기강이 바로서며 군주의 덕이 닦이고 백성의 마음이 기쁘다면, 변방을 지키는 신하가 몹시 노둔하긴 하나 폐하의 위엄과 영험에 기대어 스스로 면려하고 채찍질하며 소임을 다할 수 있을 것입니다. 그러나 만일 근본이 흔들리고 마음이 무너지며 대세가 기울어져서 더 이상 아무것도 할 수 없는 지경에 이르게 된다면, 안팎의 신하들이 기발한 재능과 원대한 책략을 가지고 있다고 해도 펼쳐 볼 수가 없을 것입니다. 하물며 신과 같이 어리석은 자의 경우라면 한 몸 바쳐 나라에 보답하고 싶어도 이 힘을 어디에 쓸 수 있겠습니까? 그렇기 때문에 스스로 참지 못하고 폐하를 위해 말씀드리지 않을 수 없는 것입니다.

신이 그간 읽은 책은 『효경』, 『논어』, 『맹자』 그리고 육경六經의 책들에 불과하고, 신이 그간 배운 것은 요堯 · 순舜 · 주공周公 · 공자의 도에 불과하며, 신이 알고 있는 것은 삼대三代와 양한兩漢 이래의 치란治亂과 득실得失의 일들에 불과하고, 신이 설명할 수 있는 것은 인의예악仁義禮樂과 천리天理 · 인욕人欲의 구별에 불과하며, 신이 준수할 수 있는 것은 국가의 조례와 법률에 불과합니다. 그런데 그 종국적인 의미를 살펴보면 신하된 자가 충성하게 하고 자식된 자가 효도하게 하려는 것 아닌 것이 없습니다. 지금 이것을 가지고 다시 말씀드리자니 이미 이런 말들은 조정의 신료들이 많이 말씀드린 것이고 폐하께서도 익숙히 들으셨던 것입니다. 하지만 지금 이것을 버리고 다른 말씀을 드리자니, 자고로 천하 국가에 이것을 제외하고는 나라의 다스림이 될 만한 것이 없었습니다. 지금 신은 전거를 널리 인용하고 예의를 갖추어 상소를 올림으로써 용감하게 간언한다는 명예를 얻는 동시에 모든 과실을 폐하께 돌리려는 것이 결코 아닙니다. 신은 오직 부자父子의 천성天性에 관한 이야기4)를 가지고 폐하를 위해 눈물 흘리며 아뢰고 싶을 뿐입니다.

　신이 듣건대, 사람이 이 몸을 받게 된 연유는 어머니에게서 육신을 받고 아버지에게서 생명을 받았기 때문입니다. 포악한 사람도 제 자식을 보면 불쌍히 여기고 포대기에 싸인 애기도 제 아버지를 보면 방긋 웃으니, 과연 왜 그런 것이겠습니까? 처음부터 억지로 시킨 것이 없는데도 그러하니, 이것은 부자의 도이며 이해할 수 없는 천성天性이기 때문입니다. 하지만 부자 사이에 간혹 그 도리를 다하지 못하는 경우가 있는데, 그것이 어찌 아비 된 자가 천성에 자애로움이 부족하기 때문이겠습니까? 어찌 자식 된 자가 천성에 효성스러움이 부족하기 때문이겠습니까? 인심人心은 본래 밝고 천리天理는 그 바탕에 갖추어져 있습니다. 그런데 물욕物欲에 어두워지고 이해利害에 가려지기 때문에, 작게는 은혜를 해치고 의로움을 해쳐도 고치지 못하고 크게는 천리가 멸하고 인륜이 어지러워져도 구원할 수 없는 것입니다. 가령 혹 음주를 좋아하거나 재화를 좋아하거나 성색聲色을 좋아하거나 안일함을 좋아한다면, 그런 것들이 모두 물욕인 것입니다. 맑고 밝은 마음자리가 물욕에 가려지고 나면, 아비 된 자는 간혹 그 자애로운 본성을 잊고 자식 된 자는 간혹 효성스런 본성을 잊게 됩니다. 그렇게 된 후 간특하고 헐뜯기 좋아하는 자가 생겨나서, 의심스러운 것을 가리켜 참된 것이라 말하고 터럭만큼 작은 것을 가리켜 산더미처럼 크다고 거짓말을 합니다. 그런 자가 아버지에게 자식을 헐뜯으면 아버지가 자식에게 대하는 것이 조금이나마 과실이 없을 수 없게 되고, 그런 자가 자식에게 아버지를 헐뜯으면 자식이 아버지에게 하는 방식이 점점 법도를 잃게 됩니다. 그런 다음 교묘한 이해득실의 말로 겁주면서, 이렇게 하면 분명 이득을 얻게 될 것이고 이렇게 하지 않으면 분명 손해를

---

4)『孝經』「聖治章」에 나오는 내용이다.

입게 될 것이라고 말합니다. 이미 이익과 손해로 마음이 가려졌으니 이 마음은 날로 시기와 의심이 더해져서, 오늘 의심하고 시기하며 내일 또 의심하고 시기하여 의심과 시기가 끊이지 않습니다. 그렇게 되면 자식의 일거수일투족이 모두 아버지에게 죄를 짓는 것이 되고 아버지의 말 한마디 한마디가 모두 자식에게 원한을 사는 것이 되어, 결국에는 부자의 정이 무너지고 환란이 일어나게 되는 것입니다. 시험 삼아 한가한 때나 혹은 한밤중에나 혹은 책을 읽을 때나 혹은 정좌靜坐를 할 때에 물욕의 사사로움을 버리고 이해의 가림을 제거하여 이 마음의 본래 모습을 조용히 살펴본다면, 부자간에는 정말 자애롭고 효성스럽지 않는 일이 없을 것입니다.

신이 삼가 살펴 보건대 폐하는 천부적 자질이 어질고 효성스러운 분이십니다. 그래서 처음 정사에 임하셨을 때는 맑고 밝으셨으며 인재를 등용하고 물리치실 때는 항상 공론公論에 합치되었습니다. 그래서 폐하의 선한 말 한 마디를 만천하 백성들이 함께 따라 읊조렸습니다. 그런데 어찌 천성적으로 지극히 친밀한 부자의 관계에서만 유독 야박하게 행동하시는 것입니까? 더욱이 폐하께서는 만물을 길러 내시는 일에 큰 어그러짐이 없으시고 정사 사이에서도 큰 변혁이 없으십니다. 그런데 중화궁에 찾아가 부왕을 살피시는 일은 본래 하나도 어려운 것이 아닌데도 폐하께서는 머뭇거리고 지체하면서 시간을 넘기고 있사오니, 이 일만 유독 왜 그러시는 것입니까? 문제는 사소한 것에서 발생하고 감정은 서먹함에서 막히게 되는 것 같습니다. 부자간에 간극이 막 싹틀 때는 여러 신하들이 일찌감치 구제할 수 없었고, 구체적으로 드러나서는 어버이를 섬기려는 폐하의 본심을 살피지 못해 또한 부자간의 감정을 화해시키지 못했습니다. 그러면서 왕왕 신하들은 졸렬하고 직설적인 말로써 폐하를 지나치게 끌어당겼습니다. 그러다 보니 비록 그 마음이 폐하께 충성스럽다 해도 실상은 폐하의 마음을 감동시키기는 커녕 도리어 폐하를 격노케 한 것이 아니겠습니까? 이 때문에 폐하께서는 최근 중화궁에 가시려다 수레를 돌리며 "이 몸은 만승의 군주인데, 한 가지 일도 자유롭게 할 수 없단 말인가?"라고 말씀하시게 된 것입니다. 폐하께서 독단적인 권위를 굽히려 하지 않으셨기에 뭇사람들의 의론에 몰리게 된 것입니다.

그런데 폐하 부자의 감정이 이 지경까지 이르게 된 연유는, 신이 생각건대, 폐하의 즉위 초기에 간사한 사람들이 삿된 말들을 지어 내어 폐하의 부자를 이간질하였기 때문입니다. 예를 들어 폐하께서 연회에서 실수하셨을 때 수황壽皇 전하께서 폐하를 꾸짖으신 것은 폐하께서 행여 정사에 태만해질까 걱정하셨기 때문이고, 언행의 작은 잘못에도 수황 전하께서 야단치신 것은 그 잘못이 행여 폐하의 고질적인 악습이 될까 근심하셨기 때문입니다. 이는 모두 수황 전하께서 폐하를 지극히 사랑하시기 때문이니, 혹 섭섭한 말로 드러났다 해도 절대 폐하를 미워하시는 것이 아닙니다. 수황 전하의 뜻은 폐하께서 허물을 고쳐 선한 데로 나아가고 마음을 바로하고 몸가짐을 닦아, 천지를 받들고 조종祖宗을 이어서 우리 송나라가 만년토록 무강한 기쁨을 누리도록 하려는 것입니다. 어찌 겨자씨만큼의 미움이라도 있을 것이며, 고수瞽瞍가 순舜을 죽이려고 했던 것[5])과 같은 의도가 있을 것입니까? 그러나 간사한 인간들이 그것을 가지고 위험한

---

5) '浚井塗廩'의 고사로, 『孟子』 「萬章上」에 나온다. '준정'은 고수가 순임금에게 우물을 파라고 명한 뒤 밖에서 흙을 덮어 죽이려고 했던 일을 말하고, '도름'은 고수가 순임금에게 곳간 지붕에 흙칠을 하라고 해 놓고는 아래에서 불을 질러 죽이려고 했던 일을 말한다. '도름'은 『史記』에 나오는 표현이고, 『맹자』에는 '完廩'으로 되어 있다. 『맹자』의 원문은 다음과 같다. "萬章曰, 父母使舜完廩, 捐階, 瞽瞍焚廩. 使浚井, 出, 從而揜之. 象曰, 謨蓋都君咸我績. 牛羊父母, 倉廩父母, 干戈朕, 琴朕, 弤朕, 二嫂使治朕棲. 象往入舜宮, 舜在床琴. 象曰, 鬱陶思君爾. 忸怩. 舜曰, 惟茲臣庶, 汝其于予治. 不識舜不知象之將殺己與? 曰, 奚而不知也? 象憂亦憂, 象喜亦喜."

말을 만들어 설왕설래하며 이간질하여 폐하의 귀를 그르쳤습니다. 그리하여 폐하께서 마음속에 항상 의구심을 품게 하였을 뿐 아니라, 폐하의 궁중 사람들까지도 모두 중화궁을 꺼리며 가까이 다가가지 못하게 했던 것입니다. 이런 상태로 날이 가고 달이 가면서 부자간의 간극은 더욱 멀어지게 되었습니다. 그런데 천하 사람들은 다만 수황 전하의 자애로움이 천하를 덮으시고 폐하께는 그 자애로움이 더욱 도탑다는 것만 볼 뿐입니다. 그래서 폐하께서 수황 전하를 섬기는 것에 대해서는 효성스럽다는 소문은 들리지 않고 예의를 잃었다는 소문만 퍼져 있습니다. 천하 사람들은 이것이 수많은 간신배들의 소행인 것은 모른 채 곧바로 폐하의 잘못이라 여겨서 길거리에 모여 수군대고 여기저기 무리지어 웅성대고 있는데, 그 이야기들 중에는 신하된 자로 도저히 들을 수 없는 것도 있습니다.

신이 두려워하는 것은 이것만이 아닙니다. 어느 날 아침 상제께서 진노하시고 필부들이 유언비어를 퍼뜨려서 초야에 있는 이들이 참람한 난동을 부리며 기의할까 걱정스럽고, 이적夷狄의 무리가 밖에서 업신여기며 폐하의 죄를 묻는 전쟁을 일으킬까 걱정스럽습니다. 이런 지경에 이르게 된다면 폐하께서 육군六軍의 군심이 폐하를 따르도록 만들 수 있겠습니까? 만백성의 마음을 풀어지지 않게 견고히 단합시키실 수 있겠습니까? 참특하고 간사한 무리들을 초췌하게 만든다 해도 국가가 패망하는 데에 이르게 될 것입니다. 신같이 어리석은 이가 백명 천명 모여 분골쇄신하며 폐하를 위해 목숨을 바친다 해도 종묘사직의 존망에 무슨 도움이 되겠습니까? 또 신이 듣건대 요즘 수황 전하의 옥체가 조금 불편하시다고 합니다. 이것이 꼭 그 때문은 아니겠습니다만, 천하 후세의 사람들은 "수황 전하께서는 마음이 울적하여 이 상태에 이르게 된 것이다"라고 어찌 말하지 않겠습니까?

어떤 문제든 아주 작은 것에서 잘못되어 결국 후회할 수도 없는 지경에 이르고 맙니다. 신하된 자로 차마 말해서는 안 되는 것이지만, 폐하에 대한 충성심을 감히 숨길 수가 없어서 말씀드리는 것입니다. 옛날 한漢나라 문제文帝가 회남왕淮南王을 귀양 보낸 것은 생각을 조금 잘못해서 그런 것이었는데, 한문제는 척포尺布와 두속斗粟의 민요를 읊으며 평생 가슴아파 했습니다. 형으로서 동생을 받아들이지 못한 경우에 있어서도 현명한 군주는 자신의 과실을 스스로 용서하지 못했는데, 하물며 천하의 대왕으로서 그 아버지를 받아들이지 못하는 경우는 어떻겠습니까? 지금 필요한 계책을 말씀드리자면, 우선 대신을 중화궁에 보내 사죄하시고, 그 다음에는 조정에 널리 조칙을 내리시어 이전에 미혹될 수밖에 없었던 이유가 간특하고 삿된 무리들이 혼란스럽게 했기 때문이라고 말씀하시고, 이 간사한 무리들을 주살하시어 천하에 사죄하시고 그 잔당을 모두 배척하셔서 시초의 맑고 밝음으로 돌아가소서. 그런 다음 즉시 중화궁으로 행차하시어 문안을 여쭙고 선물을 바치며 부자의 기쁨을 한껏 다하십시오. 이렇게 하신다면 천하 사람들이 모두 춤추며 노래할 것이고 사방의 오랑캐들이 존경하며 우러러 볼 것이며 진실한 역사에 기록되어 후세의 미담이 될 것입니다. 위기를 안녕으로 바꾸는 것은 오직 폐하께서 손바닥을 뒤집는 사이에 달려 있을 뿐입니다.

지금 가장 폐하를 사랑하시는 분은 중궁中宮이시고 가왕嘉王이시며, 폐하께 가장 충성하는 이는 두어 명의 대신들입니다. 원컨대 신의 이 글을 내시어 그들과 함께 살펴보신다면 분명 폐하를 향한 신의 정성스런 마음을 아시게 될 것이고, 저의 표현이 비루하긴 하지만 사실 종묘사직을 위한 지극한 대책임을 아시게 될 것입니다. 먼 지방을 머물러 지키느라 폐하를 알현하고 아뢸 수가 없었지만, 신의 충성스런 마음이 격동하는 것을 스스로 멈출 수가 없었습니다. 그래서 죽음을 무릅쓰고 절을 올리며 아뢰고 또 통곡하고 눈물 흘리며 다 말씀드린 것이니, 폐하께서 이 미친 장님 같은 자의 죄를 용서해 주십시오 신은 감히 하늘의 위엄을 범하였기에 극한의 두려움과 황공함을 감당할 수가 없습니다. 신 주희 죽음을 무릅쓰고 백 번 절하옵니다.

7. 재이에 대해 논한 차자 — 論災異箚子[1]

신은 삼가 다음과 같이 들었습니다. 이번 달 초닷새 밤 각루刻漏가 대여섯 각刻쯤 떨어졌을 때, 도성 안에 홀연히 검은 구름이 사방을 가득 메우고 거친 기운이 사람을 엄습하여 지척에서도 사람을 구별하지 못할 정도였으며 눈앞에 드러난 것은 모두 모래흙이었다고 합니다. 신이 비록 직접 보지는 못했으나 친구들을 만나 보니 그 광경을 본 사람이 많았고 그 일을 경험한 사람도 여럿이었는데, 그들의 말이 한결같았으니 결코 거짓이 아닙니다. 신이 삼가 생각해 보니 요즘에 재이가 여러 번 나타났습니다. 가을과 겨울에 번개가 치고 우박이 내리거나 때 아닌 궂은비가 내려 곡식을 버려놓거나 산이 무너지고 땅이 꺼지는 등 없는 재이가 없었으니, 이는 모두 음기陰氣가 성대해지고 양기陽氣가 쇠미해졌다는 증거입니다. 폐하께서 일찍이 자책하시는 조칙을 내리시고 직간하라는 명령을 내리셨지만, 천심天心이 아직 이를 헤아리지 못했기에 이런 괴이함이 또 발생한 것입니다. 이것은 음기가 모여 양기를 에워싼 채 조화를 이루지 못하고 흩어지는 상이라 신은 삼가 두렵습니다. 그런데 이 일을 성상께 말씀드리는 이가 없는 것 같습니다.

예전에 듣건대, 상商나라 중종中宗 때에 뽕나무와 곡식이 아침에 싹트더니 그날 저녁에 한 아름으로 자라났는데, 이때 중종이 무함巫咸[2]의 말에

---

1) 『朱文公文集』, 권14.
2) 商나라 中宗 때의 賢臣으로, 북을 발명하고 蓍草占을 창안했다고 한다.

따라 두려워하며 덕을 닦아 감히 해이해지지 않자 상나라의 도가 부흥하여 오래도록 나라를 향유하며 75년이나 갔다고 합니다. 또 고종高宗이 성왕成王과 탕왕湯王의 묘당에서 제사지낼 적에 하늘을 날던 꿩이 솥귀에 앉아 울었는데, 이때 고종이 조기祖己의 말에 따라 정사를 바르게 하여 감히 해이해지지 않자 상나라의 상황이 다시 안정되어 오래도록 나라를 향유하며 59년이나 갔다고 합니다. 옛날의 성왕聖王들은 재이를 만나면 두려워하면서 덕을 닦고 사업을 바르게 하여 재이를 상서로움으로 바꾸었으니, 그 공효가 이와 같았습니다. 신이 엎드려 바라옵건대, 폐하께서는 이러한 전례를 살펴보시고 본보기로 삼으셔서 극기克己하여 스스로 새로워지시고 아침저녁으로 생각하며 살피십시오. 마음을 움직이고 생각을 내거나 말을 하고 행동을 할 때에는 항상 황천皇天의 상제가 위에 임해 계신 듯 종사의 신령이 옆에서 지키고 계신 듯 늘 두려워하여, 터럭만한 사의私意도 그 사이에 감히 싹트지 않게 하시면서 자주 스스로 견책하고 권고하십시오. 또 안팎의 대소 신료들에게 명하시어 한마음으로 돕고 받들며 밤낮으로 궁리하고 논의하여 하늘의 뜻이 어디에 있는지를 찾고 서로 닦아 나가게 하십시오. 그렇게 하신다면 아마도 재해는 날로 사라지고 복록이 날로 찾아올 것입니다. 신은 이루 다할 수 없는 정성으로 지극히 폐하를 사랑하고 나라를 걱정합니다.

8. 요자회에게 답한 편지 — 答廖子晦[1]

　정치를 행함에 관대함을 근본으로 삼는다는 것은 그 대체적인 규모와 의사가 마땅히 이와 같을 뿐임을 말한 것입니다. 옛사람은 이치를 자세하고 면밀하게 탐구하고 몸가짐을 가지런하고 엄숙하게 하여 게으르게 편안히 즐긴 때가 없었습니다. 그렇기에 정치는 위세를 부리지 않아도 본래 엄정하였습니다. 그들의 뜻은 다만 사람을 사랑하는 것으로 근본을 삼았을 뿐이지만, 행정으로 시행함에 이르러서는 반드시 기강, 문장제도, 관청의 금지규약이 있어 칼로 자른 듯 엄정해서 범할 수 없었습니다. 그런 뒤에야 우리가 관대함이라고 말하는 것이 일마다 남에게 미쳐서 해이한 곳도 없게 되고 시행되지 않는 곳이 없게 되니, 남들이 내게서 혜택을 받는 것도 역시 명백하고 통달하여 실제로 그 혜택을 받을 수 있었습니다. 그래서 다스리는 자와 백성 사이에 틈이 생겨 속이고 덮어서 가리게 될 것이라는 근심은 없었습니다.

　성인이 말씀하시기를 정치는 관대함을 근본으로 삼는다고 하셨는데 지금은 도리어 성인의 정치가 가졌던 엄정함을 바라니, 이는 바로 옛날 음악은 어울림(和)을 주로 하였는데 주염계 선생은 도리어 옛날 음악의 담담함을 바란 것과 같습니다.[2] 대개 지금의 관대함이라는 것은 풀어져

---

1) 『朱文公文集』, 권45. 58세(1187) 이후에 쓰인 편지이다.(『편년고증』 증정본, 266쪽.) 廖子晦는 주희의 제자 廖德明으로, 그의 자가 子晦이며 호는 槎溪이다.
2) 周敦頤는 담담한 음악은 욕심을 가라앉히고 조화로운 음악은 조급한 마음을 푼

늘어진 것이고 어울림은 소란하고 빠져드는 것이어서, 옛날의 관대함과 어울림이 아닙니다. 그래서 옳음으로 바로잡아야만 평정을 얻습니다. 만약 그렇게 하지 않으면 비록 사람을 사랑하는 마음이 있어도 일에 기강이 없어져서 일의 선후와 완급, 가부可否와 여탈與奪을 정하는 권한이 나에게 있지 않게 됩니다. 이에 간사하고 힘센 자들이 마음대로 하고 선량한 백성이 도리어 그 혜택을 입지 못하게 되는 것입니다. 이 일의 좋고 나쁨이 바로 눈앞에 있으니, 반드시 『서경書經』을 끌어 대어 고금을 살펴보아야만 알 수 있는 것이 아닙니다.【완급과 가부는 두 가지 일입니다. 과정과 기한이 없으면 내가 완급을 정할 수 없으며, 친림親臨하지 않으면 가부를 내가 정할 수 없습니다. 지금 쟁송하는 사람이 관청에 이르면 항상 그 속내를 다 쏟지 못하고 사안을 맡은 아전을 통한 뒤라야 재판을 하게 되니 정사政事가 없음을 볼 수 있고, 그 가부와 온당하고 온당치 않음을 볼 필요도 없이 잘못되었음을 알 수 있습니다.】

다만 행정에는 반드시 규범이 있어서 간사한 백성과 교활한 관리들이 사욕대로 하지 못하게 한 다음에야 형벌을 줄이고 각종 부역과 세금을 줄일 수 있는 것입니다. 이른바 정치를 행함에 관대함을 근본으로 삼고, 인을 체현하여 사람을 길러 주는 데에 무엇이 이보다 큰 것이 있겠습니까?

다고 하여 담담함과 조화로움으로 음악을 논하면서, 지금은 욕심을 조장하기 때문에 옛날의 담담함이 필요하다고 보았다.(『通書』, 「樂上」)

9. 대단에게 보낸 편지 — 與臺端書[1]

　제가 얼굴도 뵙지 못한 채로 스스로 제 이름으로 글을 드리고는 참람되게 모욕을 드렸다고 스스로 허물하고 있었는데 회답을 받았습니다. 손수 편지를 써서 가르침을 주시니, 높고도 중후한 위엄을 낮추시어 먼 시골에 있는 저에게까지 관심을 보이셨습니다. 이것은 옛사람에게서나 볼 수 있는 일인데 중책을 맡으신 분이 친히 행하시니 매우 훌륭합니다. 저의 어리석음을 돌아보면 감당할 수 없는 일이기는 하지만, 어찌 감히 응대함에 아무 말도 하지 않을 수 있겠습니까?

　일찍이 생각건대 고질병을 치유하고자 하는 사람은 반드시 그 병을 얻게 된 원인을 다스려야 하는 법인데, 이때 뜸뜨고 침놓는 완급이 한순간도 어긋나서는 안 되고 약을 만들 때 약재의 차고 뜨거움을 맞추는 것이 한 터럭이라도 어긋남이 있어서는 안 될 것입니다. 지금 천하의 질병은 고질병이 된 지 오래여서, 무릇 사람이라면 모두 이것을 알 수 있습니다. 다만 사람들이 이것을 말하고 싶어하더라도 스스로 돌아보아 그 책임을 맡고 있지 않으면 비록 한 번 그 재주를 펼쳐 보고자 해도 할 수 없을 뿐입니다.

---

1) 『朱文公文集』, 권26. 1180년(51세) 4월 하순에 侍御史 黃洽에게 보낸 편지이다.(『朱熹年譜長編』, 668쪽) 侍御史 중에서 일을 주관하며 諫官을 총괄하는 사람을 臺端이라 한다. 주희는 이 무렵에 「庚子應詔事」를 올려 천자의 마음가짐을 해치는 측근들을 비판한 바 있었다.

저번에 천자께서 대감이 청렴하고 침착하고 곧은 지조가 있다고 여겨서 대간으로 임명하시고는 대감의 말을 받아들여 간사한 악인들을 물리치셨는데, 그들은 모두 이른바 고질병의 남아 있는 증상이었습니다. 천하의 뜻 있는 인사들은 천자께서 숨은 병이 자신에게 있음을 깊이 깨달아서 대감의 약을 빌려 치료하고자 하심을 알고 있습니다. 또 천하의 뜻있는 선비들은 대감이 당분간 천자의 병을 치료하는 일에 종사하려고 하는 것을 알아서, 대개 이번 일을 병이 나을 징조로 여길 뿐입니다. 그 간사한 무리들을 반드시 내친다면 이른바 병의 근원을 없앨 수 있다는 데에는 의심이 없습니다.

그런데 곁에서 여러 달 들어도 소식이 없으니, 혹시나 병의 근원이 되는 자들이 오히려 훌륭한 의원이 자신들을 몰아낼 것을 알고서 먼저 술수를 부려 쫓아내지나 않을까, 스스로 근심하고 의심하여 마음을 가라앉힐 수 없었습니다. 다행히 천자의 마음이 굳게 안정되어 그들의 말을 듣지 않고 집사를 승진시켜 대단臺端의 중임을 맡기셨으니, 반드시 임금과 신하 사이에 이미 하나로 정해진 계책이 있을 터여서 사대부들의 마음을 조금 위로할 만합니다. 그러나 어리석은 제 혼자만의 근심과 지나친 생각입니다만, 간사한 도적떼가 일의 시말을 엿보게 되면 장차 그들이 스스로 도모하는 것이 반드시 더욱 깊고 절박해져서 대감에 앞서서 그 방아쇠를 당기는 일이 있을 터입니다. 모르겠습니다만 대감께서는 어떻게 대처하시려는지요?

대개 나무를 벨 때 가지를 자르는 것은 밑동을 도끼질하느니만 못하고, 물을 막을 때 그 말류를 막는 것은 근원을 막는 것만 못하며, 징과 북을 치고 갑옷과 창을 번쩍이며 떠들썩하게 소리치면서 호랑이를 쫓는 것은 호랑이가 잠자는 틈을 타서 재빨리 잡아 죽이는 것만 못합니다. 그런데 지금 대감께서 이미 흔들어서 저들을 깨웠습니다. 그러고서도 느긋하게 바라보고 서서히 쫓아가고 있으니, 그들이 사납게 노하여 찢어발기는 형세를 맞닥뜨리게 되지나 않을지 저는 적이 대감을 위해 위태롭게 여깁니다.

이러한 소인들은 생겨난 이래로 아침부터 저녁까지 나쁜 짓을 하지 않은 적이 없습니다. 천자께서 평소에 광대와 종들로써 이들을 육성했기 때문에 이들은 애초에 명예와 예법을 따지지 않았습니다. 그렇기에 근래에 의논하는 신하들이 다시 들추어서 하나하나 자세히 아뢰어도 그것을 받아들이지 않는 것은 당연한 일입니다. 이들은 날마다 한가한 때에 영합하고 부추겨서 임금의 마음을 안일함에 젖어들게 하여 법도 있는 신하와 보필하는 선비의 말이 진달되지 않게 합니다. 그리하여 비근한 데 익숙해져서 공명정대한 장기적인 계책은 들을 수 없게 되고, 뇌물이 공공연히 행해져서 간사한 이들이 담장처럼 늘어 서 있으니 천하 국가의 기강을 이루는 것들이 날로 기울고 달로 무너져서 상하가 서로 덮어 감히 말하지도 않게 됩니다. 이것은 이 한두 사람의 죄가 높게는 하늘을 찌르고 깊게는 오늘날의 고질병이 된 것입니다. 대감께서는 진실로 이들이 죄를 성토하고 조정에 천명하여, 폐하께서 사특한 무리를 몰아내는 일에 의심하는 마음을 갖지 않도록 깊이 도우십시오 조정에서 함께 일하는 현자들을 이끌어서 계책을 함께하고 힘을 함께함으로써 사특한 무리를 결연히 몰아낸다면 천하의 고질병도 거의 없앨 수 있게 될 것입니다.

태평한 시절을 위해서 제가 용맹은 없지만 오히려 대감을 위하여 읊어 아뢰니, 잘 모르겠사오나 대감 또한 뜻이 있으신지요? 저는 저번 3월 9일의 지휘를 따라 이미 대략 폐하께 말씀 올린 바 있는데,[2] 돌아보니

---

2) 「庚子應詔封事」를 말한다. 『문집』 권11에 실려 있다.

엉성하고 비천한 말들로서 신뢰를 얻기에 부족하여 혹 죄를 얻지 않을까 삼가 행장을 꾸려놓고 엄정한 견책을 기다리고 있습니다. 대감께서 경계하지 마시고 매우 깊게 도모한다면 천하가 다행할 것입니다.

심부름꾼이 빨리 돌아간다기에 오로지 이것만을 아뢰게 되었으니, 교제가 깊지 않은데도 말은 깊이 있게 되고 친분은 얼마 되지 않는데도 예가 간략하게 되었습니다. 보잘것없는 저의 마음은 깊이 옛사람의 일을 대감께 바라면서 세속의 범상한 작태로 스스로 의심하지 않으니, 엎드려 바라오니 깊이 살피시길 바랍니다. 그러나 이 편지는 한 번 읽어서 그 의미를 파악한 뒤에는 불속에 던져 없애 버리셔야지 다른 사람에게 말할 것은 못됩니다. 대감을 향해 목을 늘어뜨려 기다리오니, 간절한 마음을 이길 수 없습니다.

10. 유승상에게 보낸 편지 — 與留丞相書[1]

초여름이 점점 더워지는데, 부디 승상께서 건강히 지내시고 복이 많기를 바랍니다. 저는 멀리 궁벽한 곳에서 관직을 맡아서 날마다 보살핌을 받고 있습니다만, 요전번에는 죽은 아들을 위해 곡하니 비통하고 아팠습니다.[2] 생활이 곤궁하여 승상께 위엄을 범하며 청한 것으로[3] 이미 매우 송구스러웠는데, 심부름꾼이 돌아옴에 쓰신 편지를 받게 되었습니다. 위로해 주신 것이 지극하였는데, 오랫동안 덥고 습한 곳에 머무는 것을 가엽게 여기시니 엎드려 읽다가 몸을 뒤척이며 어찌할 바를 모르겠습니다. 지난해 제 병은 오래 묵은 병이 도진 것으로 더위에 온 풍토병은 아니었는데 조 수령[4]이 어떤 연고로 이를 아뢰어서 심려를 끼쳤는지 모르겠습니다. 하물며 이 지역은 일이 간단하고 풍속이 순후해서 금년 이래 관리와 백성이 대개 평안하며 경계법 또한 시행의 명을 받았습니다.[5]

---

1) 『朱文公文集』, 권28. 1191년(주희 62세) 4월 24일 留正에게 보낸 편지로, 한 달 전에 장계로 올린, '실제가 없는 세금을 감면해 줄 것', '조정의 붕당론에 대한 비판', '진황에 힘쓴 백성을 포상할 것' 등이 그 내용이다. 留正(1129~1206)은 추밀원사, 우승상, 좌승상 등을 역임하였으며 청렴한 관료였다.
2) 이해 정월에 장남 塾이 사망하였다.
3) 생활이 곤공하다 하여, 편지를 써서 사록관을 청한 것을 말한다.(『朱子大全集箚疑輯補』)
4) 趙汝愚를 가리킨다.(『朱子大全集箚疑輯補』)
5) 1년 전 주희는 농민의 토지에 대한 稅役 부담에 균형을 이루기 위해 경계법을 시행하자고 상소를 올린 바 있었다. 이것은 새로 토지를 측량하고 신고하도록 하여 토지대장을 만들고, 그 토지의 비옥도에 따라서 농민의 세금이나 부역을 결정하려는 것이었다.

그러니 만약 집안에 사사로운 일만 없었더라면 저는 의리상 마땅히 사직하지 않았을 뿐 아니라 이 조용하고 안락한 곳을 버리고 위태롭고 시끄러운 곳으로 가려 하지도 않았을 것입니다. 다행히 지금 사록관을 청한 것을 이미 허가하셨다고 들었으니, 이는 모두 승상께서 간절함을 살피시고 관대하게 용납하신 것으로 천만다행입니다. 비각수찬秘閣修撰은 비록 영예로운 벼슬이지만 제가 받을 수는 없사오니, 이곳을 떠나게 되어 다만 명을 기다리면서 한편으로 사직의 글을 썼는데, 다시 전로前路에 바란 대로 되었다는 소식을 들었습니다. 헤아려 보니 보낸 사람이 사나흘 지나지 않아서 도착하게 될 것입니다만, 지금 군郡에 아직 두 가지 일이 있어서 문서를 갖추어 아뢰지 않을 수 없습니다.

그 한 가지는 지난번 이래로 요청했던 파과다전罷科茶錢6)의 과세를 없애 달라는 것으로, 이에 대해서는 헤아려 조치하라는 명이 세금을 걷는 조사漕司에 내려졌습니다. 지금 헤아려 보니 군 안에서 스스로 준비할 수 있을 듯한데, 다만 조서를 내려서 관리들을 단속하여 이런 명목으로 과세하는 소란을 일으키지 못하도록 하고 감히 다시 이 세액을 줄여서 면제해야 하는 번거로운 일들이 생기지 않도록 해 주십시오. 그리고 없애 주실 것을 청했던, 정액이 정해지지 않은 항목 5천 민緡7)을 없애라는 특명을 유사에게 내리시길 간청하오니, 우리 한 군郡의 장구한 이익이 될 것입니다. 다른 한 가지는 장포漳浦의 지현知縣인 고등高登8)이 충성스런 말을 곧고 절개 있게 하다가 내쳐져 죽었으니, 성은을 특별히 내리시어 명예를 회복시키고 그 집안에 상과 작록이 있게 해 달라는 것입니다. 두 가지 일을 모두 승상께서 유의하여 개진하시어 제 소청을 들어주신다면

---

6) 여지, 용안 같은 열대과일이나 차 등에 붙는 잡세이다.
7) 송대의 부가잡세인 經總制錢으로, 애초에는 비상시의 군비 부족을 해결하기 위해 각종 거래 등에 부가한 세목이었으나 나중에는 일상적 세금이 되었다.
8) 高登(1104~1159)은 자가 彦先, 호가 東溪인데, 진회의 모함으로 옥살이를 하였다.

천만다행이겠습니다. 비록 마땅히 이 자리를 떠나야 하나, 천자와 재상께서 저를 이리 파견하신 뜻이 우연이 아닐 듯하여 만분의 일이라도 보답하기를 바랐기에 마음속에서 이 일들을 잊어버릴 수 없었습니다. 기타 자잘한 일은 또한 각기 관행대로 할 것과 개혁할 것이 있으나, 그 일은 주군州郡에 달려 있는 것이지 조정에 관련된 것이 아니기에 감히 아뢰어 번거롭게 하지 않겠습니다.

그 외에, 경계법의 일은 만약 승상이 힘써 주장하지 않으셨다면 근거 없는 논의들이 크게 요동하여 그 일이 오래 전에 실패했을 것입니다. 여기에 다시 자세한 가르침을 주신 편지를 받았으니 더욱 절실하여 탄복할 뿐입니다. 이 일은 가난한 사람들은 바라는 바요 부자들은 원하지 않으니, 이치와 형세가 매우 분명하여 깨닫기 어렵지 않을 듯합니다. 그러나 여러 가지 말들이 많고 수군거리는 소리도 많아서 어리석은 자만 미혹되는 것이 아니고 현명하고 지혜 있는 자도 혹 벗어나지 못하니 괴이하게 여길 만합니다. 다만 이 지방의 사람들 중에는 부자가 오히려 적어서, 그들의 힘으로 의론을 막고 기회를 얻어 앞에서 말할 수 있는 경우도 별로 많지는 않습니다. 제가 오직 걱정하는 것은, 온릉溫陵은 부잣집이 많은데 그 동안 승상 문하에 출입하면서 힐끗 뵌 인연이 있는 사람이 어찌 없겠습니까?[9] 이들이 반드시 교묘한 말로 기회를 틈타 사사로운 욕심을 채우지 않을까 걱정됩니다. 바라건대 승상께서는 밝게 살피고 또 살피셔서, 마침 이 지역의 중대 사업이 성공하려 하니 어그러지지 않도록 해 주시길 바랍니다. 그러면 천주泉州와 정주汀州가 차례로 그 이익을 입게 될 터이니, 이 세 주의 가난하고 하소연할 데 없는 백성들은 모두 죽을 지경에서 다시 살려 내고 뼈에 살을 다시 돋게 하신 은혜에

---

9) 유정은 溫陵(泉州)의 永春縣 출신이다.

감복하지 않을 수 없을 것입니다.

　전에 진공陳公 량亮이 책임 관리로 왔을 때 명을 따라서 밭과 들을 살피게 하니, 정주의 상인들이 듣고서 놀라고 기뻐하며 서로 이끌어 그의 수레 아래로 와서 절하면서 "이 법이 언제 저희 주에 시행됩니까?" 하고 물었습니다. 이것으로써 사람들의 진정을 알 수 있을 것입니다. 그런데도 반드시 주장을 만들어서 이 일을 못하게 하고 자신의 이익만을 도모하려고 하면, 그것은 아주 불인不仁한 것이 아니겠습니까? 지난번에 합문사인閤門舍人 임종신林宗臣이라는 자가 있었는데, 승상의 고을 사람으로 일찍이 주대奏對를 말미암아 이 일을 논한 적이 있었습니다. 그 말이 의분에 넘치고 통절하였으니, 이것은 지목하는 바가 있었기 때문입니다. 지금 천주의 가난한 백성과 바람이 있는 선비들이 사람마다 그 말을 외워서 읊을 수 있으니, 공론公論과 사람의 양심은 없앨 수 없는 것입니다. 저 막으려는 사람들은 설령 여기서 벗어나지 못한다 하더라도 그들의 자손이 걸식할 일은 결코 없을 터인데, 유독 그들만 어찌 지나친 생각으로 스스로 악명을 반드시 뒤집어쓰고자 한단 말입니까? 이는 탄식할 만합니다. 오직 승상께서 깊이 생각하시어 이를 돌이키신다면 그 자체가 승상을 위한 계책이 될 것이니, 단지 세 고을의 빈민을 위한 계책에 그치지는 않을 것입니다.

　제가 또 편지를 받자오니 사대부의 붕당에 대한 근심이 깊었습니다. 이것은 예나 지금이나 늘 있었던 문제로서, 진실로 위에 있는 사람이 당연히 병으로 여기는 것입니다. 그러나 가만히 생각건대 붕당의 화는 사대부들에게만 미치지만 옛날에 붕당을 싫어하여 없애려고 했던 일들은 왕왕 나라를 망하게 하는 데까지 이르렀습니다. 대개 그 사람이 뛰어난지 아닌지, 충성스러운지 사특한지는 따지지 않고 오직 당파만 힘써 없애려 했기 때문에, 저 소인이면서 교묘히 자신을 위해 도모하는 자들은 반드시 스스로 그 행적을 가려서 숨기는 데 반해 군자는 자신의 공정한 마음과 올곧은 도덕성을 믿고서 아첨하고 타협하는 바가 없어서 왕왕 도리어 배척받고 당파로 지목됩니다. 한漢, 당唐과 소흥紹興 연간의 지난 일이 지금으로부터 멀지 않습니다.

제가 비록 아주 어리석지만 엎드려 승상의 편지를 읽어 보니 승상이 임금을 사랑하고 나라를 걱정하는 마음을 알겠습니다. 편지의 한 마디 한 글자가 지성스럽고 간절한 마음에서 나오지 않는 것이 없으니, 이것이 천하의 현인·군자가 서로 이끌어 승상께 모여드는 까닭입니다. 그런데 붕당을 근심하지 않을 수 없지만, 저는 혹여 승상께서 천하의 현명한 자와 충성스런 자를 가려 승진시키고 무능하고 사악한 자를 가려 내쫓는 것을 자신의 소임으로 깊이 여기지 않으실까 걱정입니다. 이 때문에 위로는 임금에게 고하는 것이 임금께서 결연하게 군자와 소인을 구분하여 승진시키거나 내쫓게 하지 못하고, 아래로는 승진시키고 상을 주거나 쫓아내고 박탈하는 권한을 시행했던 것들이 천하 사람의 마음을 감복시켜서 그들의 소망을 위로하지 못하여 오히려 음험하고 사특한 무리들이 언제나 침범하여 넘보는 형세가 있게 됩니다.

승상께서 또한 스스로 군자의 당파에 빠지게 되면 소인들이 불만을 오래도록 쌓아서 재앙이 깊어질까 걱정하시어 잠시 애매모호한 태도로써 부드럽게 조화시키려 하신다면, 도리어 그들로 하여금 기고만장하고 방약무인하게 벼슬을 구하는 글을 함부로 짓고 착한 이를 무고하는 말을 방자히 꾸며 내게 만들며 조정 또한 이들의 죄를 묻지 못하게 될 것입니다. 문을 닫아 스스로를 지키고 고립하여 동지가 없는 것은 홀로 자신의 지조만 지키는 사람의 행위입니다. 현명하고 유능한 사람을 널리 받아들이고, 간사하고 음험한 사람을 몰아내며, 천하의 사람을 화합되게 하여 천하의 일을 이루는 것이 재상의 직분입니다. 어찌 꼭 당파가 없는 것을 옳다 하고 당파가 있는 것을 그르다 하겠습니까? 만약 승상이 오늘 처신하는 것이 당파가 없다면 없다 할 수 있으나, 소인의 세도가 날로 늘어나고 군자의 세도가 날로 줄어들어 천하의 근심거리가 장차 이루 말할 수 없게 된다면 승상께서는 그 책임을 어찌 변호하시겠습니까?

제가 어리석은 사람의 걱정을 참지 못하고 승상께 바랍니다. 승상께서는 우선 능력 있는 자, 충성스러운 자를 무능한 자, 간사한 자와 구분하는 것을 자신의 책임으로 삼으시어, 그 사람이 과연 현명하고 충성스러우면 확실히 승진시켜서 단지 그 부류가 많지 않아 나와 함께 천하의 일을 도모하지 못할까만 걱정하시고, 그 사람이 과연 간사하다면 분명하게 내쳐서 단지 그 부류를 다 쫓아내지 못해 내가 현명한 자를 쓰는 데 방해가 되지나 않을까만 걱정하십시오. 군자들이 당파를 이루는 것을 걱정하지 않을 뿐만 아니라 스스로 거리낌 없이 군자의 당파가 되어야 하며, 스스로 군자의 당이 되는 것을 꺼리지 않을 뿐만 아니라 임금까지도 이끌어 군자의 당이 되게 하는 것을 거리껴서는 안 될 것입니다. 이와 같이 되면 천하의 일이 거의 다 이루어지지 않겠습니까? 제가 듣기에 지난해 두 간관을 쫓아내고 거년에 한 어사를 쫓아냈으며 근래에 또 한 간관을 쫓아냈다고 합니다. 상하가 서로 교류하지 않으니 천하는 장차 나라가 없어지는 데까지 이르겠습니다. 승상께서 이것을 걱정하시지 않으시고 다만 사대부가 당파를 이루는 것만을 걱정하시니, 그 또한 잘못인 듯합니다.

승상께서 저를 알아주시고 권면해 주셨는데 저는 승상을 뵙지 못하였습니다. 제게 정성스럽게 말씀을 내려 주셨기에 아마 제게서 취할 바가 없지는 아니하다고 여기셨으리라 생각해서 품은 생각을 다 말씀드려 은혜에 조금이라도 보답하려 하였는데, 저도 모르게 망녕스럽게 되어 버렸습니다. 존귀하신 승상의 위엄을 넘보았기에 매우 송구스럽습니다. 엎드려 바라오니 관용을 베푸셔서 헤아려 주소서. 승상이 계신 곳을 바라보나니, 나아가 엎드려 절할 길이 없습니다. 위로는 국가를 위하여 소중한 몸을 보전하시기 바랍니다. 저는 간절함을 이기지 못하고 천만 번 기원합니다.

11. 황추밀사에게 보낸 편지 <신사년 겨울> ─ 與黃樞密書 <辛巳冬>[1]

저는 오랑캐의 우두머리[2]가 죽자 그 족속들이 도망가고 회수淮水 북쪽의
유민이 다 우리 군사에게 귀순하였다는 소식을 들었습니다. 이는 모두
천명이 종묘사직의 영령을 돌보시어 중원을 깨끗하게 청소해서 온전히
돌려주시려 한 것이니, 막대한 경사를 온 나라가 함께 즐깁니다. 그러나
제 어리석은 생각으로 스스로의 걱정과 지나친 생각을 이기지 못하여
감히 글을 올립니다.

무오년[3]의 강화로부터 지금에 이르는 20여 년 동안 조정의 기강이
서지 않고 국방이 느슨해지고 무너졌으며 국세가 쇠약해지고 안팎으로
텅 비었다가, 요사이 몇 년 동안 하늘이 천자의 마음을 밝게 하여 조금씩
바로잡아 가니 비로소 다시 조리가 있게 되었습니다. 그러나 묵은 폐단이
이미 깊습니다. 마음과 덕을 같이하는 신하를 얻고 평소 온 나라의 촉망을
받는 사람으로 보좌하게 하여 어진 자를 나아가게 하고 간사한 자를
물러나게 하며 막힌 곳을 고치고 헤진 곳을 덧대는 일들을 하기를 남김없

---

1) 『朱文公文集』, 권24. 1161년(32세) 12월 글이다. 이해 9월에 금나라 完顔亮이 대군을
   이끌고 남침하다가 대패하여 11월 귀산사에서 피살된다. 金軍이 물러나자 주희
   는 同知樞密院事 黃祖舜에게 편지를 써서 完顔亮의 남침사건에 대한 교훈을 정리하
   고 조정의 주화론을 비판한다.(『朱熹年譜長編』, 270쪽) 추밀원은 왕명을 출납하는
   비서기관이다.
2) 완완량을 가리킨다.
3) 1138년(소흥 8년)이다. 이해에 고종은 조칙을 내려 금나라와 강화논의를 시작하
   고, 1141년 11월에 금나라와 강화를 맺는다.

이 하고 오랫동안 해서, 그 형세가 판이 바뀌듯 크게 변하도록 하지 못하면 성공할 수 없을 것입니다.

전일 형세를 살피지 않고 친히 정벌하겠다는 조서를 급히 내리신 일은 경솔한 잘못이 있습니다만, 이치가 바르고 말이 조리가 있으니 성공을 바랄 수 있습니다. 일은 쇠뇌의 화살을 쏘는 것과 같아서 나아갈 수만 있고 물러설 수는 없는 법입니다. 그러나 헛되이 날을 보내고 달을 넘겨도 출정할 기약이 없으니, 국정을 맡은 자 중에서 구충민寇忠愍[4]처럼 도모했다거나 임금을 가까이서 호위하는 자 중에서 고열무高烈武[5]와 같이 청했다는 것을 듣지 못했습니다. 이에 여러 장수들은 나태하게 되고 천자의 육군六軍은 체제가 흐트러졌으며 오랑캐의 기병이 마구 돌격하여 깊이 양회兩淮지역[6]으로까지 들어오니, 우리 군사는 적고 적병은 더욱 강하여 사태는 급박해지고 군량은 바닥났습니다. 그리하여 전시 상황에 든 지 두 달이 못 미쳐서 모병募兵과 군량을 징발하는 일의 폐해가 이미 백성에게 미쳤습니다. 하늘이 황실을 돌보아 저 오랑캐에게 벌을 내리지 않았다면 승부의 결과를 알 수 없었을 것입니다. 오늘의 일은 여러분께서 조정에서 도모한 결과이거나 여러 장수들이 성을 공격하고 야전에서 싸운 공이라고 말할 수 없는 것이 이미 분명합니다. 제 생각에 마땅히 임금과 신하가 서로 경계하여 삼가고 공경하며 엄숙한 태도로 국정의 권한을 새롭게 해서 더욱 정치를 갈고 닦아 하늘의 돌보시는 명에 답해야지, 앉아서 옆 나라의 어려움이나 헤아리면서 요행을 이롭게 여겨 스스로

---

4) 北宋(960~1127)의 4대 황제인 仁宗(1022~1063) 때 활약한, 강직하기로 유명했던 재상 寇準을 가리킨다.

5) 송 초의 무신 高瓊(935~1106)이다. 眞宗 때에 거란이 내침하자 고경이 진종의 親征을 청하니, 송군은 전선에 나선 진종을 보고 사기가 올라 거란군을 물리쳤다.

6) 淮水의 남쪽(淮南)과 회수의 북쪽(淮北)을 아울러 이르는 말로, 현재의 강소성 북부와 안휘성 북부의 땅이다.

안주해서는 안 될 것입니다.

지금 중원의 땅은 둘레가 만 리나 되는데, 오랑캐들은 경황없이 달아나는 와중이라 그들의 전력戰力은 싸울 만하지 않은데도 조정에서 좌시하여 중원을 취하지 않는다면 좋은 계책이 아닙니다. 그렇다고 해서 취하려 한다면, 공과 업적은 크지만 수고와 비용이 많이 들게 될 것입니다. 이것은 곧 안위가 달린 문제로서, 터럭이라도 잘못됨이 있으면 천 리나 어긋나게 될 터이니 신중히 살피지 않을 수 없습니다. 제가 가만히 생각건대 반드시 중원은 중원지역 사람들이 지킬 수 있어야 하니, 그 지역의 식량을 그들 스스로 충분히 먹고살 수 있을 만큼 만들어서 동남지방의 힘이 그들을 부양하는 데에 소모되지 않도록 해야 합니다. 이런 다음에야 근본이 견고해져서 흔들리지 않게 되어, 정벌 와서 압제로부터 해방시키고 소생시켜 주기를 바라는 백성의 마음을 크게 위로할 수 있을 것입니다. 그리하여 서로 협력하는 마음이 더욱 깊어지고 서북지방의 인정이 더욱 굳건해지면 튼튼한 울타리가 되어 믿을 만할 것이니, 반드시 오랑캐들이 훗날 소란이 진정되어 힘을 회복한 뒤에도 다시 우리 노룡盧龍[7]의 요새를 넘보지 못하게 될 것입니다. 이렇게 한 뒤에야 선조의 능묘에 아뢰어 옛 도읍을 되찾는 것을 말할 수 있는 것입니다. 오늘날 조정에 임금을 모시는 자들 중에 누가 이를 제대로 처리할 할 수 있습니까? 유독 예전에 현자로서 굴기했으나 등용되지 못한 분[8]이 있으니 출정한다면 지금의 군무를 보는 자보다 더 듬직하고 정치를 맡기면 지금의 국정을 맡은 이보다 현명할 것입니다만, 조정에 끝내 쓰이지 않는다면 어찌할 수 없을 것입니다.

---

7) 현재의 河北省 盧龍縣. 이곳은 북송 때 遼, 金을 방어하는 요충지였다. 이 편지에서는 가정하여 말하는 것으로, 남송이 개혁을 행하여 중원을 회복하고 나면 다시는 금나라가 국경을 침범하지 못할 것이라는 말을 하고 있다.
8) 주전파인 張浚을 가리킨다.

지금의 기회를 놓치고 서둘러 도모하지 않는다면, 오랑캐의 병사와 군마는 강한 정예인 데다 별 손실도 없어서 그들이 잃은 것은 단지 완안량完顔亮 한 명일 뿐이니, 만일 달포 사이에 다시 그 군대를 모아서 임금을 잃은 수치를 씻겠다고 쳐들어와 원수를 갚겠다고 하면 조정의 의논이 다시 어떻게 이를 막으려 할지 모르겠습니다. 세금을 더 걷자니 백성은 이미 초췌해서 부담을 견지지 못하고, 군대를 모으자니 병졸은 약해서 쓸모가 없으며, 중원을 근거로 싸우자니 형세가 익숙하지 않고, 중원을 버리고 회수와 사수泗水9)를 지키자니 옛 땅을 회복할 기약이 없으니, 대책을 논하는 사람들이 이를 어찌 대처할지 모르겠습니다. 진실로 자세히 준비함이 없이 다만 잠시 후 하늘의 도움이 있을 것이라 말한다면, 제가 감히 알 수 있는 바는 아닙니다. 이 때문에 저는 근심과 걱정을 새벽부터 밤까지 그치지 못하였습니다.

돌아보니 쇠약하고 병든 나머지 기운은 짧고 말은 졸렬하여 이해의 실제를 제대로 말하지 못했습니다만, 그 대략은 여기서 멀지 않을 것입니다. 대감께서 도학과 실천으로 조정에 계시고 여러 공 사이에서 가장 인망이 있으시니, 그런 까닭에 제가 감히 이렇게 말씀을 드렸습니다. 위엄을 건드려서 황공하여 몸 둘 데가 없습니다. 저의 망녕된 죄를 대감께서 헤아려 주십시오.

---

9) 산동성에 있는 강이다.

12. 진시랑에게 보낸 편지 — 與陳侍郎書[1]

저번에 손으로 쓰신 답서를 내려 주셨는데, 위로해 주시는 말씀이 매우 후하시니 감격하여 말할 바를 몰랐습니다. 사록관을 얻고자 하는 분수에 넘는 청을 대감께서 두세 번 소청하셔서 마침내 바라는 바를 얻게 되었습니다.[2] 보여 주신 가첩家牒은 삼가 받았으니 은혜롭게 살펴 주심에 보답할 바를 알지 못하겠습니다. 저는 타고난 성품이 거칠고 어리석어 오로지 자기 몸이나 지켜야겠다고 여겼는데, 그 사이 한 번 입을 여니 네모난 자루를 둥근 구멍에 맞추듯 어그러져 끝내 이 세상에 떨칠 힘도 없으니 시골로 물러나 죽을 날만 기다릴 뿐이었습니다. 그런데 지금 대감의 도움으로 녹봉을 받아 부모를 모실 수 있게 되었으니 매우 다행한 일입니다. 친분과 의리를 살펴 오히려 요행을 바란 혐의가 있는데도 대감께서 처음에 승진시키려 했던 바가 오히려 여기에 그치지 않는다고 하시니, 이 말씀을 제가 어찌 감히 들을 수 있겠습니까?

또 편지에 금일의 시사를 가르쳐 주신 것에, 분개에 차 '서로 어긋났으니 어렵다'고 탄식하셨습니다. 직분을 맡으신 이후 여러 차례 아뢰어 뜻을

---

1) 『朱文公文集』, 권24. 1165년(주희 36세) 5월경에 吏部侍郎 陳俊卿에게 보낸 편지이다. 이해 4월경 주희는 임안에서 金과의 화의를 주장한 錢端禮, 洪适 등과 논쟁을 벌였고, 이후 진준경에게 편지를 보내어 '和議', '獨斷', '國是'의 설을 배척하는 한편 다시 사록관을 청했다. 그리고 5월에 南岳廟의 사록관직을 받게 된다.(『朱熹年譜長編』, 341쪽) 陳俊卿(1113~1186)은 남송의 정치가로 태사와 승상을 지냈으며, 아들 陳守를 주희에게 보내어 배우게 했다.

2) 潭州 南岳廟의 사록관직을 얻게 된 것을 말한다.

밝히셨으니, 나아가 벼슬하는 것과 물러나는 것을 결정하는 의리의 문제에 있어 스스로 처신하시는 바는 매우 분명합니다. 저는 비록 그 상세한 사정을 함께 얻어듣지는 못했사오나, 현인군자가 우리 조정에 서서 일찍이 하루라도 천하의 근심을 잊지 못하고 또한 하루라도 그 자리에 있으면서 그 직책을 수행하지 않는 것을 달갑게 여기지 않음을 본 것이 대개 이와 같습니다. 그러나 못나고 물정에 어둡고 친분도 얕은 제게 이렇게까지 말씀해 주시니, 그 뜻이 어찌 허투루 하신 것이겠습니까? 저는 진실로 가르침을 받아 따르기에는 부족합니다만, 사모하는 마음을 이기지 못하여 저의 말주변 없음을 잊어버리고 시험 삼아 한마디 드리오니 시랑께서는 들어 주시기 바랍니다.

일찍이 생각건대, 천하의 일은 근본이 있고 말단이 있어서, 그 근본을 바르게 하는 것은 비록 멀고 느린 것 같아도 실로 쉽게 힘을 얻고, 그 말단을 구하면 비록 절실하고 지극한 것 같으나 실은 성공하기 어렵습니다. 이 때문에 옛날에 일을 잘 논하는 사람은 반드시 본말이 있는 바를 명확히 밝혀서 먼저 그 근본을 바르게 하였으니, 근본이 바르면 말단이 다스려지지 않는 것은 근심할 바가 아닙니다. 또 오늘날 천하의 일로써 논하면, 위로는 하늘이 기뻐하지 않아 기근이 자주 생기고 아래로는 백성의 힘이 이미 쇠했는데도 부역과 세금이 바야흐로 급박하여 도적이 사방에서 일어나고 인심이 동요합니다. 하나둘 그 폐단을 따져서 회복을 도모할 방법을 구한다면 어찌 이루 다 말할 수 있겠습니까? 그러나 그 큰 우환의 근본을 말한다면 본래 있는 바가 있습니다. 대개 강화의 계책이 결정되니 삼강은 무너지고 만사는 어그러졌습니다. 임금이 홀로 결단해야 한다는 독단獨斷의 설이 진상되니 임금의 뜻은 위에서 교만하게 되고, 나라가 모두 옳다고 여긴다는 국시國是³⁾의 설이 횡행하여 공론이 아래에서 막히게 되니 이 세 가지는 그 큰 걱정거리의 근본입니다.

이 세 가지는 그 큰 걱정거리의 근본입니다. 그러나 이 말을 주장하는 자들은 진실로 임금의 마음이 가려진 틈을 타지 않으면 또한 들어갈 수가 없습니다. 이 때문에 저는 전날의 편지에서도 다른 것을 언급할 겨를도 없이 임금 마음의 잘못을 바로잡을 것을 깊이 공에게 바랐던 것입니다. 대개 이 세 가지 설이 깨지지 않으면 천하의 일을 할 수 있는 이치가 없으며, 임금의 마음이 바르지 않으면 이 세 가지 설을 또 어찌 깨뜨릴 이치가 있겠습니까? 잘 모르겠사오나 시랑의 전날 논의에서 또한 이것을 언급하였습니까? 아니면 이보다 더한 것이 있는데도 산야에 있는 제가 듣지도 보지도 못한 것입니까? 시랑께서 진실로 그 근본을 구해서 논한다면 천하의 일이 단번에 바른 방향으로 정해지는 것이 거의 어려울 것이 없을 것이며, 거취 문제 또한 쉽게 결정될 것입니다. 제가 홀로 가득 찬 의분을 이기지 못하여 다시 한 번 상세히 말씀드리겠습니다.

국가의 중원 회복의 대계를 막는 것은 강화의 논의이고 변방 수비의 기강을 무너뜨리는 것도 강화의 설이며, 안으로 우리 백성의 충의로운 마음을 어그러뜨리고 밖으로 옛 나라 백성들의 정벌 와서 소생시켜 주길 바라는 희망을 절망케 하는 것도 강화의 논의입니다. 이것의 폐해는 이루 다 말할 수 없습니다. 논의하는 사람들이 이미 상세히 말했습니다만, 제가 말하고자 하는 바는 또한 이것보다 더 의미가 있습니다.

대개 조종의 원수는 만세토록 신하되고 자식된 자가 반드시 잊어서는 안 되는 것입니다. 진실로 원수를 갚기에 힘이 부족하다면, 잠시 스스로를 지키는 계책을 쓰고 분노와 원한을 쌓으면서 기다리는 것이 오히려

---

3) 당시 국시는 황제의 근본적인 정책 기조의 의미가 있었으며, 이 당시의 국시는 上皇으로 있던 고종의 기존 정책을 효종이 계승해야 한다는 것이었다. 그 내용은 개혁적인 道學者들의 조정 진출을 억제하고, 계속 금나라와 강화를 해야 한다는 것이었다.(위잉스, 『주희의 역사세계 상 — 송대 사대부의 정치문화 연구』, 글항 아리, 「5. 이학과 '정치문화' 제5장 '국시' 고찰」 참조)

가할 것입니다. 그런데 지금은 나가자 해도 공격할 수 없고 물러나자 해도 지키지 못하게 되자, 겸손한 말과 후한 예로써 원수인 오랑캐에게 구걸하여 다행히 얻게 되면 군신이 서로 축하하며 자랑스럽다는 듯이 천하에 포고령을 내려 "전날의 사소한 일은 내 이미 버렸다" 하면서 기뻐합니다. 그러고는 다시는 분통하여 원한을 삼키면서 급박하여 어쩔 수 없었다는 말로써 천하를 보존할 방비를 갖추려 하는 것이 조금도 없습니다. 아! 무엇이 조종祖宗과 능묘陵墓의 원수보다 큰 것이 있습니까? 그런데도 차마 하찮은 일이라 잊었다니요!

무릇 군신 사이의 의리와 부자 사이의 은혜는 하늘의 이치로 백성이 부여잡고 사는 법도 중에서 큰 것으로, 국가를 가진 사람이 백성의 마음을 동여매고 정치의 기강을 세우는 데 근본이 되는 요체입니다. 지금 임금이 이러하고 명령을 내리는 것이 이러한데도 인심이 우리에게 맺어져서 떠나지 않기를 바라고 만사가 시종 조리가 있어 문란하지 않기를 바란다면, 이는 지혜로운 자가 아니더라도 한심스럽게 여길 것입니다. 그런데 이런 설을 주장하는 무리는 공론이 들끓는 것과 임금의 마음이 혹 깨닫게 되는 것을 두려워하여 임금이 홀로 결단해야 한다는 독단의 설을 다시 만들어 내고, 성현의 가르침에 끌어다 대고 간사한 말로 교묘히 꾸며서 깊이 임금이 바라는 바에 맞추어 몰래 자신들의 사욕을 가탁합니다. 본래 그 설이 강화의 한 가지 말에서 나왔다 하더라도 그 화는 강화 한 가지 일에만 그치는 것이 아닙니다. 이는 거듭 우리 임금을 잘못되게 만들어 오만하게 스스로를 뛰어나다 여겨서 위로는 하늘이 내리는 견책을 두려워하지 않고 아래로는 공론의 옳고 그름을 두려워하지 않게 하여, 천둥번개 같은 위세와 만균萬鈞의 무게로 백성들 위에 방자히 서서 다가서지도 못하게 하고 맙니다. 아! 또한 그 어질지 못함은 부장품附葬品으로 허수아비[4]를 만든 것보다 더 심한 일입니다. 어진 사람과 군자가 그

가만히 앉아서 그 모양을 보면서 한마디라도 하여 바로잡으려 하지 않을 수 있겠습니까?

이 일은 이미 그렇게 되었습니다만, 열흘 사이에 국시의 설을 만들어 응하는 사람이 있으니[5] 그 하늘을 속이고 사람을 속이면서 간험하고 사특한 속내를 감싸는 것이 더욱 심합니다. 임금께서 그 상소를 허락했음에도 여러분께서 그 잘못됨을 말한 것을 듣지 못하였으니, 제가 청컨대 힐난할 것이 있습니다.

무릇 이른바 국시라는 것이 어찌 천리를 따르고 인심에 합하여 천하가 같이 옳게 여기는 것을 말함이 아니겠습니까? 진실로 천하가 같이 옳게 여긴다면 비록 한 뼘의 땅과 한 사람의 백성을 부릴 권력조차 없더라도 천하가 이를 어기지 못할 것인데, 하물며 천하의 이익과 세력을 가진 자는 어떻겠습니까? 만약 그것이 천하가 같이 옳게 여기는 것과 합치하지 않는다면, 상으로 유혹하고 벌로써 감독한 연후에 겨우 사대부의 합치되지 않는 입을 접주어 다물게 할 수는 있겠지만 천하의 진정한 시비는 끝내 속이지 못할 것입니다. 잘 모르오나 오늘날의 화의의 논의가 과연 천리를 따릅니까, 인정에 합합니까? 진실로 천리를 따르고 인심에 합한다면 본디 천하가 모두 옳게 여기는 것인데 어찌 이론이 생기겠습니까? 만약 아니라면 그 편견을 주장하여 사심을 이루고자 억지로 국시라는 이름을 붙여서 임금의 위세를 빌려 천하 사람들의 한결같은 공론과 싸우는 것입니다. 이는 아마도 옛사람이 말한 "한결같은 덕이 있다"(咸有一德)는 것과는 같지 않고, 자사子思가 말한 "모두들

---

4) 고대에는 부장품으로 인형(俑)을 만들어 죽은 이와 함께 묻었다. 중국에서는 진시황의 병마용이 가장 거대한 규모이다. 공자는 사람을 닮은 인형을 묻는 사람은 산사람도 묻을 것이기에 어질지 못하다고 비판하였다.(『孟子』, 「梁惠王上」, "仲尼曰, '始作俑者, 其無後乎!'")

5) 錢端禮 등이다.

자기가 지혜롭다 하나 누가 까마귀의 암수를 분별하겠는가"6)라는 것에 불행히도 가까울 듯합니다.

옛날 희녕熙寧 초년에 왕안석王安石의 무리가 일찍이 이런 논의를 하고 그 후에 장돈章惇7), 채경蔡京8)의 무리가 또한 따라서 주장한 이래로 전후 50여 년 동안, 사대부가 조정에 나가서 의론하고 집으로 물러나 말한 것이 한마디라도 이에 합치하지 않으면 지목해서는 붕당을 결성했다 하고 군신君臣을 속였다 하여 멀리 유배 보내거나 극악한 죄인으로 처벌했습니다. 근세에 국시라고 주장하는 것은 엄하여 범하지 못하게 한 것이 이때보다 더 지나친 때가 없으니, 마침내 공론이 행해지지 않아 커다란 재앙을 불러오고 그 남은 악영향은 지금에까지도 그치지 않습니다.9) 이것이 어찌 국시가 정해지지 않아서 그런 것이겠습니까? 오직 옳다고 하는 것이 천하의 진실로 옳은 것에 아닌데도 끝까지 지켜서, 이 때문에 상하가 서로 따르며 직언을 해도 듣지 않고 끝내 위망危亡의 지경에 이르러서도 깨닫지 못했던 것입니다. 전傳에 말하기를 털끝만큼의 차이가 천리나 어긋난다 하였는데, 하물며 어긋난 것이 털끝이 아니니 어떻겠습니까? 아! 그것이 두렵지 않습니까? 어찌하여 또 이것으로 우리 임금을 혼란과 멸망으로 가는 전철을 밟도록 이끌어 그 망하는 길을 따라가게 한단 말입니까?

아! 강화講和와 독단獨斷과 국시國是, 이 세 가지 설은 오늘날 큰 우환의 근본임이 분명합니다. 그런데 그 설을 깨뜨릴 것을 구하면 또 다른 데

---

6) 까마귀가 비슷하게 생겨서 암수를 구별하기 어렵듯이, 옳고 그름을 파악하기 힘들다는 말이다.

7) 章惇(1035~1106)은 북송의 관료로서 청묘법을 회복하고 元祐黨人들을 축출하였다. 주희는 대표적 간신으로 평한다.

8) 蔡京(1047~1126)은 송나라 徽宗 때의 대신으로, 왕안석의 신법을 되살리고 사마광 등을 축출하였다.

9) 정강의 변으로 금나라에 중원을 빼앗기고 남송으로 영역이 축소된 것을 말한다.

있지 않습니다. 오직 임금 마음이 잘못된 것을 바로잡는 데 있을 뿐입니다. 공께서 조정에 있지 않으면 그만이지만, 하루라도 그 지위에 있으면 책무가 사방에서 달려듭니다. 이때 말단에 빠져 해결할 바를 모르고 있는 것은, 열심히 대인大人의 일에 힘써서 자신을 이루고 남을 이루는 일거양득만 못할 것입니다. 저는 문을 닫아걸고서 도에 뜻을 두어 다시 천하의 일을 논하지 않은 지가 오래되었습니다만, 공의 말씀에 느낀 바가 있어 스스로 그만두지 못하고 다시 이처럼 말하였으니 공께서 어찌 생각하실지 모르겠습니다.

왕상서王尙書[10)]께서 직위에 취임하심이 이미 오래되었습니다. 바야흐로 사특한 무리들이 다투어 나와 정론을 소멸시키는 때에 두 공께서 조정에 계시니, 천하 사람이 바라보기를 강 물살 가운데 바위가 기둥처럼 우뚝 솟은 듯하여 의지할 바가 있어서 두렵지 아니합니다. 비록 그러하나, 때는 얻기는 어렵지만 잃기는 쉬우며 일은 어그러뜨리기는 쉽지만 이루기는 어렵습니다. 다시 바라오니, 두 분께서 지모를 모으고 힘을 합하여 빨리 주상의 마음을 깨우쳐서 천하의 일을 도모하십시오. 이것은 다만 제 소원일 뿐만 아니라 실로 온 나라 사람들의 소원입니다.

---

10) 王剛中(1103~1165)을 가리킨다. 남송의 관료로서 孝宗 때 同知樞密院使에 올라 和議를 반대하고 主戰을 고수했다.

13. 유자징에게 보낸 편지 — 與劉子澄[1]

근래에 온공溫公[2]이 절개로써 이름 높은 동한東漢의 선비들을 논한 곳을 보다가 미진한 점이 있음을 깨달았습니다. 그는 다만 당고黨錮[3]를 당했던 제현諸賢들이 죽음을 향해 가면서도 피하지 않았던 것이 광무제光武帝, 명제明帝, 장제章帝를 향한 의열義烈이었다는 것만을 알았을 뿐, 한漢 헌제獻帝가 건안建安으로 옮겨 온 이래로 중원의 사대부들이 조조曹操의 조씨曹氏가 있음만을 알고 한실漢室이 있음을 모르게 되어 버린 것이 당고의 살육이라는 재앙이 빚어 낸 것인 줄은 몰랐습니다.[4] 순씨荀氏 한 집안만

---

1) 『朱文公文集』, 권35. 1178년(孝宗 淳熙 5, 주희 49세)에 劉淸之에게 보낸 편지로, 몇 년 전 초고를 완성한 『통감강목』을 수정한다는 소식을 전하면서 사마광의 『자치통감』을 언급하며 그의 역사관을 논평한다. 유청지는 주희의 寒泉精舍 때의 제자로 靜春先生이라 불렸다.

2) 司馬光(1019~1086)은 왕안석이 추진했던 신법운동에 반대한 구법당의 영수였다. 『資治通鑑』을 저술하였다.

3) 黨錮之獄을 말한다. 후한 말기에 일어난 유학자를 탄압한 사건으로, 黨錮之禍・黨錮之禁 등으로도 불렸다. 166년 환관들이 桓帝를 충동질하여 환관을 비판한 청류당의 李膺 등 2백여 명을 붙잡아 투옥했는데, 청류당이 환관의 죄상을 폭로하는 법정진술을 하자 이를 두려워한 환관들은 이들 당인들을 향리로 내려 보내어 禁錮에 처하게 했다. 이것을 黨錮의 獄이라고 한다. 환제 다음에 12세의 靈帝가 즉위하자 竇太后가 섭정이 되고 외척인 竇武가 실권을 잡았다. 두무는 당인의 금고를 해제하여 청류당에 속한 사람들을 등용하는 동시에 그들과 결탁하여 환관을 일소하려 했으나, 환관들의 반격으로 패배했다. 이때 죽음을 당한 자가 백여 명이고, 死罪・流罪・禁錮의 처분을 받은 자가 수백 명이었다.

4) 당고의 사건을 기술하면서 열사들이 의리를 지킨 점만을 주목하였지, 당고로 인해 후대의 선비들이 목숨을 지키고 명예를 얻고자 권력에 빌붙게 되어 버린 점은 살피지 못했다는 말이다.

가지고 논하더라도, 순숙苟淑은 양씨梁氏가 국정을 주도할 때 바른 말을 할 수 있었지만5) 그 아들 상爽은 이미 동탁董卓이 전횡하는 조정에서 행적을 더럽혔고6), 그 손자 욱彧에 이르러서는 드디어 환관 당형唐衡의 사위가 되고 조조曹操의 신하가 되고서도 잘못인 줄 알지 못했습니다. 이는 대개 곧고 큰 바른 기상이 흉학凶虐한 무리에 의해 꺾이게 되자 점차 자신의 몸이나 온전히 하고 일자리나 얻을 계책만을 꾀하게 된 것으로, 저도 모르는 사이에 점점 빠져들어서 이 지경에까지 이르게 된 것입니다.

그 당시에 대해 생각해 보면, 부형父兄과 사우師友의 사이에서 하나의 그럴듯한 논리를 만들어 서로 겉모양을 꾸미고 덮어 주어서, 이 논리를 갑자기 들은 사람은 그것이 잘못된 것임을 깨닫지 못한 채 정말 거기에 반드시 깊은 계획과 신기한 계책이 있어서 국가를 살리고 백성을 구제할 가능성이 만분의 하나라도 있으리라 생각했던 것입니다. 이런 것이 바로 사설邪說이 마구 흘러넘치는 것이 홍수와 맹수의 피해보다 더 심한 까닭입니다. 맹자가 어찌 나를 속였겠습니까!7)

근년 들어 책을 읽을 때 이러한 의미만은 분명해져서 앞에 서 있는 듯 수레 가로대에 기댄 듯해서 잊어버릴 수가 없습니다. 이 때문에 남들에게 미움을 받아 끝내 곤궁해져서 그로 인해 죽게 될 줄을 알지만, 그 마음만은 참으로 달고 즐거워서 후회하지 않습니다. 보내신 편지에 진실

---

5) 순숙은 安帝 때에 梁太后가 실권을 장악한 뒤 일식, 지진 등의 천재지변이 잇따르자 아첨하는 신하를 존대하는 실정을 비판하는 상소를 올렸다.
6) 순상은 순숙의 여섯째 아들로, 獻帝가 즉위한 후 동탁이 실권을 잡고 초빙하자 가서 벼슬하였다.
7) 『孟子』, 「滕文公下」, "昔者禹抑洪水而天下平, 周公兼夷狄驅猛獸而百姓寧, 孔子成春秋而亂臣賊子懼. 抑, 止也. 兼, 幷之也. 總結上文也. 詩云, '戎狄是膺, 荊舒是懲, 則莫我敢承' 無父無君, 是周公所膺也. 說見上篇. 承, 當也. 我亦欲正人心, 息邪說, 距詖行, 放淫辭, 以承三聖者; 豈好辯哉?"

로 나를 알아주는 사람이라 한 것은 대체 무슨 말입니까? 그러나 자징子澄은 이러한 뜻을8) 깊이 살펴서 이 퇴락한 물결 속에서 스스로 떨쳐 일어날 수 있기를 바랍니다. 흠부欽夫가 보낸 편지를 받았는데, 자징의 편지를 받고 무어라 했다고 적었으니 또한 자못 의심스럽더군요.9)

---

8) 이단사설을 배격하고 성인의 학문을 따르는 것을 말한다.
9) 欽夫 또는 敬夫는 張栻의 字이다. 장식이 유청지에 대해 퇴락한 세상에서 흔들리지 않고 살기 힘들 것처럼 보인다고 말했기 때문에 그렇게 되지 않도록 유의하라고 경계한 것이다.

14. 한문공이 상서 맹간에게 보낸 편지에 관한 논
― 論韓文公與孟簡尙書[1]

　　지금 생각건대, 이 책에서 태전太顚을 칭허稱許한 부분은 뒷사람이 마음 대로 은피隱避하거나 산절刪節한 곳이 지나치게 많아서, 많은 부분이 탈락 되어 바른 뜻을 잃었다. 예컨대 앞의 두 조목(要自胸中無滯礙, 以爲難得)은, 무슨 큰 이해利害가 걸린 것은 아니지만, 이 말에서 가운데 다섯 글자를 잘라내어 버린 "요자이위난득要自以爲難得" 한 구절 같은 것은 더 이상 문리를 이루지 못한다.

　　대개 한공韓公의 학식은 「원도原道」편에 나타난 것을 놓고 보면, 대용大用 의 유행을 볼 수는 있었지만 본연本然의 전체全體에 대해서는 아직 보지 못한 것이 있는 듯하고, 또 일용日用의 사이에서 존양存養·성찰省察해서 몸에 체현할 수 있었는지도 확인할 수 없다. 그래서 비록 그가 자임한 것이 무겁지 않은 것은 아니지만, 그 평소 용력用力의 깊은 곳은 문자·언어 의 공교함을 벗어나지 못했고 배우기를 좋아하는 개인적 취미 또한 탁연히 유속流俗에서 벗어나지는 못하였다. 같이 노닌 이는 한 시대의 문사文士들일 뿐이었고, 승려나 도사의 경우도 있어 모간毛干·창관暢觀·

---

1) 이 글은 『朱文公文集』에 실려 있지 않다. 韓愈가 尙書 孟簡에게 보낸 편지에서 太顚 이라는 승려를 칭송했는데, 이 편지가 진짜인지를 논한 글이다. 맹간은 戶部侍郎, 御史中丞 등을 거쳐 太子賓客가지 올랐다. 태전은 大顚으로도 쓰는데, 石頭의 의발 을 전수받았다. 『주문공문집』에는 「考韓文公與大顚書」가 실려 있다.

영혜靈惠와 같은 이들을 사귀었다. 그 신심身心을 닦고 내외內外의 문제를 해결하는 데 있어 도움을 받았던 것들이 이런 것에 지나지 않았으니, 또한 어찌 사설邪說을 겪고 피행詖行을 막는 근본이 되어 자임하는 마음을 다 충족시킬 수 있었겠는가? 그래서 하루아침에 쫓겨나 초췌하고 무료한 사이에 평소의 먹고 마시고 놀던 즐거움이 없어져서 울울한 감정을 떨칠 수 없던 차에, 갑자기 장해瘴海의 물가에서 이단異端의 학자 가운데 제법 의리로써 자신을 이기고 사물에 의해 어지럽혀지지 않은 이를 만나 같이 이야기하게 되니, 비록 다 이해하지는 못하더라도 어찌 세속의 누를 깨끗이 씻어 내고 막힌 가슴을 잠시나마 비울 수 있지 않았겠는가! 그러므로 이렇게 칭송의 말을 했던 것을 군이 숨길 필요도 없고, 또 공이 말한 "그 복을 구하지 않고 그 화를 두려워하지 않으며 그 도를 배우지 않는다"라는 태도와도 상충되지 않는 것이다.

비록 그렇긴 하지만 공이 여기에서 저들의 돌피가 잘 익은 것을 보고 또 우리의 알곡이 아직 익지 않은 것을 깨달아서 하루아침에 번연하게 자기 몸에 구하여 성현의 학문을 모두 체인할 수 있게 되었더라면, 이른바 '리에 근거하여 자신을 이기고 외물에 의해 어지럽게 되지 않는' 경지를 더 이상 저들을 보면서 부러워하지 않아도 되었을 것이고 내가 자임하는 것도 더욱 커져서 여유롭게 되었을 것이다. 그랬더라면 어찌 위대하지 않았겠는가!

15. 황단명께 올리는 글 — 上黃端明[1]

8월 21일 자리나 채우는 제가 감히 목욕재계하고 글을 지어 상서尙書로 치사하신 단명전端明殿의 문장文丈 태좌台座[2]께 '재배再拜의 예禮'[3]를 올리겠다고 감히 청하옵니다.

제가 듣건대 맹자께서 "천하에 달존達尊 세 가지가 있으니, 작위가 하나이고 나이가 하나이며 덕이 하나이다"라고 했다고 합니다.[4] 이 말은 이 세 존귀함이 천하에 두루 통용되어 모든 사람이 마땅히 공경해야 하고 아무렇게나 대해서는 안 된다는 의미입니다. 그렇다고는 하나, 작위며 나이는 대개 우연히 얻은 것이어서 그 존귀함이 조정에서만 통하고 향당에서는 통하지 않거나 향당에서만 통하고 조정에서는 통하지 않다 보니, 남들의 공경하는 태도도 모양만 그렇게 할 뿐이지 마음에서 우러난 것이 아닌 경우가 많습니다. 오직 덕의 경우만은 마음에서 얻어서 몸에 충만해지면 집안에서 법도가 되어 향당까지 미루어 가서 결국에는 조정에까지 이르게 되는 것입니다. 이것을 가진 데다 앞의 두 존귀함까지 가졌다면 천하에 두루 통하여 누구 할 것 없이 존귀하게 여길 것입니다. 비록 옷깃을 여미고 물러나서 그것을 자처하지 않으려고 한다고 해도

---

1) 『朱文公文集』, 권37. 1166년(孝宗 乾道 2, 주희 37세)에 지은 글이다.
2) 黃中은 자가 通老이고, 端明殿 學士로 제수되었다. 文丈은 글이 높은 어른이란 뜻이고, 台座는 존칭이다.
3) 스승으로 모시는 예이다.
4) 『孟子』「公孫丑下」에 있는 글이다.

남들이 마음으로 기뻐해서 진심으로 고개가 숙여지는 것을 말릴 수는 없을 것입니다.

명공明公께서는 2대代의 시종侍從 원로元老로서[5] 지금은 인수印綬를 돌려드리고 물러나 집에 머물고 계시니, 천자라도 감히 조정朝政을 들어서 번거롭게 굴지 못하여 궤장几杖을 내린 뒤에 말씀을 요청하십니다. 그 작위와 나이를 우연히 얻은 것이 아닌데도 명공明公께서는 한 번도 그것을 가졌다고 남들과는 다르다고 생각하지 않으셨고, '묵묵히 이루어 내고 말하지 않아도 믿게 만드는' 그 덕행德行[6]은 날로 새로워지고 또 새로워져서 그친 적이 없으십니다. 이것이 덕을 아는 천하의 선비들로 하여금 명공의 의를 남몰래 흠모하여 명공의 수레를 끌어드리고 싶은 마음을 가지게 하는 이유입니다. 그리고 저는 더 심합니다.

저는 평소 기품이 치우치고 잡박해서 자신을 다스리려고 해도 작은 것을 삼가지 못하고 도에 뜻을 세우려고 해도 오래 지속하지 못하여, 결국 남을 대할 때 혼후渾厚하고 화평和平한 기가 거칠고 사나운 마음을 이겨 내지 못했습니다. 그래서 늘 어떻게 하면 하루 빨리 명공의 덕이 넘치는 모습을 멀리서나마 바라보고 아주 작은 부분이라도 배워서 뒷날 제 몸을 다스리고 잘못을 보완하여 소인이 되어 버리지 않게 할 수 있을까 하고 안타까워했습니다. 오늘 제가 온 것은 당하에서 머리를 조아려 재배再拜함으로써 평소 가졌던 소망을 이루려는 것입니다. 엎드려 바라옵건대, 명공께서는 앉아서 받으셔서 제가 문인門人·제자弟子의 대열

5) 南宋의 高宗과 孝宗을 섬겼다는 말이다. 高宗 紹興 5년(1135)에 庭試 進士第二人으로 뽑혔고, 乾道 원년(1165)에 70세를 맞아 集英殿 修撰으로 致仕했지만 敷文閣 待制에 제수되었다. 6년 뒤 효종이 특별히 그를 불러 위로하고 兵部尙書 겸 侍讀으로 제수했다가 다시 龍圖閣 學士에 제수하니 뒤에 致仕했다. 이후 효종이 친필을 보내어 朝政의 문제점을 묻고 端明殿 學士로 제수하였다. 시호는 簡肅이다.

6) 『周易』, 「繫辭上」, "神而明之, 存乎其人, 黙而成之, 不言而信, 存乎德行."

에 설 수 있도록 하시어 제가 온 뜻이 헛되게 하지 말아 주십시오 그렇게
해 주신다면 제게 다행이겠습니다.

　그리워하는 마음이 너무 깊다 보니 참람함을 모른 채로 감히 심부름하는
사람을 통해 먼저 글을 올리고서 행랑채에 서서 대답을 기다립니다.
저는 황공한 마음을 도저히 이길 수가 없습니다.

16. 유승상에게 보낸 편지 — 與留丞相書[1]

저는 어려서부터 비졸鄙拙해서 모든 일에 남만 못했지만, 고인古人의 위기지학爲己之學에 대해서는 들어서 마음으로 가만히 좋아하고 또 그것이 사람이 해야 할 일이요 힘써 이룰 수 있는 일이라고 여겨서 드디어 몸을 던져 거기에 종사했습니다. 그리하여 제법 중中을 받아 태어난 존재인 사람으로서의 책임[2]을 다한 것일 뿐이지, 애초에 이상한 짓을 해서 이름을 구할 생각이 없었습니다. 그 뒤 마을 후생 가운데 묻는 이가 있었기에 내가 들은 것을 알려 주었습니다만, 그것이 잘못 알려져서 멀리서부터 배우러 찾아오는 사람까지 생기게 된 것입니다. 그 재능의 고하高下와 바탕의 후박厚薄이 비록 같지 않더라도 모두가 그러한 마음을 가지고 찾아오니 저는 막을 수가 없었습니다.

그런데 뜻하지 않게 제가 바르지 못해서 우연히 세상에 죄를 얻어 그르쳐진 것이 점점 확대되니, 위로는 이 도에 누가 되고 아래로는 중현衆賢

---

1) 『朱文公文集』, 권29. 1196년(寧宗 慶元 2, 주희 67세)의 글이다. 學禁을 당한 상태였기 때문에 留正이 주희에게 제자들을 모두 돌려보내라고 권고하니, 그 권고에 대해 주희가 자신의 입장을 설명한 내용이다.

2) '中'은 '衷'과 같은 뜻이고 여기서는 性의 의미로 쓰였다. 물론 주희는 다른 맥락에서 '中' 개념을 '性'으로 해석하는 것에 대해 반대한다. 그러나 『左傳』成公 13年에 "劉子曰, 吾聞之, 民受天地之中以生, 所謂命也"라는 말이 있고, 『中庸』에 "天命之謂性"이라고 규정하고 있으며, 『書經』「湯誥」에 "王曰, 嗟! 爾萬方有衆, 明聽予一人誥. 惟皇上帝, 降衷于下民, 若有恒性, 克綏厥猷, 惟后"라는 말이 있으므로, 이런 맥락에서 볼 때는 '中'이 '性'의 의미로도 쓰일 수도 있는 것이다.

들에게까지 화가 미쳐서 다들 궤위詭僞의 이름을 얻고 부도不道한 법法이라는 비판을 받게 되었으며 애초에 서로 알지 못하던 사람까지도 그 화에 잘못 걸리는 경우가 있었습니다.3) 그래서 두문杜門하여 학문을 익히면서 가만히 부끄러움을 느끼고 있습니다. 비록 후회한다고 하지만 그 길을 찾을 수 없어 계속해서 오는 이를 또한 막을 수도 없습니다. 다만 늘 대할 때마다 저 자신의 우매함을 자조自嘲하고, 저들의 어리석음이 저보다 심한 것을 가련하게 여깁니다. 지금은 다행히 그들이 각각 일이 있어 돌아갔으니, 외간의 풍색風色을 전해 듣고 감히 다시는 돌아오지 못할 것이라고 생각합니다.

이렇게 하문하시니 풍유風諭하여 저를 보전保全케 해 주시려는 군자鈞慈4)의 뜻을 깊이 느낄 수 있습니다. 그래서 감히 세세한 일들을 상세히 아룁니다. 어제 이원주가 여기에 와서 근래의 일들을 말해 주었습니다. 또 요행히 하풍下風에 기댈 수 있게 되었다는 사실을 알게 되어 더욱 기쁩니다.5)

---

3) 1195년(慶元 원년)에 韓侂胄 일파가 주희와 趙如愚의 정치세력을 道學으로 규정한 뒤 다시 이 道學을 僞學으로 지목하여 공격함에 따라 주희와 조여우의 정치세력은 모두 축출되었다.
4) 鈞은 벼슬이 높은 사대부에 대한 존칭이니, 鈞慈은 '자애로우신 相公' 정도의 의미이다.
5) 한탁주 일파가 留正도 道學으로 규정했기 때문에 이렇게 말한 것이다.

17. 스스로 버려지지 말 것에 대한 글 — 不自棄文[1]

무릇 천하의 사물은 모두 물物이니, 물마다 취할 만한 한 부분이 있어서 세상에 버려지지 않는데 사람이면서 사물만 못해서야 되겠는가! 대개 돌과 같은 완고한 것도 옥을 다듬는 도구가 될 수 있고, 복과 같은 독도 화약의 재료가 될 수 있다. 똥은 더럽지만 밭에 뿌리면 오곡이 그 힘을 입어 싹이 트고 열매를 맺으며, 재는 이미 식은 것이지만 그것으로 빨래를 하면 옷이 깨끗해진다. 거북은 그 고기를 먹고 나면 껍질을 버릴 법하지만 사람들은 그것으로 풍흉豐凶을 점치고, 거위는 그 고기를 먹고 나면 깃털을 버릴 법하지만 동맹峒氓들은 그것을 꿰매어 섣달에 대비한다. 이런 식으로 따지고 유추해서 확대시켜 보면 천하에 버려지는 물건은 없다. 그런데 지금 사람이면서 버려진다면, 이것은 스스로 버리는 것일 뿐이다.

사람은 오행五行을 성性으로 삼고 오사五事를 몸으로 삼으며 오전五典을 교화의 내용으로 삼고 오경五經을 학문의 내용으로 삼는다.[2] 이 도道를 활용하여 격치格致의 방법으로 사물을 속속들이 파악해서 천하의 문장을 규범 짓는 이도 있고, 이 도를 과식課式과 정식程式에 활용하여 부귀를 이루는 이도 있다. 운이 트인 이는 이 도를 가지고 경卿이 되고 상相이

---

1) 『朱文公文集』遺集, 권2의 글이다.
2) 五行은 水·火·木·金·土이고, 五事는 貌·言·視·聽·思이다. 五典은 五常이라고도 하는데 父子有親·君臣有義·夫婦有別·長幼有序·朋友有信이 그 내용이며, 五經은 『詩』·『書』·『易』·『禮』·『春秋』이다.

되며, 운이 막힌 이라 하더라도 이 도로써 군주의 스승이 되고 벗이 된다. 그런데도 지금 어떤 사람은 버려져서 하늘을 원망하고 남을 탓하니, 어찌 이치에 맞겠는가! 그러므로 하늘을 원망하는 이는 부지런하지 않은 이이며, 남을 탓하는 이는 뜻이 없는 이이다. 자신에게 돌이켜 구해서 자신을 탓하고 자신에게 죄를 물으며 자신을 원망하고 자신을 후회하여, 탁연하게 뜻을 세우고 날카롭게 공업의 계책을 세운다면 천하의 사물도 취할 만한 한 부분이 있으면 세상에 버려지지 않는 마당에 어찌 사람이 사물만 못하겠는가!

지금 명경名卿 사대부의 자손들은 몸을 화려하게 하고 맛있는 음식을 먹으며 아부 섞인 말을 하고 남에게 오만하게 굴며 온갖 놀이에 빠져서 몸이 빛나고 윤택하게 된 것이 모두 자기들의 할아버지와 아버지가 각고의 노력을 들였기 때문이라는 것을 알지 못한다. 향기로운 샘을 마시면서도 그 근원을 알지 못하고, 향기로운 곡식을 먹으면서도 그것이 어디서 왔는지를 알지 못하는 것이다. 그래서 하루아침에 때가 달라지고 일이 변하여 옛 모습을 잃게 되면, 사士가 되자니 배움이 미치지 못하고 농부가 되자니 노고를 감당하지 못하며 공인이 되자니 평소의 공교함이 없고 상인이 되자니 충분한 자산이 없다. 이때가 되면 추위와 더위로 궁핍해지고 입을 것과 먹을 것 때문에 간난艱難을 겪으며 아내는 얼굴에 때가 끼고 자식은 몸이 축나서, 마시다 버린 잔이나 식은 꼬치를 먹는 것도 부끄러워하지 않게 되고 떨어진 옷을 입거나 해진 신을 신고도 부끄럽게 여기지 않은 채 암연黯然하여 일어나지 못하니, 이는 모두 옛날 길러졌던 버릇이 그렇게 만들어 놓은 것이다. 내가 방현령房玄齡과 두여회杜 如晦3)라는 두 사람을 보니, 평소에 근고勤苦하여 겨우 문호門戶를 세울

3) 房玄齡은 唐 太宗 때 尙書左僕射가 되어 15년간 정국을 관장하였고, 杜如晦도 尙書右 僕射로 방현령과 함께 정국을 주도하였다.

수 있었으나 불초한 자제를 만나 거의 다 탕진하고 말았다. 이것은 거울로 삼을 만한 일이다. 또 하남河南의 마씨馬氏가 부귀에 의존하여 교만하고 사치하며 도에 넘치고 방탕했는데, 자손들도 편안하게 즐기기만 하고 세상 사업에 대해서는 전혀 알지 못해서 당시에 '술자루, 밥자루'라고 불렸다. 그러다가 세상이 변하고 운이 쇠하자 골짜기에서 굶어죽은 이가 헤아릴 수 없을 지경이었다. 이 또한 크게 경계할 만한 일이다.

손자는 마땅히 할아버지의 근로한 덕을 생각하고 아들은 마땅히 아버지의 각고로 일한 공을 생각해서 부지런하고 급급하게 그 일을 이루어 가고 긍긍업업兢兢業業한 태도로 그 뜻을 세워야 하니, 남들이 모두 저것을 좇더라도 나는 홀로 이것을 지켜야 하고 남들이 모두 옮겨 가더라도 나는 홀로 옮겨 가지 않아야 한다. 그러면 사士를 업業으로 가진 이는 반드시 이름을 올리게 되고, 농農을 업으로 가진 이는 반드시 곡식을 쌓게 되며, 공工을 업으로 삼은 이는 반드시 공교함을 이루게 되고, 상商을 업으로 삼은 이는 반드시 자산을 채우게 된다. 이렇게 되면 스스로 버려지지 않게 되고, 남에 대해서는 부끄러움이 없게 되며, 할아버지와 아버지에 대해서는 남긴 사업을 잃지 않게 되고, 자손에 대해서는 곤욕에 빠지지 않도록 해 줄 수 있게 되니, 영원히 자기 몸을 지킬 수 있게 되는 것이 또한 마땅하지 않겠는가!

18. 현학 제자원 충원 시험에 대한 권유문 — 補試牓諭[1]

듣자니 군자의 학문은 자신의 몸을 성실하게 하려는 것이지 보고 듣기에 좋게만 하려는 것이 아니라고 한다. 옛 군자는 이것을 자기 몸에 행하였고, 미루어 자제를 가르치는 것도 이것으로써 말미암지 않음이 없었다. 이것이 그 풍속이 순후해지고 덕업이 숭고해질 수 있었던 까닭이다. 근세의 풍속은 그렇지 않아서, 이미 부모가 그 자제를 가르칠 때부터 정문程文(답안지)에 속임수를 써서 유사有司를 속이도록 하니, 새로 배우는 어린 학생들은 아동 때부터 부형이 그렇게 가르치는 것을 보고는 그것을 달게 여겨서 부끄러워함이 없다. 그리하여 공허하고 무실無實한 이름을 편안하게 받아들여서, 안으로는 부형父兄에게 오만을 떨고 밖으로는 마을 사람들에게 교만을 떨며 종신토록 스스로 힘쓸 줄 모르다가 끝내 소인이 되고 마는 것은 이것을 말미암지 않는 경우가 없다. 그러므로 지금 현縣의 부형들 가운데 자제를 사랑하는 마음을 가진 이들은 좋은 스승과 좋은 벗을 구해서 궁극적 의리가 무엇인지 구명하고 효제孝悌와 순근馴謹의 행실을 익혀서 몸을 성실히 하도록 만들어야 할 것이다. 녹작祿爵이 오지 않거나 이름이 알려지지 않는 것은 걱정할 거리가 아닌데, 어찌 굳이 급급하여 마음을 숙이고 고개를 떨군 채 남을 통해 하루아침에 일을 이룰 것만 기대해서 종신의 수치를 쌓는가? 지금 현학縣學의 제자원弟子員을

---

1) 『朱文公文集』, 권74. 1154년(高宗 紹興 24, 주희 25세)에 지은 글이다. 당시 주희는 同安縣 主簿로서 學政을 관장하고 있었다.

시험으로 보충하는 일을 나에게 주관하도록 부탁해 와서 이렇게 권유하는 것이니 각자 잘 알도록 하라.

19. 조치도에게 답한 편지 — 答趙致道[1]

주자周子(周惇頤)께서 "성誠은 무위無爲이다. 기幾에서 선악善惡이 나뉜다"라고 했는데,[2] 이것은 사람의 마음이 발發하지 않았을 때 그 체體가 어떤 상태인지를 밝히고, 마음이 이미 발했을 때의 실마리는 어떤 것인지를 지적한 내용입니다. 이런 말씀을 하신 것은 배우는 이들로 하여금 막 싹이 트는 기미에서 잘 살펴 결택할 줄 알아서 버릴 것은 버리고 취할 것은 취하여 본연의 체를 잃어버리지 않게 하려는 의도였습니다. 그런데 어떤 이는 이 구절을 의심해서 호자胡子(胡宏)의 "체體는 같은데 용用이 다르다"는 설[3]과 같은 것이라고 여기고 있습니다. 그래서 제가 함부로 따져서 다음과 같은 그림을 그려 보았습니다.

周子의 뜻을 밝힌 그림   胡子의 설을 정정한 그림

---

1) 『朱文公文集』, 권59. 1192년(紹熙 3, 주희 63세)의 글인데, 『주자문록』에는 趙師夏(자는 致道)의 說만 있고 이에 대한 주희의 평가가 없으므로 주희의 글로는 보기 어렵지만, 『朱文公文集』에 따르면 주희는 별다른 말없이 조사하의 說에 대해 동의하고 있다. 趙師夏는 주희의 제자로서 朝奉大夫 知南康軍을 역임했다.

2) 『通書』「誠幾德」의 글이다.

3) 원래 『知言』「修身」에 포함되어 있던 문장인데, 주희가 「知言疑義」에서 이 구절을 비판하면서 현행본 『知言』을 편찬할 때 누락시켰다.

선과 악은 비록 상대되어 있지만 마땅히 객과 주인으로 나뉘어야 하고 천리天理와 인욕人欲은 비록 분파된 것이지만 반드시 종자宗子와 서얼庶孽의 관계가 파악되어야 합니다. 성誠으로부터 움직여서 선善으로 뻗어 나간 것은 나무가 뿌리에서 줄기로, 줄기에서 가지로 뻗어 가는 것과 같아서 위와 아래가 서로 이어져 있습니다. 이것은 도심道心이 드러난 것이고 천리가 유행한 것이니, 바로 마음의 본래 주인이요 성의 바른 종자宗子입니다. 그리고 간혹 곁으로 뻗고 옆으로 피어난 것은 기생하는 혹과 같은 것이어서, 이 또한 성誠이 움직여서 나온 것이기는 하지만 인심人心이 드러난 것이고 사욕私欲이 유행한 것이니 이른바 악惡입니다. 이것은 마음에 본래 있는 것이 아니라 객이 깃든 것이므로, 성誠의 바른 종자宗子가 아니라 서얼일 뿐입니다. 이것을 빨리 분변하지 않고 정밀하게 택하지 않으면 객이 주인을 타기도 하고 서얼이 종자를 대신하기도 하게 됩니다. 배우는 이들은 싹이 트는 기미의 순간에 그 발하는 것의 향배를 살펴서, 곧게 나온 것은 천리이고 곁으로 나온 것은 인욕이며, 곧게 나온 것은 선善이고 곁으로 나온 것은 악惡이며, 곧게 나온 것은 고유한 것이고 곁으로 나온 것은 엉뚱하게 발생한 것이며, 곧게 나온 것은 근원이 있고 곁으로 나온 것은 근원이 없으며, 곧게 나온 것은 순順이고 곁으로 나온 것은 역逆이며, 곧게 나온 것은 정正이고 곁으로 나온 것은 사邪라는 것을 알아야 합니다. 그리하여 곧게 나온 것을 잘 이끌어가고 곁으로 나온 것을 막아서 끊어 버릴 수 있으면, 공부에 들인 노력이 지극해진 뒤에 이 마음이 발한 것은 자연히 한 길로 나와서 천명天命을 지킬 수 있게 될 것입니다. 여기에서 우리는 발하기 전에는 선善만 있고 악惡은 없다는 것을 볼 수 있습니다. 정자께서 "성性 속에 원래 이 두 개가 상대해서 생기는 것이 아니다", "우리는 선악善惡을 말할 때 으레 반드시 선善을 먼저 말하고 악惡을 뒤에 말한다"라고 한 것은[4] 모두 이것을 염두에 두고 한 말입니다.

만일 선과 악을 동쪽과 서쪽처럼 상대되고 이것과 저것처럼 서로 대립해 있다고 여긴다면, 이것은 천리와 인욕이 한 근원에서 나오고 발하기 전에 이미 두 개의 단서가 갖추어져 있다고 말하는 꼴이니, 이른바 "하늘이 명命한 것을 성性이라고 한다"라는 말도 매우 잡스러운 것이 되고 맙니다. 이것이 호씨胡氏의 "체體는 같으면서 용用이 다르다"는 말의 의미입니다.

---

4) 각각 『二程遺書』 권1과 권22上에 나오는 말이다.

20. 이천선생 연보 — 伊川先生年譜[1]

선생의 이름은 이이頤이고 자는 정숙正叔이며 명도明道선생(程顥)의 동생이다.[2] 어려서부터 고명高明한 식견이 있어 예禮가 아니면 움직이지 않았다. 나이 14~5세에 명도선생과 함께 용릉春陵 주무숙周茂叔선생에게 배웠다.

황우皇祐 2년(1050), 나이 18세에 궐하闕下에서 인종仁宗에게 상소를 올려 왕도王道에 마음을 두고 생령生靈을 염려하며 세속의 의론을 물리치고 평범하지 않은 공적을 이루도록 기약하라고 권하며, 한 번 불러서 직접 배운 것을 아뢸 기회를 달라고 요청했다. 그러나 대답이 없었다.

한때 태학太學에서 공부하였다. 당시에 해릉海陵 호익지胡翼之 선생(胡安正)이 교도敎導로 있었는데, 한 번은 "안자顏子가 좋아한 것은 어떤 학문인가"라는 주제로 제생들을 시험했다가 선생의 답안지를 보고는 크게 놀라서 바로 불러 만나보고 학직學職을 주었다. 여희철呂希哲 원명原明이 선생의 이웃 재齋에 있다가 처음으로 선생을 스승의 예로 모셨다.

진사進士로 선발되고 가우嘉祐 4년(1059)에 정시廷試에 응시했지만 낙방하여 더 이상 시험을 치지 않았다. 치평治平(1064~1067)·희녕熙寧(1068~1077) 연간에 근신近臣이 여러 번 천거하였지만 학식이 부족하다면서 벼슬하려고 하지 않았다.

---

1) 『朱文公文集』, 권98.
2) 정호는 明道 元年(1032)에 태어났고 정이는 明道 2년(1033)에 태어났다.

원풍元豐 8년(1085)에 철종哲宗이 즉위하자 문하시랑門下侍郎 사마공司馬公 광光, 상서좌승尙書左丞 여공呂公 공저公著, 서경유수西京留守 한공韓公 강絳이 그의 행의行義를 조정에 올렸다. 11월 정사일에 여주단련추관汝州團練推官 서경국자감西京國子監 교수敎授가 되었다. 선생은 거듭 사양했지만, 얼마 뒤 대궐로 불려갔다.

원우元祐 원년(1086) 3월에 경사京師에 이르렀고, 선덕랑宣德郞 비서성교서 랑秘書省校書郞에 제수되었다. 선생은 "조종조祖宗朝에 포의布衣로 징소徵召된 사례가 있긴 했지만, 지금 신은 아직 뵙지도 못했으니 명을 받아들일 수 없습니다"라고 사양했다. 그래서 징소하여 만나보게 되니, 태황태후太 皇太后가 직접 말을 주고받고는 숭정전설서崇政殿說書로 삼으려고 했다. 선생은 사양했지만 뜻대로 되지 않아서 비로소 서감西監의 직임3)을 받아들 였다. 이어 경연經筵에 대한 세 가지 일을 상소로 아뢰었다. 첫째는 황상의 나이가 어려서 군덕君德을 보양輔養하는 것이 급하므로 마땅히 현덕賢德을 갖춘 이를 선발해서 강관講官으로 삼아 곁에서 모시고 숙직宿直까지 하면서 도의道義를 아뢰도록 하라고 요청한 것이었으니, 기질氣質을 함양하고 덕성을 훈도薰陶하도록 하려는 의도였다. 둘째는 황상을 좌우에서 모시는 이는 반드시 노성老成하고 중후한 사람을 뽑아서 사치스런 물건이나 천속한 말들이 눈과 귀에 접하지 않도록 하고, 경연을 설치하고 내신內臣 10인을 두어 그들로 하여금 궁중에서 황상의 동식動息을 살펴 강관에게 말하도록 해서 조금이라도 어긋난 것이 있으면 일마다 규간規諫할 수 있도록 하라는 것이었다. 셋째는 강관講官이 앉아서 강의하게 하여 인주人主 가 유학儒學을 높이고 도를 소중하게 여기는 마음과 공손하고 두려워하는 덕을 기를 수 있도록 하라는 것이었다. 그러면서 "이 요구들을 들어주면

---

3) 西京國子監 敎授를 말한다.

감히 직책에 나아가지 않을 수 있겠습니까? 들어주지 못한다면 사양하도
록 해 주소서"라고 했다. 얼마 뒤 명이 내려왔는데, 통직랑通直郎의 품계로
숭정전설서崇政殿說書에 임명한다는 내용이었다. 선생은 다시 사양하였다
가 명을 받아들였다.

5월에 손각孫覺·고림顧臨 및 국자감장國子監長과 함께 국자감國子監의
조제條制를 검토하라는 명을 받았다. 선생이 확정한 것의 대체적인 내용은,
학교는 예의禮義로써 서로 솔선하는 장소인데 한 달마다 다투게 하는
것은 교양敎養하는 길에서 아주 위배되므로, 시험을 과제로 바꾸고 미진한
점이 있으면 학관學官이 불러 가르치게 해서 더 이상 고하高下를 정하지
말도록 하자고 건의하고, 존현당尊賢堂을 지어 천하의 도덕 있는 선비들을
불러 모으고 해액解額[4]을 없애서 이익으로써 선비를 유혹하는 일이 없도록
하자는 것 등의 십 몇 조였다.

6월에 태황태후에게 상소를 올려 "오늘날 지극히 크고 지극히 급하여
종사宗社와 생령生靈의 장구한 계책이 되는 것은 황상의 덕을 보양하는
것입니다. 그리고 보양의 도는 공연히 여러 서사書史를 섭렵하고 고금을
살피는 데 있는 것이 아니라, 발걸음조차도 정인正人에게서 벗어나지
못하게 해야 함양涵養하고 훈도薰陶하여 성덕聖德을 성취할 수 있습니다.
그런데 지금은 하루 한 번 강의에서 몇 줄 해석하는 것에서 그치니
그 보탬이 이미 적은 데다, 4월부터는 파강罷講하여 중추中秋까지 줄곧
유신儒臣을 접하지 않으니 고인古人들이 아침저녁으로 보필하던 뜻에
어긋나는 듯합니다. 초가을이 되면 강관講官에게 하루씩 번갈아 가며
입시入侍해서 의리義理를 진설陳說하게 하고, 신료臣僚 집안의 11~2세 되는
자제 세 사람을 뽑아 황상을 모시고 업을 익히도록 하소서. 또 이영각邇英閣

---

4) 각 향리鄕里에서 진사進士를 뽑아 서울로 올리는 것을 해解라 하는데, 그 인원은 원래 정해
  져 있었다.

은 너무 좁고 더워서 황상의 체통에 맞지 않는 데다 강의하는 날에는 재신宰臣·사관史官들이 모두 들어와서 황상이 편안하고 즐거운 느낌을 갖지 못하게 합니다. 청컨대 지금부터는 한 달에 두 번 숭정전崇政殿에서 강의한 뒤에 재신·사관이 입시하도록 하소서. 그리고 다른 날은 연화전延和殿에서 강의하도록 하소서"라고 하였다.

8월, 겸판등문고원兼判登聞鼓院으로 차견差遣되니, 선생이 앞서 했던 말을 인용하고서는 "들어가서는 도덕을 담론하고 나와서는 소송을 맡게 하는 것은 제대로 된 용인用人이라고 할 수 없습니다"라고 말하고 거듭 사양하며 받지 않았다.

2년(1086)에 또 상소를 올려 연화전에서 강독하고 태황태후가 발을 드리워 듣는 일에 대해 논하였으니, 때때로 강관을 발 앞으로 불러서 황상의 진학進學이 어느 정도인지 물어보라고 요청하고, 또 이영각은 무더우니 숭정전·연화전이나 다른 넓고 시원한 곳에서 강독하게 해 달라고 요청한 것이다. 급사중給事中 고림顧臨이 전상殿上에서 강독하는 것은 불가하다고 하자 '이영각을 넓게 개조하라'는 성지가 내려졌는데, 선생이 다시 상소를 올렸다. "이영각을 넓게 개조하면 신이 청한 내용이 이루어집니다. 다만, 조종조祖宗朝 이래로 모두 전상殿上에서 앉아서 강독하다가, 인종仁宗 때 처음으로 이영각으로 나가 강독하면서 강관이 입시立侍하게 되었던 것입니다. 대개 한때의 편리함을 좇은 것일 뿐이지 고림이 생각하는 것과는 같지 않습니다. 지금 고림의 뜻은 임금을 높이는 문제를 말하려는 것이지만, 그는 정작 임금을 높이는 도리를 알지는 못하고 있습니다. 만일 그 말을 옳다고 여기신다면 이것은 주상의 지견知見을 그르치게 될 것입니다. 신의 직책이 보도輔導를 담당한 것이니만큼 분변하지 않을 수 없습니다."

선생은 경연에 있을 때 진강進講하게 되면 반드시 숙재宿齋하여 미리 계칙戒飭하고 깊이 생각하며 성심誠心을 내어서 황상의 뜻을 감동시킬 준비를 했다. 그리고 그 설명은 늘 문의文意의 밖에서 반복해서 미루어 밝히되 인주人主의 문제로 귀결시켰다. 하루는 "안자顔子가 그 즐거움을 고치지 않았다"는 장章[5]을 강독하게 되었는데, 문인들은 임금의 일이 아닌 이 장을 어떻게 강의할지 궁금해했다. 선생은 강의를 하게 되자 우선 문의를 설명한 뒤, "누항陋巷의 선비도 인의仁義가 몸에 있으면 빈천貧賤을 잊을 수 있습니다만, 인주人主는 숭고해서 봉양이 극도로 갖추어져 있어도 배움을 모른다면 어찌 부귀가 떠나가지 않을 수 있겠습니까? 또 안자는 왕좌王佐의 자질을 갖추었지만 단사표음簞食瓢飮으로 지냈고 계씨季氏는 노魯나라의 좀인데도 주공周公보다 부유했으니,[6] 노나라 군주의 용사用事가 이와 같음은 후세에 자신을 반성할 거울이 되지 않겠습니까?"라고 했다. 듣는 이들이 탄복했고 철종哲宗도 수긍했다. 한번은 황상이 궁중에서 걸어 다닐 때나 물을 버릴 때 반드시 개미를 피한다는 소식을 듣고서 선생은, "폐하께서는 이 마음을 미루어서 사해에 미치도록 해 주소서"라고 했다. 어느 날 강講을 파했을 때 황상이 갑자기 일어나서 난간에 기대어 장난삼아 버들가지를 꺾자 선생은 나아가 "바야흐로 봄이라 피어나는 것이니 아무 까닭 없이 꺾어서는 안 됩니다"라고 했다. 황상이 기뻐하지 않았다. 강독하는 책에 '용容'자가 있으면 곧 중인中人(환관)이 황지黃紙로 덮으며 "황상이 번저藩邸에 있을 때의 이름이다"라고 했는데, 선생이 강을 파하고 앞으로 나아가 "인주人主는 그 세勢가 존엄하지 않는 것이 걱정이 아니라 신하들의 높임이 지나쳐서 교만한 마음이 생기게 되는 것이 걱정입니다. 그런 마음은 모두

---

5) 『論語』, 「雍也」, "子曰: 賢哉回也! 一簞食一瓢飮, 在陋巷. 人不堪其憂, 回也不改其樂. 賢哉回也!"

6) 『論語』, 「先進」, "季氏富於周公, 而求也爲之聚斂而附益之. 子曰: 非吾徒也. 小子! 鳴鼓而攻之可也."

근습배近習輩들이 양성하는 것이니 경계하지 않을 수 없습니다. 청컨대 지금부터는 구명舊名이나 혐명嫌名을 모두 더 이상 가리지 않도록 해 주십시오"라고 했다. 당시에 신종神宗의 상喪이 끝나지 않았는데 백관百官들이 동지冬至라고 경하慶賀를 드리니, 선생은 "절서節序가 변천하면 시절에 따른 생각이 절실해질 것이니, 다만 '하賀'를 '위慰'로 바꾸소서"라고 했다. 상喪을 마치고 유사有司가 악樂을 벌이고 연회宴會를 열려고 하자 선생은 또 상소하여 연회를 파하기를 청하며, "상을 마치면 길례吉禮를 쓴다는 말은 악樂을 쓸 일이 있을 때에는 악樂을 써도 괜찮다는 뜻입니다. 그런데 지금 아무 일이 없는데도 특별히 연회를 여는 것은 상을 마침을 기뻐하는 것입니다"라고 했다.

5년 정월에 태중공太中公[7]의 상喪을 당해 관직을 떠났다.

7년 상복을 벗고 직비각直祕閣 판서경국자감判西京國子監에 제수되었다. 5월에 관구숭복궁管勾崇福宮에 제수되었다.

원우 9년(1194)에 철종이 처음으로 친정親政을 하게 되자 직비각直祕閣 판서경국자감判西京國子監의 직임을 거듭 내렸다. 선생은 다시 사양하고 취임하지 않았다.

소성紹聖 연간(1194~1098)에 당론이 일어나 전리田里로 쫓겨났다.

4년(1197) 11월에 부주편관涪州編管으로 보내졌다. 문인 사양좌謝良佐가 "이번 걸음을 하시게 된 원인을 제가 알고 있습니다. 바로 족자族子인 정공손程公孫과 형서邢恕가 한 짓일 뿐입니다"라고 했다.

원부元符 2년(1099) 정월에 『역전易傳』이 완성되어 서문을 지었다.

3년(1100) 정월에 휘종徽宗이 즉위하여 협주峽州로 이배되었다. 4월에

---

7) 정호·정이 형제의 부친인 程珦이다. 자는 伯溫이고 洛陽人이다. 관질이 太中大夫에 이르렀고 龔州·鳳州·磁州·漢州 지사를 지냈다. 70세에 致仕하였고, 85세에 세상을 떠났다.

사면되어 선덕랑宣德郎으로 복직되니, 마음대로 거처를 옮길 수 있게 되어 낙양으로 돌아왔다. 10월에 통직랑通直郎 권서경국자감權西京國子監으로 복직했다.

건중정국建中靖國 2년(1102) 9월에 복관된 것을 모두 추탈追奪하고 예전대로 치사致仕하게 했다.

숭녕 2년(1103) 4월에 언관言官이 그가 본래 간당奸黨이라고 비판하였다. 선생이 이에 용문龍門의 남쪽으로 옮겨 가 살면서 사방의 학자를 거절하고 "들은 것을 높이고 아는 것을 행하면 그뿐이다. 굳이 내 문하로 들어올 것 없다"라고 하였다.

5년(1106)에, 다시 선의랑宣義郎으로 치사하였다. 이때 『역전易傳』이 이루어진 지 이미 오래되었으나 배우는 이들이 아무도 전수받지 못했기 때문에 누가 그것을 요청하였는데, 선생은 "내 정력이 아직 쇠하지 않은 듯해서 조금 더 나아지기를 기대하고 있다네"라고 했다. 그 뒤 점점 병이 깊어지자 비로소 윤돈尹焞·장역張繹에게 전했다.

대관大觀 원년(1107) 9월 경오일에 집에서 돌아가시니 향년 75세였다. 병이 깊어졌을 때 문인이 나아가 "선생께서 평소 배운 것은 바로 오늘 쓸 데가 있습니다"라고 했더니, 선생이 힘을 내어 물끄러미 보고서는 "도道란 조금이라도 힘을 쓰면 옳지 못하다"라고 했다. 그 사람이 문을 나서기도 전에 선생이 돌아가셨다.

처음에 명도선생이 선생에 대해, "나중에 사도師道를 존엄하게 할 이는 내 아우일 것이나, 후학을 접인接引하고 인재에 따라 성취시키는 것은 내가 양보하지 못한다"라고 했다. 선생이 돌아가셨을 때 옛 문인고제門人高弟 가운데 많은 이들이 먼저 죽고 없어서 그 덕의 아름다움을 형용할 만한 이가 없었다. 그러나 선생은 일찍이 장역張繹에게 "내가 예전에 명도선생의 행장을 지었는데, 내 도는 명도와 같다. 뒷날 나를 알려는 이가 있으면 이 글에서 구하면 될 것이다"라고 했다.

【이천이 명도의 행장을 지었는데 그 내용은 다음과 같다.

"선생은 성이 정程이고 휘는 호顥자이며 자는 백순伯淳이다. 아버지 향珦은 현임 태중대부太中大夫로 치사致仕하였고 어머니는 수안현군壽安縣君 후씨侯氏이며, 하남인河南人이다. 선생은 태어나면서부터 정신과 기운이 빼어나고 시원스러웠다. 아직 말을 하지 못할 때 할머니 임씨任氏가 안고 걷다가 그만 비녀를 떨어뜨렸는데, 며칠 뒤 선생이 손으로 가리켜서 가 보니 과연 거기에 비녀가 있었다. 고 호부시랑戶部侍郞 팽공彭公 사영思永이 선생을 사위로 맞았다.

약관이 지나 진사제進士第에 합격하여 경조부京兆府 호현鄠縣 주부主簿로 임명되었다. 그때 남산南山의 한 승사僧舍에 석불石佛이 있었는데, 해마다 머리에서 빛이 난다고 전해져 남녀들이 모여서 구경하곤 했다. 선생이 승려에게 "다시 빛이 나거든 그 머리를 가져다 가서 보아야겠다"하니, 그 뒤로 빛이 나지 않았다. 모산茅山에 용龍이 나온다는 못이 있어 상부祥符 연간에 그것을 신물神物로 받들었는데, 선생이 그것을 붙잡아서 포를 떠 버렸다. 택주澤州 진성령晉城令으로 옮겨서는 백성들을 효제孝弟·충신忠信으로 가르쳤고, 쉬는 날에는 부로父老들을 불러 함께 말을 나누고 아이들이 읽는 책에 몸소 구두를 바로잡아 주기도 했다. 임기가 찼을 때 한 속리屬吏가 밤에 문을 두드리며 살인이 발생했다고 했다. 그러나 선생은, "우리 읍에 어찌 그런 일이 있겠는가! 정말 있다면 반드시 다른 마을의 누구일 것이다"라고 했다. 물어 보니 과연 그랬다. 신종神宗이 평소 선생의 이름을 알았다가 두어 번 만나보고서는 드디어 크게 쓰고자 하니, 앞뒤로 신종에게 아뢴 말의 대체는 "마음을 바르게 하고 인욕人欲을 막으며 현신을 찾고 인재를 기르는 것을 우선으로 삼아야 한다"는 것이었다. 왕안석王安石이 날로 신종의 신임을 얻고 있던 때에 선생이 그와 함께 정사政事에 대해 논하곤 했는데, 매번 마음이 안정되고 기운이 화락하였으니 왕안석이 감동을 받는 경우가 많았다. 지금의 황상(哲宗)이 제위를 계승하면서 관질을 승의랑承議郞으로 높이고 종정시宗正寺 승丞에 임명하였는데, 부임하기 전에 병으로 세상을 떠났다. 원풍元豐 8년(1085) 6월 15일로, 향년 54세였다.

선생은 자품資稟이 이미 남달랐던 데다 그 자품을 훌륭한 방법을 통해 잘 길렀다. 그래서 순수純粹하기가 정금精金과 같았고 온윤溫潤하기가 양옥良玉과 같았으며, 관대하면서도 법도가 있었고 화합하면서도 휩쓸리지 않았으며, 충성忠誠은 금석金石을 꿰뚫었고 효제孝悌는 신명神明에 통하였다. 그 기색을 바라보면 그가 사람을 대하는 태도는 마치 봄 햇살처럼 따뜻하고 그 말을 들어보면 그의 말이 남에게 받아들여지는 것이 마치 때맞추어 내리는 비가 스며드는 듯해서, 가슴속이 시원하여 세상에 대해 빈틈없이 다 들여다볼 수 있었다. 그가 온축한 것을 헤아려 본다면 가없는 창명滄溟처럼 드넓고 크며, 그의 덕德에 대해 말해 본다면 아무리 아름다운 말로도 형용하기 힘든 점이 있다.

선생의 행위를 보면, 안으로 경敬을 위주로 삼고 밖으로 서恕로써 드러내었으니, 선善한 것을 보면 마치 자기가 한 것처럼 즐거워하였고 자기가 하기 싫은 것은 남에게 베풀지 않았다. 광거廣居(仁)에 거처하며 대도大道(義)를 걸었고, 말은 실제 내용이 있었고 행동은 항상적인 방식이 있었다.

선생의 학문 과정을 살펴보면, 15~6세 때 여남汝南 주무숙周茂叔(周惇頤)이 도를 논하는 것을 듣고서 드디어 개연하게 도를 구하려는 뜻을 두게 되었다. 제가諸家의 이론을 두루 섭렵하고 로자老子·석씨釋氏의 이론에 거의 10년을 드나들었다가, 돌아와 육경六經에서 구한 뒤에 도를 얻었다. 그리하여 만물의 이치에 대해 밝게 알고 인륜의 도리에 대해 훤히 살필 수 있어서, 성性을 다하여 명命에 이르려면 반드시 효제孝弟에 뿌리를 두어야 하고 신神을 다하여 화化를 알려면 예악禮樂을 거쳐야 한다는 것을 알게 되었다. 옳은 듯 보이지만 사실은 그른 이단異端의 설說들을 변박辨駁하고 백대百代 동안 밝혀지지 않았던 미혹을 풀었다.

선생은 맹자가 세상을 떠난 뒤 성학聖學이 전수되지 않았다고 하여 사문斯文을 일으키는 것을 자신의 사명으로 삼았다. 그리하여 이렇게 말했다. "도가 밝혀지지 못한 이유는 이단이 해쳤기 때문이다. 옛날에는 이단의 해악이 그나마 천근하여 잘못된 것인 줄 알기 쉬웠지만, 지금 이단의 해악은 그 이론이 정심精深하여 그것이 잘못된 것인 줄을 분변하기가 힘들다. 옛날에 사람들을 미혹시키는 방식은 사람들이 잘 모르는 부분을 틈타는 것이었는데, 지금은 사람들의 골수까지 파고들어 가고 있으니 이는 그들의 이론이 고명高明하기 때문이다. 그러나 비록 그들이 스스로 신神을 다해서 화化를 안다고 말하지만 실제로는 만물의 능력을 일깨워서 각자의 구실을 다할 수 있도록 만들지 못하고, 비록 두루 미치지 않은 곳이 없다고 말하지만 실제로는 윤리倫理를 벗어나 있으며, 비록 신神을 다해서 미묘한 이치까지 다 밝혔다고 말하지만 실제로는 결코 요순의 도로 들어갈 수가 없다. 사특하고 괴이한 주장들이 다투어 일어나서 백성들의 귀와 눈을 가리고 천하를 탁류 속에 빠뜨리니, 비록 높은 재능과 밝은 지혜를 갖추었다고 해도 견문에 사로잡혀 취한 듯 꿈꾸듯 살다 죽으면서도 스스로 깨닫지 못한다. 이것은 모두 바른 길이 가시밭으로 뒤덮이고 성문聖門이 가리고 막혀서 그런 것이니, 이러한 것을 물리쳐야만 도道로 들어갈 수 있을 것이다.” 선생은 나아가서는 사람들을 일깨우고 물러나서는 책으로 밝히려고 했지만, 불행하게도 일찍 세상을 떠났다.

선생은 사람들을 가르칠 때 치지致知로부터 지지知止에까지, 성의誠意로부터 평천하平天下에까지, 쇄소응대灑掃應對로부터 궁리진성窮理盡性에까지 이르도록 하였다. 누군가를 가르치면 그 사람이 쉽게 따랐고, 누군가에게 화를 내면 그 사람이 이상하게 여기지 않았다. 그 소문을 들은 이들은 진심으로 선생을 추종하였고 그 덕을 목도한 이들은 마음이 순후해졌다. 비록 소인이 그 추향趨向이 달라 한때 배척하기도 했으나 나중에 물러나 선생의 모습을 살펴본 뒤에는 군자로 여기지 않은 이가 없었다. 말하면 남들이 모두 따르고 움직이면 남들이 모두 호응하며 굳이 사물을 구하지 않더라도 사물이 먼저 감응해 오고 굳이 믿음을 심어 주지 않더라도 백성들이 먼저 믿었으니, 이런 경지는 남들이 미치지 못하는 것이었다.】

21. 주자문록 권후 ── 朱子文錄卷後

주자의 『전집』은 왕왕 백여 권이나 되어 후대의 배우는 자들이 단지 그 분량이 많은 것을 힘들어 할 뿐만 아니라 영호남의 외진 곳에서는 이 책을 얻은 사람이 매우 드물다. 전에 이선생李先生이 여러 해를 연구하여 간행하려 하였으나 끝내 이루지 못하였다. 지금 상사上舍 기대승이 편집해 내어 3편의 만들어 모두 약간 분량이었다. 그 사이 수록에서 누락된 것을 보았는데, 그래서 이어 권말에 붙였다. 이 책은 고을에 있는 뜻을 같이하는 사람들과 함께 간직하려 할 생각이요, 성현의 뜻을 밝혀내고 보완하는 일은 뒷날의 군자를 기다린다고 말할 뿐이다.

아, 지금 변방을 방비하는 데 비용이 매우 많이 드는 상황에서, 찍어 펴내도록 결의하였던 것은 모두 사문斯文의 김윤제金允悌[1]의 공이다. 당시 나주목사羅州牧使였다.

가정嘉靖 정사년(1557) 4월 초하루 후학 송정황宋廷篁[2] 삼가 쓰다.

---

[1] 1501~1572. 나주목사로 있을 때 『주자문록』을 간행하였다.
[2] 1532~1557. 河西 金麟厚(1510~1560)의 문인으로 기대승과 친했으며, 시문에도 능하였다.

부록

1. 주자 연보 — 朱子年譜

1130년(高宗 建炎 4, 庚戌) 1세

O 9월 15일 오시午時에 남검주南劍州(지금의 福建省 南平) 우계현尤溪縣에서 태어
났다. 아명은 우랑沈郎이었다. 조상은 대대로 휘주徽州 무원현婺源縣 만안
항萬安鄉 송암리松巖里에 터를 잡고 있었지만 아버지 주송朱松 때에 복건성
福建省으로 옮겼다. 주송은 자가 교년喬年이고 호는 위재韋齋로, 귀산龜山
양시楊時의 제자 나종언羅從彦에게 배웠다. 주자의 어머니 축씨祝氏는
휘주徽州 흡현歙縣 사람이다. 위재와 축씨는 슬하에 3남 1녀를 두었다.

1131년(高宗 紹興 1, 辛亥) 2세

O 2월에 건주建州에 반란이 일어나 위재韋齋는 가족을 데리고 고전古田
용파龍爬로 도망갔다가 6월에 장계長溪 귀령사龜靈寺에 거처를 정했다.

1132년(高宗 紹興 2, 壬子) 3세

O 정월, 건주建州에 다시 반란이 일어나 위재韋齋는 가족을 데리고 복주福州
동강桐江으로 옮겼다가 반란이 평정된 뒤 우계尤溪로 돌아갔다. 5월,
위재는 가족을 데리고 천주泉州 석정진石井鎮의 감세監稅로 부임했다.

1133년(高宗 紹興 3, 癸丑) 4세

O 장식張栻(자는 敬夫, 호는 南軒)이 태어났다.

1134년(高宗 紹興 4, 甲寅) 5세

o 위재는 조칙을 받고 당시 행재소行在所인 임안臨安으로 가서 입대入對하게 되자 가족을 데리고 우계尤溪로 옮겼다. 이때 주자가 소학小學에 입학하였는데, 『효경』을 읽고서 책 여백에 "이렇게 하지 못하면 사람이 아니다"라고 썼고, 아버지에게 "해는 어디 붙어 있고" "하늘은 어디 붙어 있는지" 질문했으며, 집 앞 강가에서 팔괘八卦를 그리기도 했다. 또 처음으로 사서四書를 읽었다.

o 3월에 위재는 비서성秘書省 정자正字에 제수되었지만 8월에 모친 정씨鄭氏의 상을 당해 9월에 우계로 돌아갔다.

o 설계선薛季宣(자는 士龍)이 태어났다.

1135년(高宗 紹興 5, 乙卯) 6세

o 위재가 가족을 데리고 정화현政和縣 성계星溪로 옮겨서 여묘살이했다. 주자는 늘 성계서원星溪書院 · 운근서원雲根書院 · 담로산湛盧山에서 글을 읽었다. 대략 이해에 연평延平 이동李侗을 처음 만났다.

o 4월, 양시楊時가 세상을 떠났다.

1136년(高宗 紹興 6, 丙辰) 7세

o 이해에 두 형이 요절했다.

o 12월에 이천伊川의 학문이 금지되었다.

1137년(高宗 紹興 7, 丁巳) 8세

o 위재는 복상을 마치고 좌상 장준張浚의 천거로 비서성秘書省 교서랑校書郎에 제수되었다. 주자와 어머니 축씨祝氏는 포성浦城에 기거했다.

○ 이해에 여조겸呂祖謙(자는 伯恭, 호는 東萊)·진부량陳傅良(자는 君擧, 호는 止齋)· 누약樓鑰(자는 大防, 호는 攻媿)이 태어났다.

1138년(高宗 紹興 8, 戊午) 9세

○ 2월, 호안국胡安國이 세상을 떠났다.

○ 3월, 주자와 그 어머니 축씨祝氏가 임안臨安에 도착했다. 임안에서 양유의 楊由義를 스승으로 모시고 사마광司馬光의 「잡의雜儀」 등을 배웠다. 위재는 저작좌랑著作佐郎에 제수되었다. 주자는 아버지를 모시고 윤화정尹和靖 (이름은 焞)을 뵈었고, 윤화정의 『논어해論語解』를 베껴서 읽었다.

○ 4월, 위재는 탁지度支 원외랑員外郎 겸 사관史館 교감校勘에 제수되었다.

○ 6월, 주한상朱漢上(이름은 震)이 세상을 떠났다.

○ 9월, 철종실록哲宗實錄 편찬에 참여했던 위재는 사훈司勳 원외랑員外郎에 제수되었다. 주자가 유백수劉白水(이름은 勉之)를 처음으로 뵈었고, 대략 이때 호전胡銓을 처음 뵈었다.

○ 12월, 위재는 여러 사관들과 함께 화의에 반대하는 상소를 올렸다.

1139년(高宗 紹興 9, 己未) 10세

○ 고종高宗이 임안臨安을 수도로 정하고 정월 초하루에 금金과 화의한다는 내용을 담은 조서를 천하에 반포하였다.

○ 8월, 위재가 상서성尙書省 이부원외랑吏部員外郎 겸 사관史館 교감校勘에 제수되었다.

○ 이해에 주자는 사서四書를 읽으며 성인聖人이 되려는 뜻을 품었다.

○ 이해에 육구연陸九淵(자는 子靜, 호는 象山)이 태어났다.

1140년(高宗 紹興 10, 庚申) 11세

○ 3월에 진회秦檜가 주도한 화의를 줄곧 반대하던 위재는 요주饒州 지사로 발령이 났으나 곧 사관직祠官職을 청하여 복건성福建省으로 돌아갔다.

○ 5월에 금金이 남침했다.

○ 6월에 유기劉錡가 순창順昌에서 5천 정병으로 10만 금군金軍을 대파하였다. 위재가 주자에게 「곤양부昆陽賦」를 써 주었다.

○ 대략 7월에 주자는 위재를 따라 숭안崇安으로 가서 유병산劉屛山(이름은 子翬)을 뵈었다.

○ 가을, 위재는 건안성建安城 남쪽 자지상방紫芝上坊에 환계정사環溪精舍를 짓고 그곳으로 이사했다.

○ 이해에 조여우趙汝愚(자는 子直) · 신기질辛棄疾(자는 幼安, 호는 稼軒)이 태어났다.

1141년(高宗 紹興 11, 辛酉) 12세

○ 11월, 송宋과 금金 사이에 화의가 이루어졌고, 악비岳飛가 대리시大理寺의 감옥에서 처형당했다.

○ 이해에 양간楊簡(자는 敬仲, 호는 慈湖)이 태어났다.

1142년(高宗 紹興 12, 壬戌) 13세

○ 11월, 윤돈尹焞이 소흥부紹興府에서 세상을 떠났다.

○ 이해에 유광조劉光祖(자는 德修)가 태어났다.

1143년(高宗 紹興 13, 癸亥) 14세

○ 3월, 주송朱松이 건안建安 환계정사環溪精舍에서 세상을 떠났다. 병환이

위급했을 때 유자우劉子羽에게 가사家事를 부탁했고, 주희(주자)에게는 무이삼선생武夷三先生(胡憲, 劉勉之, 劉子翬)을 아버지처럼 모시고 배우라고 당부했다. 유자우가 주희 모자를 위해 숭안崇安 오부리五夫里 병산屛山 아래의 담계潭溪 가에 집을 지어 주었다. 주희는 유씨의 가숙家塾과 무이산武夷山 등지에서 삼선생을 모시고 배웠는데, 이때 유공劉珙, 유평劉珜, 위염지魏掞之, 방사유方士繇, 황수黃銖, 황자형黃子衡, 이종례李從禮, 유무劉懋, 구양광조歐陽狂祖와 함께 배웠다.

○ 처음으로 이정二程과 장재張載의 글을 읽었다.

○ 이해에 진량陳亮(자는 同甫)·첨체인詹體仁(자는 元善)·조번趙蕃(자는 昌父)이 태어났다.

1144년(高宗 紹興 14, 甲子) 15세

○ 주송朱松을 숭안현崇安縣 오부리五夫里 서탑산西塔山에 장사지냈다.

○ 사서四書를 열심히 읽고 여대림呂大臨의 『중용해中庸解』를 읽었으며, 「불자기문不自棄文」을 지었다.

○ 대혜종고大慧宗杲의 제자 도겸道謙선사를 처음 만났고, 이때부터 불교와 도교를 출입하기 시작했다.

○ 이천伊川의 학문이 금지되고 장재張載·유자휘劉子翬 등의 책이 금서가 되었다.

○ 『주례周禮』를 처음으로 읽었다.

1145년(高宗 紹興 15, 乙丑) 16세

○ 유자휘劉子翬가 원회元晦라는 자를 지어 주었다.

○ 유·불·도의 책들을 두루 섭렵했고, 이정二程의 리학理學을 꾸준히 공부했다.

ㅇ 이해에 여본중呂本中(자는 居仁, 호는 東萊)이 태어났다.

1146년(高宗 紹興 16, 丙寅) 17세

ㅇ 치당致堂 호인胡寅을 뵈었다.
ㅇ 건주建州 개선사開善寺로 도겸道謙을 자주 찾아가 배웠고, 죽원암竹原庵에
  서 종원宗元에게 선禪을 배우기도 했다.
ㅇ 10월, 유자우劉子羽가 세상을 떠났다.

1147년(高宗 紹興 17, 丁卯) 18세

ㅇ 대략 이때에 대혜종고大慧宗杲와 편지를 주고받았다.
ㅇ 『제가가례고편諸家家禮考編』을 지었다.
ㅇ 8월, 건주建州 향공鄕貢에 선발되었다.
ㅇ 12월, 유자휘劉子翬가 세상을 떠났다. 임종 때 "불원복不遠復" 사상을
  전수했다.

1148년(高宗 紹興 18, 戊辰) 19세

ㅇ 춘정월, 유면지劉勉之의 장녀를 아내로 맞았다.
  임안臨安 성시省試에 참여하기 위해 떠났다. 「원유편遠遊篇」 등의 시를
  지었다.
ㅇ 2월, 성시에 참여하여 도겸道謙의 선설禪說을 활용해서 합격했다.
  도성에서 선승禪僧을 찾아다니고 「무림武林」 등의 시를 지었다.
ㅇ 4월, 전시殿試에 합격했는데 제5갑甲 제90인人으로 동진사출신同進事出身
  의 자격이 주어졌다.
ㅇ 6월, 임안臨安을 떠나 난계蘭溪를 지났는데, 이때 범준范浚을 찾아뵙고

「심잠心箴」을 얻었다.

구주衢州를 지나면서 자미紫微 장얼張嵲을 찾아뵈었고 또 시인 이처권李處權을 뵈었다.

강산현江山縣을 지나다 일평逸平 서존徐存을 방문하니 서존이 「심명心銘」을 주었다.

○ 과거시험 공부에서 벗어나자 더욱 분발해서 글을 읽었다. 『증남풍집曾南豊集』을 처음 읽고 증공曾鞏의 문장을 익혔다.

1149년(高宗 紹興 19, 己巳) 20세

○ 2월, 유면지劉勉之가 세상을 떠났다. 호인胡寅이 와서 제사를 지냈다.

○ 상채上蔡(謝良佐)의 『논어해論語解』를 얻어서 연구했다. 상채의 제자 정곡鄭轂을 대략 이때 뵈었다.

○ 서산西山 이욱李郁의 『논맹설論孟說』을 얻어서 읽었다.

○ 육경六經과 『논어論語』·『맹자孟子』를 전면적으로 읽고 대의를 어렴풋이 깨닫게 되어 학문사상의 전환이 생겼다.

○ 12월, 무원婺源으로 가서 성묘한 뒤 종족宗族·인당姻黨·향장鄕長들을 뵙고 주씨 가묘家廟를 배알했으며, 선업전先業田 백 무畝의 세금으로 묘를 관리하고 제사지내는 비용으로 충당했다.

1150년(高宗 紹興 20, 庚午) 21세

○ 정월, 무원婺源을 떠나 흡현歙縣으로 갔다. 망경문望京門 비래산飛來山 팔산소경八山小徑에서 어머니 축씨祝氏의 집안과 외조부 축확祝確을 뵈었다. 황돈篁墩으로 가서 주씨의 선대 고택古宅을 찾았다. 정순程洵에게 편지를 보내어 시문 짓는 것에 대해 논했다.

o 3월, 덕흥德興을 지나면서 시인 동영董穎을 뵙고 그의 『상걸집霜傑集』에 대한 시를 지었다. 동년 섭원개葉元愷를 방문하고 시를 지었다.

o 도겸道謙이 형양衡陽에서 밀암密庵으로 돌아오자 여러 차례 산으로 찾아가서 아침저녁으로 도에 대하여 물었으며, 편지로 선禪에 대해 배웠다.

o 여름에 낙인洛人 범중표范仲彪가 숭안崇安으로 오니, 그에게서 사마광司馬光의 『잠허潛虛』와 『역설易說』을 얻어 읽고 사마광에 대해 많은 것을 알게 되었다. 역사서를 읽기 시작한 것이 이때이다.

o 9월, 전중시어사殿中侍御史 조균曹筠이 상소를 올려 이천伊川의 학문으로 선비를 선발하는 것을 금하게 했다.

o 이해에 섭적葉適(자는 正則, 호는 水心)이 태어났다.

1151년(高宗 紹興 21, 辛未) 22세

o 3월, 임안臨安으로 가서 전시銓試에 중등中等으로 뽑혀 좌적공랑左迪功郎·차기 천주泉州 동안현同安縣 주부主簿로 제수되었다.

o 5월, 임안을 떠나 호주湖州로 여행하며 삼숙 주고朱槔를 만나고, 변산弁山으로 가서 윤돈尹焞의 제자 서도徐度를 만났다.

o 7월, 호주로부터 돌아오는 길에 태주台州를 거쳐 황암黃巖 영석산靈石山으로 가서 약료거사藥寮居士 사급謝伋을 방문했다.

o 재실을 지어 '목재牧齋'로 이름 짓고 날마다 육경六經과 백씨(정호)의 책을 읽었으며, 겸겸謙謙한 태도로 자신을 다스렸다. 3년간 이어졌다.

o 10월, 생계가 막막해지자 소무邵武·건양建陽 사이를 전전했다.

o 황자형黃子衡과 유순보劉旬甫를 배웅하는 시를 지었고, 「고의古意」·「신기대우晨起對雨」 등의 시를 지었다.

1152년(高宗 紹興 22, 壬申) 23세

○ 정월, 무이산武夷山 충우관冲佑觀을 찾아 재계한 뒤 향을 피우고 수양했다. 입춘 사일에 향인들과 서강에 모여 축사祝辭하고 즐겼다.

○ 4월, 밀암密庵에서 도겸道謙을 방문한 뒤 먼 길을 떠났다. 건양建陽에서 바로 순창順昌까지 갔는데, 산사에서 묵은 뒤 운제각雲際閣에 올랐다 황당령黃塘嶺을 지나서 백망여白芒畬에서 묵었으며 운당포篔簹鋪에서 쉬었다가 도수갱倒水坑을 지나 5월에 돌아왔다.

○ 5월, 재거하여 불경을 탐독하며 도겸을 그리워하고 선열禪悅을 추구했다.

○ 가을에 도경道經을 탐독하고 장생비선長生飛仙의 술수를 배웠다.

○ 7월, 도겸이 세상을 떠났다. 가서 제사지냈다.

○ 겨울에 재거하며 수도했다. 분수실焚修室을 짓고 「보허사步虛辭」를 엮어 도사들처럼 보허하고 분향하며 수도했다.

○ 처음으로 주돈이周敦頤의 「태극도설太極圖說」과 『통서通書』를 얻어 읽었다.

○ 이해에 『증자고연보曾子固年譜』를 완성했는데 진회秦檜를 비판하는 말을 넣었다.

○ 호헌湖憲이 복건로안무사福建路安撫使로 임명되었지만, 사수와 염법鹽法에 대한 의견이 맞지 않아서 사관직을 신청했다.

○ 이해에 황간黃榦(자는 直卿, 호는 勉齋)이 태어났다.

1153년(高宗 紹興 23, 癸酉) 24세

○ 봄에 재거에서 밤낮으로 도경道經을 송독했다. 「춘일즉사春日卽事」 등의 시를 지었다.

○ 「목재기牧齋記」를 지어 목재牧齋에서 3년간 노불老佛을 출입한 결과를 총괄했다.

○ 5월, 천주泉州 동안현同安縣 주부主簿로 부임하기 위해 길을 떠났다. 무이산武夷山을 들러 충우관沖佑觀 도사들을 방문했다.

남검南劍(지금의 南平)를 지나면서 연평延平 이동李侗을 뵙고 선을 배우면서 얻은 성과를 말했으나 이동의 인정을 받지 못했다.

복주福州를 지나면서 시학詩學의 명가인 우재汪齋 이저李樗와 상서학尚書學의 명가 졸재拙齋 임지기林之奇, 예학禮學 명가 유조劉藻·임문천任文薦을 뵈었다.

보전莆田을 지나면서 애헌艾軒 임광조林光朝, 방저方翥, 진준경陳俊卿을 방문했다.

○ 7월, 동안에 이르러 현의 주부主簿 겸 현학縣學 담당관으로 부임했다. 맞아들 주숙朱塾(자는 受之)이 태어났다.

주부 숙사의 서재를 고사헌高士軒이라 이름 지은 후, 틈날 때마다 거기서 도경道經과 불서佛書를 읽고 보허를 익히면서 분향하며 수도했다.

판적版籍의 전세를 조사하여 경계를 시행하려고 했다. 추수 뒤에 천주로 가서 북산北山 마니교摩尼教 호록법사呼祿法師를 알전謁奠하고, 혜안惠安으로 가서 현승縣丞 정소숙鄭昭叔에게서 경계를 측량하는 방법에 대해 상세한 이해를 얻었다. 경계를 시행하자고 요청하려고 했지만 그만두었다.

○ 11월, 우정언右正言 정중웅鄭仲熊이 정학程學을 금지하자고 주장하면서 양형楊洞과 호양胡襄을 탄핵해서 물러나게 만들었다.

부세를 정돈하고 아전의 작폐를 다스렸다.

○ 12월에 명령을 받고 안계安溪·영춘永春 일대를 돌며 일을 살폈고, 영춘의 현령縣令 황우黃瑀로부터 아전의 작폐를 다스리고 백성의 아픔을 돌보는 방법을 배웠다. 안계 통현봉通玄峰 봉산암鳳山庵에 올라 게송偈頌을 지었다.

○ 현학縣學의 업무를 맡았는데, 섬학전贍學錢을 사용하는 문제 등과 관련해

서 천주의 주학州學 교수敎授들과 뜻이 맞지 않았다. 천주의 주학 교수 이한李㮚, 동안의 현령縣令 진송림陳宋霖에게 항론하는 편지를 보낸 뒤 공장公狀을 올려 현학의 일을 사직하기에 이르렀다.

1154년(高宗 紹興 24, 甲戌) 25세

o 현학縣學을 정돈하고 「유학자諭學者」·「유제생諭諸生」·「유제직사諭諸職事」 등을 반포했다.

o 5월, 강문하는 법에 대해 증수增修하였으며, 새로 강좌를 만들고 「강좌명講座銘」을 지었다. 동안현학同安縣學 사재四齋를 다시 만들고 「사재명四齋銘」·「고명고명鼓銘」을 지었다.

현학 제자원弟子員을 새로 시험 쳐서 뽑고 책시策試의 법을 정했다. 「보시방유補試牓諭」·「책시방유策試牓諭」를 반포했다.

서응중徐應中·왕빈王賓를 현학의 빈객으로 청했고, 가한柯翰을 현직학縣直學으로 천거했다. 친히 현학 제생을 위해 『논어』 20편을 강독하고 『논어과회설論語課會說』을 지었다. 제생들에게 『예기禮記』를 강독해 달라고 직학 가한柯翰에게 요청했고, 「강예기서설講禮記敍說」을 지었다.

o 7월, 차자 주야朱埜(자는 文之)가 태어났다.

o 가을겨울 사이에 사령장을 받고 장주 용계현龍溪縣·장태현長泰縣 일대를 돌면서 일을 살폈다. 「등나한봉登羅漢峰」 등의 시를 지었다.

1155년(高宗 紹興 25, 乙亥) 26세

o 정월, 「진여즙행장陳汝楫行狀」을 지었다.

o 사령장을 받고 복주福州 수부帥府로 가서 안무사按撫使 방자方滋를 뵙고 현학縣學에 관서 985권을 기증받았으며, 또 현학의 고궤장서를 정리하여

227권을 얻었다. 경사각經史閣을 지어 소장했다.

○ 복주에서 제거提擧 왕거王秬를 뵈어 조조문趙祖文의 그림을 빌려 보고 시를 지었다.

○ 여대기가 복건제형사간관復建提刑司幹官으로 부임해 오니, 여조겸呂祖謙이 아버지를 따라 복주로 왔다. 주희가 복주에서 처음으로 여대기呂大器 · 여조겸 부자를 만났다.

○ 매양梅陽으로 가서 대혜종고大慧宗杲를 만났다.

○ 여름에 도적떼가 몰려오자 성의 서북쪽을 지키게 되었다. 사포를 세우고 활쏘기를 익혔다. 「사포기射圃記」를 지었다.

○ 가을, 교사당敎思堂을 세웠다.

○ 석전의釋奠儀를 고정考正했다.

○ 혼례를 엄정하게 하자고 신청했다.

○ 예제禮制를 정돈하고 『민신예의民臣禮議』를 지었다. 『소흥찬차정화민신례약紹興纂次政和民臣禮略』의 편찬을 건의하고 예서禮書를 고정했다.

○ 정적政績을 인정받아 안무사 방자方滋의 천거를 받았다.

○ 보전莆田 공씨孔氏가 소장한 「당고唐誥」를 본 뒤 보전현령莆田縣令 부자득傅自得에게 공의孔宜의 판적版籍을 변경하고 지성문선왕至聖文宣王 제49세손으로 정하자고 요청했다.

○ 10월, 장진張震이 천하의 학교에 이정二程의 학문을 금지하는 조칙을 내리자고 요청했다.

○ 진회秦檜가 죽자 이정의 학문이 해금되었다. 현학縣學의 책문責問에 진회를 비판하는 내용이 많았고 이정의 학문을 주창했다.

○ 고故 승상 소송蘇頌의 사당을 현학궁에 세웠다.

○ 『목재정고牧齋淨稿』를 편정했다.

1156년(高宗 紹興 26, 丙子) 27세

ㅇ 정월, 조정趙鼎의 사당을 세웠다.

ㅇ 2월, 권호부시랑權戶部侍郎 종세명鍾世明에게 편지를 보내어 경총제經總制
와 같은 무명잡세를 없애라고 요청했다.

ㅇ 3월, 왕계산王季山이 용계현령龍溪縣令으로 부임하여 떠나게 되자 시를
지어 배웅했다.

사령장을 가지고 외읍을 돌면서 공사를 시찰했다. 덕화德化에 이르러
극두포劇頭鋪에 묵었는데, 추운 밤에 『논어』를 읽다가 "자하지문인소자
子夏之文人小子"장에 대해 돈오하였다.

ㅇ 5월, 천주부泉州府의 명을 받아 경내 선현의 비갈碑碣·사전事傳을 수집했
다. 금문金文으로 가서 선현 진연陳淵의 사적을 탐방했다.

금방산金榜山으로 가서 당 명사 진암陳黯의 유적을 탐방했고, 그의 『비정
서神正書』를 얻어 교정하고 서문을 썼다.

ㅇ 7월, 임기가 찼는데 주부의 청사는 무너지고 고사헌高士軒은 살 수가
없는 지경이라 잠시 범천사梵天寺 겸산각兼山閣에 머물렀다. 섭학고葉學古
가 추란秋蘭을 보내 와서 시를 지어 답했다.

공무로 장주漳州로 가서 장주 교수 진지유陳知柔와 함께 노닐고 「장주교
수청벽기漳州教授廳壁記」를 지었다.

ㅇ 8월, 천주泉州로 가서 이임장이 내려오기를 기다리며 구일산방九日山房에
머물렀다. 부자득傅自得과 밤에 금계金溪에 배를 띄우고 놀았다.

구일산九日山에서 노닐며 무가無可 스님에게 주는 시를 지었다.

천주에서 천주泉州 통판通判 여양필余良弼을 처음 만났다.

집에 소장하고 있던 석각石刻을 정리하고 편집했다.(「家藏石刻書」)

ㅇ 9월, 진지유와 함께 환취정環翠亭에 올랐다.

천주의 객저에서 『맹자』를 찬찬히 읽은 후 『맹자』의 의맥을 환히 알게

되었고, 『맹자집해孟子集解』를 만들기 시작했다.

사양좌謝良佐의 『상채어록上蔡語錄』을 얻어 찬찬히 연구했다.

ㅇ 윤10월, 천주에서 부자득·여소위呂少衛와 함께 시를 주고받았다. 「지락재기至樂齋記」·「일경당기一經堂記」·「운재기芸齋記」 등을 지었다.

ㅇ 11월, 사령장을 가지고 보전으로 가서는 어머님과 처자를 고향으로 돌려보냈다.

1157년(高宗 紹興 27, 丁丑) 28세

ㅇ 봄에 다시 동안同安으로 돌아가서 후임자를 기다렸다.

ㅇ 청사와 숙사가 모두 무너져서 진양걸陳良傑의 집을 얻어 기거했다. 방 이름을 외루암畏壘庵이라고 짓고, 날마다 친구 및 제생들과 책을 읽고 강학했다.

ㅇ 드디어 연평延平 이동李侗에게 편지를 보내어 학문에 대해 물었다. 6월 26일, 이동이 답서를 보내어 함양하는 공부를 열심히 하라고 북돋았다. 연평 이동에게 배운 것은 이때부터이다.

ㅇ 자경시自警時를 유평劉玶에게 보내어 일상 속에서 공부하라고 면려했다.

ㅇ 외루암에서 『논어』를 찬찬히 읽고 의심나는 것을 기록했다.

ㅇ 10월, 후임자가 오지 않았지만 4년이 차서 직무를 그만두고 돌아갔다.

ㅇ 12월, 천주泉州에서 진양정陳養正·여소위呂少衛와 함께 노닐었고, 「서재기恕齋記」를 지었다.

만여거사 이진李縝, 현암 익공도인, 동봉 보공도인과 함께 노닐고 「영매시」를 지었다.

1158년(高宗 紹興 28, 戊寅) 29세

ㅇ 정월, 숭안崇安 오부리五夫里에서 지내면서 어머님을 모시고 꾸준히 공부

했다. 『집고록集古錄』을 읽고 유포일劉抱一에게 화답하는 시를 지었다.

○ 걸어서 연평延平(南平)까지 이동李侗을 찾아가서 충서忠恕·일관一貫의 의미에 대해 여쭈었다. 3월까지 머문 뒤에 돌아갔다. 「제서림원벽題西林院壁」 시 2수를 지었다.

○ 『논어』를 찬찬히 연구하고 호헌胡憲·범여규范如圭와 편지를 주고받으며 충서·일관의 의미에 대해 논했는데, 이동의 리일분수理一分殊 사상과 부합되어서 「충서설忠恕說」을 지었다.

○ 가숙을 세우자 유약劉爚·유병劉炳 형제가 와서 배웠다.

○ 7월, 『춘추』·『논어』를 읽고 이동과 학문을 논하는 편지를 주고받았다.

○ 9월, 「존재기存齋記」를 지어 허승許升에게 주었다.

○ 11월, 『논어』·『춘추』·『맹자』를 읽고 이동과 학문을 논하는 편지를 주고받았다. 충서·일관의 의미와 쇄연융석灑然融釋에 대한 이론을 논했다.

연거하는 방의 이름을 '곤학困學'이라 짓고 시를 지었다.

유평劉玶·오경로吳耕老와 충서·일관에 대한 이론을 논하는 편지를 주고받았다.

○ 어머님을 모신다는 이유로 사관직을 신청했고, 12월 담주潭州 남악묘南嶽廟에 차견되었다.

1159년(高宗 紹興 29, 己卯) 30세

○ 정월, 유평劉玶에게 편지를 보내어 독서하고 강학하도록 권하고 『이남설二南說』을 베껴 보내어 시학에 대해 토론했다. 『시집해詩集解』를 짓기 시작했다.

○ 3월, 『상채선생어록上蔡先生語錄』의 교정을 완료했다. 호헌胡憲이 발을 지었다.

○ 6월, 경서를 찬찬히 읽고 이동李侗과 학문을 논하는 편지를 주고받았다.

○ 호헌胡憲이 이부상서 하윤중賀允中의 추천으로 대리사직大理司直에 제수
되었다가 8월에 비서성秘書省 정자正字로 재발령되었다.

○ 8월, 참지정사參知政事 진강백陳康伯의 추천으로 서탁徐度 · 여광문呂廣問 ·
한원길韓元吉과 함께 행재行在로 부름을 받았지만, 좌사간 하부何傅의
방해로 좌절되었다.

○ 9월, 소명을 사양하는 글을 올리고 악묘의 임기가 끝나면 행재로 가겠다
고 요청했다.

○ 유평劉玶의 요청에 따라 유자휘劉子翬의 복재復齋 · 몽재蒙齋 두 금명을
지었다.

○ 12월, 장동張棟이 건안建安 지사로 부임하여 편지와 시를 보내어 오니
차운시를 지었다.

○ 이해에 『논어집해論語集解』의 초고를 완성했다.

1160년(高宗 紹興 30, 庚辰) 31세

○ 정월, 장동張棟이 상매시를 보내 와서 차운시를 지었다.

○ 4월, 유청지劉淸之가 와서 학문에 대해 물었다.

○ 5월, 『논어』· 『맹자』· 『태극통서太極通書』를 찬찬히 읽고 주돈이周敦頤의
유문을 모아 이동李侗에게 보냈다. 이동과 학문을 논하는 편지를 주고받
았고, 주정主靜 · 존양存養과 쇄연융석灑然融釋의 이론에 대해 토론했다.
행재로 부름을 받았지만 사양했다. 지휘가 다시 내려왔지만 가지 않았
다. 이동이 편지를 보내 탈연히 한번 다녀오라고 권했다.

○ 6월, 호헌胡憲이 비서성秘書省 정자正字로 부임했다.
범여규范如圭가 세상을 떠났다. 「범직각묘기范直閣墓記」를 지었다.

○ 7월, 호헌에게 편지를 보냈고, 소무邵武로 가서 범여규를 조문했다.

이동과 학문을 논하는 편지를 주고받고 『논어』·『맹자』의 주해를 토론했다.

○ 8월, 호헌에게 편지를 보내어 천하의 형세를 논하고, 금나라가 이미 화맹을 어길 기세이니 빨리 천하의 명망 높은 이들을 등용하라고 요청했다.

유평劉玶에게 편지를 보내어 범여규의 집안사람들에게 범여규의 묘를 건양建陽에 쓰도록 권해 보라고 했다.

호헌·유공劉珙이 편지를 보내어 도성으로 초대했지만 가지 않았다.

오봉五峰 호굉胡宏이 시를 지어서 행실을 경계하도록 권했다.

○ 9월, 소무로 가서 범여규를 곡하고 만시를 지었다.

○ 10월, 연평延平으로 가서 이동李侗을 뵈었다. 서림원西林院 유가사維可寺의 집에 머물면서 몇 달간 배운 뒤에 돌아갔다. 「서림원유가달관헌西林院惟可達觀軒」 시를 지었다.

○ 12월, 호헌이 상소를 올려 장준張浚·유기劉錡를 기용하라고 요청했는데, 정자에서 물러나 좌선교랑左宣敎郎·주관태주숭도관主管台州崇道觀으로 재발령되어 고향으로 돌아갔다.

「귀락당기歸樂堂記」를 지었다.

『맹자집해孟子集解』를 탈고하였고, 여러 번 정순에게 편지를 보내어 소동파蘇東坡와 정이천程伊川의 학문에 대해 논했다.

1161년(高宗 紹興 31, 辛巳) 32세

○ 2월, 이동李侗과 학문을 논하는 편지를 주고받고 주돈이周敦頤의 「태극도설太極圖說」 등에 대해 토론했다.

○ 5월, 이동과 학문을 논하는 편지를 주고받고 『논어』 등에 대해 토론했다. 이동이 그에 대해 점점 쇄연하게 융석해 간다고 칭찬했다.

○ 8월 중추에 사우들과 무이武夷에서 노닐며 만정幔亭과 강각江閣에 올랐다.

○ 9월, 금의 임금 완안량完顔亮이 남침해서 양회兩淮까지 밀고 내려왔다.

○ 10월, 조각림皂角林의 전투에서 금병을 대패시켰다.

○ 11월, 채석采石에서 대첩을 거두었다. 완안량은 양주揚州 귀산사龜山寺에
서 피살되었다.

○ 12월, 금병이 북퇴했다. 유공劉珙에게 편지를 보내고 동지추밀원사同知樞
密院事 황조순黃祖舜에게 편지를 보내어 조정의 주화구안책主和求安策을
비판했다.

세말에 유여우劉汝遇·위돈부魏惇夫·황자형黃子衡·황수黃銖·유규劉珪
가 모두 와서 모였다.

송상宋翔이 상매시를 보내 와서 차운했다.

1162년(高宗 紹興 32, 壬午) 33세

○ 정월, 건안建安에서 이동李侗을 배알하고 함께 연평延平까지 갔다. 서림원
西林院에서 머물며 배우고 3월에 돌아갔다.

○ 건안建安에서 지현 장동張棟과 능풍정凌風亭에서 노닐었다.

○ 4월, 호헌胡憲이 세상을 떠났다. 제문을 지었다.

이동과 학문을 논하는 편지를 주고받았다.

○ 5월, 사관직의 임기가 차서 다시 청했다.

공무량龔茂良이 비서성秘書省 정자로 입조하게 되어 황정黃亭에서 만났다.

이동과 학문을 논하는 편지를 주고받았다.

○ 6월, 고종高宗이 내선해서 효종孝宗이 즉위했다. 다시 감남악묘監南嶽廟로
차견되었다.

이동과 학문을 주고받았다. 인학仁學과 리일분수理一分殊에 대해 논했다.

경국慶國 탁부인卓夫人에게 편지를 보내어 유평劉玶을 간관幹官으로 삼기

위한 활동을 중지하라고 권했다.

효종이 조서를 내려 직언을 구하니 봉사를 올리기로 결정했다. 7월에
봉사가 완성되어 이동에게 보여 주고 수정했다.

○ 8월, 봉사를 올려 제왕의 학문을 추구하고, 국정을 바로잡고 이적을
물리치는 계책을 확정하며, 본원을 굳건히 하라는 주장을 폈다.
이동과 학문을 논하는 편지를 주고받았다. 인학과 리일분수에 대해
토론했다.

○ 9월, 왕응진汪應辰이 복주福州 지사로 내려오게 되었는데, 건안建安을
지나면서 주희와 만난 후 그를 조정에 추천했다.
유자상劉子翔 · 유충劉琉과 서암瑞巖에서 노닐면서 조변趙抃 · 유자우劉子
羽 · 유자휘劉子翬의 시에 차운했다.

○ 10월, 이동과 학문을 논하는 편지를 주고받았는데, 여전히 인학에
대해 논했다.
「증서단숙명서贈徐端叔命序」를 지었다.
표형 구희丘義의 『논어찬훈論語纂訓』에 서문을 지었다.

○ 12월, 「송황자형서送黃子衡序」를 지었다.
사우들과 모여 매화를 감상하고 영매시를 지었다.

1163년(孝宗 隆興 원년, 癸未) 34세

○ 2월, 좌복야左僕射 진강백陳康伯의 추천으로 행재로 부름을 받았다. 4월
소명召命을 사양했다.

○ 4월, 조정에서 출병하여 북벌하기로 결정하고 추밀사樞密使 강회도독江
淮都督 장준張浚을 불러 의논했다. 왕응진汪應辰의 초청으로 복주福州로
가서 북벌의 전략과 염법鹽法 등 복건福建의 사의에 대해 토론했다.
조신曹臣 진계약陳季若에게 편지를 보내어 복건의 염법에 대해 논하는

한편, 백성을 괴롭히는 해창海倉을 혁파하고 백성과 이익을 다투지 말라고 주장했다.

나종언羅從彦이 기록한 『귀산어록龜山語錄』을 왕응진에게 기증한 후 양시楊時의 학문과 시사時事에 대해 토론하고 양시의 학문에 포함되어 있는 노불老佛의 이론에 대해 비판했으며, 근습近習 용대연龍大淵·증적曾覿을 통렬하게 비판했다.

○ 5월, 장준이 군대를 움직여서 회수를 건너 북벌에 나섰다. 영벽靈璧·홍현·숙주를 수복했다. 위염지魏掞之에게 편지를 보내어 북벌의 초기 승리에 대해 우려를 표시했다.

위염지의 아들 위응중魏應仲이 가숙으로 와서 배웠다. 편지를 써서 독려했다.

○ 송군이 부리符離에서 궤멸하니 6월에 장준이 금나라와 화의하자고 청했다. 주화파主和波 탕사퇴湯思退를 상서우복야尙書右僕射로 삼았다. 효종이 다시 소명을 내리니 입조해서 보고하기로 결정했다.

이동李侗이 무이武夷를 지나다 찾아왔다. 보고를 올리는 문제에 대해 논했다.

『논어요의論語要義』·『논어훈몽구의論語訓蒙口義』를 완성했다.

『모시집해毛詩集解』를 탈고했다.

○ 7월, 왕응진이 부문각敷文閣 대제待制로 제수되자 주희를 대신 추천했다.

이동과 학문을 논하는 편지를 주고받았다. 보고를 올리는 문제에 대해 논했다.

○ 8월, 건녕建寧 군수 진정동陳正同이 부학에 유작游酢의 사당을 세웠다. 「건녕부학유어사사기建寧府學游御史祠記」를 지었다.

위염지魏掞之에게 편지를 보내어 융흥 북벌이 실패한 교훈을 정리했다. 국가의 우환은 변경에 있는 것이 아니라 전쟁과 화의 사이를 원칙

없이 오가는 조정의 태도라고 단정했다.

이동이 연산鉛山에서 건안建安으로 돌아가면서 무이武夷를 지나다 다시 찾아왔다. 보고서에 쓸 내용에 대해 토론했다.

『연평답문延平答問』을 편정했다.

○ 9월, 행재로 가서 보고를 올렸다. 이동李侗・진강백陳康伯・유평劉玶에게 편지를 보냈다.

○ 10월, 이동이 복주福州에서 세상을 떠났다.

도하都下에 이르러 여조겸呂祖謙에게 학술을 논하는 편지를 처음으로 썼다.

○ 11월, 등대하여 수공전垂拱殿에서 보고서를 올렸다. 1차에서는 정심성의 正心誠意・격물치지格物致知의 학문에 대해 논하고 노불과 같은 이단의 학문을 반대했다. 2차에서는 이적夷狄을 물리치는 복수의 대의를 논하고 화의를 반대했다. 3차에서는 내정을 정돈하는 방법에 대해 논하고 영행을 총신하는 효종의 태도를 반대했다.

차기 무학박사武學博士에 제수되었다.

조정에서 왕지망王之望을 통문사通問使로, 용대연龍大淵을 부사副使로 삼아 금과 화의를 맺게 하고 시종과 대간臺諫들에게 의견을 물으니 호전胡銓 한 사람을 제외하고는 모두 주화로 돌아섰는데, 도하에서 주화파들에게 항쟁하고 주화파 참지정사參知政事 주규周葵를 통렬하게 비판하였다.

도하에서 장식張栻을 만나 주전主戰과 용병에 대해 토론했다.

○ 12월, 장준이 도성으로 들어오니, 탕사퇴를 좌복야左僕射로 삼고 장준을 우복야右僕射로 삼았다. 장준이 군대를 나누어 중원으로 진격하는 계책을 바쳤다.

임안臨安을 떠나 집으로 돌아갔다. 한원길韓元吉・유공劉珙이 배웅했다.

무주婺州를 지나며 여조겸呂祖謙과 만나 학문에 대해 강론했다. 서린舒璘
이 배우러 왔다.

『훈몽절구訓蒙絶句』를 완성했다.

유씨劉氏의 밭을 돌려주었다.

1164년(孝宗 隆興 2, 甲申) 35세

○ 정월, 예엽芮燁이 광동운판廣東運判으로 가게 되어 시를 써서 송별했다.
연평延平으로 가서 이동李侗의 죽음을 곡하고 제전祭奠했으며 행장을
정리했다.

○ 2월, 연평에서 복주福州로 가서 왕응진汪應辰을 만나고 한 달 뒤 돌아갔다.

○ 4월, 위염지魏掞之에게 편지를 보내어 시사와 『맹자집해』에 대해 논했다.
조주趙州 군수 부자수傅自修가 조주趙州의 시권詩卷을 보내 와서 차운했다.
이동을 장사지내느라 다시 연평으로 갔다. 다시 복주福州로 가서 왕응진
을 만나 유학과 불교의 차이와 화전和戰 등의 시사에 대해 논했다.

○ 5월에 왕응진이 사천제치사四川制置使로 제수되어 입조해서 보고를 올리
게 되었는데, 7월에 숭안崇安을 지나면서 다시 주희를 만나 입대해서
보고해야 할 일들에 대해 물었다. 다시 유학과 불교의 차이를 분변하고
의화義和·자치自治의 주장을 비판했다.

○ 나박문羅博文을 처음 알게 되었다.

○ 8월, 건안령建安領 장동張棟이 입조하여 보고를 올리게 되니 시를 써서
송별했다.

수야秀野 유온劉韞이 고향으로 돌아와 서산西山에 집을 지었다. 시를
주고받았다.

장준張浚이 여간餘干에서 장사를 지냈다.

『잡학변雜學辨』·『소씨역해蘇氏易解』·『소황문노자해蘇黃門老子解』·『장

무구중용해張無垢中庸解』·『여씨대학해呂氏大學解』를 완성했다.

○ 9월, 예장豫章으로 가서 장준의 죽음을 곡하고 제사를 지냈다. 장식張栻과 호상학湖湘學의 중화설中和說에 대해 논했다. 호굉胡宏의 『지언知言』을 얻었고, 호굉의 제자 오익吳翌을 알게 되었다.

○ 10월, 유여우劉汝遇가 행재 심계원審計院을 떠나 은거하게 되었다. 그의 시에 차운했다.

○ 20만 금병이 회수淮水를 건너 남침해서 전화가 다시 일어났다. 유여우劉汝遇와 송촌宋村에서 노닐고 매령梅領에 올라 국사를 근심하는 시를 지었다.

○ 윤11월, 탕사퇴湯思退가 물러났다. 가한柯翰·위염지魏掞之에게 편지를 보내어 네 간신이 화의를 주장해서 나라를 망쳤다고 통렬히 비판했다. 강영江泳이 글을 보내어 학문에 대해 논했다. 답장을 보내어 유학과 불교의 차이에 대해 분변했다.

○ 12월, 융흥 화의가 이루어지니, 이 뒤로 통렬히 비판하는 글이 많다. 『곤학기문편困學恐聞編』이 완성되었다.

1165년(孝宗 乾道 원년, 乙酉) 36세

○ 정월, 진준경陳俊卿이 이부시랑吏部侍郎 이 되었다. 무학박사武學博士로 빨리 취임하라고 독촉하는 성차가 내려왔다.

○ 왕응진汪應辰이 편지를 보내어 장재張載의 문집을 편정해 달라고 부탁하였다.

○ 수야秀野 유온劉韞이 찾아와서 시를 주고받았다.

○ 4월, 행재에 이르렀는데, 전단례錢端禮·홍괄洪适 등이 화의를 주장하고 있어 의화義和·독단獨斷·국시國是의 주장들을 통척하고 다시 사관직을 청했다.

○ 5월, 다시 감남악묘監南嶽廟로 차견되었다.

○ 6월, 위염지魏掞之의 『무오당의戊午黨議』에 서문을 써서 소흥紹興·융흥隆 興의 화의가 나라를 망친 것에 대해 총결했다.

○ 7월, 진준경이 전단례를 비판하다가 건녕군수建寧郡守로 출임하게 되어 주희를 만났다. 왕응진·장식·나박문羅博文에게 편지를 보냈다. 위염 지魏掞之가 찾아왔다.

○ 9월, 왕응진汪應辰에게 편지를 써서 사천의 둔전에 대해 논하면서 그것이 변방의 급무라고 했다.

유온劉韞의 새집이 완성되어 여러 번 시를 주고받았다.

○ 11월, 일관日官 이요거李堯擧에게 서를 지어 주었고, 「발호문정공시跋胡文 定公詩」를 지어 선종禪宗에 기울어진 호상학湖湘學을 비판했다.

1166년(孝宗 乾道 2, 丙戌) 37세

○ 3월, 임용중林用中이 와서 배웠다. 자字를 짓고 서序를 썼다. 가관에 머물며 주숙朱塾·주야朱埜를 가르치게 했다.

주돈이周敦頤의 『통서通書』를 편정해서 장사長沙에서 간행했다. 임률林栗 에게 편지를 보내어 주돈이周敦頤에 대해 논변했다.

『논맹훈석論孟訓釋』을 얻어 읽고 황직청黃直淸에게 편지를 보냈다.

○ 5월, 하호何鎬가 처음으로 편지로 가르침을 청했다.

○ 6월, 채원정蔡元定이 처음으로 와서 배웠다. 경의經義를 강론했다.

범염덕范念德이 소무邵武에서 와서 배웠다. 한 달 넘게 강론했다.

장식張栻과 함께 이발已發·미발未發에 대해 토론하고 중화구설中和舊說을 세웠다.

○ 7월, 『맹자집해孟子集解』를 수정했다.

『이정어록二程語錄』을 편정했다.

○ 9월, 하호가 찾아와서 중화설中和說에 대해 토론했다.

처음으로 '주경主敬' 사상에 대해 깨닫고 "샘에서 끊임없이 물이 솟아난다"(爲有源頭活水來)라는 시로 사상의 비약을 읊었다.

『논어요의論語要義』를 소무부학에서 판각했다.

『장재집張載集』을 편정했다.

○ 10월, 유공劉珙이 장사에서 『이정선생문집二程先生文集』을 간행하고 장식이 교정하니, 장식·유공劉珙과 함께 『이정선생문집』의 교정에 대해 토론하고 결국 자신이 교정을 시작했다.

『잡학변雜學辨』을 편집했다. 하호가 발을 써서 간행했다.

1167년(孝宗 乾道 3, 丁亥) 38세

○ 진준경陳俊卿이 동지추밀원사同知樞密院事 겸 권참지정사權參知政事로 제수되었다. 왕응진汪應辰이 정월·2월에 주희를 추천했다.

○ 2월, 용대연龍大淵과 증적曾覿이 조정에서 물러났다. 하호何鎬와 장식張栻에게 편지를 보내어 조정에 용대연과 증적의 잔당이 남아 있는 것에 대해 우려했다.

○ 5월, 왕기王擏가 양주성揚州城을 크게 수축하라는 성지聖旨를 받았다.

유공劉珙·진양한陳良翰에게 편지를 보내어 황제의 부름에 응해서 입조하여 독단적인 이론에 반대하고 효종孝宗의 독단·전권의 버릇을 비판하도록 고무했다.

○ 7월, 장중융張仲隆에게 『통감실기通鑑室記』를 지어 주었다.

○ 8월, 임용중林用中과 함께 담주潭州(湖南 長沙)에 있는 남헌南軒 장식을 방문했다. 황수黃銖가 배웅했다.

○ 9월, 담주에 이르러 장식과 함께 악록서원嶽麓書院에서 두 달 동안 강학했다.

○ 10월, 장효상張孝祥이 경간당敬簡堂을 지으니 장식과 함께 시문을 지었다.

장식·장효상과 함께 정왕대定王臺·혁희대赫曦臺를 올라서 시를 주고받았다.

장식의 장서에 시를 지어 주었다.

유예劉芮를 배알하고 『태산주전보泰山秦篆譜』를 얻었다.

○ 11월, 6일에 장식과 함께 남악南嶽 형산衡山으로 놀러 가서 시를 지었다. 뒤에 『남악창수집南嶽唱酬集』으로 묶었다.

23일, 장식과 헤어져 동쪽으로 돌아갔다.

○ 12월, 담주로부터 돌아가면서 임용중林用中·범염덕范念德과 함께 시를 주고받았다. 뒤에 『동귀난고東歸亂稿』로 묶었다.

예장豫章에서 진준경陳俊卿이 참지정사參知政事로 제수되고 유공劉珙이 동지추원사로 제수되었다는 소식을 듣고, 유공劉珙에게 편지를 보내어 정책을 조언했다.

병산 유자휘劉子翬의 묘표를 지었다.

진준경陳俊卿·유공劉珙의 천거로 차기 추밀원樞密院 편수관編修官에 제수되었다.

1168년(孝宗 乾道 4, 戊子) 39세

○ 2월, 장중융張仲隆이 부름을 받아 입조하게 되어 송별했다.

○ 3월, 복건로조사福建路漕司를 대신해 「전운사견면염전기轉運司蠲免鹽錢記」를 지었다.

장식張栻을 그리워하며 시를 지어서 임용중林用中·범염덕范念德 편에 보냈다.

○ 4월, 『사상채어록謝上蔡語錄』을 수정했다.

『정씨유서程氏遺書』의 편정을 마치고 천주泉州에서 교정해서 간행했다.

운곡芸谷 임사로林師魯가 방문해서 학문을 논했다. 「운재유문발芸齋遺文跋」을 지었다.

숭안현崇安縣에 큰 기아가 들어 현의 진조賑糶 작업에 50여 일간 참여했으며, 건녕부建寧府에 곡식을 요청해서 진제했다.

○ 5월, 숭안현학에 조변趙抃·호안국胡安國의 사당이 세워져서 사당기를 지었다.

장식이 간재명艮齋銘을 지었다. 장식과 함께 유학의 종지를 분석해서 공부 방법의 대요大要를 세웠다.

○ 6월, 임용중林用中이 과거시험을 위해 고향으로 돌아가게 되어 배웅했다. 진준경陳俊卿이 홍매洪邁를 파직시키니, 왕응진汪應辰이 부름을 받아 입조했으며 예엽芮燁이 위섬지魏掞之를 천거했다. 위염지·하호何鎬 등에게 편지를 보내어 시사와 정국에 대해 평론했다.

○ 7월, 숭안에 큰 홍수가 드니 건녕부의 사령장을 받아 수재를 시찰했다. 건녕의 포의布衣 위염지가 부름을 받아 행재로 가게 되었다. 당시 유공劉珙이 왕기王琪를 탄핵했다가 효종孝宗을 거슬러 융흥隆興 지사로 발령되었기 때문에 위염지에게 편지를 보내어 조심하라고 경계했다.

○ 8월, 장식·오익吳翌·채원정蔡元定·임용중·임윤중林允中·왕근사王近思 등과 함께 '관과지인觀過知仁'의 문제에 대해 토론하고 「관과설觀過說」을 지었다.

○ 9월 중양절에 친구들과 천호天湖에서 노닐고 시를 주고받았다. 유청지劉淸之가 방문해서 「유씨묵장기劉氏墨莊記」를 부탁했다.

○ 10월, 예엽이 복건운판福建運判에서 절동제형浙東提刑으로 가게 되어 송별했다.

○ 11월, 사현沙縣으로 가서 나박문羅博文을 곡하고 제전祭奠했다.

○ 진준경이 우복야右僕射에 제수되었다. 편지를 보내어 축하하면서도

아무 하는 일이 없는 것에 대해 비판했다.

○ 임대춘林大春이 방문해서 학문을 논했다.

○ 유충劉珫 · 유평劉玶이 예장豫章으로 가게 되어 송별했다.

○ 임용중 · 축강국祝康國과 유원劉園에서 노닐고, 남악南嶽에서 놀던 시절이 그리워서 장식에게 시를 보냈다.

1169년(孝宗 乾道 5, 己丑) 40세

○ 정월, 아들 재在(자는 敬之)가 태어났다.

○ 3월, 임사로林師魯가 세상을 떠났다. 임용중林用中을 보내 제전祭奠했다. 채원정蔡元定과 강학하면서 중화신설中和新說을 돈오하게 되니, 평생의 학문대지를 확립하고 「이발미발설已發未發說」을 써서 장식에게 보냈다.

○ 4월, 명도明道의 유문遺文 9편을 얻어서 장식에게 보내니, 장사부학長沙府學에서 간행했다.

명자 서사표徐師表에게 서를 써 주었다.

○ 5월, 추밀원樞密院 편수관編修官 시원지施元之가 다른 자리로 옮기게 됨에 따라 성차省箚가 내려와서 취임을 독촉했지만 사양했다. 다시 취임을 독촉했지만 악묘嶽廟 차견을 요청했다.

정백웅鄭伯熊이 복건로제거福建路提擧가 되어 건안建安으로 와서 주희와 만나 정사와 학문에 대해 논했다.

○ 6월, 주한정書寒亭이 완성되어 유여우劉汝遇와 함께 선주산仙洲山에서 노닐며 시를 주고받았다.

주돈이의 『태극통서太極通書』를 다시 정정하여 건안建安에서 간행했다.

○ 7월, 성차가 다시 내려와 취임을 독촉했지만, 마침 태학록太學錄 위섬지魏掞之가 어떤 일을 논하다가 도성에서 쫓겨났으므로 힘써 사양하고 악묘 차견을 요청했다.

애헌艾軒 임광조林光朝가 시관직으로 부름을 받아 입조하게 되었는데, 황정黃亭을 지날 때 편지를 주고받으며 학문을 논했다.

채원정이 와서 선주산에서 노닐며 시를 주고받았다.

임용중이 오석 남호와 창화한 시를 보내 와서 차운했다.

○ 8월, 첨체인詹體仁이 처음으로 와서 배웠다. 그의 『맹자설孟子說』 등을 비판했다.

○ 9월, 어머니 축유인祝孺人의 상을 당했다.

예엽芮燁이 국자사업國子司業으로 들어가게 되어 편지를 보내어 오니, 학제와 학정에 대해 논하고 또 이천伊川의 학문을 창명하고 소동파蘇東坡 의 학문을 억제하라고 당부했다.

○ 10월, 『정씨역전程氏易傳』의 교정을 완성하니 여조겸呂祖謙이 무주婺州에 서 간행했다.

○ 12월, 건양建陽을 오가며 풍수에 정통한 채원정蔡元定에게 어머니 축유인 의 장지를 택하게 했다.

『제의祭儀』 수정을 마쳤다.

1170년(孝宗 乾道 6, 庚寅) 41세

○ 정월 축유인祝孺人을 건양建陽 숭태리崇泰里 후산後山 천호天湖의 남쪽 한천오寒泉�에 장사지냈다.

○ 여묘살이하면서 한천정사寒泉精舍를 지어 학생들을 맞이해서 강학하고 저술했다.

○ 『태극도설해太極圖說解』의 초고를 완성해서 장식張栻·여조겸呂祖謙에게 보내어 토론했다. 윤5월에 『태극도설해』의 수정을 마쳤다.

○ 4월, 이백간李伯諫이 한천寒泉으로 와서 유학과 불교의 차이에 대해 변론했다. 이백간이 불교를 버리고 주자에게 배우게 되었다.

채원정蔡元定・하호何鎬・양방楊方이 와서 강론하였고, 함께 노봉蘆峰에
서 노닐며 시를 주고받았다. 『서명해西銘解』를 짓기 시작했다.

운곡雲谷에 회암晦庵을 세워서 복거하며 은둔할 뜻을 두게 되었다.

임광조林光朝가 편지를 보내 와서 학문을 논했다.

o 5월, 여조겸과 『중용中庸』의 수장을 강론한 뒤 「중용수장설中庸首章說」을
지었다.

o 윤5월, 조정에서 기청사祈請使를 금으로 파견하자, 장식에게 여러 번
편지를 보내어 기청사 파견을 중단하라는 상소를 올리라고 요청하고
복수의 의리에 대해 논했다.

o 7월, 위재韋齋의 묘를 백수白水 아자봉鵝子峰 아래로 옮겼다.

건녕부윤建寧府尹 심탁沈度이 절동전운부사浙東轉運副使로 임명되어 건양
建陽을 지나다 찾아왔다. 그의 「복거도卜居圖」에 시를 지어 주었다.

o 9월, 상장喪葬을 치르느라 돈이 바닥나서 한원길韓元吉에게 편지를 보내
어 돈을 빌리면서 유학과 불교의 차이에 대해 토론하고 또 한원길의
「발윤화정논어후跋尹和靖論語後」와 윤화정尹和靖이 하불夏봊에게 보낸 편
지에 대해 비판하고는 「윤화정수필변尹和靖手筆辨」을 썼다.

o 정백웅鄭伯熊과 요순堯舜의 용형用刑에 대해 토론하고 「요전상형설堯典象
刑說」을 지었다.

o 『서명해』를 완성해서 장식・채원정・여조겸에게 보내어 토론했다.

o 『정씨유서程氏遺書』・『문집文集』・『경설經說』을 수정했다. 정백웅이 건
녕建寧에서 간행했다.

o 허승許升이 한천으로 와서 『정씨유서程氏遺書』를 교정했다. 배웅하는
시를 지었다.

o 12월, 공부시랑 호전胡銓이 주희를 시인으로 추천했다. 왕정규王庭珪와
함께 행재로 부름을 받았으나, 상제가 끝나지 않았다는 이유로 거절했다.

1171년(孝宗 乾道 7, 辛卯) 42세

○ 2월, 오즙吳楫 · 이종사李宗思에게 시를 보내어 유학과 불교의 차이에 대해 읊었다.

이부상서 왕대유汪大猷가 낙향하게 되어 시를 보냈다.

○ 3월, 미원휘米元暉의 「초산추제도楚山秋霽圖」에 제시를 지었다.

○ 5월, 「기사상채논어의의記謝上蔡論語疑義」를 지었다.

오부리五夫里에 사창社倉을 세웠다.

○ 6월, 시강侍講 장식張栻이 근습近習 장열張說을 비판하다가 원주袁州 지사로 쫓겨났다. 장식 · 여조겸呂祖謙 · 임용중林用中 등에게 편지를 보내어 재상과 근습이 서로 빌붙는다고 비판했다.

○ 9월, 정화현政和縣으로 가서 성묘하고 돌아가는 길에 이종사를 방문해서 「진심설盡心說」을 짓고 「자치통감강목범례資治通鑑綱目凡例」를 지었다.

○ 11월, 외숙부 축교祝嶠의 상을 당해 우계尤溪로 가서 석돈石墪과 만나 학문을 논했다. 위재韋齋와 현학 관대각觀大閣을 찾아보았다. 석돈이 『위재기명발韋齋記銘跋』을 지어서 돌에 새겨 걸어 두었다.

여조겸에게 편지를 보내어 유약劉爚 · 유병劉炳이 그에게 배울 수 있도록 추천했다.

○ 12월, 성차가 내려와서 행재로 오라고 독촉했다. 봉록이 모자란다고 사양했다.

『지언의의知言疑義』를 완성했다.

1172년(孝宗 乾道 8, 壬辰) 43세

○ 정월, 『어맹정의語孟精義』를 탈고하여 건양建陽에서 간행했다.

○ 4월, 부임을 독촉하는 성지가 내려왔다. 5월에 다시 사양했다.

『자치통감강목資治通鑑綱目』의 초고를 완성했다.

○ 5월, 호상학자 표거정彪居正이 방문했다. 성설性說·인설仁說 등을 토론했는데 맞지 않았다.

○ 6월, 부임을 다시 독촉하는 성차가 내려왔으나 다시 사양했다.
『자치통감강목』을 다시 수정하고 채원정蔡元定·이종사李宗思·첨체인詹體仁과 공동으로 편찬하기로 약속했다.

○ 7월, 이종사가 기주蘄州 주학교수州學教授로 가게 되어 송별했다.

○ 8월, 『중화구설中和舊說』을 편정했다.
「부문각직학사진공행장敷文閣直學士陳公行狀」을 지었다.
『논성답고論性答稿』를 편집했다.

○ 9월, 다시 부임을 독촉하는 성차가 내려왔지만 다시 사양했다.
임윤중林允中이 배우러 와서 자를 지어 주었다.
유구언游九言이 처음으로 배우러 왔다.
설계선薛季宣이 호주湖州 지사로 부임해서 안부를 물어 오니, 호주의 학문에 대해 논하는 편지를 보냈다.
『팔조명신언행록八朝名臣言行錄』을 완성해서 건양建陽에서 간행했다.

○ 10월, 『서명해西銘解』 수정을 완료하고 「서명후기西銘後記」를 지었다.
오부리五夫里 담계潭溪의 자양루紫陽樓에 이름을 짓고 「명당실기名堂室記」와 「경재잠敬齋箴」을 지었다.
장식張栻과 『수사언행록洙泗言行錄』에 대해 토론하고 인학논변을 전개했다. 「인설仁說」·「교언영색설巧言令色說」을 지었다.
석돈에게 『극재기克齋記』를 지어 주었다.

○ 12월, 방사유方士繇가 처음으로 배우러 왔다. 「발방백모가장호문정공첩跋方伯謨家藏胡文定公帖」을 지었다.
『대학장구大學章句』·『중용장구中庸章句』의 초고를 만들었다. 장식·여조겸呂祖謙에게 보내어 토론했다.

「재거감흥시齋居感興詩」 20수를 지었다.

1173년(孝宗 乾道 9, 癸巳) 44세

○ 윤정월, 위염지魏掞之가 세상을 떠났다. 그의 집안일을 처리해 주었다. 7월에 장례 지내고 곡하고 제전祭奠했다. 「국록위공묘지명國錄魏公墓誌銘」을 썼다.

○ 2월, 하호何鎬에게 「미도당기味道堂記」를 써 주었고, 유청지劉淸之에게 「유씨묵장기劉氏默莊記」를 써 주었으며, 범염덕范念德에게 「진심당기盡心堂記」를 써 주었다.

부자득傅自得·양유의楊由義가 권농시勸農詩를 보내 와서 차운했다.

○ 3월, 유평劉玶에게 「발유평보가장호문정공첩跋劉平甫家藏胡文定公帖」을 써 주었다.

설계선薛季宣이 편지를 보내 와서 다시 호원胡瑗의 학문에 대해 논했다.

다시 부임을 독촉하는 성차가 내렸지만 사양하고 사관직을 청했다.

○ 4월, 『윤화정언행록尹和靖言行錄』에 서문을 썼다.

『태극도설해太極圖說解』를 정리했다.

○ 5월, 좌선교랑左宣敎郎으로 특지시키고 태주숭도관주관台州崇道觀主管으로 발령한다는 교지가 내렸지만 다시 거절했다.

유청지劉淸之가 절중으로 여조겸呂祖謙을 만나러 가면서 숭안崇安을 지날 때 찾아왔다. 학문을 논하는 편지를 주고받았다.

○ 6월, 『정씨외서程氏外書』 편찬을 완성했다.

장자 주숙朱塾을 여조겸呂祖謙에게 보내어 배우게 했다.

○ 7월, 유평劉玶이 『병산선생문집屛山先生文集』을 편집하는 것을 돕고 발을 썼다.

이종사李宗思에게 「기주교수청기蘄州敎授廳記」를 지어 주었다.

고전古田의 여우余隅·여범余範이 와서 배웠다.

설계선이 세상을 떠나니 편지를 써서 그 집안사람을 조문했다.

임용중林用中이 고전으로 돌아가게 되어 시를 써서 배웅하고 채원정蔡元定에게 보냈다.

『설문해자說文解字』를 교정해서 공주贛州에서 간행했다.

○ 8월, 「건녕부건양현주부청기建寧府建陽縣主簿廳記」를 지었다.

○ 9월, 석돈이 『중용집해中庸集解』를 편정하는 것을 돕고 서문을 썼다. 절중 학자 여조검呂祖儉·반경헌潘景憲·반경유潘景愈에게 편지를 보내어 학문을 논했다.

○ 10월, 우계현尤溪縣에서 묘학을 수축했다. 석돈에게 현학기縣學記 등을 지어 주고, 장식張栻에게 「전심각명傳心閣銘」을 지어 주었다.

숙모의 상을 치르느라 정화현政和縣으로 갔다가 한 달 뒤 돌아갔다.

우승상右丞相 양극가梁克家가 장열張說과 의논이 맞지 않아서 지건녕부知建寧府로 발령되어 왔다. 주희를 만나 사창 등에 대해 의논했다.

○ 11월, 「육선생화상찬六先生畵像讚」을 지었다.

「사조명寫照銘」을 써서 자신을 경계했다.

『이락연원록伊洛淵源錄』의 초고가 완성되었다.

성차에서 이미 내렸던 지휘指揮에 대해 검토해서, 사면하는 것은 부적합하다고 판정했다.

○ 12월, 『정씨역전程氏易傳』을 다시 교정해서 여조겸呂祖謙이 무주婺州에서 간행했다.

『제의祭儀』를 수정했다.

장식張栻과 『수사언행록洙泗言行錄』 및 인설仁說에 대해 토론하고 「인설仁說」을 수정했다.

1174년(孝宗 淳熙 원년, 甲午) 45세

o 정월, 건녕建寧으로 가서 양극가梁克家를 조문했다. 석돈이 회계會稽로
  돌아가게 되었다. 임용중林用中·허승許升이 건양建陽까지 배웅하였다.
  채원정蔡元定에게 시를 보냈다.
o 2월, 상소를 올려 다시 사양했다.
  한원길韓元吉이 무주婺州 지사로 제수되니, 무이武夷로 가서 만나려고
  했으나 만나지 못했다.
o 3월, 거절을 허락하지 않는다는 성지가 내렸지만 다시 사양했다.
  한천寒泉으로 가서 성묘하고 노봉에 올라 운곡雲谷에서 노닐면서 시를
  읊조렸다.
  「제자직弟子職」·「여계女誡」를 편정해서 건안建安에서 간행했다.
o 4월, 『대학大學』·『중용中庸』 신본을 편정했다. 경·전으로 나누고 장의
  차례를 새롭게 바로잡았다. 건양建陽에서 간행했다.
  부자득傅自得의 아들 부백공傅伯拱의 자를 지어 주었다.
o 5월, 「건녕부숭안현오부사창기」를 썼다.
  『고금가제례』의 편정을 마쳤다.
  신주辰州 군수 장재소章才邵가 건안建安으로 돌아가는 길에 찾아오니,
  서암西巖에서 노닐며 시를 지었다.
o 6월, 처음으로 배명했다. 선교랑宣敎郎으로 진급했고 사관직을 얻었다.
  백장산百丈山에서 노닐고 시를 지어 읊조렸다. 「백장산기百丈山記」를 지
  었다.
  복건로전운부사福建路轉運副使 왕좌王佐에게 편지를 보내어 족조族祖 주변
  의 묘지를 물색해 보려 했다가 포기했다.
o 8월, 건안의 필공筆工 채조蔡藻에게 글을 지어 주었다.
o 9월, 화가 곽공신郭拱辰·하의夏醫에게 서를 지어 주었다.

오익吳翌이 모친의 상중에서 돌아와 관심설觀心說을 논했다.

건녕建寧에 큰 가뭄이 드니 건녕부建寧府로 가서 부자득傅自得을 만났다.

반우공潘友恭이 와서 배웠다.

장식張栻·오익吳翌·여조겸呂祖儉 등과 심설논변을 전개했고, 「관심설觀心說」을 지었다.

○ 장식張栻이 성남서원城南書院을 완공해서 「성남서원잡영城南書院雜詠」과 「성남도城南圖」를 보내 왔다. 차운했다.

1175년(孝宗 淳熙 2, 乙未) 46세

○ 정월, 숭안崇安 현재 왕제여王齊輿와 함께 들놀이를 하고 시를 썼다.

조중진趙仲縝이 임안臨安 성시省試에 참여하게 되어 송별했다.

공무량龔茂良이 참지정사參知政事가 되었다. 편지로 안부를 묻고, 부권符券을 보내 와서 편지를 보내 답했다.

○ 3월 유온劉韞이 극목정極目亭을 완공해서 유온·왕제여 등과 함께 봄놀이를 했다.

○ 4월, 여조겸呂祖謙이 반경유潘景愈와 함께 오부五夫 담계潭溪로 와서 주희를 만났다.

「향약鄕約」·「향의鄕儀」의 작자를 고정하고 발을 썼다.

여조겸과 함께 개요향開耀鄕 사창四唱의 진대를 참관했다.

여조겸과 함께 한천정사寒泉精舍로 가서 『근사록近思錄』을 편찬했다.

한천정사에서 여조겸과 함께 『정씨유서程氏遺書』를 산절해서 『정자격언程子格言』(『程子微言』)으로 만드는 일을 상의했다.

○ 5월, 16일에 여조겸과 함께 연산鉛山 아호鵝湖로 가서 28일에 도착했다.

복재復齋 육구령六九齡, 상산象山 육구연陸九淵을 만났다.

분수령分水嶺을 지날 때 시를 썼다.

○ 7월, 운곡雲谷의 거처가 마련되니 노봉蘆峰을 산행하여 운곡까지 오르고 시를 썼다.

「운곡기雲谷記」를 짓고 「운곡잡영雲谷雜詠」을 지었다.

『제의祭儀』의 수정을 완료하고 『증손여씨향약增損呂氏鄕約』을 썼다.

○ 8월, 원추遠樞가 『통감기사본말通鑑紀事本末』을 보내 와서 발을 지었다.

『근사록』을 수정하고 여조겸과 함께 「제근사록題近思錄」을 짓고 무주婺州에서 간행했다.

운곡에서 돌아와 수야秀野 유온劉韞을 방문했다.

황중미黃中美의 신도비를 지었다.

○ 9월, 중양절에 건녕부建寧府 지사 한원길韓元吉이 시와 술을 보내 왔다.

○ 10월, 한천으로 가서 하호何鎬 등과 만나 학문을 강론하고 열흘 뒤에 돌아갔다.

○ 11월, 하호가 세상을 떠났다. 소무邵武로 가서 곡하고 묘갈명墓碣銘과 광지壙誌를 썼다.

소무에서 여승기呂勝己에게 「제번기도題蕃騎圖」를 지어 주었다.

○ 12월, 장식張栻에게 「정강부우제묘비靜江府虞帝廟碑」와 「우제묘영송신악가사虞帝廟迎送神樂歌詞」를 지어 주었다.

조중진의 매천계당梅川溪堂이 완공되어 시를 보냈다.

천호 유여우劉汝遇가 세상을 떠나서 글을 지어 제전祭奠했다.

『가례家禮』를 짓기 시작했다.

유양劉陽의 이지전李之傳이 유경각遺經閣을 지어서 시를 지어 보냈다.

1176년(孝宗 淳熙 3, 丙申) 47세

○ 정월, 유규劉珪・유자상劉子翔과 함께 천호天湖・장군암將軍巖・금두金斗에서 노닐었다. 유자상이 새 별야를 지었고, 유온劉韞이 오부五夫의

옛집을 주희에게 주었다.

다시 소무邵武로 가서 하호何鎬의 장례를 처리해 주고 건녕建寧으로 가서 한원길韓元吉을 만났다.

황간黃榦이 와서 배우고 처음으로 사문에 올랐다.

○ 2월, 한원길韓元吉이 행재로 부름을 받게 되어 다시 숭안崇安으로 가서 만났다.

유청지劉淸之가 입조하여 보고를 올리게 되니, 편지를 보내어 임금의 마음에 절실한 내용을 언급하라고 권했다.

유공劉珙에게 여러 번 편지를 써서 손봉길孫逢吉과 같은 인재를 추천했다.

국자정國子正 정감鄭鑑이 입대하는 길에 한천정사에 들러 주희를 만났다.

○ 3월, 『잡서기의雜書記疑』를 지어 왕빈王蘋의 불교이론을 비판했다.

「서화정선생유묵후書和靜先生遺墨後」를 지었다.

성묘를 위해 무원婺源으로 떠났다. 채원정蔡元定이 따라 갔다. 포성浦城을 지나면서 주씨계원에 대해 시를 지었다.

구주衢州에 이르러 초화사超化寺에서 묵었다. 상산常山에 이르러 소덕암紹德庵에서 왕응진汪應辰을 곡했다.

소덕암 진여헌眞如軒에 제시題詩하면서 다시 왕응진을 조상弔喪했다.

개화開化에서 여조겸呂祖謙을 만나 9일간 학문을 강론했다.

○ 4월, 무원에 도착하여 성묘하고 먼 조상의 묘를 복원했다.

유공에게 「건강부학명도선생사기建康府學明道先生祠記」를 지어 주었다.

○ 5월, 「발장공여죽계시跋張公予竹溪詩」를 지었다.

○ 6월, 무원 현학縣學 장서각藏書閣에 기문을 지어 주었다. 현학에 책을 기증했다.

표제表弟 정순程洵에게 「존덕성재명尊德性齋銘」을 지어 주었다.

무원에서 휘주徽州의 선비들과 함께 놀았다. 제자가 된 이들이 많았다.

상순, 무원을 떠났다.

하순에 공무량襲茂良·한원길韓元吉의 추천으로 비서성秘書省 비서랑秘書郎에 제수되었다. 7월에 사양했지만 윤허하지 않았고, 8월에 다시 사양하고 사관직을 신청하여 9월에 무이산武夷山 충우관冲佑觀을 차관하게 되었다.

○ 7월, 집에 도착했다.

구주 강산현江山縣에 새로 세워진 현학 대성전大成殿에 기문을 지었다.

「정성설定性說」을 지었다.

『석씨론釋氏論』을 지어 이지한李之翰·이종사李宗思의 불설을 비판했다.

○ 8월, 소무邵武로 가서 황중黃中 통로를 뵈었다.

○ 9월, 중양절에 오즙吳楫·서대로徐大老와 함께 등산하고 시를 지었다.

○ 10월, 임천현령臨川縣令 조경명趙景明의 졸재拙齋에 기문을 지었다.

황중본黃仲本·오영吳英이 와서 배웠다. 황중본에게 「복재기」를 지어 주고, 오영을 송별하는 시를 지었다.

유공을 대신해서 왕십붕王十朋의 문집 서문을 지었다.

○ 11월, 영인 유씨劉氏가 세상을 떠났다.

『잠허고이潛虛考異』를 짓고 「서장씨소각잠허도후書張氏所刻潛虛圖後」를 써서 설명했다.

○ 12월, 『열자列子』를 읽고 「관열자우서觀列子偶書」를 지었다.

장식張栻과 『사가례범四家禮範』을 지었다. 유공이 건양建陽에서 간행했다.

1177년(孝宗 淳熙 4, 丁酉) 48세

○ 2월, 가한柯翰이 세상을 떠났다. 글을 지어 제전祭奠했다.

강주江州 군수 반자명潘慈明, 통판通判 여승기呂勝己가 염계서당濂溪書堂을 중건했다. 기문을 지어 주었다.

o 영인 유씨劉氏의 장지를 물색해서 4월에 건양현建陽縣 당석唐石 대림곡大林
  谷에 장사지냈다.

o 육구령六九齡 · 육구연陸九淵이 모친상을 당해 부례를 물어 와서 답장을
  보냈다.

o 6월, 공무량龔茂良이 증적曾覿 · 사확연謝廓然을 비판하다가 파직되어 낙
  향했다. 편지를 보내 위로했다.

o 『논어집주論語集註』 · 『논어혹문論語或問』 · 『맹자집주孟子集註』 · 『맹자혹
  문孟子或問』 · 『대학장구大學章句』 · 『대학혹문大學或問』 · 『중용장구中庸章
  句』 · 『중용혹문中庸或問』 · 『중용집략中庸輯略』이 완성되어 정리했다.

o 8월, 오익吳翌이 세상을 떠나니 글을 써서 제전祭奠하고 행장을 지었다.
  장식張栻이 『계사논어설癸巳論語說』을 보내 와서 토론했다. 「여장경부논
  계사논어설與張敬夫論癸巳論語說」을 지었다.

  임용중林用中이 절중浙江에서 방문해서 시를 주고받았다.

o 9월, 원추遠樞 · 부백수傅伯壽 · 양연梁璉 · 오영吳英이 방문해서 무이산武夷
  山에서 노닐었다. 구곡에 배를 띄우고 시를 주고받았다.

  복건안무사福建安撫使 진준경陳俊卿이 퇴임하니 공문을 보내어 위문하고
  큰 기대를 표시했다.

o 10월, 『시집해詩集解』를 원성해서 서문을 지었다.

o 「서마의심역후書麻衣心易後」를 써서 『마의심역麻衣心易』이 위서라고 단정
  했다.

o 장식에게 「정강부학기靜江府學記」를 지어 주었다.

o 『역전易傳』이 완성되어 정리했다.

1178년(孝宗 淳熙 5, 戊戌) 49세

o 정월, 시어사侍御史 사확연謝廓然이 이천伊川의 학문을 금지하자는 상소를

올렸다. 여조겸呂祖謙에게 편지를 보내 강한 우려를 표시했다.

○ 원주遠州 군수 장균張均이 편지를 보내어 은재隱齋에 시를 지어 달라 하니 시를 지어 보냈다.

○ 여름에 청단靑端 밀암密庵에서 피서하고 저술했다. 사우를 불러 모아서 많은 시를 지었다.

○ 청단 밀암에서 『시집전詩集傳』을 짓기 시작했다.

○ 육구령六九齡·육구연陸九淵이 편지를 보내오자 아호鵝湖의 모임에서 편견을 보였다고 반성했다.

○ 윤6월, 진돈陳焞이 소장한 범중엄范仲淹 가서에 발을 지었다.

○ 7월, 호헌胡憲의 행장을 지었다.

유자우劉子羽의 행장을 지었다.

유요부劉堯夫·요덕명廖德明·방사유方士繇가 찾아와서 천호天湖에서 노닐었다.

요덕명 등과 담계를 떠나 근계에서 머물다 운곡雲谷을 오르고 황사에서 묵었으며 무이武夷에서 노닐었다. 채원정蔡元定·유보劉甫·유자상劉子翔이 모두 와서 모였다.

○ 8월, 사호史浩의 추천으로 남강군南康軍 지사로 차견되었지만 사양했다. 자계紫溪를 떠나 익양弋陽으로 가서 유공劉珙의 영구를 곡하며 맞이했다.

○ 9월, 중양절에 신기질辛棄疾이 축수시를 보내 왔다.

진준경陳俊卿이 강남동로안무사江南東路按撫使로 제수되어 입조해서 보고하는 길에 숭안崇安에 들러 주희를 만났다. 진준경에게 증적曾覿·왕변王抃과 거기에 빌붙은 사확연謝廓然·전양신錢良臣 등을 탄핵하여 임금의 마음을 바로잡으라고 권했다. 진준경이 입대해서 주희를 추천했다.

○ 10월, 장균이 원주袁州 주학州學에 하남삼선생사河南三先生祠를 세웠다. 기문을 지어 주었다.

o 거절을 윤허하지 않는다는 성지가 내려왔다. 다시 사양하고 사관직을 청했다.

o 저작랑 정감鄭鑑이 증적·왕변을 탄핵하다가 태주台州 지사로 쫓겨나게 되자 그 상소문을 보내 왔다. 다시 임금의 마음을 바로잡으라고 권하는 답장을 보냈다.

o 12월, 부임을 독촉하는 성차가 내려왔다.

유평劉玶을 대신해서「유추밀묘기劉樞密墓記」를 지었다.

1179년(孝宗 淳熙 6, 己亥) 50세

o 정월, 무원현령婺源縣令 장한張漢이 석돈石墩의『중용집해中庸集解』와 주돈이周敦頤의『통서通書』를 간행했다. 발을 지었다.

소무邵武로 가서 황중黃中의 병을 문안했다.

23일에 다시 글을 올려 사관직을 신청하고, 25일 길을 떠나 2월 4일 연산鉛山에 도착해서 명을 기다렸다.

o 2월, 건양현령建陽縣令 요기인姚耆寅이 현학縣學을 일으키고 장서를 모으니, 현학장서기縣學藏書記를 지어 주었다.

14일 다시 사관직을 신청하는 글을 올렸다.

유공劉珙을 장례지내고 시문을 써서 제전祭奠을 올렸다.

건양현령 요기인이 다시 현학縣學에 사현당四賢堂을 세우니 당기를 지어 주었다.

연산鉛山 숭수정사崇壽精舍에서 명을 기다렸다. 많은 학자들이 찾아와서 학문을 토론했다.

o 3월, 육구령六九齡이 유요부劉堯夫와 함께 연산鉛山 관음사觀音寺로 찾아와서 사흘 동안 강론했다. 육구령이 당년 아호사鵝湖寺에서 지었던 그 시에 차운했다.

「유자우신도비劉子羽神道碑」를 완성하고 임윤중林允中·주야朱埜를 다시 보내어 유공을 제전祭奠했다.

숭수정사에서 밤을 새우며 두견새 소리를 듣고서는 시를 지어 친구들에게 돌렸다.

취임을 독촉하는 성차가 다시 내려와서 드디어 길을 나섰다.

남강南江에 도착해서 군의 업무를 접수했다.

○ 4월, 방첩을 처음으로 발포하여 3조에 걸친 교령敎令, 즉 민력民力을 기르고 풍속風俗을 돈독히 하며 사풍士風을 진작시키는 내용의 교령을 내렸다.

군학을 정돈하였고, 염계주선생사당濂溪周先生祠堂을 학궁에 세우고 이정선생을 배향했다. 또 오현사五賢祠를 세웠다.

군학에 학생들을 모집하여 4~5일마다 군학에 들러 강학했다.

동료 선비들과 함께 도연명陶淵明의 유적지를 방문하고 곡렴谷濂으로 가서 염계서당濂溪書堂을 배알한 뒤 와룡臥龍·옥연玉淵·삼협三峽에서 노닐었다.

서원암西原庵 최가언崔嘉彦을 알게 되었다.

수야秀野 유온劉韞이 남창시권南昌詩卷을 보내 와서 화답했다.

구강九江 주돈이周敦頤 고가의 전본傳本 『태극통서太極通書』를 얻어서 연평본延平本 『태극통서』를 교정하고 후발後跋을 지었다.

상음현湘陰縣 주부主簿 대사유戴師愈가 『마의역설麻衣易說』을 들고 찾아오자 이 책을 대사유의 위탁으로 판정했고, 그의 시에 차운한 시를 지었다.

○ 5월, 양방楊方이 얻은 구강의 가전본을 근거로 다시 『태극통서』를 정리하여 남강군학에서 간행했다.

사람을 보내어 당나라의 효자 웅인섬熊仁瞻의 묘에 제사를 지냈다.

유응지劉凝之의 묘지를 단장하고 장절정壯節亭을 지었다.

「발조후언원행실跋趙侯彦遠行實」을 지었다.

강동도원江東道院으로 가서 서화를 감상하고 미우인米友仁의 「소상도瀟湘圖」에 제시를 지었다.

조웅趙雄·왕준王准에게 공문을 보내어 사관직을 신청했지만 대답이 없었다.

○ 6월, 봉급을 털어 와룡암臥龍庵을 짓기 시작했다. 제갈량諸葛亮을 제사지냈으며 공사를 감독했다.

성자현星子縣의 세금을 감면해 달라는 공문을 올렸다. 조사漕司에게 공문을 올려, 누적된 결손 묘미를 감면해 주고 상공上供 추묘秋苗 가운데 남은 것을 남강군南康軍으로 보내어 군량에 충당케 하며 상공으로 바칠 미곡米穀을 건강建康으로 교납하게 해 달라고 신청했다.

다시 사관직을 신청했지만 대답이 없었다.

○ 7월, 입추에 유청지劉淸之 및 여러 동료 선비들과 삼협에서 노닐다가 이씨산방李氏山房을 지나 절계원浙桂院에 올랐다.

상서성尙書省에 공문을 보내어 서료는 차자箚子를 쓸 수 없다는 규칙을 어겼다는 이유로 자신을 탄핵했다.

와룡암이 완공되어 선비들과 다시 와룡에서 노닐고 암자가 세워진 연원을 돌에 새겼다.

○ 8월, 황부빈皇甫斌이 『정씨역전程氏易傳』을 강주江州에서 간행하자 발을 써 주었다.

○ 하원일下元日에 지역을 순시하다가 백록동白鹿洞 옛터를 발견하고는 백록동서원白鹿洞書院을 흥건하자는 의론을 일으키고 「백록동첩白鹿洞牒」을 발포했다. 백록동서원을 수축한다는 보고서를 올렸다.

○ 융흥부학隆興府學 교수 황호黃灝가 염계선생사당濂溪先生祠堂을 부학에 세우니 사당기를 지어 주었다.

○ 건창현建昌縣의 가을 가뭄에 대한 검방檢防이 잘못되어 백성들이 유리걸
식하는 지경에 이르니, 상서성에 보고를 올려 자신을 탄핵했다.

○ 11월, 장식張栻이 곡강루曲江樓를 세우자 기를 지어 주었다.

장재소章才邵가 형남막부荊南幕府로 부임하는 길에 들러서 시를 주고받
았다.

남강군南康軍 풍사단風師壇을 세우고 기를 지었다.

이려李呂가 찾아와서 부친 이득지李得之의 묘지명을 부탁했다.

○ 12월, 왕서王庶가 기관祁寬에게 보낸 시에 발을 지었다.

건창현의 검방檢防 실수에 대한 책임을 지고 다시 상서성에 공문을
보내어 자신을 탄핵했다.

진晉의 태위太尉 도간陶侃의 묘액을 신청했다.

옥간玉澗에서 노닐면서 이려의 시와 양대법楊大法의 매화시에 화운한
시를 남겼다.

1180년(孝宗 淳熙 7, 庚子) 51세

○ 정월, 사관직을 신청했지만 대답이 없었다.

동료 사우들과 백록동白鹿洞에서 노닐면서 시를 지었다.

호강豪强을 억제하고 못된 아전의 사나움을 징계함이 너무 엄해서
사우들에게 비판을 받기에 이르렀다. 채원정蔡元定·양방楊方이 남강南康
으로 와서 그의 위정에 대해 비판했다. 추밀사 왕회王淮에게 공문을
보내어 파면을 신청했다.

○ 2월, 장식張栻이 세상을 떠났다. 연회를 중단하고 곡했으며 사람을
보내어 제전祭奠했다.

다시 성자현星子縣의 세금을 감면해 달라는 상소를 올렸다.

「권농문勸農文」·「권유축경안勸諭築埂岸」·「신유경상방申諭耕桑榜」을 반

포하고 성자현령 왕문림王文林의 종상법種桑法을 확대 실시했다.

「유자화전劉子和傳」을 지었다.

장동張棟이 입조하면서 남강에 들렀다. 자소봉紫霄峰·간적簡寂·낙성사落星寺·와룡암臥龍庵·서현棲賢·절계折桂에서 노닐면서 많은 시를 주고 받았다. 열흘 뒤에 헤어졌다.

○ 3월, 육씨陸氏 형제의 제자 만인걸萬人傑이 찾아와서 배웠다. 육구연陸九淵에게 편지를 보내어 학문을 논했다.

정이程頤가 방원채方元寀에게 보낸 편지 원고를 발견해서 백록동서원白鹿洞書院에 각석했다.

사관직을 청했지만 윤허 받지 못했다.

군학軍學을 중수하고 사수후泗水侯(공자의 아들 孔鯉)를 종사從祀하게 해 달라고 신청했다.

사우들과 낙성사에서 노닐었다.

백록동서원이 완공에 이르러 석채釋菜를 지내고 개강했다. 동주洞主를 맡았다.

「백록동부白鹿洞賦」를 짓고 백록동서원 학규를 정했다.

강서제거江西提舉 육유陸游에게 백록동서원에 장서를 보내 달라고 요청하는 등 강서·강동 양로의 여러 지방관에게 장서를 요청했다.

백록동서원白鹿洞書院에서 강회를 열고 복은군卜隱君·주영朱林·주사온周師溫의 시에 차운했다.

귀산龜山 양시楊時의 묵본 「진거사전陳居士傳」에 발문을 지었다.

『예서禮書』와 증수 『예서』를 내려달라는 요청을 올렸다.

사수沙隨 정형程逈과 역학에 대해 토론했다.

정형과 전부田賦·전제田制에 대하여 토론하고 「개천맥변開阡陌辨」을 지었다.

풍성豊城의 성수盛璲·우혁于革이 찾아와서 시를 주고받았다.

○ 4월, 속현의 목탄전木炭錢을 감면해 달라고 신청했다.

『위재집韋齋集』을 정리해서 융흥隆興에서 간행했다. 부자득傅自得이 서문을 지었다.

조서를 받고 봉사를 올렸다.(「庚子應詔封事」)

시어사侍御史 황흡黃洽에게 편지를 보내어 근습近習의 농단을 탄핵하라고 고무했다.

○ 5월, 사우들과 석유사石乳寺에서 노닐었다.

강동도원江東道院과 애련당愛蓮堂으로 가서 그곳에 소장된 서화에 대한 글을 지었다.

화정和靖 윤돈尹焞의 서첩을 백록동서원白鹿洞書院에서 간행했다.

협주峽州 곽옹郭雍과 역학에 대해 토론하기 시작했다.

○ 6월, 장식張栻을 장례지냈다. 사람을 보내 제전을 올렸다.

비서랑秘書郎 조언중趙彦中이 상소를 올려 이천伊川의 학문을 배척하니, 강동안무사 진준경陳俊卿에게 편지를 보내어 정사에 대해 비판하면서 임금이 마음을 바로잡고 간신을 배척하도록 할 것을 독려했다.

○ 7월, 남강군南康軍에 대한大旱이 들어 대대적인 황정荒政에 나섰다.

조세를 방면하고 전운사轉運司·상평사常平司에서 전미錢米를 내어 군량과 진제용으로 충당하도록 하고 또 순희淳熙 6년에 올리지 못한 미강米糠과 7년에 올려야 하는 미강을 군량과 진제용으로 충당하도록 하라는 명을 내려 달라고 요청했다.

태주台州 군수 정감鄭鑑이 세상을 떠나니 글을 지어 제전을 올렸다.

사우들과 화개석華蓋石에서 노닐면서 시를 지었다.

숙부 주영朱森 및 여러 사우들과 낙성사에서 노닐면서 시를 주고받았다.

○ 8월 사관직을 신청했지만 회답이 없었다.

황수黃銖가 시를 보내 왔다.

병중에 친구를 그리워하는 시를 지었다. 서원西原 최가언崔嘉彦이 추란秋蘭을 보내 와서 시를 지어 인사했다.

황중黃中이 세상을 떠나 사람을 보내어 제전을 올렸다. 황중과 그의 선고先考·선비先妣의 묘지명을 지었다.

세 속현의 지방관과 함께 황정에 대해 의논하고 「주추광어필지휘이사장奏推廣御筆指揮二事狀」을 올렸다.

상평제거사常平提擧使에 진제미를 내어 달라고 신청했다.

○ 9월, 연산현령鉛山縣令 장억蔣億이 현학縣學을 새로 지으니 현학기를 지어 주었다.

양일신楊日新을 백록동서원白鹿洞書院 당장堂長으로 초빙했다.

연강의 석제를 쌓자고 신청했다.

안무사按撫使 진준경陳俊卿 및 조사漕司·상서좌사尙書左司에게 진재의 사의에 대해 보고했다.

검방檢防해서 납부해야 할 것으로 판정된 묘미를 풀어 군량으로 충당하게 하고 양년의 묘세를 풀어 달라고 건의를 올렸다. 적미糴米를 막는 행위를 금지하는 지휘를 다시 밝혀 달라고 요청했다. 부유한 백성들이 진제에 나서도록 권장해 달라고 요청했다.

육구령六九齡이 세상을 떠나니 글을 지어 제전을 올렸다.

○ 10월, 숙부 주영 및 사우들과 낙성사에서 노닐고 시를 지었다.

진극기陳克己가 찾아와서 시를 주고받았다.

제거사에게 공문을 보내어, 상평미常平米를 출조해 주고 지방관들로 하여금 강서에서 적미糴米를 막지 못하도록 하며 상공上供과 관전官錢을 빌려서 쌀을 사도록 해 주고 하세夏稅를 임시로 감면해 달라고 요청했다.

o 11월, 『어맹정의語孟精義』를 보완해서 『어맹요의語孟要義』로 이름을 바꾸어 융흥에서 간행했다.

o 와룡암 기정을 완공하고 「와룡암기臥龍庵記」를 지었다.

o 상서성尚書省 창부倉部와 전운사에 공문을 보내어, 3개 현의 묘미를 검방해서 5두 이하의 묘미를 내는 인호는 전부 감면해 달라고 요청했다. 제거 우모尤袤가 이 법을 강동의 여러 군에 확대 실시했다.

o 육유陸游가 편지를 보내어 법양法揚이 소장한 서첩에 발문을 지어 달라고 요청했다.

o 장백화張伯和 부사의 시사에 발문을 지어 주었다.

o 조몽주趙夢周의 묘지명을 지었다.

o 신기질辛棄疾이 강서안무로 차견되어 함께 황정을 시행하면서 편지를 주고받았다.

1181년(孝宗 淳熙 8, 辛丑) 52세

o 정월, 쌀을 파는 매장을 열었다.
진황의 조치를 사람들이 서로 전하며 모범으로 삼았다. 남북의 황정 제일로 널리 전송되었다.
경총제전經總制錢과 월장전月樁錢을 감면해 달라고 신청했다.
금군禁軍 모집과 군기軍器 판매를 금지하고 도창현都昌縣에 신채新砦 세우는 것을 그만두며 남강군의 군치를 옮기는 것을 그만두라고 요청했다.
소상蘇庠의 유택을 찾아보고 지남상인志南上人을 만났다. 소상의 서첩에 발문을 지었다.

o 2월, 육구연陸九淵이 찾아왔다. 백록동서원白鹿洞書院으로 초빙해서 "군자소인유의리君子小人喩義利"장을 강론하게 했다.
우모尤袤에게 주고의 『옥란집玉蘭集』의 발문을 부탁해서 간행했다.

○ 3월, 지남상인의 시권에 발문을 짓고 예전에 지었던 「원유遠遊」·「추야秋夜」 등 시편을 보내 주었다.

차기 제거강남서로상평차염공사提擧江南西路常平茶鹽公事로 제수되었다. 보고를 올려 성자현星子縣의 세금을 감면하고, 권장을 받고 진제미를 낸 세호들을 포상하며, 하세夏稅를 감면하고, 재해를 입은 군현에는 세금 독촉을 하지 못하게 해 달라고 요청했다. 백록동서원에 칙액과 고종高宗의 어서御書『석경石經』, 국자감의 『구경주소九經注疏』와 『논어』·『맹자』 등을 보내 달라고 요청했다.

숙부 주송을 송별하는 시를 지었다.

○ 윤3월, 사우 및 제자들과 심진관尋眞觀에서 노닐고 시를 지었다.

사우 및 제자들과 팽려호彭蠡湖·낙성호落星湖에 배를 띄우고 시를 주고받았다.

우모가 찾아와서 함께 여산廬山에서 노닐었고 「여산잡영廬山雜咏」을 지었다.

우모가 지은 「모견묘지명毛开并墓誌銘」에 만시를 지었다.

27일에 남강군 지사직을 그만두고 동쪽으로 길을 떠났다.

28일 백록동서원에서 『서명西銘』을 강의했고, 29일 「서원암기西原庵記」를 지었다.

○ 4월, 6일 염계서당濂溪書堂을 배알하고 『태극도太極圖』를 강의했다. 19일 집에 도착했다. 「산북기행山北紀行」 시를 지었다.

○ 진여의陳與義·장얼張嶭의 서첩에 발문을 지었다.

○ 여동생의 묘지명을 지었다.

○ 황우黃㻞의 묘지명을 지었다.

○ 『고금가제례古今家祭禮』를 지어 건안建安에서 간행했다.

○ 노봉蘆峰에 올라 운곡雲谷의 거처를 수축하고 시를 지었다.

○ 7월, 건녕建寧으로 가서 정백웅鄭伯熊을 만나고, 유공劉珙의 묘에 제전祭奠을 올리고 시를 지었다.

정백웅이 건녕의 부임지에서 세상을 떠났다. 섭적葉適이 와서 제전을 올리고 주희와 처음으로 만났다.

안진경顔眞卿의 「율리시栗里詩」에 발을 써서 간행하였다.

사우들과 선주산仙洲山에 오르고 밀암密庵에서 노닐며 많은 시를 짓고 기문을 지었다.

사우들과 무이산武夷山에서 노닐고 수렴동水簾洞에서 시를 지었다.

17일 직비각直秘閣에 제수되었으나 18일에 사양했으며, 9월 4일에 다시 사양하고 22일에 또 한 번 사양했다.

29일, 여조겸呂祖謙이 세상을 떠났다. 위패를 세우고 곡했으며 그 집으로 제전을 보냈다.

안사로顔師魯와 심의深衣 제도에 대해 토론하고 「심의제도深衣制度」를 지었다.

○ 8월, 「발정경원간跋鄭景元簡」・「발정경망서여정헌공사사跋鄭景望書呂正獻公四事」를 지었다.

무원현령婺源縣令 주사청周師淸이 주정周程 세 선생의 사당을 현학縣學에 세우니 사당기를 지었다.

정정程鼎(程洵의 아버지)의 묘표를 지었다.

장준張浚과 함께 유자휘劉子翬・유공劉珙의 서첩시문에 발문을 지었다.

황수黃銖가 시권을 보내 와서 차운했다.

○ 9월, 유청지劉淸之가 편찬한 『증자曾子』에 발문을 지었다.

22일 우상 왕준王准의 추천으로 제거양절동로상평차염공사提擧兩浙東路常平茶鹽公事로 제수되니, 배명할 때 행재로 가서 보고를 올리게 해 달라고 요청했다.

소무邵武로 가서 황중黃中에게 제전을 올렸다.

○ 10월, 행재로 와서 보고하라는 윤허를 얻고 또 진제미를 냈던 남강군의 백성들이 포상을 받았다는 당첩糖牒을 접수했기 때문에 드디어 직명을 받아들였다.

○ 11월, 행재로 보고를 올리러 떠났다.

왕응진汪應辰의 「진수묘지명陳疇墓誌銘」에 발문을 지었다.

상요上饒를 지나면서 신기질辛棄疾과 대호帶湖에서 만났다.

구주衢州를 지나면서 옥산玉山 왕규汪逵가 소장한 서화를 구경한 뒤 소식蘇軾과 임자중林子中의 서첩에 발문을 짓고 서기성徐騎省이 쓴 「항왕정부項王亭賦」에 발문을 지었다.

조대釣臺를 지날 때 반경유潘景愈가 찾아오니 「발이후주시후跋李後主詩後」를 지어 주었다.

연화전延和殿에서 7차箚에 걸친 보고를 올렸다.(「辛丑延和奏箚」)

육유陸游가 보낸 시를 받았다. 빨리 와서 진제 활동을 벌여 달라는 요청이 있었다.

○ 12월, 1일 남고전南庫錢 30만 면을 받았고, 6일 양절동로兩浙東路의 소산현蕭山縣으로 가서 직무를 이임 받고 서흥西興을 시찰했다. 참지정사參知政事 주필대周必大가 공문을 보내어 송별했다.

소흥부紹興府 도감都監 가우지賈祐之가 기민饑民을 보고하지 않은 것을 탄핵했다.

22일 주희의 사창법社倉法을 모든 주현에 실시하도록 하라는 조칙이 내려져서 24일 시행에 들어갔다.

이달에 진황賑荒과 관련한 많은 공문을 올렸다.

양전楊篆이 편지를 보내니, 공문을 보내 사명의 진휼賑恤에 대해 논했다.

서린舒璘·서기舒琪 형제가 사명에서 찾아와서 학문을 논했다.

주필대에게 편지를 보내어 적미 방해를 금지하고 납속한 백성을 포상하는 문제 등을 논의했다.

1182년(孝宗 淳熙 9, 壬寅) 53세

o 정월, 4일 소흥부紹興府 속현屬縣과 무주婺州·구주衢州를 순시했다.
  7일 승현嵊縣에 도착하여 소흥부지사 밀극근密克勤이 구제미를 도둑질한 것을 탄핵했다.
  14일 금화현金華縣에 도착하여 상호 주희적朱熙積이 진조賑糶에 불복한 것을 탄핵했다.
  17일 무의현武義縣에 도착하여 명초산明招山으로 가서 여조겸呂祖謙의 묘에 제전祭奠을 올렸다. 여조겸이 병중에 지은 일기와 그의 수택본 『형공목록荊公目錄』에 발문을 지었다.
  영강永康 진량陳亮이 명초당明招堂으로 찾아오니, 같이 노닐고 며칠 동안 강론하며 영강 용굴龍窟까지 이른 뒤 헤어졌다.
  하순에 구주에 도착해서 구주 군수 이역李嶧이 황정을 실시하지 않는 것을 탄핵했다.
  구주 감주고監酒庫 장대성張大聲, 용유현승龍遊縣丞 손자효孫孜가 검방檢防을 제대로 하지 않은 것을 탄핵했다.
o 2월, 소흥으로 돌아가 삭탈관직해 달라는 상소를 올렸다.
o 3월, 상사일上巳日에 회계會稽서원에서 계음禊飮하였으며, 왕후지王厚之가 소장한 서화와 금석을 구경하고는 많은 발문을 지었다.
  진제의 사의에 대한 많은 상소를 올렸다.
o 4월, 진황 과정에서 느낀 바가 있어 왕희려王希呂의 시에 화운했다.
  유평劉玶을 대신해서 유공劉珙의 행장을 지었다.
  이 시기에 누약樓鑰이 와서 배웠다.

○ 5월, 재해 입은 주현에 대한 누적된 미수세의 독촉을 중단하고 진제에 도움을 준 이들을 포상해 달라는 상소문을 올렸다. 새 구주 군수 심숭일沈崇一이 상평의 창미倉米를 마음대로 지출한 것을 탄핵했다.

○ 6월, 여조겸呂祖謙이 정리한 『고주역古周易』을 무주婺州에서 간행하고 「기숭산조씨괘효단상설記崇山晁氏卦爻象象說」을 지었다.

『급취편急就篇』을 교정하여 무주에서 간행하였다.

『대학장구』·『중용장구』·『논어집주』·『맹자집주』를 하나로 묶어서 무주에서 간행하니, 이것이 『사서집주四書集註』이다. 경학사에 있어 '사서四書'라는 이름은 여기서 시작된다.

재상 왕회王淮에게 공문을 보내어 조정이 부패한 상황에 안주하고 백성의 고통에는 관심 없는 것에 대해 통렬하게 비판했다.

큰 가뭄이 들어 「수덕정이이천변장修德政以弭天變狀」을 올렸다.

석돈이 세상을 떠나서 묘지명을 지었다.

○ 7월, 황충蝗蟲이 곡식을 해쳐서 진황 사의를 하나하나 보고했다.

조정에서 남고전南庫錢 30만 전을 내려 진조하게 하니, 다시 진황 사의에 대해 하나하나 보고했다.

조여우趙汝愚의 아버지 조선응趙善應의 묘갈명을 지었다.

16일 두 번째 순시를 떠났다. 구주 강산현령江山縣令 왕집중王執中이 직무에 태만한 것을 탄핵했다.

17일 상우현上虞縣에 이르렀고, 18일 승현에 이르렀으며, 19일 신창현新昌縣에 이르렀다. 현령이나 차관이 스스로 사관직을 신청할 수 있게 해 달라고 요청하고, 무주 통판通判 조선견趙善堅이 계속해서 진제를 펼 수 있게 해 달라고 요청했다.

21일 태주台州 천태현天台縣·영해현寧海縣에 이르러 영해현령 왕벽강王辟綱이 직무에 태만하다고 탄핵했다.

23일 태주성으로 들어가서 태주의 정견丁絹 납부를 면제해 달라고 요청했다.

여섯 차례에 걸쳐 태주 지사 당중우唐仲友가 탐오貪汚하고 불법을 저지른 것을 탄핵했다.

o 8월, 명주明州에는 관회官會를, 본사本司에 관회와 도첩度牒을 내려 주고 작년 하세夏稅를 거둔 것 가운데 남은 분량을 금년의 세금으로 대체해서 견감하며 소흥부의 화매和買를 모두 견감해 달라고 요청했다.

수리를 일으키고 황암현黃巖縣·정해현定海縣에서 자금을 내어 수갑水閘을 수리했다.

14일 조정에서 절서제형浙西提刑을 파견해서 당중우의 안案을 조사하라는 지휘를 내렸다. 상소를 올려 파직시켜 달라고 요청했다.

18일 강서제형江西提刑에 제수되었다. 이날 태주를 떠나 순시를 계속했다. 서중행徐中行·서정균徐庭筠의 묘에 배알하고 시를 지어 제전을 올렸다.

선거현仙居縣에 이르러 호산거사湖山居士 오불吳芾을 배방했다.

처주處州 신운현縉雲縣에 이르러 다시 파직시켜 달라는 상소를 올렸다.

영가永嘉 군학의 진회秦檜 사당을 무너뜨리라고 공문을 띄웠다.

처주에 이르러 염주과鹽酒課·차역差役·의역義役의 이해에 관한 보고를 올렸다.

송양현松陽縣에 이르렀을 때 왕광조王光祖가 찾아와서 배웠다.

o 9월, 수창현遂昌縣에 이르렀을 때 휘유각徽猷閣 직학사直學士에 제수되었지만 사양하고 다시 당중우를 탄핵하는 상소를 올렸다.

구주 상산현常山縣에 이르러 강서제형의 직임을 사양하는 상소를 올렸다. 이날 직무를 이임하고 고향으로 돌아갔다.

절동浙東의 학자 여조겸呂祖儉 등이 상산常山에 모였다. 여조겸의 『여씨가 숙독시기呂氏家塾讀詩紀』에 서문을 지어 강서조사에서 간행했다.

육유陸游에게 편지를 보내어 관직을 버리고 남쪽으로 돌아간다는 사실을 알려 주었다.

옥산玉山을 지나면서 서문경徐文卿·단균段鈞·조성부趙成父 등과 남산에서 노닐었다.

상요上饒를 지나면서 신기질辛棄疾·한원길韓元吉·서안국徐安國과 만나서 남악에서 노닐었다.

집에 도착하자 황수黃銖가 포성에서 찾아왔다.

○ 10월, 사우들과 밀암密庵에서 노닐며 시를 주고받았다.

강동江東 양총梁總과 직책을 바꾸라는 조서가 내려왔다. 다시 사양했지만 회피할 필요가 없다는 조서가 내려왔다.

삼산三山 허굉許閎이 금琴을 안고 찾아오니, 「초은조招隱操」를 지어 주고 또 시를 지어 주었다.

경주瓊州 군수 한벽韓璧이 주학州學을 단장하고 지락정知樂亭을 세우니, 주학기州學記와 정기정記를 지어 주었다.

○ 11월, 다시 직명을 사양했다.

○ 12월, 이부상서 정병鄭丙이 왕준王准의 지시를 받고 도학道學을 반대하는 상소를 올렸다.

부자득傅自得과 주희진朱希眞의 시를 차운한 「매사梅詞」를 지어 자신의 마음을 표시했다.

직명을 받았지만 강동제형의 직무는 여전히 사양하고 사관직을 신청했다.

옥산의 왕규汪逵가 서화를 들고 찾아오니 발문을 지어 주었다.

○ 이해에 둘째 딸을 황간黃幹에게 시집보냈다.

1183년(孝宗 淳熙 10, 癸卯) 54세

○ 정월, 태주台州 숭도관崇道觀 주관으로 차견되었다.

무이산武夷山 오곡五曲 대은병산大隱屏山 아래 무이정사武夷精舍를 짓기 시작했다. 「감춘부感春賦」를 지어 세상근심을 표현했다.

○ 2월, 사우와 함께 석마石馬로 가서 노닐고 방사유方士緣의 새집을 방문해서 시를 주고받았다.

조건曹建이 세상을 떠나서 묘표를 지었다.

용암현령龍巖縣令 증비曾秘가 현학縣學을 단장하니 현학기를 지어 주었다.

○ 3월, 강남서로전운사江南西路轉運司의 양제원養濟院이 준공되어 기문을 지어 주었다.

무이정사 준공 현장을 둘러보고 며칠간 머물면서 시를 지었다.

『자치통감강목資治通鑑綱目』을 수정하고 종산鍾山 이증李繒에게 편지를 보냈다.

여승기呂勝己가 벼슬을 그만두고 소무邵武 위천渭川으로 은둔해서 새집을 지으니, 이에 시를 지어 주었다.

제갈천능諸葛千能・포양包揚이 찾아와 배웠다. 육구연陸九淵에게 편지를 보내어 학문을 논했다.

복건안무사福建按撫使 조여우趙汝愚에게 공문을 보내어 복건지역의 부적・염법 등에 대한 정책을 세우도록 청하고 관역官役을 이용해 무이정사를 짓는 것을 거절했다.

조여우趙汝愚가 임용중林用中을 막부로 불러들이니, 시를 지어 송별했다.

○ 4월, 무이정사가 완성되자 사방에서 사우들이 모여들었다. 12영을 지어 그 경관을 읊었고, 한원길韓元吉이 기문을 지었다.

오즙吳楫・채원정蔡元定 등 선비들과 함께 무이산武夷山 충우관沖佑觀 세한헌歲寒軒에 모여 시를 주고받았다.

육유陸游가 무이정사에 대해 지은 시를 보내 왔다.

금화金華 시호時鎬에게 「자교암기滋教庵記」를 지어 주었다.

o 5월, 소주蘇州 주학 교수 요덕명廖德明이 새로 염계선생사당濂溪先生祠堂을 지어서 기문을 지어주었다.

「조입지묘표曹立之墓表」를 완성했다. 육학陸學 제자들의 공격을 받았다.

『무원차원주씨세보婺源茶院朱氏世譜』를 완성했다.

o 6월, 감찰어사 진기陳賈가 도학道學을 위학僞學으로 규정하여 금지하자고 청했다.

오불吳芾이 세상을 떠나니 신도비를 짓고 만시를 지었다.

진준경陳俊卿이 무이정사에 대해 지은 시를 보내 와서 차운했다.

o 7월, 처음으로 『소학小學』을 편찬하기 시작했다.

o 8월, 파양鄱陽 왕언휘王彦暉가 세상을 떠나니 묘갈명을 지었다.

o 9월, 15일 진량陳亮이 「수조가두水調歌頭」를 지어 축수했다. 당중우唐仲友를 탄핵한 일에 대해 편지를 주고받았다.

o 10월, 조여우趙汝愚 · 진준경陳俊卿 · 진지유陳知柔를 방문하고 부자득傅自得을 조문하러 복주福州 · 보전莆田 · 천주泉州를 향해 길을 떠났다.

보전에서 「승상이공주의후서丞相李公奏議後序」를 지었다.

천주에 이르러 휴재休齋 진지유陳知柔와 함께 연화봉蓮華峰 · 구일산九日山 · 양봉凉峰 · 봉황산鳳凰山 · 운대산雲臺山 사이에서 노닐며 많은 시를 지었다.

다시 동봉東峰 보공도인溥公道人, 현암顯庵 익공도인益公道人을 만나서 시를 지었다.

남외목종원南外睦宗院 교수 진규陳葵를 만났다.

o 11월, 다시 보전莆田으로 가서 백호白湖 진준경의 집 앙지당仰止堂에서 묵으며 진준경 등과 시를 주고받았다.

공무량襲茂良의 집을 방문하고 공무량의 묘에 제전祭奠을 올렸다.

복주에 이르러 조여우趙汝愚와 함께 노닐면서 많은 시를 주고받았다.

서호를 준설하는 일과 복건의 염법 등에 대해 논의했다.

조여우를 도와 『국조명신주의國朝名臣奏議』를 편찬했다.

○ 12월, 복주를 떠나 집으로 돌아갔다. 조여우·임역지 등이 배웅했다.

「부자득행장傅自得行狀」을 완성했다.

진용陳庸이 세상을 떠나니 만시를 지었다.

녹하鹿何가 세상을 떠나니 만시를 지었다.

나원羅願이 주희가 교정한 『급취편急就篇』을 악주鄂州에서 간행했다.

1184년(孝宗 淳熙 11, 甲辰) 55세

○ 정월, 악주 군수 나원羅願, 통판 유청지劉淸之에게 「악주사직단기鄂州社稷壇記」를 지어 주었다. 「답사단설答社壇說」을 지어 보냈다.

숭안崇安 현학에 학전기學田記를 지어 주었다.

○ 2월, 사우·학자들과 무이산 구곡에서 노닐며 「무이도가武夷權歌」 10수를 지었다.

육구연에게 편지를 보내어 정치에 대해 묻고 「조입지묘표曹立之墓表」를 보냈다.

○ 3월, 휴재休齋 진지유陳知柔가 세상을 떠나니 글을 지어 제전祭奠을 올렸다.

○ 「독여씨시기상중편讀呂氏時記桑中篇」을 지어 「모서毛序」 시학의 잘못됨을 지적하고 여조겸呂祖謙·여조검呂祖儉을 비판했다.

○ 여조겸의 『대사기大事記』를 건양建陽에서 간행했다.

○ 진량陳亮이 투옥되었다가 7~80일 만에 풀려났으니, 바로 도학道學을 꺾기 위한 왕회王淮의 조치로서 주희를 겨눈 것이었다. 진량에게 편지를

보내 의리義理·왕패王覇에 대해 논의했다.

○ 광서안무사廣西按撫使 첨의지詹儀之(자는 體仁)가 『사서집주四書集註』를 광동 덕경德慶에서 간행하니, 편지를 보내어 훼판하라고 요구했다.

○ 7월, 복건福建에 큰 가뭄이 들어 안무사 조여우趙汝愚와 함께 황정에 대해 논의했다.

○ 9월, 15일 진량이 「접연화蝶戀花」를 축시로 보내 왔다. 진량에게 편지를 보내어 의리·왕패의 이동에 대해 논의했다.

○ 진문울陳文蔚·여대아余大雅가 무이武夷로 와서 배웠다.

○ 12월, 천주泉州 군수 사마급司馬伋이 간행한 사마광司馬光의 『자치통감거 요력資治通鑑舉要曆』에 서문을 지었다.

『장남헌문집張南軒文集』을 편정하고 서문을 지었다. 건양建陽에서 간행 했다.

장식張栻·여조겸呂祖謙의 화상찬을 지었다.

○ 이해에 황간黃幹·포정包定·여도일呂道一이 무이로 와서 배웠다.

1185년(孝宗 淳熙 12, 乙巳) 56세

○ 정월, 「발응인중소간정사업시跋應仁仲所刊鄭司業詩」를 지었다.

○ 2월, 향림거사薌林居士 상자인向子諲의 문집에 서문을 지었다.

장효상張孝祥이 지은 「장덕시묘지명張德施墓誌銘」에 발문을 지었다.

강개江介의 묘지명을 지었다.

사질의 임기가 차서 다시 사관직을 청했다. 4월에 주관 화주華州 운대관雲 臺觀 주관으로 차견되었다.

○ 3월, 『정양유사鄭驤遺事』에 발문을 지었다.

건양建陽 서산西山으로 가서 경복사景福寺에서 묵었다. 미불米芾의 서첩에 발문을 짓고, 범석부范碩夫의 시에 차운했다.

광서안무사 첨의지에게 편지를 보내어 경설經說과 광서廣西 염법鹽法에 대해 논했다.

진량陳亮과 의리·왕패의 이동에 대한 논의를 주고받았다.

사산 육구소陸九韶가 거사居士의 신분으로 입조하게 되었는데, 무이를 지나는 길에 방문하여 무극無極·태극太極에 대해 논했다. 주희와 육씨 형제의 태극논변이 여기서 시작되었다.

○ 4월, 주돈이周敦頤의 아들 주수周壽의 서첩에 발문을 썼고, 구양수歐陽脩의 『집고록발미集古錄跋尾』에 발문을 지었으며, 사작중射綽中의 문집에 서문을 지었다.

허승許升이 세상을 떠나니 글을 지어 제전祭奠을 올렸다.

육구연陸九淵이 상소문을 보내 와서 답장을 보내어 선종禪宗의 분위기가 있다고 평했다.

○ 5월, 양만리楊萬里가 주희를 첫머리로 추천했지만 왕회王淮가 등용하지 않았다.

○ 6월, 촉인蜀人 이승지李承之가 그의 『논어설論語說』과 『시집詩集』을 들고 찾아왔다. 호전胡銓이 지은 「논어설서論語說序」에 발문을 짓고 「발호담암화이승지시跋胡澹菴和李承之詩」를 지었다.

유평劉玶이 세상을 떠나니, 그 집으로 가서 곡하고 제전을 올렸으며 묘지명을 지었다.

○ 7월, 송남강宋南彊이 찾아와서 송여위宋汝爲의 문집에 발문을 지어 주길 청했다.

육구소陸九韶가 편지를 보내어 무극·태극과 『서명西銘』의 이론에 대해 논했다.

○ 8월, 은현鄞縣 현위 등린滕璘이 범중엄范仲淹의 「송두군시送竇君詩」를 각석해서 위청에 세우니, 발문을 지어 주었다.

강산江山 지현 소호邵浩가 현학 경행당景行堂을 세우니 당기를 지어 주었다.

유약劉瀹이 찾아와서 정강靖康의 일에 대해 의견을 교환하였다. 「기손적사記孫覿事」를 지었다.

서산西山 이욱李旭의 묘지명을 지었다.

효종孝宗이 고종高宗의 80세 생일을 축하하면서 진준경陳俊卿·사호史浩를 행재로 불러 제사에 참여하게 하니, 진준경·사호에게 편지를 보내어 한마디 하라고 권했다.

○ 9월, 엄백분嚴伯奮이 찾아와서 그의 아버지의 문집 『계상옹집溪上翁集』에 발문을 지어 주길 청했다.

진량이 편지를 보내 와서 다시 의리·왕패 논의를 전개했다.

○ 10월, 금화金華 반경헌潘景憲이 집안의 곡식 5백 곡을 내어 사창을 세우니, 사창기社倉記를 지어 주었다.

간재艮齋 사악謝諤의 「정재명靜齋銘」에 발문을 지어 주었다.

금화 시원時源에게 「소씨묘표邵氏墓表」를 지어 주었다.

청강清江 주도사周道士가 금琴을 안고 찾아오니 서를 지어 주었다.

○ 11월, 정극丁克·조선좌趙善佐가 세상을 떠나니 묘명을 지었다.

○ 12월, 「왕씨속경설王氏續經說」을 썼다. 진량이 지은 「유차문중자인類次文中子引」을 겨눈 것이다. 주희와 진량 사이의 의리·왕패 논쟁이 여기서 종결되었다.

부몽천傅夢泉이 찾아왔다.

1186년(孝宗 淳熙 13, 丙午) 57세

○ 3월, 「김화반공문집서金華潘公文集序」과 「동군경방묘표董君景房墓表」를 지었다.

『역학계몽易學啓蒙』을 탈고하고 서문을 썼다.

임률林栗 등과 역학을 토론했고, 「시괘고오蓍卦考誤」를 지었다.

조여우趙汝愚가 사천제치사四川制置使로 부임하던 길에 무이산을 지나면서 주희를 방문했다.

○ 4월, 단양丹陽 두종주竇從周가 무이산으로 와서 배웠다.

○ 5월, 『사서집주四書集註』를 교정하였다. 광서안무사廣西按撫使 첨의지詹儀之가 계림桂林에서 출판하였고, 조여우趙汝愚가 성도成都에서 출판하였다.

○ 7월, 「제고후사기후題顧侯射記後」를 지었다.

「건녕부건양현장탄사창기建寧府建陽縣長灘社倉記」·「건녕부건양현대천사창기建寧府建陽縣大闡社倉記」를 지었다.

복건성福建省에 대한大旱이 들자 복건통판 왕사유王師愈에게 편지를 보내어 황정에 대해 의논했다.

○ 8월, 『효경간오孝敬刊誤』를 완성했다.

○ 9월, 「발이수옹유묵跋李壽翁遺墨」을 지었다.

진량陳亮과 서신으로 토론하였다.

○ 10월, 『시집전詩集傳』을 탈고했다. 「시서변설時序辨說」을 뒤에 붙여 건안建安에서 출판했다.

○ 11월, 진준경陳俊卿이 세상을 떠났다.

○ 12월, 「소무군학승상농서이공사기邵武軍學丞相隴西李公祠記」를 지었다.

육구소陸九韶와 무극태극無極太極 및 「서명西銘」의 리일분수理一分殊에 대해 논했다.

『귀산별록龜山別錄』을 지어 복주福州에서 출판했다.

장천章泉 조번趙蕃이 처음으로 와서 배웠다.

1187년(孝宗 淳熙 14, 丁未) 58세

o 정월, 채원정蔡元定이 『율려신서律呂新書』를 완성하자 그 서문을 지었다.

o 진준경陳俊卿을 조문하였다.

o 천주泉州로 가서 친구를 방문하고 「조청대부이공묘갈명朝請大夫李公墓碣
銘」을 지었다.

돌아가는 길에 복주福州에 들러 친구들과 고산鼓山에서 노닐었다.

o 「선교랑방군묘지명宣敎郞方君墓誌銘」을 지었다.

o 3월, 『소학小學』을 탈고했다.

남경南京 홍경궁鴻慶宮 주관으로 차견되어 4월에 배명했다. 우모尤袤가
조칙을 가지고 왔다.

「봉사직비각주공행장奉使直祕閣朱公行狀」을 지었다.

o 4월, 호남제형湖南提刑 송약수宋若水가 석고서원石鼓書院을 복원하니 「형주
석고서원기衡州石鼓書院記」를 지었다.

임강臨江 장흡張洽이 와서 배웠다.

o 5월, 육구소陸九韶에게 편지를 보내어 태극논변을 중단하였고, 육구연陸
九淵에게 편지를 보내어 육씨의 심학心學을 비판했다.

승려 지남志南에게 대자大字로 쓴 『한산시집寒山詩集』을 간행해 달라고
요청했다.

o 6월, 양극가梁克家가 세상을 떠나자 만사輓詞를 지었다.

반치潘時가 담주潭州 지사로 가면서 정치에 대해 물었다.

o 7월, 소무邵武 임희이任希夷가 와서 배웠다. 「발임백기가장이소유적跋任伯
起家藏二蘇遺蹟」을 지었다.

o 딸 주사朱巳가 세상을 떠났다. 「여사매명女巳埋銘」을 지었다.

o 차기 강남서로제점형옥공사江南西路提點刑獄公事로 제수되었지만 사양하
였다.

○ 9월, 『통서해通書解』를 탈고했다.

15일 생일에 진량陳亮이 「동선가洞仙歌」를 보내어 축수했다.

「장주주학동계선생고공사기漳州州學東溪先生高公祠記」를 지었다.

호부시랑 장균張均에게 편지를 보내어 정주汀州에 경계를 시행하라고
청했다.

반우공潘友恭과 함께 『예서禮書』를 지었다. 대략 이때 『의례경전통해儀禮
經傳通解』을 기획했다.

○ 10월, 고종高宗이 죽자 「군신복의君臣服議」를 지었다.

○ 11월, 정순程洵·정단몽程端蒙·동수董銖가 무이산武夷山으로 와서 배웠
다. 「발정동이선생학칙跋程董二先生學則」을 지었다.

「발풍군가장당고跋馮君家藏唐誥」를 지었다.

「강군청경묘지명江君淸卿墓誌銘」을 지었다.

○ 12월, 진량과 신기질辛棄疾이 아호鵝湖·자계紫溪에서 만나자고 요청했지
만 이루어지지 못했다.

1188년(孝宗 淳熙 15, 戊申) 59세

○ 정월, '입조해서 보고하고 부임하라'라고 독촉하는 조서가 내려왔지만,
2월에 병을 이유로 사양하고 사관직을 청했으나 허락되지 않았다.
육구연陸九淵이 「형국왕문공사당기荊國王文公祠堂記」를 지어 주륙朱陸의
갈등이 격화되었다.

육구연과 무극태극논변을 시작했다.

○ 2월, 『태극도설해太極圖說解』·『서명해西銘解』를 처음으로 내보여 제자들
에게 가르쳤고, 「제태극서명해후題太極西銘解後」를 지었다.

조여우趙汝愚의 아들 조숭헌趙崇憲이 촉蜀에서 이천선생첩伊川先生帖을 모
각했는데, 거기에 대해 발을 썼다.(「書伊川先生帖後」)

○ 3월, 입대入對하는 길을 떠났다.

연산鉛山을 지날 때 잠재潛齋 서소연徐昭然이 와서 배웠다.

○ 4월, 신주信州에서 다시 사양하고 사관직을 청했다.

신주에서 윤돈尹焞의 제자 왕시민王時敏이 와서 학문을 논했다.

신기질辛棄疾을 만났고, 많은 학자들이 찾아왔다.

옥산현玉山縣에 이르러 다시 사양하고 사관직을 청했다. 옥산에서 40여
일간 머물렀다.

양만리楊萬里가 파직되어 옥산을 지나면서 주희를 만났다.

유요부劉堯夫가 찾아와서 육구연陸九淵이 무극태극을 논한 글을 전해
주었다.

○ 5월, 왕회王淮가 재상직을 물러나자 드디어 입대할 뜻을 굳혔다. 중순에
옥산을 떠났다.

난계蘭溪에 이르자 금화 학자 여조검呂祖儉이 찾아왔다.

조선희趙善希가 찾아오니 그에게 「발동파여조덕린자설첩跋東坡與趙德麟字
說帖」을 지어 주었다.

하순에 임안臨安에 이르렀고, 상서하러 온 진량陳亮을 만났다.

○ 6월, 1일 병부시랑 임률林栗이 찾아왔는데 『역易』·『서명西銘』에 대한
의견이 맞지 않았다.

7일 연화전延和殿에서 보고했고, 8일 병부랑관兵部郎官에 제수되었는데
다리 병을 이유로 휴가를 청했다. 9일 임률林栗이 상소를 올려 기만한다
고 탄핵하자 바로 사관직을 청했다.

11일 다시 강서제형江西提刑으로 제수하여 곧장 길을 떠나게 하니, 12일
임안臨安을 떠났다.

동려·난계를 지날 때 두유杜斿·임희이任希夷가 찾아와서 배웠다. 「서양
귀산첩후書楊龜山帖後」를 지었다.

구주衢州에 이르러 사면을 요청했다.

옥산玉山에 이르러 홍매洪邁를 만났는데, 그가 편찬한『사조국사四祖國史』에서「태극도설太極圖說」의 첫 구절이 잘못된 것을 발견하고「기염계전기濂溪傳」을 지어 비판했다.

○ 7월, 상순에 무이산武夷山에 도착해서 다시 사면하고 사관직을 청했다.

중순에「사면마감전관장辭免磨勘轉官狀」을 지었다.

『주역본의周易本義』를 완성했다.

보문각寶文閣 직학사直學士로 제수되고 서경西京 숭산崇山 숭복궁崇福宮 주관主管을 맡게 되었다.

○ 8월, 직명을 사양하고 전관도 사양했지만 모두 윤허되지 않아서 드디어 배명했다.

「휘주휴녕현청신안도원기徽州休寧縣廳新安道院記」를 지었다.

「발양준도유문跋楊遵道遺文」을 지었다.

○ 9월, 다시 입대하라고 불렀지만 사양했다.

「옥산유씨의학기玉山劉氏義學記」를 지었다.

진문울陳文蔚이 편지로 학문에 대해 질문했다.

○ 10월, 행재로 오라는 독촉이 있었다. 원추遠樞·섭적葉適 등이 도학명사들을 천거했지만 냉세광冷世光·진가陳賈 등의 반박을 받았다.

○ 11월, 다시 사양하고 봉사를 올렸다.(「戊申封事」)

육구연陸九淵에게 편지를 보내어 무극태극을 논했다.

「발진요옹여형서跋陳了翁與兄書」을 썼다.

서태을궁西太乙宮 주관主管 겸 숭정전崇政殿 설서說書에 제수되었다.

○ 12월, 숭정전 설서를 사양했다.

진량이 난계에서 한번 만나자고 제의했지만 만나지 못했다.

진준경陳俊卿의 행장行狀을 지었다.

1189년(孝宗 淳熙 16, 己酉) 60세

○ 정월, 「기참정공공폐사주고후記參政龔公陛辭奏稿後」를 지었다.

비각수찬秘閣修撰에 제수되고 서경西京 숭산崇山 숭복궁崇福宮의 주관으로
차견되었지만 2월에 사양했다.

육구연陸九淵에게 편지를 보내어 무극태극에 대해 논했다. 논변은 여기
서 종결되었다.

○ 2월, 효종孝宗이 내선해서 광종光宗이 즉위했다. 다시 봉사를 올리려고
했지만 그러지 못했다.

4일 『대학장구大學章句』를 정식으로 탈고했다.

○ 3월, 18일 『중용장구中庸章句』를 정식으로 탈고했다.

「발통감운어跋通鑑韻語」를 지었다.

○ 4월, 손응시孫應時가 편지로 학문에 대해 질문했다.

다시 직명을 사양했지만 조정에서는 5월에 다시 보문각寶文閣 직학사直學
士로 임명하고 조칙을 내려 장려했다.

○ 5월, 주필대周必大가 재상직에서 물러났다.

○ 6월, 「황극변皇極辨」을 짓고 다시 무극태극에 대해 논했다.

「양생주설養生主說」을 지었다.

○ 7월, 「발와전귀산열자해후跋訛傳龜山列子解後」를 지었다.

육구연이 형문荊門 지사로 발령되어 알려 왔다.

유정留正의 천거로 강동로전운부사江東路轉運副使로 제수되었지만 분묘
와 종족 전산이 거기 있다는 이유로 사양했다.

육구연이 편지를 보내어 강동로전운부사로 부임하라고 권했다.

사수沙隨 정형程逈이 세상을 떠났다.

○ 9월, 조산랑朝散郞으로 전관되었고 비의緋依와 은어銀魚를 하사받았다.

여대아余大雅·진문울陳文蔚이 와서 배웠다.

서문경徐文卿・조번趙蕃이 같이 와서 배웠다.

유청지劉淸之가 세상을 떠나 제문을 지었다.

○ 10월, 「발정재등영각기跋程宰登瀛閣記」를 지었다.

회피할 필요 없으니 빨리 부임하라는 조서가 내려왔다. 다시 사양했다.

○ 11월, 장주漳州 지사로 재발령되었지만 다시 사양했고, 윤허되지 않아 12월에 배명했다.

1190년(光宗 紹熙 원년, 庚戌) 61세

○ 정월, 거울을 보고 초상화를 그렸으며 「서화상자경書畫象自警」을 지었다.

○ 2월, 『초사협운楚辭協韻』을 완성하고 장주漳州에서 간행했다.

장주로 부임하는 길을 떠났다. 정화政和에 이르러 「이존성경명서李存誠更名書」・「발선리부류제연복원시跋先吏部留題延福院詩」를 지었다.

전중시어사殿中侍御使 유광조劉光祖가 상소를 올려 도학道學을 변호하고 시비・사정을 분명히 정하자고 요청했다.

○ 3월, 남검주南劍州에 이르렀을 때 사현재沙縣宰 황동黃東이 찾아와서 장주의 개혁 문제에 대해 토론했다.

복주福州에 이르러 복건안무사福建按撫使 마대동馬大同을 찾아 복건성의 정치에 대해 논했다.

○ 4월, 선유仙遊에 이르러 채양蔡襄의 집에 들렀고, 「발채단명첩跋蔡端明帖」・「재발참정공공계사주고再跋參政龔公陛辭奏稿」를 지었다.

장주漳州에 이르렀다. 주현에 관첩을 발포하여 주현 관리들을 청사에 모은 후 정사를 의논해서 관리들이 뇌물을 쓰지 못하게 만들었다.

공자孔子・고등高登・이미손李彌遜・채양蔡襄의 사당을 방문했다.

「장주수신제명기漳州守臣題名記」를 짓고, 돌에 새겨 청사에 세웠다.

○ 5월, 「장주효유사송방漳州曉諭詞訟牓」을 발포하여 송사를 정리했다.

장주의 경총제전經總制錢를 견감하고 절다전折茶錢 등 명분 없는 세금을
혁파하자는 상소를 올렸다.

「발여구생음부경설跋閭丘生陰符經說」을 지었다.

○ 6월, 반경헌潘景憲이 세상을 떠나 묘지명을 지었다.

경계經界를 시행하자고 제사에 신청했다. 경계의 이해에 대해 하나하나
설명하고 경계법을 시행하는 방법에 대해 상세히 진술했다.

「효유거상지복준례율사曉諭居喪持服遵禮律事」를 발포하여 예교를 정돈
했다.

손응시孫應時가 편지로 정치에 대해 물어서 대답했다.

○ 7월, 「서이천선생여방도보첩후書伊川先生與方道輔帖後」를 지었다.

황초黃樵를 초청하여 군학의 가을 입학시험을 치렀다.

「직현모각반공묘지명直顯謨閣潘公墓誌銘」을 지었다.

경계經界를 시행하자고 다시 제사에 신청했다.

○ 8월, 천주泉州·장주를 조사해서 먼저 경계를 시행하라는 조서가 내려
왔다. 「조주경계장條奏經界狀」을 올리고 「효시경계차갑두방曉示經界差甲
頭榜」을 반포했다.

「권여도환속방勸女道還俗榜」·「게시고령선생권유문揭示古靈先生勸諭文」·
「권유방勸諭榜」을 반포하고 풍속을 정돈했다.

○ 9월, 장포현위漳浦縣尉 황급黃㕛의 죄상을 탄핵하는 상소를 올렸다.

○ 10월, 「서초사협운발序楚辭協韻跋」·「재발초사협운再跋楚辭協韻」·「제굴
원천문후題屈原天問後」를 지었다.

장주군漳州郡에서 사경四經을 간행했다.

경계經界가 시행되지 않고 지진이 일어난 데다 다리가 아파서 석연錫宴에
참여하지 못한 것을 이유로 자책하고 사관직을 청했지만 윤허 받지
못했다.

죽염鬻鹽을 혁파하고 자두子斗를 견감하며 두전豆錢을 낮추었다.

「서석전신명지휘후書釋奠申明指揮後」를 지었다.

정흥예鄭興裔에게 편지를 보내어 조정에 경계의 추진을 독촉해 줄 것을 간청했다.

○ 11월, 「발유자징여주노숙첩 跋劉子澄與朱魯叔帖)」 등을 지었다.

북계北溪 진순陳淳이 와서 배웠다.

장주의 경계를 먼저 시행하라는 조서가 내려왔다.

「운감이공문집서雲龕李公文集序」를 지었다.

조여우趙汝愚가 복주福州 지사로 부임해 온 뒤 편지를 보내어 거자창擧子倉·염법 등에 대해 토론했다.

○ 12월 장주군에서 사서四書를 간행했다.

『예기해禮記解』를 편집해서 임장에서 간행했다.

『대학장구大學章句』·『근사록近思錄』·『소학小學』·『가례家禮』·『향의鄕儀』·『헌수의獻壽儀』 등을 임장학궁에서 간행했다.

진량陳亮이 다시 투옥되었다. 1년 뒤에 풀려난다.

1191년(光宗 紹熙 2, 辛亥) 62세

○ 정월, 전운사轉運司에 겨울이 지난 뒤에 다시 계산해서 경계를 시행하자고 신청했다.

황초黃樵·시윤수施允壽·석홍경石洪慶·이당자李唐咨·임이간林易簡·양사훈楊士訓·진순陳淳·서우徐寓 등 8명이 입학했다.

경계를 시행하기 위해 운판運判 진공량陳公亮에게 공문을 보내어 외주의 관원 유약劉燿 등을 장주로 초청했다.

장태현長泰縣 주부主簿 방임方壬에게 용암龍巖·장포漳浦의 옥사를 재판하게 했다. 용암현에 권유하는 방을 발포하고 행정과 풍속을 정돈했다.

장자 주숙朱塾이 무주婺州에서 세상을 떠났다.

○ 2월, 아들이 죽은 일로 사관직을 신청했다.

날씨 변화가 심해서 광종光宗이 시종侍從·대간臺諫 등에게 정치의 득실을 보고하게 하니, 조여우趙汝愚에게 상소를 올리라고 격려했다.

「권농문勸農文」을 발포해서 경계를 시행하는 일과 과벌을 금지하는 일 등에 대해 알렸다.

용계현龍溪縣 지사 옹덕광翁德廣을 추천하는 상소를 지었다.

「영인나씨묘표令人羅氏墓表」를 지었다.

동계東溪 고등高登이 곧고 절개가 있었으니 그 자손에게 벼슬을 주자고 요청했다.

○ 3월, 조여우에게 편지를 보내어 해선海船이 장주에서 고기 잡는 일에 대해 논했다.

주현에서 경총제전經總制錢을 함부로 부과하지 못하게 하고 경총제와 같은 허액전虛額錢의 숫자를 깎자는 상소를 올렸다.

영가 진부량陳傅良의 제자 조숙원趙叔遠이 와서 학문을 물었다. 진부량에게 편지를 보내어 학문을 논했다.

섭적葉適이 형주에서 불서를 탐독하자 편지를 보내어 비평했다.

우사간右司諫 등일鄧馹이 파면되었다. 유정留正에게 편지를 보내어 그의 붕당에 대한 주장을 비판했다.

다시 비각수찬秘閣修撰과 주관 남경南京 홍경궁鴻慶宮에 제수되었다.

진문울陳文蔚이 편지를 보내어 학문을 물었다.

○ 4월, 「풍청민유사후서豐淸敏遺事後序」를 지었다.

풍사風師에게 제사를 지내고 학자들과 학문 전수에 대해 논했다.

「발이충주가제첩跋李忠州家諸帖」·「발고언선가제첩跋高彦先家諸帖」을 지었다.

직명을 사양하고 장주군을 떠났다.

○ 5월, 진강晉江에서 「발섭씨모당시跋葉氏慕堂詩」를 지었다.

혜안惠安에 이르러 학자들과 유불의 이동에 대해 논했다.

복주福州를 지날 때 조여우를 만났다. 황간黃榦이 무이산武夷山까지 주희를 모시고 갔다.

건양建陽의 동요교同繇橋에 묵었다.

마유량馬惟良을 처음 만났다.

○ 「곽덕의묘명郭德誼墓銘」 등을 지었다.

○ 7월, 다시 직명을 사양했지만 윤허하지 않자 8월에 배명했다.

유정留正에게 편지를 보내어 붕당에 대한 주장을 비판했다.

「의인황씨묘지명宜人黃氏墓誌銘」을 지었다.

○ 8월, 「적공랑치사동공묘지명迪功郎致仕董公墓誌銘」을 지었다.

황간黃榦이 편지로 학문을 논했다.

○ 9월, 「발등호조수태사실跋滕戶曹守台事實」·「발여거인첩跋呂居仁帖」을 지었다.

형호남로전운부사荊湖南路轉運副使에 제수되었다. 10월에 사양했지만 윤허하지 않았다.

○ 10월, 응성현령應城縣令 유병劉炳이 현학縣學을 단장하고 사상채謝上蔡의 사당을 지었다.(「德安府應城縣上蔡謝先生祠記」)

「발경려당시跋景呂堂詩」·「발주봉사주장跋朱奉使奏狀」을 지었다.

장주 진사 오우규吳禹圭가 경계로 인해 백성들이 소란하게 된다고 상소해서 삼주의 경계를 혁파하라는 조서가 내려졌다. 몇 번이나 편지를 보내어 유정을 통절하게 비판했다.

조여우가 이부상서로 부임하는 길에 건양建陽에 들러 주희를 만나서 정치에 대해 논했다.

ㅇ 11월, 정단몽程端蒙이 세상을 떠나 묘표墓表를 지었다.

　수안령 손응시孫應時가 편지로 정치를 논하고 학문을 논했다.

　채호蔡鎬가 세상을 떠났다.

ㅇ 12월, 다시 사양하고 경계가 시행되지 못한 것에 대해 자신을 탄핵했다.

　장락長樂의 유지劉砥와 유여劉礪가 와서 배웠다.

　1192년(光宗 紹熙 3, 壬子) 63세

ㅇ 정월, 임계林枅가 복주福州 지사로 부임한 후 정치에 대해 여러 번 물어
　와서 수차례 공문을 주고받았다.

　육구연陸九淵이 형문荊門에서 「홍범洪範」 '오태극五太極'장을 관리들과 백
　성들에게 강연했다. 주희의 「황극변皇極辨」을 비판한 내용이라 여러
　번 편지로 비판했다.

ㅇ 2월, 「발조직각충절록跋趙直閣忠節錄」·「발왕형공진업후유사주고跋王荊
　公進鄴侯遺事奏稿」·「발조조봉행실跋趙朝奉行實」을 지었다.

　호남운사로 빨리 부임하라는 조서가 내려왔다. 다시 사양하고 사관직
　을 요청하니 윤허했다.

　진량陳亮이 출옥하니 편지를 보내어 위문하고 주숙朱塾의 묘지명을
　지어 달라고 간청했다. 진량이 주숙의 제문을 지어 보냈다.

　신기질辛棄疾이 복건제형福建提刑으로 부임하는 길에 건양建陽에 들러
　정치를 논했다.

ㅇ 3월, 삼산三山으로 가는 채원정蔡元定을 배웅했다. 황간黃幹이 편지로
　학문과 정치에 대해 논했다.

　「임자사월이십칠일문신뢰유감壬子三月二十七日聞迅雷有感」을 지었다.

　감찰어사監察御使 곽덕린郭德麟이 유정留正을 탄핵하다가 쫓겨났다. 곽덕
　린과 조정의 신료들에게 여러 번 편지를 보내어 이 문제를 논했다.

○ 4월, 육구연陸九淵에게 편지를 보냈다.

「발방계신소교한문跋方季申所校韓文」을 지었다.

이부상서吏部尙書 조여우趙汝愚에게 여러 번 편지를 보내어 인재등용·거 자전·학교사법 등에 대해 논했다.

○ 5월, 남강군수 증집曾集이 장절정壯節亭을 수리했다.(「壯節亭記」)

『사서집주四書集註』를 수정했다. 남강군에서 증집이 간행했다.

손응시孫應時가 사천四川 제막制幕으로 부임하여 『역설易說』을 보내오고 편지로 학문을 논해서 답장했다.

○ 6월, 고정考亭의 새집이 완성되어 거기에 거처했다.

신기질이 건양建陽으로 와서 주자를 만나고 경계·사염에 대해 토론 했다.

시어사侍御使 임대중林大中이 상소한 내용이 받아들여지지 않자 임안臨安 을 떠나니, 신료들에게 편지를 보내어 그를 칭찬했다.

○ 8월, 황간黃幹이 편지를 보내왔다.

○ 9월, 남강군수 증집이 빙옥당冰玉堂을 지었다.(「冰玉堂記」)

「황주주학이정선생사기黃州州學二程先生祠記」 등을 지었다.

복건안무 임계에게 편지를 보내어 웅극熊克을 추천했다.

신기질과 더욱 가까워지니, 신기질이 경계·사염을 행하자고 상소하여 향인에게 미움을 샀다.

○ 10월, 「발서래숙귀사당시跋徐來叔歸師堂詩」와 「발윤화정첩跋尹和靜帖」을 지었다.

○ 11월, 주숙朱塾을 건양建陽 대동산大同山 북록에 장사지냈다.

「발당인모우목우도跋唐人暮雨牧牛圖」·「발양심부가장동파첩跋楊心父家藏 東坡帖」을 지었다.

조언숙趙彦蕭이 「예도禮圖」를 보내 왔다. 여정보余正甫·황간黃幹이 찾아와서 예학에 관해 토론했다. 「전옥하옥설殿屋廈屋說」·「명당설明堂說」을 지었다.

○ 12월, 「발채신여절필跋蔡神與絶筆」과 「발유숙통시권跋劉叔通詩卷」을 지었다.

진량陳亮이 고정으로 찾아와서 학문과 정치를 논했다. 진량이 화상에 대한 찬을 지어 주었다.

육구연陸九淵이 죽었다. 문인들을 데리고 절을 찾아서 위패를 세우고 곡했다.

유정의 천거로 지정강부知靜江府·광남서로경략안무사廣南西路經略按撫使로 제수되었지만 사양했다.

증집이 여조겸呂祖謙의 『서설書說』을 남강에서 간행했다.(「跋呂伯恭書說」)

○ 이해에 『맹자요략孟子要略』이 완성되었다.

○ 「독여은지존맹변讀余隱之尊孟辯」을 지었다.

1193년(光宗 紹熙 4, 癸丑) 64세

○ 정월, 신기질辛棄疾이 행재로 소환되어 가는 길에 건양建陽 고정考亭을 지나다가 주희·진량陳亮을 만나 정치에 대해 논했다.

빨리 부임하라는 조칙이 내렸지만 다시 사양했다.

○ 2월, 남경南京 홍경궁鴻慶宮 주관으로 차견되었다.

광택현령光澤縣令 장흔지張訴之가 사창社倉을 세웠다.(「邵武軍光澤縣社倉記」)

○ 3월, 채원정蔡元定이 호湖·상湘·오吳·월越에서 노닐다가 편지를 보내어 「악주주학계고각기鄂州州學稽古閣記」를 지어 달라고 부탁하니, 빨리 돌아오라는 편지를 보냈다. 건녕建寧으로 가서 태수 진거인陳居仁을 만나 논했다.

내시 진원陳源이 재경궁관으로 쫓겨났지만 광종光宗은 중화궁重華宮을 조알하지 않았는데, 태상소경太常小卿 첨체인詹體仁에게 편지를 보내어 임금이 심신을 수습할 수 있도록 상소를 올리라고 권했다.

○ 5월, 「정충민절묘비旌忠愍節廟碑」를 세웠다.

진량이 장원급제했다. 편지와 사를 보내 와서 답장을 보냈다.

채원정蔡元定이 임안臨安으로부터 돌아왔다. 누약樓鑰이 편지를 보내 왔다.

○ 7월, 건안建安에서 「발위시랑집跋魏侍郎集」와 「서횡거강절첩후序橫渠康節 帖後」를 지었다.

신기질이 다시 복주福州 지사 겸 복건안무사福建按撫使로 발령되어 부임 하는 길에 건양에 들러 주희와 무이산武夷山에서 함께 놀았다.

○ 9월, 「악주주학계고각기鄂州州學稽古閣記」・「신주귀계현상청교기信州貴 溪縣上淸橋記」를 지었다.

복건조사福建漕司에게 공문을 보내어 염법鹽法에 대해 논했고, 신기질辛棄 疾에게 소금 판매를 혁파하라고 권했다.

○ 10월, 「소주주학염계선생사기邵州州學濂溪先生祠記」를 지었다.

양만리楊萬里가 시를 보내 왔다.

○ 11월, 유정留正・조여우趙汝愚의 추천으로 지담주知潭州・형호남로안무 사荊湖南路按撫使로 제수되었지만 12월에 사양했다.

○ 12월, 「위재여축공서발韋齋與祝公序跋」과 「발여암기집跋余巖起集」을 지 었다.

중주中州 이지한李之翰이 찾아와서 학문을 물었다. 유불의 차이에 대해 토론했다.

주필대周必大가 편지를 보내어 담주로 부임하라고 권했다.

「부문각직학사이공묘지명敷文閣直學士李公墓誌銘」을 지었다.

1194년(光宗 紹熙 5, 甲寅) 65세

○ 정월, 부임을 독촉하는 조서가 내렸지만 다시 사양했다.

「서위조후書僞詔後」·「제조청헌사실후題趙淸獻事實後」를 지었다.

복주福州 주학교수 상준손常濬孫에게 편지를 보냈다. 신기질辛棄疾·상준
손이 군학을 수건하고 정돈하는 것을 도왔다.

○ 2월, 부임을 독촉하는 조서가 내려와서 드디어 배명했다.

○ 3월, 손응시孫應時가 편지를 보내 왔다.

『제의祭儀』를 보완, 수정했다.

진문울陳文蔚이 편지를 보내어 배움을 청했다.

○ 4월, 주필대周必大에게 편지를 보내어 아버지 주송朱松이 소장했던 왕안
석王安石의 「진업후유사주고進鄴侯遺事奏稿」에 발을 쓰고 임천臨川에서 돌
에 새겨 달라고 간청했다.

「기휼수집이사記潏水集二事」를 지었다.

담주潭州로 부임하는 길을 떠났다.

임천臨川에서 강서의 학자들과 함께 노닐고 여러 시첩에 발을 썼다.
신유新喩에 이르러 간재艮齋 사악謝諤을 방문했다.

의춘宜春에 이르러 「발증남풍첩跋曾南豊帖」·「발여사인첩跋呂舍人帖」을 지
었다.

예릉醴陵·상담湘潭을 지날 때 평강平江 추예鄒輗가 찾아와서 배움을
청했다.

손응시가 편지를 보내 왔다.

○ 5월 담주에 이르러 직무를 이임받았다.

사람을 보내어 요민徭民 포래시蒲來矢를 초안招安했다.

장관 육경임陸景任을 탄핵하고 반도潘燾·한막韓邈·채함蔡咸·방전方銓
을 천거했다.

「제장경부성남사문祭張敬夫城南祠文」 등 장식張栻을 기리는 일련의 글을
지었다.

비호군飛虎軍이 본주의 절제를 받게 해 달라고 청하여 받아들여졌다.

○ 6월, 효종孝宗이 세상을 떠났지만 광종光宗은 아프다며 집상하지 않았다.
집으로 돌아가게 해 달라고 신청했다.

「서수황비답위승상봉사차자書壽皇批答魏丞相奉使箚子」 등을 지었다.

악록서원嶽麓書院을 복구하고 직접 가서 강학했다.

○ 7월, 광종이 내선해서 영종寧宗이 즉위했다. 조여우趙汝愚의 추천으로
행재로 와서 보고하라는 명이 내려왔다.

여조겸呂祖謙의 『변지록辨志錄』에 발을 지었다.(「跋辨志錄」)

「발조청헌공가문급문부첩발어후跋趙淸獻公家問及文富帖跋語後」를 지었다.

충절묘를 세우고 묘액을 신청했다.

굴원屈原의 사당을 수축했다.

석전예의釋奠禮儀를 고정하고 주현으로 발송했으며 「소희주현석전예도
紹熙州縣釋奠禮圖」를 지었다.

담주성潭州城을 수축했다.

상서정사湘西精舍를 중건했다.

약속방約束榜을 발포하여 교화를 밝히고 소송을 정돈하며 간사한 관리
를 길들이고 호강을 억눌렀다.

소주邵州 군수 반도潘燾가 희렴당希濂堂을 세워서 편액을 썼다. 양만리楊萬
里가 기를 지었다.

황간黃幹을 장사랑將士郎으로 임명해 달라는 표를 올렸다.

주필대周必大가 여러 번 편지를 보내 왔다.

○ 8월, 장식張栻의 『삼가예범三家禮範』에 발을 짓고 소수邵困에게 장사군학
에서 간행하도록 했다.

도주道州에 염계濂溪·명도明道·이천伊川 삼선생의 사당을 수건하고 영원현위 풍윤중馮允中에게 가서 제사지내도록 했다.

소명을 사양하고 사관직을 청하는 상소를 올리고는 바로 인수를 풀고 담주성을 떠나 동쪽을 향했다. 대계역大桂驛에 이르러 왕의화王義和에게 편지를 보냈다.

의춘宜春에 이르러 왕의화에게 다시 편지했다. 문인 유불劉黻이 와서 당금의 급선무에 대해 물었다.

임강臨江에 이르자 「발설후행실跋高侯行實」·「발사간재여황생시跋謝艮齋與黃生詩」를 지었다.

양만리의 아들 양장유楊長孺가 임강으로 찾아와서 학문을 물었다.

적성관赤城觀에서 노닐면서 시를 지었다.

임강에 머물 때 환장각煥章閣 대제待制 겸 시강侍講으로 제수한다는 명이 내려왔다. 사양하는 글을 올렸다.

풍성豊城에 이르러 「서소강절계자손진적후書邵康節誡子孫眞蹟後」를 지었다. 임강통판臨江通判에게 편지를 써서 소복素服에 대해 논했다.

임천臨川에 이르러 「발증구보정재사우척독跋曾裘父艇齋師友尺牘」을 지었다.

○ 9월, 신주信州에 이르러 명을 기다렸다. 서둘러 부임하라는 명이 내려와서 다시 사양하는 글을 올렸다.

시인 간천澗泉 한호韓淲가 시를 보내어 배웅했다.

구주衢州에서 다시 서둘러 부임하라는 명을 받았다. 다시 사양하는 글을 올리고 원래의 직함으로 보고하게 해 달라고 청했다.

반우공潘友恭을 대신 천거했다.

전당錢塘에 이르러 담산曇山에서 노닐면서 시를 지었다.

30일 임안臨安 교외의 육화탑六和塔에 묵으니 조사朝士들이 몰려들었다.

○ 10월, 2일 도성으로 들어가 원래의 직함으로 보고하게 해 달라고 청했다.

4일 행궁 편전에서 5차劄에 걸친 보고를 하고 대제·시강을 사양했지만 윤허하지 않았다.

5일 대제의 직명을 사양하는 글을 상서성에 올리고 설서設書로 차견해 달라고 청했다.

10일 어필御筆로 윤허하지 않는다는 대답을 듣고 드디어 배명하고 부임했다.

이날「효종산릉의장孝宗山陵議狀」을 올렸지만 대답이 없었다.

신안新安 왕신汪莘이 편지를 보내어 경연에서 권강勸講하는 직책에 대해 논했다.

왕염汪炎이 편지를 보내어 양암諒闇(복상 시기)에 개강하는 것에 대해 이의를 제기했다.

14일『대학』을 강의하라는 조서가 내려와서 영종을 뵙고 여가에 진강하겠다고 보고했다.

이날 실록원實錄院 동수찬同修撰을 겸하라는 차견이 내려와서 거듭 사양했지만 윤허 받지 못해서 결국 배명했다.

16일 보고서를 올려 여가에 강독하지 말고 날마다 강독하자고 청했다. 조청랑朝請郎에 제수되고 자금어대紫金魚袋를 하사받았다.

18일 저녁에 대학을 강독하였고, 서경절瑞慶節에 축하문을 사절하는 등 3년 동안은 축하문을 모두 사절하라고 청했다.

조여우趙汝愚에게 편지를 보내어 한탁주韓侂冑를 절도사로 삼아 내보내고 조정에 간예하지 못하도록 하라고 권했다.

23일 강연에서 강의를 마치고 남아 네 가지 일에 대해 보고했다. 봉사를 검토하는 신하들이 황제를 직접 뵙고 내용을 보고할 수 있도록 해 달라는 보고서를 올렸다.

손응시가 편지를 보내 왔다.

o 윤10월, 1일 저녁에 강의했다. 다음날 강의록을 편찬해서 바쳤다. 3일 아침에 강의하고, 4일에는 저녁에 강의했다. 「걸진덕차자乞進德箚子」를 올렸다.

6일 「논재이차자論災異箚剳」를 올렸다.

「걸토론상복차자乞討論喪服箚子」를 올려 적손승중嫡孫承重의 상복에 대해 논했다.

7일 「조묘의장祧廟儀狀」을 올렸다. 이날 쉬는 날이라 「서정자체설후序程子禘說後」를 지었다.

8일 일직을 서고 휴가를 받았다. 식읍 삼백 호의 무원현개국남婺源縣開國男에 봉해지고 셋째 아들 주재朱在가 승무랑承務郎으로 임명되었다.

10일 입대하고 직접 조묘사장祧廟事狀을 올렸다.

「발노직서천조편跋魯直書踐阼篇」을 지었다. 백석白石 강기姜夔를 대략 이때쯤 알게 되었다.

11일 사원史院으로 가서 「사관수사례史館修史例」를 지었다.

진부량陳傅良와 함께 누인량婁寅亮·악비岳飛 등 황태자 세우는 의논에 공이 있었던 사람의 자손에게 벼슬을 주라고 요청했다.

삼례三禮를 수정하자는 글을 올렸다.

「중봉대부직환장각왕공신도비명中奉大夫直煥章閣王公神道碑銘」을 지었다.

13일 면대했다.

18일 일직을 섰다.

19일 저녁 강의를 하고 남아서 앞서 보고한 네 가지 일을 시행해 달라고 요청했다. 영종이 내비를 내려 궁관에 제수했다.

21일 내비가 내려오자 바로 사직하고 영지사靈芝寺에 묵으면서 명을 기다렸다.

25일 보문각寶文閣 대제로 제수되고 주·군으로 차견되었다.

26일 사양하고 드디어 떠났다. 사원史院 이벽李璧·섭적葉適 등 동료들과 유광조劉光祖·오도손敖陶孫이 영지사에서 전별하였다.

담산을 지나면서 정차산鄭次山의 원정園亭을 방문했다.

29일 지강릉부知江陵府·형호북로안무사荊湖北路按撫使로 제수되었지만 사양하고 대제의 직명을 추환해 줄 것을 요청했다.

동려桐廬 엄자릉嚴子陵의 조대釣臺를 지나며「수조가두水調歌頭」를 지었다.

○ 11월, 삼구三衢에 이르러 「발조청헌공유첩跋趙清獻公遺帖」을 짓고, 이부상서 정교鄭僑에게 편지를 보내어 자신이 간행한 사마광司馬光의 『계고록稽古錄』을 전해 주려고 했다.

옥산현玉山縣에 이르러 현재의 요청으로 현상에서 강학했다.(「玉山講義」)
「정충민절묘비旌忠愍節廟碑」의 후기後記를 지었다.

「발사마충결공첩跋司馬忠潔公帖」·「발사마문정공통감강요진적跋司馬文正公通鑑綱要眞蹟」·「발왕추밀답사마충결공첩跋王樞密答司馬忠潔公帖」·「발사마문정공천현첩跋司馬文正公薦賢帖」을 지었다.

상요上饒에 이르러 시인 서창西窗 서안국徐安國과 함께 노닐고, 윤돈尹焞의 문인 왕시민王時敏의 묘에 조문했다.

무이에 이르러 제자들과 무이정사武夷精舍에서 모였다. 「호사근好事近」을 지었다.

고정考亭으로 돌아왔다.

진부량陳傅良이 다시 주희를 사관으로 추천했지만 윤허 받지 못했다.

○ 12월, 환장각 대제의 직함으로 남경南京 홍경궁鴻慶宮의 제거提擧로 삼는다는 조서가 내려왔다.

진부량陳傅良이 주희를 천거한 것으로 지명되어 쫓겨났다. 팽귀년彭龜年이 한탁주가 정사에 간예한다고 비판했다가 역시 쫓겨났다. 위로의 편지를 보냈다.

진공석陳孔碩의 아버지 진형陳衡이 세상을 떠났다.(「宣教郎致仕陳公墓誌銘」)

창주정사滄州精舍가 완성되었다.

학생들을 데리고 석채釋菜의 예를 행했다.

저용儲用·탁백옥卓伯玉·구응丘膺과 함께 노닐었다.

「재발왕형공진업후유사주고再跋王荊公進鄴候遺事奏稿」와 「신주주학대성전기信州州學大成殿記」를 지었다.

「체협의禘祫議」·「한동당이실묘급원묘의漢同堂異室廟及原廟議」·「별정묘의도설別定廟議圖說」을 지었다.

1195년(寧宗 慶元 원년, 乙卯) 66세

○ 정월, 「서석전신명지휘후書釋奠申明指揮後」를 지었고 소수邵囷가 장사長沙에서 간행했다.

사관직을 받아들였고 며칠 뒤 대제待制의 직명을 사양했다.

원추遠樞가 찾아왔다.

「발이시랑무이시跋李侍郎武夷詩」를 지어 돌에 새겨서 묘관당妙觀堂에 보관했다.

진량陳亮이 세상을 떠났다. 그의 아들과 사위가 묘명을 청해 오니 묘비를 '유송종산선생이공지묘有宋鍾山先生李公之墓'라고 써서 주었다.

「궤좌배설跪坐拜說」·「주례태축구섬변周禮太祝九摻辨」을 지었다.

○ 2월, 의흥현령宜興縣令 고상로高商老가 현학縣學을 단장하니 「상주의흥현학기常州宜興縣學記」를 지었다.

양만리楊萬里가 편지를 보내 왔다.

한탁주韓侂冑가 우정언右正言 이목李沐을 시켜 조여우趙汝愚를 공격하게 했다.

「발동파강설跋東坡剛說」을 지었고, 정재덕鄭載德이 이것을 영도현寧都縣의 학궁에 모각했다.

○ 3월, 환장각煥章閣 대제待制의 직명을 다시 사양하고, 조묘祧廟에 대해 의논한 것과 관련하여 자신을 탄핵했다.

조봉대부朝奉大夫로 진급했다.

「상주의흥현학기常州宜興縣學記」를 지었다.

진문울陳文蔚이 편지로 학문을 물어서 답서를 보냈다.

「발이면중시권跋李勉仲詩卷」을 지었다.

○ 4월, 태부시승太府侍丞 여조검呂祖儉이 글을 올려서 한탁주를 공격하고 주희와 조여우趙汝愚의 무고함을 변호했다가 소주韶州에 안치되었다.

편지를 써서 찬탄했다.

태학생 양굉중楊宏中·주단조朱端朝·장도張衜·임중린林仲麟·장부蔣傅·서범徐範이 복궐伏闕 상소했다가 500리 밖으로 편관編管되었다.

원추遠樞에게 산사에서 만나자고 요청해서 국사를 의논했다.

진문울이 편지를 보내어 학문을 물어 오니 답장을 보냈다.

○ 5월, 다시 직명을 사양하고 아울러 치사하게 해 달라고 청했다.

우정언 유덕수劉德秀가 진위를 고핵하고 사정을 가리자고 청했다.

왕한王漢·방사유方士繇가 찾아왔다. 곽충회郭沖晦의 「장양의서長陽醫書」를 교정하고 발을 지었다. 복건안무福建按撫 첨체인詹體仁이 복주福州에서 간행했다.

「발태산진전보跋泰山秦篆譜」·「제사자시권題嗣子詩卷」을 지었다.

황간黃幹이 편지를 보내어 조정의 정사에 대해 알려 주었다.

간사한 것들이 임금을 가리는 재앙에 대해 극론하고, 조여우의 억울함을 밝히는 봉사封事의 초고를 작성하였다. 채원정이 들어가서 간하고 시초로 점을 쳤더니 "둔지가인遯之家人"이 나왔다. 드디어 봉사의 초고를 불사르고 둔옹遯翁이라 자호했다.

양만리楊萬里에게 편지를 보내어 한번 나아가 영종寧宗을 감오시키라고 권했다.

「학교공거사의學校貢擧私議」를 지었다.

○ 7월, 여릉녹사참군廬陵綠事參軍 정순程洵에게 편지를 보내고, 여조겸呂祖儉을 도와 여조겸呂祖謙의 문집을 편집했다.

어사중승御史中丞 하담何澹이 상소를 올려, 도학道學을 위학僞學으로 규정해서 진학眞學에 벼슬을 내리고 위학僞學을 물리치라고 요청했다.

장귀모張貴謨가 상서를 올려 『태극도설太極圖說』의 잘못됨을 비판하니, 채원정에게 편지를 보내어 그 주장을 반박했다.

「발소강절검속이대자跋邵康節檢束二大字」를 지었다.

합조산閤皂山의 도사 진항례陳亢禮가 방문하니 그에게 「발창옥시권跋蒼玉詩卷」을 지어 주었다.

황간黃幹이 편지를 보내어 사직하고 퇴직하는 것에 대해 논했다.

다시 영부찬릉永阜攢陵을 의론한 문제로 자핵하면서 대제의 직명을 추환하도록 요청했다.

○ 8월, 「의령묘비義靈廟碑」를 짓고 등중의滕仲宜에게 편지를 보냈다.

「건창군진사제명기建昌軍進士題名記」를 짓고, 무이산 도사 고문거高文擧가 정리한 「무이도武夷圖」에 서문을 썼다.

「발무후상찬跋武侯像贊」을 지었다.

황간黃幹·유회劉淮 등 제자들과 부취정浮翠亭에서 노닐면서 시를 지었다.

○ 9월, 「복주주학경사각기福州州學經史閣記」·「위국록증고후기魏國錄贈告後記」·「발위원리묘표跋魏元履墓表」를 지었다.

진문울이 시를 보내 와서 답장했다.

도사 벽허자碧虛子 진경원陳景元의 시에 발을 지었다.

o 10월, 「제유지보엄거후소상시권후題劉志父嚴居厚瀟湘詩卷後」를 짓고, 유숭
지劉崇之에게 편지를 보내어 호남의 정사에 대해 논했다.

o 11월, 다시 직명을 사양했다.
「발이참중행장跋李參仲行狀」·「발여인보제공첩跋呂仁甫諸公帖」·「서이참
중가장이정선생어록후序李參仲家藏二程先生語錄後」를 지었다.

o 12월, 「제엄거후여마장보창화시축題嚴居厚與馬莊甫唱和詩軸」을 지었다.
예전대로 비각수秘閣修撰·제거남경홍경궁提擧南京鴻慶宮을 맡으라는 조
서가 내려왔다.
조여우趙汝愚가 영주永州에 안치되었다. 「매화부梅花賦」를 지어 보냈다.

1196년(寧宗 慶元 2, 丙辰) 67세

o 정월, 육구연陸九淵의 문인 팽흥종彭興宗이 산을 내려와 책을 구하러
찾아왔다.
조여우가 형양衡陽에서 세상을 떠났다. 한천寒泉으로 가서 곡하고 조문
했다. 또 조여우 사위의 집에 가서 제전祭奠했다.
「발오중승가전跋吳中丞家傳」을 지었다.
유덕수劉德秀가 상소를 올려 유정留正이 위학僞學의 무리들을 끌어들여
사직을 위태롭게 한다고 비판했다.
「건창군남성현오씨사창기建昌軍南城縣吳氏社倉記」를 썼다.

o 2월, 견술조甄述祖가 찾아오니 「서장위공여사참정첩書張魏公與謝參政帖」을
써 주었다.
「발조충간공첩跋趙忠簡公帖」·「재발조충간공첩再跋趙忠簡公帖」·「발향백
원유계跋向伯元遺戒」를 썼다.
상서를 올려 앞서 받았던 예우를 개정해 달라고 요청했다.
신안新安 오창吳昶이 찾아와 배움을 청했다.

지공거知貢擧 섭저葉翥·예사倪思·유덕수가 '위학'의 수괴를 비판하고
어록을 훼멸시키자고 요청했다. 이해 과거에서는 조금이라도 의리를
언급한 것은 모두 낙방했다.

○ 3월, 섭저 등이 다시 상소를 올려 '위학'을 공격하고 태학太學·주학州學
을 감시하자고 요청했다.

○ 보전현령莆田縣令 요덕명廖德明이 인수려仁壽廬를 세우니 「서요덕명인수
려조약후序廖德明仁壽廬條約後」를 지었다.

○ 방사유方士繇와 함께 『한문고이韓文考異』를 짓기로 약속했고, 「수한문거
정례修韓文擧正例」를 지었다.

○ 채원정蔡元定과 『주역참동계고이周易參同契考異』의 초고를 완성했다.

○ 여름에 황간黃幹·오필대吳必大·여조검呂祖儉·이여규李如圭 등에게 예
서禮書를 수찬하게 했다.

○ 6월, 국자감國子監에서 상소를 올려 리학의 책들을 훼멸하자고 주장했는
데, 주희의 『사서집주四書集註』와 어록이 훼금 항목에 들어 있었다.

○ 7월, 「발조검할묘지跋趙鈐轄墓誌」를 썼다.

임천臨川 증극曾極이 찾아와서 학문을 물었다.

○ 8월, 유군방劉君房이 찾아와서 「발유잡단주의급사마문정공첩跋劉雜端奏
議及司馬文正公帖」을 지었다.

태상소경太常小卿 호굉胡紘이 '위학'이 창궐하여 불궤한 일을 꾀한다고
비판하며 벼슬을 막자고 요청했다.

○ 9월, 동양東陽 곽기郭淇가 찾아오니 「발동양곽덕보행장跋東陽郭德輔行狀」
을 지어 주었다.

정순程洵이 '위학의 무리'로 탄핵받아 무원婺源으로 돌아갔다.

6일 정순의 편지를 받고 답장을 보냈다. 8일 정순이 세상을 떠나니,
글을 지어 제전했다.

「독소씨기년讀蘇氏紀年」을 지었다.

○ 10월, 「발허시랑시권跋許侍郞詩卷」을 지었다.

「발장충확공가문跋張忠確公家問」을 지었다.

주필대周必大가 『구양문충공집歐陽文忠公集』 편교를 마쳤다. 주필대에게 편지를 보내어 '범중엄신도비范仲淹神道碑' 문제에 대해 토론했다.

「고구양문충공사적考歐陽文忠公事蹟」을 지었다.

「독당지讀唐志」를 지었다.

보광輔廣·만인걸萬人傑이 죽림정사竹林精舍로 와서 배웠다.

「구강팽려설九江彭蠡說」·「기산해경記山海經」·「기삼묘記三苗」 등을 지었다.

○ 11월, 필공筆工 채조蔡藻가 조심필棗心筆을 기증해서 「발채조필跋蔡藻筆」을 지었다.

『옹계록翁季錄』을 지은 것이 대략 이때쯤이다.

○ 12월, 감찰어사使 심계조沈繼祖가 주희를 탄핵해서 26일에 직명과 사관직을 몰수당했다.

「우독만기偶讀謾記」를 지었다.

「계자첩戒子帖」을 지었다.

1197년(寧宗 慶元 3, 丁巳) 68세

○ 정월, 합조산閣皂山 도사 감숙회甘叔懷가 돌아가게 되니, 「하도河圖」·「낙서洛書」·「선천도先天圖」를 합조산의 바위에 새기고 세 그림에 대한 발을 지었다.

직명과 사관직을 몰수한다는 성차가 내려와서 감사의 공문을 올렸다.

채원정蔡元定이 도주道州로 편관되니 정안사淨安寺에서 전별했다.

증극曾極이 채원정을 보내는 시를 보내 와서 답장을 보냈다.

저용儲用을 백운산거白雲山居에서 전별했다.

○ 2월, 대리사직大理司直 소포연邵褒然이 이후로는 '위학의 당'에게는 내직을 제수하지 말자고 주청했다.

양만리楊萬里가 편지를 보내 왔다.

○ 3월, 예서禮書의 초고가 완성되어 『의례집전집주儀禮集傳集註』로 이름지었다.(뒤에 이름이 『儀禮經典通解』로 바뀌었다.)

옥산玉山 서문경徐文卿이 옥벼루를 보내 와서 「옥연명玉硯銘」을 지었다. 「금률설琴律說」・「성률변聲律辨」・「천자지례天子之禮」・「의례석궁儀禮釋宮」 등을 지었다.

○ 4월, 양만리가 편지를 보내 왔다.

○ 「제엄거후계장도題嚴居厚溪莊圖」를 지었는데, 육유陸游가 차운했다.

○ 6월, 종정사宗正寺 주부主簿 양인楊寅이 연시廷試 및 성시省試의 장원과 양우석갈兩優釋褐의 장원은 모두 '위도'이니 가볍게 벼슬을 내려서는 안 된다고 주장했다.(그는 30년 동안 세 溫州 사람 즉 陳傅良・葉適・徐誼가 場屋을 장악했다고 비판했다.)

진문울陳文蔚이 편지로 배움을 청했다.

○ 윤6월 조산대부朝散大夫 유삼걸劉三傑이 '위당'이 '역당'으로 변했다고 주장하고 주희를 당괴로 꼽았다.

○ 7월, 「발여범이공첩跋呂范二公帖」을 지었다.

『주역참동계고이周易參同契考異』의 수정을 마쳤다. 채연蔡淵이 건양建陽에서 간행했다. 「공동부空同賦」・「조식잠調息箴」을 지어 읊었다.

진지陳址가 세상을 떠났다. 「진군렴부광지陳君廉夫壙誌」를 지었다.

도정度正이 촉蜀에서 찾아와 배움을 청했다. 「발도정가장이천선생첩후跋度正家藏伊川先生帖後」를 짓고 역학을 토론했으며, 촉으로 가서 주돈이周敦頤의 유문을 수집해 달라고 부탁했다.

황간黃幹이 상을 당해 여릉으로부터 호상하여 돌아갔다. 순창順昌으로 내려가서 조문했다. 건안建安에서 「발장경부여풍공첩跋張敬夫與馮公帖」을 지었다.

○ 8월, 연평延平으로 가서 수남水南 천경관天慶觀에 머물렀다.

순창으로 가서 운당포篔簹鋪에 묵었다. 원추遠樞가 교정한 『주역참동계周易參同契』를 읽은 뒤 발을 쓰고 시를 지었다.

태녕太寧 소균小均에 이르러 「소균사경시小均四景詩」를 지었다.

「발공군가장당고跋孔&군家藏唐誥」・「발공의부담원跋孔毅夫談苑」・「발십칠첩跋十七帖」・「발두공부동곡칠가跋杜工部同谷七歌」를 썼다.

건녕建寧의 수령 황휼黃遹, 추관推官 이언중李彦中과 전 건양현령建陽縣令 저용에게 편지를 보내어 진황 사의에 대해 논했다.

○ 9월, 조신이 '위학'의 재앙에 대해 논하며 '조정調停'의 주장을 물리쳤다.

『한문고이韓文考異』의 수정을 마치고 조주潮州에서 간행했다.

「고한문공여대전서考韓文公與大顚書」를 지어 한유韓愈의 「여대전서與大顚書」가 위서가 아니라고 판정했다.

○ 10월, 옥산玉山 왕규汪逵가 방문해서 「발이백시마跋李伯詩馬」 등을 지어 주었다.

극재極齋 진문울陳文蔚을 불러 고정考亭에서 손자들을 가르치도록 했다.

○ 11월, 양만리의 장자 양장유楊長孺에게 답장을 보냈다.

○ 12월, 상숙현령常熟縣令 손응시孫應時가 편지를 보내어 「단양공사기丹陽公祠記」를 지어 달라고 요청했다.

육유에게 종이 이불을 보냈더니, 육유가 감사시를 보내며 노학암老學庵에 명銘을 지어 달라고 간청했다.

오필대吳必大가 세상을 떠났다. 몹시 애도했다.

황간에게 고정의 새집 옆에 집을 지어 주었다.

지면주知綿州 왕연王沇이 위학僞學 학적學籍을 만들자고 요청했다.

『상서尙書』「무성武成」의 차서를 고정하였다. 『서전書傳』을 만들기 시작했다.

1198년(寧宗 慶元 4, 庚午) 69세

o 정월, 유면지劉勉之의 묘표墓表를 지었다.

대병으로 위태해지자 황간黃榦에게 편지를 보내어 영결하고 심의深衣와 평소 지은 책을 주었다.

「효종황제만가사孝宗皇帝挽歌詞」를 지었다.

o 3월, 「발탕숙아묵매跋湯叔雅墨梅」를 짓고, 방사유方士繇·진문울陳文蔚 등과 시를 지었다.

o 4월, 「발위재서곤양부跋韋齋書昆陽賦」를 지었다.

우간의대부右諫議大夫 겸 시강侍講 요유姚愈가 '위도僞道'가 세상을 속이고 이름을 도둑질했다면서 '국시國是'를 정하자고 졸랐다. 5월에 마음대로 하라는 하교가 내렸다.

o 6월, 황간이 편지를 보내 왔다.

o 7월, 양만리楊萬里에게 편지를 보내어 『역외전易外傳』에 대해 물었다. 양만리가 답장을 보내 왔다.

정봉丁逢이 원우元祐·건중建中 연간에 조정調停의 태도를 견지해서 생긴 해를 지적하면서 '위도'를 물리치라고 청했다.

여조검呂祖儉이 고안高安에서 세상을 떠났다. 몹시 애도하고, 고안현령 서응룡徐應龍에게 편지를 보내어 여조검의 장례를 잘 치러 준 것에 대해 칭찬했다.

o 8월, 채원정蔡元定이 도주道州에서 세상을 떠났다. 글을 보내어 제전했다.

이언중李彦中이 호상湖湘에서 돌아오니, 「봉제이언중소장유후묵희奉題李

彦中所藏兪侯墨戯」를 지어 주었다.

『참동계參同契』의 책수策數 방법을 고정해서 「참동계설參同契說」을 지었다.

강사江嗣·유회劉淮에게 시를 지어 보냈다.

O 10월, 도정度正에게 편지를 보내어 주돈이周敦頤의 유문을 찾아 달라고 부탁했다.

O 11월, 여릉廬陵 왕현王峴이 찾아 와서 「발왕신신행실跋王信臣行實」을 지어 주었다.

왕현이 주희의 문집을 편집하여 광남廣南에서 간행했는데, 왕현에게 편지를 보내어 그만두게 했다.

황간이 편지를 보내 왔다.

유저劉砥가 사수沙隨 정형程逈의 서권을 가져오니 발을 지어 주었다.

O 12월, 축목祝穆·축계祝癸가 와서 가숙家塾에서 수학했다. 「외대부축공유사外大父祝公遺事」를 지어 주었다.

종표형從表兄 유풍劉灃이 세상을 떠나서 제전했다.

건녕부建寧府에 공문을 보내어 퇴직 신청서를 제출할 수 있도록 해 달라고 요청했다.

이방자李方子·이상조李相祖·사승지謝承之·황간黃榦·임기손林夔孫·진식陳埴 등 학생들에게 『상서집주』를 수찬하라고 맡겼다. 『서전書傳』을 전면적으로 집해하기 시작한 것이 이때부터이다. 「이전二典」·「삼모三謨」 등 제편의 집전을 지었다.

『초사집주楚辭集註』를 완성했다.

1199년(寧宗 慶元 5, 己未) 70세

O 정월, 「서조대벽간하인소제후書釣臺壁間何人所題後」를 지었다.

공풍鞏豊이 복주福州로 부임하면서 장천章泉 조번趙蕃과 함께 찾아왔다.

황간黃幹이 신하新河에 재학齋學을 여니, 손자 주거朱鉅·주균朱鈞을 보내어 배우게 했다.

채련蔡璉이 조여우趙汝愚가 반역하려는 음모가 있었다고 무고했다.

여단례余端禮가『갑인용비사실甲寅龍飛事實』을 올리니, 여단례의 책을 칭찬했다.

손응시孫應時가 편지를 보내어「자유사기子游祠記」를 지어 달라고 간청하니, 답장을 보냈다.

o 2월,『초사변증楚辭辨證』이 완성되었다.「초사후어목록楚辭後語目錄」을 지었다.

여희철呂希哲의『세시잡기歲時雜記』에 발을 썼다.

유광조劉光祖가『부성학기涪城學記』로 인해 방주房州로 유배되자 편지를 보내어 위문했다.

o 3월, 건양建陽 장대부張大夫가 찾아와서「발장안국첩跋張安國帖」등을 지어 주었다.

o 4월, 양만리楊萬里가 편지를 보내 왔다.

영가永嘉 임보林補가 찾아와서 배움을 청했다.『팽중강문집彭仲剛文集』에 발을 썼다.

조봉대부朝奉大夫로 치사하라는 교지가 내려와서 배명하고 감사의 표를 올렸다.

취성聚星 진소원陳昭遠이 와서 치사를 축하했다.

처음으로 야복野服을 입고 손님을 맞았다.

「발주익공만성재송감숙회시문권후跋周益公楊誠齋送甘叔懷詩文卷後」를 짓고, 여산廬山으로 가는 감숙회甘叔懷를 배웅하는 시를 썼다.

「발유사리행실跋劉司理行實」을 지었다.

황수黃銖가 세상을 떠났다. 글을 지어 제전했다.

임성계林成季·임관지林貫之가 찾아와서 배웠다. 「임관지자서林貫之字序」
를 지었다.

『주역참동계고이周易參同契考異』의 재수정을 끝내고 건양建陽에서 간행
했다. 이것이 정본이다.

건창建昌 진강陳剛이 찾아왔다.

시인 공풍鞏豊에게 편지를 보내어 고금의 시에 대해 논했다.

○ 5월, 황간이 편지를 보내어 학문에 대해 논하니, 답장을 보냈다.
「발가장유병옹유첩跋家藏劉病翁遺帖」·「서선이부위재기명병유범이공
첩후書先吏部韋齋記銘幷劉范二公帖後」를 지었다.

「발병옹시跋病翁詩」를 지었다.

방사유方士繇가 세상을 떠나니 글을 지어 제전했다. 육유陸游가 묘지명을
지었다.

육유가 치사하고는 여러 번 편지를 보내 왔다.

○ 6월, 가묘家廟에 퇴직한 사실을 알린 뒤 손자 주감朱鑑이 집안 살림을
맡고 주야朱埜·주재朱在가 돕도록 했다.

고전古田 임몽정林蒙正이 찾아왔다. 「서선이부여정오서후書先吏部與淨悟書
後」를 지었다.

「발덕본소장남헌주일잠跋德本所藏南軒主一箴」을 지었다.

「평강부상숙현학오공사기平江府常熟縣學吳公祠記」를 지었다.

황간이 『상제례장편喪祭禮長篇』을 수찬했다.

○ 7월, 구응丘膺의 시에 화답시를 지었다.

삼산三山 허굉許閎이 황수黃銖의 시집을 가지고 찾아오니 서를 지어
주었다.

○ 8월, 「제오화중감추부후題吳和中感秋賦後」를 지었다.

장이도張以道가 소식蘇軾의 시화권을 들고 찾아오니 발을 지어 주었다.

유무劉懋의 행장에 발을 지었다.

「독양진간의유묵讀兩陳諫議遺墨」을 지었다.

고정考亭 진소원陳昭遠이 대한大旱에 기우제를 지내어 비가 내리게 되자,
이에 대한 시를 지었다.

○ 9월, 구응·범선范塤·엄사돈嚴士敦 등 친구들이 술을 싣고 와서 모였다.
뒤에 다시 구응 등이 몇몇 친구들이 술을 싣고 와서 다시 모였다.

○ 10월, 주계굉周季宏이 찾아와서 「발진강중첩跋陳剛中帖」·「발길수주군가
장소첩跋吉水周君家藏訴牒」을 지었다.

극재克齋 진문울陳文蔚이 편지로 예학에 대해 물어 오니 답장을 보냈다.

양만리에게 편지를 보내어 『초사楚辭』의 내용에 대해 물었더니, 양만리
가 답장을 보내 왔다.

○ 11월, 진순陳淳이 고정으로 와서 배웠다.

진현進賢 부수傅修가 찾아와서 「발진현부군행실跋進賢傅君行實」을 지었다.

황정견黃庭堅의 초서 천자문千字文, 소식의 죽석화첩竹石畵帖, 진언재陳彦才
의 시권에 각각 발을 지었다.

채침蔡沈에게 『서집전書集傳』을 짓도록 맡겼다.

동지에 『음부경고이陰符經考異』를 완성했다.

황간이 고정의 새집으로 옮겨 왔다.

개선사開善寺 원오선사圜悟禪師가 세상을 떠나니 시를 지어 애도했다.

산음山陰 육유에게 여러 번 편지를 보내어 방사유의 아버지 방풍지方豐之
의 시집에 서를 써 달라고 간청했다.

○ 12월, 「발대부승사부군행장跋大父承事府君行狀」을 지었다.

『황고좌승의랑수상서이부원외랑겸사관교감누증통의대부주공행장
皇考左承議郞守尙書吏部員外郞兼史館校勘累贈通議大夫朱公行狀」을 짓고, 아버지 주

송朱松의 묘를 숭안崇安 무이향武夷鄕 상매리上梅里 적력산寂歷山으로 이장했다.

『초사집주楚辭集註』를 양만리에게 기증했다. 양만리가 시를 보내 와서 답시를 지었다.

유회劉淮 · 구옹丘隋 · 강사江嗣가 방문해서 시를 주고받았다.

조사연趙師淵에게 『자치통감강목』을 보완하도록 맡겼다.

신기질辛棄疾에게 편지를 보내어 "극기복례克己復禮"라는 말로 격려했다.

1200년(寧宗 慶元 6, 庚申) 71세

○ 정월, 개기절開基節에 「화유숙통회유자몽지운和劉叔通懷游子蒙之韻」을 지었다.

봄을 맞아 매화를 즐기고 시를 지었다.

고정考亭 진씨陳氏가 취성정聚星亭을 수건하자 「취성정화상찬聚星亭畵像贊」을 지었다.

취성정이 낙성되어 진소원陳昭遠이 베푼 연회에 참석해서 시를 주고받았다.

취성정 화상을 그린 장張 · 황黃 두 화공에게 글을 지어 주었다.

「발양자직소부왕재신절구跋楊子直所賦王才臣絶句」를 지었다.

『초사음고楚辭音考』를 완성하여 고전古田에서 간행했다.

포양包揚이 아들 포회包懷를 안고 생도들과 함께 고정으로 와서 배움을 청했다.

○ 2월, 남성南城 오신吳伸 · 오륜吳倫 형제가 사창社倉과 서루書樓를 세우고 주희의 화상을 그려서 거기에 시를 지었다.

우강旰江 황남黃柟이 황호은黃壺隱이 소장하고 있는 연평延平 이동李侗의 『사설師說』을 들고 찾아왔다. 『사설』에 발을 썼다.

황간黃榦이 고정으로부터 돌아가게 되자 서산西山 채원정蔡元定의『가서家書』를 편집하게 했다.

평향萍鄕 호안지胡安之가 와서 배움을 청했다.「발원주평향현사창기跋遠州萍鄕縣社倉記」를 지었다.

○ 윤2월, 주심보周深父가 이름을 바꾼 것에 대해 서를 지었다.

호영胡泳·황호黃灝·공풍龔豐·왕개王介에게 편지를 보내어 호영에게『상례喪禮』를 참정하는 일에 참여하라고 요청하고,『예서禮書』정돈에 더욱 힘을 기울였다.

양방楊方에게 편지를 보내어『예서』편찬에 대해 논했다.

『대학장구大學章句』의 수정을 마쳤다. 요덕명寥德明에게 편지했다.

○ 3월, 병이 심해졌다. 2일에 채침蔡沈을 불러서『서집전書集傳』의 내용을 검토했다.

3일『서집전』몇 장을 손질하고 강의했다.

4일『태극도설太極圖說』을 강의했다.

5일『서명西銘』을 강설했다. "학문의 요체는 하나하나의 일마다 그 옳은 것을 살피고 옳지 않은 것을 없애 가는 것이다. 그런 공부가 오래 축적되면 마음과 리가 하나가 되어 자연히 일어나는 마음이 조금의 굽음도 없을 것이다. 성인이 만사에 응하고 천지가 만물을 낳는 것은 모두 곧음일 뿐이다"라고 말씀했다.

6일『대학大學』'성의誠意'장을 고친 후 첨순詹淳에게 등사하게 하여 다시 몇 자를 고쳤고,『초사楚辭』한 단락을 고쳤다. 오후에 크게 설사했다.

7일 병이 위급해져서 아들 주야朱埜가 오부에서 달려 왔다.

8일 손수 글을 써서 황간黃榦과 영결하면서, 도를 맡기고 예서禮書 관련 글들을 수습하도록 부탁했다. 정사의 제생들이 병환을 여쭙자 일어나 앉으며 "쓸데없이 제생들을 멀리서 오게 만들었네. 그러나 도리란 이런 것에 지나지 않는다. 단지 여러분이 열심히 공부하고 열심히 실천하면 진보가 있을 것이다"라고 하셨다. 이때 같이 있던 이는 임기손林夔孫·진식陳栻·섭하손葉賀孫·서우徐㝢·방백기方伯起·유택지劉擇之·조유부趙惟夫·범원유范元裕·채침蔡沈 등이었다. 채침을 돌아보며 "내가 선장의 병세와 같으니 일어나지 못할 것 같으이"라고 했다.

학생들이 물러난 뒤 범염덕范念德에게 편지를 보내어, 『예서禮書』를 붓으로 써 주고 종손의 배필을 찾아 달라고 부탁했다. 아들 주재朱在에게 편지를 써서 빨리 돌아가서 글을 수습하라고 시키고는 "몇 년 동안 부자가 서로 만나지 못했다"고 탄식했다. 밤에 채침에게 『소씨병원巢氏病源』을 검토하게 했다.

9일 갑자 오경에 채침을 방으로 불렀다. 선생은 침상에 앉고 채침은 모시고 서 있었는데, 손으로 채침의 옷자락을 끌어당겨 앉게 한 뒤 뭐라고 말씀하실 듯했지만 한참 동안 아무 말씀이 없었다. 의사 제갈덕유諸葛德裕가 왔으나 치료에 대해서는 말하지 못하게 하시고 중당으로 침상을 옮기게 했다.

아침에 정사의 제생이 다시 병환을 살피러 갔다. 섭하손이 상례에 대해 묻자 『의례』·『서의』를 종합해서 쓰라는 뜻을 보였다. 말씀은 못하고 글로 쓰려고 해서 붓과 종이를 준비했는데, 붓은 평소처럼 집었지만 쓰지를 못했다. 얼마 뒤 붓을 놓고 침상에 누웠다. 손이 수건을 잘못 건드리자 채침에게 바로잡도록 시켰다.

제생이 물러나고, 채침이 머리맡에 앉고 익지가 발치에 앉았다. 아래위를 보시는 선생의 눈빛은 형연했으나, 서서히 눈이 감기고 숨이 점점 작아지더니 세상을 떠나셨다. 오시 초각이었다. 이날 대풍이 불어 집이 부수어지고 좌우의 오동나무 등 큰 나무들이 모두 뽑혔다. 얼마 지나지 않아 홍수나 나서 산이 모두 무너졌다.

○ 11월, 20일 건양현建陽縣 당석리唐石里 대림곡大林谷에 있는 부인 유씨劉氏의 묘에 합장했다. 황간黃榦이 상례를 주관하고 채침蔡沈이 장역葬役을 주관했다. 장례에 모인 사람이 거의 천여 명이었다. 육유陸游·신기질辛棄疾·양만리楊萬里 등 벗들과 황간·채침·진순陳淳 등이 제문을 지었다.

2. 주자 저작 목록 — 朱子著作目錄

【경부經部】

역易

1. 『역전易傳』12권(佚)
2. 『역학계몽易學啓蒙』4권
3. 『주역본의周易本義』12권
4. 『시괘고오蓍卦考誤』1권(『朱文公集』에도 실려 있다.)
5. 『손익상설損益象說』1권
6. 『주문공역설朱文公易說』23권(朱鑑 편집)

서書

1. 『서전집설書傳輯說』7권(佚)
2. 『문공서설文公書說』(佚)
3. 『서경문답書經問答』1권(佚)

시詩

1. 『모시집해毛詩集解』(佚)
2. 『시집전詩集傳』8권
3. 『시서변설時序辨說』1권
4. 『문공시전유설文公詩傳遺說』7권(朱鑑 편집)
5. 『회옹시보晦翁詩譜』(佚)

예禮

1. 『의례경전통해儀禮經傳通解』37권
2. 『의례경전도해儀禮經傳圖解』(佚)

3. 『예기해禮記解』 1권(佚)

4. 『의례석궁儀禮釋宮』 1권

5. 『제의祭儀』(佚)

6. 『가례家禮』 8권

7. 『이십가고금가제례二十家古今家祭禮』 20권(佚)

8. 『사가례범四家禮範』 5권(佚)

총설

1. 『신정역시서춘추고경新定易詩書春秋古經』(佚)

2. 『경설經說』 30권(佚)

3. 『오서문답五書問答』(佚)

소학小學

1. 『교정급취편校定急就篇』 1권(佚)

2. 『교정설문해자校定說文解字』(佚)

효경孝經

1. 『효경간오孝經刊誤』 1권

2. 『효경존이孝經存異』(佚)

사서四書

1. 『신정대학新定大學』(佚)

2. 『신정중용新定中庸』(佚)

3. 『사서장구집주四書章句集註』 19권

4. 『사서혹문四書或問』 39권

5. 『논맹정의論孟精義』 34권

6. 『대학집해大學集解』(佚)

7. 『논어집해論語集解』(佚)

8. 『논어훈몽구의論語訓蒙口義』 8권(佚)

9. 『맹자집해孟子集解』(佚)

10. 『맹자요약孟子要略』(佚) − 청말 증국번이 간행한 판본이 있다.

11. 『중용상설中庸詳說』(佚)

12. 『중용집략中庸輯略』 2권

13. 『중용집해기변中庸集解記辨』(佚)

14. 『사서음훈四書音訓』(佚)

15. 『사서집의四書集義』(佚)

【사부史部】

1. 『이락연원록伊洛淵源錄』 14권

2. 『팔조명신언행록八朝名臣言行錄』 24권

3. 『증남풍연보曾南豊年譜』 1권(佚)

4. 『무원다원주씨세보婺源茶院朱氏世譜』 1권(佚)

6. 『소희주현석전의도紹熙州縣釋奠儀圖』 1권

7. 『전설주田說註』 1권(佚)

8. 『가장석각집家藏石刻集』(佚)

9. 『태우집台寓集』 3권(佚)

【자부子部】

1. 『연평답문延平答問』 1권, 부록 1권

2. 『훈몽절구訓蒙絶句』(佚)

3. 『서명해西銘解』 1권

4. 『태극도설해太極圖說解』 1권

5. 『통서해通書解』 1권

6. 『잡학변雜學辨』 1권 및 부附 『기의記疑』 1권(『朱文公集』에 수록)

7. 『근사록近思錄』 14권

8. 『속근사록續近思錄』 14권(佚)

9. 『곤학공문편困學恐聞編』(佚)

10. 『중화구설中和舊說』(佚)

11. 『논성답고論性答稿』(佚)

12. 『정자미언程子微言』(佚)

13. 『소학小學』 6권

14. 『주자독서법朱子讀書法』(佚)

15. 『주자어류朱子語類』 140권(朝鮮古寫徽州本): 황사의黃士毅・이성전李性傳・왕필王佖 편

16. 『주자어류朱子語類』 140권: 여정덕黎靖德 편

    16-1. 『옹계록翁季錄』(佚)

    16-2. 『주자별록朱子別祿』 10권(佚)

    16-3. 『주자어수朱子語粹』 10권(佚)

    16-4. 『주자어략朱子語略』 20권(佚)

    16-5. 『어록유편語錄類編』(佚)

    16-6. 『사서유편四書類編』(佚)

    16-7. 『역문답어요易問答語要』(佚)

    16-8. 『문공진학선언文公進學善言』(佚)

    16-9. 『주자어록류요朱子語錄類要』 18권

    16-10. 『어록휘편語錄彙編』 10(佚)

    16-11. 『정사기문精舍記聞』(佚)

    16-12. 『의의문답疑義問答』(佚)

    16-13. 『사우문답師友問答』(佚) 유강중劉剛中

    16-14. 『과정소문過庭所聞』(佚)

    16-15. 『사우문답師友問答』(佚) 조언약曹彦約

    16-16. 『문답問答』 10권(佚) 이굉조李閎祖의 기록

    16-17. 『사설師說』 10권(佚)

    16-18. 『회암어류晦庵語類』 27권(佚)

    16-19. 『사회師晦』 3권, 『부록』 1권(佚)

    16-20. 『문설文說』 1권(佚)

    16-21. 『문공어록文公語錄』(佚)

    16-22. 주한周僩・여덕명呂德明・황유개黃有開・채념성蔡念成・여휘呂輝・황현자黃顯子・주표周標・범원유范元裕・채취蔡聚・왕우王遇・시자원時子源・양전梁瓇 등의 일전된 어록들

17. 『잠허고이潛虛考異』(佚)

18. 『음부경고이陰府經考異』 1권

19. 『주역참동계고이周易參同契考異』 1권

20. 『교정비정서校正裨正書』 3권(佚)

21. 『동몽수지童蒙須知』

【집부集部】

1. 『초사협운楚辭協韻』 1권(佚)

2. 『초사집주楚辭集註』 8권, 『변증』 2권, 『후어』 6권

3. 『초사음고楚辭音考』 1권(佚)

4. 『목재정고牧齋淨稿』(『문집』에 수록)

5. 『회암선생문집晦庵先生文集』 전집 11권, 후집 18권: 주자 생전 소희 연간에 서방에서 간행한 것

6. 『문공문집文公文集』 88권(佚): 주재朱在가 편집한 민본閩本

7. 『주문공문집유편朱文公文集類編』 150권(佚): 황사의黃士毅 편

8. 『회암문집晦庵文集』 100권: 잠재潛齋 왕야王埜가 편집한 절본浙本

9. 『문공문집속집文公文集續集』 10권(佚): 실재實齋 왕수王遂 편

10. 『주문공문집朱文公文集』 정집 100권, 속집 11권, 별집 10권: 정집은 왕야가 편집한 판본(절본)이며, 속집은 서기徐幾가 편찬한 것으로서 왕수가 편한 속집 10권에 다시 한 권을 더한 것이다. 별집 10권은 여사로余師魯가 편한 것이다.

    10-1. 『주자전집朱子前集』 40권, 『후집後集』 90권, 『속집續集』 10권, 『별집別集』 24권 (佚): 『송사宋史』「예문지藝文志」의 기록.

    10-2. 『주자대동집朱子大同集』: 문인 진리용이 주자가 동안에서 지은 시문을 모은 것인데 명대의 임희원이 다시 증집했다.

    10-3. 『자양유문紫陽遺文』(佚): 명 장규 편

    10-4. 『문공대전집보유文公大全集補遺』 8권: 명 주배 편집

    10-5. 『주자대전집보유朱子大全集補遺』 2권: 청 주계곤 편집

    10-6. 『주자문집대전류편보유朱子文集大全類編補遺』: 청 주옥 편집

    10-7. 『주자문집보유朱子文集補遺』: 청 진경장 집

    10-8. 『주씨십서朱氏十書』(佚)

    10-9. 『유예지론遊藝至論』 2권: 명 여우 편집

    10-10. 『회암시화晦庵詩話』: 문인 진대울 편집

11. 『동귀란고東歸亂稿』(『문집』에 수록)

12. 『한문고이韓文考異』 10권

13. 『창려문수昌黎文粹』(佚)

14. 『남악창수집南嶽唱酬集』1권,『부록』1권

15. 『구증문수歐曾文粹』6권(佚)

【편교編校】

1. 『이정유서二程遺書』25권,『부록』1권

2. 『이정외서二程外書』12권

3. 『이정집교二程集交』12권(佚)

4. 『정씨경설교程氏經說校』7권(佚)

5. 『회암선생교정이천역전晦庵先生校正伊川易傳』4권

6. 『횡거집교보橫渠集校補』(佚)

7. 『상채어록上蔡語錄』3권

8. 『보천가교步天歌校』1권

9. 『장남헌문집張南軒文集』44권

10. 『위재집韋齋集』12권

11. 『옥란집玉蘭集』1권

【주걸인 · 엄좌지 · 유영상 주편 『주자전서』 목록】

1. 『주역본의周易本義』

2. 『역학계몽易學啓蒙』

3. 『시집전詩集傳』

4. 『의례경전통해儀禮經傳通解』

5. 『사서장구집주四書章句集註』

6. 『사서혹문四書或問』

7. 『논맹정의論孟精義』

8. 『가례家禮』

9. 『자치통감강목資治通鑑綱目』

10. 『팔조명신언행록八朝名臣言行錄』
11. 『이락연원록伊洛淵源錄』
12. 『소희주현석전의도紹熙州縣釋奠儀圖』
13. 『태극도설해太極圖說解』
14. 『통서주通書注』
15. 『서명해西銘解』
16. 『근사록近思錄』
17. 『연평문답延平問答』
18. 『동몽수지童蒙須知』
19. 『소학小學』
20. 『음부경주陰符經註』
21. 『주역참동계고이周易參同契考異』
22. 『주자어류朱子語類』
23. 『초사집주楚辭集註』
24. 『창려선생집고이昌黎先生集考異』
25. 『회암선생주문공문집晦庵先生朱文公文集』
26. 『주희일문집고朱熹佚文輯考』(束景南 편)

엮은이

기대승奇大升

전라도 광산(현 광주광역시 광산구) 출신. 본관은 행주幸州이고 자는 명언明彦이며 호는 고봉高峯 또는 존재存齋이다. 아버지는 기진奇進이고 어머니는 강영수姜永壽의 딸이며, 기묘명현己卯名賢의 한 사람인 기준奇遵이 그의 계부季父이다. 이황과 12년에 걸쳐 서신을 교환하였는데, 특히 1559년에서 1566년에 이르는 8년 동안의 사칠논변四七論辨은 조선유학사에 지대한 영향을 끼친 논쟁으로 평가되고 있다. 저서로 『논사록論思錄』·『양선생왕복서兩先生往復書』·『양선생사칠리기왕복서兩先生四七理氣往復書』·『주자문록朱子文錄』·『고봉집高峯集』 등이 있다. 광주의 월봉서원月峰書院에 제향되었으며, 시호는 문헌文憲이다.

옮긴이(가나다 순)

김근호金根浩

청주교육대학교 교수. 고려대학교 한문학과를 졸업하고 동 대학교 대학원 철학과에서 박사학위를 취득했다. 고려대 민족문화연구원, 한국국학진흥원, 한국고전번역원, 한국학중앙연구원에서 연구원을 역임했다. 저서로 『선善, 그리고 악惡의 논쟁』, 『자료와 해설, 한국의 철학사상』(공저), 『조선 유학의 개념들』(공저), 『실학의 철학』(공저), 『역주와 해설: 성학십도』(공저) 등이 있고, 역서로 『대산선생실기』(공역), 『원릉지』, 『건릉지』 등이 있다.

김태년金太年

서울시립대학교 강사. 고려대학교 한문학과를 졸업하고 동 대학교 대학원 철학과에서 박사학위를 받았다. 인하대학교 한국학연구소 HK교수, 한국고전번역원 선임연구원, 퇴계학연구원 연구원 등을 역임하였다. 주요 논저로는 「'정전正典' 만들기의 한 사례, 『율곡별집』의 편찬과 그에 대한 비판들」, 「학안에서 철학사로: 조선유학사 서술의 관점과 방식에 대한 검토」, 「17~18세기 율곡학파의 사단칠정론」 등의 논문과, 『조선 유학의 개념들』(공저), 『자료와 해설, 한국의 철학사상』(공저), 『중국 없는 중화』(공저), 『외암유고巍巖遺稿』(공역), 『묵자간고』(공역), 『죽석관유집』(공역) 등의 역·저서가 있다.

남지만南智萬

한국고전번역원 연구원. 고려대학교 철학과를 졸업하고 동 대학교 대학원에서 동양철학으로 박사학위를 취득하였으며, 태동고전연구소에서 수학하였다. 『고봉 기대승의 성리설 연구』, 『역주와 해설: 성학십도』(공저) 등의 저서와 『통색촬요』(공역) 등의 역서가 있다.

전병욱田炳郁

중국 강서성 南昌大學校 江右哲學硏究中心 연구교수. 고려대학교 한문학과를 졸업하고 동 대학교 대학원 철학과에서 석사 및 박사 학위를 받았다. 한국고전번역원의 번역위원으로 『승정원일기』 번역에 참여하고 있다. 중국과 한국의 성리학 관련 논문 20여 편을 발표하였으며, 『양명철학』 등의 역서와 『역주와 해설: 성학십도』(공저) 등의 저서가 있다.

홍성민洪性敏

한국외국어대학교 철학과 교수. 한국외국어대학교 철학과와 중국어과를 졸업하고 고려대학교 대학원 철학과에서 석사 및 박사 학위를 받았다. 주요 저서로 『감정과 도덕: 성리학의 도덕 감정론』, 『欲望與修養』(공저), 『역주와 해설: 성학십도』(공저), 『從民本走向民主』(공저) 등이 있다.